丰顺年鉴

Fengshun Yearbook

2018

丰顺年鉴编纂委员会 编

方志出版社
Publishing House of Local Records

图书在版编目（CIP）数据

丰顺年鉴. 2018 / 丰顺年鉴编纂委员会编. -- 北京 : 方志出版社, 2018.9
ISBN 978-7-5144-3269-5

I. ①丰… II. ①丰… III. ①丰顺县—2018—年鉴 IV. ①Z526.54

中国版本图书馆CIP数据核字(2018)第214420号

丰顺年鉴（2018）

编　　者：丰顺年鉴编纂委员会
责任编辑：罗　滔

出 版 人：冀祥德
出 版 者：方志出版社
　　地址　北京市朝阳区潘家园东里9号（国家方志馆4层）
　　邮编　100021
　　网址　http://www.fzph.org
发　　行：方志出版社图书经销中心
　　电话（010）67110500
经　　销：各地新华书店
印　　刷：揭阳市榕城区教育文化用品厂

开　　本：889×1194　1/16
印　　张：23.5
字　　数：703千字
版　　次：2018年9月第1版　2018年9月第1次印刷
印　　数：0001～1000册

ISBN 978-7-5144-3269-5　定价：168.00元

丰顺年鉴编纂委员会

顾　问：曾永祥

主　任：廖茂忠

副主任：黄建斐　傅伟芳

委　员：王湘阳　吴裕强　钟凌玮　谢录丰　彭要曾
张镇有　裴中秋　黄小舟　朱耀辉　陈奕鹏
彭汉如　郑春李　王凌凌　罗丽娜　张良生
黄忠明　李志奎　张小欣　刘雪峰　徐奕禄
杨永亮　陈红伟　林延钊　蔡　君　罗宗裕
彭洪胜　邱劲铭

丰顺年鉴编辑室

总　审：黄建斐（兼）　傅伟芳（兼）　钟凌玮（兼）

主　编：张镇有（兼）

副主编：简光瑞　张国强

编　辑：黄喜勤　文会玲　曾　波　曾杏美　谢定锋

编 辑 说 明

一、《丰顺年鉴（2018）》（以下简称本年鉴）以马克思列宁主义、毛泽东思想、邓小平理论、“三个代表”重要思想、科学发展观、习近平新时代中国特色社会主义思想为指导，坚持辩证唯物主义和历史唯物主义的立场、观点和方法，主要记述2017年全县的政治、经济、文化和社会发展情况，汇集各行业最具代表性的重要信息，为各级领导决策提供依据，为海内外各界人士、各部门了解与研究丰顺提供服务，同时也为续修《丰顺县志》积累史料。

二、本年鉴设特辑、大事记、概览、政治、社会团体、法治、军事、经济、教科文卫体、社会生活、镇（场）建设、人物等12个类目，约70万字。为便于检索，不同层次的标题和字体、字号以及版式设计，都有明显的区别，其中“条目”一级的标题统一用黑体字加【】号表示。

三、本年鉴有计划地选登一些具有典型意义、能体现时代特色、地方特色、行业特色和年度特点的彩照图片，图文并茂、形象直观地反映丰顺各方面的发展变化。为全面及时反映全县重大活动和行业新貌，部分内容、图片跨到2018年。

四、本年鉴资料来源于全县各有关单位，并经各组稿单位领导把关，由年鉴编辑室修改、校核，再送总审审定。文中的主要数据由组稿单位提供，但由于统计口径不尽相同，个别数据可能与县统计局公布的不一致，使用时以县统计局公布的数据为准。此外，各章节之后还附有各镇（场）领导班子成员名单，县直副局以上现职领导名单，并注明组稿单位或撰稿人。

▲ 2017年12月12日，省政协副主席林雄（右五）率队到丰顺县汤西镇新岭村开展主题党日系列活动 （胡金辉　摄）

▲ 2017年10月25日，省老促会会长陈开枝（中）率队到龙岗镇马图村调研 （龙岗党政办　提供）

▲ 2017年9月10日，市委书记谭君铁（右三）在丰顺县汤南镇隆烟村考察并了解榕江北河揭丰交界断面水质情况 （胡金辉　摄）

▲ 2017年8月22日，市长方利旭（前左三）一行在县委书记曾永祥（前左二）、县长廖茂忠（前左一）等陪同下到海珠丰顺产业园旺兴达电子有限公司调研 （胡金辉　摄）

▲ 2017 年 4 月 17 日，县委书记曾永祥（中）率队到汤西镇南礤村调研村“两委”换届选举工作 （胡金辉 摄）

▲ 2017 年 8 月 30 日，县委副书记、县长廖茂忠（左二）率队到实验中学开展安全生产大检查 （县府办 提供）

▲ 2017年3月3日，中国共产党丰顺县第十三届二次全会在会展中心大会堂召开
（胡金辉　摄）

▲ 2017年3月9日，丰顺县第十五届人民代表大会第二次会议在会展中心大会堂开幕
（胡金辉　摄）

▲ 2017年1月3日，丰顺县开展纪念李坚真诞辰110周年系列活动
（人大办　提供）

▲ 2017年1月3日，丰顺县黄金镇坚真市级森林公园建设奠基仪式在黄金镇径双村举行
（人大办　提供）

▲ 2017年1月5日，纪念李坚真诞辰110周年座谈会在会展中心举行

（何森垚　摄）

▲ 2017年2月17日，乡村里的价值观墙绘活动启动仪式在汤南镇新楼村举行

（胡金辉　摄）

▲ 2017年2月23日，全市城乡环境综合整治工作推进会在丰顺县城召开

（胡金辉　摄）

▲ 2017年5月19日，醉美丰顺·全域自驾游活动在县城新世纪广场启动

（胡金辉　摄）

▲ 2017年5月31日，丰顺县在新世纪广场举行“骑行一带一路，传播中国文化”骑行活动发车仪式。图为出发前合影留念　　（胡金辉　摄）

▲ 2017年6月26日，广州海珠·梅州丰顺产业共建招商推介会在广州召开。图为招商推介会现场与企业签订发展14个实体经济项目、计划投资额84.4亿元　　（胡金辉　摄）

▲2017年7月4日，丰顺县在留隍镇举行省级新农村连片示范区建设工程启动仪式 （胡金辉 摄）

▲2017年9月27日，丰顺县第二人民医院建设项目在留隍镇环城路举行开工仪式。图为县委副书记、县长廖茂忠介绍丰顺县第二人民医院项目情况 （朱章栋 摄）

▲2017年11月15日，第五届世界客商大会《大美丰顺》国画长卷揭幕仪式在实验中学举行，县委书记曾永祥（右三）为《大美丰顺》画卷揭幕

（胡金辉　摄）

▲2017年11月18日，2017年中国·丰顺“喜德盛杯”国际自行车邀请赛在丰顺县城举行。图为开幕式现场

（胡金辉　摄）

▲2017年12月22日，《胜游梅州·丰顺篇》在迎宾馆举行首发仪式
（胡金辉　摄）

▲2017年12月28日，中国国家男子足球队前主教练苏永舜在丰顺县体育场为青少年签名
（郑　坤　摄）

谢洪涛书画

▲ 谢洪涛

谢洪涛，听泉轩主人，1971年出生于广东丰顺，1990年到东莞工作，中学高级教师、美术特级教师。曾任东莞市教育局教研室副主任、东莞市第八高级中学校长，现任东莞市青少年活动中心主任、东莞市文联主席团成员、东莞市中小学体育艺术联合会会长、东莞市硬笔书法协会名誉主席、东莞市美术书法教育研究会会长、广东省硬笔书法协会副主席、广东省中小学校外教育协会副会长，系中国书法家协会和广东省美术家协会会员。

他广泛涉猎书法、绘画、工艺、摄影等艺术门类，艺术作品多次在国家和省级展赛中入选获奖，曾应邀到华南理工大学、广州美术学院、梅州、肇庆、东莞、成都、泉州等地举办书法作品展览及艺术教育专题讲座，出版有《谢洪涛书法作品集》《从平凡到精彩——谢洪涛教育与艺术之路》《坚持心中的梦想》，主编多本教学论文集、艺术作品集。

二十多年来，他致力于普及和提高青少年书画艺术，带领广大会员与教师，积极探索书画创作与教学的有效途径，推动了东莞青少年美术与书法教育事业的发展。曾被授予全国中小学优秀美术教师、全国优秀中青年硬笔书法家、南粤优秀教师、广东硬笔书法年度人物、东莞市优秀文艺家、东莞市中小学学科带头人等荣誉称号，获得广东中华文化基金奖章、新中国成立60周年东莞文学艺术大奖。

▲ 水彩《皖南印象》

▲ 版画《腾》

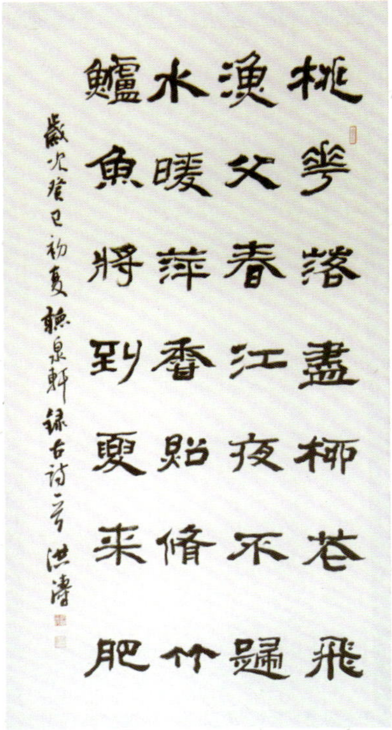

书法中堂

书法扇面

书法扇面

书法团扇

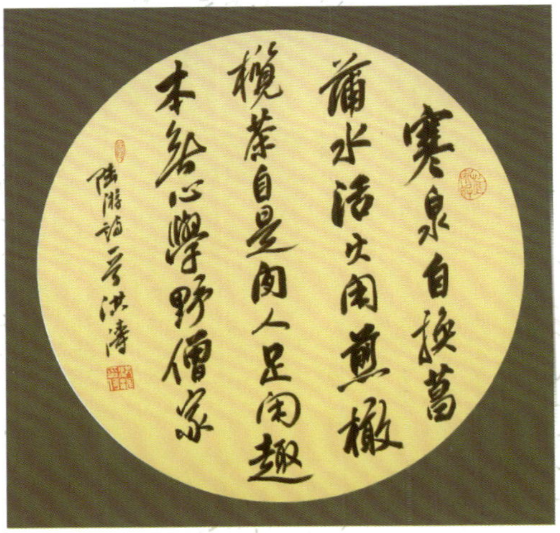

书法团扇

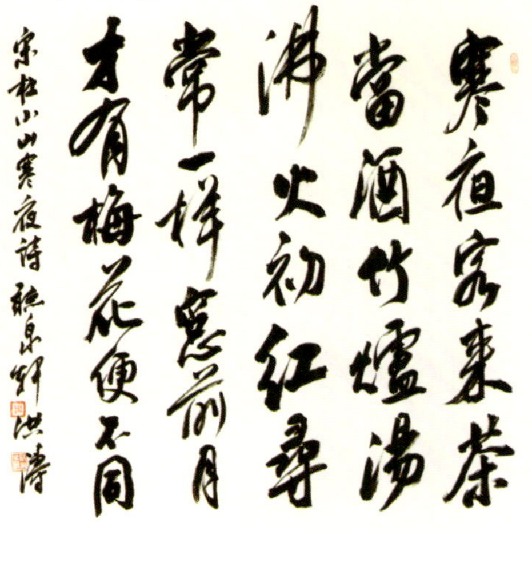

书法斗方

国画《塘尾古村图》

平凡伟大的慈善家——巫金星

巫金星，广东丰顺人、广东省第九届、第十届侨代会代表、广东省侨界仁爱基金会副会长、海内外巫氏宗亲联谊总会名誉会长和文化研究会名誉会长、广东省客属海外联谊会常务副会长兼联络交际委员会主任、梅州市道德模范。丰顺县侨联、工商联、总商会荣誉主席，丰顺县博爱慈善协会、丰顺县助学会永远名誉会长、丰顺县平阳学校、丰顺合山希望学校、丰顺县老干部（老年）大学名誉校长、中华爱国国典理事会副理事长、中国教育慈善人物、中华爱国慈善家奖、首届华人华商十大慈善爱心大使、感动中国十大慈善人物、中国诚信楷模人物、第九届中国公益慈善人物、2016中国关心下一代十大爱心人物、获2017年广东第二季度广东好人、曾入编《中国人民共和国年鉴》《中华慈善大典》、中央党校出版社出版的《中国道路中国梦》入选人物篇、全国归国侨眷先进个人、中国诚信慈善家等称号。

巫金星自2004年任广东省客属海外联谊会领导至今，从未用过客联会一分公款，也没有报销过一分公款，做公益从来没有官商勾结，没有等价交换、没有任何回报、没有抵过一分钱税、没有吃过别人一分不义之财地做慈善，同时为了增加资金做善事，宁愿自己勤俭节约，清贫朴素地生活，如出门办事坐公交车，一切开销求实惠，尽量减少一切不必要的开支。这样的生活虽然苦了自己，但他把幸福献给了他人，使他人在分享他的爱心时，他同时心灵上也得到了快乐。选择了慈善，就是选择了幸福。“我是一名共产党员，就是要坚持党性，全心全意为人民服务！”巫金星的誓言掷地有声！他共在社会公益事业上捐赠金额超过一千多万元，20多年来年年月月做善事，从未间断。

目 录

特 辑

▲坚持稳中求进 抢抓难得机遇
为如期全面建成小康社会打下坚实基础……1
▲政府工作报告……10

2017年大事记

▲1月……21
▲2月……22
▲3月……23
▲4月……25
▲5月……27
▲6月……29
▲7月……32
▲8月……34
▲9月……36
▲10月……37
▲11月……38
▲12月……40

概 览

▲基本概况……43
·简述……43
·区位优越，交通便捷……43
·生态秀美，资源丰富……43
·人文厚重，客潮相融……43
·产业升级，经济崛起……43
▲经济发展概况……43
·简述……43
·农业……44
·交通水利建设……44
·工业和建筑业……44
·招商引资与产业园区建设……45
·固定资产投资……45
·金融·保险……45
·商贸……45
·旅游业……46
·资源和环境……46
·交通·邮电……46
·科技·教育……46
·文化·卫生·体育……46
·人口·社会生活……47
▲党的建设……48
·简述……48
·开展习近平新时代中国特色社会主义
思想和中共十九大精神大学习大培训……48
·加强党的思想政治作风建设……48
·加强党的组织建设……49

政 治

▲县 委……50
·2017年丰顺县委主要事项、会议简述……50
·2017年度丰顺县委、县委办主要文件目录
……77

· 县委办公室工作 ……………………81
· 县机关事务管理工作 ……………………82
· 组织工作 ……………………83
· 宣传工作 ……………………85
· 县直工委工作 ……………………86
· 县机构编制工作 ……………………89
· 统战工作 ……………………94
· 对台事务工作 ……………………96
· 党校工作 ……………………97
· 老干部工作 ……………………98
· 保密工作……………………100
▲县人大……………………102
· 县十五届人大二次会议……………………102
· 依法治县工作……………………102
· 人事任免……………………103
· 监督工作……………………103
· 代表工作……………………103
· 组织建设……………………104
▲县人民政府……………………105
· 县政府主要工作……………………105
· 县政府办公室工作……………………109
· 县综合政务服务管理工作……………………110
· 信访工作……………………112
· 外事、港澳事务、侨务工作……………………113
· 招商工作……………………115
▲政协丰顺县委员会……………………116
· 政协会议……………………116
· 协商议政……………………117
· 民主监督……………………117
· 参政议政……………………118
· 民生实事……………………119
· 组织建设……………………120
▲县纪检监察工作……………………121
· 简述……………………121
· 中共丰顺县第十三届纪律检查委员会第二次全体会议……………………121
· 增强政治责任和政治担当……………………121
· 推动决策落实……………………121
· 优化政治环境……………………122
· 增强惩治腐败的震慑力……………………122
· 深入整治群众身边腐败问题……………………123
· 加强党内监督……………………123
· 提升反腐合力……………………123
· 提升干部履职能力……………………124

社会团体

▲县总工会……………………126
· 简述……………………126
· 有序推进工会改革工作……………………126
· 扎实推进“三个一批”建设……………………126
· 切实加强基层工会建设……………………126
· 切实维护职工的合法权益……………………126
· 深入开展劳动竞赛活动……………………127
· 切实加强工会自身建设……………………127
▲共青团……………………127
· 简述……………………127
· 丰富载体，加强青年思想引领……………………127
· 搭建平台，服务各类青少年群体……………………127
· 从严治团，夯实团工作的基层基础……………………128
· 开展志愿活动，助力创建广东省县级文明城市……………………128
· 积极发挥职能，参与社会综合治理……………………128
▲妇联……………………128
· 简述……………………128
· 紧扣发展主题，推动妇女创业致富……………………129
· 倡导文明风尚，弘扬健康向上的和谐社会风气……………………129
· 积极履职尽责，构建妇女儿童维权大格局……………………130
· 关爱妇儿家庭，促进妇女儿童共享社会发展成果……………………130
· 队伍建设……………………131
▲侨联……………………131
· 简述……………………131
· 学习贯彻中共十九大精神与开展“两学一做”学习教育相结合……………………132
· 精准扶贫……………………132
· 筛选推荐……………………132
· 联谊活动……………………132
· 继续开展“侨联助学和敬老扶幼行动”……………………132
· 连续组织小学生参加世界华人华文作文大赛……………………132

· 做好侨联信息编报和信访工作…………132
· 党风廉政建设……………………………133
▲**工商联**……………………………………133
· 简述………………………………………133
· 组织建设…………………………………133
· 加强队伍建设……………………………133
· 参政议政…………………………………133
· 服务企业…………………………………134
· 光彩事业…………………………………134
▲**文联**………………………………………134
· 简述………………………………………134
· 召开县第七次文代会……………………134
· 文艺作品成果……………………………135
· 文艺交流…………………………………135
· 配合有关单位开展活动…………………135
▲**残联**………………………………………136
· 简述………………………………………136
· 民生实事…………………………………136
· 康复服务…………………………………136
· 社会保障…………………………………137
· 特殊教育…………………………………137
· 就业扶贫…………………………………137
· 专项调查…………………………………137
· 组织建设…………………………………137
· 信访维权…………………………………138
· 扶残助残…………………………………138
· 宣传文体…………………………………138
· 服务设施…………………………………138
▲**关工委**……………………………………138
· 简述………………………………………138
· 深入学习中共十八届五中、六中全会精神……………………………………………139
· 学习贯彻中共十九大精神………………139
· 深入开展社会主义核心价值观教育活动……………………………………………139
· 抓好基层关工委组织建设，建立健全长效机制…………………………………………139
· 继续大力开展关心下一代宣传工作……139
· 积极争取社会各界的支持，帮助贫困生圆“上学梦”…………………………………140
· 加强培训和帮扶力度，帮助农村青年创业上档次……………………………………140
· 继续深入开展“三百”活动……………140
▲**老促会**……………………………………141
· 简述………………………………………141
· 学习贯彻中共十九大精神………………141
· 传承红色基因，讲好老区故事…………141
· 基层调研，当好纽带……………………142
· 宣传老区，大力弘扬老区精神…………142
· 建设自身，有为有位……………………142
▲**坚真老干部老年大学**……………………143
· 简述………………………………………143
· 教学工作正常开展，结合实际开设新课程……………………………………………143
· 坚持党的领导不动摇，不忘初心跟党走……………………………………………143
· 参与大型文体表演，展现老年精神风貌……………………………………………143
· 继承先辈革命传统，山歌唱响革命精神……………………………………………143
· 太极拳比赛显身手，奋勇拼搏创佳绩…143
· 确保各项工作有序开展…………………144

法　治

▲**政法委及综治**……………………………145
· 简述………………………………………145
· 落实维稳责任，维护社会和谐稳定……145
· 坚持严打整治，打造平安美丽丰顺……145
· 创新社会治理，社会效果明显…………146
· 加强党的领导，突出政法委职责………146
· 全面依法治县，加快法治丰顺建设……147
· 着力为党铸造一支过硬政法队伍………147
▲**法治政府建设**……………………………147
· 严格法律审查，提高规范性文件质量…147
· 化解行政诉讼争议………………………148
· 发挥法制部门参谋、助手作用…………148
· 规范行政执法行为………………………148
· 队伍建设…………………………………148
· 开展年度依法行政考评工作……………148
▲**公安**………………………………………149
· 简述………………………………………149
· 严厉打击刑事犯罪活动…………………149
· 治安管理…………………………………149

·户政管理……149
·“飓风2017”专项行动……149
·出入境管理……149
·道路交通管理……150
·调研宣传与信息……150
·队伍建设与立功受奖……150
·县公安消防大队工作……150
·县公安局森林分局工作……151
▲检察……152
·简述……152
·批捕起诉工作……152
·查办职务犯罪工作……152
·刑事诉讼监督工作……152
·刑事执行监督工作……152
·民事行政检察工作……153
·控告申诉工作……153
·未成年人检察工作……153
·行政执法监督工作……153
·预防职务犯罪工作……153
·派驻丰顺新区检察室工作……153
·案件管理工作……153
·调研宣传工作……153
·队伍建设……154
▲法院……154
·简述……154
·依法打击犯罪……154
·依法审理民商事案件……154
·依法开展执行工作……154
·落实司法为民措施……155
·推进司法公开工作……155
·自觉接受社会监督……155
·完善司法体制配套制度改革……155
·加强思想政治建设……156
·加强党风廉政建设……156
·加强司法能力建设……156
▲司法行政……156
·简述……156
·人民调解工作……157
·社区矫正工作……157
·安置帮教工作……157
·普法工作……157
·公证工作……157
·法律援助工作……158
·“一村（社区）一法律顾问”工作……158
·队伍建设……158

军　事

▲县人武部工作……159
·简述……159
·思想政治建设……159
·战备训练……159
·依法治军，着力抓好安全稳定……160
·保障质量建设……160
·征兵工作……160
·双拥共建……160
▲武警中队工作……161
·简述……161
·武警工作……161
·获得荣誉……161
▲县人防工作……162
·学习贯彻中共十九大精神……162
·人防工程建设和经费筹集工作有重大突破……162
·组织指挥工作全面展开……162
·人防执法力度不断加大……162
·应急管理工作扎实推进……163
·人防宣传形式多样……163
·人防机关党建工作成效显著……163

经　济

▲经济管理……164
·发展和改革工作……164
·工商和质监工作……165
·审计……169
·统计……170
▲农业水……171
·农业……171
·畜牧业……174
·林业……179
·水利……179
·“三防”工作……182
▲工业……183

· 经济和信息化……183
· 国有资产投资……185
· 供电……187
· 安全生产监督管理……190
▲交通　通信……191
· 交通运输工作……191
· 公路养护……194
· 电信通信……195
· 邮政通信……197
· 移动通信……199
· 联通通信……200
▲城乡建设　环境保护……200
· 住房和城乡规划建设……200
· 城市供水……202
· 国土资源管理……203
· 环境保护……204
· 城市综合管理……207
· 住房公积金管理……208
▲商品流通……209
· 供销……209
· 粮食……211
· 烟草……212
▲财税　金融……214
· 财政……214
· 国家税收……216
· 地方税收……218
· 中国人民银行丰顺县支行……221
· 中国工商银行丰顺支行……225
· 中国银行股份有限公司梅州丰顺支行……226
· 中国建设银行股份有限公司梅州丰顺支行……227
· 中国农业银行丰顺县支行……228
· 中国农业发展银行丰顺县支行……230
· 农村信用合作联社……231
· 中国人保丰顺支公司……236
· 中国人寿丰顺支公司……237
▲经济开发　旅游……238
· 县开发区……238
· 旅游……240

教科文卫体

▲教育……242
· 简述……242
· 丰顺开放大学……245
· 教师进修学校……246
· 丰顺中学……247
· 华侨中学……248
· 县实验中学……249
· 东海中学……250
· 丰顺县第一中学……251
· 球山中学……252
· 龙山中学……252
· 龙泉中学……253
· 职业技术学校……253
· 汤西中学……254
· 汤坑中学……255
· 黄金中学……256
▲科学技术……257
· 科协……257
· 气象……258
▲文化……260
· 文学艺术……260
· 文化设施建设……260
· 文物、文化遗产……261
· 电影、电视……261
· 文化市场管理……261
· 史志工作……262
· 档案工作……264
· 广播电视……265
▲卫生……267
· 丰顺县卫生和计划生育……267
· 县人民医院……273
· 县中医院……274
· 卫生防疫……276
· 妇幼保健……277
· 县慢性病防治院……279
· 食品药品监管……282
▲体育……286
· 群众体育……286
· 竞技体育……286

·场馆建设……286
·体育产业……287

社会生活

▲人力资源和社会保障……288
·人力资源……288
·社会保险基金管理工作……291
▲社会保障……292
·民政……292
·扶贫开发工作……296
▲民族宗教事务……297
·民族宗教事务管理……297

镇（场）建设

▲汤坑镇……301
·简述……301
·经济概况……301
·土地征收……301
·扶贫帮扶……301
·民生工作……301
·复退军人……302
·土地确权……302
·综治维稳……302
·安全生产……302
·环境卫生……302
·土地巡察……302
·平台建设……302
·党的建设……302
▲北斗镇……303
·简述……303
·重点项目建设……303
·基础设施建设……303
·生态环境建设……304
·社会事业建设……304
·政府自身建设……305
▲汤西镇……305
·简述……305
·经济概况……305
·党建工作……306
·党风廉政……306
·基础设施……306
·环境整治……306
·民生保障……306
·安全生产……307
·综治维稳……307
·精神文明……307
▲汤南镇……307
·简述……307
·国民经济主要指标……307
·招商引资建设……308
·农业……308
·科教文体事业……308
·精准扶贫迈出新步伐……308
·新农村建设建出新成效……308
·环境卫生工作……309
·计划生育及卫生工作……309
·劳动和社会保障……309
·综治维稳工作……309
▲埔寨镇……309
·简述……309
·自然环境……309
·政区人口……310
·经济状况……310
·基础设施建设……310
·环境卫生……310
·社会民生……310
·文教卫计……311
·综治维稳……311
·党的建设……311
▲埔寨农场……312
·简述……312
·经济概况……312
·社会各项事业……312
·精神文明建设……312
·党的建设……312
▲八乡山镇……313
·简述……313
·自然资源……313
·红色热土……313
·全域旅游……313
·经济概况……314
·重点建设……314

· 基础设施……314
· 现代农业……314
· 环境治理……314
· 乡村振兴……315
· 社会保障……315
· 脱贫攻坚……315
· 社会治理……315
· 自身建设……315
· 基层党建……315
▲丰良镇……316
· 简述……316
· 自然环境……316
· 经济概况……316
· 基础建设……316
· 社会保障建设……317
· 计划生育……317
· 科教文卫……317
· 综治维稳……317
· 扶贫开发……318
· 旅游开发……318
· 党的建设……318
▲建桥镇……319
· 简述……319
· 自然环境……319
· 政区人口……319
· 经济概况……319
· 农业……319
· 林业……319
· 水利交通……319
· 计划生育……320
· 文教卫生……320
· 社会保障……320
· 综合治理……320
· 党建工作……321
▲龙岗镇……321
· 简述……321
· 经济概况……321
· 基础建设……321
· 社会保障建设……322
· 安全工作……322
· 综治维稳工作……323
· 精准扶贫工作……323
· 村村通自来水工程……323
· 党的建设……323
▲潘田镇……324
· 位置面积……324
· 自然资源……324
· 政区人口……324
· 发展思路……324
· 经济概况……324
· 农业生产……324
· 新农村建设……325
· 产业扶贫……325
· 城乡建设……325
· 社会事业……325
· 综合治理……326
· 党的建设……326
▲大龙华镇……326
· 位置面积……326
· 自然环境……327
· 政区人口……327
· 经济概况……327
· 农业……327
· 林业……327
· 乡镇企业……327
· 扶贫工作……327
· 民生实事……328
· 基础设施建设……328
· 文教卫生……328
· 精神文明建设……328
· 党建工作……328
▲黄金镇……329
· 位置面积……329
· 自然环境……329
· 政区人口……329
· 经济概况……329
· 农业……329
· 水利水电……329
· 林业……330
· 乡镇企业……330
· 名优特新产品……330
· 商业与集市贸易……330
· 交通邮电……330
· 市政建设……330

· 文教卫生 …… 330
· 华侨及港澳台同胞捐资 …… 330
▲留隍镇 …… 331
· 简述 …… 331
· 资源优势 …… 331
· 经济社会发展 …… 331
· 重点项目有序推进 …… 331
· 旅游先锋产业蓬勃发展 …… 331
· 强农惠农 …… 331
· 交通建设 …… 332
· 科学规划 …… 332
· 城乡风貌整治 …… 332
· 社会保障 …… 333
· 科教文卫 …… 333
· 平安留隍 …… 333
· 精准扶贫 …… 333
· 机关作风建设 …… 334
▲潭江镇 …… 334
· 位置面积 …… 334
· 镇区人口 …… 334
· 经济发展情况 …… 334
· 农业发展情况 …… 335
· 工业发展情况 …… 335
· 城乡建设统筹推进 …… 335
· 文化建设情况 …… 336
· 社会事业建设情况 …… 336
▲砂田镇 …… 337
· 位置面积 …… 337
· 政区人口 …… 337
· 自然环境 …… 337
· 旅游景区 …… 338
· 经济状况 …… 338
· 交通公路 …… 338
· 精准扶贫 …… 338
· 民生工程 …… 338
· 旅游发展 …… 339
· 精神文明建设 …… 339
· 环境卫生 …… 339
· 社会保障 …… 339
· 新农村建设 …… 340
· 基层治理 …… 340
· 党的建设 …… 340
· 其他事项 …… 341
▲小胜镇 …… 341
· 位置面积 …… 341
· 经济概况 …… 341
· 自然资源 …… 341
· 扶贫开发 …… 341
· 基础设施建设 …… 342
· 宜居建设 …… 342
· 社会民生 …… 342
· 精神文明建设 …… 342
· 党建工作 …… 342

人　物

▲2017年丰顺县获国家、省、市级表彰的先进单位和先进个人名录 …… 344

特　辑

坚持稳中求进　抢抓难得机遇
为如期全面建成小康社会打下坚实基础

——2017年3月3日在县委十三届二次全会上的报告

县委书记　曾永祥

同志们：

这次全会的主要任务是，深入学习贯彻习近平总书记系列重要讲话精神，全面贯彻中央、省委和市委经济工作会议决策部署，总结去年工作，部署今年任务，动员全县上下坚定不移贯彻稳中求进工作总基调，抢抓难得机遇，凝聚各方力量，奋力破难攻坚，加快构建丰顺新区、梅江韩江（丰顺）绿色健康文化旅游产业带“一区一带”发展新格局，为明年我县与全省、全市同步全面建成小康社会打下坚实基础。

一、2016年工作回顾

2016年，我们认真贯彻落实中央、省、市的决策部署，坚持新发展理念，积极抢抓“两大政策”机遇，紧紧扭住“三大抓手”，扎实推进“一区一带”规划建设，积极应对经济下行压力，切实保障和改善民生，全面依法治县，全面从严治党，经济社会各项事业取得新进展，社会大局保持和谐稳定。全年实现生产总值、规模以上工业总产值双双迈上了百亿元台阶，分别增长6.9%、5.7%，规模以上工业增加值25.34亿元、增长5.3%，地方一般公共预算收入8.44亿元、增长14.6%，实现了“十三五”良好开局。

（一）深入学习贯彻习近平总书记系列重要讲话精神。

坚持把学习贯彻习近平总书记系列重要讲话精神作为首要政治任务来抓。坚持原原本本学，坚持以上率下学，县委常委会议第一时间传达学习总书记的重要讲话、重要批示和重要政务活动通报，同时通过县委中心组学习、专题学习讨论等形式集中研读，不断把学习引向深入。坚持问题导向、正面教育、学用结合、覆盖全面，认真开展“两学一做”学习教育。

县委领导班子成员先学一步、深学一层，带动全县773个基层党组织21647名党员积极参与，引导全县党员干部用讲话精神武装头脑、凝心聚魂，进一步增强政治意识、大局意识、核心意识、看齐意识，始终在思想上政治上行动上同以习近平同志为核心的党中央保持高度一致。自觉用系列重要讲话精神指导丰顺改革发展实践，注重把“两学一做”学习教育与产业共建、“六城”同创、精准扶贫、县镇换届等中心工作有机结合，推动丰顺努力当好全市振兴发展的生力军。通过学习，全县党员干部进一步深化了对习近平总书记系列重要讲话的核心要义、思想精髓的理解，进一步把握了贯穿其中的治国理政新理念新思想新战略，进一步凝聚起推动丰顺事业发展、如期全面建成小康社会的智慧和力量。

（二）全力保持经济平稳健康发展。

扭住发展第一要务，坚持以新发展理念引领新常态，贯彻落实中央关于供给侧结构性改革的部署要求，把稳增长和调结构统一起来，全力促进经济平稳运行。

保持经济运行在合理区间。积极应对下行压力，提振投资、消费、出口，增强经济发展的活力和动力。着力扩大有效投资，扎实推进72个重点项目建设，加大基础设施、现代产业等领域投资力度，积极培育投资新增长点。完成固定资产投资61.85亿元、增长8.6%，重点项目投资68.34亿元、工业投资19亿元。梅汕高铁工程顺利推进，大丰华高速丰顺至五华段正式动工，国道206线改造工程韩山隧道先行开工，丰达路、沿江东路等一批项目全面完工。中小河流治理、省级小型农田水利重点县等项目进展顺利。海珠（丰顺）产业园成功列入省级循环化改造示范试点园区。深入挖掘消费潜力，实施旅游休闲等扩大消费行动，全县社会消费品零售总额49.3亿元、增长7.9%。认真落实促进外贸回稳向好政策措施，全县进出口总额3.48亿美元、增长2.7%。

大力发展实体经济。加大力度扶持中小微企业，认真落实促进民营经济大发展若干政策措施，深入实施“乡贤回乡投资兴业”工程，全县引进合同项目15个，计划投资91.33亿元，其中落户园区项目5个，计划投资总额超10亿元。汇威科技、中燃天然气等一批项目建成投产，宇星新材、菁蒿药业获准“新三板”上市。加快电声传统产业转型升级，推动投资5亿元的中国（丰顺）电声产品国际采购中心加快建设，省级质量监督电声产品检验站建成试运营，筹建全国电声产业知名品牌创建示范区获得国家质监总局的批准。全年实现电声产值92亿元、增长16%。绿色饲料产业园稳步推进，计划总投资10.2亿元的大北农、双胞胎、广东现代农业等5个首期入园项目加快建设。城区加快扩容提质，碧桂园、千江苑、滨江湾、大润发等一批房地产、城市综合体项目顺利建成，“六城”同创取得明显成效。留隍镇被列入国家产城融合新型城镇化综合试点地区。同时，农业生产稳步发展，全县农业总产值40.3亿元、增长4%。加快创建国家全域旅游示范县，大宝山、九龙嶂等一批旅游项目扎实推进。我县入选省“互联网+旅游”应用型培育小镇。八乡山、九龙嶂、韩山公园分别获评广东休闲农业与乡村旅游示范镇和示范点，韩山被列入全国优选旅游项目名录。2016年，全县接待游客521万人次，旅游总收入49.2亿元，分别增长21%、23%。

（三）着力提高民生保障水平。

贯彻以人民为中心的发展思想，按照坚守底线、突出重点、完善制度、引导预期的工作思路，办好十件民生实事，民生类财政支出占一般公共预算支出比重达82%，不断提高人民群众生活水平。城镇和农村常住居民人均可支配收入分别为20738元、11418元，增长7.8%、10.1%。

全力推进脱贫攻坚。召开全县扶贫开发工作会议，制定实施意见和配套措施，落实精准、做实要求，全面启动精准扶贫精准脱贫三年攻坚战。扎实做好相对贫困人口5931户、16080人的精准识别和建档立卡工作，一户多策、一人一策实施精准帮扶，启动实施扶贫项目276个，重点开展就业扶持、住房改造、教育扶贫，3096户、5369名相对贫困人口顺利脱贫，脱贫率达33%。

着力解决民生热点问题。坚持守住底线，

突出补齐短板，针对薄弱环节办好民生实事。巩固提升底线民生保障水平，继续较大幅提高城乡低保补差水平、农村五保供养标准和残疾人补贴、孤儿基本生活保障水平。实施更加积极的就业政策，全年开展就业培训8025人，城镇新增就业3755人。实施全民参保计划，城乡居民养老保险参保率达99.8%，新型农村合作医疗参合率保持100%。实施医疗卫生“强基创优”行动计划，扎实创建卫生强县，县级公立医院综合改革不断深化，稳妥有序实施全面两孩政策，公共医疗卫生服务能力有新提高。巩固教育“创强”成果，加快推进“创先”工程。文艺事业蓬勃发展，坚真公园广场舞队荣获省广场舞群英会总决赛亚军和最佳原创奖。制订出台深入开展全县域人居环境综合整治、建设美丽乡村三年行动计划，采用市场化模式引进省广业公司整县推进生活垃圾和生活污水综合治理，完成汤南新铺高美等4个环境综合治理与修复示范项目建设。完成4个市县级森林公园总体规划，新创建3个省级乡村美化绿化示范点。全县新增绿化造林面积40.73万亩，森林覆盖率达77.44%。丰顺被纳入国家重点生态功能区。成功举办纪念李坚真同志110周年诞辰系列活动，更好地继承和发扬大姐精神。成功举办第四届中国·丰顺“喜德盛杯”国际自行车邀请赛，进一步推动体育休闲与旅游产业融合发展。深入创建平安丰顺，大力开展“飓风2016”专项行动，严厉打击违法犯罪行为，刑事立案率持续下降，破案率大幅上升，公众的安全感和满意度明显提升。“七五”普法扎实开展，村（社区）法律顾问作用进一步发挥。全县三级综治维稳平台矛盾纠纷成功调处率达99.8%，信访总量同比下降43%。安全生产形势持续稳定向好。食品药品安全监管扎实有效。在2016年度全市综治和平安建设考核中，我县获评第二名。

（四）圆满完成县镇换届。

坚持把加强党的领导贯穿换届全过程，坚持正确的用人导向和好干部标准，注重选好配强党政正职，优化领导班子结构，严格按照换届组织程序，大力选拔政治强、懂专业、敢担当、作风正的干部，突出从基层一线培养选拔干部，共提拔副科以上干部116名。严格按照“九个严禁、九个一律”的要求，做好舆论引导，确保换届风清气正、圆满成功。通过换届，既谋划了今后五年丰顺发展的美好蓝图，又促进了班子年龄、文化、专业结构的优化，实现换届选出好干部、配出好班子、换出新面貌。

（五）推进全面从严治党。

坚持严字当头，做到抓管党从严、抓执纪从严、抓治吏从严、抓作风从严、抓反腐从严，把严的要求贯穿管党治党全过程。认真落实全面从严管党治党主体责任，贯彻执行《中国共产党问责条例》《关于新形势下党内政治生活的若干准则》和《中国共产党党内监督条例》。深入推进驻点普遍直接联系群众工作，全县共接访、走访群众62万人次，解决问题15832件。出台《县委工作规则》，充分发挥县委统揽全局、协调各方的作用。从严从实抓好七项重点任务，基层党建水平迈上新台阶。强化党风廉政建设责任制，严肃查处违法违纪行为，全县查处违法违纪案件63宗63人。廉政舞曲《清风飞扬》获央视全国比赛铜靴奖。全力支持人大、政协依章履职，推进法治政府建设。支持司法机关公正司法。全面加强党管武装和“双拥”工作，连续五次获评“广东省双拥模范县”。支持工青妇和统一战线工作，形成推动振兴发展的强大合力。

县委常委会高度重视自身建设，坚持把思想政治建设摆在第一位，严守政治纪律和政治规矩，坚决贯彻执行中央、省、市的决策部署，始终在思想上政治上行动上同以习近平同志为核心的党中央保持高度一致。要求班子成员模范遵守党章，在自觉落实管党治党责任、落实廉洁自律等方面作出表率。加强和规范党内政治生活，贯彻执行民主集中制，规范县委常委会会议制度，建立完善县委书记专题会议制度，严格按规则议事和决策，维护班子的团结统一。坚持密切联系群众，加强基层调研，着力解决好人民群众关心的现实问题。深入贯彻落实中央八项规定精神，认真落实党风廉政建设责任制，自觉接受人民群众监督。

在看到成绩的同时，我们也清醒地认识到

工作中存在的不足和面临的困难问题。一是经济增长压力大。经济总量虽然突破了百亿大关，但生产总值、一般公共预算收入等增速未能完成年度目标任务，这与经济运行总体下行，以及规划目标时对困难和问题认识不足有关。二是提速发展动力弱。拉动县域经济发展的固定资产投资总量小，而且增长幅度小，特别是工业技改投资负增长，造成工业转型升级滞后，不利于县域经济实力提升。三是民生短板仍然突出。精准扶贫精准脱贫任务繁重，环境保护压力巨大，建设实验小学、幼儿园，中医院搬迁等群众关心关注的民生问题尚未解决。四是管党治党有待加强。一些领导干部改革创新意识不强，领导振兴发展的能力不足；一些党员干部作风不实、不敢担当，工作缺乏干劲、闯劲、拼劲，更有甚者为官不为；一些基层党组织软弱涣散，缺乏凝聚力和战斗力，没有发挥应有的战斗堡垒作用。对此，我们要正视问题，深刻剖析，采取有效措施认真加以解决。

二、2017年工作打算

今年将召开党的十九大和省第十二次党代会，今年也是实施“十三五”规划的重要一年，推进供给侧结构性改革的深化之年，率先全面建成小康社会的关键之年，做好今年工作意义重大。

当前，丰顺天时、地利、人和，迎来了发展黄金机遇期，加快丰顺振兴发展的动力更强、信心更足。信心来自于上级良好的政策环境。目前我国仍处在可以大有作为的战略机遇期，经济发展回稳向好的基本面并未改变，随着国家宏观调控政策效应进一步显现和供给侧结构性改革深入推进，经济增长呈现稳中有进、稳中向好势头，加快转型升级迎来新的契机；省委、省政府全力推进珠三角与粤东西北一体化发展，释放了政策利好的新信号；市委、市政府正在加快构建“一区两带六组团”发展新格局，对丰顺组团发展提出了新要求，寄予了更高的期待；穗梅产业共建迎来“窗口期”，未来两三年内将落地一批优质项目，加速经济发展。信心来自于当前良好的发展态势。随着“两大振兴政策”的深入实施，我县的交通条件、区位优势逐步发生改变，产业集聚平台效应日益显现，城市整体功能和辐射带动作用不断增强，支撑丰顺振兴发展的条件更加具备。信心来自于干部群众良好的精神面貌。我们从广大党员干部群众身上感受到不服输、不气馁、不甘落后、愈战愈勇的拼搏精神，看到了力量、看到了希望、看到了未来。只要看准了的事情，不争论、不折腾，撸起袖子加油干，定能成就一番事业。

今年工作的总体要求是：深入学习贯彻习近平总书记系列重要讲话精神，全面贯彻党的十八大和十八届三中、四中、五中、六中全会以及中央、省委、市委经济工作会议精神，统筹推进“五位一体”总体布局和协调推进“四个全面”战略布局，坚持稳中求进工作总基调，践行发展新理念，适应经济新常态，坚持以提高发展质量和效益为中心，坚持以推进供给侧结构性改革为主线，主动对接市“一区两带六组团”新要求，落实“两大振兴政策”，扭紧“三大抓手”，着力稳增长、促改革、调结构、优环境、惠民生、强党建，加快构建“一区一带”发展新格局，加大有效投资，振兴实体经济，促进经济平稳健康发展和社会和谐稳定，以优异成绩迎接党的十九大和省第十二次党代会胜利召开。

根据上级部署，结合我县实际，县委研究提出，今年经济发展的主要预期目标是：生产总值增长9%左右，一般公共预算收入增长12%以上，固定资产投资增长25%以上，社会消费品零售总额增长10%以上，外贸进出口总额增长5%左右，城乡居民人均收入增长与经济增长基本同步。坚持稳中求进工作总基调，把稳中求进作为根本的工作方法运用到经济社会发展各方面，保持政治稳、经济稳、社会稳、人心稳，努力把各项工作做得更好。主要经济发展预期目标比全市平均水平略高，主要是考虑我县经济仍欠发达、总量小，需要自我加压、迎头赶上，在提高发展质量和效益的前提下，尽力做大总量、加大投资，确保如期全面建成小康社会。

实现今年的目标任务，我们要着力抓好如下五方面工作。

（一）突出创新发展和有效投资，确保全面完成全年经济发展目标任务。

深入贯彻落实市委、市政府关于创新驱动发展和加大有效投资的决策部署，一手抓创新一手抓投资，制定实施全县推动创新发展“八大抓手”工作要点，增强经济发展新动能，提升县域经济实力。

突出项目投资拉动。要充分发挥投资在稳增长中的关键性作用，全力推进总投资290.2亿元、年度投资69.98亿元的90个正式重点项目建设，增强经济发展后劲。要狠抓基础设施建设。全力配合“两高”工程建设，依法依规征地，确保梅汕高铁、大丰华高速工程丰顺段无障碍施工。大力实施交通建设“双十”工程，着力推进今明两年能开工、总投资30亿元的十项重点经济路线规划建设，确保今年5条以上动工，同步谋划2019年后三年能开工、总投资约20亿元的另外十项重点经济路线规划建设。加快推进榕江北河左岸丰达路新桥至新铺大桥段堤路建设、引龙灌区改造等工程建设，全面完成山区中小河流域治理任务。发挥粤海水务合作优势，全面提升供水能力。做好龙峡水库、南礤水库、教堂水库等重点水源工程前期工作，启动丰顺新区后备供水工程规划建设。大力实施村村通自来水工程，加快新一轮农村电网改造、超高速无线局域网等一批供电、信息、能源等重点项目建设。

发展壮大工业经济。要建好发展平台。围绕“工贸新城、生态园区”的发展定位，加快海珠（丰顺）产业园首期5平方千米的开发建设，着力完善园区基础设施建设，力争今年完成园区基础设施投资5亿元，固定资产投资超过20亿元。全力依法依规征地，确保今年新增征地1500亩以上，工业用地储备总量超过3500亩。加快“三纵三横”工业大道和首期日处理1万吨的污水处理厂建设，上半年完成污水处理厂至235国道连接线及排洪干渠工程，年底前完成污水处理厂主体工程。同步启动占地300亩的生活配套服务区规划建设，着力提升产业园集聚力和承载力。要培育好主导产业。深化与工信部电子五所等科研院所在技术研发、成果推广、创业导师等方面的战略合作，推进机器人与智能装备应用等技术创新，扶持汇威科技等企业开展技术创新，加快科技企业孵化器发展，力促投资5亿元的中国（丰顺）电声产品国际采购中心年底前建成运营，省级质量监督电声产品检验站全面启用，“全国电声产业知名品牌创建示范区”筹建工作按国家质检总局复函要求扎实推进，推动电声产业转型发展，力争电声产业产值突破100亿元。大力实施品牌战略，支持企业争创省著名商标、申报省名牌产品。加快电声创业园规划建设，力争下半年有10家左右企业落户开工。加快绿色饲料园建设，抓好大北农、双胞胎等项目建设，力争明年初有2家企业投产。要强力抓好招商引资。深入实施“乡贤回乡投资兴业”工程，引进一批投资大、效益好、带动能力强的优质项目，确保埔寨片区年内入园项目总数达到30家以上。加大项目跟踪力度，力争华于科技、金利华电子等项目早日动工、投产见效。

搞活做旺旅游产业。要充分发挥温泉、文化和生态优势，以发展全域旅游为引领，大力发展体育休闲和温泉旅游产业，推进梅江韩江（丰顺）绿色健康文化旅游产业带和生态旅游区建设，加快创建国家全域旅游示范县，力争实现旅游接待人数、旅游总收入增长20%以上目标，形成梅江韩江绿色健康文化旅游产业带的龙头带动效应。要推进景区提质升级。以丰顺列入广东省“互联网+旅游”小镇创建单位、留隍镇被列为国家产城融合新型城镇化综合试点地区为契机，全力推动留隍“一桥三路”、“一库三园”等重点项目建设，加快创建国家旅游度假区。抓好韩山、八乡山、大宝山、九龙嶂、铜鼓峰、揭岭飞泉、甲溪山水等生态旅游项目建设，力争年内完成投资8亿元以上。要拓展旅游发展空间。加快培育文化创意、健康养生、运动休闲等新业态，促进产品结构由观光型向休闲度假、养生养老型延伸，产业链由单一观光向吃住行、游购娱、商养学、闲情奇一条龙服务转变。完善特色民宿、农家乐管理办法和评定标准，积极培育发展农家乐、家庭农场、乡村客栈等新型经营主体。加大力度引进培养旅游专业人才，加强导游等旅游从业人员培训，不断提高素质和能力。推进区域旅游合作，加强旅游宣传推介，全面打响“中国温泉之城”“中国长寿之乡”旅游核心品牌。

扶持发展精致农业。推进农业供给侧结构性改革，启动新一轮农村综合改革试点项目和原中央苏区综合改革示范区建设。抓好农村土地“三权”改革，有效利用土地资源，引进新型农业经营主体和农业大户，实行连片开发、整村开发，构建“产业、企业、产品”一体化发展格局，打造“一村一品、一镇一业”。按照“扶优、扶强、扶大”的原则，全面落实税收优惠、金融、人才、用地、信息等扶持政策，扶持马山、蓝田、穗丰、丰联、泰源等农业龙头企业扩大生产，壮大自身实力。大力发展茶叶、油茶、红薯、青榄等特色优势产业，重点扶持连片200亩以上的农业示范基地发展。坚持“农旅融合、以旅兴农”，依托韩山、八乡山、马山生态茶园等建设，办好农旅结合示范点、休闲农业示范园，大力发展现代休闲农业。加大无公害农产品、绿色食品、有机食品“三品”认证力度，建立健全品牌激励和保护机制，打响“丰”字号品牌。严守耕地红线，严处乱占耕地等行为。稳定粮食生产，确保粮食安全。积极稳妥推进农村集体土地承包经营权确权颁证工作，今年努力完成七成的工作任务。

（二）坚持全民共建共享，深入开展城乡环境综合整治。

实现振兴发展，离不开宜居宜业宜游的城乡环境。要坚持洁净为先、文化为魂、产业为根，推动全域治理、全民参与、全面创新，在深化认识、调动各方积极性上下功夫，在标本兼治、收获整体效益上下功夫，在真抓实干、落实见效上下功夫，坚决打赢城乡环境综合整治攻坚战，努力建设健康、宜居、美丽、和谐的幸福家园。

建设生态丰顺。要执行最严格的环境保护政策，以问题为导向，加强环保监督检查，严厉打击环境违法行为。严格落实“河长制”，加强河道管理，规范取水用水，严厉打击非法采砂行为。深入开展“绿满丰顺”大行动，扎实抓好林业生态提升工程，推动生态景观林带、乡村绿化美化等重点林业生态工程建设取得新进展。加强自然保护区和森林公园建设与管理，推动八乡山自然保护区升级为省级自然保护区。严格落实项目准入条件，严把环境准入关。

建设魅力县城。要围绕建设“梅州南大门、潮汕后花园”的定位，以温泉宜居城为抓手，狠抓县城扩容提质。加快推进珠江海棠湾温泉度假山庄、珠光新城御景等10个总投资50亿元的城市综合体、旅游地产、酒店项目建设，加快占地1.2万平方米的电子商务产业园建设，推动产城融合发展。筹资10亿元开展“六城”同创，筹资10亿元建设“六馆三园三场三中心”等配套设施，筹资10亿元建设三所学校和三家县级医院，力争明年成功创建国家卫生县城、省文明县城、省卫生强县、省推进教育现代化先进县和省食品安全示范县，全面提升城市公共服务功能。积极推进“三旧”改造，加大汤坑路、五一路、建设路等主要街区立面整治和设施改造力度，改造东山市场，建设城北市场，优化提升老城区。坚持水质净化、路树绿化、堤灯亮化、岸景美化、彰显文化“五化”并举，筹资5亿元整治县城榕江北河，加快打造“百里榕江画廊”，带动一江两岸资源盘活、有效开发。

建设特色小镇。要推进中心镇“六个一”建设，提升中心镇综合承载力，促进人口集聚和产业集聚。引导中心镇差别化、个性化、特色化发展，丰良镇要发挥老县城和温泉的优势，建设成为以休闲旅游、特色加工业和商贸业为主导的山水生态型中心镇；留隍镇要加快创建国家级旅游度假区和广东省卫生镇，打造成为富庶美丽、宜居文明的“宋代古镇、世界旅游名镇”；潭江镇要擦亮“红陶专业镇”品牌，打造以陶艺体验、茶叶种植加工及茶文化展示、民俗文化旅游业为特色的中心镇；汤南镇作为重点镇，要加快融入温泉城建设，以“文旅名镇、客潮天地”为定位，精心打造田园休闲型客潮文化体验基地。

建设美丽乡村。要扎实推进与广业公司合作，整县推进乡村规划、治污保洁、拆旧添绿、产业培育、文明创建等工程，着力解决农村环境突出问题，每年整治30%的自然村，确保2018年年底前90%以上的村庄得到有效整治，90%以上的农村生活垃圾和生活污水得到有效治理。落实县镇两级挂钩联系全县域人居环境综合整治、建设美丽乡村三年行动计划工作责任制，实施“511”工程，围绕六项重点任务加强组织领导、统筹协调、督促指导，确保今年完成50个示范村和50个重点村污水处理设施建设和综合整治任务。按照“点上抓精品、面上抓示范、全县抓覆盖”的思路，立足农村经济基础、区位传统等实际情况，充分考虑农村与城镇的功能性差异，突出建设重点，挖掘文化内涵，展现地方特色，分层次、分类别全面推进全县美丽乡村环境建设，力争通过2～3年时间，实现全县80%以上的村庄基本建成美丽乡村的达标村，20%左右的村庄建成美丽乡村的精品特色示范村。

（三）高度重视改善民生，加快补齐率先全面建成小康社会民生短板。

围绕2018年率先全面建成小康社会目标，坚持问题导向，办好民生实事，集中力量破解难点、补齐短板，大幅增加医疗、教育、文化、体育等方面的高水平供给，进一步织密扎牢民生保障网。

打好精准脱贫攻坚战。农村贫困人口如期脱贫，是全面建成小康社会的底线任务。落实精准要求，因地制宜、因贫施策，一户多策、一人一策，突出产业与就业扶贫两个关键，确保今年新增5962名相对贫困群众脱贫，脱贫率提高到70%。加强对专项扶贫资金、相关涉农资金和社会帮扶资金集中监管使用，切实提高资金使用效率。对61条省定贫困村，认真按照省的新要求，加强规划，调整计划，全面启动新农村建设。

加快推进基本公共服务均等化。大力实施“六大工程”，加快三所学校建设，完善教育支农渠道，实施“名师工程”，全面推进教育现代化。加强公共文化服务供给，完善公共文化设施，广泛开展群众文化活动，上半年正式动工“六馆三中心”。推进卫生强县建设，深化县公立医院改革，全面加强基层医疗卫生服务能力建设，中医院整体迁建、人民医院门诊大楼改建、妇幼保健院提升改造和第二人民医院新建等工程年内全面动工。实施县镇村三级文明联创，完成5个文明镇创建，建成一批美丽乡村精品示范村。加强文化保护，做好“非遗”申报工作。加强行业监管，促进文化市场健康有序。开办丰顺政报，用好新兴媒体，加强网络监管，传递丰顺好声音，彰显丰顺正能量。

切实兜住民生底线。扎实做好就业托底工作，落实更加积极的就业创业政策，突出抓好高校毕业生、复转军人、农村转移劳动力、城镇就业困难人员等重点群体就业创业。强化社会保险扩面征缴，落实国家继续提高基本养老金标准的相关要求。健全城乡居民养老、医保待遇动态调整和重特大疾病保障机制，稳步提高大病保险水平。扎实推进保障性安居工程建设、棚户区改造。完善新型社会救助体系，大力支持专业社工和志愿者队伍建设，建立完善重点青少年群体、老人和妇女关爱服务体系。发展慈善事业。促进社区服务事业的发展。

（四）全力确保“四个不发生”，切实维护社会大局和谐稳定。

认真贯彻落实省委、市委政法工作会议精神，把维稳工作作为今年的头等大事来抓，切实履行维稳第一责任，把专项治理与系统治理、依法治理、综合治理、源头治理结合起来，创新社会治理，建设平安丰顺，坚决确保“四个不发生”，坚决维护和谐稳定的社会环境。

着力维护政治安全。丰顺作为华侨之乡，与港澳台、东南亚等海外各地联系比较紧密，要重视做好反渗透、反颠覆的工作。切实加强对敌斗争，严防敌对势力和敌对分子打着维权的旗号，炒作各种社会热点、敏感问题，插手干扰社会矛盾化解，利用群体性事件生事、闹事。采取坚决有力措施，加大力度有效打击“法轮功”“全能神”邪教组织和各种“街头政治”活动，切实维护国家政权安全。加强情报信息工作，继续深化治理整顿，加强重点专案打击力度，做好阻断和挤压工作。加强对主流媒体和新兴媒体的有效管理，牢牢掌握舆论主导权，维护意识形态安全。

着力维护社会治安。要保持打击犯罪活动的高压态势，深入开展“飓风2017”专项行动，严厉打击“两抢一盗”、网络金融犯罪、电信网络诈骗、黑恶势力犯罪等突出违法犯罪，解决人民群众反映的突出问题，提高人民群众的安全感。深入实施北部山区十镇联防和“南大门”平安工程，健全县镇村三级群防群治联动协作机制，以及网上基本要素定期排查和动态管控机制，推动社会治安防控体系立体化、动态化、信息化。完善应急特勤队和治安联防队建设，切实提升治安防控能力。

着力化解矛盾纠纷。要充分发挥县镇村三级信访维稳平台作用，加强源头防范，扎实开展“四访”活动，最大限度地把矛盾纠纷化解在当地、消除在萌芽状态，确保小事不出村、大事不出镇、难事县终结。围绕涉军退伍人员、民办教师等重点人群和涉及环保、征地、劳资纠纷等重点领域，逐镇逐村开展社会矛盾纠纷全面排查化解工作，引导群众依法合理反映诉求。充分发挥行业调委会的作用，推动诉讼调解与人民调解、行政调解、行业调解等无缝对接，落实诉前联调机制，实现党群沟通“零距离”、服务帮扶“零障碍”、社会矛盾“零复发”。

着力保障公共安全。要认真落实安全生产责任制，推进安全隐患排查治理体系和安全预防体系建设，狠抓安全生产大检查、大排查工作，持续抓好重点领域、重点行业的安全隐患排查和专项整治，把监管和防范措施落细落实，严防重大安全生产事故和公共安全事故的发生。加强食品药品监管，加强部门联动，建立财政保障机制，规范食品药品市场，让人民群众吃得安全、用得放心。

着力创新社会治理。要强化执法司法保障，严格执法办事，保护合法、打击非法，推动法律有效实施。按照构建“中心+网络化+信息化”工作体系要求，制定方案、抓好试点，下半年推动其他乡镇全面建设。全面铺开“七五”普法工作，提升全民法治意识和法律素养，推动全社会尊法学法守法用法。建设一批主题公园，推进法治文化建设。加强社会诚信建设，完善守法诚信褒奖机制和违法失信行为惩戒机制，营造诚信光荣、失信可耻的社会氛围。完善法律服务供给机制，强化一村（社区）一法律顾问工作。完善法律救助制度，健全司法救助体系。规划建设社区矫正监管指挥中心。

（五）落实全面从严治党，全力保障振兴发展。

办好丰顺的事情，关键在全县各级党组织，关键在落实党要管党、从严治党。全县各级党组织要树牢“抓党建就是最大政绩”的理念，坚决贯彻落实从严治党要求，营造风清气正的政治生态，为全面建成小康、加快振兴发展提供坚强有力的保证。

强化思想政治建设。要深入学习党的十八届六中全会精神和《准则》《条例》，认真学习贯彻省委关于深入推进全面从严治党的决定，增强“四个意识”尤其是核心意识、看齐意识，坚决拥护以习近平同志为核心的党中央的权威，在思想上政治上行动上始终与党中央高度保持一致。坚持全覆盖、常态化、重创新、求实效，坚持领导机关、领导干部带头，以上率下、层层示范，推动“两学一做”学习教育融入日常、抓在经常，教育引导广大党员干部做到政治合格、执行纪律合格、品德合格、发挥作用合格，不断取得实实在在的效果。

抓好干部队伍建设。开展大规模培训干部，进一步加强领导班子能力建设，切实提高改革创新、攻坚破难本领，不断优化班子结构，提升班子整体功能。坚持正确的选人用人导向和好干部标准，严格执行《党政领导干部选拔任用工作条例》，注重准确识人、因事择人、专业素养，注重在“一区一带”等重点领域、重点工作中发现干部、使用干部，重视培养选拔女干部、党外干部，把政治坚定、实绩突出、作风过硬、群众公认的好干部选拔到各级领导岗位。解决“重选轻管”问题，突出抓好领导干部特别是“一把手”这个关键少数的监督和管理，管出好导向、管出精气神、管出正能量。贯彻执行“三个区分”原则和“容错减责免责”制度，旗帜鲜明为敢于担当的干部担当，为敢于负责的干部负责，宽容干部在工作中特别是改革创新中的失误，最大限度调动干部干事创业的积极性。

大力夯实基层基础。基础不牢，地动山摇。要牢固树立大抓基层的鲜明导向，压实党委（党组）书记抓基层党建第一责任和班子成员党建工作的“一岗双责”，抓基层、强基础，充分发挥基层党组织的战斗堡垒作用。认真贯彻党内政治生活若干准则，加强和规范党内政治生活，严格落实“三会一课”制度，抓好“两会一评”，推动党内政治生活制度化、规范化、常态化。结合软弱涣散村党组织整顿工作，切实强化村“两委”换届的组织领导，做好摸查研判，采取针对性措施，确保村“两委”换届依法有序推进，提高“一肩挑”和村“两委”交叉任职比例，进一步选优配强村“两委”班子。建立健全村务监督委员会，加强农村“三资”监管。

切实转变工作作风。作风建设永远在路上，必须抓常、抓细、抓长，持续用力、久久为功。要持之以恒抓好作风建设，往深里抓、实里做，紧盯老问题、关注新动向，持续开展机关作风评议和治理“四风”问题，以作风正党风，以党风赢民心。领导干部要坚持从我做起、从小事做起，带头贯彻中央八项规定，积极践行党的群众路线，注重家庭、注重家教、注重家风，教育好亲属和身边工作人员，以良好的作风取信于民。坚持暗访、查处、追责、曝光“四管齐下”，坚决整治不作为、慢作为、乱作为等行为，营造团结干事的创业氛围。

从严抓好反腐倡廉。要主动适应从严治党的新要求，深入推进党风廉政建设和反腐败斗争，认真落实党风廉政建设的主体责任和监督责任，努力形成不敢腐、不能腐、不想腐的长效机制。严格执行党内监督条例，综合运用监督执纪“四种形态”，不断提升党内监督质量。设立县级巡察机构，制定巡察工作制度，实现巡察常态化。深化纪检监察体制改革，实现县级派驻监督全覆盖。始终保持高压态势，坚持以零容忍的态度惩治腐败，做到有腐必反、有贪必惩。坚持“一案双查”，让失责必问、问责必严成为常态。深化农村基层党员干部违纪违法线索排查，加强涉农领域、扶贫领域的监督执纪，解决群众身边的腐败问题。弘扬廉洁文化，加强廉政教育，强化典型案例警示作用，筑牢拒腐防变的思想防线。

实现全面小康、振兴发展，必须充分发挥党委的领导核心作用，最大限度激发和调动各方面的积极性、主动性和创造性。支持县人大及其常委会依法履职，完善人大讨论、决定、监督重大事项等制度，保证人大工作更好地体现人民意志。支持县政协履行政治协商、民主监督、参政议政职能，推动协商民主广泛多层制度化发展。切实做好民族、宗教、侨务和港澳台等工作，积极开展爱国统一战线活动。强化改革创新，更好发挥工会、共青团、妇联等群团组织和各类社会组织桥梁纽带作用。高度重视做好新形势下的老干部工作，让老同志继续贡献智慧和力量。加强党管武装工作，强化国防教育和后备力量建设，推动军民军地深度融合发展。

同志们，站在新的起点上，我们肩负着推动丰顺振兴发展的崇高使命。让我们紧密团结在以习近平同志为核心的党中央周围，在省委和市委的坚强领导下，以强烈的事业心和责任感，以踏石留印、抓铁有痕的干劲和作风，真抓实干，开拓创新，以优异的成绩迎接党的十九大和省第十二次党代会的胜利召开！

政府工作报告

——2018年1月12日在丰顺县第十五届

人民代表大会第三次会议上

丰顺县人民政府县长　廖茂忠

2017年工作回顾

过去一年，我们在县委的正确领导下，在县人大和县政协的监督支持下，认真学习贯彻党的十九大精神、习近平总书记系列重要讲话以及对广东工作的重要指示批示精神，坚决贯彻落实中央和省、市的决策部署，抢抓“两大政策”机遇，扭紧“三大抓手”，坚守“两条底线”，着力构建丰顺新区、梅江韩江（丰顺）绿色健康文化旅游产业带“一区一带”发展新格局，全县经济社会实现平稳较快发展。预计完成生产总值113.7亿元，增长6.9%；规上工业增加值27.1亿元，增长7%；社会消费品零售总额54.5亿元，增长10.8%；一般公共预算收入9.2亿元，增长9.2%；固定资产投资73.1亿元，增长18.2%。

一、稳增长，调结构，实体经济不断壮大

电声产值突破百亿。三次产业结构调整为21.0∶41.0∶37.9，产业结构不断优化。建成全国首个出口电声产品质量安全示范区，全国电声产业知名品牌创建示范区创建扎实推进，省级质量监督电声产品检验站全面启用。深化与工信部电子五所、广东工业大学等科研院校的战略合作，支持32家企业实施技改，培英公司车间智能化改造项目建成投产。实现电声产值101亿元，增长9%，成为全市首个县级百亿产业。

现代农业稳步发展。瑞丰粮油二期15万吨浅圆仓项目建成投产，总投资3.5亿元的代米生物二期日产110吨食用菌工厂化生产项目竣工试产。我县首项省级地方标准《地理标志产品马图绿茶》开始实施，八乡山番薯获得国家地理标志保护，促进农业提质增效。农村土地确权扎实推进，颁证10.5万本，颁证率达90.1%。预计实现农业总产值40.6亿元，农村居民可支配收入12786元，分别增长4.3%、12%。

文化旅游快速发展。编制完成《丰顺县全域旅游示范县专项规划》《留隍镇国家级旅游度假区总体规划》，留隍镇入选国家第二批特色小镇。鹿湖温泉度假村获评国家AAAA级景区，填补了我县国家AAAA级景区的空白。八乡山、韩山、揭岭飞泉、大宝山、九龙嶂、种王上围等总投资约50亿元的生态旅游项目建设加快推进，完成旅游重点项目投资5.8亿元。全县接待游客599.5万人次，旅游总收入57.1亿元，分别增长15.1%和16.1%。

创新驱动成效明显。新增高新技术企业5家，保有量达15家；实现主营业务收入5亿元以上工业企业研发机构全覆盖，组建省、市工程研发中心16家；互联网+孵化器建设提前通过省、市认定；研发经费投入9394.9万元，GDP占比达0.8%以上。连续两年获评市政府质量工作综合考核A级县。

二、抓项目，夯基础，有效投资不断扩大

全县90项重点项目完成投资127.2亿元、占年度任务的144.2%，其中33项省市重点项目完成投资62.7亿元、占年度任务的157.1%。

加大基建投资。以“两高”“双十”工程为重点的交通公路基础设施建设扎实推进，全年完成投资超过17亿元。梅汕高铁、大丰华高速丰顺境内工程实现无障碍施工。206国道丰顺段改造工程全线动工。西环路一期、北洞至大凹段等一批路桥建成通车。培英大桥基本建成。梅汕高铁丰顺东站连接线、留隍大桥至文祠等一批工程加快推进。完成公路安全生命防护工程272.3千米、村道路面硬化改造62.5千米。32宗重点水利工程完成投资4亿元，其中村村通自来水工程、中小河流治理各1.2亿元，三个中心镇污水处理厂建设项目7077.7万元。原中央苏区农村超高速无线局域网建设顺利完成，新一轮农村电网改造升级加快推进。

加大工业投资。全力保障项目用地，全年新增征地8161.8亩。丰顺经济开发区扩区获省批准。加快推进海珠（丰顺）产业园工业大道、生活配套区、污水处理厂等基础设施建设，其中污水处理厂基本完成主体工程，园区共投入基础设施建设资金11.6亿元。积极引导乡贤回乡投资兴业，引进新希望六合集团、青蒿素日化用品等合同项目6个，计划总投资36.4亿元。华于科技、双胞胎、旺兴达实现投产。新增青蒿药业在新三板挂牌，并成功申报国内主板上市辅导备案。全县完成工业投资23.6亿元，其中技改投资5.5亿元，分别增长60%、23.9%。

加大城建投资。全力推进珠光新城御景、珠江海棠湾等城市扩容提质项目建设，完成项目投资25.2亿元，其中总投资10亿元的珠光新城御景一期实现竣工，总投资4.2亿元的客潮水乡汤泉世界一期、总投资约2亿元的华茂大厦建成试业。完成中心镇（重点镇）“六个一”建设年度投资6.4亿元。

三、创“六城”，建新村，城乡环境不断优化

突出建设宜居温泉城。“六城”同创有序推进，成功获得省文明县城提名，创建国家卫生县城、省卫生强县、省文明县城、省推进教育现代化先进县和省食品安全示范县取得阶段性成效。坚持水质净化、路树绿化、堤灯亮化、岸景美化、彰显文化“五化”并举，加快打造“百里榕江画廊”。总投资3.6亿元的“六馆三中心”完成招投标工作，近期开工建设。进华路、新堤路等一批市政道路改造，以及丰达路新桥至新铺大桥两段堤路、汶水河人行景观桥、汤西桥至黄埔桥段景观提升工程加快推进。

全面整治农村人居环境。深入开展全县域人居环境综合整治、建设美丽乡村三年行动计划，成功引进广业环保投资约10亿元，合作27年，突出农村生活污水和垃圾处理，整治全县域人居环境，高美、梅溪、拾荷等23个村级污水处理站及35.2千米配套管网建成试运营。留隍镇实行圩镇保洁业务外包，半年时间扭转“垃圾围城”困境。坚决打击“两违”行为，立案查处违法用地54宗、违章建筑25宗。

加快创建社会主义新农村示范村。以“百村示范、千村联动、万众行动”为抓手，突出61个省定贫困村建设，下达启动资金3740万元，其中58个省定贫困村每村30万元、省级新农村连片示范建设工程（含3条省定贫困村）2000万元。完成61个省定贫困村村庄规划编制和“三清三拆三整治”任务。总投资1.5亿元的留隍镇“五村连片十村联动”省级示范工程进场施工。成功承办第十三届中国农村发展论坛暨“新乡贤与农村发展新动能”全国研讨会。

四、狠整治，重保护，生态建设不断巩固

水体环境明显改善。坚持长短结合、标本兼治，突出抓好养殖、生活、工业污染治理和应急措施，大力实施榕江北河水体达标整治，实现榕江北河丰顺段水质稳定达标，顺利通过省、市摘牌验收。县污水处理厂集污管网一、二期完成修复，三期扩建工程加快推进。榕江北河丰揭交界河段治理工程基本完成。新世纪片区雨污分流工程可研报告通过专家评审。全面落实“河长制”，明确县镇村河长379个，推动江河湖库长效化常态化治理，韩江获评全国“最美家乡河”。全面完成中央环保督察反馈问题的整改任务。

生态优势更加凸显。编制《丰顺县林地保护利用规划》，建立全县森林和林地档案管理数据库，形成林地“一张图”管理。完成碳汇林人工造林4.6万亩、省级碳汇林抚育14.6万亩，完善提升生态景观林带600亩，完成4个省级示范点、20个市级示范点共24个乡村绿化美化工程，启动4个森林公园的规划设计工作，全县森林覆盖率达78.3%。

土地资源高效开发。永久基本农田划定工作通过省级验收，实际划定永久基本农田面积17994公顷，超额完成市下达任务。开发补充水田1358.2亩，新增水田1271.4亩。全县土地利用总体规划中期调整获省批复实施，建设用地总规模增加285公顷。

五、补短板，强弱项，民生福祉不断提升

民生保障持续加强。十件民生实事基本完成。城乡居民基本养老保险基础养老金标准从每人每月110元提高到120元。城镇、农村低保人均补差水平分别从每月419元、191元提高到457元、206元。城乡低保对象基本医疗救助比例达80%以上。城乡居民养老保险参保率达99.8%，新型农村合作医疗参合率保持100%。城镇新增就业4050人，城镇失业人员再就业2982人，就业困难对象再就业312人，新增转移就业6729人，失业率控制在2.45%。城镇居民人均可支配收入23449元，增长13.1%。食品安全抽检达到每千人1.5批次。成功创建2家市级“放心肉菜”示范超市。

文教卫体持续发展。潘田、北斗等12个镇通过教育强镇复评。实验中学、大同中学建成使用，实验小学、实验幼儿园动工建设。电视大学更名为开放大学，实现转型发展。县第二人民医院动工建设。组建人民医院、中医院两个县域医共体。丰良、留隍等6个镇通过“基本医疗和基本公共卫生服务示范镇”验收。259间村卫生站建设基本完成。《悦读丰顺》开刊，《大美丰顺》《百年圆梦》等一批文艺作品获得好评。建成村级综合性文化服务中心146个，农村文化俱乐部、文化驿站各10个。全民健身活动再掀高潮，组团参加第八届市运会取得好成绩。

脱贫攻坚成效明显。做好县级层面设计，创新实施帮扶措施，突出产业与就业扶贫两个关键，全力打好精准脱贫攻坚战。集中为2644户有劳动能力相对贫困户办理小额信贷手续，户均放贷3万元，发放贷款7932万元，统一投放到扶贫企业，按年均10%的收益，年户均增收3000元。采取“企业+贫困户+产业”帮扶方式，发动贫困户4982人投入3806万元，投放到扶贫企业，年人均增收764元。完成农村危房改造750户。全年新增5600名相对贫困群众脱贫，脱贫率提高到70%以上。

社会保持和谐稳定。建成覆盖全县的“综治网格群”，实现“中心+网格化+信息化”建设全覆盖。各类信访案件稳中有降，获评“全国信访工作‘三无’县”。十九大安保工作考核获评优秀档次，受到全市表彰。加强社会矛盾排查化解，健全人民调解以案定补制度，拓展公共法律服务领域，推动行业性、专业性人民调解组织的建设发展，调处各类矛盾纠纷2590件，实现“四个不发生”目标。“七五”普法工作高质量推进。严厉打击违法犯罪活动，“社会治安防控”“平安丰顺”工作扎实推进。汤西南礤村、汤南新楼村分别获评全国、全省文明村，北斗镇拾荷村获评全国民主法治示范村。成功举办第五届世界客商大会丰顺县重点项目动工竣工活动、2017年中国·丰顺“喜德盛杯”国际自行车邀请赛和“醉美丰顺·全域自驾”活动。压实安全生产责任，突出重点领域、重点时段专项治理，常态化开展事故隐患排查治理，全县安全生产形势持续稳定。金融稳定健康发展。妇女儿童、老龄、民族宗教、外事侨务、国防、兵役、双拥等工作扎实推进。人事、编制、监察、统计、物价、打假、法制、供销、气象、史志、人防、地震、档案、残联、粮食安全和红十字等工作成绩显著。

六、促改革，优服务，自身建设不断加强

继续深化行政体制改革，政府转职能、提效能工作进一步推动。重点领域改革取得新突破，加强县纪委派驻纪检机构建设，推进巡察机构建设，抓好城市综合行政执法、食盐监管体制改革和供销合作社综合改革，完成国有林场改革。丰顺粤海水务有限公司揭牌。推进行政许可目录和权责清单动态调整工作，公布行政审批中介服务事项清单和目录，保留行政许可252项，取消行政许可12项，调整完善权责事项628项。全面实施“多证合一、一照一码”登记制度改革，全县新增个体工商户2006户，企业338户，分别增长22.6%、16%。“双随机一公开”及涉企信息统一归集公示工作全面铺开。县镇村“一门式一网式”服务平台正式上线运行，网上办事大厅受理业务8782件，办结率达100%。12345政府服务热线实现24小时运行，及时受理办结工单560件。丰顺县惠民信息公开平台建成运行，公开近五年的涉农数据211.1万条。推进不动产登记制度化、规范化建设，发出不动产权证书10392本、不动产登记证明6688份。“三公”经费财政拨款支出不断压减。完成全县企事业单位取消车辆的封存停驶。认真学习宣传贯彻党的十九大精神，“两学一做”学习教育常态化制度化深入推进，机关作风整治、评议和党风廉政建设持续加强，政府执行力和公信力明显提高。深入推进法治政府建设，坚持科学民主决策，做好依法行政考评，加强政府信息公开，行政行为不断规范。认真落实人大及其常委会的决议、决定，坚持向县人大及其常委会报告工作，向县政协通报情况，自觉接受监督。办理代表建议29件、委员提案53件，办复率均达100%。

各位代表！这些成绩的取得，是县委正确领导的结果，是全县人民凝心聚力、开拓进取，顽强拼搏、扎实苦干的结果。在此，我代表县人民政府，向各位代表，并通过你们向全县人民和所有参与、关心、支持丰顺发展的社会各界人士，表示衷心的感谢和崇高的敬意！

过去一年的发展成就令人鼓舞，但我们也清醒地认识到发展中还存在一些问题和挑战：一是经济规模小，龙头企业少，创业创新能力和综合竞争力不强；二是交通条件、营商环境仍然欠佳，对市场主体吸引力不够强；三是产业发展不充分，城乡发展不平衡，推进供给侧结构性改革任务艰巨；四是一些部门克服困难解决问题的决心不足、办法不多，干部队伍的整体执行力、创新力与高质量发展要求不相适应，个别干部不在状态、不敢担当，等等。我们将正视问题，直面挑战，采取有效措施加以解决。

2018年工作安排

2018年是贯彻党的十九大精神的开局之年，是决胜全面建成小康社会的关键一年。今年政府工作的总体要求是：深入贯彻党的十九大精神，以习近平新时代中国特色社会主义思想为指导，以李希书记来梅调研讲话精神为动力，按照中央和省委、市委、县委全会的部署，践行新发展理念，紧扣社会主要矛盾变化，按照高质量发展的要求，以供给侧结构性改革为主线，着力稳增长、促改革、调结构、惠民生、防风险，推进生态富民强县，加快构建“一区一带”科学发展格局。

今年的主要预期目标是：全县生产总值增长7%左右；固定资产投资增长20%以上；社会消费品零售总额增长10%以上；外贸进出口总额增长1%以上；一般公共财政预算收入增长9%左右；居民人均可支配收入增速与经济增长基本同步；城镇登记失业率控制在3.5%以下；节能减排约束性指标完成市下达年度计划。重点做好以下六个方面工作：

一、加快创新驱动发展，大力振兴实体经济

实施产业振兴计划，全面落实省“实体经济十条”和创新发展“八大抓手”，完善扶持实体经济发展政策措施，持续扩大有效投资，加快产业转型升级，培育发展电子电声、农副产品精深加工、温泉健康养生“三大百亿”产业。

加快发展现代农业。鼓励发展绿色饲料、茶叶、粮油、米面等农产品精深加工，打造从“田间到舌尖”的产业链条。大力推进绿色饲料园建设，力争2018年新引进3家企业，促成4家企业试产，通过三四年努力产值达到75亿元以上，着力打造全省重要绿色饲料生产基地。大力推进瑞丰粮油、代米生物、天亿、马山、穗丰、龙丰等农业产业化龙头企业发展，力争新增国家级龙头企业1家、省级2家、市级5家。支持代米生物创业板上市。继续推进优质粮油、优质茶、优质水果等特色农业基地建设，稳定粮食生产，发展特色种养业，新增优质茶园1万亩，新增科技种养示范基地8万亩。筹划留隍橄榄申报国家地理标志产品保护，做好韩山绿茶标准示范区申报工作。优化区域布局，逐步建立油茶、茶叶、南药等特色林下经济产业基地，建立林禽、林畜、林菌等立体复合经营体系。大力发展以林果基地结合旅游休闲农庄为特色的观光休闲农业，做强做细做精乡土特色农产品加工，着力打造丰顺农业观光旅游品牌。

加快发展工业经济。全力加快“一都两区三中心”建设，推进国家级外贸转型升级基地申报工作，争取2018年成功申报“中国电声之都”。实施“引智强企”计划，继续深化与工信部电子五所和广东工业大学、广州大学等开展战略合作，推动骨干企业技术创新，积极推进“丰顺电声”集体商标申报工作。全力推进海珠（丰顺）产业园建设，完成占地300多亩的生活配套服务区首期工程，标准厂房建成使用。加快电声中小微企业创业园规划建设，年内一批电声企业进园，促进电声产业集聚发展。园区污水处理厂首期工程上半年投入使用。加快园区横一路、园区大道等基础设施建设。坚持引资引智引技并举，强化精准招商，深入实施“乡贤回乡投资兴业”工程，积极承接引入珠三角产业转移项目。大力发展总部经济，推动广东丰顺商会总部经济中心建设。加快喜德盛自行车产业入园落地建设。力推泰昌、新顺达、华亿达、铭海、鸿润、立讯精密、新南方青蒿素日化用品市场基地等企业落地建设。严格落实县领导联系服务重点企业制度，扶持中小微企业发展和“小升规”。鼓励企业加强研发，扩大生产规模，力争规上工业企业研发机构覆盖率提高到25%以上，扶持汇威等电声企业早日跨入产值超10亿元的行列。全力推进钢铁产业转型升级，提升钢铁行业绿色发展水平。

加快发展全域旅游。围绕创建全域旅游示范县工作目标，大力发展体育休闲和温泉旅游产业，力争旅游接待人数、旅游总收入分别增长20%以上。加快八乡山全域旅游示范镇、留隍国家级旅游度假区等开发建设。推进广东潮客小镇项目建设，努力创建国家康养示范基地。加快韩山生态旅游度假区、八乡山大峡谷景区创建国家AAAA级景区。加强旅游公共服务设施建设管理，继续推进旅游厕所建设，加快完善景区、道路、城市旅游标识系统。通过以奖代建，鼓励旅游沿线成熟的民宿、农家乐、旅游商店等增设旅游咨询功能，为游客提供咨询服务。加快“互联网+旅游小镇”培育建设，力争今年底前全县重点景区、重点区域实现免费WiFi全覆盖，积极打造智慧旅游景区。

二、加快基础设施建设，巩固提升发展优势

加快交通网络建设。重点配合推进梅汕高铁、大丰华高速公路建设。力争206国道丰顺段改造工程完成隧道、桥涵、路基等控制性工程，2019年竣工；力争355国道、228省道灾毁重建和留隍进城大道平交工程2018年完工；推动县城大外环埔寨连汤西至汤坑东里段、汤坑至留隍快速干线、227省道留隍至潭江、239省道天狮碑至高基等项目尽快实施；全力抓好留隍大桥至文祠、西留线大龙华至黄金、丰良奖坑至榕树塘、新高园至大宝山、汤南海沟路、二中至隆烟大桥、高铁东站连接线、大丰华高速出口至揭岭飞泉等一批新开工重点交通项目建设；加快实施黄金三合至潘田、留隍大桥至潮州赤凤、珠胜公路等续建项目和黄金双灵至大龙华罗洋等一批路面改造提升工程建设，力争2018年完工。抓好235国道东联至贵田改建、206国道石桥至揭阳交界铺设沥青、留隍大桥新建工程动工建设。

加快水利设施建设。全面完成小胜溪、凤凰溪、龙溪、白溪、东联水等5项山区中小河流治理工程建设。加快推进总投资1.5亿元的3个中心镇污水处理厂及配套管网项目建设，力促丰良镇污水处理厂建成运营。县污水处理厂集污管网三期扩建工程4月底前建成使用。加快推进新区引水工程及榕江北河左岸罗湖桥至金河大桥、万江府至铜盘溪口、铜盘溪口至丰达路新桥，以及右岸黄埔桥至金河大桥等4宗县城区堤路工程前期工作。全面完成2018年度崩岗治理工程，做好上两年度工程收尾工作。完成全县小型水利工程管理体制改革。

加快电力、信息基础设施建设。全力配合完成高铁丰顺工程等主、配网工作。做好110千伏南湖输变电工程、潘田输变电工程配套线路建设前期工作。推进城区GIS变电站建设，完成年度中心村电网改造升级。深入实施“互联网+”行动计划，规划建设丰顺电子政务云数据中心，推广物联网、云计算等示范应用，推动互联网与产业发展、商贸流通、惠民服务、政务服务等领域的深度融合。开展新数字家庭行动推动4K电视网络应用与产业发展。做好信息基础设施专项规划、电子信息制造业企业数据统计、互联网+试点企业等信息工作。

三、科学统筹城乡发展，全力打造美丽丰顺

抢抓区域协调发展机遇，突出温泉资源优势，全面铺开城乡各项规划建设，更好地实现城乡融合发展。

着力推进城区扩容提质。围绕打造梅州城市副中心目标，加快宜居宜业温泉城建设。启动“多规合一”控制线规划工作，完善城镇规划方案，优化城乡布局。加快推进“六城”同创，力争2018年成功创建国家卫生县城、省卫生强县、省推进教育现代化先进县、省食品安全示范县，省文明县城和智慧县城建设取得明显成效。加快打造“百里榕江画廊”，带动一江两岸资源盘活、有效开发。5月底前完成汶水河人行景观桥建设。力争年底前完成“六馆三中心”主体工程建设。加快推进珠光新城御景、培英锦绣城、珠江海棠湾、万江府、锦江新城等一批城市扩容提质项目建设。加大交通、学校、医院、公园、公共停车场、公共绿地、公厕等公共设施投入，补齐城区市政设施短板，推进海绵城市建设。坚持建管并重，加强城市管理，不断提高城市品位。在抓好中心镇（重点镇）“六个一”建设的基础上，着力推进留隍、丰良、潭江、汤南等一批特色小镇建设，创新发展模式，突出产业建镇，增强公共服务供给，提升新型城镇化发展水平。

着力推动乡村振兴。加快推进留隍镇“五村连片十村联动”省级示范工程，积极谋划全县新农村连片工程，统筹推进全县域创建社会主义新农村示范村建设。启动100个行政村社会主义新农村整洁村、示范村建设，同步推动其余163个行政村、约1000个自然村示范村建设。突出抓好61个省定贫困村381个自然村创建社会主义新农村示范村，到2018年底全面建成整洁村，30%以上自然村建成社会主义新农村示范村。严格落实精准扶贫精准脱贫任务，整合扶贫资金和其他相关涉农资金，集中力量把产业扶贫作为解决突出贫困问题的突破口，确保现行标准下我县贫困人口在2018年全部脱贫。提高镇村规划水平，优化村庄布局，全力推进“四好农村路”建设。加强农村宅基地管理，进一步规范农村建房秩序。深化农村土地制度和集体产权制度改革，稳定土地承包经营延续30年不变的农村基本经营制度，抓好农村土地确权颁证收尾工作。清除要素下乡障碍，推行农村“三变”改革，确保农民从土地流转中获取收益。加强农村“三资”监管，完善民事民治管理机制，发挥群众主体作用，激活农村发展活力。支持农村创业创新，培养一批有文化、懂技术、会经营的新型农民。

着力优化人居环境。全面推行“河长制”，加快编制“一河一策”实施方案，落实最严格水资源管理制度，推进生态和水资源综合治理，构建平安绿色生态水网。健全养殖污染、生活污染和工业污染整治长效机制，巩固榕江北河整治成果。推进生活方式绿色化，推广绿色生产，持续推进资源节约高效利用，全面完成节能减排任务。强化大气、扬尘、露天焚烧污染等防治，完成黄标车和锅炉整治任务，确保城区空气质量优良率达96%以上。深入开展新一轮“绿满丰顺”大行动，推进四大林业生态工程，加强林业生态红线管理，切实做好森林防火工作，保护森林资源，巩固和扩大生态空间。深化城乡环境综合整治工作，扎实推进全县域人居环境综合治理与修复PPP项目，力争新建9个镇污水处理厂、800多个村污水处理站、1个生活垃圾分片处理场，实现所有镇和行政村污水处理设施全面建成运营，90%以上的农村生活垃圾和生活污水得到有效治理。

四、全面补齐民生短板，加快实现共享发展

始终把改善民生作为我们工作的出发点和落脚点，促进各项社会事业协调发展，着力解决关系人民群众切身利益的突出问题，以民生改善新成效推动高质量发展新进步。

继续完善社会保障。落实更加积极的就业创业优惠政策，搭建线上线下对接服务平台，有针对性开展好就业创业帮扶和培训，做好贫困劳动力安置工作，保持劳动关系总体和谐稳定。推进高技能人才培训基地建设，重点培养电声、电商实用技能人才。建设人才公寓、人才驿站，落实人才培养、引进政策待遇，增强引才聚才效力。深入推进全民参保计划，全面落实机关事业单位养老保险制度改革，发动社会灵活就业人员参加社会养老保险，提高社会保险覆盖面。提高社会救助和保障标准。医养结合加强养老服务体系和基础设施建设，打造“双百”社工服务站。推进绿色殡葬和惠民殡葬。稳步推进农村金融改革，完成农信社改制农商行工作。引导房地产健康平稳发展，有效保障群众住房需求。依法推进基层治理和服务创新，推进农村社区建设示范创建活动，开展社会组织等级评估和孵化工作，支持志愿者队伍建设。

全面发展社会事业。大力推进教育“六大工程”，重视特殊教育，支持民办教育，努力让每个孩子都能享有公平而有质量的教育。坚持质量强校，加强师德师风建设，打造一批特色学校。加强校园卫生、安全管理，保障师生身心健康。办好丰顺开放大学，打造全民学习和终身学习平台。继续深化医药卫生体制改革，加快实施分级诊疗制度，完善医共体建设。推进创建卫生镇村工作，大力开展爱国卫生运动，健全三级疾病预防控制体系，落实基本公共卫生服务项目。全面落实扩大国家免疫规划，提高突发公共卫生事件应急能力。推进中医药强县和“治未病”健康工程，构建中医预防保健服务网络。完善全面两孩相关配套政策。加大文化遗产保护、传承与创新力度，繁荣客潮文艺精品创作，发展文化创意产业，丰富各类群众性文化活动。建成101个基层综合性文化服务中心。深入推进全民健身计划，办好“喜德盛杯”国际自行车邀请赛和“县长杯”足球联赛等体育赛事，加快推进振兴足球之乡，推动体育与旅游产业融合发展。实施广播电视制播设备升级改造。切实维护妇女儿童合法权益，健全留守儿童、困境儿童关爱服务体系。做好统计、物价、史志、人防、档案、打私、打假、应急、金融、粮食安全和防灾减灾等工作，加快民族宗教、外事侨务等事业发展。

全力维护社会稳定。推进“智慧公安”建设，探索建设视频人脸识别系统，进一步加强交通秩序整治，依法严厉打击各类违法犯罪活动，维护社会大局和谐稳定。完善情报信息网络，深入排查化解不安定因素，构建社会治安综合治理网格化信息化法治化长效管理体系，建设更高水平的“平安丰顺”。进一步畅通信访渠道，严格落实首办责任制，切实减少矛盾积累和问题上行。健全“党政同责、一岗双责、齐抓共管、失职追责”安全生产责任体系，持续深入开展隐患大排查，加强建筑施工、道路交通、民爆器材、燃气等重点领域、行业专项整治，突出源头防治，提升安全生产综合治理水平。落实“七五”普法规划和“谁执法、谁普法，谁服务、谁普法”责任制。统筹线上线下公共法律服务资源，年底前建成覆盖县镇村三级公共法律服务平台，推动乡镇人民调解委员会聘请专业人员专职从事人民调解工作，健全矛盾纠纷化解机制。设立复退军人管理保障工作机构，做好双拥、民兵、国防等工作。

五、从严抓好自身建设，不断提升服务水平

全面贯彻落实党的十九大精神，围绕与全省、全市同步建成小康社会目标，加快服务型政府建设，提升新常态下推动高质量发展的能力水平。

打造法治政府。深入推进依法行政，严格按照法定权限和程序履行职责。自觉接受县人大及其常委会法律监督、工作监督和县政协民主监督，提高代表议案、建议和委员提案的办理质量，落实各项决议、决定并定期报告工作。坚持开展公务员学法活动，完善政府购买法律服务制度，做好行政复议、应诉工作。完善行政执法和监督体系，推动执法责任落实。坚持科学民主依法决策，推进政府信息公开，畅通社会监督渠道。

打造效能政府。把学习宣传贯彻党的十九大精神作为当前和今后一个时期的首要政治任务，强化公务员培训。持续开展机关作风整治和党风政风评议，营造良好的政务服务环境。深入落实“互联网+政务服务”，完善“一门式一网式”政府服务模式改革，全面推进政务服务“马上办”改革，优化“12345”热线等政府服务平台运行，确保行政审批事项全流程办理率和网上办结率达标。完善公务员培养选拔机制，从严管理监督，打造信念坚定、为民服务、勤政务实、敢于担当、清正廉洁的公务员队伍。完善激励约束机制，整治“为官不为”，健全容错减责机制，落实“三个区分”原则，充分调动干事创业积极性。

打造廉洁政府。开展“不忘初心、牢记使命”主题教育活动，巩固提升“两学一做”学习教育常态化制度化成果。落实全面从严治党要求，严守政治纪律和政治规矩，牢固树立和自觉践行“四个意识”。深入推进政府系统党风廉政建设和反腐败工作，严格执行中央八项规定，坚决防止“四风”问题反弹回潮。加大行政监察和审计监督力度，加强涉农资金管控。持续开展暖企行动，构建“亲”“清”新型政商关系。

打造创新政府。持续深化行政审批制度改革，加快清理规范行政审批中介服务，建立行政审批标准化管理体系，完善政府部门权责清单、行政许可事项动态调整长效机制。持续开展减证便民专项行动，推进企业“多证合一、一照一码”，全面推行“证照分离”改革，全面落实收费目录清单管理制度。实现“双随机一公开”监管全覆盖，落实市场准入负面清单、公平竞争审查工作部门联席会议制度。实施监察体制改革，组建县监察委员会。加快城管执法体制、环保机构监测监察执法垂直管理制度改革和供销合作社综合改革。梳理盘活各类国有和集体闲置资产，推动我县基础设施和公共服务领域投融资机制创新。

六、办好十件民生实事

一是提高困难群众救助补助标准。城镇、农村低保对象最低生活保障人均补差水平分别从每月457元、206元提高到503元、228元。特困人员基本生活标准按不低于当地最低生活保障标准的1.6倍且不低于当地现行特困人员基本生活标准确定。孤儿基本生活最低养育标准集中供养水平从每人每月1450元提高到1560元、分散供养水平从每人每月880元提高到950元。城乡低保对象政策范围内基本医疗救助比例达到80%以上，建档立卡贫困人口政策范围内基本医疗救助比例达到80%以上。困难残疾人生活补贴标准从每人每年1800元提高至1890元，重度残疾人护理补贴标准从每人每年2400元提高至2520元。

二是扶持就业创业。扶持创业250人、城镇新增就业3000人、失业人员再就业2800人，就业困难人员再就业320人。对符合条件参加职业技能晋升培训、法定劳动年龄内的省内外城乡劳动者按规定给予补贴。实施“圆梦计划”，资助10名在丰务工的优秀新生代产业工人参加学历继续教育的专、本科学习。

三是提高边远地区学校教师生活补助。鼓励引导人才向边远贫困地区流动并长期从教，农村边远地区学校教师生活补助从每月人均不低于900元提高到不低于1000元。

四是改善困难群众居住条件。全面完成贫困户危房改造建设任务。发放住房租赁补贴84户。完成200户贫困重度残疾人家庭无障碍改造。

五是提升医疗卫生养老保障水平。将职工基本医疗保险基金年度累计最高支付限额从9万元提高至10万元，职工补充医疗保险年度累计最高支付限额从27万元提高至28万元。将职工医疗保险住院起付线一级医院从450元降低至200元、二级医院从600元降低至450元、三级医院从800元降低至650元；将城乡居民医疗保险住院起付线二级医院从500元降低至450元、三级医院从800元降低至650元。将城乡居民大病保险起付标准从1万元降为8000元、报销比例从70%提高为75%；城乡五保供养对象、建档立卡贫困人员起付标准从2000元下调至1000元，报销比例从80%提高至85%，不设年度最高支付限额。城乡居民养老保险基础养老金最低标准从每人每月120元提高至130元。加快县人民医院综合门诊大楼、第二人民医院、中医院整体迁建、妇幼保健院升级改造等项目建设，统筹推进汤南镇、埔寨镇中心卫生院住院大楼建设。扩大家庭医生签约服务人群，实现家庭医生签约服务覆盖率达30%以上、重点人群达60%以上。

六是增加教育文化体育公共资源供给。镇中心以上学校全部实施校园网提速工程，实现光纤网络延伸入班，普通教室配备多媒体教学设备；教学点实现30%以上。推进平阳小学迁建工程，加快实验小学、实验幼儿园建设，确保实验幼儿园2018年秋季投入使用。加快推进图书馆、文化馆总分馆建设，力争完成5个镇分馆建设。为17个未覆盖丰顺电视台有线数字电视信号的省定贫困村开通有线数字电视。完善全面健身活动设施，建设城乡15分钟健身圈，为省定贫困村配建一套8件以上器材的健身路径。动工建设1个公共体育场馆。新（改）建4个自动气象站。各镇新建或改造一座农贸市场。加强食品药品监督管理，食品安全抽检由每千人1.5批次增至每千人3批次。

七是巩固提升人居环境。全县61个省定贫困村全面建成新农村整洁村。实施1宗175个工程点村村通自来水工程建设。完成削坡建房边坡整治251户。实施丰顺县城区路灯亮化升级改造工程，2018年完成A区（新世纪片区）和B区（湖下片区）的升级改造。全县范围内所有社区、行政村和常住人口超过1000人的自然村建设微型消防站。配合做好梅州市环境质量生态自动监测网络建设工作。

八是实施交通便民工程。完成国省道新改建及路面改造50.46千米，改造国道危桥1座，整治急弯陡坡、临水临崖等影响安全通行路段75千米。城区新增20辆纯电动公交车，建设1座纯电动公交车充电站。完成县乡公路安全生命防护工程200千米、农村公路硬底化50千米。

九是健全社会矛盾纠纷化解机制。支持镇（场）人民调解委员会聘请专职人民调解员，实行“以案定补”制度，加强调解组织规范化建设，调解成功率不低于97.5%，“民转刑”案件比2017年下降10%。

十是增加农民农业生产补助。按规定提高全县183.88万亩省级以上生态公益林每亩补偿标准。对拥有耕地承包权的种地农民（含农场职工），按平均每亩不低于85元进行直接补贴，补贴总面积不少于20.1万亩。增加政策性农业保险保费补贴险种、扩大保险覆盖面、提高保障标准，其中水稻保险参保率达到80%以上，每亩每造保额从400元提高到800元。

各位代表！新时代赋予新使命，新征程呼唤新担当。让我们更加紧密地团结在以习近平同志为核心的党中央周围，在县委的坚强领导下，抢抓机遇、锐意进取，勇于担当、攻坚克难，推进生态富民强县，加快构建“一区一带”科学发展格局，为全面建成小康社会而努力奋斗！

附：

名词解释

【两大政策】指《赣闽粤原中央苏区振兴发展规划》和《关于进一步促进粤东西北地区振兴发展的决定》。

【三大抓手】指交通基础设施建设、产业园区扩能增效、中心城区扩容提质。

【两条底线】指发展和生态两条底线。

【八大抓手】全省创新发展大会提出，把高新技术企业培育、新型研发机构建设、企业技术改造、科技企业孵化器和创新平台建设、高水平大学和理工科大学建设、开展核心技术攻关、加强创新人才队伍建设、发展科技金融等八项工作作为广东科技创新的抓手。

【互联网+】指把互联网的创新成果与经济社会各领域深度融合，形成更广泛的以互联网为基础设施和创新要素的经济社会发展新形态。

【两高】指梅汕高速铁路、大丰华高速公路丰顺境内工程。

【双十】指总投资约63.8亿元、建设总里程达513.34千米的“双十”交通公路建设规划，其中2017—2018年计划开工建设十项系统工程（共有22个项目）、2019—2021年开工建设十项系统工程（共有19个项目），通过加强国省道改造，完善经济网络线路，促进对内全面畅通，对外快速连通，服务全县大发展。

【“六城”同创】指创建国家卫生县城、省卫生强县、省文明县城、省食品安全示范县、省推进教育现代化先进县和智慧城市。

【六馆三中心】指图书馆、文化馆、博物馆、体育馆、档案馆、城市规划展览馆和客潮文化艺术中心、全民健身中心、游客接待中心。

【百村示范、千村联动、万众行动】“百村示范”是指将61个省定贫困村和丰顺县第一批社会主义示范村申报名单40个村，先行打造成“100”个社会主义新农村示范村；“千村联动”是指除了上述“100”个示范村建成后，带动其余163个行政村，约1000个自然村建成社会主义新农村；“万众行动”指发动群众内生动力，积极投入社会主义新农村建设。

【三清三拆三整治】指为省定贫困村创建社会主义新农村示范村，整治提升村容村貌的创建内容之一，是建设新农村工作的前置任务。“三清”指以20户以上自然村为基本单元，全面清理村巷道及生产工具、建筑材料乱堆乱放；清理房前屋后和村巷道杂草杂物、积存垃圾；清理沟渠池塘溪河淤泥、漂浮物和障碍物。“三拆”指拆除危旧房、废弃猪牛栏及露天厕所茅房，拆除乱搭乱建、违章建筑，拆除非法违规商业广告、招牌等。“三整治”指整治生活垃圾、生活污水、水体污染。

【留隍镇“五村连片十村联动”省级示范工程】指总投资1.5亿元的丰顺县省级新农村连片示范建设工程项目。实施位置为留隍镇上围、九河、葛布、田坫、砂汤村5个行政村（其中上围、葛布、田坫村为省定贫困村），由于区域位置，五村连线成片，片区与西洞、环市、黄砂坑、锡坑、庵坑村相邻，示范片的建设可以带动周边五村发展，形成五村连片十村联动。

【新三板】指中关村科技园区非上市股份有限公司进入代办股份系统进行转让试点，因为挂牌企业均为高科技企业而不同于原转让系统内的退市企业及原STAQ、NET系统挂牌公司，故形象地称为“新三板”。

【河长制】指根据2016年12月，中共中央办公厅、国务院办公厅印发的《关于全面推行河长制的意见》，由各级党政主要负责人担任“河长”，负责组织领导相应河湖的管理和保护工作。

【四个不发生】指不发生危害国家安全和社会稳定的重大政治事件、不发生严重暴力恐怖和个人极端事件、不发生重大群体性事件、不发生重大公共安全事件。

【多证合一、一照一码】“多证合一”指自2017年9月1日起，全省在全面实施企业和农民专业合作社工商营业执照、组织机构代码证、税务登记证、社会保险登记证、统计登记证“五证合一、一照一码”的基础上，再整合住房公积金缴存登记、外商投资企业设立备案、对外贸易经营者备案登记、国际货运代理企业备案、检验检疫报检企业备案、原产地证申领企业备案登记；在个体工商户工商营业执照、税务登记证“两证整合”的基础上，再整合住房公积金缴存登记、对外贸易经营者备案登记。“一照一码”指企业、农民专业合作社、个体工商户登记时，由工商行政管理和市场监督管理部门核发加载法人和其他组织统一社会信用代码的营业执照。

【“一网式一门式”政务服务】指通过实现“一门在基层，服务在网上”，破除政务服务碎片化、条块化和本位化，从群众办事习惯、互联网普及程度等实际出发，打造贴身贴心服务的“整体政府”，实现网上“背对背”、基层“面对面”和办事全覆盖，群众只要进“一个门”、上“一张网”，就能够享受无部门界限、无标准差异的政府服务。

【省“实体经济十条”】指2017年8月20日，粤府〔2017〕90号文印发的《广东省降低制造业企业成本支持实体经济发展的若干政策措施》，在降成本方面切中与我省制造业企业成本联系最紧密的生产经营、营商环境、税收三个核心环节，并从用地、新兴支柱产业、技改三个方面支持实体经济发展。

【一都两区三中心】“一都”指打造“中国电声之都”；“两区”指创建国家级出口电声产品质量安全示范区、全国电声产业知名品牌示范区；“三中心”指建成中国（丰顺）电声产品国际采购中心、中国（丰顺）国际电声博览中心和国家级质量监督电声产品检验中心。

【小升规】指小微企业转型升级为规模以上企业。

【多规合一】指在一级政府一级事权下，强化国民经济和社会发展规划、城乡规划、土地利用规划、环境保护、文物保护、林地与耕地保护、综合交通、水资源、文化与生态旅游资源、社会事业规划等各类规划的衔接，确保“多规”确定的保护性空间、开发边界、城市规模等重要空间参数一致，并在统一的空间信息平台上建立控制线体系，以实现优化空间布局、有效配置土地资源、提高政府空间管控水平和治理能力的目标。

【农村集体“三资”】指农村集体资金、农村集体资产和农村集体资源。

【农村“三变”改革】指农村资源变资产、资金变股金、农民变股东改革。

【“双百”社工服务站】指粤东西北地区“双百镇（街）社会工作服务站”建设运营示范项目，省民政局从2017年至2021年连续5年资助粤东西北地区和惠州市、肇庆市、江门市台山、开平、恩平等地建设运营200个镇（街）社工服务站。

【六大工程】指师资队伍素质提升工程、学前教育和义务教育提质工程、高中教育扩容提质工程、教育信息化建设工程、教育教学提质工程、特色教育发展工程。

【智慧公安】指通过情报资源共享、数字信息流动、数据资料分析创设一个智慧环境，采集、存储、加工和智能化处理海量信息，加强警务工作对社会的感知、反应、掌控能力。

2017年大事记

1月

1日 广州市花都区委书记黄伟林率队到丰顺县开展精准扶贫调研活动。

2日 县委、县政府举行招商推介会。广东省丰顺商会会长冯永超在致辞中表示，广东丰顺商会将尽最大努力，一如既往地支持家乡发展，协调方方面面关系，充分发挥“敦睦乡谊、促进工商、加强交流、共谋发展”的创会宗旨，为商会会员提供最好的服务，同时为家乡建设作出应有贡献。

3—5日 丰顺县开展纪念李坚真110周年诞辰系列活动。包括黄金镇纪念活动、坚真韩江大桥和坚真大道等四项工程竣工仪式、敬献花篮仪式、广东省坚真慈善基金会揭幕仪式、纪念李坚真110周年诞辰座谈会、“重走大姐革命之路，传承红色基因”行走活动等纪念活动。

5日 市委常委、宣传部部长张丽霞到丰顺县检查指导创建“广东省文明县城”工作时要求，要以核心价值观引领文明创建，积极探索，创新“创文”，多措并举，多方协同，争夺“创文”团体冠军。

5—6日 2016年梅州市工业企业机器人与智能装备应用现场会暨年终总结大会在丰顺县召开。

16日 县委书记曾永祥主持召开各镇（场）党委书记和县直工委书记抓基层党建工作述职专题会议。

是日 县委书记曾永祥主持召开县委常委会会议，传达学习省委副书记、代省长马兴瑞来梅州调研讲话精神，以及省纪委十一届六次全会，全省加快推进基础设施项目建设工作会议，市人大、市政协“两会”等重要会议、重要讲话、重要批示精神，研究部署贯彻落实意见。

17日 丰顺县委、县政府召开2016年度领导班子民主生活会。市委常委、秘书长余其豹在市委组织部副部长卓利清和市委办副主任邓威雄等陪同下到会指导并作讲话。

是日 县委书记曾永祥率队开展春节前安全生产工作。曾永祥要求，各级各部门要增强安全忧患意识，始终绷紧安全生产这根弦，杜绝麻痹大意思想，加大隐患排查力度，为丰顺振兴发展营造平安有序环境。

是日 丰顺县举行广东省电声产业技术创新联盟揭牌暨丰顺县电声产业机器人与智能装备应用动员大会。工信部电子五所、广州大学专家、教授、相关单位负责人以及100多家丰顺电声企业负责人参加活动。

18日 丰顺县在会展中心大会堂召开全县人居环境综合整治推进会议。

是日 县委副书记、县长廖茂忠率县府办、县民政局等有关部门负责人，深入到汤坑镇横东村、敬老院、邓屋村开展节前“送温暖”慰问活动，看望慰问困难党员、低保户、孤寡老人、军烈属，为他们送上党和政府的关怀与新春的祝福。

19日　丰顺县在迎宾馆召开2017年老干部迎春茶话会。

是日　县委副书记、县长廖茂忠率队分别深入到部分重点工程建设工地、烟花爆竹销售企业和景区景点等地开展节前安全生产大检查。廖茂忠要求，各级各部门要提高思想认识，时刻绷紧安全生产这根弦，落实好安全生产工作责任制，加大隐患排查力度，确保广大群众过个祥和的快乐年。

20日　县委副书记、县长廖茂忠主持召开县政府常务会议，研究部署丰顺县重点工作。

22日　县委书记曾永祥在县委常委、办公室主任黄建斐，县委常委、统战部部长罗卫标，副县长傅伟芳，以及县民政局等有关部门负责人的陪同下，深入到县福利院、汤南镇敬老院以及汤南镇部分低保户、五保户和贫困户家中开展新春慰问活动。

23日　珠江·海棠湾温泉度假山庄在汤坑镇石桥村苏姑山下隆重举行开工奠基仪式。

是日　县委书记曾永祥与县委副书记、县长廖茂忠率队走访慰问丰顺县纳税大户，代表县委、县政府为他们送上新春祝福。

24日　县委书记曾永祥率队看望慰问居住在县城的正县级老同志，代表县委、县政府向老同志们致以诚挚的节日问候。

2月

4日　县委书记曾永祥、县委副书记、县长廖茂忠分别率队到县人大、县政协机关以及县直有关部门走访慰问广大干部职工，给广大干部职工送上新春的问候和美好的祝福。

9日　县委书记曾永祥，县委副书记、县长廖茂忠率队到埔寨镇烧火龙活动现场检查指导安防工作。

是日　县委副书记、县长廖茂忠主持召开县政府常务会议，研究部署当前丰顺县重点工作。廖茂忠要求：各级各部门要明确责任，加大力度，强化措施，协调联动，确保各项工作有序推进。

10日　广东省书法家协会副主席、广州市美协主席周国城等广东书画名家一行11人到丰顺县指导书画创作，并召开专题讲座，吸引丰顺县80余名书画爱好者前来学习。

11日　丰顺县埔寨镇有着近300年历史的烧火龙表演精彩上演，吸引了数万名来自梅州本地和深圳、广州、香港、台湾乃至新加坡等外地的摄影爱好者和游客观看。

是日　丰顺县黄金镇举行“黄金迎灯”巡游活动庆贺元宵佳节。

14日　中国共产党丰顺县第十三届纪律检查委员会第二次全体会议在县会展中心召开，县委书记曾永祥出席会议并作讲话，强调要深入学习贯彻习近平总书记重要讲话精神，持之以恒抓好党风廉政建设和反腐败工作，坚定不移推进全面从严治党，更加努力建设风清气正政治生态。

15日　县委书记曾永祥主持召开县委常委会会议，传达省、市有关工作会议精神，研究部署贯彻落实意见。曾永祥要求，全县各级各部门要创新方式方法，以更加积极主动作为的姿态和付出，全力确保县委、县政府确定的各项工作顺利推进。

是日　以市委政法委专职委员陈维为组长的市考评组一行，到丰顺县开展2016年度综治工作（平安建设）现场考评并给予充分肯定。

16日　根据全国中小企业股转系统公告显示，广东新南方青蒿药业股份有限公司（证券简称：青蒿药业　证券代码：870644）的挂牌申请获得批准，并于2017年2月16日挂牌。这是丰顺县第二家成功挂牌新三板的企业，丰顺新三板企业培育工作再获重大进展。

17日　“崇德向上·敦风化俗——梅州市乡村里的价值观墙绘活动”启动仪式在丰顺县汤南镇新楼村举行。

20日　丰顺县组织收听收看全省、全市安全生产电视电话会议。会议强调，各级各部门要时刻保持如履薄冰的紧迫感，对安全生产常抓不懈，确保人民群众安居乐业。

是日　副市长温向芳、市政协副主席周秋明率调研组到丰顺县调研城乡环境综合整治工作，强调要大力实施美丽乡村三年行动计划，扎实推进全县域人居环境综合整治，构建和谐优美城乡人居环境。

21日 县委书记曾永祥，县委副书记、县长廖茂忠率队深入到汤西镇开展安全生产大检查。曾永祥、廖茂忠强调：安全生产必须常抓不懈，各相关职能部门要加强监督，认真查找各类安全事故隐患，落实整改措施，确保全县安全生产工作形势稳定。

22日 县委书记曾永祥，县委副书记、县长廖茂忠会见广东新南方集团有限公司董事长、总裁朱拉伊和广东丰顺商会会长冯永超一行，与他们亲切座谈，探讨招商引资事宜，共商家乡发展大计。

23日 市委、市政府在丰顺县召开梅州市城乡环境综合整治工作推进会，学习交流经验、查摆存在问题、鼓劲加压再提升。市委书记谭君铁主持会议，强调全市上下要进一步振奋精神、用心用力、真抓实干，纵深推进城乡环境综合整治，为加快建设“一区两带六组团”，全面建成小康社会创造更加优美的发展环境。

25—27日 丰顺县组团参加第6届中国（花都）视听数码博览会，丰顺县20多家电声企业参加此次博览会。电声企业总成交额达6000万元。

26日 副市长、市公安局局长陈俊钦率队到丰顺县督导经济工作时要求，丰顺县要深入贯彻落实全市创新驱动与加大有效投资工作会议精神，全力以赴抓好“稳增长、调结构、促改革、惠民生”各项工作，推动县域经济加快发展。

27日 市委常委、常务副市长李远青率队到丰顺县督导省市重点项目建设情况和安全生产工作，并结合挂钩联系，着重了解“一情三重”落实情况。他要求丰顺县认真贯彻落实全市创新驱动与加大有效投资工作会议精神，明确目标任务，压实工作责任，全力加大有效投资，力促重点项目早动工、建成、见效，确保顺利完成全年目标任务。

是日 市人大常委会党组书记、副主任叶胜坤率队到丰顺县，对梅汕高铁梅州段工程项目进行调研督导并走访部分省市人大代表。

28日 市党联办主任胡班率市考核组一行9人，到丰顺县开展2016年安全生产责任制现场考核。其间，市考核组通过听取丰顺县2016年度安全生产工作情况汇报；查阅相关文件资料，抽查安全生产责任制落实情况等形式，现场进行考核评分。

是日 县委书记曾永祥，县委副书记、县长廖茂忠率队到广州海珠（丰顺）产业转移园调研，研究解决制约产业园区发展瓶颈。曾永祥、廖茂忠要求：各相关部门要相互配合，加强沟通协调，围绕园区各项目建设和项目落地，千方百计加快丰顺县工业有效投资步伐。

3月

1日 县委副书记、县长廖茂忠主持召开县政府常务工作会议，研究讨论拟提交县十五届人民代表大会第二次会议审议的《政府工作报告（讨论稿）》《2017年十件民生实事（讨论稿）》《丰顺县2016年预算执行情况和2017年预算（草案）报告》及其他事项。

是日 县委常委会召开会议，传达学习全市城乡环境综合整治工作推进会、市委政法工作会议精神以及市领导到丰顺督导经济工作时的讲话精神，研究丰顺县贯彻落实意见；讨论拟提交县委十三届二次全会审议的县委常委会工作报告稿，以及县政府工作报告稿、2017年十件民生实事、重点建设项目和重点工作计划等文件稿，强调要明确目标、压实责任、狠抓落实，确保实现2017年全县经济社会发展目标任务。

3日 中国共产党丰顺县第十三届委员会第二次全体会议在县会展中心召开。县委书记曾永祥主持会议并代表县委常委会向全会作工作报告。会上，县委副书记、县长廖茂忠总结2016年全县经济工作，部署2017年经济工作和重点项目建设工作。会议以举手表决的方式通过全会《决议（草案）》。

是日 丰顺县召开县委政法工作会议，传达学习中央和省、市委政法工作会议精神；总结2016年全县政法和信访工作；分析当前形势，部署2017年工作。县委书记曾永祥在会上要求，全县各级各部门特别是政法部门要不忘初心，撸起袖子加油干，扑下身子抓落实，全力维护社会稳定，推动丰顺县政法工作迈上新台阶，以优异的成绩迎接中共十九大和省第十二次党代会胜利召开。

是日 副市长温向芳率市住建局、城乡规划局、市直机关工委书记等相关单位负责人，到丰顺县调研督导“六个一”建设项目等工作。温向芳要求，丰顺县要围绕市委市政府定下的主题，突出地方特色，充分利用瑠隍资源禀赋和人文历史，接地气、谋长远，预留未来发展空间，在中心镇加快推进“六个一”建设项目，其他建制镇可在条件成熟的情况下逐步推广。

6日 丰顺县全体县领导，正、副县级干部等800多人在丰顺县埔寨镇茅园村开展义务植树活动，为该村种上山杜英、香樟、木荷、枫香等树种共1.8万株，种植面积达13.3公顷。同时，丰顺县各镇组织干部职工和青年团员开展义务植树活动。

7日 广州中医药大学党委书记黄斌率考察团一行到丰顺县考察健康产业发展情况。

是日 副市长吴泽桐率领市经信、科技、商务、旅游、招商等有关部门负责同志到丰顺县调研工业发展工作。吴泽桐要求，丰顺要不断优化企业服务意识，大力推进标准厂房建设，加大技工培训力度，加强技术研发，努力提升行业标准，确保丰顺电声产业做大做强，实现百亿产值目标。

8日 政协第十届丰顺县委员会第二次会议在会展中心开幕。

是日 丰顺县召开县十五届人大二次会议党员负责同志召集人会议。县委书记曾永祥参加会议并作讲话。他要求：各召集人要充分认识肩负的责任，以高度负责的精神、扎实有效的工作，努力营造团结紧张、严肃活泼、廉洁高效的良好会风，确保各项会议议程顺利推进，切实把这次会议开成一个民主团结、求真务实、开拓奋进的大会，为加快丰顺振兴发展、如期全面建成小康社会提供强有力保障。

9日 丰顺县第十五届人民代表大会第二次会议在会展中心大会堂隆重开幕。

是日 出席县第十五届人民代表大会第二次会议的人大代表，分组审议《县人民政府工作报告》《县2016年国民经济和社会发展计划执行情况与2017年计划草案报告》《县2016年预算执行情况与2017年预算草案报告》。会议听取丰顺县人民代表大会常务委员会工作报告、县人民法院工作报告和县人民检察院工作报告。

是日 市第三次全国农普领导小组副组长、市统计局局长凌松宏一行到丰顺县督导第三次全国农业普查工作。

10日 丰顺县扶贫开发工作会议在县会展中心召开，主要任务是总结2016年工作，分析存在问题，部署2017年工作，动员做好省2016年度扶贫开发工作成效考核迎检工作。县委书记曾永祥出席会议并作讲话，他强调，全县各级各部门要高度重视，全力迎检，明确目标，突出重点，压实责任，全力打好精准脱贫攻坚战，为2018年全面建成小康社会打下坚实基础。会议由县委副书记、县长廖茂忠主持。

是日 丰顺县第十五届人民代表大会第二次会议圆满完成各项议程后，在县会展中心大会堂胜利闭幕。

14日 县委书记曾永祥，县委副书记、县长廖茂忠率队督导教育工作，研究解决丰顺县教育工作中所遇到的各种困难和问题。曾永祥、廖茂忠表示，凡是有利于教育发展的事情，相关部门都不能拖、不能等，要在第一时间尽快协调解决好，全力推动丰顺县教育事业振兴发展，加快丰顺县创建教育现代化先进县步伐，努力办好让人民满意的教育。

15日 县委书记曾永祥、县委副书记、县长廖茂忠率队调研县城区公园规划建设情况。曾永祥、廖茂忠要求，各级各部门要科学规划设计，统筹考虑建设，压实主体责任，充分认识公园规划建设对于保障改善民生、提升城市品位的重要意义，让更多老百姓从中受益。

15—16日 省委宣传部巡视员、省文明办主任顾作义率队检查督导丰顺县创文工作，强调要坚持问题导向，做到标本兼治，不断提升城市文明素养，实现物质文明和精神文明、城市文明和农村文明双提升、双促进。省文明办副主任韩国威，市委常委、宣传部部长张丽霞；县委书记曾永祥；县委常委、宣传部部长林剑以及省、市、县宣传部、文明办等单位相关负责人一同参加检查督导。

17日 第二季“中国新歌声”全国城市海选丰顺赛区启动仪式暨丰顺赛区新闻发布会在丰顺县举行，活动吸引多家媒体代表以及丰顺各行各业商家代表共500多人参加。

20日 丰顺县召开宣传工作会议，深入学习贯彻中共十八大和十八届三中、四中、五中、六中全会精神，深入学习贯彻习近平总书记系列重要讲话精神，深入学习贯彻县委十三届二次全会精神，深入学习贯彻全国、全省、全市宣传部部长会议精神，回顾总结2016年工作，分析当前形势，研究部署2017年任务。

是日 县委书记曾永祥主持召开县委常委会会议，传达学习市委书记谭君铁、市长方利旭有关重要讲话精神，以及相关会议、文件精神，研究部署贯彻落实意见。曾永祥强调，全县各级各部门要认真领会上级各项决策部署精神，凝心聚力，奋发有为，坚持稳中求进的发展总基调，确保第一季度经济实现开门红和全年目标任务的完成，全力推动丰顺加快振兴发展。

21—23日 县委书记曾永祥，县委副书记、县长廖茂忠率领党政考察团到肇庆市学习考察，学习肇庆市在工业发展、城乡环境综合整治、美丽乡村建设和旅游产业等方面的先进经验和做法。

24—25日 省国土资源厅党组书记陈光荣，省国土资源厅副巡视员马兰峰率队到丰顺县开展地质灾害防治及扶贫慰问调研工作。陈光荣要求：要认真做好地质灾害点的排查和整治，确保人民群众的生命财产安全，要加大扶贫力度，突出精准帮扶，确保贫困群众早日全面实现脱贫目标。

26日 大北农（梅州）科技园项目动工仪式在埔寨农场梅州大北农基地举行。大北农（梅州）科技园建设项目一期工程占地5.3公顷，总投资过亿元，年产高档配合料18万吨。

27日 全省村（社区）“两委”换届选举工作电视电话会议召开，会议动员并部署村（社区）换届工作。县领导曾永祥、廖茂忠、郑奕雄、曹志辉、曾命城、傅伟芳等在丰顺县分会场收听收看视频会议。

28日 丰顺县举行大丰华高速公路丰顺至五华段丰顺县征地拆迁工作包干协议签订仪式。签订仪式上，尹良龙、林建华、廖茂忠分别代表南粤交通投资有限公司、市高速公路指挥部、中共丰顺县委县政府，共同签署大丰华高速公路丰顺至五华段丰顺县征地拆迁工作包干协议。

28日 县委副书记、县长廖茂忠主持召开县政府常务会议，会议传达省委书记胡春华和省长马兴瑞关于广州“3·25”坍塌事故的重要指示批示精神，对下来丰顺县如何做好安全生产工作再强调再部署。研究讨论交通基础设施新（改）建提升一期工程项目购买服务资金（专项贷款部分）列入政府年度财政预算事项、万通加油站搬迁、生猪定点屠宰场整改及其他事项。

是日 2017年全国医改工作电视电话会议召开。县领导曾永祥、廖茂忠、林剑，以及县直相关单位负责人在丰顺县分会场收听收看视频会议。

是日 省人力资源和社会保障厅副巡视员李哈阳率省考评组一行，到丰顺县开展广州海珠（丰顺）产业园区建设管理年度考核评价工作，并对该项工作所取得的成效给予充分肯定。市委常委、副市长、梅州高新区党工委书记刘棕会，副市长吴泽桐，县委副书记、县长廖茂忠，副县长罗裕权，以及市、县直相关单位负责人陪同考评。

4月

1日 县委书记曾永祥主持召开县委书记专题会议。会议学习习近平总书记在3月31日中央政治局会议上关于推进脱贫攻坚工作的重要讲话精神和省委省政府、市委市政府有关精准扶贫工作的一系列部署要求，听取县委农办、县扶贫开发局有关新时期精准扶贫、新农村规划建设的情况汇报，并就下来资金使用、产业帮扶、新农村示范村建设等方面进行认真研究讨论。

5日 县委书记曾永祥，县委副书记、县长廖茂忠率队调研创建卫生强县工作。曾永祥、廖茂忠要求，各级各部门要抢抓机遇，补齐短板，明确目标任务，解决重点问题，加强组织协调，提升医疗卫生服务水平，扎实建设健康丰顺。

是日 县委书记曾永祥，县委副书记、县长廖茂忠率队深入到留隍镇督导创建国家旅游度假区工作，研究解决推进各项工程建设所遇到的困难和问题。曾永祥、廖茂忠要求，各相关部门特别是留隍镇要抢抓机遇，破难攻坚，全力以赴推进留隍镇创建国家旅游度假区工作。

6日 县委书记曾永祥主持召开县委常委会会议，传达贯彻全省卫生与健康大会、2017年全国医改工作电视电话会议精神，学习贯彻《广东省脱贫攻坚责任制实施细则》以及相关重要会议、文件精神，研究贯彻落实意见。

7日 丰顺县召开村（社区）“两委”换届工作会议，贯彻落实省、市村（社区）“两委”换届工作会议精神，对丰顺县村（社区）“两委”换届工作进行动员和部署。

10日 县委副书记、县长廖茂忠率队到珠光·新城御景项目建设现场调研，研究解决项目推进过程中遇到的困难和问题。廖茂忠要求，各相关部门要加强指导，做好服务，协调推进，全力加快项目建设进度，注重优化和提升规划方案，提升档次品位，全力打造优质宜居环境。

是日 丰顺县召开县政府工作会议。会议传达市政府全体（扩大）会议暨加强市直机关作风建设工作会议精神，以及传达全市社保工作会议精神，研究部署丰顺县2017年社保扩面征缴工作和全面治理拖欠农民工工资问题专项工作。

11日 为总结丰顺县2016年以来的“创文”工作、研究部署下一阶段工作任务，丰顺县召开创建广东省县级文明城市升温鼓劲会，县委书记曾永祥参加会议并作讲话。

是日 县委书记曾永祥率队到汤南镇汤光村调研村“两委”换届选举工作，协调解决镇村在开展村“两委”换届选举工作中所遇到的各种热点难点问题。

12日 丰顺县组织收听收看全省深入推进新一轮绿化广东大行动工作电视电话会议，贯彻全国国土绿化和森林防火工作电视电话会议精神，总结新一轮绿化广东大行动工作情况，研究部署下一阶段工作。县委副书记、县长廖茂忠在梅州分会场收听收看会议并作经验介绍。县直各相关单位负责人在丰顺县分会场收听收看视频会议。

13日 丰顺县组织收听收看中央第四环境保护督察组督察广东省情况反馈会视频会议。

14日 丰顺县在会展中心举行“丰顺讲坛·发展中地区如何有效地推进创新发展”专题报告会，特邀请省社会科学院党组副书记、院长王珺教授作专题辅导报告。

17日 县委书记曾永祥率队分别深入到汤西镇南礤村和新兴村调研村“两委”换届选举工作。曾永祥要求，要依法依规，精心组织，严格按照选举的有关程序，选优配强“两委”班子，确保村“两委”换届选举风清气正、圆满完成。

18日 中国网库集团总裁李军保率队到丰顺县参观考察。李军保表示，中国网库致力发展互联网经济，希望地方政府加大对电商方面的政策支持，中国网库也将通过此次考察，尽快达成合作意向，进一步推动丰顺实体经济做强做大。县委副书记、县长廖茂忠，副县长罗裕权，以及县招商、经信、供销社、园区办等单位主要负责人陪同考察或参加座谈会。

19日 县委书记曾永祥深入到埔寨镇塔下村调研村“两委”换届选举工作。曾永祥要求，要把党的领导贯穿于换届选举工作的全过程，严格选举程序，严肃换届纪律，确保村“两委”换届选举工作风清气正。

是日 县委副书记、县长廖茂忠深入到汤坑镇邓屋村调研村“两委”换届选举工作。廖茂忠要求，依法依规、精心组织，确保村“两委”换届选举工作圆满完成。

是日 县委书记曾永祥率队到广州海珠（丰顺）产业转移工业园调研园区规划建设情况。曾永祥要求，各级各部门要密切配合、主动服务、敢于担当，细化规划设计方案，加快园区基础设施建设，加强项目用地保障，力促园区建设早日见到成效。

20日 县委书记曾永祥主持召开县委常委会会议，传达学习习近平总书记对广东工作提出“四个坚持、三个支撑、两个走在前列”的重要批示精神，传达贯彻梅州市创建“国家全域旅游示范市”工作会议精神，全省水利与“三防”工作电视电话会议精神，全市巡察机构揭牌仪式暨首轮巡察工作动员会精神、《中共广东省委关于加强党内法规制度建设的实施意见》文件精神。

21日 “丰顺粤海水务有限公司”揭牌仪式在县自来水服务中心举行。“丰顺粤海水务有限公司”是由县人民政府和粤海水务集团（香港）有限公司按照《合作方案》的合作模式共同成立的合营公司。丰顺水司用净资产出资占30%股份，粤海水务以现金出资占70%股份。

23日 副市长、公安局局长陈俊钦率队到汤西镇新兴村调研村（社区）“两委”换届选举工作。陈俊钦要求，要深入学习贯彻习近平总书记重要批示精神，增强责任心和紧迫感，做好村级换届工作，切实加强党的基层组织和政权组织建设。

24日 县委书记曾永祥率队先后深入到龙岗、北斗两镇督导学习、宣传、贯彻习近平总书记重要批示精神，强调要以习近平总书记对广东工作重要批示精神统领经济社会各项工作，全力抓好村“两委”换届选举、美丽乡村建设、精准扶贫等工作，努力开创全县“三农”工作新局面。

26日 县委举办全县科级以上领导干部学习贯彻习近平总书记重要批示精神专题研讨班，学习领会、贯彻落实习近平总书记对广东工作作出的重要批示精神。

是日 丰顺县召开创新驱动与加大投资工作会议。廖茂忠主持会议，县委书记曾永祥出席会议并作重要讲话。副县长傅伟芳对前一阶段创新驱动发展工作进行总结，并部署2017年工作任务。县发改局、经信局、科技局、交通运输局、县园区办等单位负责人，以及培英公司、蓝田公司代表作交流发言。

27日 丰顺县组织收听收看全省驻村扶贫工作电视电话会议。会议主要传达贯彻落实省委书记胡春华和省长马兴瑞对全省驻村扶贫工作的主要批示精神，通报全省驻村扶贫工作情况和省纪委专项检查中存在的问题，动员部署下一步驻村扶贫工作的具体事项。视频会议结束后，丰顺县随即召开会议，贯彻落实会议精神，部署相关工作。

28日 省司法厅副厅长饶伟平到丰顺县调研社区矫正工作。饶伟平对丰顺县明确目标、思路清晰，扎实有效开展社区矫正工作所取得的成效给予充分肯定。市公安局副局长张小帆，市司法局副局长钟勋，县委书记曾永祥，县委副书记、县长廖茂忠，县委常委、政法委书记黄纯忠等领导陪同调研。

是日 县委副书记、县长廖茂忠，副县长谢国泉率队开展“五一”节日安全生产大检查。廖茂忠强调：各级各部门和有关企业要始终绷紧安全生产这根弦，加强值班值守，加强监管，排除安全隐患，确保人民群众生命安全。

是日 全县综治信访维稳“中心+网格化+信息化”建设推进会在丰良镇召开。县委书记曾永祥强调，各镇（场）党委政府要明确目标，落实责任，加强领导，重点抓好排查防控违法犯罪、排查化解矛盾纠纷、排查整改安全隐患三大工作重点，确保2017年6月底前实现“中心+网格化+信息化”建设全覆盖工作目标。

5月

2日 县委副书记、县长廖茂忠在县农业局主持召开丰顺县农村土地承包经营权确权登记颁证工作座谈会，深入了解县农村土地承包经营权确权登记颁证工作情况，协调解决在工作中出现的困难和问题，研究部署加快推进县农村土地承包经营权确权登记颁证工作。

是日 县委书记曾永祥主持召开县委书记专题会议，传达学习省委书记胡春华、省长马兴瑞到河源、清远调研新农村建设、精准扶贫重要讲话精神，省社会主义新农村建设和农村人居生态环境综合整治领导小组第一次会议精神，以及《梅州市脱贫攻坚责任制实施细则》文件精神，对丰顺县社会主义新农村示范村建设工作进行研究讨论，强调要以更大的决心、更大的力度改善农村人居环境，全面推进社会主义新农村建设，尽快补齐全面建成小康社会的短板。

5日 县委书记、县委全面深化改革领导小组组长曾永祥主持召开县委全面深化改革领导小组会议，传达学习中央、省委、市委有关全面深化改革部署要求，审议《丰顺县全面深化改革2017年工作要点》。

是日 市委常委、常务副市长李远青到挂钩联系的丰顺县参加学习“宣传贯彻习近平总书记对广东工作重要批示精神专题学习会”。李远青要求丰顺县结合自身实际，切实把重要批示精神转化为推动丰顺发展的具体工作措施。会议由县委书记曾永祥主持。

8日 县委书记曾永祥主持召开县委常委会会议，传达贯彻省、市推进“两学一做”学习教育常态化制度化会议、全市农村工作暨扶贫开发工作现场会等会议精神，研究贯彻落实意见，审议《丰顺县扶贫项目“以奖代补”暂行办法》（讨论稿）、《丰顺县脱贫攻坚责任制实施细则》（讨论稿）、《丰顺县保底扶贫项目实施方案》（征求意见稿）、《丰顺县全面深化改革2017年工作要点》（稿）。

是日 市委常委、统战部部长张文广率队到市委统战部挂钩帮扶点丰良镇三山村开展新时期精准扶贫精准脱贫工作。

9日 县委书记曾永祥率队到汤南镇督导学习宣传贯彻习近平总书记对广东工作重要批示精神。

是日 市政协副主席周秋明率调研组到丰顺县调研中心镇“六个一”重点工作情况。

10日 丰顺县召开创建国家级出口电声产品质量安全示范区动员会及联席会议。县委书记曾永祥要求，突出科技创新，加快转型升级，全力创建国家级出口电声产品质量安全示范区。会议由县委副书记、县长廖茂忠主持。

是日 丰顺县举行全县域环境综合整治和修复PPP项目合同签约仪式。丰顺县将与省属大型国企广业集团、省环保工程设计研究院和港建工程有限公司开展合作，通过购买服务的方式实现专业机构，为全县城乡环境治污保洁提供服务。县住建局作为项目实施单位与社会资本联合体代表签订全县域环境综合整治与修复PPP项目合同。县委副书记、县长廖茂忠，县委常委、常务副县长郑春鹏，广东省广业集团副总经理黄祥清共同见证双方的签约。

是日 县委副书记、县长廖茂忠主持召开县政府常务会议。会议审议研究《丰顺县脱贫攻坚责任制实施细则》《丰顺县扶贫项目“以奖代补”暂行办法》《丰顺县保底扶贫项目实施方案》，通报3月重点安全生产事故隐患和2月重点安全隐患整改落实情况，传达学习2017年全国群众体育工作电视电话会议精神。

11日 县委书记曾永祥率队深入到留隍镇调研，强调要深入学习习近平总书记对广东工作的重要批示精神，扎实解决好新农村建设最迫切的问题，着力抓好留隍“五村连片十村联动”项目的实施，全力推动全县100条省定相对贫困村和有条件的行政村建设成为新农村示范村。

是日 县委副书记、县长廖茂忠到汤坑镇督导学习贯彻习近平总书记重要批示精神，强调要把思想和行动统一到批示精神上来，把批示作为统领各项工作的总纲，科学谋划经济社会发展，全力开创振兴发展新局面。

12日 县委书记曾永祥主持召开县委书记专题会议，研究部署社会主义新农村示范村和污水处理设施建设工作。

15日 县委书记曾永祥率队检查“三防”工作时强调，各级各部门要深入贯彻落实习近平总书记关于治水和防灾减灾救灾等工作的重要讲话精神，以及副省长邓海光、市委书记谭君铁、市长方利旭关于“三防”工作的批示指示精神，压实责任，防范为重，做足准备，统筹协调，全力做好“三防”工作，切实保障人民群众生命财产安全。

16日 丰顺县召开水务与“三防”工作会议，传达全省、全市水务与“三防”工作会议精神，总结丰顺县2016年水务与“三防”工作，部署2017年工作任务。县委副书记、县长廖茂忠参加会议并作讲话。

是日 县委书记曾永祥主持召开县村（社区）“两委”换届选举工作会议。曾永祥要求，要加强业务指导，加强巡察督导，加强统筹协调，确保全县280个村（社区）圆满完成换届选举工作。

是日 市政协主席陈建青率队到丰顺县调研督导中心镇“六个一”重点工作，走访看望县政协机关干部职工。

17日 县委副书记、县长廖茂忠率队到丰顺中学调研丰顺县高考备考工作，分析高考形势，研究对策措施，督促做好丰顺县高考备考工作。

19日 由丰顺县人民政府和梅州市旅游局主办，丰顺县旅游局、走吧网共同承办的以“醉美丰顺·全域自驾”为主题的全域自驾游活动在县城新世纪广场启动。来自全国各地的1200多知名旅游达人、旅行体验师、珠三角自驾游爱好者将在未来两天的时间里通过自驾游感受“温泉之城，长寿之乡”的旖旎风光和独特魅力。

20日 丰顺县教育局联合中国邮政集团公司广东省丰顺县分公司在丰顺县文化体育广场举办主题为“倡导全民阅读，共建书香社会”的社会主义核心价值观系列图书展览阅读活动，活动吸引数千名观众参与。

23日 县政府与县总工会召开联席会议，听取县总工会2016年工作情况汇报，研究县总工会需要县政府及县直相关部门帮助协调解决的事项。

31日 丰顺县在新世纪文化广场举行“骑行一带一路，传播中国文化”骑行活动发车仪式。丰顺县自行车协会6名会员参与，从丰顺县新世纪文化广场出发，骑行活动经过中国—越南—老挝—柬埔寨—泰国征程五个国家和地区，来回行程近万千米，单程4000多千米，估计历时两个多月。6名会员年纪最小的18岁，最大的50多岁，由丰顺喜德盛自行车协会罗志生领队。

是日 县委书记曾永祥主持召开县委常委会会议，学习宣传贯彻省第十二次党代会精神。会议研究有关国有企业改革转制和林场改革工作方案，研究月底在广州海珠区举行的海珠丰顺产业共建暨招商推介活动工作方案等有关事项。

是月 经省人民政府同意，省商务厅、省发展和改革委员会、省国土资源厅、省住房和城乡建设厅联合发文，同意丰顺经济开发区扩区至丰顺县埔寨镇。扩区后面积为930.5公顷。

6月

2日 丰顺县召开全县干部大会，传达贯彻省第十二次党代会精神。

是日 丰顺县举行县委巡察机构、县纪委派驻机构揭牌仪式，标志着丰顺县委巡察工作正式启动。

3日 县委书记曾永祥在砂田镇党委、政府主要负责人的陪同下到砂田镇调研美丽乡村及旅游景点建设情况。

5日 县委书记曾永祥率队到丰顺中学、华侨中学督导高考备考工作。

是日 县委副书记、县长廖茂忠深入到汤坑镇下村调研精准扶贫、精准脱贫工作。

是日 市政府秘书长、办公室主任林健雄，市经济和信息化局局长王健率市政府检查组，到丰顺县检查省促进粤东西北地区振兴发展2016年度工作。

7日 县委书记曾永祥率队到丰顺县农村信用合作联社调研县农信社转制改革相关工作，

是日 丰顺县召开脱贫攻坚工作推进会。县委书记曾永祥要求：各级各部门要明确目标，实化措施，落实责任，发动群众，做实做细脱贫攻坚各项工作，要按照三年攻坚、两年巩固的总体要求，落实好中央、省委省政府和市委市政府的一系列部署要求，找准着力点和突破口，确保完成既定工作目标，坚决打好打赢这场脱贫攻坚战。

是日 由省交通运输厅副巡视员黄建庭率领的省促进粤东西北地区振兴发展2016年度评估考核实地检查组，到丰顺县检查2016年度振兴发展工作，并对该项工作所取得的成效给予充分肯定。市委领导李远青、何小卫、谢胜扬和县领导廖茂忠、罗裕权以及市、县有关部门负责人陪同检查。

9日 省经济和信息化委副主任、省专题调研组组长何荣，率队到丰顺县专题调研加快粤东西北地区产业园建设工作。何荣强调，丰顺要进一步完善园区基础设施，着力打造特色产业，提高产业集聚度。市政府副秘书长蓝汕兴，县领导曾永祥、卢佳亮、罗裕权及市、县有关部门负责人的陪同调研。

10日 由国土资源部储量司副司长王少波为组长的国土资源部调研组到丰顺县调研地热资源开发利用工作。省国土资源厅副厅长余云州，市国土资源局局长梁维，县委副书记、县长廖茂忠，县委副书记、梅州丰顺新区管委会主任郑奕雄，以及省、市、县国土部门有关负责人陪同调研。

12日 丰顺县召开206国道、大丰华高速公路建设征地拆迁动员大会。

13日 丰顺县召开《丰顺县体育休闲旅游产业融合开发策划方案》讨论会，是梅州市首个对体育休闲旅游产业融合开发进行策划的县（市、区）。广东省体育基金会副理事长易洪陶，市体育局局长陈建新，县委书记曾永祥，县委副书记、县长廖茂忠，副县长梁玉辉，华南师范大学教授、博士生导师谭建湘，广州体育产权交易平台总经理余小波，广州市登山协会主席吴烨以及县相关部门负责人参加会议。

是日 全国深化简政放权放管结合优化服务改革电视电话会议召开。县领导廖茂忠、郑春鹏、谢国泉及县直有关单位负责人在丰顺县分会场收看收听视频会议。

15日 省住建厅党组书记、副厅长杨细平率队到北斗镇拾荷村调研扶贫工作。市住建局局长陈伟建，县委书记曾永祥，县政府副县级干部朱报正，以及县住建局、扶贫开发局、北斗镇等相关部门负责人陪同调研。

18日 县委副书记、县长廖茂忠率队到大龙华镇检查强降雨受灾情况。

20日 市委常委、常务副市长李远青率队到丰顺调研重点项目、督导丰顺经济发展时强调要明确目标，突破关键环节，加大有效投资，加快项目建设，真抓实干，谋求更大发展，争取达到“双过半”目标。

21日 县委书记曾永祥主持召开专题会议，研究分析2017年上半年经济运行情况。

是日 省委宣传部联合相关部门和主要媒体到丰顺县开展“南粤星火路”大型采访报道活动。县委书记曾永祥会见采访报道团一行。

是日 省环保厅水处处长刘其汉率省污染源调查二组一行到丰顺县开展榕江北河污染源调查。调查组充分肯定丰顺县在榕江北河水体达标整治工作中所付出的努力，认为县委、县政府高度重视榕江北河污染源的整治，取得明显成效。市环保局局长姚凯滔，县领导曾永祥、廖茂忠、郑春鹏、谢国泉，以及县直相关单位负责人，汤坑、北斗、汤西、汤南、埔寨等镇负责人等陪同检查或参加座谈会。

25日 由丰顺县委、县政府主办，梅州市商务局、广东丰顺商会承办的广州海珠. 梅州丰顺产业共建招商推介会在广州举行。会议进一步加强面向珠三角地区的招商推介，充分展示丰顺优质的投资环境，吸引更多的企业落户丰顺发展实体经济。梅州市委常委、副市长、广州市对口帮扶指挥部总指挥刘棕会到会指导并作讲话。

是日 丰顺县邀请广州市直8家单位负责人在广州召开座谈会，总结2016年精准扶贫工作，交流经验，共同谋划今后精准扶贫、社会主义新农村建设工作。8家单位驻村干部分别汇报各自工作，提出下一步设想。县委书记曾永祥出席会议并作讲话。

26日 广州海珠·梅州丰顺对口帮扶联席会议在广州召开，共商产业共建，深入推进全面对口帮扶。广州市海珠区领导李海洲、黄翔、潘瑞雄、邱培藩、庄承汶，丰顺县领导曾永祥、廖茂忠、徐庆青、郑奕雄、郑春鹏、卢佳亮、罗裕权、梁玉辉、朱报正以及海珠区、丰顺县两地有关部门负责人等参加会议。会议由潘瑞雄主持。

是日 丰顺县在广州与花都区委区政府举行精准脱贫工作对接座谈会，贯彻落实中央、省和梅州市委市政府对精准脱贫工作的决策部署，交流经验，理清思路，共商精准扶贫精准脱贫工作。花都区委副书记、区长叶志良，区委常委、区委办主任程学晋，区人大常委会副主任汤浩昌，县委书记曾永祥，县委副书记、县长廖茂忠，县委副书记、梅州丰顺新区管委会主任郑奕雄，副县级干部朱报正等参加会议。会议由程学晋主持。

27日 县委书记曾永祥以一名普通党员的身份参加县委办党总支“七一”主题党日活动，与县委办党员同志就有效推进“两学一做”学习教育常态化制度化、学习贯彻习近平总书记对广东工作重要批示精神、省第十二次党代会精神等进行交流。

是日 省国土资源厅党组成员、副厅长余云州，省国土资源厅副巡视员马兰峰率队，到丰顺县开展地质灾害防治及扶贫慰问调研。余云州要求，驻村工作组要进一步增强责任感，明确工作，聚焦帮扶目标，确保大罗村全面实现脱贫。市国土资源局局长梁维，县委副书记、县长廖茂忠，县委副书记、梅州丰顺新区管委会主任郑奕雄，副县级干部朱报正以及县国土部门有关负责人陪同调研。

是日 在中国共产党建党96周年来临之际，县委书记曾永祥率队走访慰问部分老党员和困难党员，向他们致以节日的问候，为他们送上党和政府的关怀。

是日 省政府法制办公室党组书记李柏杨，党组成员、副巡视员朱京平率队到丰顺县潭江镇大胜村开展迎“七一”党员主题活动暨扶贫调研。县委书记曾永祥，县委副书记、梅州丰顺新区管委会主任郑奕雄，副县级干部朱报正等领导陪同调研。

28日 深圳立讯精密工业股份有限公司副董事长王来胜率队到丰顺县参观考察。县委书记曾永祥，县委常委、统战部部长罗卫标，副县长梁玉辉及县经信、财政、人社、招商、国税、地税、林业等相关部门负责人陪同考察。

是日 省人大常委会副秘书长陈敏率省人大调研组到丰顺县调研穿越生态严控区线性工程环境保护措施落实情况。市人大常委会副主任张映平，县领导廖茂忠、徐庆青、郑春鹏，副县级干部、县高铁办主任陈辉祥，县人大常委会副主任、总工会主席陈诺文等陪同调研。

29日 在第八个“广东扶贫济困日”到来之际，丰顺县在县会展中心隆重举行丰顺县2017年广东扶贫济困日活动启动仪式，动员广大干群和社会各界人士奉献爱心，大力弘扬乐善好施、助人为乐的优良传统，积极参与扶贫济困活动，为丰顺县贫困群众早日脱贫奔康打下坚实基础。

是日 市政协副主席马志元、陈元星率市政协专题议政调研组到丰顺县调研梅兴华丰产业集聚带建设情况。

是日 省质监局局长任小铁，副局长丘瑞清率队到丰顺县调研广东省质量监督电声产品检验站建设。市政府副秘书长曾海新，市质监局局长巫敏和，县委书记曾永祥，副县长傅伟芳以及市、县工商和质量监督管理局有关人员陪同调研。

是日 县委副书记、县长廖茂忠主持召开县政府常务会议，研究部署当前重点工作。会议审议并原则通过大丰华高速公路（丰顺段）项目、206国道兴宁松陂至丰顺北斗石桥头段（丰顺段）改建工程项目征收集体土地补偿标准和房屋征收安置方案。会议审议并原则通过新世纪及工业园片区环境卫生保洁继续购买服务和提高环卫工人工资待遇事项。会议审议原则通过提高丰顺县城乡低保标准及特困人员供养标准事项。会议还研究审议《鹿湖国际康养旅游度假区总体规划（2017—2031）》《丰顺县深化小型水利工程管理体制改革实施方案》《关于提高我县村级经费保障标准的工作方案》《丰顺县建设领域工人工资支付保证金管理办法》《丰顺县食盐监管体制改革工作方案》等事项。

是日 县委召开党的建设工作领导小组工作会议。县委书记曾永祥主持会议并讲话，强调要认真学习贯彻党的十八届六中全会和习近平总书记系列重要讲话精神以及省第十二次党代会、市第七次党代会、县第十三次党代会精神，进一步牢固树立大抓基层的鲜明导向，落实党委（党组）书记抓党建第一责任，推进党建工作整体有提升、上水平。

28—30日 丰顺县在会展中心大会堂举办2017年村（社区）党支部书记和村（居）委会主任培训班。来自全县282个村（社区）新上任的党组织书记、主任和各镇（场）的带队领导共506人参加培训。县委书记曾永祥，县委副书记、县长廖茂忠，县委常委、纪委书记唐秀娟分别为培训人员作专题辅导，县委常委、组织部部长曹志辉主持培训会。

7月

3日 县委副书记、县长廖茂忠率队调研县城区雨污分流建设工作。廖茂忠要求，各级各有关部门要高度重视，明确目标，精心组织，落实责任，举全县之力推进榕江北河水体达标整治工作，全面优化提升榕江北河流域人居环境。

4日 丰顺县在留隍镇举行省级新农村连片示范区建设工程启动仪式暨全县社会主义新农村建设和农村人居生态环境综合整治推进会，标志着丰顺县新农村示范村建设全面推进。县委书记曾永祥在会上强调，各级各部门要加强领导，全程监督，压实责任，全力加快新农村建设步伐，为如期全面建成小康社会做出新的更大的贡献。

5日 县委召开全面依法治县工作领导小组工作会议，县委书记、县委全面依法治县工作领导小组组长曾永祥主持会议并讲话，强调要深入学习贯彻习近平总书记系列重要讲话精神和治国理政新理念新思想新战略以及省第十二次党代会、市第七次党代会、县第十三次党代会精神，全力推动法治丰顺建设，为加快丰顺振兴发展创造更好的法治环境。

6日 县委书记曾永祥主持召开县委常委会会议，传达贯彻上级有关重要会议、重要文件精神，研究贯彻落实意见。曾永祥强调，全县各级各部门要深刻领会各项会议精神，提高思想认识，明确目标要求，全力推动重点项目建设，深入开展“暖企”行动，围绕年初确定的经济社会发展目标任务不动摇，确保各项目标任务顺利完成。

是日 省政府连夜召开全省交通安全紧急电视电话会议。会上，副省长李春生通报“7·6”交通事故情况，传达了胡春华、郭声琨、马兴瑞等领导对事故的重要批示精神；省政府会议结束后，市里召开视频会议对全市交通安全工作作出部署。丰顺县主要领导在县分会场收看收听省、市视频会议，并就如何吸取事故教训，加强全县道路交通安全工作进行安排部署。

7日 县委书记曾永祥、县长廖茂忠率队调研县城区市政基础设施建设工作时强调，各级各相关部门要提高认识，统一思想，科学谋划，全力以赴，确保县城区各项市政基础设施建设顺利推进。为进一步完善《丰顺县全域旅游发展规划》和《丰顺县留隍镇国家级旅游度假区专项规划》，全力推动丰顺全域旅游发展和留隍镇国家级旅游度假区创建工作，丰顺县召开全域旅游和留隍镇国家级旅游度假区规划汇报会，听取规划情况介绍，讨论规划修改意见，进一步完善规划方案。市旅游局局长朱瑛，县委书记曾永祥，县委副书记、县长廖茂忠，副县长梁玉辉，省专家和规划设计单位以及丰顺县相关部门负责人等参加会议。

10日 县委书记曾永祥，县委副书记、县长廖茂忠率队到广州海珠（丰顺）产业转移工业园调研项目落地和征地工作时强调，各级各部门要统筹协调，密切配合，抢抓机遇扎实推动海珠丰顺产业共建，倒排工期，加快推进园区建设进度，全力推动工业实体项目落地建设，确保完成今年的目标任务，不断增强园区产业集聚和辐射带动功能。

11日 县委书记曾永祥，县委副书记、县长廖茂忠率队调研榕江北河水体达标整治工作，详细了解榕江北河污染现状及相关防治工作，并对今后一段时期内榕江北河水体达标整治工作进行部署。曾永祥、廖茂忠要求，各级各部门要正视存在问题，共同努力，统一思想认识，围绕“一个目标”，抓住“五大重点”，落实好“六项工作”，综合施策，强力推进，确保如期达标。

是日 县委副书记、县长廖茂忠主持召开丰顺县“六馆三中心”建设和征地会议，廖茂忠希望设计单位进一步完善“六馆三中心”的编制规划，各相关部门抓紧立项，把握时间节点，全力以赴，助推“六馆三中心”早日建成。

12日 全县农村土地承包经营权确权登记颁证工作督导会在汤坑召开。县委副书记、县长廖茂忠出席会议并讲话，要求各级各部门高度重视，认清形势，切实增强做好确权工作的责任感和紧迫感，以提高颁证率为重点，压实责任，集中突破，按时优质完成确权工作目标任务。

13日 县委书记曾永祥，县委副书记、县长廖茂忠率队调研实验小学、实验幼儿园和平阳小学规划建设情况，研究解决三所学校规划建设过程中遇到的各种困难和问题。曾永祥、廖茂忠强调，各级各相关部门要明确目标，统一思想，上下齐心，落实责任，通过县、镇、村三级联动，全力推进三所学校工程建设，确保2018年9月如期建成开学。

是日 丰顺县召开十三届丰顺县委第一轮巡察工作动员部署会。县委书记曾永祥出席会议并作讲话，强调全县各级党组织和广大党员干部要把思想和行动统一起来，坚定不移地推动巡察工作，自觉配合和接受巡察监督，促进党员干部队伍作风转变、效能提升，为加快丰顺振兴发展，与全省、全市同步全面建成小康社会营造风清气正的政治生态。

14日 市人大常委会副主任张映平率市人大常委会调研组到丰顺县开展城乡环境综合整治工作专题调研。

是日 丰顺县组织收听收全省，全市公共安全形势分析会议暨全省应急管理工作电视电话会议。视频会议结束后，廖茂忠随即主持召开全县公共安全形势分析应急管理工作会议，贯彻落实上级会议精神。

17日 县委书记曾永祥主持召开县委常委会会议，传达贯彻省委书记胡春华来梅州调研有关指示精神以及传达贯彻上级有关重要会议、重要文件精神，研究贯彻落实意见，强调全县各级各部门要认真学习领会好胡春华书记来梅调研提出的一系列要求，坚定信心，全力以赴，全力推动新农村示范村建设，突破发展瓶颈，扎实做好打基础利长远的各项工作，确保丰顺社会和谐稳定，为中共十九大胜利召开营造良好的环境。

是日 丰顺县召开全县征地拆迁工作会议，县委书记曾永祥在会上强调，要高度统一思想，敢于攻坚克难，加强组织领导，奋战半年，征地万亩，为丰顺振兴发展提供用地保障。

18日 丰顺县召开广东省第二师范学院师资培训工作座谈会。广东省第二师范学院党委书记王左丹，党委副书记、校长廖伟群，县领导廖茂忠、郑奕雄、黄纯忠以及广东省第二师范学院专家教授和县教育局、扶贫局、县城部分学校校长代表等参加座谈会。

21日 广州市花都区委副书记、区长叶志良率队到丰顺县开展新时期精准帮扶工作调研，实地察看由广州市花都区各帮扶单位帮扶丰顺的35个贫困村帮扶工作进展情况，听取推进扶贫工作意见建议。叶志良要求，驻村工作队要扛起责任，创新思路，建立机制，坚决完成精准扶贫的各项任务。县委书记曾永祥，县委副书记、梅州丰顺新区管委会主任郑奕雄，副县级干部朱报正，花都区科工信局、工商联、政府办、土地储备中心，县扶贫局、经信局、旅游局以及被帮扶镇等有关单位负责人陪同调研或参加座谈会。

24日 县委书记曾永祥主持召开县委书记专题会议，传达贯彻7月19日下午省委农办、省扶贫办听取丰顺县有关社会主义新农村示范村建设工作时的重要指示精神，研究贯彻落实意见。会议要求，全县各级各部门要高度重视，抢抓机遇，科学规划，统筹考虑，加强领导，全面动员，精心组织，全县域推进人居生态环境整治和社会主义新农村建设。

是日 县委书记曾永祥率队到县综合政务服务中心调研"一门式一网式"政府服务模式改革工作，曾永祥要求各级各有关部门要积极创新，统筹协调，按照"一门式一网式"政府服务改革相关要求，进一步完善提升和拓展政务服务工作，营造让人民更加满意的政务服务环境，为丰顺的振兴发展提供更加优质的政务服务。

25日 县委书记曾永祥，县委副书记、县长廖茂忠率队调研创建国家卫生县城工作并召开工作座谈会听取相关工作情况汇报，研究解决创卫过程中遇到的困难和问题。

26日 县委书记曾永祥率队到汤南镇调研督导征地拆迁工作并召开座谈会听取相关工作情况汇报，研究解决存在的困难和问题。曾永祥要求，要坚持依法征地、和谐征地、惠民征地，确保如期完成征地任务。

27日 县委书记曾永祥主持召开县委常委会会议，传达市委工作会议精神以及中央、省、市有关重要会议、重要文件精神，学习贯彻新修订的《中国共产党巡视工作条例》，研究部署新农村示范村建设等相关工作，审议通过《丰顺县全面推进河长制工作方案》（稿）。曾永祥强调，全县各级各部门要认真学习领会并贯彻落实好市委工作会议精神，梳理总结上半年丰顺县经济社会发展的各项工作，加大工作力度，采取有效措施，扎扎实实推动经济社会振兴发展，以优异的成绩迎接中共十九大胜利召开。

是日 市环保局副调研员张克麟率市质量强县考核组一行到丰顺县考核2016—2017年度质量强县工作。

27—28日 “八一”前夕，由县委书记曾永祥，县委副书记、县长廖茂忠，县委常委、办公室主任黄建斐，县人武部部长秘海涛，县人武部政委黄小南，副县长傅伟芳等领导组成的“八一”拥军慰问团，带着全县人民的深情厚谊，到梅州军分区、梅州公安消防支队开展拥军慰问活动，向广大部队官兵致以节日的祝福和崇高的敬意。梅州军分区政委彭延虎，副司令员赵琼飞，梅州消防支队政委邱训正等会见了慰问团一行。

28日 县委书记曾永祥率队到埔寨镇调研“双百镇（街）”社会工作服务站时强调，多为当地老百姓排忧解难，多做好事实事，做出特色，切实打造让人民群众满意的社会工作服务站，共同促进丰顺振兴发展。

31日 由梅州市人民政府主办、丰顺县人民政府承办的2017年梅州市“铁汉生态杯”第八届运动会武术套路比赛在丰顺县汤坑中学圆满落幕。东道主丰顺县代表队在12块总金牌的争夺战中摘得7金4银2铜的好成绩，并以总分158分蟾宫折桂。市体育局局长陈建新、副县长傅伟芳以及梅州市体育局有关领导、丰顺县体育局主要负责人等出席闭幕式并为获奖选手颁奖。

是日 丰顺县召开2017年度征兵工作会议，贯彻落实国务院、中央军委的决策部署和省、市征兵工作要求，动员全县适龄有志青年积极投身国防和军队建设，确保圆满完成2017年征兵工作任务。

是日 县委书记曾永祥主持召开专题会议，研究分析丰顺县经济运行情况，强调要增强信心和决心，加快税源培育，加快资产处置，加强税收征管，扎实推进下半年财税工作。县委副书记、县长廖茂忠出席会议并讲话。

8月

1日 市委常委、常务副市长李远青率队调研丰顺县重点项目和挂钩联系企业发展情况时强调，要牢固树立“重实体、兴实体”理念，坚持实施创新驱动发展战略，加快企业转型升级，努力做强做大以工业为主体的实体经济。

是日 县委书记曾永祥率队到汤西镇调研大丰华高速公路征地拆迁情况，研究解决存在的问题和困难。曾永祥要求：要坚持依法征地，保障项目无障碍实施，让人民群众共享发展成果。

是日 县委副书记、县长廖茂忠率队到汤坑镇调研征地拆迁工作，研究解决实际工作中遇到的困难和问题，督促指导汤坑镇加快推进征地拆迁工作。廖茂忠强调，抢抓机遇，下大决心，主动作为，确保按照既定时间节点完成征地拆迁任务。

2日 丰顺县组织收听收看广东省贫困村创建社会主义新农村示范村电视电话会议。

3日 丰顺县召开创建国家级出口电声产品质量安全示范区第二次联席会议。县委书记曾永祥出席会议并要求，围绕“五个一”，确保丰顺县创建国家级出口电声产品质量安全示范区顺利通过验收。梅州市出入境检验检疫局党组书记、局长廖建华，县委副书记、县长廖茂忠，副县长傅伟芳及创建国家级出口电声产品质量安全示范区工作领导小组全体成员参加会议。

4日 县委副书记、县长廖茂忠率队到埔寨镇调研征地拆迁工作，研究解决实际工作中遇到的困难和问题，督促埔寨镇加快推进征地拆迁工作。廖茂忠强调，各级各部门要加强沟通与联系，完善工作方案，着力加快推进征地拆迁进度。

8日 由丰顺县体育局和丰顺县老干部局

主办、丰顺县老体协承办的2017年“8·8”全民健身日“珠江合创之夏”系列活动启动仪式在丰顺县文体公园举行，吸引了近千名老年体育运动爱好者参加。

是日 县委书记曾永祥率队到县交通运输局调研交通综合执法工作。曾永祥要求，全体交通综合执法人员要再接再厉，依法依规，确保交通综合执法工作做到公正、文明、严格。

是日 丰顺县男子篮球队以五战全胜的优异成绩勇夺市运会男篮冠军，这是丰顺县市运会男篮比赛中第一次获得冠军。

是日 市档案局局长张小冰、副局长凌秀凤、范美林等一行5人到丰顺县调研档案工作开展情况。

9日 县委书记曾永祥会见到丰顺县考察调研环保项目建设的省广业集团董事、党委副书记黄文一行。双方围绕丰顺县全县域环境综合治理与修复PPP项目建设进行认真的讨论，并达成共识。

10日 丰顺县举行精准扶贫·扶贫小额信贷签约仪式。县委书记曾永祥，市委农办主任、市扶贫开发局局长罗伟章，人行梅州中心支行行长李新耀，梅州银监分局局长许建平，省联社梅州办事处副主任张翠微等出席签约仪式并讲话；市扶贫局开发局副局长黄光华、刘晨雁，副县长梁玉辉，梅州丰顺新区管委会副主任、八乡山镇党委书记陈定迎，梅州丰顺新区管委会副主任、留隍镇党委书记马扬闲，副县级干部朱报正等参加签约仪式。仪式由县委副书记、梅州丰顺新区管委会主任郑奕雄主持。

是日 省政府发展研究中心副主任陈圣河率调研组到丰顺县开展全县域人居环境综合整治工作专题调研。省广业集团董事、党委副书记黄文，县委书记曾永祥，县委常委、常务副县长郑春鹏，以及县府办、县住建局、汤南镇、汤西镇等相关单位负责同志陪同调研或参加座谈会。

11—13日 民盟广东省委主委、省政府法制办主任王学成率领民盟广州中医药大学委员会、中山大学北校区总支、省综合第一总支的盟员专家到丰顺县潭江镇大胜村开展精准扶贫慰问义诊活动。

14日 梅州市第八届运动会女篮比赛在梅县区文体中心圆满落幕，丰顺女子篮球队夺得市运会女篮项目冠军。

16日 县委书记曾永祥，县委副书记、县长廖茂忠率队督导省、市创新发展“八大抓手”工作落实情况，通过现场调研和听取汇报，协调解决工作中遇到的困难和问题，推动省、市创新发展“八大抓手”工作在丰顺县得到全面落实。曾永祥、廖茂忠要求，各相关单位要高度重视创新发展“八大抓手”各项工作，对标找差距、履职促落实、特色做亮点，通过投资拉动与创新驱动并举，全面推进丰顺县经济社会振兴发展。

17日 副市长曾尚忠率队到丰顺县调研全域旅游创建和新农村示范片建设工作时要求，要依托良好的区位优势和旅游资源优势，按照省、市的决策部署，做好规划，对标要求，用好资金，补齐短板，大力推进全域旅游创建和新农村示范片建设工作。

18日 副市长、市公安局局长陈俊钦率队到丰顺县督导调研省定贫困村创建新农村示范村工作时强调，坚持以科学的理念规划新农村建设，统筹推进相对贫困村新农村建设。

18—20日 广州市花都区委副书记、区长叶志良率队到丰顺县开展精准扶贫工作调研活动。叶志良要求，驻村工作队要切实做好规划，选好项目，建好机制，坚决完成精准扶贫的各项任务。

22日 省国资委副主任、党委委员刘小龙率队到丰顺县调研全县域环境综合治理与修复PPP项目建设情况时强调，广业集团要把握时间节点，建立协调机制，加快推进全县域环境综合治理与修复PPP项目建设。县委副书记、县长廖茂忠，广业集团副总经理黄祥清，县委常委、常务副县长郑春鹏，以及县府办、县住建局等相关单位负责人参加调研。

是日 市长方利旭率队到丰顺县调研时强调，丰顺要在深化认识中自加压力、急起直追，狠抓固定资产投资，培育特色优势产业，用实干苦干的精神不断壮大县域经济，推动基础设施建设和产业发展走在全市前列。

23日 市政协副主席周秋明率队到丰顺县

调研中心镇“六个一”和新农村示范村建设工作。

是日 由丰顺县纪委、丰顺县文联、丰顺县妇联主办的“文明花开·清风入怀”美术作品展在丰顺县坚真纪念馆举办，吸引了各镇、县直机关事业单位党员干部和周边群众共360多人观看。

24日 由丰顺县体育局、丰顺县教育局联合举办的“武术进校园”教练员培训班在丰顺县汤坑镇第一中心小学开班，来自全县52所中小学的负责人和体育教师共70余人参加了培训。丰顺县体育局、教育局等单位负责人出席开班仪式。

28日 县委副书记、县长廖茂忠主持召开县政府常务会议，传达贯彻市政府常务会议精神，研究部署当前重点工作。

是日 县委书记曾永祥主持召开县委理论学习中心组学习会，传达学习习近平总书记最近在省部级主要领导干部专题研讨班上的重要讲话精神。曾永祥强调，全县各级各部门要深刻理解领会，把握精神实质，以习近平总书记重要讲话精神为指导，紧密结合丰顺当前工作实际，扎实做好当前的各项工作，以优异成绩迎接中共十九大胜利召开。

是日 县委书记曾永祥主持召开县委常委会会议，传达贯彻市长方利旭莅丰调研重要讲话精神以及重要会议、重要文件精神，研究贯彻落实意见，部署近期县重点工作。

29日 丰顺县在丰顺中学召开县委书记教育座谈会，县委书记曾永祥强调，全县各级、教育部门和广大教育工作者要夯实基础，打牢功底，努力办好人民满意的教育。

是日 丰顺县召开丰顺县参加梅州市“铁汉生态杯”第八届运动会总结座谈会，表彰为运动会做出突出贡献的先进单位和先进个人。县委副书记、县长廖茂忠强调：要以此为契机，大力发扬团结一致、争创一流、顽强拼搏、不言放弃的精神，更加激发我们干事创业的动力，进一步提升体育和文化旅游事业发展水平，为县经济社会发展注入新的活力。

30日 县委副书记、县长廖茂忠率队深入到建筑工地、危险品生产运输销售等重点区域开展安全生产大检查时强调，各级各部门要时刻绷紧安全生产这根弦，杜绝麻痹大意思想，及时排查安全隐患，切实把安全生产工作抓实抓细抓到位，确保人民群众生命财产安全。

31日 丰顺县召开榕江北河工业污水整治推进会。县委副书记、县长廖茂忠参加会议并要求，各相关部门要提高思想认识，高度重视，综合施策，重拳出击，确保完成目标任务。

9月

1日 副市长温向芳率队到丰顺县调研榕江北河整治和黄标车淘汰工作时强调，要加强责任意识，扎实推进榕江北河水体达标整治，依法依规做好黄标车淘汰工作，努力建设健康、宜居、美丽、和谐的幸福家园。

3日 县委副书记、县长廖茂忠在丰顺县召开的防御16号台风“玛娃”部署工作会。

6日 县委副书记、县长廖茂忠率队到汤坑镇第一中心小学、县实验中学开展教师节前慰问活动，并通过他们向全县广大教师和教育工作者致以节日的祝福和诚挚的问候。

7日 市委书记谭君铁率队到丰顺县调研榕江北河水体达标整治工作，强调各级各部门要深入贯彻落实新发展理念，进一步提高认识、坚定信心、迅速行动，全力以赴打好综合整治攻坚战，确保年底前榕江北河丰顺段水质稳定达标。

8日 国家土地督察广州局督察专员段怡春率队到丰顺县调研新型城镇化土地利用结构及效率工作。

是日 县委书记曾永祥主持召开县委常委会会议，传达贯彻省深入推进全面从严治党暨第十六期领导干部党纪政纪法纪教育专题研讨班、全市领导干部纪律教育专题学习会精神以及市委书记谭君铁调研丰顺重要讲话精神等，研究贯彻落实意见，部署近期丰顺县重点工作。

12日 省政府召开全省节能减排工作电视电话会议，总结分析当前全省节能减排工作面临的形势，部署“十三五”时期及今年节能减排工作任务。县委副书记、县长廖茂忠，副县长罗裕权，以及县直相关单位主要负责人在丰顺县分会场收听收看视频会议。

13日 省委组织部副部长、省委老干部局局长、省委离退休干部党工委书记郭跃文率队到丰顺县调研老干部服务管理工作。

14日 丰顺县召开发展林下经济现场推进会，总结全县林下经济发展工作，部署县今后林下经济发展工作。省林业厅林业改革发展处副调研员王文新，县委副书记、县长廖茂忠，副县长谢国泉，以及省市林业业务专家，市县相关部门负责人等参加会议。

是日 丰顺县召开禁毒工作暨全民禁毒工程动员部署大会，深入贯彻落实省委省政府、市委市政府关于开展全民禁毒工程的决策要求，动员部署丰顺县全民禁毒工作。

15日 丰顺县召开全县纪律教育专题学习会。县委副书记、县长廖茂忠作纪律教育专题报告。

19日 丰顺县文学艺术界联合会第七次代表大会在县会展中心召开。

是日 国土资源部地质环境司副司长胡杰率队到丰顺县开展地质灾害防治检查工作。省国土资源厅副厅长余云州，市国土资源局局长梁维，县委副书记、县长廖茂忠，以及省国土资源厅、市国土资源局、县府办、县国土资源局等相关部门负责人陪同检查。

20日 县委副书记、县长廖茂忠率队调研丰顺县创建省级食品安全示范县工作，廖茂忠强调：各级各部门要明确任务，细化方案，结合自身实际开展好创建工作，确保如期实现创建目标。

21日 梅州市“清风飞扬”廉政专题文艺节目巡回演出在丰顺县东山文化体育公园举行。

25日 广东省国土厅扶贫驻村工作队联合广州建通测绘地理信息技术股份有限公司，在丰顺县汤西镇大罗村举行“建通测绘与世界冠军走进大罗”活动，共同助力该村扶贫济困工作。丰顺县委副书记郑奕雄，县副处级干部朱报正和县教育局、县扶贫开发局、县体育局以及汤西镇等有关单位负责人参加活动。

是日 县委副书记、县长廖茂忠率队调研丰顺县大西环公路规划建设工作，强调要把握机遇、主动作为，统筹推进县域内交通公路项目规划建设，加快打造畅通县内外的快速综合交通网络，构建丰顺县发展新格局。

27日 丰顺县第二人民医院建设项目在隍镇环城路举行开工仪式，项目建成后将为丰顺县北部山区以及韩江流域周边地区的30多万人民提供更为优质的医疗服务。

28日 县委副书记、县长廖茂忠主持召开县政府常务会议时强调，全县各级各部门要思想高度重视，强化责任落实，加大隐患排查治理力度，确保“两节一会”期间安全稳定。

29日 由广东碧丽集团与佛山市丰顺商会联合主办的“盛世迎国庆，碧丽献爱心”捐赠活动在丰顺县汤坑镇第一中心小学举行。广东碧丽为丰顺县中小学校捐赠总价值约100万元的100台饮用水设备。广东碧丽集团董事长巫宗权、佛山丰顺商会、丰顺县教育局有关领导、嘉宾以及汤坑镇第一中心小学师生共100多人参加捐赠仪式。

30日 丰顺县在该县东山公园革命烈士纪念碑举行烈士公祭活动，以缅怀烈士功绩，弘扬烈士精神。丰顺县委副书记、县长廖茂忠率领该县县委、县人大常委会、县政府、县政协、县纪委全体领导、有关单位负责人、县武装部、消防大队、武警中队以及烈属代表、老战士代表、学校师生代表、各界干部群众代表等200多人参加当天的烈士公祭活动。

是日 县委副书记、县长廖茂忠主持召开县委常委会会议，传达贯彻市委常委会会议和市政府常务会议等会议精神。廖茂忠强调，各级各部门要层层压实责任，确保让人民群众度过一个平安祥和的国庆、中秋佳节，以持续和谐稳定的社会环境迎接中共十九大胜利召开。

10月

7日 县委书记曾永祥、县长廖茂忠率队督导榕江北河水体达标整治工作时要求，要以讲政治的高度坚决打赢榕江北河整治这场硬仗，以综合施策的措施扎实推进各项工作，以责任的强化落实确保如期完成目标任务。

是日 县委书记曾永祥率队到汤南镇督导新农村建设和征地工作时强调，县、镇、村三级共同努力，发动群众一起参与，共建共享，努力建设潮客相融、美丽幸福的新农村。

10日 丰顺县召开全县信访工作会议。县委副书记、县长廖茂忠出席会议并讲话。

12日 省国土资源厅党组书记、厅长陈光荣率队到丰顺县调研垦造水田工作情况和开展扶贫慰问活动。副市长温向芳，市国土局资源局局长梁维，县委副书记、县长廖茂忠，副县级干部朱报正，以及县府办、县国土局、县扶贫开发局等相关单位负责人陪同调研或参加扶贫慰问活动。

13日 丰顺县委副书记、县长廖茂忠带队赴香港参加世界客属第29届恳亲大会。县政协主席邱翠茂，县委常委、统战部部长罗卫标，县政协副主席刘超平，县侨联、外事侨务局、统战部等单位负责同志参加会议。

16日 县委副书记、县长廖茂忠率队到广州海珠（丰顺）产业转移工业园调研时强调，各级各部门要抢抓机遇，克服困难，按照既定目标，加快工作进度，全力抓好园区建设和招商工作，推动园区建设取得新成效。

17日 丰顺县召开2017年计划生育工作会议。会议贯彻了全国、全省和全市计生工作会议精神，总结分析2016年以来全县计生工作形势，对下一阶段计生工作进行研究部署。

18日 中国共产党第十九次全国代表大会在北京隆重开幕，丰顺县全体党员干部认真收听收看中共十九大开幕盛况。

21日 副市长、市公安局局长陈俊钦深入到丰顺县检查督导十九大安保工作，慰问坚守在岗位上的一线民警。陈俊钦要求，全市各级公安民警要消除麻痹思想，再接再厉，发扬连续作战的精神，维护好社会治安，坚决打赢十九大安保攻坚战。

23—24日 县委副书记、县长廖茂忠，县委副书记、梅州丰顺新区管委会主任郑奕雄，以及副县长罗裕权分别率队到韩江流域、丰良河流域和八乡河开展河道巡查工作。

24日 市食安办主任、市食品药品监管局局长黄国良率队到丰顺县调研时强调：高度重视，加强监管，突出亮点，确保按时保质完成创建省级食品安全示范县工作任务。

25日 省老区建设促进会会长陈开枝率队来丰顺县调研原中央苏区政策对接落实情况，对丰顺县利用好苏区政策，打好苏区牌，助推经济社会发展的做法给予充分肯定。市政协副主席马志元和县委副书记、县长廖茂忠，县委常委、组织部部长曹志辉，县委常委、办公室主任黄建斐等陪同调研。

26日 县委副书记、县长廖茂忠主持召开2017年第13次县政府常务会议，研究部署当前重点工作。

28日 丰顺县组织收听收看全省传达贯彻中共十九大精神电视电话会议。

是日 北京梅州人海外联谊会丰顺分会30周年庆祝大会暨丰顺县招商推介会在北京合生创展大厦举行。

是日 县委书记曾永祥率队到北京市华林证券有限责任公司，与该公司总裁助理黄虹一行举行会谈。双方围绕如何推动丰顺县交通公路、工业、旅游、扶贫等项目建设进行认真的讨论，并达成初步共识。县委常委、统战部部长罗卫标，县委常委、副县长卢佳亮，副县长梁玉辉以及县委办相关负责人等参加会谈。

11月

1—3日 广州市侨办党组书记、主任冯广俊率广州市侨办有关负责人和广州市侨商会侨商代表一行到丰顺县开展扶贫调研慰问工作。梅州市委常委、副市长刘棕会，县领导廖茂忠、郑奕雄，副县级干部朱报正，以及县委农办、县扶贫开发局、县招商局、汤坑镇等单位负责人陪同调研。

3日 副市长、市公安局局长陈俊钦率队到丰顺县调研挂钩联系企业上市推动情况时强调，各级各相关部门要充分认识推动企业上市的重要性，积极主动为企业排忧解难，进一步强化对接服务，加大扶持力度，为企业发展创造优质优良的环境，推动有资质的企业早日上市。

6日 市委常委、统战部部长张文广率队到丰良镇三山村，为基层党员宣讲中共十九大精神。

是日 丰顺县委常委会专门召开专题会议传达学习贯彻中共十九大精神，研究部署贯彻落实工作，审议通过《中共丰顺县委关于认真学习宣传贯彻中共十九大精神的通知》，市委常委、常务副市长李远青列席会议并作讲话。

7日 丰顺县召开传达贯彻中共十九大精神大会，县委书记曾永祥在会上传达贯彻中共十九大精神，并把十九大各项决策部署贯彻落实到县各项工作中。

是日 县委副书记、县长廖茂忠主持召开县政府党组（扩大）会议，传达贯彻中共十九大精神。

8日 县委书记曾永祥主持召开县委常委会会议，传达贯彻上级有关重要文件精神，审议相关文件，部署近期县重点工作。曾永祥强调，全县各级各部门要深入学习宣传贯彻中共十九大精神，坚持主体作用，坚持标准要求，坚持创新推动，扎实推进乡村振兴。

9日 县委书记曾永祥率队到汤南镇新楼村，为基层党员宣讲中共十九大精神。

是日 县委书记曾永祥，县委副书记、县长廖茂忠率队督查榕江北河整治工作进展情况。

10日 丰顺县召开“喜德盛杯”国际自行车邀请赛筹备工作会议，听取活动筹备工作情况汇报，研究部署赛前相关准备工作，县委书记曾永祥出席会议并讲话。

是日 丰顺县召开第五届世界客商大会丰顺县重点项目动工、竣工活动和“大美丰顺”首发式筹备工作会议，听取重点项目动工、竣工活动筹备工作情况和首发式筹备工作情况，县委书记曾永祥出席会议并讲话。

14日 在宝丰温泉酒店，丰顺县委、县政府为前来参加第五届世界客商大会丰顺县系列活动的领导嘉宾举行欢迎晚宴，200多位海内外乡亲与丰顺各级领导干部齐聚一堂，叙乡情、谋发展。

15日 第五届世界客商大会《大美丰顺》国画长卷揭幕仪式在丰顺县实验中学举行，县委书记曾永祥为《大美丰顺》画卷揭幕。

是日 丰顺县在广州海珠（丰顺）产业专业工业园旺兴达厂区内隆重举行第五届世界客商大会丰顺县重点项目集中动工、竣工仪式。县委书记曾永祥出席仪式并作讲话，曾永祥表示，27个重点项目的集中动工和竣工投产，将再次掀起丰顺县项目建设新热潮，促进丰顺县产业结构优化升级和发展环境的改善，助推丰顺经济振兴发展。

16日 丰顺县组织收听收看市县处级主要领导干部学习贯彻中共十九大精神专题研讨班开班式和省委宣讲团中共十九大精神宣讲报告会。

18日 由梅州市体育局、丰顺县人民政府主办，丰顺县体育局承办，广东省自行车运动协会、广东省自行车行业协会支持，深圳市喜德盛自行车股份有限公司冠名的2017年中国·丰顺“喜德盛杯”国际自行车邀请赛在丰顺县新世纪广场精彩开赛。来自美国、法国与中国港澳台地区等13个国家和地区的2000多名骑行爱好者齐聚丰顺同场竞技，享受骑行乐趣。梅州市副市长张晨，市体育局局长陈建新，丰顺县委副书记、县长廖茂忠，广东省自行车运动协会秘书长戚宇以及省、市体育部门有关负责人，深圳喜德盛自行车股份有限公司董事长、总经理谭伟龙等领导、嘉宾，中央、省、市数十家媒体出席活动。

20日 县委书记曾永祥主持召开县委常委会会议，学习贯彻省委书记李希来梅州调研讲话精神，会议还传达贯彻市委常委会会议精神。曾永祥强调：全县各级各部门要认真学习领会省委李希书记到梅州调研讲话的精神实质，深化对丰顺县县情的认识，特别是各级领导干部要以身作则，敢于担当，主动作为，把中共十九大精神和丰顺工作实际融会贯通，不断开创新时代丰顺发展新局面。

23日 丰顺县组织收听收看在市委礼堂举行的“贯彻落实中共十九大精神，坚定不移推进全面从严治党”学习论坛视频会议。

24日 县委书记曾永祥主持召开县委常委会会议，听取县委常委、纪委书记、县巡察工作领导小组组长唐秀娟代表巡察工作领导小组作关于十三届县委第一轮巡察工作情况汇报。

28日 县委常委班子集体来到坚真纪念馆，瞻仰李坚真铜像，参观坚真纪念馆，重温入党誓词。县委书记曾永祥在坚真纪念馆主持召开县委常委会会议并作讲话。

是日 县委书记曾永祥主持召开县委常委会会议，传达贯彻省委十二届二次全会精神、市委常委会会议、市政府常务会议以及上级有关重要会议、重要文件精神，研究贯彻落实意见。曾永祥强调，各级领导班子要带头认真学习领会好省委十二届二次全会精神，要把思想和行动统一到中央、省、市的重大部署上来，更好地推动中共十九大精神的学习宣传贯彻工作，让十九大精神在丰顺大地结出丰硕成果。

是日 县委举办全县科级领导干部学习贯彻中共十九大精神专题培训班。县委书记曾永祥作开班动员讲话。

是日 县委副书记、县长廖茂忠主持召开县政府常务会议，传达学习上级有关会议精神，研究部署当前重点工作。

是日 市委宣讲团中共十九大精神宣讲报告会在丰顺县会展中心举行。市委宣讲团成员、市委党校副教授丘东涛作专题辅导报告。县委书记曾永祥主持报告会并讲话。

29日 县委书记曾永祥以一名普通党员的身份参加县委办党总支党员会议，并为县委办全体党员讲授中共十九大精神专题党课，与各个支部一起谈学习体会，谈具体落实。

30日 县委书记曾永祥，县委副书记、县长廖茂忠，市环保局副局长张文画率队对丰顺县榕江北河水体达标整治工作进展情况进行督导。

是日 县委副书记、县长廖茂忠参加县府办秘书综合党支部会议，为与会党员上学习贯彻中共十九大精神专题党课，一起交流学习心得体会，研究具体行动思路和措施。

12月

1日 县政府召开黄标车淘汰工作推进会，专题研究部署加快推进丰顺我县黄标车淘汰工作。

是日 县委书记曾永祥主持召开县委常委会会议，传达贯彻《中共广东省委关于认真学习宣传贯彻〈习近平谈治国理政〉第二卷的通知》，审议《丰顺县榕江北河畜禽养殖污染日常巡查监管责任追究实施方案（试行）》（稿），研究部署榕江北河整治工作。

是日 丰顺县深化监察体制改革试点工作小组第一次会议在丰顺县迎宾馆召开。会议的主要任务是深入学习贯彻中共十九大精神和习近平新时代中国特色社会主义思想，按照中共十九大和党中央、省、市关于深化国家监察体制改革的决策部署，统一思想认识，明确工作要求，落实工作责任，扎实有效推进全县深化监察体制改革试点工作，确保上级决策部署在丰顺落实到位、见到成效。县委书记、县深化监察体制改革试点工作小组组长曾永祥主持会议并讲话。

8日 丰顺县召开2017年脱贫攻坚暨“三清三拆三整治”工作推进会。县委书记曾永祥出席会议并讲话。

11日 丰顺县召开十三届县委第二轮巡察工作动员部署暨巡察工作业务培训会。该县将派出4个巡察组，分别对该县财政局、卫生监督所、红十字会、中医院、疾病预防控制中心、住房和城乡规划建设局、经济开发区管理委员会、人民医院、慢性病防治院、妇幼保健计划生育服务中心和汤坑镇、丰良镇、龙岗镇、黄金镇和砂田镇等15个单位党组织进行为期3个月的全面“政治体检”。

是日 县委书记曾永祥主持召开专题会议，传达贯彻市委书记谭君铁率学习考察团赴浙江三市学习考察时提出的有关规范农村建房问题指示精神，研究部署丰顺县规范农村建房有关问题。

11—12日 省政协副主席、党组副书记林雄率队到丰顺县开展主题党日系列活动。市委书记谭君铁、市政协主席陈建青等领导与林雄一行交流了意见；省政协副秘书长、机关党组成员巴宇，市政协副主席叶解春，丰顺县委书记曾永祥，市政协秘书长张阳，省政协相关部门负责人，县政协主席邱翠茂，县委副书记、梅州丰顺新区管委会主任郑奕雄，县政协副主席郭春山，副县级干部朱报正以及县委农办、县扶贫开发局等相关单位负责人参加活动。

12日 丰顺县申报的“八乡山番薯”地理标志产品在北京顺利通过国家质检总局的地理

标志保护产品技术审查，成为该县继“马图绿茶”之后第二个获得国家地理标志保护的产品。

14日 县委书记曾永祥主持召开县委常委会会议，传达学习市委七届三次全会精神以及上级有关重要会议、重要文件精神，研究贯彻落实意见。

是日 丰顺县召开全面推行河长制暨水利工作会议，县委书记曾永祥出席会议并讲话，他强调，各级各有关部门要领会贯彻好中央、省、市、县有关全面推行河长制的工作要求，切实履行落实好各自职责，实施好水利工程，完善好相关工作制度，开展好日常督查，做到统筹兼顾，突出重点，全面推行“河长”制。

15日 中共丰顺县委召开第十三届三次全会第一次全体会议在县城召开。会议的主要任务是：按照省委十二届二次全会和市委第七届三次全会的部署，深入学习宣传贯彻中共十九大精神，以习近平新时代中国特色社会主义思想为指引，围绕“三个定位、两个率先”和“四个坚持、三个支撑、两个走在前列”的要求，研究分析丰顺在新时代面临的形势和任务，进一步谋划丰顺未来发展，动员全县党员干部群众更加紧密团结在以习近平同志为核心的党中央周围，不忘初心，牢记使命，奋力开创丰顺工作新局面，让习近平新时代中国特色社会主义思想在丰顺大地落地生根、结出丰硕成果。

16日 丰顺县在县体育场举行汕头丰顺乡亲联谊会足球队和丰顺县机关足球队足球友谊赛。比赛吸引众多市民前来观看。

18日 广东鹿湖温泉度假村获评国家AAAA级景区。

20日 丰顺县在会展中心举行“丰顺讲坛”宣讲报告会，特邀国防大学军事文化学院寒石教授作专题报告，广东省有色金属行业协会常务副会长李国锋，国防大学处长刘国利出席报告会。县委书记曾永祥主持报告会。

22日 县委书记曾永祥主持召开县委常委会会议，传达贯彻学习上级有关重要文件、重要会议精神，审议相关文件。曾永祥强调：各级各部门要认真领会好省委文件精神，带头执行，以上率下，在任何时候任何情况下都要忠诚核心、拥戴核心、维护核心、捍卫核心，始终在思想上、政治上、行动上同以习近平总书记为核心的党中央保持高度一致。

是日 丰顺县委、县政府在县迎宾馆举行《胜游梅州·丰顺篇》首发仪式。县委书记曾永祥，县委副书记、县长廖茂忠，副县长梁玉辉，嘉应学院教授何日胜，以及县委宣传部、县旅游局、县文广局、县史志办、县档案局、县图书馆、丰顺中学主要负责同志；县作协代表、县悦读会代表，县有关旅游景区、酒店负责人等参加首发仪式。

23日 由南方报业传媒集团、华中师范大学中国农村研究院主办，中共丰顺县委、丰顺县人民政府、南方农村报社承办的第十三届中国农村发展论坛暨“新乡贤与农村发展新功能”全国研讨会在丰顺县留隍镇开幕。来自国务院参事室、中国社科院、农业部农村经济研究中心、中国人民大学、国家发改委宏观经济研究院、山西大学、广东农村研究院、华南农业大学等20多名高校和科研机构的知名“三农”专家、学者齐聚一堂，共同围绕“新乡贤与农村发展新功能”主题为丰顺县新农村建设把脉开方，共同探究农村发展的新思想、新战略、新课题。

25日 丰顺县委理论学习中心组举行专题学习研讨会。县委书记曾永祥主持会议并作总结讲话，强调要按照全省、全市传达贯彻中共十九大精神大会和省委书记李希、市委书记谭君铁关于“当前最重要的‘纲’，最紧迫、最关键的任务就是认真学习宣传、贯彻落实中共十九大精神”的部署要求，结合“大学习、深调研、真落实”活动的开展，认真深入学习贯彻十九大精神，特别是领导干部要带头做好五个方面的表率，带动全县广大干部群众统一思想、凝聚共识，让习近平新时代中国特色社会主义思想在丰顺大地落地生根、开花结果。

26日 丰顺县委书记曾永祥主持召开县人才工作领导小组会议，研究讨论《关于加快我县人才发展的实施意见（试行）》（讨论稿）和《丰顺县人才发展七大平台建设方案》（讨论稿）。强调要认真贯彻落实中共十九大精神，按照中央、省、市有关人才发展的决策部署，谋划好丰顺县的人才发展工作，进一步提升服务职能，营造良好环境，着力建立高素质专业化干部人才队伍。

27日　丰顺县召开深化监察体制改革试点工作小组第二次会议，会议听取前一阶段改革试点工作推进情况汇报，研究部署下一步工作。县委书记、县深化监察体制改革试点工作小组组长曾永祥主持会议并讲话。县委常委、县纪委书记唐秀娟汇报全县深化监察体制改革试点工作推进情况和下一步工作建议。

是日　县委书记曾永祥，县委副书记、县长廖茂忠率队调研梅汕高铁丰顺段建设情况，协调解决工程推进过程中遇到的困难和问题。强调各级各部门要严把工程质量和安全关，切实保证工程进度，全力做好梅汕高铁建设各项工作。

28日　由前国家足球队主教练苏永舜，省足协秘书长邓欢欢，王老吉凉茶有限公司副总经理何华玲，省足协运动中心办公室主任李小庆以及何佳、欧伟庭等前国足、省足运动员组成的王老吉足球明星队走进丰顺，在丰顺县体育场开展各种形式的活动助推丰顺足球发展。

29日　丰顺县委书记曾永祥，县委副书记、县长廖茂忠率队督导丰顺县争创广东省推进教育现代化先进县工作，现场解决教育创先工作推进过程中遇到的困难和问题。曾永祥、廖茂忠强调，各级各有关部门要围绕“努力办好让人民满意的教育”的目标，按照责任分工，县镇村三级联动，压实责任，补齐短板，全力推进争创“广东省推进教育现代化先进县”工作。

是日　丰顺县召开创建国家卫生县城和省级文明县城工作推进会，县委书记曾永祥，县委副书记、县长廖茂忠在会上强调，各级各部门要正视差距，深化认识，进一步增强创文创卫工作的责任感、紧迫感，全力打好创文创卫攻坚战，通过全县上下的共同努力，确保创文创卫目标如期实现，全力打造“和顺之城、幸福家园”。

是日　丰顺县在全县范围内（城区、镇、村）开展环境卫生整治统一行动。

是日　丰顺县司法局举办“法在身边——学习贯彻中共十九大精神”主题文艺会演。

31日　县委副书记、县长廖茂忠到县财政局、人行丰顺支行看望慰问奋战在年终决算工作一线的工作人员，为他们送去新年的祝福，勉励大家在新的一年，发扬成绩，再接再厉，为促进丰顺加快振兴发展再立新功。

是月　为宣传中共十九大精神、营造创建省级文明城市、文明镇村的浓厚氛围，丰顺县在全县各镇（场）举办“舞动文明 · 情暖城乡”巡回演出，为广大群众奉献一场精彩的文化盛宴。

概　览

基本概况

【简述】　丰顺县位于广东省东部、梅州市南端，毗邻潮汕地区，属南亚热带季风气候区。清乾隆三年（1738年）建置。2017年辖16个镇、1个国有农场，行政区域面积2710.22平方千米。2017年末户籍人口745790人，常住人口494353人。旅外华侨华人和港澳台同胞40多万人。丰顺县是泰国前总理他信和英拉兄妹的祖居地，洋务运动领袖丁日昌、华夏女杰李坚真的故乡，是中国温泉之城、中国火龙之乡、中国长寿之乡、中国金融生态县、原中央苏区县、国家可持续发展实验区、中国民间文化艺术之乡、广东电声之都。

【区位优越，交通便捷】　汕梅高速公路、广梅汕铁路纵贯南北，直达揭阳潮汕机场、厦深高铁潮汕站和揭阳、潮州、汕头港口分别仅需半小时、1小时的车程。随着梅汕高铁、大丰华高速公路动工建设，丰顺成为对接珠三角、融入汕潮揭、借力海西区的重要节点。

【生态秀美，资源丰富】　森林覆盖率76.84%，海拔千米以上高峰57座，铜鼓峰海拔1559.5米，居粤东之首。温泉资源遍布全县8个镇，主要地热田9处，日可采地热资源总量3.09万吨，最高水温92℃，富含偏硅酸、氟、氡和硫黄等多种元素，县城汤坑建有新中国第一座地热发电站。铁矿、铅锌矿、稀土等矿产资源和水能资源丰富。

【人文厚重，客潮相融】　客家与潮汕两大民系和谐共处，孕育出典型的“半山客”文化。有省内独特的畲族风情及埔寨“烧火龙”。50万华侨遍布30多个国家和地区。朱德、陈毅、林彪、罗荣桓、聂荣臻、粟裕等著名将领曾在此留下战斗足迹，八乡山是东江苏维埃政府和红十一军诞生地。

【产业升级，经济崛起】　丰顺是全国三大电声产业基地之一，是广东省电声产业集群升级示范区。茶叶、红薯、橄榄是“丰顺三宝”。建成了千江温泉度假村、韩江鹿湖温泉度假村、龙鲸河漂流、龙归飞瀑、揭岭飞泉、八乡山生态旅游区、韩山生态旅游度假区、铜鼓峰等景区景点。

经济发展概况

【简述】　2017年民生持续改善，全县经济缓慢增长。全县生产总值实现1088149万元，比上年增长3.5%。其中，第一产业增加值237953万元，增长3.4%，对GDP增长的贡献率为21.6%，拉动GDP增长0.8个百分点；第二产业增加值431785万元，下降0.7%，对GDP增长的贡献率为-8.3%，拉低GDP增长0.3个百分点；第三产业增加值418411万元，增长8.7%，对GDP增长的贡献率为86.6%，拉动GDP增长3.0个百分点。三次产业构成为21.9∶39.7∶38.5。人均生产总值20894元，增长3.0%。全年城镇新增就业3153人，城镇失业人员实现再就业2982人。年末城镇登记失业率为2.44%，比上年末基本持平。全年地方公共财政预算收入92103万元，增长9.2%；其中税收收入65668万元，增长11.1%。

【农业】 2017年，丰顺县首项省级地方标准《地理标志产品马图绿茶》开始实施，八乡山番薯获得国家地理标志保护，促进农业提质增效。农村土地确权扎实推进，颁证10.5万本，颁证率90.1%。

全年实现农业总产值401564万元，比上年增长1.9%。全年粮食作物种植面积24370.13公顷，比上年增长0.5%；粮食总产量126543吨，比上年增长1.1%。主要经济作物产量中：全年花生总产量6084吨，与上年基本持平；蔬菜总产量246462吨，增长4.4%；水果总产量75478吨，增长2.8%；茶叶总产量2427吨，比上年同期增长3.4%。全年造林面积4561.87公顷，四旁（零星）植树94万株。

全年肉类总产量42425吨，比上年减少0.9%。其中猪肉产量18423吨，减少1.4%；禽肉产量22836吨，增长1.1%。全年水产品总产量15939吨，比上年增长1.8%。全年农村用电量17023万千瓦时，下降1.0%。全年农用化肥施用量（折纯）21366吨，比上年减少0.6%。

【交通水利建设】 2017年，以“两高”“双十”工程为重点的交通公路基础设施建设扎实推进，完成投资超过17亿元。梅汕高铁、大丰华高速丰顺境内工程实现无障碍施工。206国道丰顺段改造工程全线动工。西环路一期、北洞至大凹段等一批路桥建成通车。培英大桥基本建成。梅汕高铁丰顺东站连接线、隬隍大桥至文祠等一批工程加快推进。完成公路安全生命防护工程272.3千米、村道路面硬化改造62.5千米。32宗重点水利工程完成投资4亿元，其中村村通自来水工程、中小河流治理各1.2亿元，三个中心镇污水处理厂建设项目7077.7万元。县污水处理厂集污管网一、二期完成修复，三期扩建工程加快推进。榕江北河丰揭交界河段治理工程基本完成。新世纪片区雨污分流工程可研报告通过专家评审。全面落实“河长制”，明确县镇村河长379个，推动江河湖库长效化常态化治理，韩江获评全国“最美家乡河”。全面完成中央环保督察反馈问题的整改任务。

【工业和建筑业】 2017年，建成全国首个出口电声产品质量安全示范区，全国电声产业知名品牌创建示范区创建扎实推进，省级质量监督电声产品检验站全面启用。深化与工信部电子五所、广东工业大学等科研院校的战略合作，支持32家企业实施技改，培英公司车间智能化改造项目建成投产。实现电声产值101亿元，增长9%，成为全市首个县级百亿产业。新增高新技术企业5家，保有量15家；实现主营业务收入5亿元以上工业企业研发机构全覆盖，组建省、市工程研发中心16家；互联网+孵化器建设提前通过省、市认定；研发经费投入9394.9万元，GDP占比0.8%以上。连续两年获评市政府质量工作综合考核A级县。全力推进珠光新城御景、珠江海棠湾等城市扩容提质项目建设，完成项目投资25.2亿元，其中总投资10亿元的珠光新城御景一期实现竣工，总投资4.2亿元的客潮水乡汤泉世界一期、总投资约2亿元的华茂大厦建成试业。完成中心镇（重点镇）“六个一”建设年度投资6.4亿元。瑞丰粮油二期15万吨浅圆仓项目建成投产，总投资3.5亿元的代米生物二期日产110吨食用菌工厂化生产项目竣工试产。

全年完成工业增加值241236万元，比上年下降1.6%，其中规模以上工业完成142636万元，比上年下降5.7%。全年实现工业总产值1069314万元，比上年下降8.5%，其中规模以上工业完成706714万元，比上年下降10.4%。全年规模以上工业企业实现主营业务收入649812万元，比上年下降3.1%；实现利税47584万元，比上年下降9.2%；实现利润总额

23417万元，比上年下降25.3%。全年规模以上工业企业完成出口交货值151889万元，比上年增长8.1%。全年完成建筑业增加值183433万元，比上年增长5.6%。建筑业总产值1141772万元，比上年增长9.4%。

【招商引资与产业园区建设】 2017年，全力保障项目用地，全年新增征地544.12公顷。丰顺经济开发区扩区获省批准。加快推进海珠（丰顺）产业园工业大道、生活配套区、污水处理厂等基础设施建设，其中污水处理厂基本完成主体工程，园区共投入基础设施建设资金11.6亿元。积极引导乡贤回乡投资兴业，引进新希望六合集团、青蒿素日化用品等合同项目6个，计划总投资36.4亿元。华于科技、双胞胎、旺兴达实现投产。新增青蒿药业在新三板挂牌，并成功申报国内主板上市辅导备案。全县完成工业投资23.6亿元，其中技改投资5.5亿元，分别增长60%、23.9%。

丰顺县围绕振兴发展主线，落实原中央苏区和粤东西北振兴政策，按照“一个目标、三大抓手、两条底线”的部署要求，主动融入广东梅兴华丰产业集聚带建设，深入实施丰顺新区和梅江韩江（丰顺）绿色健康文化旅游产业带“一区一带”战略，重点培育电子电声、绿色饲料、温泉养生三大特色主导产业。着力夯实园区发展基础、提升园区产业承载能力，补短板、优环境，盯紧产业发展制高点，大力实施精准有效的招商，努力引进一批有前景、有潜力的好项目和大项目，不断提升招商引资质量和效益。成功引进合同项目16个，计划投资总额142亿元，完成全年任务70亿元的203%。其中工业类6个，占37%；旅游、文化产业7个，占44%；房地产业3个，占19%。

【固定资产投资】 全年完成固定资产投资总额731094万元，比上年增长18.2%，其中房地产投资238000万元，增长60.0%。固定资产投资总额中按产业分：第一产业投资为零；第二产业投资236723万元，增长24.2%；其中：工业投资236273万元，增长23.9%；工业投资中技改投资55397万元，同比增长16.8%；第三产业投资494371万元，增长16.9%。商品房施工面积214.1万平方米，增长23.4%，商品房销售面积32.1万平方米，增长10.0%。

【金融·保险】 年末全县各项贷款余额715944万元，同比增长12.6%；各项存款余额1710559万元，同比增长5.6%。其中住户存款余额1280313万元，同比增长9.1%。全年保费收入12372万元，比上年增长8.1%。其中人寿险保费收入8600万元，比上年增长10.8%；财产险保费收入3772万元，比上年增长6.8%；全年保险赔款支出1888万元，比上年增长1.5%。其中人寿险赔款支出550万元，比上年增长16.1%，财产险赔款支出1338万元，比上年减少4.7%。

财政税收：公共财政预算收入92103万元，比去年同期增加收入7731万元，比增9.16%；主要税收完成情况：增值税收入12900万元，比增18.34%；营业税收入48万元，比减98.96%；企业所得税收入5081万元，比减12.61%；个人所得税收入1750万元，比增39.89%；城市维护建设税收入2704万元，比增2.15%；印花税收入1352万元，比增10.19%。公共财政预算支出411702万元，比去年同期减少支出28739万元，比减6.53%。

税收：国税各税收入65051万元，比增20.3%，其中：县级收入14523万元，比增16.04%。地税各税收入78334万元，比减4.42%，其中：县级收入51144万元，比增9.21%。

外经贸：全县外贸进出口总额206471万元，比减8.6%，其中：出口总额185498万元，比减16%；“三资”企业总产值129384万元，比减33%。

金融：金融机构本外币各项存款余额1710559万元，增长5.6%，其中住户存款余额1280313万元，比增9.1%；各项贷款余额715944万元，比增12.6%。

【商贸】 全年实现批发和零售业增加值72269万元，比上年增长3.5%。住宿和餐饮业增加值18391万元，比上年增长4.5%。全年社会消费品零售总额550875万元，增长12.0%。其中：批发零售贸易业实现510762万元，住宿餐饮业实现40113万元，分别增长11.5%和18.1%。全年外贸进出口总额206471万元，比上年下降8.6%。其中出口185498万元，比上年下降16.0%，进口20973万元，比上年增长311.5%。全年实际利用外资1012万美元，比上年下降13.0%。

【旅游业】 2017年，编制完成《丰顺县全域旅游示范县专项规划》《留隍镇国家级旅游度假区总体规划》，留隍镇入选国家第二批特色小镇。鹿湖温泉度假村获评国家AAAA级景区，填补了丰顺县国家AAAA级景区的空白。八乡山、韩山、揭岭飞泉、大宝山、九龙嶂、种王上围等总投资约50亿元的生态旅游项目建设加快推进，完成旅游重点项目投资5.8亿元。全年接待游客599.5万人次，比上年增长15.1%。全年旅游营业收入57.1亿元，比上年增长16.1%。

【资源和环境】 深入开展全县域人居环境综合整治、建设美丽乡村三年行动计划，成功引进广业环保投资约10亿元，合作27年，突出农村生活污水和垃圾处理，整治全县域人居环境，高美、梅溪、拾荷等23个村级污水处理站及35.2千米配套管网建成试运营。原中央苏区农村超高速无线局域网建设顺利完成，新一轮农村电网改造升级加快推进。坚持长短结合、标本兼治，突出抓好养殖、生活、工业污染治理和应急措施，大力实施榕江北河水体达标整治，实现榕江北河丰顺段水质稳定达标，顺利通过省、市摘牌验收。留隍镇实行圩镇保洁业务外包，半年时间扭转“垃圾围城”困境。坚决打击“两违”行为，立案查处违法用地54宗、违章建筑25宗。

编制《丰顺县林地保护利用规划》，建立全县森林和林地档案管理数据库，形成林地“一张图”管理。完成碳汇林人工造林3066.67公顷、省级碳汇林抚育9733.33公顷，完善提升生态景观林带40公顷，完成4个省级示范点、20个市级示范点共24个乡村绿化美化工程，启动4个森林公园的规划设计工作，全县森林覆盖率达78.3%。

全年单位GDP能耗0.6111吨标准煤/万元，同比上升7.10%；全年单位工业增加值能耗下降13.08%。全社会用电量110856万千瓦时，比上年增长5.3%。其中，工业用电量64829万千瓦时，比上年减少0.2%。

【交通·邮电】 全年旅客周转量46054万人千米，比上年增长7.1%；货物周转量129361万吨千米，比上年增长8.0%。全年完成邮政业务总量3951万元，比上年增长12.3%。

【科技·教育】 潘田、北斗等12个镇通过教育强镇复评。实验中学、大同中学建成使用，实验小学、实验幼儿园动工建设。电视大学更名为开放大学，实现转型发展。

2017年年末全县企业和事业单位各类专业技术人员7478人，比上年末增长2.5%。其中高级专业技术人员949人，中级专业技术人员3750人，初级专业技术人员2779人。全县有幼儿园94所，其中民办76所，在园幼儿19911人；小学79所，小学教学点100间，招生7393人，在校学生42990人，毕业生6089人；初中学校24所，招生5617人，在校学生16664人，毕业生5476人；高中学校9所，招生3134人，在校学生9659人，毕业生3259人；职业技术学校1所，招生256人，在校学生1392人，毕业生514人；特殊教育学校1所，在校学生40人。丰顺开放大学本（专）科招生567人，在校本（专）科学生人数1142人，毕业本（专）科学生426人。

【文化·卫生·体育】 2017年《悦读丰顺》开刊，《大美丰顺》《百年圆梦》等一批文艺作品获得好评。建成村级综合性文化服务中心146个，农村文化俱乐部、文化驿站各10个。县第二人民医院动工建设。组建人民医院、中医院两个县域医共体。丰良、留隍等6个镇通过“基本医疗和基本公共卫生服务示范镇”验收。259间村卫生站建设基本完成。“六城”同创有序推进，成功获得省文明县城提名，创建国家卫生县城、省卫生强县、省文明县城、省推进教育现代化先进县和省食品安全示范县取得阶段性成效。坚持水质净化、路树绿化、堤灯亮化、岸景美化、彰显文化“五化”并举，加快打造“百里榕江画廊”。总投资3.6亿元的“六馆三中心”完成招投标工作，近期开工建设。进华路、新堤路等一批市政道路改造，以及丰达路新桥至新铺大桥两段堤路、汶水河人行景观桥、汤西桥至黄埔桥段景观提升工程加快推进。全民健身活动再掀高潮，组团参加第八届市运会取得好成绩。完成投入1000多万元新建丰顺新区运动场，于2017年9月完工验收并交付使用，在全县范围内新建和改造10个足球场，全县足球场21块；县运动员在参加市级以上竞技比赛中，获得金牌41枚、银牌34枚、铜牌26枚。全年组织镇以上体育活动竞赛70次。全民体育健身活动广泛开展。

年末全县有文体服务中心16个，文化馆、博物馆、图书馆、纪念馆、体育公园各1个，影院3家；有广播电视台1座，播映内容丰富，节目多彩。

全县年末有卫生机构430个，实有床位1743张，在职人员2672人，其中卫生技术人员2082人。其中：医院5个，实有床位1143张，卫生技术人员1009人；镇级卫生院16个，实有床位516张，卫生技术人员725人；村卫生站354个，卫生技术人员59人；其他卫生机构55个，床位84张，卫生技术人员289人。卫生技术人员中有执业医师和执业助理医师799人，注册护士705人。年末全县有面积大小不等的体育活动场所1778个，比上年末增加36个。丰顺县运动员在参加市级以上竞技比赛中，有41项获得第一名，34项获得第二名，26项获得第三名。全年组织镇以上体育活动竞赛70次。全民体育健身活动广泛开展。

【人口·社会生活】 建成覆盖全县的“综治网格群”，实现“中心+网格化+信息化”建设全覆盖。各类信访案件稳中有降，获评“全国信访工作‘三无’县”。中共十九大安保工作考核获评优秀档次，受到全市表彰。加强社会矛盾排查化解，健全人民调解以案定补制度，拓展公共法律服务领域，推动行业性、专业性人民调解组织的建设发展，调处各类矛盾纠纷2590件，实现“四个不发生”目标。“七五”普法工作高质量推进。严厉打击违法犯罪活动，“社会治安防控”“平安丰顺”工作扎实推进。汤西南礤村、汤南新楼村分别获评全国、全省文明村，北斗镇拾荷村获评全国民主法治示范村。成功举办第五届世界客商大会丰顺县重点项目动工竣工活动、2017年中国·丰顺“喜德盛杯”国际自行车邀请赛和“醉美丰顺·全域自驾”活动。压实安全生产责任，突出重点领域、重点时段专项治理，常态化开展事故隐患排查治理，全县安全生产形势持续稳定。金融稳定健康发展。妇女儿童、老龄、民族宗教、外事侨务、国防、兵役、双拥等工作扎实推进。人事、编制、监察、统计、物价、打假、法治、供销、气象、史志、人防、地震、档案、残联、粮食安全和红十字等工作成绩显著。

以“百村示范、千村联动、万众行动”为抓手，突出61个省定贫困村建设，下达启动资金3740万元，其中58个省定贫困村每村30万元、省级新农村连片示范建设工程（含3条省定贫困村）2000万元。完成61个省定贫困村村庄规划编制和“三清三拆三整治”任务。总投资1.5亿元的留隍镇“五村连片十村联动”省级示范工程进场施工。成功承办第十三届中国农村发展论坛暨“新乡贤与农村发展新动能”全国研讨会。

城乡居民基本养老保险基础养老金标准从每人每月110元提高到120元。城镇、农村低保人均补差水平分别从每月419元、191元提高到457元、206元。城乡低保对象基本医疗救助比例80%以上。城乡居民养老保险参保率99.8%，新型农村合作医疗参合率保持100%。城镇新增就业4050人，城镇失业人员再就业2982人，就业困难对象再就业312人，新增转移就业6729人，失业率控制在2.45%。城镇居民人均可支配收入22345元，增长7.8%。食品安全抽检达每千人1.5批次。成功创建2家市级“放心肉菜”示范超市。

2017年年末全县户籍人口745790人，比上年末减少10.8‰，年末常住人口494353人，比上年末增长3.5‰。据住户抽样调查结果，全年全县常住居民人均可支配收入17105.2元，比上年增长8.8%；全年农村常住居民人均可支配收入12325.9元，比上年增长8.0%；全年城镇常住居民人均可支配收入22345.3元，比上年增长7.8%。2017年城乡居民医疗保险参合率97%。

（黄喜勤）

党的建设

【简述】 一年来，丰顺县党建工作坚持以习近平新时代中国特色社会主义思想和中共十九大精神为指引，坚持和加强党的全面领导，坚持党要管党，全面从严治党，按照中央和省委、市委关于党建工作的决策部署，以党的政治建设为统领，全面推进党的政治、思想、组织、作风、纪律建设，把制度建设贯穿其中，推动党的建设取得新成效，为全县改革发展稳定提供了坚强有力的保证。至2017年年底，丰顺县共有基层党（工）委29个，党组54个，党总支部26个，党支部707个，党员21806人。

【开展习近平新时代中国特色社会主义思想和中共十九大精神大学习大培训】 丰顺县委把学习宣传贯彻习近平新时代中国特色社会主义思想和中共十九大精神作为首要的政治任务，牢牢把握“学懂弄通做实”要求，带头学、带头讲、带头干，以上率下，迅速在全县兴起学习宣传贯彻热潮。制定实施丰顺县学习宣传贯彻中共十九大精神的总体方案及大学习、大宣传、大调研等专项工作方案。县领导同志带队开展调研督导，推动各级各部门认真抓好学习宣传贯彻工作。及时召开县委十三届三次全会，对学习宣传贯彻工作进行再动员再部署，动员全县党员干部群众更加紧密地团结在以习近平同志为核心的党中央周围，奋力开创丰顺工作新局面。按照省委、市委要求，部署开展“大学习、深调研、真落实”活动，认真抓好中共十九大精神和《习近平谈治国理政》（第二卷）的大学习大培训大宣讲，深入抓好习近平总书记对广东工作重要批示和省第十二次党代会等精神的学习宣传贯彻，举办科级干部学习贯彻中共十九大精神专题培训班，对全县700多名副科以上干部进行集中轮训，组建县委宣讲团深入基层开展巡回宣讲48场（次）。聚焦关系丰顺发展全局的13个重大课题，由县领导同志牵头负责开展专题调研，深化县情认识，谋划推动工作的具体行动方案。

【加强党的思想政治作风建设】 一是加强领导班子思想政治建设。加强中国特色社会主义理论学习，各级党委（党组）及班子成员带头先学一步、学深一步，做到真学真懂真信真用，自觉用习近平新时代中国特色社会主义思想武装头脑、指导实践、推动工作。各级党组织把深入推进“两学一做”学习教育常态化制度化作为思想政治建设的有力抓手和重要途径，以党委（党组）会议、理论学习中心组学习、专题交流研讨等形式深入学习。发挥党校主阵地作用，充分利用网络在线学习平台，认真开展党内学习教育，切实用党的创新理论武装头脑。二是加强党性教育和党性修养。把党的组织生活作为查找和解决问题的重要途径，建立经常性“党性体检”机制，引导党员发挥作用、解决问题。各级党委（党组）坚持党性教育经常化，引导党员在民主生活会和组织生活会上对照党章党规、习近平总书记重要讲话精神，对标“四个合格”，自觉打扫思想灰尘，着力解决党的意识不强、组织观念不强、发挥作用不够等问题，不断巩固党的群众路线教育实践活动、“三严三实”专题教育、“两学一做”学习教育的成果，形成长效机制。把学习廖俊波、黄大年等先进典型纳入“两学一做”学习教育常态化制度化的重要内容，引导广大党员干部对标先进、见贤思齐。三是规范党内政治生活。重点对照《关于新形势下党内政治生活的若干准则》和《中国共产党党内监督条例》，结合思想和工作实际，查找存在的突出问题，进行党性分析，开展批评与自我批评，起到了红脸出汗、提神醒脑的效果。高标准、严要求指导全县各级领导班子认真开好民主生活会，确保各级领导班子民主生活会对照检查有深度、互相批评有力度、整改措施有准度。严格落实“三会一课”等组织生活基本制度，将党员领导干部讲党课列入年终考核，县委常委带头落实双重组织生活制度，带头到所在支部讲党课，示范带动各级党委（党组）领导班子成员到基层讲党课。四是加强作风建设。认真贯彻执行中央、省委和市委关于加强作风建设的系列决策部署，不断增强贯彻落实中央八项规定的思想自觉和行动自觉，持之以恒纠正“四风”，持续用力加强作风建设。制定《2017年丰顺县机关作风评议实施办法》，以责任追究倒逼机关作风转变。

【加强党的组织建设】　一是平稳有序完成村级换届选举工作。通过精心组织，严格程序，严肃纪律，圆满完成280个村（社区）换届选举工作。二是大力加强基层组织建设。坚持把政治建设放在首位，切实提高发展党员质量。加强对流动党员的教育管理服务，认真开展专项排查整治，稳妥有序做好违纪违法党员等“五类党员”、失联党员的规范管理和组织处置工作。研究制定《丰顺县基层党建工作评价实施方案》。抓好16个镇党代会年会制试点工作。从严整顿17个软弱涣散基层党组织。成立县工业园非公有制企业党委和党群服务中心，推进“两新”党组织“两个覆盖”，覆盖率分别达88.9%、86.8%。三是加强干部队伍建设。把好干部标准落到实处，突出政治标准选拔干部，注重在“两大振兴政策”、构建“一区一带”、创文工作、精准脱贫、征地拆迁、榕江北河整治等主战场发现、考验、锻炼、使用干部，注重把牢固树立“四个意识”、坚定“四个自信”、坚决维护党中央权威、全面贯彻执行党的理论和路线方针政策、忠诚干净担当的干部选优配强到各级领导班子中。从严加强干部管理监督，坚持抓早抓小，充分利用谈心谈话和提醒、函询等手段，加强对干部的日常监督。2017年以来县委常委会共研究干部9批次。其中，提拔（重用）42人，交流58人。四是落实管党治党责任。扎实做好17个镇（场）党委书记和部分县直机关党组织书记抓党建述职评议考核工作，不断强化基层党组织书记党建主业意识，落实管党治党责任，提高管党治党水平。

（郑雁鸿、何夏生）

政 治

县 委

【2017年丰顺县委主要事项、会议简述】

广州市花都区区委书记黄伟林率队到丰顺县调研精准扶贫工作　1月1日，广州市花都区委书记黄伟林率队到丰顺县开展精准扶贫调研活动。黄伟林表示，广州市花都区将严格按照省、市对新时期精准扶贫的工作部署，狠抓各项措施的落实，力求通过两地携手，共同加快丰顺的振兴发展步伐。广州市花都区人大常委会副主任汤浩昌等参加调研。县委书记曾永祥，县委副书记、梅州丰顺新区管委会主任郑奕雄，县副处级干部朱报正，以及县扶贫局有关部门负责人陪同调研。

丰顺开展纪念李坚真110周年诞辰系列活动，弘扬坚真精神，加快振兴发展　1月3日和5日，丰顺县开展纪念李坚真110周年诞辰系列活动。县委书记曾永祥强调：要弘扬李坚真严于律己、艰苦奋斗的革命精神，全面落实从严治党的主体责任，更好地加强干部的教育管理，激发干部群众的创业热情，发挥丰顺的优势和特色，推动原中央苏区丰顺县的振兴发展。

曾永祥主持召开县委常委扩大会议，传达学习省委副书记、代省长马兴瑞来梅州调研讲话精神　1月16日下午，县委书记曾永祥主持召开县委常委扩大会议，传达学习省委副书记、代省长马兴瑞到梅州调研讲话精神，以及省纪委十一届六次全会，全省加快推进基础设施项目建设工作会议，市人大、市政协“两会”等会议精神，研究部署贯彻落实意见。曾永祥强调：全县各级各部门要认真领会上级各项决策部署精神，主动作为，真抓实干，全力推动丰顺加快振兴发展。

丰顺召开全县人居环境综合整治推进会议　1月18日下午，丰顺县在会展中心大会堂召开全县人居环境综合整治推进会议。县委书记曾永祥，县委副书记、县长廖茂忠要求全县上下要认真贯彻落实市第七次党代会精神，深化认识，强化责任，奋力攻坚，全力推动人居环境综合整治不断引向深入，奋力开创丰顺县城乡环境综合整治新局面，为丰顺加快振兴发展、全面建成小康社会做出新的更大贡献。

丰顺县重点招商引资项目珠江·海棠湾温泉度假山庄正式开工建设　1月23日上午，珠江·海棠湾温泉度假山庄在汤坑镇石桥村苏姑山下举行开工奠基仪式，标志着该项目进入全面快速建设阶段。县委书记曾永祥，县委副书记、县长廖茂忠，县委副书记、梅州丰顺新区管委会主任郑奕雄，县委常委、常务副县长郑春鹏，县委常委、办公室主任黄建斐，县人大常委会副主任林楚辉，副县长梁玉辉，副县级干部林桂庵，广东新南方集团总裁朱拉伊，珠江合创投资集团董事长朱介武以及县直有关部门、汤坑镇党委政府、项目设计、施工、监理等单位负责人参加开工仪式。

曾永祥、廖茂忠新春佳节走访慰问广大干部职工　2月4日，县委书记曾永祥，县委副书记、县长廖茂忠分别率队到县人大、县政协机关以及县直有关部门走访慰问广大干部职工，给广大干部职工送上新春的问候和美好的祝福。曾永祥、廖茂忠希望大家在新的一年里，全身心投入到新一年工作中去，开拓创新，扎实工作，撸起袖子加油干，为丰顺振兴发展做出新的、更大的贡献。

曾永祥、廖茂忠率队到埔寨镇烧火龙活动现场检查指导安防工作　2月9日，县委书记曾永祥，县委副书记、县长廖茂忠率领徐庆青、黄建斐、黄纯忠、张建民等县领导，以及县政府办公室、县安监局、县交通运输局、县公路局、县文广局、县旅游局、县消防大队、县交警大队、埔寨镇党委政府主要负责同志，深入到烧火龙活动现场检查指导安防工作。曾永祥、廖茂忠要求：各级各有关部门要高度重视，强化责任，确保烧火龙活动圆满有序。

丰顺县召开县纪委十三届二次全会　2月14日上午，中国共产党丰顺县第十三届纪律检查委员会第二次全体会议在县会展中心召开，县委书记曾永祥出席会议并作讲话，强调要深入学习贯彻习近平总书记重要讲话精神，持之以恒抓好党风廉政建设和反腐败工作，坚定不移推进全面从严治党，更加努力建设风清气正政治生态。县委副书记、县长廖茂忠，以及县领导徐庆青、邱翠茂、郑奕雄、唐秀娟、林剑、郑春鹏、曹志辉、黄纯忠、罗卫标等县委常委、县人大、县政府、县政协、县纪委领导，县法院院长、检察院检察长，正、副县级干部，县纪委委员，各镇（场）党委书记、镇（场）长、纪委书记，县直副局以上单位和省、市属驻丰单位现职副科以上干部，县纪检监察机关全体干部参加了会议。

市考评组到丰顺县开展2016年度综治工作（平安建设）现场考评　2月15日，以市委政法委专职委员陈维为组长的市考评组一行，到丰顺县开展2016年度综治工作（平安建设）现场考评并给予充分肯定。县委书记、综治委主任曾永祥，县委副书记、梅州丰顺新区主任、综治委副主任郑奕雄，县委常委、政法委书记、综治委副主任黄纯忠，副县长、公安局长、综治委副主任张建民等县领导，以及有关单位负责人陪同考评或参加汇报会。

曾永祥主持召开县委常委（扩大）会议时要求：创新方式方法，全力确保县委县政府确定的各项工作顺利推进　2月15日下午，县委书记曾永祥主持召开县委常委（扩大）会议，传达省、市有关工作会议精神，研究部署贯彻落实意见。曾永祥要求：全县各级各部门要创新方式方法，以更加积极主动作为的姿态，全力确保县委、县政府确定的各项工作顺利推进。

副市长温向芳、市政协副主席周秋明到丰顺县调研城乡环境综合整治工作　2月20日下午，副市长温向芳、市政协副主席周秋明率调研组到丰顺县调研城乡环境综合整治工作，强调要大力实施美丽乡村三年行动计划，扎实推进全县域人居环境综合整治，构建和谐优美城乡人居环境。县委书记曾永祥，县委副书记、县长廖茂忠，县政协主席邱翠茂，县委副书记、梅州丰顺新区管委会主任郑奕雄，县委常委、常务副县长郑春鹏，县委常委、办公室主任黄建斐，县委常委、统战部部长罗卫标，副县长罗裕权，以及市、县有关单位负责人陪同调研。

曾永祥、廖茂忠率队到汤西镇开展安全生产大检查　2月21日下午，县委书记曾永祥，县委副书记、县长廖茂忠率队深入到汤西镇开展安全生产大检查。曾永祥、廖茂忠强调：安全生产必须常抓不懈，各相关职能部门要加强监督，认真查找各类安全事故隐患，落实整改措施，确保全县安全生产工作形势稳定。县委常委、常务副县长郑春鹏以及县安监、国土、经信等相关部门负责人陪同检查。

曾永祥、廖茂忠会见广东新南方集团、广东丰顺商会负责人共商家乡发展大计，助力丰顺振兴发展　2月22日下午，县委书记曾永祥，县委副书记、县长廖茂忠会见广东新南方集团有限公司董事长、总裁朱拉伊和广东丰顺商会会长冯永超一行，与他们探讨招商引资事宜，共商家乡发展大计。

副市长、市公安局局长陈俊钦率队督导丰顺县经济工作　2月24日，副市长、市公安局局长陈俊钦率队到丰顺县督导经济工作时要求，丰顺县要深入贯彻落实全市创新驱动与加大有效投资工作会议精神，全力以赴抓好“稳增长、调结构、促改革、惠民生”各项工作，推动县域经济加快发展。市政府副秘书长张文涛以及市直有关部门负责人，县委书记曾永祥，县委副书记、县长廖茂忠，副县长、公安局局长张建民等领导陪同调研。

市委常委、常务副市长李远青率队到丰顺县督导省市重点项目建设　2月27日，市委常委、常务副市长李远青率队到丰顺县督导省市重点项目建设情况和安全生产工作，并结合挂钩联系，着重了解“一情三重”落实情况。他要求丰顺县认真贯彻落实全市创新驱动与加大有效投资工作会议精神，明确目标任务，压实工作责任，全力加大有效投资，力促重点项目早动工、建成、见效，确保顺利完成全年目标任务。市政府副秘书长姚铠滔，市发改、财政、经信、交通、公路、旅游、国土资源局等市直单位负责人，以及县委书记曾永祥，县委常委、办公室主任黄建斐，副县长梁玉辉和县有关单位负责人陪同调研。

县委十三届二次全会隆重召开　3月3日上午，中国共产党丰顺县第十三届委员会第二次全体会议在县会展中心召开。会议的主要任务是：深入学习贯彻习近平总书记系列重要讲话精神，全面贯彻中央、省和市委、市政府系列决策部署、市第七次党代会精神，总结2016年工作，部署今年任务，动员全县上下统一思想，凝聚力量，破难攻坚，奋力推动丰顺新区、梅江韩江（丰顺）绿色健康文化旅游产业带“一区一带”开发建设，为明年如期全面建成小康社会打下坚实基础。县委书记曾永祥主持会议并代表县委常委会向全会作工作报告。

曾永祥出席县委政法工作会议时要求，撸起袖子加油干，推动丰顺县政法工作迈上新台阶　3月3日上午，丰顺县召开县委政法工作会议，传达学习中央和省、市委政法工作会议精神；总结2016年全县政法和信访工作；分析当前形势，部署2017年工作。县委书记曾永祥在会上要求，全县各级各部门特别是政法部门要不忘初心，撸起袖子加油干，扑下身子抓落实，全力维护社会稳定，推动丰顺县政法工作迈上新台阶，以优异的成绩迎接中共十九大和省第十二次党代会胜利召开。

副市长温向芳到丰顺县调研督导规划建设工作　3月3日，副市长温向芳率市住建局、城乡规划局、市直机关工委书记等相关单位负责人，到丰顺县调研督导“六个一”建设项目等工作。县委书记曾永祥，县委副书记、县长廖茂忠，县委常委、常务副县长郑春鹏，梅州丰顺新区管委会副主任、留隍镇党委书记马扬闲，广东新南方集团有限公司总裁朱拉伊，以及县直相关单位负责人陪同调研。温向芳对丰顺县“六个一”建设项目落实情况表示肯定，要求丰顺县要围绕市委、市政府定下的主题，突出地方特色，充分利用留隍资源禀赋和人文历史，接地气、谋长远，预留未来发展空间，在中心镇加快推进“六个一”建设项目，其他建制镇可在条件成熟的情况下逐步推广。

丰顺县掀起全民义务植树新高潮　3月6日，丰顺县全体县领导，正、副县级干部，县“法、检”两长，埔寨镇相关负责人，县直副局以上单位和省市属驻丰单位主要负责人，部分消防、武警官兵、青年志愿者以及县林业局、森林公安分局全体干部职工共有800多人在埔寨镇茅园村开展义务植树活动，共种植山杜英、香樟、木荷、枫香等树种1.8万株，种植面积达200亩。

广州中医药大学党委书记黄斌到丰顺县考察健康产业发展情况　3月7日上午，广州中医药大学党委书记黄斌率考察团一行到丰顺县考察健康产业发展情况。他表示，广州中医药大学将通过此次考察，进一步寻求在健康产业发展方面的战略合作，希望发挥各自优势，实现发展共赢。副市长张晨，县委书记曾永祥，县委常委、常务副县长郑春鹏，梅州丰顺新区管委会副主任、留隍镇党委书记马扬闲，广东新南方集团有限公司总裁朱拉伊，以及市、县直有关单位负责人陪同考察。

副市长吴泽桐率队到丰顺县调研工业发展工作　3月7日，副市长吴泽桐率领市经信、科技、商务、旅游、招商等有关部门负责同志到丰顺县调研工业发展工作。吴泽桐要求，丰顺要不断优化企业服务意识，大力推进标准厂房建设，加大技工培训力度，加强技术研发，努力提升行业标准，确保丰顺电声产业做大做强，实现百亿产值目标。调研期间，吴泽桐一行在县委书记曾永祥，县委副书记、县长廖茂忠，副县长罗裕权等领导的陪同下，首先深入到广州海珠（丰顺）产业园调研园区建设情况，随后分别深入到汇威科技有限公司、旺兴达（丰顺）电子有限公司、泰昌电声元件有限公司、培英电声有限公司、珠光·新城御景、广东新南方青蒿药业股份有限公司等企业，详细了解企业生产经营情况和项目建设情况，认真倾听企业对提升行业发展的建议意见和制约企业发展瓶颈问题。

丰顺县召开县十五届人大二次会议党员负责同志召集人会议　3月8日下午，丰顺县召开县十五届人大二次会议党员负责同志召集人会议。县委书记曾永祥参加会议并要求：各召集人要充分认识肩负的责任，以高度负责的精神、扎实有效的工作，努力营造团结紧张、严肃活泼、廉洁高效的良好会风，确保各项会议议程顺利推进，切实把这次会议开成一个民主团结、求真务实、开拓奋进的大会，为加快丰顺振兴发展、如期全面建成小康社会提供强有力保障。县委副书记、县长廖茂忠参加会议。

政协第十届丰顺县委员会第二次会议开幕　3月8日上午，政协第十届丰顺县委员会第二次会议在会展中心开幕。会上，县政协主席邱翠茂代表政协第十届丰顺县委员会常务委员会向大会作工作报告；县政协副主席郭春山向大会作提案工作情况报告；部分政协委员就设立丰顺食品工业园、发展八乡山镇苦笋产业和加快丰顺县文化祠堂保护建设等议题作大会议政发言。县委书记曾永祥，县委副书记、县长廖茂忠，以及徐庆青、邱翠茂、郑奕雄、唐秀娟、林剑、郑春鹏、曹志辉、黄建斐、黄纯忠、罗卫标等县领导；县政协全体领导、丰顺新区领导、县武装部政委、县法院院长、县检察院检察长；正、副县级同志；历届县政协主席等出席会议。

政协第十届丰顺县委员会第二次会议胜利闭幕　政协第十届丰顺县委员会第二次会议在圆满完成各项议程后，于3月9日上午在县会展中心胜利闭幕。县委书记曾永祥号召：全县政协各参加单位和全体政协委员，要更加紧密地团结在以习近平同志为核心的党中央周围，在中共丰顺县委的正确领导下，振奋精神，凝聚共识，求真务实，开拓创新，为全面加快“一区一带”建设、与省、市同步全面建成小康社会做出新的更大贡献！

市农普小组副组长、市统计局局长凌松宏到丰顺县督导农业普查工作　3月9日，市第三次全国农普领导小组副组长、市统计局局长凌松宏一行到丰顺县督导第三次全国农业普查工作。县委书记曾永祥，县委副书记、县长廖茂忠，副县长谢国泉，以及县府办、县统计局、县农业普查办等有关部门领导陪同检查或参加座谈会。市督导组对丰顺县在第三次全国农业普查工作中所做的工作给予肯定，强调在今后农业普查工作中要把好入户关，把好质量关，把握普查节奏；对填报数据要逐一进行核实，对检查发现实际入户率低的，督促其纠正，重新入户调差；各级领导要高度重视，镇村要迅速行动起来，重点解决普查员人力不足问题，指导要有力，督查要到位。

丰顺县第十五届人民代表大会第二次会议开幕　3月9上午，备受全县人民瞩目的丰顺县第十五届人民代表大会第二次会议在会展中心大会堂隆重开幕。会上，县人民政府县长廖茂忠代表县人民政府向大会作《政府工作报告》；会议还以书面形式报告《丰顺县2016年国民经济和社会发展计划执行情况与2017年计划草案》《丰顺县2016年预算执行情况与2017年预算草案》。本次大会执行主席曾永祥、廖茂忠、徐庆青、邱翠茂、郑奕雄、陈美琼、何火营、陈诺文、曾命城、吴伟明、林楚辉在主席台前排就座；唐秀娟、林剑、郑春鹏、黄建斐、黄纯忠、罗卫标等县领导以及主席团其他成员在主席台就座。

丰顺县召开全县扶贫开发工作会议，动员做好省2016年度扶贫开发工作成效考核迎检工作　3月10日上午，丰顺县扶贫开发工作会议在县会展中心召开，主要任务是总结2016年工作，分析存在问题，部署今年工作，动员做好省2016年度扶贫开发工作成效考核迎检工作。县委书记曾永祥出席会议并强调：全县各级各部门要高度重视，全力迎检，明确目标，突出重点，压实责任，全力打好精准脱贫攻坚战，为2018年全面建成小康社会打下坚实基础。会议由县委副书记、县长廖茂忠主持。

丰顺县第十五届人民代表大会第二次会议胜利闭幕　丰顺县第十五届人民代表大会第二次会议在圆满完成各项议程后，于3月10日上午在县会展中心大会堂胜利闭幕。县委书记曾永祥号召：面对新的形势、新的机遇，必须撸起袖子加油干。在中央、省委省政府和市委市政府的坚强领导下，紧紧围绕如期全面建成小康社会的宏伟目标，抢抓机遇、奋发前进，以更大的决心和力度、以更饱满的工作热情、以更务实高效的作风，全力推动丰顺加快振兴发展，以优异成绩迎接中共十九大和省第十二次党代会的胜利召开。

曾永祥、廖茂忠率队督导教育工作　3月14日下午，县委书记曾永祥，县委副书记、县长廖茂忠率队督导教育工作，研究解决丰顺县教育工作中所遇到的各种困难和问题。曾永祥、廖茂忠强调：凡是有利于教育发展的事情，相关部门都不能拖、不能等，要在第一时间协调解决好，全力推动丰顺县教育事业振兴发展，加快丰顺县创建教育现代化先进县步伐，努力办好让人民满意的教育。县委常委、办公室主任黄建斐，县委常委、政法委书记黄纯忠以及县委办、县教育局和汤坑镇等有关部门负责人陪同督导。

曾永祥、廖茂忠率队调研县城区公园规划建设　3月15日，县委书记曾永祥、县委副书记、县长廖茂忠率队调研县城区公园规划建设情况。曾永祥、廖茂忠要求，各级各部门要科学规划设计，统筹考虑建设，压实主体责任，充分认识公园规划建设对于保障改善民生、提升城市品位的重要意义，让更多老百姓从中受益。县人大常委会主任徐庆青，县政协主席邱翠茂，县委常委、常务副县长郑春鹏，县委常委、办公室主任黄建斐，以及县直有关部门负责人陪同调研。

丰顺县召开宣传工作会议，致力开创丰顺县宣传思想文化工作新局面　3月20日上午，丰顺县召开宣传工作会议，深入学习贯彻党的十八大和十八届三中、四中、五中、六中全会精神，深入学习贯彻习近平总书记系列重要讲话精神，深入学习贯彻县委十三届二次全会精神，深入学习贯彻全国、全省、全市宣传部长会议精神，回顾总结去年工作，分析当前形势，研究部署今年任务。县委书记曾永祥参加会议并作讲话，要求全县各级党组织和宣传思想文化部门要以更加饱满的工作热情、更加务实的工作作风、更加扎实的工作举措，创新创造、努力进取，不断开创丰顺县宣传思想文化工作新局面，为建设“财丰人顺、幸福丰顺”汇聚强大的正能量。

曾永祥主持召开县委常委扩大会议，传达学习市委谭君铁书记、方利旭市长有关讲话精神　3月20日下午，县委书记曾永祥主持召开县委常委扩大会议，传达学习市委谭君铁书记、方利旭市长有关讲话精神，以及相关会议、文件精神，研究部署贯彻落实意见。曾永祥强调，全县各级各部门要认真领会上级各项决策部署精神，凝心聚力，奋发有为，坚持稳中求进的发展总基调，确保第一季度经济实现开门红和全年目标任务的完成，全力推动丰顺加快振兴发展。

曾永祥、廖茂忠率党政考察团到肇庆市学习考察　3月21日至23日，县委书记曾永祥，县委副书记、县长廖茂忠率领党政考察团到肇庆市学习考察，学习肇庆市在工业发展、城乡环境综合整治、美丽乡村建设和旅游产业等方面的先进经验和做法。肇庆市委常委、市纪委书记吴泰国，市委常委、高新区党工委书记李奔，市纪委副书记、市监察局副局长张思辉，市讲师团团长黄巧真，市妇联副主席吴文娟，市农业局副局长卢锦汉，市工商局党组成员、经检分局局长谢慈贤；肇庆市德庆县委副书记、县长陈元，县委副书记、政法委书记江泽全，县纪委副书记、县委办主任、县委改革办主任梁雄杰；肇庆市鼎湖区委常委、纪委书记李旭熙，高要区副区长陈志刚等会见了考察团或参加考察活动。

省国土资源厅党组书记陈光荣率队到丰顺

县开展地质灾害防治及扶贫慰问调研　3月24-25日，省国土资源厅党组书记陈光荣，省国土资源厅副巡视员马兰峰率队到丰顺县开展地质灾害防治及扶贫慰问调研工作。陈光荣要求：要认真做好地质灾害点的排查和整治，确保人民群众的生命财产安全，要加大扶贫力度，突出精准帮扶，确保贫困群众早日全面实现脱贫目标。副市长温向芳，市政协秘书长、市国土资源局局长张阳，市直属机关工委书记梁维，以及县委书记曾永祥，县委副书记、县长廖茂忠，县委副书记、梅州丰顺新区管委会主任郑奕雄，县委常委、办公室主任黄建斐等陪同调研。

大北农（梅州）科技园项目动工　3月26日上午，大北农（梅州）科技园项目动工仪式在埔寨农场梅州大北农基地举行。县委书记曾永祥，县委副书记、县长廖茂忠，广东省饲料工业行业协会名誉会长、广东省农业科学院原副院长莫棣华，广东省饲料工会协会副秘书长周洪，广东德兴种养实业有限公司董事长姚辉德，大北农集团联合创始人邱玉文，大北农集团高级副总裁、大北农集团猪业科技产业常务副总裁、大北农（华南）集团总裁、大北农集团广东大区总裁周业军，以及县委常委、办公室主任黄建斐，县委常委、政法委书记黄纯忠，县人大常委会副主任林楚辉，副县长傅伟芳、谢国泉，县政协副主席谢仁泉，海珠丰顺对口帮扶工作队队长卢佳亮等领导、嘉宾参加动工仪式并为项目开工培土。

丰顺县组织领导干部收听收看全省村（社区）“两委”换届选举工作电视电话会议　3月27日上午，全省村（社区）“两委”换届选举工作电视电话会议召开，会议动员并部署村（社区）换届工作。县委书记曾永祥，县委副书记、县长廖茂忠，县委副书记、梅州丰顺新区管委会主任郑奕雄，县委常委、组织部部长曹志辉，县人大常委会副主任曾命城，副县长傅伟芳等县领导在丰顺县分会场收听收看了视频会议。曾永祥要求：各级各相关部门要高度重视，切实把村级换届工作摆上重要日程，精心组织，周密安排，扎实做好村级换届各项准备工作，同时严肃换届纪律，以铁腕手段严厉打击破坏村“两委”选举的不法行为，确保选举风清气正、圆满完成。

丰顺县组织收看收听全国医改工作电视电话会议，曾永祥强调：做好“党委政府+医院+社会”三位一体医改工作　3月28日上午，2017年全国医改工作电视电话会议召开。县委书记曾永祥，县委副书记、县长廖茂忠，县委常委、宣传部部长林剑，以及县直相关单位负责人在丰顺县分会场收听收看了视频会议。曾永祥强调：改革势在必行，大家要清醒地认识到中央关于医改工作的信息和决心；改革务求实效，要符合上级对丰顺县医改工作的要求和丰顺县创建广东省卫生强县的要求，把医院建好，让老百姓健康；改革要合理，党委政府要主动加强组织和政策引导，相关部门要切实履行好职责，医院要发挥主动性，争取社会群众的理解支持，共同做好“党委政府+医院+社会”三位一体的医改工作，全力推动丰顺县医改工作的顺利开展。

曾永祥主持召开县委书记专题会，研究部署2017年全县脱贫攻坚工作　4月1日，县委书记曾永祥主持召开县委书记专题会议。会议学习习近平总书记在3月31日中央政治局会议上关于推进脱贫攻坚工作的重要讲话精神和省委省政府、市委市政府有关精准扶贫工作的一系列部署要求，听取县委农办、县扶贫开发局有关新时期精准扶贫、新农村规划建设的情况汇报，并就下来资金使用、产业帮扶、新农村示范村建设等方面进行认真研究讨论。

曾永祥、廖茂忠率队调研创建卫生强县工作　4月5日上午，县委书记曾永祥，县委副书记、县长廖茂忠率队调研创建卫生强县工作。曾永祥、廖茂忠要求：各级各部门要抢抓机遇，补齐短板，明确目标任务，解决重点问题，加强组织协调，提升医疗卫生服务水平，扎实建设健康丰顺。

曾永祥、廖茂忠率队到留隍镇督导创建国家旅游度假区工作　4月5日下午，县委书记曾永祥，县委副书记、县长廖茂忠率队深入到留隍镇督导创建国家旅游度假区工作，研究解决推进各项工程建设所遇到的困难和问题。曾永祥、廖茂忠要求：各相关部门特别是留隍镇要抢抓机遇，破难攻坚，全力以赴推进留隍镇创建国家旅游度假区工作。

曾永祥主持召开县委常委扩大会议时强调：吃透精神，狠抓落实，确保全面圆满完成今年各项工作目标任务　4月6日下午，县委书记曾永祥主持召开县委常委扩大会议，传达贯彻全省卫生与健康大会、2017年全国医改工作电视电话会议精神，学习贯彻《广东省脱贫攻坚责任制实施细则》以及相关重要会议、文件精神，研究贯彻落实意见。曾永祥强调：全县各级各部门要认真领会上级各项决策部署精神，抓好落实，全面完成今年的各项工作目标任务，推动丰顺加快振兴发展。

曾永祥参加村（社区）“两委”换届工作会议：扎实做好村级换届工作，确保换届工作风清气正圆满成功　4月7日上午，丰顺县召开村（社区）“两委”换届工作会议，贯彻落实省、市村（社区）“两委”换届工作会议精神，对丰顺县村（社区）“两委”换届工作进行动员和部署。县委书记曾永祥强调：各级各部门思想上要高度重视，充分认识做好村级换届工作的重要性，把握基本原则，坚持党在基层的领导核心地位不动摇，抓住重点关键环节，扎实做好村级换届工作，确保换届工作风清气正圆满成功。

丰顺县召开创建广东省县级文明城市升温鼓劲会　4月11日上午，丰顺县召开创建广东省县级文明城市升温鼓劲会，县委书记曾永祥参加会议并作讲话，要求各级各部门要牢固树立物质文明和精神文明协调发展的战略方针，以人民为中心的发展思想，法治与德治相结合，突出思想道德内涵，坚持创建为民惠民，坚持以社会主义核心价值观引领文明县城创建活动，打造文明、美丽、幸福的“和顺之城”，全力打好“创文”攻坚战，确保如期实现创建目标。

曾永祥率队到汤南镇汤光村调研村“两委”换届选举工作　4月11日下午，县委书记曾永祥率队深入到汤南镇汤光村调研村“两委”换届选举工作，协调解决镇村在开展村“两委”换届选举工作中所遇到的各种热点难点问题。曾永祥要求：要严格按照选举的有关要求，把握重点，掌握各环节的主动权，严守政治纪律，依法依规选举出让党员满意、群众认可的优秀团队。县委常委、统战部部长罗卫标，以及县委组织部、县民政局、县派工作组和汤南镇有关负责人等陪同调研。

丰顺县组织收听收看中央第四环境保护督察组督察广东省情况反馈会视频会议　4月13日下午，丰顺县组织收听收看中央第四环境保护督察组督察广东省情况反馈会视频会议。县委书记曾永祥，县委副书记、县长廖茂忠等领导在梅州分会场收听收看视频会议。县法院院长、县检察院检察长，县直和省市属驻丰顺有关单位负责人和环保局班子成员在丰顺县分会场收听收看视频会议。

丰顺县举行“丰顺讲坛·发展中地区如何有效地推进创新发展”专题报告会　4月14日，丰顺县在会展中心举行“丰顺讲坛·发展中地区如何有效地推进创新发展”专题报告会，特邀请省社会科学院党组副书记、院长王珺教授作专题辅导报告。县委书记曾永祥，县委副书记、县长廖茂忠，省社会科学院科研处处长杨广生，市委宣传部副部长、市社科联主席杨剑忠，以及徐庆青、郑奕雄、唐秀娟、林剑、郑春鹏、黄建斐、黄纯忠、罗卫标、卢佳亮等县委、县人大、县政府、县政协、县纪委领导，正、副县级干部，县法院院长、县检察院检察长，县直副局以上单位和省、市属驻丰单位副科职以上干部，各镇（场）党委书记、镇长、宣传委员，企业家代表共500多人聆听报告。

曾永祥率队到汤西镇调研村“两委”换届选举工作　4月17日，县委书记曾永祥率队分别深入到汤西镇南礤村和新兴村调研村“两委”换届选举工作。曾永祥要求：要依法依规，精心组织，严格按照选举的有关程序，选优配强“两委”班子，确保村“两委”换届选举风清气正、圆满完成。县委常委、办公室主任黄建斐，副县长傅伟芳，县政协副主席郭春山以及县直相关单位、汤西镇主要负责人陪同调研。

曾永祥到埔寨镇塔下村调研村“两委”换届选举工作　4月19日，县委书记曾永祥深入到埔寨镇塔下村调研村“两委”换届选举工作。曾永祥要求：要把党的领导贯穿于换届选举工作的全过程，严格选举程序，严肃换届纪律，确保村“两委”换届选举工作风清气正。县人大常委会主任徐庆青，县委常委、办公室主任黄建斐，副县长傅伟芳，县委办、县委组织部、县民政局等有关部门负责人陪同调研。

曾永祥率队到广州海珠（丰顺）产业转移工业园调研时要求：细化规划设计方案，加快基础设施建设，力促园区建设早日见到成效　4月19日，县委书记曾永祥率队到广州海珠（丰顺）产业转移工业园调研园区规划建设情况。曾永祥要求：各级各部门要密切配合、主动服务、敢于担当，细化规划设计方案，加快园区基础设施建设，加强项目用地保障，力促园区建设早日见到成效。县人大常委会主任徐庆青，县委常委、办公室主任黄建斐，副县长罗裕权，以及县直有关单位负责人等陪同调研。

曾永祥主持召开县委常委会会议，学习贯彻习近平总书记重要批示精神，以“四个坚持、三个支撑、两个走在前列”统领丰顺工作大局　4月20日下午，县委书记曾永祥主持召开县委常委会会议，传达学习习近平总书记对广东工作提出“四个坚持、三个支撑、两个走在前列”的重要批示精神，强调全县上下要把思想和行动统一到习近平总书记的重要批示精神上来，以批示精神统领丰顺工作大局，确保全面完成今年经济发展目标任务，推动经济社会持续稳定健康发展，以实实在在的工作成效迎接中共十九大和省第十二次党代会的召开。

“丰顺粤海水务有限公司”揭牌　4月21日上午，“丰顺粤海水务有限公司”揭牌仪式在县自来水服务中心举行。粤海水务集团（香港）有限公司董事长徐叶琴，总经理谭奇峰，副总经理刘梅盛，县委书记曾永祥，县委副书记、县长廖茂忠，县委常委、政法委书记黄纯忠，副县长谢国泉，以及丰顺城区水务项目合作工作领导小组成员单位主要负责人等参加揭牌仪式。

副市长、公安局局长陈俊钦到丰顺县调研村级换届工作　4月21日，副市长、公安局局长陈俊钦率队到汤西镇新兴村调研村（社区）“两委”换届选举工作。陈俊钦要求，要深入学习贯彻习近平总书记重要批示精神，增强责任心和紧迫感，做好村级换届工作，切实加强党的基层组织和政权组织建设。市政府副秘书长钟秀堂，县委书记曾永祥，县委常委、组织部部长曹志辉，县委常委、办公室主任黄建斐，副县长傅伟芳，以及市、县直相关单位负责人等陪同调研。

曾永祥率队到龙岗镇、北斗镇督导学习宣传贯彻习近平总书记重要批示精神情况　4月24日，县委书记曾永祥率队先后深入到龙岗、北斗两镇督导学习、宣传、贯彻习近平总书记重要批示精神情况，强调要以习近平总书记对广东工作重要批示精神统领经济社会各项工作，全力抓好村“两委”换届选举、美丽乡村建设、精准扶贫等工作，努力开创全县三农工作新局面。

县委举办全县科级以上领导干部学习贯彻习近平总书记重要批示精神专题研讨班　4月26日，县委举办全县科级以上领导干部学习贯彻习近平总书记重要批示精神专题研讨班，学习领会、贯彻落实习近平总书记对广东工作作出的重要批示精神。县委书记曾永祥出席开班式并作讲话，强调要以学习贯彻习近平总书记重要批示精神为强大动力，统一思想、振奋精神，锐意进取、扎实工作，全力建设“一区一带”，为省、市落实“四个坚持、三个支撑、两个走在前列”要求做出应有努力，以优异成绩迎接中共十九大和省第十二次党代会的胜利召开。县委副书记、县长廖茂忠出席小结会并作讲话，县人大常委会主任徐庆青出席开班式；县委副书记、梅州丰顺新区管委会主任郑奕雄主持开班式和小结会。

丰顺县召开创新驱动与加大投资工作会议　4月26日下午，丰顺县召开创新驱动与加大投资工作会议。县委书记曾永祥出席会议并作重要讲话，强调全县上下深入学习宣传贯彻习近平总书记重要讲话精神，大力实施创新驱动发展战略，进一步加大有效投资，力促全县经济平稳较快发展，确保圆满完成全年目标任务。县委副书记、县长廖茂忠主持会议。

丰顺县组织收听收看全省驻村扶贫工作电

视电话会议　4月27日下午，丰顺县组织收听收看全省驻村扶贫工作电视电话会议。会议主要传达贯彻落实省委书记胡春华和省长马兴瑞对全省驻村扶贫工作的主要批示精神，通报全省驻村扶贫工作情况和省纪委专项检查中存在的问题，动员部署下一步驻村扶贫工作的具体事项。县委书记曾永祥，县委副书记、县长廖茂忠，副县级干部朱报正和县扶贫开发领导小组成员单位、广州派驻丰顺县工作组、省定相对贫困村驻村工作队及县直相关单位负责人在丰顺县分会场收听收看了视频会议。

省司法厅副厅长饶伟平到丰顺县调研社区矫正工作　4月28日上午，省司法厅副厅长饶伟平到丰顺县调研社区矫正工作。他对丰顺县明确目标、思路清晰，扎实有效开展社区矫正工作所取得的成效给予充分肯定。市公安局副局长张小帆，市司法局副局长钟勋，县委书记曾永祥，县委副书记、县长廖茂忠，县委常委、政法委书记黄纯忠等领导陪同调研。

曾永祥主持召开县委书记专题会，研究丰顺县社会主义新农村示范村建设工作　5月2日上午，县委书记曾永祥主持召开县委书记专题会议，传达学习省委书记胡春华、省长马兴瑞到河源、清远调研新农村建设、精准扶贫重要讲话精神，省社会主义新农村建设和农村人居生态环境综合整治领导小组第一次会议精神，以及《梅州市脱贫攻坚责任制实施细则》文件精神，对丰顺县社会主义新农村示范村建设工作进行了认真研究讨论，强调要以更大的决心、更大的力度改善农村人居环境，全面推进社会主义新农村建设，尽快补齐全面建成小康社会的短板。

市委常委、常务副市长李远青到丰顺县参加学习宣传贯彻习近平总书记对广东工作重要批示精神专题学习会　5月5日，市委常委、常务副市长李远青到挂钩联系的丰顺县参加学习宣传贯彻习近平总书记对广东工作重要批示精神专题学习会。他要求丰顺县结合自身实际，切实把重要批示精神转化为推动丰顺发展的具体工作措施。会议由县委书记曾永祥主持。

曾永祥主持召开县委常委会会议，传达贯彻省、市推进“两学一做”学习教育常态化制度化会议　5月8日下午，县委书记曾永祥主持召开县委常委会会议，传达贯彻省、市推进“两学一做”学习教育常态化制度化会议、全市农村工作暨扶贫开发工作现场会等会议精神，研究贯彻落实意见，审议相关文件。曾永祥强调：要认真学习贯彻习近平总书记重要批示精神，推进“两学一做”学习教育常态化、制度化；要切实围绕政治、执行纪律、品德、发挥作用等“四个合格”，做到保证领导干部忠诚干净担当，发挥表率作用和保证广大党员以身作则，发挥先锋模范作用。

市委常委、统战部部长张文广率队到丰良镇三山村开展精准帮扶工作　5月8日，市委常委、统战部部长张文广率队到市委统战部挂钩帮扶点丰良镇三山村开展新时期精准扶贫精准脱贫工作。张文广要求，驻村工作组要加大产业帮扶，做好规划，围绕省新农村示范点为目标，全力做好新时期精准扶贫精准脱贫工作。市委统战部调研员沈丁明等陪同调研。

曾永祥率队到汤南镇督导学习宣传贯彻习近平总书记对广东工作重要批示精神　5月9日下午，县委书记曾永祥率队到汤南镇督导学习宣传贯彻习近平总书记对广东工作重要批示精神，要求各级各部门要高度重视，进一步推动学习宣传贯彻习近平总书记重要批示精神深入持久开展，把批示精神结合到各自实际工作当中，全力推动各项工作扎实开展，加快实现丰顺振兴发展。县委常委、统战部部长罗卫标以及县委组织部、县委宣传部、县委政研室、县扶贫开发局等相关单位负责人陪同督导。

丰顺县召开创建国家级出口电声产品质量安全示范区动员会及联席会议　5月10日上午，丰顺县召开创建国家级出口电声产品质量安全示范区动员会及联席会议。县委书记曾永祥要求：要突出科技创新，加快转型升级，全力创建国家级出口电声产品质量安全示范区。会议由县委副书记、县长廖茂忠主持。

曾永祥率队到留隍镇调研“五村连片十村联动”示范工程建设情况　5月11日下午，县委书记曾永祥率队深入到留隍镇调研，强调要深入学习习近平总书记对广东工作的重要批示精神，扎实解决好新农村建设最迫切的问题，着力抓好留隍“五村连片十村联动”项目的实施，全力推动全县100条省定相对贫困村和有条件的行政村建设成为新农村示范村。

曾永祥主持召开书记专题会议，研究部署社会主义新农村示范村和污水处理设施建设工作　5月12日上午，县委书记曾永祥主持召开县委书记专题会议，研究部署社会主义新农村示范村和污水处理设施建设工作，强调要充分论证，用好政策，整合资源，发动群众，统筹协调，确保各项工作取得实实在在的成效。县长廖茂忠出席会议。

曾永祥主持召开县村（社区）“两委”换届选举工作会议　5月16日上午，县委书记曾永祥主持召开县村（社区）“两委”换届选举工作会议。曾永祥要求：要加强业务指导，加强巡察督导，加强统筹协调，确保全县280个村（社区）圆满完成换届选举工作。

市政协主席陈建青率队调研督导中心镇“六个一”重点工作　5月16日上午，市政协主席陈建青率队到丰顺县调研督导中心镇“六个一”重点工作，走访看望县政协机关干部职工。他要求，丰顺县政协要创新履职实践，服务发展大局，推动振兴发展。市政协副主席李忠良、周秋明，秘书长张阳，县委书记曾永祥，县政协主席邱翠茂，县委常委、办公室主任黄建斐，县政协副主席刘超平、谢仁泉、蔡运林、曾庆珠、陈新化、郭春山陪同调研。

“醉美丰顺·全域自驾”活动启动，全国各地1200多名自驾游爱好者畅游“中国温泉之城”丰顺　5月19日是中国旅游节，上午，由丰顺县人民政府和梅州市旅游局主办，丰顺县旅游局、走吧网共同承办的以“醉美丰顺·全域自驾”为主题的全域自驾游活动在县城新世纪广场启动。来自全国各地的1200多知名旅游达人、旅行体验师、珠三角自驾游爱好者将在未来两天的时间里通过自驾游感受“温泉之城，长寿之乡”的旖旎风光和独特魅力。此次活动是丰顺县首次大规模、高规格、有组织的自驾活动，也是丰顺县全力创建全域旅游示范县的一次具体实践。市旅游局局长朱瑛，县委书记曾永祥，县委副书记、县长廖茂忠，县委常委、办公室主任黄建斐，副县长梁玉辉、深圳市走吧科技有限公司、深圳市走吧文化传播有限公司董事长饶高贤，深圳前海禧力邦生物科技有限公司董事长曾锦庭等参加活动。

曾永祥主持召开县委常委会会议，强调及时化解矛盾纠纷，为村级换届选举创造有利条件　5月19日，县委书记曾永祥主持召开县委常委会会议，传达贯彻上级有关重要会议、重要文件精神，研究部署丰顺县近期重点工作，强调要按照“四个确保不发生”的目标要求，深入开展矛盾纠纷摸底排查化解工作，切实把矛盾化解在基层，把问题解决在萌芽状态，为村级换届选举创造有利条件，确保换届风清气正、圆满完成。廖茂忠、徐庆青、邱翠茂、郑奕雄、唐秀娟、林剑、郑春鹏、曹志辉、黄建斐、黄纯忠、卢佳亮等县委、县人大常委会、县政府、县政协领导，县武装部政委，县法院院长，县检察院检察长，副县级干部，县纪委副书记，县委办、县府办正、副主任，县直相关单位主要负责人等参加会议。

曾永祥主持召开县委常委会会议，学习宣传贯彻省第十二次党代会精神　5月31日上午，县委书记曾永祥主持召开县委常委会会议，学习宣传贯彻省第十二次党代会精神。曾永祥强调：全县各级各部门要深刻领会精神实质，充分认识重大意义，进一步完善发展思路，拿出新的举措全力加大有效投资，深入实施创新驱动发展战略，坚持以上率下，抓好省党代会精神的学习宣传贯彻工作，以省党代会精神引领丰顺振兴发展。

丰顺县召开全县干部大会，传达贯彻省第十二次党代会精神　6月2日上午，丰顺县召开全县干部大会，传达贯彻省第十二次党代会精神。县委书记曾永祥强调，全县上下要把思想和行动统一到省党代会精神上来，统一到市委、市政府的决策部署上来，以省第十二次党代会精神为引领，坚定信心、抢抓机遇、真抓实干，加快建设“一区一带”，确保与全省、全市同步全面建成小康社会，以优异的成绩迎接中共十九大胜利召开。

丰顺举行县委巡察机构、县纪委派驻机构揭牌仪式　6月2日上午，丰顺县举行县委巡察机构、县纪委派驻机构揭牌仪式，标志着丰顺县委巡察工作正式启动，也表明丰顺县在推进全面从严治党的进程中又迈出了坚实的一步。县委书记曾永祥要求：全县各级党组织和党员干部要以坚强的政治定力、高度的政治自觉，有力有序有效开展巡察和全面派驻工作，为丰顺县加快构建“一区一带”发展新格局，与全省、全市全面同步建成小康社会，营造风清气正的政治生态。

曾永祥到砂田镇调研美丽乡村旅游建设　6月3日，县委书记曾永祥在砂田镇党委、政府主要负责人的陪同下深入到砂田镇调研美丽乡村及旅游景点建设情况。曾永祥冒雨先后考察调研了铜峰村的铜峰宾馆、铜峰生态农庄和黄花村，还深入到当地农家老屋、民宿，田间地头，山塘水库等进行调研。他指出，砂田镇铜峰村、黄花村在美丽乡村旅游建设中取得了较好的成果，在此基础上，要充分发挥优势，继续推进美丽乡村旅游建设。

曾永祥率队到丰顺中学、华侨中学督导高考备考工作　6月5日上午，县委书记曾永祥率队到丰顺中学、华侨中学督导高考备考工作，要求各级各部门要各负其责，做足做细预案，全力以赴做好高考前各项准备工作，为广大考生创造良好的考试环境，确保2017年高考万无一失。

曾永祥率队到县体育局看望慰问备战“市八运会”的运动员、教练员代表　6月5日上午，县委书记曾永祥率队到县体育局看望慰问刻苦训练、全力备战梅州市第八届运动会丰顺代表团的运动员、教练员，向全体运动员、教练员致以诚挚问候和良好祝愿，并为他们加油鼓劲。曾永祥希望全体运动员、教练员和体育工作者牢记使命，共同努力，科学训练，积极备战，再接再厉，全力以赴，力争在赛场上发挥最佳水平和状态，赛出好成绩，赛出好风格，充分展现丰顺良好形象，为丰顺增光添彩。

曾永祥率队调研县农信社转制改革工作　6月7日上午，县委书记曾永祥率队到县农村信用合作联社调研县农信社转制改革相关工作，要求全县各级各部门要统一思想，明确目标，抓住关键，加强领导，积极创造有利条件解决问题，推动县农信社如期改制农商行，助力丰顺加快振兴发展。

曾永祥在全县脱贫攻坚工作推进会上要求：明确目标，落实责任，坚决打赢脱贫攻坚战　6月7日下午，丰顺县召开脱贫攻坚工作推进会。县委书记曾永祥出席会议并作讲话，要求各级各部门要明确目标，实化措施，落实责任，发动群众，做实做细脱贫攻坚各项工作，要按照三年攻坚、两年巩固的总体要求，落实好中央、省委省政府和市委市政府的一系列部署要求，找准着力点和突破口，确保完成既定工作目标，坚决打好打赢这场脱贫攻坚战。

省经济和信息化委副主任、省专题调研组组长何荣率队专题调研加快粤东西北地区产业园建设工作　6月9日上午，省经济和信息化委副主任、省专题调研组组长何荣率队到丰顺县专题调研加快粤东西北地区产业园建设工作。他强调，丰顺要进一步完善园区基础设施，着力打造特色产业，提高产业集聚度。市政府副秘书长蓝汕兴，县委书记曾永祥，县委常委、副县长卢佳亮，副县长罗裕权及市、县有关部门负责人的陪同调研。

曾永祥主持召开县委常委会会议，学习廖俊波同志先进事迹　6月12日上午，县委书记曾永祥主持召开县委常委会会议，学习廖俊波同志先进事迹。会议指出，当前全县上下正深入贯彻落实省第十二次党代会精神，主动对接市“一区两带六组团”新要求，加快建设丰顺“一区一带”，确保与全省、全市同步全面建成小康社会。各级各部门要深入贯彻落实中央、省委、市委部署要求，把学习廖俊波同志的先进事迹落实到推动当前各项工作当中，引导全县广大党员干部把心思用在干事创业上、把精力用在推动丰顺振兴发展上，以优异成绩迎接中共十九大胜利召开。

丰顺县召开206国道、大丰华高速公路建设征地拆迁动员大会　6月12日下午，丰顺县召开206国道、大丰华高速公路建设征地拆迁动员大会。县委书记曾永祥出席会议，强调要明确206国道和大丰华高速公路建设的重要意义，明确目标任务和政策要求，全力以赴做好沿线征地拆迁工作，为206国道和大丰华高速公路建设提供强有力的保障。廖茂忠、徐庆青、邱翠茂、郑奕雄、罗卫标等县领导参加会议。

丰顺：全市首个对体育休闲旅游产业融合开发进行策划的县 6月13日上午，丰顺县召开《丰顺县体育休闲旅游产业融合开发策划方案》讨论会，成为全市首个对体育休闲旅游产业融合开发进行策划的县（市、区）。广东省体育基金会副理事长易洪陶，市体育局局长陈建新，县委书记曾永祥，县委副书记、县长廖茂忠，副县长梁玉辉，华南师范大学教授、博士生导师谭建湘，广州体育产权交易平台总经理余小波，广州市登山协会主席吴烨以及县相关部门负责人参加了会议。

曾永祥参加广东丰顺商会考察团座谈会：全力支持，认真研究，努力促成广东丰顺商会总部经济中心建设项目落地 6月14日下午，广东丰顺商会考察团座谈会在宝丰温泉酒店举行，会议围绕广东丰顺商会总部经济中心建设等有关事项进行商讨。县委书记曾永祥出席会议并讲话，要求各相关部门要加强沟通，认真研究，对照各项政策，全力加快土地征收，努力促成广东丰顺商会总部经济中心建设项目落地，将广东丰顺商会总部经济中心建设成为丰顺的地标性建筑、创新性平台、开放性窗口和丰顺商人的幸福家园，确保在2019年年底前能够建成运营。

市委常委、秘书长余其豹到丰顺检查督导重点项目建设和信访工作 6月14日上午，市委常委、秘书长余其豹率队到丰顺县检查督导重点项目建设和信访工作，强调要深入贯彻落实省第十二次党代会精神，强化责任担当，突破关键环节，狠抓工作落实，全力加快重点项目建设，切实维护社会和谐稳定，确保发展稳定“两不误”。市委副秘书长、办公室主任朱少辉，市政府副秘书长、市信访局局长钟秀堂，县委书记曾永祥，县委副书记、县长廖茂忠以及市直有关单位负责同志等参加调研。

省住建厅党组书记、副厅长杨细平率队到北斗镇拾荷村调研扶贫工作 6月15日下午，省住建厅党组书记、副厅长杨细平率队到北斗镇拾荷村调研扶贫工作，要求各级各相关部门要不折不扣的超额完成好扶贫工作任务，把农村人居环境与扶贫工作紧密结合起来，确保2018年底前全面完成各项目标任务。市住建局局长陈伟建，县委书记曾永祥，县政府副县级干部朱报正，以及县住建局、扶贫开发局、北斗镇等相关部门负责人陪同调研。

市委常委、常务副市长李远青率队到丰顺调研重点项目、督导丰顺经济发展 6月20日，市委常委、常务副市长李远青率队到丰顺调研重点项目、督导丰顺经济发展时强调：要明确目标，突破关键环节，加大有效投资，加快项目建设，真抓实干，谋求更大发展，争取达到“双过半”目标。市政府副秘书长何小卫，市财政局局长刘耿灵，县委书记曾永祥，县委副书记、县长廖茂忠以及市发改、旅游、卫计等市直和丰顺县有关负责同志参加调研。

曾永祥主持召开专题会议，研究分析今年上半年经济运行情况 6月21日下午，县委书记曾永祥主持召开专题会议，研究分析今年上半年经济运行情况，强调要认真贯彻落实习近平总书记对广东工作的重要批示精神、省第十二次党代会精神、市第七次党代会和“两会”部署要求，坚持稳中求进的总基调，全力推动项目加快建设，力促项目早建成、早见效，千方百计加大有效投资，推动经济平稳较快发展，为实现全年经济社会发展目标打下坚实基础。

“南粤星火路”采访报道团走进丰顺 6月21日，省委宣传部联合相关部门和主要媒体到丰顺县开展“南粤星火路”大型采访报道活动。县委书记曾永祥会见了采访报道团一行。

省环保厅到丰顺县开展榕江北河污染调查 6月21日，省环保厅水处处长刘其汉率省污染源调查二组一行到丰顺县开展榕江北河污染源调查。调查组充分肯定丰顺县在榕江北河水体达标整治工作中所付出的努力，认为县委、县政府高度重视榕江北河污染源的整治，取得了明显成效。市环保局局长姚凯滔，县委书记曾永祥，县委副书记、县长廖茂忠，县委常委、常务副县长郑春鹏，副县长谢国泉，以及县直相关单位负责人，汤坑、北斗、汤西、汤南、埔寨等镇负责人等陪同检查或参加座谈会。

丰顺县举行广州海珠·梅州丰顺产业共建招商推介会 6月25日上午，由中共丰顺县委、丰顺县人民政府主办，梅州市商务局、广东丰顺商会承办的广州海珠·梅州丰顺产业共建招商推介会在广州举行。会议进一步加强了面向珠三角地区的招商推介，充分展示了丰顺优质的投资环境，吸引更多的企业落户丰顺发展实体经济。梅州市委常委、副市长、广州市对口帮扶指挥部总指挥刘棕会到会指导并作讲话。他强调，广州海珠、梅州丰顺两地要发挥资源优势，突出产业共建，加强跟进签约项目，着力解决用地、资金等困难问题，为项目建设提供保障，力促项目早落地、早建设、早见效，助力梅州、特别是丰顺加快振兴发展。

梅州市委常委、副市长、广州市对口帮扶指挥部总指挥刘棕会，工信部电子五所所长陈立辉，工信部电子五所总工程师万举勇，广东工业大学副校长陈为民，广东省商务厅调研员王峰，广东工业园协会常务副会长兼秘书长吴毅龙，丰顺县委书记曾永祥，丰顺县委副书记、县长廖茂忠，广州市海珠区委副书记潘瑞雄，丰顺县人大常委会主任徐庆青，广州市商务委副巡视员张丽萍，梅州市商务局副局长张小兵，广东丰顺商会轮值会长朱介文，和工信部电子五所，广东工业大学，广东工业园协会，广州市对口帮扶梅州市工作指挥部，以及广州和梅州市发改、经信、商务、旅游、招商等部门有关领导，海珠区、丰顺县两地有关党政领导、相关部门负责同志欢聚一堂，共商合作、共谋发展、实现共赢。会议由丰顺县委副书记、梅州丰顺新区管委会主任郑奕雄主持。

丰顺县在广州召开广州市直精准帮扶座谈会 6月25日下午，丰顺县邀请广州市直8家单位负责人在广州召开座谈会，总结去年精准扶贫工作，交流经验，共同谋划今后精准扶贫、社会主义新农村建设工作。8家单位驻村干部分别汇报了各自工作，提出下来设想。县委书记曾永祥强调：2017年是扶贫攻坚的关键一年，做好精准扶贫意义重大，各帮扶单位、县镇村要明确两大目标，解决三大难题，落实四个保障。会议由县委副书记、县长廖茂忠主持，县领导郑奕雄、朱报正等参加会议。

广州海珠·梅州丰顺对口帮扶联席会议在广州召开 6月26日，广州海珠·梅州丰顺对口帮扶联席会议在广州召开，共商产业共建，深入推进全面对口帮扶。广州市海珠区委副书记、区长李海洲，海珠区人大常委会主任黄翔，海珠区委副书记潘瑞雄，海珠区委常委、区委办主任邱培藩，海珠区副区长庄承汶，县委书记曾永祥，县委副书记、县长廖茂忠，县领导徐庆青、郑奕雄、郑春鹏、卢佳亮、罗裕权、梁玉辉、朱报正以及海珠区、丰顺县两地有关部门负责人等参加会议。会议由潘瑞雄主持。

丰顺县在广州召开花都区精准脱贫工作对接交流座谈会 6月26日，丰顺县在广州与花都区委区政府举行精准脱贫工作对接座谈会，贯彻落实中央、省和梅州市委市政府对精准脱贫工作的决策部署，交流经验，理清思路，共商精准扶贫精准脱贫工作。花都区委副书记、区长叶志良，区委常委、区委办主任程学晋，区人大常委会副主任汤浩昌，县委书记曾永祥，县委副书记、县长廖茂忠，县委副书记、梅州丰顺新区管委会主任郑奕雄，副县级干部朱报正等参加会议。会议由程学晋主持。

曾永祥参加县委办公室党总支“七一”主题党日活动 6月27日上午，县委书记曾永祥以一名普通党员的身份参加县委办党总支“七一”主题党日活动，与县委办党员同志就有效推进“两学一做”学习教育常态化制度化、学习贯彻习近平总书记对广东工作重要批示精神、省第十二次党代会精神等进行交流。曾永祥要求，县委办党员干部要明确“两学一做”学习教育常态化制度化的目标任务、基本要求和工作举措，践行“四讲四有”要求，争做“四个合格”党员。县委常委、办公室主任黄建斐以及县委办公室党总支全体党员参加会议。

曾永祥率队走访慰问老党员和困难党员 6月27日上午，县委书记曾永祥率队走访慰问部分老党员和困难党员，向他们致以节日的问候，为他们送上党和政府的关怀。县委常委、组织部部长曹志辉，县委常委、办公室主任黄建斐，县委办、县委组织部、汤南镇等相关单位负责人参加慰问活动。

省政府法制办公室党组书记李柏杨，党组成员、副巡视员朱京平率队到丰顺县大胜村开展迎“七一”党员主题活动暨扶贫调研　6月27日下午，省政府法制办公室党组书记李柏杨，党组成员、副巡视员朱京平率队到丰顺县潭江镇大胜村开展迎“七一”党员主题活动暨扶贫调研。李柏杨充分肯定帮扶工作所取得的阶段性成效，要求贫困村要依托现有资源，因地制宜地制定好产业发展规划，加快基础设施建设，发展特色产业项目，带动村民致富；第一书记要对照标准，加大帮扶力度，解决扶贫点生产发展中存在的问题和困难，使扶贫工作真正取得实效。同时，要加强党建工作，落实党建工作的各项制度，认真按照县委、县政府和镇党委、政府的各项决议部署开展工作，确保政治稳定、社会安定，各项事业欣欣向荣，扶贫工作扎实有效开展。县委书记曾永祥，县委副书记、梅州丰顺新区管委会主任郑奕雄，副县级干部朱报正等领导陪同调研。

深圳立讯精密工业股份有限公司到丰顺县参观考察　6月28日，深圳立讯精密工业股份有限公司副董事长王来胜率队到丰顺县参观考察。县委书记曾永祥，县委常委、统战部部长罗卫标，副县长梁玉辉及县经信、财政、人社、招商、国税、地税、林业等相关部门负责人陪同考察。

曾永祥为新上任的村（社区）党支部书记和村（居）委会主任作专题辅导　6月28日至30日，丰顺县在县会展中心大会堂举办2017年村（社区）党支部书记和村（居）委会主任培训班。来自全县282个村（社区）新上任的党组织书记、主任和各镇（场）的带队领导共506人参加培训。县委书记曾永祥，县委副书记、县长廖茂忠，县委常委、纪委书记唐秀娟分别为培训人员作专题辅导，县委常委、组织部部长曹志辉主持培训会。曾永祥强调：村“两委”干部是党的最基层干部，是党的全部工作和战斗力的基础，希望新一届的村（社区）党支部书记、村（居）委会主任能够将这种优良作风继续发扬下去，争当村民满意的“领头雁”。

丰顺县举行2017年广东扶贫济困日活动启动仪式　6月29日上午，丰顺县在县会展中心举行2017年广东扶贫济困日活动启动仪式，动员广大干群和社会各界人士奉献爱心，大力弘扬乐善好施、助人为乐的优良传统，积极参与扶贫济困活动，为丰顺县贫困群众早日脱贫奔康打下坚实基础。县委书记曾永祥强调：广大党员干部群众和社会各界人士要同心同德，群策群力，一起努力把“广东扶贫济困日”活动办得一年比一年好，加快推动贫困村、贫困户脱贫奔康。

市政协副主席马志元、陈元星专题议政调研组到丰顺县调研梅兴华丰产业集聚带建设　6月29日上午，市政协副主席马志元、陈元星率市政协专题议政调研组到丰顺县调研梅兴华丰产业集聚带建设情况。市政协专题议政调研组对丰顺县积极主动融入梅兴华丰产业集聚带建设工作给予充分肯定，希望丰顺县进一步完善园区基础设施、强力抓好招商引资、培育发展主导产业、提供优质高效服务，扎实推进广东梅兴华丰产业集聚带建设，培育新的经济增长点，推动丰顺加快振兴发展。县委书记曾永祥，副县长罗裕权，县政协副主席刘超平，以及县府办、县政协经济专委会等相关单位负责人陪同调研。

省质监局局长任小铁，副局长丘瑞清到丰顺县调研省质量监督电声产品检验站建设　6月29日，省质监局局长任小铁，副局长丘瑞清率队到丰顺县调研广东省质量监督电声产品检验站建设。任小铁充分肯定省质量监督电声产品检验站的工作成效，要求监测站要加快工作进度，确保在2017年8月获得实验室资格认定并通过省级验收，尽快投入使用，尽早发挥效益，为辖区内电声产品质量安全检测体系建设，提高电声产品质量安全水平提供标准、计量、科技研发、产品质量检验等方面的技术支撑。同时，要做好各实验室主要设备功能介绍，让人一目了然。市政府副秘书长曾海新，市质监局局长巫敏和，县委书记曾永祥，副县长傅伟芳以及市、县工商和质量监督管理局有关人员陪同调研。

丰顺启动省级新农村连片示范工程建设　7月4日下午，丰顺县在留隍镇举行省级新农村连片示范区建设工程启动仪式暨全县社会主义新农村建设和农村人居生态环境综合整治推进会，标志着丰顺县新农村示范村建设全面推进。县委书记曾永祥在会上强调：各级各部门要加强领导，全程监督，压实责任，全力加快新农村建设步伐，为如期全面建成小康社会做出新的更大的贡献。

曾永祥主持召开县委全面依法治县工作领导小组工作会议 7月5日，县委召开全面依法治县工作领导小组工作会议，县委书记、县委全面依法治县工作领导小组组长曾永祥主持会议并讲话，强调要深入学习贯彻习近平总书记系列重要讲话精神和治国理政新理念新思想新战略以及省第十二次党代会、市第七次党代会、县第十三次党代会精神，全力推动法治丰顺建设，为加快丰顺振兴发展创造更好的法治环境。

曾永祥主持召开县委常委会会议，要求全力确保全年经济社会发展目标任务顺利完成 7月6日下午，县委书记曾永祥主持召开县委常委会会议，传达贯彻上级有关重要会议、重要文件精神，研究贯彻落实意见。曾永祥强调，全县各级各部门要深刻领会各项会议精神，提高思想认识，明确目标要求，全力推动重点项目建设，深入开展“暖企”行动，围绕年初确定的经济社会发展目标任务不动摇，确保各项目标任务顺利完成。

丰顺县收看收听省、市交通安全紧急视频会议，深刻吸取“7·6”重大道路交通事故教训 7月6日广河高速公路龙门段发生一起重大道路交通事故。丰顺县主要领导在县分会场收看收听省、市交通安全紧急视频会议，并就如何吸取事故教训，加强全县道路交通安全工作进行安排部署。县委书记曾永祥强调：道路交通安全事关人民群众生命财产安全，事关社会和谐稳定，务必引起高度重视，全县各级各部门必须严格按照省、市的部署要求，认真抓好贯彻落实。

曾永祥、廖茂忠率队调研县城区市政基础设施建设工作 7月7日上午，县委书记曾永祥、县长廖茂忠率队调研县城区市政基础设施建设工作时强调：各级各相关部门要提高认识，统一思想，科学谋划，全力以赴，确保县城区各项市政基础设施建设顺利推进。

丰顺县进一步完善规划方案，全力推动全域旅游发展和留隍镇国家级旅游度假区创建工作 7月7日下午，丰顺县召开全域旅游和留隍镇国家级旅游度假区规划汇报会，听取规划情况介绍，讨论规划修改意见，进一步完善规划方案。市旅游局局长朱瑛，县委书记曾永祥，县委副书记、县长廖茂忠，副县长梁玉辉，省专家和规划设计单位以及丰顺县相关部门负责人等参加会议。朱瑛对近年来丰顺县在开展全域旅游和创建留隍镇国家级旅游度假区中所做出的努力和取得的骄人成绩给予充分肯定，她强调设计单位要深刻领会全域旅游的理念，在布局上要充分考虑“点、线、面”的完美融合和基础设施配套的完善，对照标准，突出重点，同时结合丰顺的旅游资源、地方特色、历史文化和现状，做出让人耳目一新的规划，以突显出丰顺的地方特色。

曾永祥、廖茂忠率队到广州海珠（丰顺）产业转移园调研，要求全力推动工业实体项目落地建设 7月10日下午，县委书记曾永祥，县委副书记、县长廖茂忠率队到广州海珠（丰顺）产业转移工业园调研项目落地和征地工作时强调：各级各部门要统筹协调，密切配合，抢抓机遇扎实推动海珠丰顺产业共建，倒排工期，加快推进园区建设进度，全力推动工业实体项目落地建设，确保完成今年的目标任务，不断增强园区产业集聚和辐射带动功能。

丰顺县召开榕江北河水体达标整治工作动员会 7月11日上午，丰顺县召开榕江北河水体达标整治工作动员会，县委书记曾永祥强调：各级各部门要正视存在问题，共同努力，统一思想认识，围绕“一个目标”，抓住“五大”重点，落实好“六项”工作，综合施策，强力推进，确保如期达标。会前，曾永祥、廖茂忠等领导先后深入到汤西镇双鹿村、汤坑镇第一中心小学低年部汤沟中段、汤沟流入汶水河道污水处理管口（河堤所）、汶水桥头汤坑路排污沟对接汶水河道污水处理管口等地，实地调研榕江北河污染现状及相关防治工作。县领导邱翠茂、郑奕雄、唐秀娟、郑春鹏、黄建斐、张建民、罗裕权、谢国泉，以及县委办、县府办、环保、城管、水务、农业、住建、畜牧、供水服务中心、汤坑镇、汤西镇、汤南镇、北斗镇、八乡山镇、埔寨镇等单位主要负责人参加会议或调研。

曾永祥、廖茂忠率队调研实验小学、实验幼儿园、平阳小学建设　7月13日上午，县委书记曾永祥，县委副书记、县长廖茂忠率队调研实验小学、实验幼儿园和平阳小学规划建设情况，研究解决三所学校规划建设过程中遇到的各种困难和问题。曾永祥、廖茂忠强调：各级各相关部门要明确目标，统一思想，上下齐心，落实责任，通过县、镇、村三级联动，全力推进三所学校工程建设，确保2018年9月如期建成开学。

丰顺县召开十三届丰顺县委第一轮巡察工作动员部署会　7月13日下午，丰顺县召开十三届丰顺县委第一轮巡察工作动员部署会。县委书记曾永祥出席会议并作讲话，强调全县各级党组织和广大党员干部要把思想和行动统一起来，坚定不移地推动巡察工作，自觉配合和接受巡察监督，促进党员干部队伍作风转变、效能提升，为加快丰顺振兴发展，与全省、全市同步全面建成小康社会营造风清气正的政治生态。

曾永祥主持召开县委常委会会议，传达贯彻胡春华书记来梅州调研有关指示精神，扎扎实实推动丰顺振兴发展　7月17日上午，县委书记曾永祥主持召开县委常委会会议，传达贯彻省委书记胡春华到梅州调研有关指示精神以及传达贯彻上级有关重要会议、重要文件精神，研究贯彻落实意见，强调全县各级各部门要认真学习领会好胡春华书记到梅州调研提出的一系列要求，坚定信心，全力以赴，全力推动新农村示范村建设，突破发展瓶颈，扎实做好打基础利长远的各项工作，确保丰顺社会和谐稳定，为中共十九大胜利召开营造良好的环境。

丰顺县召开全县征地拆迁工作会议，曾永祥强调：奋战半年，征地万亩，为丰顺振兴发展提供用地保障　7月17日下午，丰顺县召开全县征地拆迁工作会议，县委书记曾永祥在会上强调，要高度统一思想，敢于攻坚克难，加强组织领导，奋战半年，征地万亩，为丰顺振兴发展提供用地保障。

丰顺县召开广东省第二师范学院师资培训工作座谈会，曾永祥寄望：建立丰顺教育“211”工程　7月18日下午，丰顺县召开广东省第二师范学院师资培训工作座谈会，县委书记曾永祥希望，依托广东省第二师范学院雄厚的师资力量和独特的优势资源为丰顺的教育事业发展把脉支着，切实帮助丰顺建立一个“211”工程。广东省第二师范学院党委书记王左丹，党委副书记、校长廖伟群，县委副书记、县长廖茂忠，县委副书记、梅州丰顺新区管委会主任郑奕雄，县委常委、政法委书记黄纯忠以及广东省第二师范学院专家教授和县教育局、扶贫局、县城部分学校校长代表等参加座谈会。

广州市花都区区委副书记、区长叶志良率队到丰顺调研，要求创新工作思路，坚决完成精准扶贫各项任务　7月21日，广州市花都区区委副书记、区长叶志良率队到丰顺县开展新时期精准帮扶工作调研，实地察看由广州市花都区各帮扶单位帮扶丰顺的35条贫困村帮扶工作进展情况，听取推进扶贫工作意见建议。叶志良要求，驻村工作队要扛起责任，创新思路，建立机制，坚决完成精准扶贫的各项任务。花都区人大常委会副主任汤浩昌，县委书记曾永祥，县委副书记、梅州丰顺新区管委会主任郑奕雄，副县级干部朱报正，花都区科工信局、工商联、政府办、土地储备中心，县扶贫局、经信局、旅游局以及被帮扶镇等有关单位负责人陪同调研或参加座谈会。

曾永祥主持召开县委书记专题会议，传达贯彻省委农办、省扶贫办有关新农村建设指示精神　7月24日，县委书记曾永祥主持召开县委书记专题会议，传达贯彻7月19日下午省委农办、省扶贫办听取丰顺县有关社会主义新农村示范村建设工作时的重要指示精神，研究贯彻落实意见。会议要求，全县各级各部门要高度重视，抢抓机遇，科学规划，统筹考虑，加强领导，全面动员，精心组织，全县域推进人居生态环境整治和社会主义新农村建设。

曾永祥率队调研丰顺县“一门式一网式”政府服务模式改革工作　7月24日下午，县委书记曾永祥率队到县综合政务服务中心调研“一门式一网式”政府服务模式改革工作时要求，各级各有关部门要积极创新，统筹协调，按照“一门式一网式”政府服务改革相关要求，进一步完善提升和拓展政务服务工作，营造让人民更加满意的政务服务环境，为丰顺的振兴发展提供更加优质的政务服务。

曾永祥、廖茂忠率队调研创建国家卫生县城，要求全民动手，确保2018年年底如期创建国家卫生县城　7月25日上午，县委书记曾永祥，县委副书记、县长廖茂忠率队调研创建国家卫生县城工作并召开工作座谈会，听取相关工作情况汇报，研究解决创卫过程中遇到的困难和问题。曾永祥、廖茂忠要求，各级各部门要坚定信心，主动担当，各负其责，密切配合，实实在在抓好创卫各项工作，营造人人参与、全民动员的浓厚氛围，确保2018年年底如期创建国家卫生县城。

曾永祥率队到汤南镇调研督导征地拆迁工作，强调坚持依法征地，和谐征地，惠民征地　7月26日上午，县委书记曾永祥率队到汤南镇调研督导征地拆迁工作并召开座谈会听取相关工作情况汇报，研究解决存在的困难和问题。曾永祥要求，要坚持依法征地、和谐征地、惠民征地，确保如期完成征地任务。

市质量强县考核组肯定丰顺县2016—2017年度质量强县工作　7月27日，市环保局副调研员张克麟率市质量强县考核组一行到丰顺县考核2016—2017年度质量强县工作。县委副书记、县长廖茂忠，副县长傅伟芳，梅州丰顺新区管委会副主任、留隍镇党委书记马扬闲，以及县府办、县质量强县工作小组成员单位相关负责人等陪同考核或参加座谈会。其间，考核组一行先后来到广东鹿湖温泉假日酒店有限公司、梅州市雅太郎食品有限公司、新农村公路路面硬化改造工程口铺—居林段等地检查，随后召开情况交流会，听取丰顺县2016—2017年度质量强县工作专题汇报。考核组对丰顺县2016—2017年度质量强县工作给予充分肯定，认为丰顺县各级对质量战略高度重视，不断加强质量管理基础，产品质量始终维持在较高水平，形成了一批切实可行的质量举措。

曾永祥主持召开县委常委会会议，传达贯彻市委工作会议精神，扎扎实实推动经济社会振兴发展　7月27日上午，县委书记曾永祥主持召开县委常委会会议，传达市委工作会议精神以及中央、省、市有关重要会议、重要文件精神，研究部署新农村示范村建设等相关工作。曾永祥强调：全县各级各部门要认真学习领会并贯彻落实好市委工作会议精神，梳理总结上半年丰顺县经济社会发展的各项工作，加大工作力度，采取有效措施，扎扎实实推动经济社会振兴发展，以优异的成绩迎接中共十九大胜利召开。

曾永祥、廖茂忠率队到梅州军分区、梅州消防支队开展“八一”拥军慰问活动　7月27—28日，由县委书记曾永祥，县委副书记、县长廖茂忠，县委常委、办公室主任黄建斐，县人武部部长秘海涛，县人武部政委黄小南，副县长傅伟芳等领导组成的“八一”拥军慰问团，带着全县人民的深情厚谊，来到梅州军分区、梅州公安消防支队开展拥军慰问活动，向广大部队官兵致以节日的祝福和崇高的敬意。梅州军分区政委彭延虎，副司令员赵琼飞，梅州消防支队政委邱训正等会见慰问团一行。

曾永祥到埔寨镇社会工作服务站调研，强调多做好事实事，打造让人民群众满意的社工服务站　7月28日下午，县委书记曾永祥率队到埔寨镇“双百镇（街）”社会工作服务站调研。曾永祥强调：多为当地老百姓排忧解难，多做好事实事，做出特色，切实打造让人民群众满意的社会工作服务站，共同促进丰顺振兴发展。

曾永祥主持召开专题会议，扎实推进下半年财税工作　7月31日下午，县委书记曾永祥主持召开专题会议，研究分析丰顺县经济运行情况，强调要增强信心和决心，加快税源培育，加快资产处置，加强税收征管，扎实推进下半年财税工作。县委副书记、县长廖茂忠出席会议并讲话。

市委常委、常务副市长李远青调研丰顺县重点项目和挂钩联系企业情况，强调坚持创新驱动，加快转型升级　8月1日上午，市委常委、常务副市长李远青率队调研丰顺县重点项目和挂钩联系企业发展情况时强调：要牢固树立“重实体、兴实体”理念，坚持实施创新驱动发展战略，加快企业转型升级，努力做强做大以工业为主体的实体经济。县委书记曾永祥、县长廖茂忠以及市直相关部门负责人等参加调研。

曾永祥率队到汤西镇调研督导征地拆迁工作：坚持依法征地，保障项目无障碍实施，让人民群众共享发展成果　8月1日下午，县委书记曾永祥率队到汤西镇调研大丰华高速公路征地拆迁情况，研究解决存在的问题和困难。曾永祥要求，要坚持依法征地，保障项目无障碍实施，让人民群众共享发展成果。县政协主席邱翠茂，县委常委、办公室主任黄建斐，县政协副主席郭春山以及县国土资源局、交通运输局、旅游局及汤西镇等有关单位负责人陪同调研。

丰顺县组织收听收看广东省贫困村创建社会主义新农村示范村电视电话会议，曾永祥：把信心转化为行动和效率打造百姓满意、上级认可的社会主义新农村示范村　8月2日上午，丰顺县组织收听收看广东省贫困村创建社会主义新农村示范村电视电话会议。曾永祥强调：各级各部门要紧紧围绕丰顺县“百村示范、千村联动、万众行动”的战略部署，把信心转化为行动和效率，努力打造出让老百姓满意，让上级党委、政府认可的社会主义新农村示范村。

曾永祥出席创建国家级出口电声产品质量安全示范区第二次联席会议，强调围绕“五个一”，确保丰顺县创建国家级出口电声产品质量安全示范区顺利通过验收　8月3日上午，丰顺县召开创建国家级出口电声产品质量安全示范区第二次联席会议。县委书记曾永祥出席会议，要求围绕“五个一”，确保丰顺县创建国家级出口电声产品质量安全示范区顺利通过验收。梅州市出入境检验检疫局党组书记、局长廖建华，县委副书记、县长廖茂忠，副县长傅伟芳及创建国家级出口电声产品质量安全示范区工作领导小组全体成员参加会议。

曾永祥率队赴县交通运输局调研交通综合执法工作　8月8日上午，县委书记曾永祥率队到县交通运输局调研交通综合执法工作。他要求，全体交通综合执法人员要再接再厉，依法依规，确保交通综合执法工作做到公正、文明、严格。县委常委、办公室主任黄建斐，县委常委、统战部部长罗卫标以及县交通运输局领导班子成员和全体交通综合执法人员等陪同调研或参加座谈会。

市档案局局长张小冰率队到丰顺县调研档案工作　8月8日，市档案局局长张小冰、副局长凌秀凤、范美林等一行5人到丰顺县调研档案工作开展情况。县委书记曾永祥、副县长傅伟芳、县档案局局长罗宗裕等参加调研活动。张小冰强调：要继续争取地方党委和政府的重视，确保档案信息化和重点档案抢救等工作经费得到保障；进一步加强和县有关部门沟通联系，扎实推动档案馆新馆建设项目尽快开工建设；进一步加大业务培训力度，提高全县档案工作人员综合素质，为档案工作的开展提供智力支撑。

省政府发展研究中心副主任陈圣河到丰顺县调研全县域人居环境综合整治工作　8月10日下午，省政府发展研究中心副主任陈圣河率调研组到丰顺县开展全县域人居环境综合整治工作专题调研，并对丰顺县开展全县域人居环境综合整治工作给予高度评价，要求要切实把全县域人居环境综合整治作为一项重要工作抓紧抓实抓好，不断改善人居环境，不断提升群众幸福指数。省广业集团董事、党委副书记黄文，县委书记曾永祥，县委常委、常务副县长郑春鹏，以及县府办、县住建局、汤南镇、汤西镇等相关单位负责同志陪同调研或参加座谈会。

民盟广东省委主委、省政府法制办主任王学成率队到潭江镇大胜村开展精准扶贫慰问义诊活动　8月11—13日，民盟广东省委主委、省政府法制办主任王学成率领民盟广州中医药大学委员会、中山大学北校区总支、省综合第一总支的盟员专家到丰顺县潭江镇大胜村开展精准扶贫慰问义诊活动。民盟广东省委专职副主委程民，广东省法制办党组成员、副巡视员朱京平，民盟广东省委副主委、广东省南方文化产权交易所股份有限公司董事、总经理张志兵，民盟广东省委副主委、中山大学解剖学教研室主任汪华侨等领导参加了扶贫慰问义诊活动。

王学成一行在县委书记曾永祥，民盟梅州市委专职副主委李跃文，县委副书记、梅州丰顺新区管委会主任郑奕雄，副县级干部朱报正及县法制局、卫计局、扶贫开发局等相关单位负责人的陪同下，深入到大胜村开展慰问义诊活动，听取村委会有关工作情况汇报，并代表民盟广东省委和广东省法制办联合向大胜村捐赠了扶贫款和药品器材。王学成强调：大胜村作为全省2277个省定贫困村之一，既要打好脱贫攻坚硬仗，又要加快推进社会主义新农村建设。要抓住发展的机遇，突出重点、抓住关键，合力确定建设项目，从实际需要出发，推进村容村貌整治，实实在在做好生活污水处理、泥砖房改造、村道硬底化等最紧迫的基础性工作，从根本上改变农村的落后局面。

曾永祥、廖茂忠率队督导创新发展“八大抓手”落实情况，强调投资拉动与创新驱动并举，全面推进经济社会振兴发展　8月16日下午，县委书记曾永祥，县委副书记、县长廖茂忠率队督导省、市创新发展“八大抓手”工作落实情况，通过现场调研和听取汇报，协调解决工作中遇到的困难和问题，推动省、市创新发展“八大抓手”工作在丰顺县得到全面落实。曾永祥、廖茂忠要求，各相关单位要高度重视创新发展“八大抓手”各项工作，对标找差距、履职促落实、特色做亮点，通过投资拉动与创新驱动并举，全面推进丰顺县经济社会振兴发展。

副市长曾尚忠到丰顺调研全域旅游创建和新农村示范片建设工作　8月17日，副市长曾尚忠率队到丰顺县调研全域旅游创建和新农村示范片建设工作，要求要依托良好的区位优势和旅游资源优势，按照省、市的决策部署，做好规划，对标要求，用好资金，补齐短板，大力推进全域旅游创建和新农村示范片建设工作。市旅游局局长朱瑛，市委农办主任、市扶贫开发局局长罗伟章，县委书记曾永祥，县委副书记、县长廖茂忠，县委常委、办公室主任黄建斐，副县长梁玉辉以及县府办、县旅游局、住建局、扶贫开发局等单位主要负责人陪同调研或参加座谈会。

副市长、市公安局陈俊钦率队到丰顺县督导调研新农村示范村建设，强调坚持科学规划统筹推进建设　8月18日下午，副市长、市公安局局长陈俊钦率队到丰顺县督导调研省定贫困村创建新农村示范村工作时强调，坚持以科学的理念规划新农村建设，统筹推进相对贫困村新农村建设。市政府副秘书长、市信访局局长钟秀堂，县委书记曾永祥，县委副书记、梅州丰顺新区管委会主任郑奕雄，县委常委、副县长卢佳亮，副县长、公安局局长张建民，副县长罗裕权，以及市、县直相关单位负责人参加督导调研。

广州市花都区委副书记、区长叶志良到丰顺县开展精准扶贫调研活动　8月18日，广州市花都区委副书记、区长叶志良率队到丰顺县开展精准扶贫工作调研活动。叶志良要求，驻村工作队要切实做好规划，选好项目，建好机制，坚决完成精准扶贫的各项任务。县委副书记、县长廖茂忠、县委副书记、梅州丰顺新区管委会主任郑奕雄、副县级干部朱报正、花都区科工信局、花都区人社局、县扶贫局、农业、住建、财政、发改，以及被帮扶镇等有关单位负责人陪同调研或参加座谈会。

省国资委副主任、党委委员刘小龙率队到丰顺县调研，要求加快全县域环境综合治理与修复PPP项目建设　8月22日上午，省国资委副主任、党委委员刘小龙率队到丰顺县调研全县域环境综合治理与修复PPP项目建设情况，要求广业集团要把握时间节点，建立协调机制，加快推进全县域环境综合治理与修复PPP项目建设。县委副书记、县长廖茂忠，广业集团副总经理黄祥清，县委常委、常务副县长郑春鹏，以及县府办、县住建局等相关单位负责人参加调研。

市长方利旭率队到丰顺县调研，强调推动产业发展走在全市前列　8月22日，市长方利旭率队到丰顺县调研，强调要在深化认识中自加压力、急起直追，狠抓固定资产投资，培育特色优势产业，用实干苦干的精神不断壮大县域经济，推动基础设施建设和产业发展走在全市前列。市人大常委会副主任张映平，副市长吴泽桐，市政协副主席周秋明，市政府副秘书长何小卫，县委书记曾永祥，县委副书记、县长廖茂忠，县领导徐庆青、邱翠茂、郑奕雄、唐秀娟、林剑、黄建斐、黄纯忠，以及市、县直有关单位、各镇（场）主要负责人等参加调研或参加座谈会。

市政协副主席周秋明到丰顺县调研中心镇“六个一”和新农村示范村建设工作 8月23日上午，市政协副主席周秋明率队到丰顺县调研中心镇“六个一”和新农村示范村建设工作，要求丰顺要突出重点，把握好时间进度，细化工作措施，不断加大工作推进力度，扎实推进中心镇“六个一”和新农村示范村建设工作。县委副书记、县长廖茂忠，县政协主席邱翠茂以及县财政、住建、扶贫等相关单位负责人陪同调研。

曾永祥率队督导调研新农村建设和征地工作：全县动员，全民动手，精心打造社会主义新农村示范村 8月25日，县委书记曾永祥率队到建桥镇、丰良镇、潘田镇督导调研新农村建设和征地工作时强调，各级各相关部门要提高认识，加大工作力度，加快推进征地工作，全县动员，全民动手，大力推进全域人居环境综合整治，精心打造社会主义新农村示范村。县委常委、办公室主任黄建斐，副县级干部朱报正，县委办、县府办、县委农办（扶贫开发局）、国土、住建、公路等相关单位负责人参加督导调研。

曾永祥、廖茂忠率队到留隍镇督导调研重点项目建设情况，全力以赴抓征地，抢抓机遇赶进度，确保重点项目建设顺利推进 8月25日，县委书记曾永祥，县委副书记、县长廖茂忠率队到留隍镇督导重点项目建设情况时强调，各级各相关部门要全力以赴抓征地，抢抓机遇赶进度，争取支持用政策，加强协调促落实，明确责任善作为，确保各项重点项目建设顺利推进。县委常委、宣传部部长林剑，县委常委、常务副县长郑春鹏，副县级干部朱报正，县委办、县府办、县委农办（扶贫开发局）、住建、发改、国土、交通、水务、农业、卫计、旅游、公路、林业等相关单位主要负责人参加督导调研。

曾永祥主持召开县委常委会会议，传达贯彻方利旭市长到丰顺调研重要讲话精神 8月28日，县委书记曾永祥主持召开县委常委会会议，传达贯彻市长方利旭到丰顺调研讲话精神以及重要会议、重要文件精神，研究贯彻落实意见，部署近期丰顺县重点工作。曾永祥强调：全县各级各部门要切实把思想和行动统一到市委、市政府的决策部署上来，坚定信心，下定决心，全力以赴，加大有效投资，促进产业共建，努力确保全年目标任务的完成，推动丰顺县产业发展走在全市前列。

曾永祥主持召开县委理论学习中心组学习会，以习近平总书记重要讲话精神为指导，扎实做好丰顺当前各项工作 8月28日下午，县委书记曾永祥主持召开县委理论学习中心组学习会，传达学习习近平总书记最近在省部级主要领导干部专题研讨班上的重要讲话精神。曾永祥强调：全县各级各部门要深刻理解领会，把握精神实质，以习近平总书记重要讲话精神为指导，紧密结合丰顺当前工作实际，扎实做好当前的各项工作，以优异成绩迎接中共十九大胜利召开。

曾永祥主持召开县委书记教育座谈会 8月29日上午，丰顺县在丰顺中学召开县委书记教育座谈会，县委书记曾永祥强调，全县各级、教育部门和广大教育工作者要夯实基础，打牢功底，努力办好人民满意的教育。县委常委、办公室主任黄建斐，县委常委、政法委书记黄纯忠，以及县委办、县府办、县教育局、相关中小学校负责人等参加会议。

副市长温向芳到丰顺县调研榕江北河整治和黄标车淘汰工作 9月1日，副市长温向芳率队到丰顺县调研榕江北河整治和黄标车淘汰工作，在市政府副秘书长梁志坚，县委副书记、县长廖茂忠，县委常委、常务副县长郑春鹏，副县长谢国泉，以及县府办、县政府调研室、县环保、公安等相关单位负责人的陪同下，先后来到东达电子有限公司、榕江北河揭丰交界断面、丰顺县污水处理厂、汤西镇双鹿村养猪场调研榕江北河污染整治情况，向相关负责人了解相应的污水整治工作落实情况，并召开座谈会。温向芳强调：要加强责任意识，扎实推进榕江北河水体达标整治，依法依规做好黄标车淘汰工作，努力建设健康、宜居、美丽、和谐的幸福家园。

市委书记谭君铁率队到丰顺县调研榕江北河水体达标整治工作　9月6日，市委书记谭君铁率队到丰顺县调研榕江北河水体达标整治工作，强调各级各部门要深入贯彻落实新发展理念，进一步提高认识、坚定信心、迅速行动，全力以赴打好综合整治攻坚战，确保年底前榕江北河丰顺段水质稳定达标。市人大常委会副主任蓝伟东，副市长温向芳，市政协副主席叶解春，县委副书记、县长廖茂忠，县人大常委会主任徐庆青，县政协主席邱翠茂，县委副书记、梅州丰顺新区管委会主任郑奕雄，县委常委、常务副县长郑春鹏，县委常委、办公室主任黄建斐，副县长谢国泉，梅州丰顺新区管委会副主任、八乡山镇党委书记陈定迎，丰顺县和市直有关单位负责人陪同调研或参加座谈会。

国家土地督察广州局督察专员段怡春到丰顺县调研新型城镇化土地利用结构及效率工作　9月8日上午，国家土地督察广州局督察专员段怡春率队到丰顺县调研新型城镇化土地利用结构及效率工作，并强调：要牢固树立创新、协调、绿色、开放、共享的发展理念，坚持走以人为本、四化同步、优化布局、生态文明、文化传承的中国特色新型城镇化道路，以人的城镇化为核心，以提高质量为关键，以体制机制改革为动力，紧紧围绕新型城镇化目标任务，提升城市综合承载能力，制定完善土地配套政策，充分释放新型城镇化蕴藏的巨大内需潜力，为经济持续健康发展提供持久强劲动力。市国土资源局局长梁维，县委副书记、县长廖茂忠，以及市县国土资源局、县府办等相关单位负责人陪同调研。

曾永祥主持召开县委常委会会议，传达贯彻省、市有关纪律教育活动会议精神，为全面完成2017年经济社会发展目标提供坚强的纪律保障　9月8日，县委书记曾永祥主持召开县委常委会会议，传达贯彻省深入推进全面从严治党暨第十六期领导干部党纪政纪法纪教育专题研讨班、全市领导干部纪律教育专题学习会精神以及市委书记谭君铁到丰顺调研重要讲话精神等，研究贯彻落实意见，部署近期丰顺县重点工作。曾永祥强调：全县各级各部门要深入学习贯彻习近平总书记系列重要讲话精神，围绕“讲政治、强党性、严纪律、守规矩”的“纪教月”活动主题，推动全县纪律教育学习月活动深入开展，按照省委、市委的决策部署，为全面完成2017年经济社会发展目标提供坚强的纪律保障。

省委组织部副部长、省委老干部局局长、省委离退休干部党工委书记郭跃文率队到丰顺县调研老干部服务管理工作　9月13日下午，省委组织部副部长、省委老干部局局长、省委离退休干部党工委书记郭跃文率队到丰顺县调研老干部服务管理工作，对丰顺县在老干部服务管理工作中所付出的努力以及所取得的成效给予充分肯定，并建议丰顺县要创新方式方法，进一步加强老干部服务管理，做细做实老干部服务管理各项工作，真正实现老干部政治上得到尊重，思想上得到关心，生活上得到照顾，为老干部发挥余热、贡献力量搭建好平台。市委组织部副部长、市委老干部局局长张运泉，县委副书记、县长廖茂忠，以及市、县老干部局相关负责人等陪同调研。

省林业厅林业改革发展处副调研员王文新出席丰顺县发展林下经济现场推进会　9月14日上午，丰顺县召开发展林下经济现场推进会，总结全县林下经济发展工作，部署丰顺县今后林下经济发展工作。省林业厅林业改革发展处副调研员王文新，县委副书记、县长廖茂忠，副县长谢国泉，以及省市林业业务专家，市县相关部门负责人等参加会议。王文新强调：要把发展林下经济与林业产业化建设、农业产业结构调整、扶贫开发和社会主义新农村建设相结合，合理确定林下经济发展的规模、方向和模式；规划建设一批连片规模较大的林下经济示范基地，培育一批典型企业和大户，在技术和资金上予以重点扶持；要依托丰顺优良的生态资源、温泉资源和中国长寿之乡的美名，推进一批森林生态康养经济示范基地建设，示范带动全县林下经济发展；要充分调动农民发展林下经济的积极性，营造社会关注支持林下经济发展的良好氛围。

丰顺县文学艺术界联合会第七次代表大会召开　9月19日上午，丰顺县文学艺术界联合会第七次代表大会在县会展中心召开。议听取和审议《丰顺县文联第六届委员会工作报告》、审议通过《丰顺县文学艺术界联合会章程》，会议选举产生丰顺县文学艺术界联合会新一届领导机构。

国土资源部地质环境司副司长胡杰检查丰顺县地质灾害防治工作　9月19日下午，国土资源部地质环境司副司长胡杰率队到丰顺县开展地质灾害防治检查工作，实地察看了丰顺县地热发电站、汤坑镇金瓯山崩塌特大型地质灾害治理项目，并听取地质灾害隐患情况和防治工作汇报。胡杰强调：丰顺县各相关部门继续站在维护群众生命财产安全的高度，把地质灾害防治工作作为重中之重，时刻绷紧防灾减灾这根弦，全力以赴、尽心尽力做好工作。省国土资源厅副厅长余云州，市国土资源局局长梁维，县委副书记、县长廖茂忠，以及省国土资源厅、市国土资源局、县府办、县国土资源局等相关部门负责人陪同检查。

丰顺县第二人民医院开工　9月27日上午，丰顺县第二人民医院建设项目在留隍镇环城路举行开工仪式。市委常委、宣传部部长张丽霞，市政协副主席韩小林，县委副书记、县长廖茂忠，县委常委、宣传部部长林剑，县人大常委会副主任陈美琼，县政协副主席曾庆珠，梅州丰顺新区管委会副主任、留隍镇党委书记马扬闲以及市发改局、市国土资源局、市财政局、市住建局、市卫计局，县委办、县府办、县发改局、县住建局、县财政局、县国土资源局、县卫计局和留隍镇等单位主要负责人参加仪式。

广东碧丽集团为丰顺县中小学校捐赠100台饮用水设备总价值约100万元　9月29日，由广东碧丽集团与佛山市丰顺商会联合主办的“盛世迎国庆，碧丽献爱心”捐赠活动在丰顺县汤坑镇第一中心小学举行。广东碧丽为丰顺县中小学校捐赠总价值约100万元的100台饮用水设备。广东碧丽集团董事长巫宗权、佛山丰顺商会、丰顺县教育局有关领导、嘉宾以及汤坑镇第一中心小学师生共100多人参加了捐赠仪式。

丰顺县举行烈士纪念日公祭活动　9月30日是国家烈士纪念日。当天上午，丰顺县委副书记、县长廖茂忠率领县委常委、县人大常委会、县政府、县政协、县纪委全体领导、有关单位负责人、县武装部、消防大队、武警中队以及烈属代表、老战士代表、学校师生代表、各界干部群众代表等200多人参加了烈士公祭活动。

丰顺县召开县委常委会会议：压实责任，确保让人民群众度过平安祥和的“双节”　9月30日下午，受因公在外的县委书记曾永祥委托，县委副书记、县长廖茂忠主持召开县委常委会会议，传达贯彻市委常委会会议和市政府常务会议等会议精神。廖茂忠强调：各级各部门要层层压实责任，确保让人民群众度过一个平安祥和的国庆、中秋佳节，以持续和谐稳定的社会环境迎接中共十九大胜利召开。

曾永祥、廖茂忠率队督导榕江北河水体达标整治工作　10月6日，县委书记曾永祥以及县长廖茂忠率队督导榕江北河水体达标整治工作。曾永祥强调：全县各级各相关部门要认真贯彻落实市委书记谭君铁、市长方利旭等领导以及省环保厅调查组到丰顺调研指示精神和重要批示指示精神，全力以赴，综合施策，坚决打赢榕江北河整治攻坚战，确保水体如期稳定达标。

曾永祥、廖茂忠率队督导榕江北河水体达标整治工作，全力以赴打赢榕江北河整治攻坚战　10月7日上午，县委书记曾永祥、县长廖茂忠率队先后深入到汤南镇隆烟村龙车溪桥、榕江北河丰揭交界断面取水点、汤坑镇石桥村高家划、高兴岁养殖场等地进行调研督导，听取相关情况汇报，研究解决实际工作中遇到的困难和问题，随后召开座谈会。曾永祥强调：要以讲政治的高度坚决打赢榕江北河整治这场硬仗，以综合施策的措施扎实推进各项工作，以责任的强化落实确保如期完成目标任务。

曾永祥率队到汤南镇督导调研：努力建设潮客相融美丽幸福新农村　10月7日下午，县委书记曾永祥率队先后深入到汤南镇新楼村种王上围智锡公祠、牛厝池、九间仓、新楼村六村、五村等实地察看新农村建设和征地工作。随后召开座谈会，认真听取相关负责人关于汤南镇新农村建设和征地工作进展情况汇报。曾永祥强调：县、镇、村三级共同努力，发动群众一起参与，共建共享，努力建设潮客相融、美丽幸福的新农村。

省国土资源厅党组书记、厅长陈光荣率队到丰顺县调研垦造水田工作和开展扶贫慰问活动　10月12日，省国土资源厅党组书记、厅长陈光荣率队到丰顺县调研垦造水田工作情况和开展扶贫慰问活动。陈光荣强调：各级各部门必须提高思想认识，高度重视垦造水田工作，按照党中央、国务院对耕地“占优补优、占水田补水田”的要求，高标准地推进垦造水田建设。副市长温向芳，市国土局资源局局长梁维，县委副书记、县长廖茂忠，副县级干部朱报正，以及县府办、县国土局、县扶贫开发局等相关单位负责人陪同调研或参加扶贫慰问活动。

廖茂忠带队参加世界客属第29届恳亲大会　10月13日，丰顺县委副书记、县长廖茂忠带队赴香港参加世界客属第29届恳亲大会。县政协主席邱翠茂，县委常委、统战部部长罗卫标，县政协副主席刘超平，县侨联、外事侨务局、统战部等单位负责同志参加会议。此次恳亲大会以“世客齐心、扬帆同行”为主题，内容包括“客家杯”赛马、客家文化论坛及世界客属青年高峰会等活动，有来自24个国家和地区的约3000名客家乡亲欢聚香江、共话乡情，展现客家精神、弘扬中华文化。

丰顺县组织广大党员干部收听收看中国共产党第十九次全国代表大会开幕式实况直播　10月18日上午九时，丰顺县各套班子领导在县委迎宾馆收听收看中国共产党第十九次全国代表大会的开幕盛况，聆听习近平同志代表第十八届中央委员会所作的工作报告。全县各级各部门党员干部也在各自单位收听收看中共十九大开幕盛况。

副市长、市公安局局长陈俊钦到丰顺县看望一线民警　10月21日，副市长、市公安局局长陈俊钦深入到丰顺县检查督导十九大安保工作，看望坚守在岗位上的一线民警。他要求，全市各级公安民警要消除麻痹思想，再接再厉，发扬连续作战的精神，维护好社会治安，坚决打赢十九大安保攻坚战。县委副书记、县长廖茂忠，市公安局副局长张小帆，县委常委、政法委书记黄纯忠，副县长、公安局局长张建民，以及市公安局指挥中心、政治处、警务保障处，县府办等部门负责人陪同督导。

市食安办主任、市食品药品监管局局长黄国良到丰顺县调研　10月24日，市食安办主任、市食品药品监管局局长黄国良率队到丰顺县调研时强调：高度重视，加强监管，突出亮点，确保按时保质完成创建省级食品安全示范县工作任务。县委副书记、县长廖茂忠，县委常委、宣传部部长林剑，以及县府办、县食安办等相关部门负责人参加座谈会或陪同调研。

省老区建设促进会会长陈开枝到丰顺县调研原中央苏区政策对接落实情况　10月24—25日，省老区建设促进会会长陈开枝率队来丰顺县调研原中央苏区政策对接落实情况，对丰顺县利用好苏区政策，打好苏区牌，助推经济社会发展的做法给予充分肯定，要求丰顺县要继续打好“苏区牌”，在今后的政策对接工作中要更加积极主动；要认真学习领会好文件精神，吃透相关政策；要以项目为抓手，勤沟通多思考，把对接工作做细做实，确保政策落地生效；要加大苏区的宣传力度，整合红色文化旅游资源，进一步打响原中央苏区的招牌，助推丰顺振兴发展。市政协副主席马志元和县委副书记、县长廖茂忠，县委常委、组织部部长曹志辉，县委常委、办公室主任黄建斐等陪同调研。

北京梅州人海外联谊会丰顺分会30周年庆祝大会暨丰顺县招商推介会在北京举行　10月28日下午，北京梅州人海外联谊会丰顺分会30周年庆祝大会暨丰顺县招商推介会在北京合生创展大厦举行。县委书记曾永祥，县政协主席邱翠茂，县委常委、统战部部长罗卫标，县委常委、副县长卢佳亮，副县长梁玉辉，梅州市驻京办主任邓国功，北京梅州人海外联谊会会长张雄锋，北京梅州商会会长李东浩，北京梅州人海外联谊会丰顺分会会长刘裕品，广东丰顺商会会长冯永超，珠江地产集团公司华北地区公司副总经理邱建成等领导嘉宾，县委办、县财政局、县委统战部、县工商联、县招商局等相关单位负责人以及在北京工作生活的丰顺乡亲等齐聚一堂，共话乡情。

曾永祥会见华林证券领导一行：寻求合作项目，实现互利共赢　10月28日上午，县委书记曾永祥率队到北京市华林证券有限责任公司，与该公司总裁助理黄虹一行举行会谈。双方围绕如何推动丰顺县交通公路、工业、旅游、扶贫等项目建设进行认真的讨论，并达成了初步共识。县委常委、统战部部长罗卫标，县委常委、副县长卢佳亮，副县长梁玉辉，县委办相关负责人等参加了会谈。

广州市侨办党组书记、主任冯广俊率队到丰顺县开展扶贫调研慰问工作　11月1—3日，广州市侨办党组书记、主任冯广俊率广州市侨办有关负责人和广州市侨商会侨商代表一行到丰顺县开展扶贫调研慰问工作，参加了汤坑镇东里村综合楼扶贫建设项目动工仪式，要求驻村工作队要对照实施乡村振兴战略的新要求，进一步细化方案，凝心聚力，与当地干群共同努力，早日把东里村建设成为社会主义新农村示范村，并号召广大侨商积极深入农村，加大对扶贫事业的支持力度，帮助贫困群众早日脱贫奔康。梅州市委常委、副市长刘棕会，县委副书记、县长廖茂忠，县委副书记、梅州丰顺新区管委会主任郑奕雄，副县级干部朱报正，以及县委农办、县扶贫开发局、县招商局、汤坑镇等单位负责人陪同调研。

市委常委、统战部部长张文广到丰良镇三山村宣讲中共十九大精神　11月6日上午，市委常委、统战部部长张文广率队到丰良镇三山村，为基层党员宣讲中共十九大精神。张文广强调：要按照习近平总书记在十九届中央政治局第一次集体学习时提出的“学懂弄通做实”要求，认真学习、深刻领会、融会贯通、学以致用，持之以恒抓好中共十九大精神的贯彻落实。县委书记曾永祥，市委统战部常务副部长丘晓红，市委统战部调研员沈丁明，县委常委、办公室主任黄建斐及相关单位负责人参加活动。

市委常委、常务副市长李远青参加中共丰顺县委常委会会议并作讲话　11月6日下午，县委书记曾永祥主持召开中共丰顺县委常委会专题传达学习贯彻中共十九大精神会议，研究部署贯彻落实工作，审议通过《中共丰顺县委关于认真学习宣传贯彻中共十九大精神的通知》，市委常委、常务副市长李远青到会指导并作讲话。李远青充分肯定丰顺县党政领导班子的工作并就丰顺如何抓当前与谋长远、要有新作为提出具体要求。

丰顺县召开传达贯彻中共十九大精神大会，号召以习近平新时代中国特色社会主义思想引领丰顺振兴发展　11月7日，丰顺县召开传达贯彻中共十九大精神大会，县委书记曾永祥在会上传达贯彻了中共十九大精神，并把十九大各项决策部署贯彻落实到全县各项工作中。曾永祥强调：全县各级党组织要全面深入学习领会中共十九大报告的精神实质，迅速兴起学习宣传贯彻中共十九大精神热潮，切实在“学懂、弄通、做实”上下功夫，把全县党员干部群众的思想统一到中共十九大精神上来，把力量凝聚到实现十九大确定的各项任务上来，推动十九大精神在丰顺落地生根、开花结果，以习近平新时代中国特色社会主义思想引领丰顺振兴发展。

曾永祥主持召开县委常委会会议研究部署近期重点工作　11月8日上午，县委书记曾永祥主持召开县委常委会会议，传达贯彻上级有关重要文件精神，审议相关文件，部署近期丰顺县重点工作。曾永祥强调：全县各级各部门要深入学习宣传贯彻中共十九大精神，坚持主体作用，坚持标准要求，坚持创新推动，扎实推进乡村振兴。

曾永祥到汤南镇新楼村宣讲中共十九大精神：发挥党员先锋模范作用，以十九大精神引领乡村振兴　11月9日上午，县委书记曾永祥率队到汤南镇新楼村，为基层党员宣讲中共十九大精神。曾永祥强调，全县党员干部要把学习宣传贯彻十九大精神作为当前和今后一个时期最重要的政治任务，发挥党员先锋模范作用，在“学懂弄通做实”上下功夫，迅速开展大学习，精心组织大调研，主动参与大行动，以十九大精神引领乡村振兴，确保十九大精神在基层落地生根、开花结果。

曾永祥、廖茂忠率队督查榕江北河整治工作　11月9日下午，县委书记曾永祥，县委副书记、县长廖茂忠率队督查榕江北河整治工作进展情况。曾永祥强调：各级各相关部门要清醒认识到榕江北河整治工作目前存在的问题和达到目标存在的差距，要紧扣问题攻坚，加强协调督导，加大宣传和执法力度，确保12月底前水质如期达标。

丰顺县举行第五届世界客商大会丰顺县重点项目集中动工、竣工仪式　11月15日上午，丰顺县在广州海珠（丰顺）产业专业工业园旺兴达厂区内隆重举行第五届世界客商大会丰顺县重点项目集中动工、竣工仪式。县委书记曾永祥出席仪式并作讲话，曾永祥表示，27个重点项目的集中动工和竣工投产，将再次掀起丰顺县项目建设新热潮，促进丰顺县产业结构优化升级和发展环境的改善，助推丰顺经济振兴发展。

丰顺县举行第五届世界客商大会《大美丰顺》国画长卷揭幕仪式　11月15日上午，第五届世界客商大会《大美丰顺》国画长卷揭幕仪式在丰顺县实验中学举行，县委书记曾永祥为《大美丰顺》画卷揭幕。

2017年中国·丰顺“喜德盛杯”国际自行车邀请赛在丰顺举行　11月18日，由梅州市体育局、丰顺县人民政府主办，丰顺县体育局承办，广东省自行车运动协会、广东省自行车行业协会支持，深圳市喜德盛自行车股份有限公司冠名的2017年中国·丰顺“喜德盛杯”国际自行车邀请赛在丰顺县新世纪广场精彩开赛。来自美国、法国与港澳台等13个国家和地区的2000多名骑行爱好者齐聚丰顺同场竞技，享受骑行乐趣。

曾永祥主持召开县委常委会会议学习贯彻省委李希书记到梅州调研讲话精神，不断开创新时代丰顺发展新局面　11月20日上午，县委书记曾永祥主持召开县委常委会会议，学习贯彻省委书记李希到梅州调研讲话精神，会议还传达贯彻了市委常委会会议精神。曾永祥强调：全县各级各部门要认真学习领会省委书记李希来梅调研讲话的精神实质，深化对丰顺县县情的认识，特别是各级领导干部要以身作则，敢于担当，主动作为，把中共十九大精神和丰顺工作实际融会贯通，不断开创新时代丰顺发展新局面。

曾永祥主持召开县委常委会会议，传达省委十二届二次全会精神，让十九大精神在丰顺大地结出丰硕成果　11月28日上午，县委书记曾永祥主持召开县委常委会会议，传达贯彻省委十二届二次全会精神、市委常委会会议、市政府常务会议以及上级有关重要会议、重要文件精神，研究贯彻落实意见。曾永祥强调：各级领导班子要带头认真学习领会好省委十二届二次全会精神，要把思想和行动统一到中央、省、市的重大部署上来，更好地推动十九大精神的学习宣传贯彻工作，让十九大精神在丰顺大地结出丰硕成果。

县委领导班子集体瞻仰李坚真铜像重温入党誓词，曾永祥在坚真纪念馆主持召开县委常委会会议：传承红色基因，弘扬革命精神　11月28日上午，县委常委班子集体来到坚真纪念馆，瞻仰李坚真铜像，参观坚真纪念馆，重温入党誓词。县委书记曾永祥在坚真纪念馆主持召开县委常委会会议时强调：要认真学习领会习近平总书记在瞻仰上海中共一大会址和浙江嘉兴南湖红船时的重要讲话精神，省委书记李希同志在瞻仰中共三大会址时的讲话精神，以及市委书记谭君铁在瞻仰三河坝战役烈士纪念碑时的讲话精神，要学习革命先辈们艰苦奋斗、不怕困难、不怕牺牲的精神，传承红色基因，弘扬革命精神，推动新时代丰顺的振兴发展。县长廖茂忠，县政协党组书记等领导参加活动。

全县科级领导干部学习贯彻中共十九大精神专题培训班开班，曾永祥作开班动员讲话时强调：推动习近平新时代中国特色社会主义思想在丰顺大地落地生根结出丰硕成果　11月28日上午，县委举办全县科级领导干部学习贯彻中共十九大精神专题培训班。县委书记曾永祥作开班动员讲话，强调要把学习宣传贯彻中共十九大精神作为当前和今后一个时期的首要政治任务，持续深入学习宣传贯彻中共十九大精神，真正做到在“学懂弄通做实”上下足功夫，推动习近平新时代中国特色社会主义思想在丰顺大地落地生根，结出丰硕成果。县委副书记、县长廖茂忠主持开班式。

市委宣讲团到丰顺县宣讲中共十九大精神 11月28日上午，市委宣讲团中共十九大精神宣讲报告会在丰顺县会展中心举行。市委宣讲团成员、市委党校副教授丘东涛作专题辅导报告。县委书记曾永祥指出，学习宣传贯彻中共十九大精神，是全县当前和今后一个时期的首要政治任务。全县各级党组织和广大党员干部要严格按照中央、省委和市委关于做好宣讲工作的要求，以市委宣讲团来丰宣讲为契机，着力在“学懂、弄通、做实”上下功夫，深入开展“大学习、大宣传、大调研、大讨论”活动，不断把学习宣传贯彻中共十九大精神引向深入，进一步把全县党员干部群众的思想和行动统一到中共十九大精神上来，把智慧和力量聚到十九大确定的各项任务上来，奋力谱写丰顺振兴发展新篇章，为全市构建“一区一带六组团”发展新格局做出新的更大贡献。

曾永祥、廖茂忠、张文画率队督导榕江北河整治工作，综合施策，奋力拼搏，坚决打赢榕江北河水环境整治攻坚战 11月30日上午，县委书记曾永祥，县委副书记、县长廖茂忠，市环保局副局长张文画率队对丰顺县榕江北河水体达标整治工作进展情况进行督导。曾永祥强调：各级各有关部门要清醒认识榕江北河整治工作目前存在的问题和达到目标存在的差距，要综合施策、奋力拼搏，坚决打赢榕江北河水环境整治攻坚战。

曾永祥主持召开县委常委会会议，传达《中共广东省委关于认真学习宣传贯彻〈习近平谈治国理政〉第二卷的通知》，真正把《习近平谈治国理政》第二卷作为案头卷必读书座右铭 12月1日下午，县委书记曾永祥主持召开县委常委会会议，传达贯彻《中共广东省委关于认真学习宣传贯彻〈习近平谈治国理政〉第二卷的通知》精神，曾永祥强调：各级党委党组理论学习中心组，要把学习贯彻《习近平谈治国理政》第二卷作为重中之重，真正把《习近平谈治国理政》第二卷作为案头卷、必读书、座右铭，集中学习研讨，制定计划，列出专题，精心组织，务求实效。

曾永祥出席2017年脱贫攻坚暨“三清三拆三整治”工作推进会，全力以赴确保完成年度考核目标任务 12月8日上午，丰顺县召开2017年脱贫攻坚暨“三清三拆三整治”工作推进会。县委书记曾永祥出席会议并讲话，强调全县各级各部门要紧紧围绕“今年脱贫率达到70%”的总体目标，全力以赴，查漏补缺，全力确保完成2017年脱贫攻坚年度考核目标任务，同时要大力推进“三清三拆三蹵治”行动，压实责任，进一步提升村容村貌，加快建设社会主义新农村示范村。

曾永祥主持召开专题会议，研究规范农村建房，强调固化现状，严控新增，寻找出路 12月11日下午，县委书记曾永祥主持召开专题会议，传达贯彻12月11日上午召开的市委常委会会议以及市委书记谭君铁率学习考察团赴浙江三市学习考察时提出的有关规范农村建房问题指示精神，研究部署丰顺县规范农村建房有关问题。曾永祥强调：要高度重视规范农村建房有关工作，深入开展调研，严格落实责任，要固化农村建房现状、严控新增并寻找好出路，确保丰顺县农村建房走上规范化道路。

省政协副主席、党组副书记林雄率队到丰顺县开展主题党日系列活动 12月11—12日，省政协副主席、党组副书记林雄率队到丰顺县开展主题党日系列活动，听取了挂钩帮扶的丰顺县汤西镇新岭村党支部关于学习中共十九大精神的情况和驻村干部关于帮扶项目、贫困户脱贫进展情况汇报。市委书记谭君铁、市政协主席陈建青等领导与林雄一行交流了意见；省政协副秘书长、机关党组成员巴宇，市政协副主席叶解春，丰顺县委书记曾永祥，市政协秘书长张阳，省政协相关部门负责人参加活动。

曾永祥主持召开县委常委会会议，传达贯彻市委七届三次全会精神 12月14日上午，县委书记曾永祥主持召开县委常委会会议，传达学习市委七届三次全会精神以及上级有关重要会议、重要文件精神，研究贯彻落实意见。曾永祥强调：全县各级党组织和广大党员干部要

按照中央、省、市的有关要求，持续深入学习宣传贯彻中共十九大精神，推动习近平新时代中国特色社会主义思想在丰顺大地落地生根，结出丰硕成果；要坚持学习宣传全覆盖，做到往深里走；坚持课题调研全方位，做到往一线去；坚持贯彻落实全领域，做到往实里抓，奋力开创丰顺工作新局面。

曾永祥出席全面推行“河长”制暨水利工作会议，强调统筹兼顾，突出重点，全面推行“河长”制　12月14日下午，丰顺县召开全面推行河长制暨水利工作会议，县委书记曾永祥出席会议并讲话，强调各级各有关部门要领会贯彻好中央、省、市、县有关全面推行“河长”制的工作要求，切实履行落实好各自职责，实施好水利工程，完善好相关工作制度，开展好日常督查，做到统筹兼顾，突出重点，全面推行河长制。

曾永祥出席创建省级食品安全示范县工作推进会，坚持问题导向，推动创建工作真正落到实处　12月14日，丰顺县召开创建省级食品安全示范县工作推进会。县委书记曾永祥出席会议并讲话。曾永祥强调：各级各部门要高度重视省级食品安全示范县创建工作，要深化思想认识，以志在必得的决心抓创建；要突出重点难点，以扎实有效的措施抓创建；要强化责任落实，以协调有效的合力抓创建；要突出补短板、强弱项、抓重点、破难点、做出亮点，让创建工作真正落到实处。

中共丰顺县委十三届三次全会召开　12月15日上午，中共丰顺县委召开第十三届三次全会第一次全体会议在县城召开。会上，县委书记曾永祥作专题讲话，会议的主要任务是：按照省委十二届二次全会和市委第七届三次全会的部署，深入学习宣传贯彻中共十九大精神，以习近平新时代中国特色社会主义思想为指引，围绕“三个定位、两个率先”和“四个坚持、三个支撑、两个走在前列”的要求，研究分析丰顺在新时代面临的形势和任务，进一步谋划丰顺未来发展，动员全县党员干部群众更加紧密团结在以习近平同志为核心的党中央周围，不忘初心，牢记使命，奋力开创丰顺工作新局面，让习近平新时代中国特色社会主义思想在丰顺大地落地生根、结出丰硕成果。

曾永祥主持召开县委常委会会议：始终在思想上、政治上、行动上同以习近平总书记为核心的党中央保持高度一致　12月22日上午，县委书记曾永祥主持召开县委常委会会议，传达贯彻学习上级有关重要文件、重要会议精神，审议相关文件。曾永祥强调：各级各部门要认真领会好省委文件精神，带头执行，以上率下，在任何时候任何情况下都要忠诚核心、拥戴核心、维护核心、捍卫核心，始终在思想上、政治上、行动上同以习近平总书记为核心的党中央保持高度一致。

第十三届中国农村发展论坛暨“新乡贤与新农村发展新动能”全国研讨会在丰顺举行　12月23日至24日，第十三届中国农村发展论坛暨“新乡贤与新农村发展新动能”全国研讨会在丰顺举行。20多位国内知名“三农”问题研究专家、学者和省、市、县领导以及丰顺乡贤代表、基层干部等，围绕“新乡贤与新农村发展新动能”主题展开热烈探讨，探索新乡贤与乡村治理机制，寻找农村发展新动能，为乡村振兴战略贡献思想和智慧。

曾永祥主持县委理论学习中心组专题学习研讨会　12月25日上午，县委理论学习中心组举行专题学习研讨会。县委书记曾永祥主持会议并作总结讲话，强调要按照全省、全市传达贯彻中共十九大精神大会和省委书记李希、市委书记谭君铁关于“当前最重要的‘纲’，最紧迫、最关键的任务就是认真学习宣传、贯彻落实中共十九大精神”的部署要求，结合“大学习、深调研、真落实”活动的开展，认真深入学习贯彻中共十九大精神，特别是领导干部要带头做好五个方面的表率，带动全县广大干部群众统一思想、凝聚共识，让习近平新时代中国特色社会主义思想在丰顺大地落地生根、开花结果。

曾永祥主持召开县人才工作领导小组会议，着力建立高素质专业化干部人才队伍　12月26日下午，县委书记曾永祥主持召开县人才工作领导小组会议，研究讨论《关于加快丰顺县人才发展的实施意见（试行）》（讨论稿）和《丰顺县人才发展七大平台建设方案》（讨论稿），强调要认真贯彻落实中共十九大精神，按照中央、省、市有关人才发展的决策部署，谋划好丰顺县的人才发展工作，进一步提升服务职能，营造良好环境，着力建立高素质专业化干部人才队伍。

曾永祥、廖茂忠率队调研梅汕高铁丰顺段建设情况，严把工程质量和安全关　12月27日下午，县委书记曾永祥，县委副书记、县长廖茂忠率队调研梅汕高铁丰顺段建设情况，先后深入到汤坑镇石联村丰顺东站站场选址地点、建桥镇梅汕高铁建桥站等地进行实地调研，听取相关负责人介绍各项工程施工进展情况，协调解决工程推进过程中遇到的困难和问题，强调各级各部门要严把工程质量和安全关，切实保证工程进度，全力做好梅汕高铁建设各项工作。县委副书记、梅州丰顺新区管委会主任郑奕雄，副县级干部陈辉祥，以及县发改、国土、交通、公路、住建等单位主要负责同志陪同调研。

曾永祥、廖茂忠在创建国家卫生县城和省级文明县城工作推进会上强调：全力打造“和顺之城、幸福家园”　12月29日上午，丰顺县召开创建国家卫生县城和省级文明县城工作推进会，县委书记曾永祥，县委副书记、县长廖茂忠在会上强调：各级各部门要正视差距，深化认识，进一步增强创文创卫工作的责任感、紧迫感，全力打好创文创卫攻坚战，通过全县上下的共同努力，确保创文创卫目标如期实现，全力打造“和顺之城、幸福家园”。

曾永祥、廖茂忠率队督导丰顺县争创广东省推进教育现代化先进县工作，努力办好让人民满意的教育　12月29日上午，县委书记曾永祥，县委副书记、县长廖茂忠率队督导丰顺县争创广东省推进教育现代化先进县工作，现场解决教育创先工作推进过程中遇到的困难和问题。曾永祥、廖茂忠强调：各级各有关部门要围绕“努力办好让人民满意的教育”的目标，按照责任分工，县镇村三级联动，压实责任，补齐短板，全力推进争创“广东省推进教育现代化先进县”工作。

【2017年度丰顺县委、县委办主要文件目录】　（一）2017年度丰顺县委（丰发）发布文件目录

丰发〔2017〕1号　中共丰顺县委、丰顺人民政府关于新时期精准扶贫精准脱贫三年攻坚实施方案

丰发〔2017〕2号　中共丰顺县委关于加强党内法规制度建设的实施意见

丰发〔2017〕3号　中共丰顺县委、丰顺县人民政府印发《关于加强农村留守儿童关爱保护工作的实施方案》的通知

丰发〔2017〕4号　中共丰顺县委、丰顺县人民政府印发《丰顺县国营桐子洋林场改革方案》《丰顺县农林场改革实施方案》的通知

丰发〔2017〕5号　中共丰顺县委、丰顺县人民政府关于2016年度人口与计划生育目标管理责任制考核结果的通报

丰发〔2017〕6号　中共丰顺县委关于认真学习宣传贯彻中共十九大精神的通知

丰发〔2017〕7号　关于印发《丰顺县深化供销合作社综合改革实施方案》的通知

丰发〔2017〕8号　印发《丰顺县深入推进城市执法体制改革改进城市管理工作的实施方案》的通知

丰发〔2017〕9号　中共丰顺县委关于落实《中共广东省委关于持续深入学习宣传贯彻中共十九大精神推动习近平新时代中国特色社会主义思想在南粤大地落地生根结出丰硕成果的决定》的意见

（二）2017年度丰顺县委（丰委）发布文件目录

丰委〔2017〕1号　关于同意召开县十五届人大二次会议建议时间和建议议程的批复

丰委〔2017〕2号　关于同意召开政协第十届丰顺县委员会第二次会议的批复

丰委〔2017〕3号　关于成立中共丰顺县第十五届人民代表大会第二次会议临时委员会和下设八个临时党支部的通知

丰委〔2017〕4号　关于同意增补政协第十届丰顺县委员会委员的批复

丰委〔2017〕5号　中共丰顺县委关于2016年工作情况的报告

丰委〔2017〕6号　关于给予徐奕禄党内

严重警告处分的批复

丰委〔2017〕7号　关于卢佳亮同志任职务的通知

丰委〔2017〕8号　关于给予徐奕禄党内严重警告处分的请示

丰委〔2017〕9号　关于卢佳亮同志任职的通知

丰委〔2017〕10号　关于卢佳亮同志工作分工的通知

丰委〔2017〕11号　关于设立中共丰顺开放大学党组的通知

丰委〔2017〕12号　批转《关于召开丰顺县文学艺术界联合会第七次代表大会的请示》的通知

丰委〔2017〕13号　关于给予徐奕禄同志党内严重警告处分的决定

丰委〔2017〕14号　关于增设中共丰顺县发改局党组成员的通知

丰委〔2017〕15号　关于给予张建波撤销党内职务处分的批复

丰委〔2017〕16号　关于给予魏文华开除党籍处分的批复

丰委〔2017〕17号　关于报送丰顺县《关于深入推进城市执法体制改革改进城市管理工作的实施方案》的请示

丰委〔2017〕18号　关于给予朱志坚开除党籍处分的批复

丰委〔2017〕19号　批转《关于召开丰顺县镇妇女代表大会的请示》的通知

丰委〔2017〕20号　关于批转《丰顺县残疾人联合会第七次代表大会实施方案》的通知

丰委〔2017〕21号　关于同意召开县十五届人大三次会议建议时间和建议议程的批复

丰委〔2017〕22号　关于同意召开政协第十届丰顺县委员会第三次会议的批复

丰委〔2017〕23号　关于赵旭、谢国泉同志职务任免的通知

丰委〔2017〕24号　关于给予王世跃留党察看一年处分的请示

（三）2017年度丰顺县委办公室发布文件目录

丰委办〔2017〕1号　关于调整县精神文明建设委员会成员的通知

丰委办〔2017〕2号　关于调整《丰顺年鉴》编纂委员会成员的通知

丰委办〔2017〕3号　关于印发《丰顺县创建全域旅游示范县工作方案》的通知

丰委办〔2017〕4号　关于成立丰顺县创建“广东省全域旅游示范县”工作领导小组的通知

丰委办〔2017〕5号　关于成立丰顺县交通大会战指挥部的通知

丰委办〔2017〕6号　关于调整梅州至潮汕铁路丰顺段建设指挥部成立的通知

丰委办〔2017〕7号　关于印发《丰顺县县直、镇（场）机关事业单位实行机构编制审核和加强编制卡管理规定》的通知

丰委办〔2017〕8号　中共丰顺县委办公室、丰顺县人民政府办公室关于县新房工作联席会议有关事项的通知

丰委办〔2017〕9号　关于成立2017-2018年全县整村推进污水处理设施建设工作领导小组的通知

丰委办〔2017〕10号　关于印发《丰顺县深入开展全县城人居环境综合整治建设美丽乡村三年行动计划挂钩联系工作方案》的通知

丰委办〔2017〕11号　关于调整丰顺县人才工作协调小组成员的通知

丰委办〔2017〕12号　关于调整中共丰顺县农村工作领导小组成员的通知

丰委办〔2017〕13号　关于调整丰顺县振兴足球之乡工作领导小组成员的通知

丰委办〔2017〕14号　关于成立丰顺县“七五”普法工作领导小组成员的通知

丰委办〔2017〕15号　关于调整县委全面依法治县工作领导小组成员的通知

丰委办〔2017〕16号　关于印发《丰顺县中心镇（重点镇）“六一”建设实施方案》的通知

丰委办〔2017〕17号　关于成立丰顺县鹿湖国际康养旅游度假区建设领导小组的通知

丰委办〔2017〕18号　关于调整丰顺县社会治安综合治理委员会成员的通知

丰委办〔2017〕19号　关于印发《2017年

丰顺县落实省创新发展“八大抓手”工作要点》的通知

丰委办〔2017〕20号　关于调整统战工作联席会议成员的通知

丰委办〔2017〕21号　关于调整县委“两学一做”学习教育协调小组的通知

丰委办〔2017〕22号　关于成立丰顺县督查督办工作领导小组的通知

丰委办〔2017〕23号　关于调整丰顺县人口和计划生育工作领导小组成员的通知

丰委办〔2017〕24号　关于成立丰顺县农村综合改革试点工作领导小组的通知

丰委办〔2017〕25号　关于调整丰顺县复员退伍军人服务管理工作领导小组成员的通知

丰委办〔2017〕26号　关于成立丰顺县推进留隍镇开展国家新型城镇化综合试点工作领导小组的通知

丰委办〔2017〕27号　关于印发《丰顺县2017年重点项目工作目标责任制实施方案》的通知

丰委办〔2017〕28号　关于成立丰顺县村（社区）“两委”换届选举工作领导小组和维稳工作领导小组的通知

丰委办〔2017〕29号　中共丰顺县委办公室丰顺县人民政府办公室关于印发《丰顺县2017年村（社区）“两委”换届选举工作实施意见》的通知

丰委办〔2017〕30号　关于成立中共丰顺县委离退休干部工作委员会的通知

丰委办〔2017〕31号　关于成立中共丰顺县委巡察工作领导小组的通知

丰委办〔2017〕32号　印发《关于开展丰顺县机关工作风整治的实施方案》

丰委办〔2017〕33号　关于成立县委统一战线工作领导小组的通知

丰委办〔2017〕34号　关于批转《县综治委关于全面推行社会治安综合治理网络格化管理工作意见》和县综治委关于镇综治信访维稳中心全面实施目标管理的工作意见的通知

丰委办〔2017〕35号　关于成立涉农领域腐败问题专项治理协调领导小组的通知

丰委办〔2017〕36号　关于成员丰顺县惠民信息公开平台建设领导小组的通知

丰委办〔2017〕37号　关于成立国道206线兴宁松陂至丰顺北斗石桥头（丰顺段）改建工程指挥部的通知

丰委办〔2017〕38号　关于调整县委反腐败协调小组成员的通知

丰委办〔2017〕39号　关于调整丰顺县产业园区建设指挥部领导成员的通知

丰委办〔2017〕40号　中共丰顺县委办公室印发《学习贯彻习近平总书记主要批示精神总体工作方案》的通知

丰委办〔2017〕41号　关于调整丰顺县县直党政机关和事业单位差旅费有关标准的通知

丰委办〔2017〕42号　关于调整丰顺县县直党政机关和事业单位人员误餐补助等开支标准的通知

丰委办〔2017〕43号　关于县直党政机关和事业单位差旅费管理问题的补充通知

丰委办〔2017〕44号　关于调整丰顺县扶贫开发领导小组成员的通知

丰委办〔2017〕45号　关于调整丰顺县扶持企业改制上市工作领导小组成员的通知

丰委办〔2017〕46号　印发《关于加强县纪委派驻机构建设的意见》的通知

丰委办〔2017〕47号　县委办印发《中共丰顺县委关于坚持全面从严治党扎实开展巡察工作的实施方案》的通知

丰委办〔2017〕48号　县委办关于建立县委党内法规工作联席会议制度的通知

丰委办〔2017〕49号　关于调整县委全面深化改革领导小组成员和专项小组联络员的通知

丰委办〔2017〕50号　关于成立丰顺县社会主义新农村建设和农村人民生态环境综合整治领导小组的通知

丰委办〔2017〕51号　中共丰顺县委办公室印发《丰顺县2017年推进“两学一做”学习教育常态化制度化的实施方案》的通知

丰委办〔2017〕52号　关于印发《丰顺县脱贫攻坚责任制度实施细则》的通知

丰委办〔2017〕53号　关于徐俊敏等同志职务任免的通知

丰委办〔2017〕54号　关于印发《丰顺县扶贫项目“以奖代补”暂行办法》的通知

丰委办〔2017〕55号　关于印发《丰顺县保底扶贫项目实施方案》的通知

丰委办〔2017〕56号　关于印发《丰顺县2017年全面依法治县工作要点》的通知

丰委办〔2017〕57号　中共丰顺县委办公室、丰顺县人民政府办公室关于印发《“十三五”时期丰顺县保密事业发展规划》的通知

丰委办〔2017〕58号　关于成立丰顺县反恐工作领导小组的通知

丰委办〔2017〕59号　关于调整丰顺县城乡水利防灾减灾工程建设工作领导小组成员的通知

丰委办〔2017〕60号　关于印发《丰顺县2017年广东扶贫济困日活动工作方案》的通知

丰委办〔2017〕61号　印发《关于贯彻落实粤委办〔2017〕2号文的实施意见》

丰委办〔2017〕62号　关于调整县委防范和处理邪教问题领导小组成员的通知

丰委办〔2017〕63号　关于调整丰顺县深化农村信用联社转制改革工作领导小组成员的通知

丰委办〔2017〕64号　关于印发《丰顺县榕江北河水体达标整治工作方案》的通知

丰委办〔2017〕65号　关于印发《丰顺县2017年“扫黄打非”工作方案》的通知

丰委办〔2017〕66号　关于印发《十三届丰顺县委第一轮巡察工作方案》的通知

丰委办〔2017〕67号　关于调整丰顺县争创广东省推进教育现代化先进县工作领导小组的通知

丰委办〔2017〕68号　关于印发《丰顺县2017年征地拆迁工作实施方案》的通知

丰委办〔2017〕69号　关于调整丰顺县创建国家卫生县城工作领导小组的通知

丰委办〔2017〕70号　关于调整丰顺县创建广东省食品安全示范县工作领导小组的通知

丰委办〔2017〕71号　关于调整丰顺县创建广东省卫生强县工作领导小组的通知

丰委办〔2017〕72号　关于调整中共丰顺县委保密委员会成员的通知

丰委办〔2017〕73号　关于调整丰顺县创建智慧城市工作领导小组的通知

丰委办〔2017〕74号　关于成立县委意识形态工作领导小组的通知

丰委办〔2017〕75号　关于印发《丰顺县意识形态工作联席会议制度》的通知

丰委办〔2017〕76号　中共丰顺县办公室、丰顺县人民政府办公室关于调整丰顺县创建广东省县级文明城市工作领导小组成员的通知

丰委办〔2017〕77号　关于成立丰顺县人才工作领导小组的通知

丰委办〔2017〕78号　关于印发《丰顺县全面推行河长制工作方案》的通知

丰委办〔2017〕79号　中共丰顺县委办公室、丰顺县人民政府关于印发《丰顺县保护国家秘密应急预案》的通知

丰委办〔2017〕80号　关于成立丰顺县全面推行河长制工作领导小组的通知

丰委办〔2017〕81号　关于成立丰顺县社会主义新农村建设领导小组的通知

丰委办〔2017〕82号　关于印发《丰顺县全面推行政务服务“马上办”改革实施方案》的通知

丰委办〔2017〕83号　关于调整丰顺县村（居）务公开工作领导小组成员的通知

丰委办〔2017〕84号　关于印发《丰顺县全面推行河长制县级河长会议制度（试行）》等四次河长制相关配套制度的通知

丰委办〔2017〕85号　关于调整丰顺县深化医药卫生体制改革工作领导小组成员的通知

丰委办〔2017〕86号　关于成立《丰顺县革命老区发展史》编纂委员会的通知

丰委办〔2017〕87号　关于调整丰顺县密码工作领导小组成员的通知

丰委办〔2017〕88号　关于印发《丰顺县全面推行河长制工作考核办法（试行）》等2项制度的通知

丰委办〔2017〕89号　关于印发《丰顺县加强城乡社区协商的实施方案》的通知

丰委办〔2017〕90号　关于印发《丰顺县食品安全党政同责实施办法》的通知

丰委办〔2017〕91号　关于印发《丰顺县61个省定贫困村创建社会主义新农村示范村的实施方案》的通知

丰委办〔2017〕92号　关于印发《丰顺县中共十九大精神大宣传大宣讲工作方案》的通知

丰委办〔2017〕93号　印发《关于在全县党员干部中深入开展中共十九大精神大学习大培训的实施方案》的通知

丰委办〔2017〕94号　关于成立丰顺县深化监察体制改革试点工作小组的通知

丰委办〔2017〕95号　关于印发《丰顺县榕江北河畜禽养殖污染整治日常巡查监管责任追究实施方案》的通知

丰委办〔2017〕96号　关于调整丰顺县安全生产委员会组成人员的通知

丰委办〔2017〕97号　丰顺县创建省级视频安全示范县工作实施方案

丰委办〔2017〕98号　关于印发《丰顺县精准扶贫建档立卡贫困户享受基本生活保障金实施方案》的通知

丰委办〔2017〕99号　关于调整增补丰顺县关心下一代工作委员会主任、副主任的通知

丰委办〔2017〕100号　关于印发《丰顺县深化国家监察体制改革试点工作实施方案》的通知

丰委办〔2017〕101号　关于印发《丰顺县县城市容环境专项整治工作方案》的通知

丰委办〔2017〕102号　关于成立丰顺县创卫创文督查领导小组的通知

丰委办〔2017〕103号　关于印发《丰顺县县城市容环境实行网格化管理工作方案》的通知

丰委办〔2017〕104号　关于印发《丰顺县贯彻〈法治广东建设第二个五年规划（2016-2020年）的实施意见〉的通知》

丰委办〔2017〕105号　关于印发《丰顺县深入开展重大问题调研的方案》的通知

丰委办〔2017〕106号　关于成立丰顺县机关单位年度考核工作领导小组的通知

丰委办〔2017〕107号　关于成立丰顺县推进留隍特色小镇建设工作领导小组的通知

2017年底中共丰顺县委

书　记　曾永祥

副书记　廖茂忠　郑奕雄

常　委　唐秀娟　林　剑　郑春鹏　曹志辉

黄建斐　黄纯忠　罗卫标　卢佳亮

（李逊浩　邓东珍）

【县委办公室工作】

协调服务　县委办公室充分发挥“总揽全局、协调各方”的作用，全力保障县委高效运作。一方面是充分发挥机关工作的“龙头”角色，强化与各镇（场）和各部门、各单位的联系，既牵头当好主角，又协同当好配角，勤于穿针引线，善于铺路搭桥，协助领导科学决策、推动工作；另一方面是进一步发挥上下联系的“纽带”作用，积极主动与上级党政办公室沟通联系，以便县委更好地指导丰顺县开展工作。加强与县人大、县政府、县政协班子的沟通衔接，努力营造无缝对接、合力共事的浓厚氛围。及时向各镇（场）和各部门、各单位传达县委的工作，使县委的决策部署得以迅速贯彻落实。

人事秘书　办文方面：严格把好文件审核关，不断提高公文运转的时效性、便捷性、合理性、规范性和科学性。全年共拟发各类文件、纪要、通知513份，办理各种公文1000多件，印制各种领导讲话稿、资料等共约35万张。办会方面：坚持早介入、早谋划、早准备，细致周密做好筹备和服务工作，圆满完成纪念李坚真同志110周年诞辰系列活动、全市人居环境综合整治推进会、广州海珠·梅州丰顺产业共建招商推介会、第五届世界客商大会丰顺县重点项目集中动工竣工系列活动、中国·丰顺“喜德盛杯”国际自行车邀请赛等一系列重大会议活动，全年承办（含协办）各类会议300多场次。沟通协调方面：协调各部门、各单位围绕县委县政府工作中心认真开展工作，狠抓工作落实，确保县委各项工作顺利、有序、高效。人事工作方面：积极发挥能动性，做好选人、用人的工作，认真完成人员编制、公务员信息采集、工资福利、职工档案等工作，使县委办公室的组工、人事党务工作

不断完善和创新，逐步进入规范化、制度化。

督查　狠抓督查不放松，完善督查机制，创新督查方式，突出督查重点，注重督查实效。全年共办理县委领导及上级督办事项71件，开展专项督查及调研共50场次，累计编发督查专报、通报共21期，报市专报材料25篇次。

综合信息　聚焦丰顺“一区一带”建设大局，紧跟领导关注的焦点和群众反映的热点问题，重点围绕“四个百亿”工程、“三大百亿”产业、社会主义新农村建设、重点民生改善、全面深化改革等开展全方位调研，高标准起草综合文稿，高效率采编报送信息，做到参到点子上、谋到关键处，使更多的调研成果进入领导视野，转化为县委科学决策的重要依据。全年共撰写各类综合文稿200多篇、近150万字，编印《丰顺调研》4期，编发、处理信息400多条，为领导决策、推动工作发挥至关重要的作用。

新闻报道　紧紧围绕县委中心工作、重点工作和县委主要领导的工作思路、意图，围绕实施“四个百亿工程”、培育“三大百亿”产业，构建“一区一带”等，主动服务，全力做好县委、县政府重大新闻报道的协调和采写。1. 在中央、省、市级各类媒体发表的新闻取得新突破，共发表840多条新闻，省级以上280多条；梅州日报560多条。2. 县中心工作得到大篇重点报道，特别是丰顺县中国长寿之乡、中国温泉之城、自行车比赛、第十三届中国农村发展论坛暨“新乡贤与农村发展新功能”和“一区一带”（丰顺新区、梅江韩江绿色健康文化旅游产业带丰顺片区）以及乡村振兴战略、生态富民强县、新农村建设、创文创卫、交通、外贸、特色经济、党建、扶贫等均在中央、省市以及海外媒体等得到重点突出、大幅报道。一些亮点工作如丰顺电声产业产值突破100亿元、全域旅游等在中央、省、市得到充分宣传。3. 积极做好和媒体协调、沟通工作，积极有效完成县主要领导交办的协助应对突发事件、重大事情以及其他负面新闻，全年先后应对、化解负面报道20多条次，快速真实地向外界反映真实情况，为丰顺县有关工作争取了外界各方的支持。4. 大力配合县中心工作和领导交办的任务，协助组织“喜德盛杯”全国自行车比赛、第十三届中国农村发展论坛等大型活动，积极邀请记者并全程配合采访。此外，还积极做好其他大型会议活动、领导调研摄影和出版宣传册、专题以及配合、接待上级新闻媒体领导、记者等工作。

信访维稳　推进阳光信访、责任信访、法治信访，加强源头治理，扎实开展矛盾纠纷排查化解活动，总体实现“四个不发生”目标，圆满完成上级交办的各项工作任务。全年到京“零上访”，到省上访21批43人次，人次低以市下达的控制目标20%；到市上访27批102人次，把90%的矛盾纠纷解决在县内；县接待群众来信来访198批1390人次，同比2016年的208批1522人次，批次下降4%、人次下降8%。各项信访工作指标在全市排名中成绩继续靠前。

党的建设　认真学习宣传贯彻中共十九大精神，以习近平新时代中国特色社会主义思想为指导，准确把握新时代党的建设要求，全面贯彻落实从严治党要求，把思想政治建设摆在首位，扎实推进“两学一做”学习教育常态化制度化，持之以恒抓好组织、作风和制度建设，从严从实抓好党员教育监督，推动全办党员为民务实清廉、激情干事创业，为全面提升县委办“三服务”工作水平，确保县委各项工作高效运转提供了坚强的政治保证和组织保障。

2017年年底县委办公室

主　任　黄建斐

副主任　彭要曾　钟文锋　傅丽文　李　威

县信访局局长　陈新云

县机关事务管理局局长　杜京杰

（李逊浩　邓东珍）

【县机关事务管理工作】

接待工作　在新形势下，接待部门严格执行《中央八项规定实施细则》和县委、县政府出台的关于一般公务活动全面禁酒的通知要求，本着“以人为本，和谐接待”的理念，以提高接待服务水平为目标，改进工作方法，规范接待工作程序，精心编制接待方案，力求

"全面、细致、体贴、周到"，全力以赴做好接待工作。在接待科、迎宾馆、膳食管理所等部门的密切合作下，顺利完成省市上级领导莅丰调研和重大会议活动的接待任务。热情、细致、周到的接待服务，受到来宾的一致好评。

行政财会工作 严格执行财经纪律和审批制度，建立和健全内控管理制度，注重资金使用效果，合理使用各项经费和办理各种款项业务；着重抓好政府采购、工程建设等重大项目的实施。

后勤保障 不断完善机关治安防范机制，认真做好县行政中心大楼、会展中心、坚真公园以及顺景住宅小区的和安全保卫工作；做好花草树木的种植和管护、办公会议场所的日常维护以及美化、亮化、净化等工作，尽力营造清新、舒适的办公环境；认真做好县委、县政府和各种会议场所的会务工作；加强政府机关车辆出入管理，做好公车安全检查和使用管理，切实增强司机的责任意识，提倡文明行车，确保安全行驶，万无一失。2017年来，安全行驶75万多千米无责任事故，提供安全、舒适快速的优质服务，受到领导和客人的一致好评。

2017年年底县机关事务管理局

局　长　杜京杰

副局长　张晓明　蔡汉祥　陈双福

（李逊浩　邓东珍）

【组织工作】

开展习近平新时代中国特色社会主义思想和中共十九大精神大学习大培训 按照县委学习宣传贯彻中共十九大精神部署要求，组织部门认真组织开展中共十九大精神大学习大培训工作。举办科级干部学习贯彻中共十九大精神专题培训班，对全县700多名副科以上干部进行集中轮训，分期分批轮训1600多名公务员。组织全县2.2万多名党员参加"学省党代会精神，迎中共十九大召开"和"学报告、学党章"考学活动。各级党组织书记带头学，采取专题辅导、个人自学、党员考学等方式学习中共十九大精神，推动中共十九大精神进企业、进农村、进机关、进校园、进社区，传递到各级党员干部。

基层组织建设 一是平稳有序完成村级换届选举工作。通过精心组织，严格程序，严肃纪律，成功选出新一届村"两委"干部1317人，村级班子结构得到进一步优化，战斗力进一步增强。二是扎实推进"两学一做"学习教育常态化制度化。坚持把坚定理想信念作为思想建设的首要任务，用党章党规规范党组织和党员行为，抓实基层支部建设，严格执行"三会一课"制度，开展"主题党日5+1"活动。三是扎实推进抓党建促脱贫攻坚，实施《丰顺县基层党建与精准扶贫"双促进"工作方案（2016—2018）》，选优配强61个省定贫困村、34个县重点帮扶村党组织带头人，选派23名优秀干部担任县重点帮扶村第一书记。四是推进以学校、园区为重点的各领域党建工作。新成立园区非公党委和党群服务中心，推进"两新"党组织"两个覆盖"，全县共建立非公有制经济组织党组织67个，社会组织党组织18个，覆盖率分别达88.9%、86.8%。按照省委组织部《关于加强中小学校党的建设工作的意见》，加强中小学校党建工作，2017年新成立学校党总支2个、党支部6个。新设立妇联、总工会、工商联、残联党组。五是推进干部驻点普遍直接联系群众常态化制度化。开展不定期抽查2场次，县级联席会议研究解决问题9个。全县驻点团队接访走访群众72万余人次，收集问题19662件，答复、解决18921件，办结率达96.2%。六是扎实抓基层打基础。推进94个村党组织示范点打造和17个村级软弱涣散党组织整顿工作。抓好5个市级"书记项目"、12个县级"书记项目"的实施工作。加强村"两委"干部的管理和后备干部的培养，研究制定《丰顺县村"两委"干部绩效考核实施方案》《丰顺县村级后备干部培养管理实施方案》。注重从产业工人、青年农民、高知识群体和在非公有制经济组织、社会组织中发展党员，2017年发展党员228名。统筹协调抓好280个村（社区）公共服务平台建设。进一步加强党内关爱、激励和帮扶，扎实开展走访慰问活动，做好关爱帮扶工作。七是扎实做好17个镇（场）党委书记抓基层党建述职评议考核工作，研究制定《丰

顺县基层党建工作评价实施方案》，不断强化镇（场）党委书记管党治党意识，落实管党治党责任，提高管党治党水平。

领导班子和干部队伍建设　坚持新时期好干部标准，坚持正确选人用人导向，突出政治标准选拔干部，着力提拔重用牢固树立“四个意识”、坚定“四个自信”、坚决维护党中央权威、全面贯彻执行党的理论和路线方针政策、忠诚干净担当的干部。注重在“一区一带”建设主战场和重点工程、重点项目中发现、考验、锻炼、使用干部，格外关注扎根基层、埋头苦干、富有丰富实践经验的干部，努力盘活、激活现有干部资源，选优配强各级领导班子，打造一支忠诚干净担当的干部队伍。严格执行中组部《党委（党组）讨论决定干部任免事项守则》和省委办公厅《关于防止干部“带病提拔”的实施意见》，坚持“凡提四必”，选拔任用干部全程纪实。2017年县委常委会研究干部共9批次，提拔（重用）42人，交流58人。选派6名优秀年轻干部到市直机关挂职，安排124名新招录公务员到103个村（社区）挂职锻炼。严格执行公务员职务与职级并行制度，对符合条件晋升职级干部，及时办理审核审批手续。规范办理干部调动、借调和干部退休手续，印发执行《关于进一步规范机关事业单位借调（抽调）人员工作的通知》。认真做好全县公务员信息采集工作，完成全县2397名公务员信息建库。

干部教育培训和监督管理　坚持突出重点、创新方式、拓宽渠道，增强干部培训工作的针对性和实效性。依托县委党校主阵地，分期分批举办科级干部学习中共十九大精神、换届后村（社区）书记主任等培训班35期7121人次。选派287名干部参加上级调训；委托浙江大学等培训机构开展专题培训，培训干部393人；组织全县2400多名在职干部参与省干部培训网络学院学习。规范培训办班工作，印发《关于规范干部教育培训办班的通知》，严格落实培训备案、审批程序。从严加强干部管理监督，坚持抓早抓小，充分用好谈心谈话和提醒、函询等手段，加强对干部的日常管理监督，全年组织人事部门对领导干部或单位开展提醒10人次、函询7人次，办理领导干部出国（境）25人次。严格清理和规范在职和退（离）休领导干部在社团兼职问题，认真落实防治“吃空饷”政策规定。认真做好干部离任交接和任期经济责任审计工作，对45名科级正职干部进行任期或任中经济责任审计。认真开展选人用人“一报告两评议”工作，加强干部人事档案核查管理。对县委巡察中发现的干部任用程序不规范、党建责任不落实、抽调人员不规范等问题进行纠正整治。

党管人才工作　深入推进人才发展体制机制改革，成立县人才工作领导小组，研究制订丰顺县《关于加快人才发展的实施意见（试行）》《丰顺县人才发展平台建设方案》等政策文件，做好省“扬帆计划”——电声人才提升计划和旅游人才培育工程实施工作。组织评选13名县管第7批拔尖人才，做好全县机关和企事业单位急需紧缺人才申报。组织6名本地企业家参加清华大学企业创新驱动高级研修班学习，组织40多名企业管理人才到浙江大学参加专题培训，联合相关部门组织开展企业员工电子商务、旅游突发事件应急等培训。做好丰顺县通过市“千人计划”引进的13名硕士研究生的服务管理工作。开展“人才工作宣传周”活动，加大人才工作宣传。

组织部门自身建设　认真组织职工干部学习贯彻中共十九大精神、习近平总书记系列讲话、对广东工作重要批示精神和省第十二次、市第七次及县第十三次党代会精神，开展支部主题党日活动，把学做成果体现在日常工作之中。制订《中共丰顺县委组织部推进“两学一做”学习教育常态化制度化实施方案》，部机关召开15场次“两学一做”专题学习会和开展12次主题党日活动。制订实施部机关作风整治活动方案，加强组工干部作风建设。规范办文工作，打造工作亮点，干部工作热情得到进一步激发。重视调研信息宣传工作，全年共上报各类组工信息稿件115篇，完成省、市下达的调研课题5个，编印《丰顺组工信息》22期，广东组织工作网、《广东组工通讯》、梅州党建网等刊物网站报道了丰顺县组织工作亮点和一些经验做法，有效提升了丰顺县组织工作的影响力和知名度。认真抓好党员现代远程教育工作，组织党员干部收看《榜样》《十九大代表风采》《南粤党旗红》等专题片，制作上报6个电教专题教学课件。在县电视台开设《党建先锋》专栏，至年底已播出5期。同时，扎实做好挂钩帮扶的八乡山镇硿尾村精准脱贫工作。突出产业帮扶，落实“以奖代补”等帮扶政策，发挥帮扶资金效益。

2017年年底县委组织部

部　长　曹志辉

常务副部长　李显益

副部长　黄小舟

张良生（任至2017年1月23日）

黎新辉　马文腊

朱耀辉（2017年1月23日起任）

（郑雁鸿　何夏生）

【宣传工作】

理论武装　坚定用习近平新时代中国特色社会主义思想武装头脑，突出抓好十九大精神、“7·26”重要讲话精神、习近平总书记对广东工作重要批示精神、习近平总书记关于意识形态工作系列重要讲话精神、省第十二次党代会精神等专题的学习，制定印发《2017年全县党委（党组）理论学习中心组学习计划暨学习型党组织建设工作计划》，组织县委中心组集中学习11次，举办全县性宣讲活动4场，学习型党组织建设有力推进。深入开展理论宣传，组织县委宣讲团深入基层开展十九大精神、习近平总书记对广东工作重要批示精神、省第十二次党代会精神等专题巡回宣讲160多场次，受教党员干部1.6万多人次。在天籁文化交流中心开设首个“道德讲堂”和“基层理论宣讲示范基地”。加强社科理论研究阐释和人文社科知识的宣传普及，龙岗镇马山生态茶园被评定为市级人文社科普及基地。成立县委意识形态工作领导小组，建立意识形态工作联席会议制度，意识形态工作机制进一步完善。推动中心组学习和意识形态工作落实情况纳入县委巡察范围，召开2次全县意识形态工作专题会议，强化党委（党组）主体责任，加强意识形态阵地管理，2017年丰顺县未发生意识形态事故。

舆论宣传　突出抓好主题宣传，开设“学习宣传贯彻中共十九大精神”、“推进新区建设，实现科学跨越”等专题专栏，集中报道学习贯彻十九大精神、“纪念李坚真同志110周年诞辰”系列活动等新闻专题，进一步凝聚了发展正能量。突出抓好新闻外宣，充分借力中央电视台等上级媒体刊播《走进丰顺》《最美丰顺·温泉名城》等专题节目，集中报道中国农村发展论坛、“醉美丰顺·全域自驾”活动、“2017中国·丰顺‘喜德盛杯’国际自行车邀请赛”等，提升了丰顺美誉度。突出抓好舆论引导，推出“丰顺好媳妇”、“唱响法治宣传、推进依法治理”、“相约杏坛”、“法治在身边”等专栏节目，重点报道身边好人好事、各行各业涌现出的先进事迹、先进人物，积极营造“和顺之城”舆论氛围。3月15日正式创刊发行《悦读丰顺》，每半月出版一期，免费赠阅广大干部群众，全年发行21期，赠阅人数达25万人次，取得良好社会反响。全年县广播电视台采编播出新闻2300多条，制播专题专栏90多期，送市级以上台报道新闻350多条，新闻条数排在全市各县级台前列。大力推动媒体融合，“丰顺电视新闻”微信公众号点击量全市排名第一。

精神文明　把促发展、惠民生、强素质作为文明创建工作的出发点和落脚点，以打造“和顺之城、幸福家园”为目标，围绕测评体系7大板块、63项测评指标和148项测评内容，突出工作重点，破解工作难点，打造工作亮点，着力在宣传发动、教育推动、文化驱动、示范带动、管理牵动、治理促动等“六动”上下功夫，文明县城创建效果明显提升。9月，成功通过省文明委考核组的考核测评，入选广东省县级文明城市提名城市。大力加强社会主义核心价值观的公益宣传，全县户外公益广告数量占发布广告总数比例的30%以上。大力加强文艺宣传，举行“中国梦——文明与你同行”大型文艺巡回演出40场，举行“童心永向党·共创文明城·同筑中国梦”大型少儿舞蹈晚会，以群众喜闻乐见的形式使文明理念深入人心。着力深化农村核心价值观培育弘扬，3月，梅州市“崇德向上·敦风化俗——乡村里的价值观墙绘活动”在汤南镇新楼村启动。开展“德行丰顺”文明风尚行动，开展丰顺县首届文明家庭、“最美环卫工人”等评选活动。积极向上级文明办推荐身边好人、道德模范等相关线索材料，1人获评广东好人，2人获评市道德模范，3户家庭获评市文明家庭，6个祠堂被市授予“文化祠堂”称号，4所中学、3所小学获评市文明校园。扎实推进文明镇村创建，汤西镇南礤村获评全国文明村，汤南镇新楼村获评广东省文明村，推动汤西、埔寨、丰良、潭江、砂田、黄金等6个镇创建文明镇。发扬志愿服务精神，深入开展扶贫济困、慈善助学、文明旅游、文明交通、平安建设等志愿服务活动，“丰顺助学会”获评市最佳志愿服务组织，1人获评市最美志愿者。

文化建设　大力丰富优秀文化产品和服务供给，组织开展“纪念李坚真同志诞辰110周年”系列活动、“舞动文明·情暖城乡”文艺下乡巡回演出50场，开展送春联、丰顺悦读会、文学春晚、廉洁读书月等主题文化活动，举办第十二个“文化遗产日”图片展、“文明花开·清风入怀”美术作品展等展览活动，创作出版《大美丰顺》长卷、《甘露清风》评论集等文艺作品，出版推介《胜游梅州·丰顺篇》旅游著作，创作《百年圆梦》歌曲、《我在畲乡等你来》舞蹈等特色文艺节目。成功召开丰顺县第七次文代会，举办“翰儒文学作品研讨会”，1人加入中国作家协会，2人加入中国散文学会，1人评为广东省基层宣传文化能人，相声《远虑与近忧》获省一等奖，音乐《亲人到畲寨》获省二等奖，小品《学费》获省一等奖，石雕“大美丝路”获省民间工艺精品展铜奖、摄影《龙威壮我行》和《山居清韵》获PSA国际金牌。加强基层文化设施建设，建成10个农村文化俱乐部，建设10个文化驿站。推进“数字化图书馆”建设，开通微信公众号、微信图书馆、学术搜索平台等数字化图书馆项目。实施农村公益电影放映工程，全年放映公益电影3132场。完成市《不可移动文物——围龙屋》之丰顺卷编制任务，编写《丰顺县文物保护单位》资料汇编，修缮种王上围、蓝田书院等古建筑，举办“非遗保护——传承发展的生动实践”宣传活动，文保工作得到有效加强。深入开展“扫黄打非”行动，清理整顿文化市场，打造文明健康文化环境。

队伍建设　加强思想政治建设，组织宣传系统党员干部认真学习贯彻习近平新时代中国特色社会主义思想和中共十九大精神，牢固树立“四个意识”，坚定“四个自信”，做到“四个服从”，坚决维护习近平总书记在党中央和全党的核心地位、维护党中央权威和集中统一领导，始终在政治立场、政治方向、政治原则、政治道路上同以习近平同志为核心的党中央保持高度一致。全面落实中央八项规定和实施细则精神，开展机关作风整治行动，教育引导党员干部自觉抵制形式主义、官僚主义、享乐主义和奢靡之风，切实转变工作作风。深化“走转改”，领导班子多次深入基层，深入挂钩扶贫的汤坑镇金湖村，访民情、问民意、解民忧。指定专人专职驻村开展精准扶贫工作，确保贫困户如期实现脱贫。严格落实全面从严治党各项决策部署，出台《县委宣传部机关管理制度汇编》，推进廉政风险防控机制建设。扎实开展纪教月、主题党日等活动，推进“两学一做”学习教育常态化制度化。加强基层宣传文化队伍学习培训，10月举办全县宣传文化系统理论骨干培训班，着力提升干部队伍素质能力。

2017年年底县委宣传部

部　长　林　剑

副部长　彭汉如　邱伟杰　张加钦

（黄为景）

【县直工委工作】

着眼根本，强化党员理论武装　1. 抓好党员学习教育。年初，下发《2017年党建工作要点》，其中重要一项是抓紧抓实党员学习，尽力解决机关党员学习上“灯下黑”问题，把学习《中国共产党章程》、学习十九大精神、学习党规党纪和党的知识、学习习总书记对广东“4·22”批示、习总书记“7·26”讲话精神，学习省第十二次党代会精神，学习廖俊波先进事迹等纳入年度学习重点，强化党员理论武装，明确学习主要内容、学习方式和学习要求，采取党员个人自学、领导上党课、撰写心得体会、讨论交流等形式，真正做到在“学懂弄通做实”上下足功夫，引导机关党员增强“四个意识”、坚定“四个自信”、做到“四个服从”，始终对党绝对忠诚，确保全县党员干部在把思想上、政治上、行动上同以习近平同志为核心的党中央保持一致。

创新各种形式开展一系列党建活动。7—9月，在县直党员中开展“迎接十九大、感受新变化”微征文活动，分别评出一等奖、二等奖、三等奖和入围奖若干名，并召开座谈会，充分反映丰顺县十八大以来特别是近年来各项事业取得的成就和经验，为中共十九大胜利召开营造良好的氛围。

2. 深化推进“两学一做”学习教育常态化制度化。认真贯彻上级党委、县委印发《丰顺县2017年推进“两学一做”学习教育常态化制度化的实施方案》的通知要求，精心谋划部署，创新实践载体，扎实推进“两学一做”学习教育常态化制度化。5月初，在县委党校，举办近百名党务干部业务培训班，认真传达学习县委关于开展“两学一做”学习教育常态化制度化的有关会议和文件精神，准确把握开展学习教育的总体要求、学习内容、主要措施。制订《县直工委推进“两学一做”学习教育常态化制度化实施方案》，为推进县直机关营造主动学、深入学的氛围，不断健全支部学习制度，树立党的一切工作到支部的鲜明导向，发挥党支部教育管理监督党员的主体作用，明确把坚定理想信念作为党的思想建设首要任务。不断创新学习新形式，运用网络信息技术，开展微支部、微党课、网上考学等学习教育活动；围绕“七一”建党活动，组织党员到红色基地、党员教育培训基地等开展红色教育。

3. 开展党建专题调研。按照县委工作部署和县委组织部党建调研计划，就加强机关党员理论武装、落实基层党建责任、严肃党内政治生活、增强党员党规党纪意识等开展党建专题调研活动，明确调研课题负责人、完成时限以及调研要求。年底，对稿件进行收集整理，评出优秀稿件。通过调研活动，丰富党员活动内容，力争使党建调研课题转化为理论参考，为县委加强县直单位党建工作提供依据。

抓组织建设，提高党建工作质量　1. 落实党建工作责任。明确要求县直单位党组织切实加强党建工作领导，把党建工作与中心工作同谋划、同部署、同落实、同考核；进一步落实各单位党组（党委、党工委）书记、一把手党建工作第一责任人责任，以及班子成员“一岗双责”、委员各司其责的责任；以及党支部担负直接教育党员、管理党员、监督党员的职责。

2. 严肃党的组织生活。严格落实“三会一课”、民主生活会和组织生活会、党员领导干部双重组织生活、谈心谈话、民主评议党员、党组织（党员）评先评优等制度。同时，扎实开展日常党建工作，做好发展党员和党员监督管理、党员信息采集统计报送、党费收缴等工作，规范和完善支部学习记录簿、组织生活记录簿；党员理论学习笔记本、学习心得体会本、党员手册等。

3. 加强经常性党建。按照组织部门主题党日的部署，制定《2017年县直工委党支部开展主题党建日方案》，严格要求县直单位党组织每月有计划组织“主题党日5+1”活动，以务实的举措整合现有活动载体，创新党员活动形式，丰富党员活动内容，切实增强基层党组织的先进性和纯洁性。严格执行《中国共产党发展党员工作细则（试行）》，进一步规范发展党员程序，严格把好发展党员质量关，做好党籍管理，及时接转党员组织关系并完成党员年报工作。2017年，县直单位各级党组织共发展32名党员。结合纪念中国共产党建党96周年系列活动，做好向上级推荐“七一”表彰对象工作。9月，组织县直工委党支部党员到梅州红色教育基地进行党性教育。县直机关困难党员关爱帮扶基金帮扶慰问慰问比较困难党员及较重病党员10名，让他们感受党的温暖。

4. 鼓励党建创新，打造党建品牌。加强党建工作探索创新，单位结合实际，创建有特色、有亮点的党建工作品牌。继续实施基层党建“书记项目”创新工程。打造国税局、司法局、党校等10个党建工作示范点，打造机关党建工作精品，发挥以点带面、带动辐射作用。国税、法院、政管办等有条件的窗口单位党组织设立“党员示范岗”，促使机关党员“走在前，做表率”。组建县直机关近80人以上的党员志愿者服务队，服务县委、县政府中心工作重大活动。

强化政治规矩意识，着力推进党风廉洁建设　1. 丰富反腐倡廉教育形式。把加强县直党员反腐倡廉教育、理想信念和宗旨教育、政德教育等有机结合，不断提高党员干部的廉洁自律意识。综合运用警示教育、廉政勤政宣誓和党规党纪知识测试等多种形式，筑牢拒腐防变思想防线，增强教育针对性和实效性，完善廉政教育常态化机制建设。5—6月，县直工委配合县纪委，联合县广播电视台、县委党校，组织县直机关和乡镇，开展“廉洁火炬杯”党纪党规知识竞赛活动，借此机会，组织县直单位分管党务工作领导、党务干部、党员共300多人参加学习教育活动。丰顺县代表队在县委领导带领和参与下，取得二等奖的好成绩。保持惩治腐败强劲势头，2017年，配合县纪委共处理违纪党员8人，其中党内警告5人、党内严重警告2人，留党察看0人，开除党籍1人。

2. 深入推进党风廉政建设。认真贯彻落实2017年县直单位党委（党组）落实党风廉政建设主体责任工作会议精神，突出主责主业、聚焦中心任务，从责任范围、责任内容、责任追究等三个方面规范，按照职责与权限，主要负责人与班子成员、班子成员与分管科室签订评议风险重点防控责任书，形成主要领导抓总、分管领导各司其职，一级抓一级、层层抓落实的责任管理机制。同时，要求县直机关各级党组织，按照县纪委《关于党廉责任制及岗位廉政风险防控》的要求，督促县直单位党组织制定年度工作计划，严格执行党风廉政建设责任制。

3. 深化机关作风评议工作。根据市文件精神，制定《2017年丰顺县作风整治的实施方案》，结合县直机关实际，重点对机关干部队伍中存在的“弱、松、庸、慢、散、懒、推”等错误思想、不良作风进行大力整治，着力解决“不能为、不想为、不敢为”的问题。按照上级党委和县委的工作部署，制定《2017年丰顺县机关作风评议实施办法》，以问题为导向，坚持评建结合、查改并重，积极创新评议方式方法，采用网上评议、投诉扣分、问题扣分等多种形式，继续开展机关作风评议。推动被评议单位锲而不舍贯彻落实中央八项规定精神。

强化监督考核，严肃党内政治生活　1. 抓党建述职评议考核。根据县委、县委组织部要求，参照县委对乡镇党委书记党建述职评议考核办法，计划2017年年底，组织部分县直单位党组织（党组）书记进行现场述职。县直其他单位党组织书记书面述职评议考核，届时，邀请县委党建领导小组有关成员、“两代表一委员”和基层党员党务干部参加评议。述职评议考核按“好、较好、一般、差”四个等次作出总体评价。对抓基层党建综合评价为“好”的，年度考核才能确定为优秀等次。其他单位党组织进行书面述职。

2. 开展党建督查。督查党员学习教育情况，重点督查学习《中国共产党章程》、学习十九大、学习习总书记对广东“四三二”批示，特别是对十九大学习，抽查15个县直单位党组织学习情况，查阅会议记录本；督查“两学一做”常态化制度化开展、“三会一课”制度落实、“主题党日”活动情况；督促提醒县直党组织按时换届；有计划有重点派员参会，督促召开领导班子民主生活会、专题组织生活会和民主评议党员工作。另外，按分工联系，要求工委班子成员和工委干部，每人有针对性参加1～2个县直单位党组织民主生活会或专题组织生活会，现场指导、监督。

3. 完善党内工作制度。建立完善县直工委直接联系县直单位党组织制度，明确职责任务、工作要求。建立基层党组织按期换届提醒、党员学习教育培训等制度，机关党委（党委、党工委）、党总支部班子成员建立联系下属党支部工作制度，县直党组织完善和落实“三会一课”、“两会一评”、党员领导干部双重组织生活、党费收缴等制度。

其他工作　县直工委领导高度重视精准扶贫、“创文创卫”等丰顺县中心工作，严格按照县委县政府的工作部署开展工作，积极主动作为，多次到挂钩扶贫村进行扶贫慰问，增加“创文创卫”工作的资金投入和人员保障；做好了公务员统计工作、财政内控管理工作、社保信息登记工作、保密工作等。

2017年年底县直工委
书　记　谢悦练
副书记　吴伟森　朱志友

（钟　伟）

【县机构编制工作】

扎实推进“放管服”相关改革，切实转变政府职能　1. 推进行政许可事项目录动态调整工作

根据法律法规立改废和上级有关行政审批制度改革工作要求，牵头组织县直有关单位调整本单位行政许可事项，联合县法制局、政管办等县行政审批制度改革领导小组成员单位开展审核工作，负责草拟《丰顺县行政许可事项目录（2017年版）》报县政府审定后，于10月10日印发和在县政府网站向社会公众公布。31个县直相关单位行政许可事项共计251项，其中：规范原保留行政许可事项“事项名称、依据、审批对象”的共245项，新增加行政许可事项6项。细化分类子项共计468项，其中：规范原保留细化分类子项442项，新增加细化分类子项26项。

2. 推进权责清单更新工作

2017年行政许可事项目录动态调整更新共计628项。

3. 推进清理规范行政审批中介服务事项工作

推进清理规范中介服务事项目录。共计清理规范13个县直单位行政审批中介服务事项41项，其中：不再要求申请人提供中介服务材料的4项，改由审批部门委托有关机构开展的中介服务11项，取消审批部门对中介服务机构指定的26项。

推进制订中介服务事项目录和清单。共计保留22项为13个县直单位行政审批必要条件的中介服务事项清单。

4. 开展“减证便民”行动

经两次汇总形成《本单位为其他单位开具的证明事项底单》和《本单位要求其他单位开具的证明事项底单》初稿，现按时间节点进入“审核论证”阶段。

规范管理，严格按照机构编制政策法规开展工作　1. 抓严格审批程序，使机构编制管理工作走向规范化。

严格实行“三个一”制度，凡涉及职能配置和调整、机构设立与变动、编制与领导职数的核定、单位性质的确定与变更等机构编制事宜，都由编制部门一家承办，由主管机构编制工作的领导“一支笔”审批，编制部门一家行文。需经党委、政府批准的，先由县编委会议审议后，再由县编办报县委、县政府决定。对于不按规定程序上报的各种请示、报告，编制部门不予办理。

2. 严把人员“入口关”

县委、县政府出台《丰顺县县直、镇（场）机关事业单位实行机构编制审核和加强编制卡管理的规定》，为优化丰顺县人才结构，编办都会在全县范围内清理事业单位“空编”编制，将“空编”编制用于招录普通高校全日制本科学历以上专业人才，2017年丰顺县向社会公开招考硕士生超过15人，大大充实丰顺县基层队伍。同时，对职能已经弱化、无空编和不符合编制结构要求的县、镇事业单位不得招聘工作人员。

3. 加大机构编制重大事项和专项中心工作的跟踪督查力度

县编委出台《关于贯彻落实〈广东省机构编制决策事项督查办法〉的实施意见》，建立定期、不定期的机构编制督查制度。2017年来，县编委深入到县卫生和计划生育局、县教育局、县住房和城乡规划建设管理局等县直单位进行调研督查。

坚守底线，多管齐下力促控编减编　一年来，丰顺县积极采取控编减编措施，确保财政供养人员只减不增，不断提高机构编制管理科学化水平。

1. 规范办理机构编制请示事项

建立了机构编制请示事项登记制度，由机构编制管理股负责接收各部门请示的机构编制工作事项，统一受理登记，统一分类整理，做到受理事项清楚，程序规范，责任明确。2017年以来，共收到各部门、单位机构编制工作请示报告事项80项，对这些请示报告，编办认真分类，查找政策依据，其中：整理形成编委会

议题73项，提交县编委会议研究，以编委下发至各有关单位的49项，以编办下发至有关单位的5项，向市编委提交请示13项。

2. 乘改革之机核减编制

“向改革要编制”是编委一贯的指导思想。在2017年国有林场改革中，编委收回事业编制29名。

3. 盘活编制存量，提高使用效益

一是在优化县教育局下属学校编制资源配置中，根据争创“广东省推进教育现代化先进县”需要，将丰顺县实验中学重建、扩容和升格，将就近三所中学暂停招收高中生和部分中学缩减招收高中生和初中生，调整到县实验中学招收，同时新增30名教师专项编制，并对全县各学校教师编制进行重新调整，积极调整学校布局结构，优化教育资源配置。二是在优化县卫生和计划生育局下属卫生医疗机构编制资源配置中，根据全省“卫生两基示范镇”创建活动的需要，将丰顺县留隍镇中心卫生院（丰顺县第二人民医院）院长调配为副科级。同时鉴于县、镇各医疗卫生事业单位编制紧缺的状况，从县基层卫生院专项待分配事业编制中划出190名事业编制到县、镇各医疗卫生事业单位，全力支持丰顺县创建省级卫生强县。三是根据丰顺县大力实施全域旅游战略的需要，新设立丰顺县旅游发展服务中心，核定事业编制3名，大力支持丰顺创建全域旅游示范县。四是根据丰顺县实施三年计划全县域建设新农村示范村需要，新设立丰顺县新农村建设服务中心，核定事业编制5名，助推丰顺县新农村示范村建设。五是为构建具有丰顺特色的平安绿色生态水网，新设立丰顺县河库保护中心，核定事业编制5名，助推丰顺县河道管理工作步入规范化、常态化机制。

抓机构编制问题整改，推进审批联动工作 要求各单位对照中央、省文件中“机构设置方面，人员编制使用及控制方面”等方面作为自查目标，明确各单位所填报台账原件将作为以后专项督查、各级巡视、审计等的重要依据。凡对所列问题隐瞒不报及不按整改时限及时整改的，将在一定范围内给予通报，确保填写《丰顺县机构编制有关问题整改台账》的真实性和准确性。经对机构设置方面问题进行梳理，对人员编制使用及控制方面问题进行核实，对其他相关问题进行对照自查，共自查出违规超编进人、行政机关混用事业编制等方面问题22个，形成自查情况统计表，并就每个问题建立整改台账，明确问题形成原因、计划完成时间、整改要求、整改举措、整改责任人。

创新体制，深化重点领域改革 1. 加强县纪委派驻纪检机构建设和成立党委巡察机构

加强县纪委派驻纪检机构建设。2017年来，丰顺县按照中央、省、市纪委关于派驻机构全面覆盖的要求，根据中共梅州市纪委《关于加强县级纪委派驻机构建设的通知》（梅市发〔2015〕8号）和《中共丰顺县委办公室印发〈关于加强丰顺县纪委派驻机构建设的意见〉的通知》（丰委办〔2017〕46号）精神，撤销原来中共丰顺县纪律检查委员会、丰顺县监察局七个派驻纪检监察组，重新设立丰顺县直机关纪工委、丰顺县纪委派驻县委办公室、县政府办公室、县委政法委、县财政局、县农业局、县卫生和计划生育局、县教育局、县交通运输局、县住房和城乡规划建设局、县发展和改革局纪检组等共11个派驻机构，由县纪委直接领导。

成立党委巡察机构。根据中共梅州市委巡察工作领导小组办公室《关于推进县级巡察机构建设的通知》（梅市巡办发〔2017〕1号）和中共丰顺县委办公室《关于成立中共丰顺县委巡察工作领导小组的通知》（丰委办〔2017〕31号）精神，丰顺县设立丰顺县委巡察工作领导小组办公室（以下简称县委巡察办），为中共丰顺县委巡察工作领导小组日常办事机构。

组建丰顺县委巡察组。按照丰顺县委的统一安排，县委巡察工作领导小组根据工作需要组建若干巡察组，承担巡察任务。县委巡察组向县委巡察工作领导小组负责并报告工作，实行组长负责制。组长原则上由正科级干部担任，副组长由副科级干部担任。建立巡察组组长、副组长库，巡察组长、副组长根据县委巡察工作领导小组部署的巡察任务确定，实行一次一授权。巡察组其他工作人员原则上由县纪委、县委组织部、县公安局、县检察院、县财

政局、县审计局及有关部门和各镇纪委抽调人员组成。

对县直部分单位内设监察机构进行调整。鉴于县纪委对县直单位实行全面派驻，原有的县直各部门内设纪检监察组织、监察室不再设立，编办对县直教育局、财政局、交通运输局、经济和信息化局的内设纪检监察机构进行撤销或调整，进一步完善县纪委派驻纪检机构建设。

2. 全面完成国有林场改革

根据《中共广东省委广东省人民政府关于印发〈国有林场改革实施方案〉的通知》（粤发〔2015〕9号）精神，县编办迅速将丰顺县国营桐子洋林场、丰顺县农林场列入国有林场改革范围，并协助县林业部门拟定了《丰顺县国有林场改革实施方案》，报上级政府部门审批。同时在2017年1月17日经县机构编制委员会会议研究决定，将丰顺县国营桐子洋林场和丰顺县农林场由原公益三类正股级事业单位，重新确认为公益一类正股级事业单位，隶属县林业局领导和管理。

为妥善安置丰顺县国营桐子洋林场在编在岗干部职工，会议通过按“逢进必考”有关规定和制订招考方案等有关程序将县国营桐子洋林场在编在岗干部职工由财政核补转为县财政核拨，具体由县人力资源和社会保障局组织实施，县机构编制委员会办公室监督落实。丰顺县国营桐子洋林场原有干部职工11人按相关程序重新聘用后，划出4人转入丰顺县农林场。丰顺县农林场已解除劳动关系的原有干部职工，不再列入本次国有林场改革范围。妥善安置丰顺县国有桐子洋林场长期聘用人员和丰顺县农林场返聘人员，由各国有林场按有关政策规定解聘，费用由县国有林场改革专项经费或各国有林场现有库存资金中列支。丰顺县国有桐子洋林场和丰顺县农林场改革前离退休人员，养老待遇按规定不得低于原有水平。

3. 调整广东丰顺开发区管理委员会和广州海珠（丰顺）产业转移工业园管理委员会管理体制

鉴于广州海珠区对口帮扶丰顺工作三年期限圆满完成，广州海珠区帮扶工作转入产业转移巩固阶段；及2017年3月经省商务厅、发展和改革委员会、国土资源厅、住房和城乡建设厅联合批准，广东经济开发区扩区至面积930.5公顷。经研究，将调整广东丰顺开发区管理委员会和广州海珠（丰顺）产业转移工业园管理委员会管理体制，撤销广州海珠（丰顺）产业转移工业园管理委员正科级建制，在广东丰顺开发区管理委员会加挂牌子（保留印章使用权）。同时为妥善安置广州海珠（丰顺）产业转移工业园管理委员在编在岗人员，重新设立丰顺县产业转移工业园服务中心，为公益一类正股级事业单位。目前该管理体制调整正在进行中。

4. 深入推进城市综合行政执法体制改革

根据《中共广东省委、广东省人民政府关于深入推进城市执法体制改革改进城市管理工作的实施意见》（粤发〔2016〕24号）的有关要求，丰顺县以城市管理现代化为指向，以理顺体制、完善机制、法制保障为途径，努力构建权责明晰、服务为先、管理优化、执法规范、安全有序的城市管理体制，积极推动城市管理走向城市治理，目前通过实地调研，摸清底数，健全组织，明确责任，上报审核，制定并下发实施方案等相关环节，已基本完成城市执法体制改革前期工作。

丰顺县城市管理执法体制初步方案出来后，由县编办分别上报县委常委会、县编委，再由县委、县政府上报市委、市政府审批，在得到上级批复后，县编办先后代实施方案和推进城市执法体制改革工作任务、完成时间分解表，并由县委、县政府于11月下发到全县。城市管理执法体制改革重点如下：一是成立丰顺县城市管理委员会（以下简称县城管委，不能实体化运作），为县政府城市管理和综合执法协调议事机构，日常工作由新组建的丰顺县住房和城乡规划建设管理局（丰顺县城市管理和综合执法局）负责。二是重新组建丰顺县住房和城乡规划建设管理局，加挂丰顺县城市管理和综合执法局牌子，为县人民政府负责住房和城乡规划建设管理、城市管理、综合执法的工作部门。设立城市管理和综合执法大队，为丰顺县住房和城乡规划建设管理局（丰顺县城市管理和综合执法局）副科级直属行政机构，承担城市范围内管理的综合执法工作。三是丰顺县城市综合管理局更名为丰顺县市政公用事业管理中心（保留正科级），为县人民政府直属事业单位，归口丰顺县住房和城乡规划建设管理局（丰顺县城市管理和综合执法局）管理。四是成立丰顺县城市数字化管理中心，为公益一类正股级事业单位。

5. 全面推进食盐监管体制改革

丰顺县成立以县政府主要领导为组长的食盐监管体制改革工作领导小组，切实加强对食盐监管体制改革和城市综合行政执法体制改革的领导。县编办针对该领域改革的重点，先后深入到涉及改革的单位和部门进行调研，广泛听取意见，形成改革实施方案，报县、市审批并于2017年9月下发实施方案，主要改革要点如下：

（1）调整食盐安全监管职责

将县政府授权盐业主管机构承担的食盐质量安全管理与监督职能，移交县食品药品监管部门负责，统称食盐安全监管机构。

县经济和信息化局为县政府盐业主管机构，主管全县盐业工作；负责贯彻执行国家、省和梅州市有关盐业管理的方针政策和法律法规，起草有关规范性文件草案；负责组织编制盐业行业发展规划，制定盐业产业政策；指导和推动盐业行业结构的调整、盐业国有企业的技术改造和技术进步；监测、分析盐业行业经济运行态势，保证盐行业发展稳定；负责工业盐管理工作；组织落实国家储备盐制度和食盐供应应急管理；负责盐业行业的统计、信息等工作。

县食品药品监督管理局为县政府食盐安全监管机构，承担辖区内食盐安全监管执法工作。负责拟订食盐安全监管的具体措施、办法并组织实施；承担食盐生产经营环节的监督管理职责，维护食盐生产、经营市场秩序，保障食盐质量安全；负责组织查处食盐违法案件；承担食盐安全监督抽检和风险监测工作；承担食盐企业信用体系建设相关工作。

县发展和改革局负责全县食盐价格监管工作，维护食盐市场价格稳定。

（2）明确具体食盐安全监管机构

撤销县盐务局，剥离广东省盐业集团梅州有限公司丰顺分公司承担的盐业行政管理和执法职能。广东省盐业集团梅州有限公司丰顺分公司不再加挂县盐务局牌子，实行政企分开、市场化运营。

根据精简、统一、效能的原则，将食盐纳入食品类实施统一监管，县食品药品监督管理局稽查局承担食盐行政执法工作，县食品药品监督管理局食品生产监管股、食品流通监管股分别负责食盐的生产和流通环节的安全监管工作。县经济和信息化局依托现有资源，由相关股室承担有关盐业管理工作。

扎实推进事业单位登记管理工作 1. 加强事业单位法人信息公开。

依托广东事业单位登记管理平台，认真开展事业单位法人政务公开，主要公开事业单位法人信息、设立登记、变更登记、证书遗失声明、拟注销公告等。2017年，全县事业单位法人设立登记8个，办理变更49个，注销登记2个，证书补领2个，拟注销公告2个，并实时在广东事业单位登记管理网向社会公开。

2. 加强事业单位法人年度报告公开工作。

根据《事业单位登记管理暂行条例实施细》、《事业单位法人年度报告公示办法（试行）》的要求，扎实开展事业单位法人年度报告公开工作，广泛接受社会监督。事业单位法人应报送2016年度事业单位法人年度报告的单位193个，按时报送单位193个，按时报送率达100%。在广东事业单位登记管理网站公开事业单位法人年度报告的单位193个，占已报送年度报告事业单位法人数的100%。

3. 加强事业单位法人公示信息“双随机一公开”抽查工作

扎实推进事业单位法人公示信息抽查工作，依托“广东事业单位登记管理”网上登记管理系统，建立丰顺县事业单位法人抽查对象名录库共计193家和执法检查人员名录库共计7人，明确事业单位法人的名称、宗旨和业务范围、法定代表人等10项核查抽查事项清单，按照3%比例随机抽取中共丰顺县委党校、丰顺县旅游局等6个实地核查对象、从执法人员名录库中随机抽取4名执法人员，规范开展了实地核查工作，核查结果及时在广东事业单位登记管理网向社会公众公开和通报到各镇（场）政府、县直和驻丰各单位，并要求未抽查到的事业单位法人，对照核查过程中发现的问题，认真开展自查自纠工作。通过这次事业单位法人公示信息“双随机一公开”抽查工作，加强了丰顺县事业单位法人事中事后监管，推动事业单位法人诚实守信、依法依规履职尽责。

扎实推进机关群团统一社会信用代码赋码工作　完成了上级编办授权和本县机关、编办直接管理机构编制的群众团体统一社会信用代码赋码工作，共计为83个单位发放“统一社会信用代码证书”，其中：本县机关59个、群团5个，议事协调机构1个，机关（内设机构）2个，机关（派出机构）7个，完成本县机关、群团机构的初始赋码工作；完成中央编办、省编办授权赋码发证工作，机关3个、机关（分支机构）6个。

中文域名注册和网站挂标工作规范有序进行　全县机关、事业单位的政务、公益中文域名437个完成运行续费，建立动态管理机制，使中文域名注册和网站挂标及时、规范挂。

以全面从严治党为抓手，着力打造政治过硬、本领强的队伍　1. 加强编办队伍政治建设

把深入学习宣传贯彻中共十九大精神是当前乃至今后一个时期的首要政治任务，十九大开幕后就迅速兴起学习宣传贯彻中共十九大精神热潮，结合推进“两学一做”学习教育活动常态化制度化，把十九大精神、习近平总书记系列重要讲话精神和治国理政新理念新思想新战略，特别是对广东工作重要批示精神融入“三会一课”等组织生活制度中，紧紧围绕“四个全面”战略布局，以“四个坚持、三个支撑、两个走在全面”为引领，落实全面从严治党。以创建“五型机关”为目标，强化干部职工教育管理，持续推进“六个一”自选动作，即每个月第一周召开一次全体党员干部会议，围绕一个专题组织学习讨论；举办一场“编办学习论坛月”活动；每个党员按要求写一篇“两学一做”“十九大精神”心得体会文章；建立一个“两学一做”微信专栏；组织全体党员干部深入八乡山镇高基村精准扶贫调研及结对帮扶活动；确保党员干部学习教育取得实实在在的成效。目前，在县编制办已制订“十九大精神”学习宣传贯彻方案、举坚持每月第一周星期一举办学习活动，重点在“学懂、弄通、做实”上下功夫，形成班子成员带头学、带头讲，全体干部参与学、参与讲，形式上采取一人主讲，众人参与互动讨论、论坛紧扣时代脉搏，内容实在，形式生动，大家都反映，这种形式的学习好，内容充实，不枯燥，收益良多。

2. 建章立制，着力提高机关效能

围绕上级有关机构编制工作要求，结合县委、县政府的工作部署，建立一系列工作制度。一是建立考核评比制度。进一步规范、完善了机构编制工作考核评比制度和办法。在办内，建立工作任务责任制，成立考核评比领导小组，年底对全年工作进行评比表彰，对一岗多能、表现突出的同志给予奖励，对应付了事的给予通报批评。二是建立工作例会和分析总结制度。每季度进行一次分析小结，反馈存在问题，并提出新的工作要求。宣传典型，总结经验，有效推动各项工作有序深入开展，促进机构编制工作上质量水平。

3. 转变工作作风，着力提升服务水平

全体干部牢固树立立足于服务大局、服务基层，以事业为重、敢于负责，真抓实干的观念。对机构编制事项坚持提前介入，不断改进服务手段，寓管理于服务之中。积极运用网络资源等优势，使机构编制工作更加有序、便捷、公开、规范。对来办事的同志，热情接待，热情服务，热情指导，能及时办理的业务及时办理，不能马上办理的事情，耐心解释清楚。让来办事的人员高兴而来，满意而归。主动深入调研，主动参谋，主动作为，提供客观真实、针对性强、及时为县委、县政府决策提供有益的建议意见。

4. 积极服务中心工作。对县委、县政府布置的中心工作，从大局着想，从具体工作着手，全力配合。

2017年年底县机构编制委员会办公室

主　任　黄瑞剑

副主任　陈就稳　黄祖景

（县机构编制委员会办公室）

【统战工作】

灵活多样，深入学习贯彻中共十九大精神　中共十九大，是在中国全面建成小康社会决胜阶段、中国特色社会主义进入新时代的关键时期召开的一次十分重要的大会。中共十九大提出了许多新理念、新论断，确定了许多新任务、新举措，特别是对统一战线和统战工作提出的新任务和新部署，需要通过学习来准确领会。统战部把学习十九大精神当作当前和今后一项重大的政治任务来完成。

认真观看直播。10月18日，组织全体干部职工观看十九大开幕式直播，并认真关注十九大进程，第一时间学习习近平总书代表十八届中央委员会记作的十九大报告。同时，通过党建网、党刊报纸杂志、机关微信群等多形式组织观看《十九大代表风采》等十九大宣传教育题材。

召开专题学习会。10月31日，县委常委、统战部部长主持召开统战部党支部十九大专题学习会，对学习贯彻十九大精神作具体部署，并谋划丰顺县下一阶段的统战工作。同时，积极组织干部职工认真参加县委、县政府和上级召开的有关十九大精神学习培训班或专题会议，如全市县处级领导干部和镇（街）党政正职学习贯彻中共十九大精神集中轮训班和丰顺县传达贯彻中共十九大精神大会等。

积极征订学习材料。积极订阅《十九大报告》《中国共产党第十九次全国代表大会文件汇编》《中国共产党章程》《十九大报告学习辅导读本》等十九大精神系列重要读物。

通过各种形式，组织干部职工认真学习十九大精神，切实做到学懂弄透，并把学习转化到行动上，以十九大精神，特别是新时代习近平中国特色社会主义思想为指导，推动统战工作再上新台阶。

突出重点，推进统战各方面工作　进一步增强工作的主动性和自觉性，突出重点，攻克难点，创造性地开展工作，狠抓各项措施的落实，推动了全县的统战工作，主要抓了以下几项工作：

成立县委统一战线工作领导小组。坚持把统战工作置于党委的绝对领导，在县委的高度重视之下，成立县委统一战线工作领导小组。领导小组由县委书记任组长，相关县领导任副组长，相关部门为成员。领导小组明确每季度听取统战部门的工作汇报一次以上，研究部署统战工作一次以上，为进一步提高统战工作的科学化水平，确保中央、省委、市委决策部署在统战工作中充分得到贯彻落实。

认真做好政协委员推荐工作。严格按照相关文件精神，以及上级部门、县委的要求，积极配合县政协做好政协委员的推荐、考察、征求意见、综合评价等各个环节的工作，在解决党外代表人士政治待遇的同时充分发挥其参政议政作用，积极为县委县政府建言献策。2017年以来，统战部向县政协推荐党外代表人士近20名，其中成功推荐政协委员13名。

抓好党外知识分子工作。制定《关于进一步加强新形势下党外代表人士队伍建设的实施意见》，并组织调查小组，对全县党外干部和党外知识分子情况进行了全面调查摸底，建立党外知识分子数据库，进一步加强党外知识分子的推荐力度。据统计，丰顺县现有党外副科级和副高职称以上451人，中级职称两年以上819人，科员三年以上党外干部126人，其中：有5名党外干部担任县级领导职务，1名任县直单位一把手。

积极探索新的社会阶层人士工作。制定《丰顺县新的社会阶层人士统战工作方案》，在深入调研、摸清底数的基础上，以组织培养队伍为重点，针对不同群体分类施策，认真做好丰顺县新的社会阶层人士工作。同时，通过召开座谈会和走访等形式，了解其所在企业、所在行业生活、经营情况，倾听意见和诉求，增进对新的社会阶层代表人士的理解和支持，使新的社会阶层人士真正成为丰顺振兴发展重要力量。据不完全统计，丰顺县现有新的社会阶层人士812人，其中：私营企业和外资企业的管理技术人员275人，中介组织和社会组织从业人员186人，自由职业人员348人。

做好港澳台侨联心联谊工作。继续发挥统一战线的独特优势，主动联络联谊港澳台海外华人华侨和华人社团，积极引资、引智，为丰顺县经济社会发展争取港澳台、海外力量支持。一方面做好“走出去”工作，积极为丰顺振兴发展汇聚力量。应邀组团参加香港回归祖国二十周年暨首届会董就职典礼、世界客属第二十九届恳亲大会、惠州丰顺商会成立大会、北京海外联谊会丰顺分会30周年庆暨丰顺招商推介会、出访缅甸和新加坡等活动，进一步联络侨情和乡情，推介丰顺经济社会发展情况和投资环境。另一方面做好“请进来”工作，积极为丰顺振兴发展招商引资。2017年来，共接待香港凤凰卫视探亲团、泰国丰顺会馆访问团、旅泰蓝田黄氏宗亲团等华侨、华人、港澳同胞300余人次。同时，广东丰顺商会总部大楼、万江府、珠江御景等一批大项目落户，为振兴丰顺注入强劲新动力。

此外，丰顺县积极参与梅州旅港乡亲发起的“摘星计划”，积极帮助7名大学生申请资助，每人每年6000元，努力为贫困学生上学难排忧解难；根据相关文件要求，认真做好丰顺县港澳台及海外乡亲数据调查摸底工作，全面摸清丰顺县旅居港澳台及海外乡亲的分布情况，建立健全旅居港澳台及海外乡亲数据库，根据摸查情况反馈，丰顺县港澳台及海外乡亲主要旅居香港和东南亚地区。

加强非公有制人士服务引导。深入培英、泰昌、鸿润等60多家企业进行调研，不断加强与非公经济代表人士联络联谊，引导他们增进政治共识，并尽可能帮助其解决实际困难和问题；积极引导丰顺县非公有制经济人士参与光彩事业等社会慈善事业，自觉承担社会责任，据不完全统计，2017年通过“6·30”扶贫济困日活动，丰顺县非公有制经济人士捐资1200多万元；积极引导食品百货商会等民营企业、行业商会建立党组织，动员8名非公有制经济人士申请加入党组织，进一步加强民营企业的党建工作，充分发挥企业党组织在企业发展经济建设中发挥先锋模范作用。

维护民族宗教和谐稳定。积极为少数民族大学生申请资助金提供咨询、服务工作，及时将省资助金发放到10名少数民族大学生手中；用好省少数民族发展政策和资金，推进潭江镇凤坪村环境整治和茶园景观规划等少数民族特色文化村庄建设，不断提高少数民族管理和服务水平。深入贯彻落实中央10部门《关于处理涉及佛教寺庙、道教宫观管理有关问题的意见》，严格禁止借宗教招商引资，禁止任何单位和个人借宗教谋利，禁止乱建寺庙和乱塑造宗教造像；指导佛教活动场所开展“文明敬香”“合理放生”活动，推动和谐寺观教堂建设；有针对性地培养年轻宗教教职人员和代表人士，优化配备团体领导人，进一步加强宗教团体自身建设；依计划开展境外宗教渗透排查和非法宗教整治工作，全力维护民族宗教和谐稳定。

深化“两学一做”，强化统战干部队伍建设　认真落实“三会一课”制度。至11月共召开24次支部、支委会，其中：支部会12次，支委会12次（含支委扩大会议4次），认真研究部署机关党风廉政建设和新的社会阶层人士摸底调查等各项工作。

坚持党员领导干部做党课辅导。县委常委、统战部部长罗卫标带头作《学习贯彻省十二次党代会精神　做好新形势下统战工作》党课辅导学习，常务副部长陈奕鹏作《加强对党员干部“八小时以外”的监督》的党课辅导，其他领导干部也认真按照《县委统战部领导干部讲党课方案》对机关干部职工进行党课辅导，进一步提升了大家思想觉悟，增强了党性修养。

认真实施主题党日活动。制定《县委统战部主题党日活动实施方案》《县委统战部党支部主题党日活动计划表》，积极派员参与县委直工委组织的党员志愿者活动，并按照计划认真开展学习廖俊波同志先进事迹、慰问困难党员、走访挂点扶贫汤坑镇大山背村、举办全县统战系统干部党性教育培训等系列活动，进一步调动党员干部的积极性和创造性。

精准扶贫，真实帮扶大山背村　积极筹集专项扶贫资金。筹集1万元资金用于大山背村贫困户急需用款使用；通过扶贫济困日捐资10万元，支持贫困户脱贫使用。结合贫困户实际情况，通过节日上门慰问等形式，帮助大山背村11户低保户、五保户解决一些实际困难；积极下村入户了解贫困户的生活状态，实时跟踪贫困户动态，巩固扶贫成效。

帮助修缮基础设施。积极筹措资金10万元，帮助建设大山背村文化活动中心，为村民提供健身活动场所；积极与县教育部门沟通，争取修缮资金5万元，进一步修缮村小学，改善学校教学环境。

协助加强党建工作。通过主题党日活动、座谈等形式，加强与大山背村党支部沟通交流，特别是村委换届时协助选拔一批思想素质高、作风硬、能够带领群众共同致富的年轻同志充实到党组织中来，为实现大山背村全面建设小康社会的目标提供坚强的组织保证和人才支持。

准确高效，做好统战专题调研和信息报送工作　坚持群众路线和实事求是的原则，认真组织力量，深入统战成员单位、乡镇统战部门、民营企业和挂钩扶贫村，了解和掌握各方面统战部情况，形成准确、有效的统战信息和专题报告，并及时与上级部门加强沟通联系，积极报送统战信息。2017年来，丰顺县共报送调研报告、新闻简讯等各种统战信息20余篇。

2017年年底县委统战部

部　长　罗卫标

常务副部长　陈奕鹏

副部长　彭水利

（彭建斌）

【对台事务工作】

全力抓好机关作风工作　县台办切实用习近平总书记的重要讲话精神统一思想和行动，把全面建成小康社会作为当前和今后一个时期的重大政治任务，与贯彻落实党的十九届一中全会精神结合起来，与加快丰顺振兴发展结合起来，以振兴发展丰顺经济作为最终目标。紧紧围绕目标要求，迅速落实行动，做到人人参与，努力营造一个和谐、向上的人文交流平台，构建一个高效、有序运转的工作机制和优美、舒心的工作环境，有力地推动丰顺县对台工作的顺利开展。

深入开展群众教育实践活动，促进对台工作接地气，见成效　深刻群众教育实践活动，深入基层，为台胞台属台商办实事、解难题、做好事。努力营造与台资企业共谋发展、共同奋斗、共享成果的互惠双赢、和谐稳定的新型劳资关系，为台商提供宜居宜业、绿色长廊的投资环境，促进社会物质文明、政治文明、精神文明的协调可持续发展。

转变职能，以服务台胞台商为平台，发展与台商的经济合作　2017年，县台办始终坚持以服务台胞、台属为已任，努力为台胞台属排忧解难。对已引进的台企进行跟踪了解，切实帮助解决发展生产中碰到的实际问题。到2017年底，全县累计注册台资企业11家，现在继续生产的工业企业有7家，台湾农民创业园1家，正在申报台湾农民创业园1家，农业企业4家。投资总额1272.5万美元，实现年产值3000万元。7家台资工业企业主要是经营冲压、汽车喇叭盆架等产品，产品销往东南亚、欧洲等国家。至年底，7家台资工业企业共有工人1450多人。工人月平均工资在3000多元。解决部分人的就业问题，为丰顺经济社会的和谐稳定起到很大的作用。

关注两岸交流交往新动向，促进丰台两地双向交流　随着两岸关系发生的变化，对台工作出现了新的形势、新的变化，深入做好台胞的接待工作，是贯彻中央“寄希望于台湾人民”精神的具体体现，也是对台工作的重点之一。对台办充分发挥台联会在两岸交流交往的桥梁和纽带作用，开展丰台文化交流活动，组织人员到台湾参观学习，利用各种渠道加强与台北丰顺同乡会的联络沟通，利用祖国的传统节日，如元宵节、中秋、春节等向台胞发慰问信，向有代表性的重要人物致电问候等，从而不断密切两岸人民之间的感情，为促进两岸和“科学发展”尽职尽力。2017年丰顺县赴台经贸文化交流考察团2个，接待台湾回乡探亲、寻根问祖团2个，促进了丰台两地的经贸合作和文化交流。

继续做好对台宣传和台务信息工作　对台宣传是对台工作的重要组成部分，2017年县台办通过努力，引进台湾电视台拍摄“走进广东——魅力丰顺”在台湾播放，加大对丰顺的宣传力度。在2017年对台宣传工作中，县对台办一是继续深入宣传邓小平同志“和平统一”、

“一国两制”的理论构想和基本方针，宣传中共十九大关于和平统一的政策主张和习总书记有关和平统一的重要论述，把促进两岸“和平发展”宣传工作不断引向深入；二是宣传党的十九届一中全会精神以及中央对台事务的会议精神，进一步领会有关对台方针政策的精神实质；三是调动业余通讯员的积极性，继续做好文字稿的采写工作；四是继续加强有关部门、社团、新闻机构在对台宣传中所发挥的作用，利用回乡探亲、考察、寻根问祖和办企业的台胞和工商界人士开展面对面宣传丰顺县改革开放以来的经济建设和投资环境，通过赠送《美丽丰顺》《我在丰顺等你》等书籍，使他们更加了解中国共产党的对台方针政策，提高台胞们对祖国大陆的向心力、吸引力，同时积极动员他们回乡办实业，充分调动一切积极因素，争取台湾民心工作贯穿丰台交流交往中。

2017年年底县台办

主　任　彭水利

副主任　巫美港

（巫美港）

【党校工作】

牢记使命，注重教育培训　突出理论武装、党性修养、作风建设和领导能力提升，抓好党政领导干部、基层党员干部和企业党员骨干人才培训，着力打造“忠诚、干净、担当”的干部队伍。2017年，党校共举办培（轮）训班23期，培训学员3917人次，举办班次、参训人数、培训覆盖面创历年之最。这一年，县委常委带头到到校讲课共13人次，其中县委书记、县长、组织部部长、宣传部部长均2次以上。同时，党校注重教师队伍的培训，全年派出教师参加各级各类培训31人次，培训人数创历史新高。

紧扣重点，注重理论武装　紧紧抓住党的理论教育这个重点，不断在教学中强化主课地位，增加主课分量。及时做好习近平新时代中国特色社会主义思想和中共十九大精神进课堂、进教材、进头脑工作，把学习贯彻中共十九大精神与省委十二届二次全会、市委七届三次全会、县委十三届三次全会结合起来，编印《不忘初心·牢记使命》辅导资料，精选25个专题，帮助学员全面系统掌握中共十九大精神实质和深刻内涵，进一步增强“四个意识”，坚定“四个自信”，推动党校在学习宣传贯彻中共十九大精神上走在前列，努力实现头脑武装到指导实践的转化。在中共十九大精神县委宣讲团8人中，县委党校占5人。

彰显特色，注重党性教育　坚持以全面从严治党的高度，把强化党性教育贯穿于党校教学、管理的全过程。在每个主体班次开设党性教育单元，设置党性教育模块，把党章和党规党纪教育作为主体班次的必修课，将《中国共产党党章》《中国共产党廉洁自律准则》《中国共产党纪律处分条例》等列为必学篇目，引导党员高扬学的旗帜，增强看齐意识。首次实现与延安市委党校、井冈山市委党校、开封市委党校、花都区委党校等7家党校高校联合办班，助力丰顺县高素质专业化干部人才队伍建设。

围绕中心，注重服务发展　聚焦全县经济社会发展中的重点、难点、热点问题，开展决策咨询研究，努力发挥咨政参谋作用，不断增强服务全县中心工作的能力和水平。2017年1月，率先在全市县级党校成立“县情研究中心”，继续办好《丰顺学刊》校刊，努力在课题研究上求突破、在决策咨询上出成果、在理论宣传上扩大影响。2017年，申报市党建学会课题2项，联合市委党校开展课题研究1项，联合县委组织部开展课题调查1项；至年底有“广东省基层宣讲员”1人、县第七批专业技术拔尖人才1人、县突发事件应急管理专家组成员和物价评估论证专家组成员各1人。

建章立制，注重从严治校　坚持把从严治党要求和从严治校方针结合起来，坚持严以治校、严以治教、严以治学，把校风建设作为作风建设的重点。去年以来，共修订管理制度12项，坚持以制度管人、用制度管事。坚持把质量立校作为党校工作的重要抓手，不断加强和改进教学科研、人才队伍、管理服务、学风校风等各方面工作。认真落实党风廉政建设责任制，建立21项工作台账，逐一抓好落实。编印《“两学一做”学习教育暨支部主题党日活

动》学习手册，安排6个专题党课、8个党日主题，依托主题党日活动，建立健全“三会一课”制度，推动“两学一做”学习教育常态化制度化，确保党员干部在思想上政治上行动上始终与以习近平同志为核心的党中央保持高度一致，坚决维护党中央权威和集中统一领导。坚持“党旗领航、精准扶贫”的思路，切实抓好大龙华镇罗洋村帮扶工作。

抓好基础设施配套建设　2017年，党校积极争取各方面的支持，结合“创文创卫”工作，投入160多万元，完成教学楼改造提升，新建1个党员活动室、1个图书阅览室、1个较为现代的多媒体课室，改造了14个卫生间，电脑、空调、办公桌全面更新，办学条件得到明显改善，更激发了教职员工干事创业的热情。“创文”工作打造了“一册通”特色，先后得到2次县县常委会和1次全县“创文创卫”推进会的肯定和表扬。

2017年年底县委党校

校　长　曹志辉

常务副校长　吴建军

副校长　曾令权

（胡祥沫）

【老干部工作】

基本情况　2017年，丰顺县老干部局服务管理的机构有：县老革命战士联谊会、县关工委、县老促会、县老干部（老年）大学、县老年体育协会、县老年书画协会。离退休老干部等共有413人，其中离休干部182人（年龄最大的97岁，年龄最小的86岁，平均年龄为88岁，90岁以上的有38人），原县五套班子离退休领导60人，享受副县级干部医疗待遇36人，新中国成立初期参加革命工作的照顾对象30人，离休干部遗属105人。

全面落实各项政策　1. 认真落实老干部政治待遇。以开展“两学一做”学习教育活动，打造过硬队伍为抓手，全面提升为老干部服务的能力。立足老干部工作实际，全面贯彻落实党的十八届五中、六中全会精神和习总书记对广东的重要批示精神，认真抓好定期通报情况、传阅文件、就近就地参观考察、走访慰问、召开专题座谈会，邀请老干部参加重要会议和重大活动等一系列制度规定的落实，增强了离退休党员干部的荣誉感和责任感。

2. 认真落实老干部生活待遇。以巩固离休干部“三项机制”（离休费保障机制、医药费保障机制、财政支持机制）为重点，保证“三项机制”持续有效运行，千方百计为老干部办实事、做好事，让老干部共享改革发展的成果。一是县委、县政府高度重视，在县级财政较紧的情况下确保每位离休干部生活补贴（正科级350元／月，副处级460元／月）按时足额发给。二是组织协调财政、人社等部门，及时解决离休干部“三项机制”运行中的问题，确保全县离休干部离休费按月定额发放，医药费按规定报销。三是离休干部享受住房维修和物业管理补助，正科级每人每月补助700元，副处级每人每月补助850元，从2016年7月1日执行至今。

加强服务管理　1. 坚持走访联系，提供亲情服务。随着时间的推移，离休干部进入了“三高期”（高龄期、高发病期、高死亡期），老干部工作的内容越来越多，范围越来越大，任务越来越重，要求越来越高。老干部局针对老干部居住分散、行动不便的实际情况，建立了走访联系制度，着力提供亲情服务，真正做到知人、知门、知情况。2017年上门看望慰问老干部220人次，看望因病住院离休干部80人次，代发副县级离退休干部医疗费107万多元，及时为老干部排忧解难，尽心尽责为老干部服务。

2. 做好医疗保健工作。加强与卫生部门的联系，组织离休和享受副县级医疗待遇的老干部到县人民医院、县中医院、中山友好医院进行身体健康检查，并利用每月老干部政治学习日的时机，有计划地举办健身、心理等老年保健知识讲座，邀请专家讲授“老年心理自我调节”“老年人饮食起居”“老年人健康生活方式”等内容。6月15日邀请梅州市人大常委会原主任、离休干部周刚到丰顺县为离退休干部作养生保健知识报告，通过学习增强离退休干部自我保健意识，提高自我保健能力。2017年组织各类政治理论学习会及健康讲座4场，参加学习离退休干部480多人次。

3. 建立困难帮扶机制。对特别困难离休干部及其配偶（遗孀）进行帮助，2017年，已对22位有特殊困难的离休干部及其配偶（遗孀）进行补助，共支出帮扶资金8万多元（2016年以来已36人18万元），让遇到特殊困难的离休干部和亲属及时得到组织的关怀帮助。

开展“畅谈”“展望”“建言”活动　1. 精心组织“畅谈”活动。为了认真贯彻落实全国老干部工作“双先”表彰大会暨省、市老干部工作会议精神，深入开展为党和人民的事业增添正能量活动，2017年，老干部局组织老战士联谊会、老干部（老年）大学、老促会、老体协、老书协、关工委的部分离退休干部分别召开座谈会，并深入到离退休干部家中进行访谈，主要以“增强四个意识与推进全面从严治党”、“谈发展变化，扬祖国丰功”、“反腐倡廉与作风建设”、“家风家训与社会文明”为专题，围绕党的十八大以来丰顺县经济发展、社会进步、社会稳定、民族团结、扶贫攻坚、从严治党等方面进行畅谈。参加活动的离退休老干部们畅所欲言，一致认为，党的十八大召开以来，以习近平同志为核心的党中央改革、务实、担当、自信的鲜明形象赢得了广大干部群众的衷心拥护，感受到从严治党的新形象，新风正气，振奋人心，对党充满信心。

2. 深入开展老干部近期工作调研和“为十九大建言献策”活动。主要围绕贯彻落中办发〔2016〕3号和粤办发〔2016〕31号文件精神和粤办发〔2016〕31号文件精神、党的十八大以来丰顺县经济发展、社会进步、社会稳定、民族团结、脱贫攻坚、从严治党等方面进行畅谈和展望。在8月至9月上旬，广东省委老干部局局长郭跃文和市委老干部局局长张运泉一行前来丰顺县调研6次，对丰顺县在老干部服务管理工作中所付出的努力以及所取得的成效给予充分肯定。召开座谈会3次，报告会2次，培训班2次，读书班3次，共有800多位离退休干部参加。收集建议意见5条：一是进一步加强和完善丰顺县离退休干部党组织建设，有利于更好地发挥离退休干部党组织的凝聚力和党员的先锋模范作用。二是加快养老机构建设。由于中国的传统文化和特殊国情，在养老模式的选择上，一直以来都是以居家养老作为首选养老模式，但是，随着中国家庭结构的变化，机构养老的地位逐渐突出，空巢老人及失能老人不断增加，加速了机构养老模式的发展。三加强老年活动场所建设。让他们老有所学、老有所为、老有所乐。四是建立基本医疗制度，使离退休老干部及早发现疾病，及早治疗，及早恢复健康，达到健康长寿。五是营造敬老、爱老、为老、助老的良好社会氛围。

3. 开展“五讲好五畅谈五展望”和“双100句+”活动。充分利用老年人活动中心、老年大学、老体协、老年书画协会活动设施齐全的优势资源，通过舞蹈、书画摄影剪纸作品展、参观学习、参观红色教育基地等活动，把党的故事、中国故事、广东故事、家庭故事全方位展现出来。一是老年大学和老年体育协会组织策划排练了以“喜迎中共十九大、不忘初心跟党走”为主题的大型文艺表演活动，主要表达了老同志对党的十八大以来翻天覆地变化的欣喜振奋之情。经评委审定选出优秀作品，舞蹈《再唱山歌给党听》参加市老年人文艺比赛荣获二等奖。二是在6月23日由老年书画协会牵头，全部作品以“福”字为主题书画摄影剪纸作品展，体现老年人现在的幸福生活，展出作品共70多幅。三是组织在职党员干部和部分离退休党员参观“坚真廉洁操行馆”，追寻革命先辈的足迹，接受心灵的洗礼。通过一系图片和实物的展示，使前来参观学习的离退休干部领略了“华夏女杰、廉政楷模”李坚真的操行风范，增强党员干部廉洁自律意识。四是送去党和政府的关怀和温暖，倾听他们的光辉事迹。慰问徐德超、冯团、巫广等部分离休老同志，并在《潮客汇》《逛丰顺》等专题栏目中介绍他们的革命人生经历，在社会上引起了很大的反响。五是借助丰顺电视台、集中学习日，座谈会等形式，宣传“双100句+”，并印发“双100句+”小册子500多份，发给离退休干部学习。六是为了充分表达老同志老有所为的满腔热忱，组织离退休党员干部积极参与关心下一代扶贫助学活动，筹集资金18万元，资助学生72人。

认真学习十九大精神，加强离退休干部党建工作 1. 加强离退休干部党组织建设。根据中办发〔2016〕3号文、粤办发〔2016〕31号文件精神，为加强和完善丰顺县离退休干部党组织建设，丰顺县委高度重视，成立中共丰顺县委离退休干部工作委员会。2017年，丰顺县有离退休党员3804人，已成立离退休党支部20个，并在“一委五老”中成立临时党支部6个。离退休党工委、党支部和临时党支部的成立，健全了离退休干部党员的党内组织生活，提高了组织生活质量和效果，推动了“两学一做”学习教育制度化、常态化。

2. 加强离退休干部思想建设。一是开展集中学习活动。逢双月15日组织离退休老干部在老年活动中心集中学习。通过举办理论培训班、专题辅导报告、座谈交流等方式，组织离退休老干部学习党章、中共十九大精神、习近平总书记系列重要讲话和对广东工作的重要批示精神和省第十二次党代会、市第七次党代会精神、县委第十三届二次全会精神。二是开展送学上门。由于老干部党员年纪较大，进入双高期，行动不便和居住比较分散，给予送学上门，送学习资料和报刊上门，老干局为每位离休干部送上一本《2017广东老干部政治理论读本》，中共十九大精神系列读物《十九大报告》《中国共产党章程》，人手一份，通过学习提高离退休干部的思想政治水平，增强党支部的凝聚力和战斗力。三是充分发挥老干部党员的积极作用。按照自觉自愿、量力而行的原则，结合县委、县政府的中心工作，组织老干部开展“走、看、促”活动，每年组织副县级以上离退休老同志，到丰顺县经济开发区、重点工程参观考察，充分发挥了离退休干部的政治优势、经验优势、威望优势，激发离退休干部的政治热情，为加快振兴丰顺发展建言献策。

3. 加强老干部工作队伍建设。严格执行“三会一课”制度，健全党组织生活，从严教育管理党员。组织离退休党工委委员、“一委五老”党支部书记、老干部局党支部的党员认真学习党章和各项制度，根据不同时期学习重要内容和相关文件精神，不断提高老干部服务者的党性，以打造过硬队伍为抓手，全面提升为老干部服务的能力，立足老干部工作实际，“外树形象、内强素质”，促进了全局老干部工作水平的提升。强化机关干部全心全意为老干部服务的工作意识，努力打造一支勤勉敬业、道德高尚、能力过硬的工作队伍。

加强老干部学习活动场地建设 丰顺县现有的老年活动中心建筑面积2000平方米，一次性可容纳400多人活动，工作人员有5人。原县委办公大楼建筑面积7800平方米，现为李坚真纪念馆、文化馆、图书馆、博物馆和老干部（老年）大学共同使用，其中老干部（老年）大学使用面积650平方米，在读学员725人。县委、县政府将老年活动中心建设纳入文化事业发展总体规划，拟待县“六馆三中心”建成后，将文化馆、图书馆、博物馆的现有办公场所改建为老年活动中心，面积5200平方米，预计可在2019年底搬迁改造。

2017年年底丰顺县委老干部局

局　长　马文腊

副局长　林华山　巫雪芬

（刘书容）

【保密工作】

认真贯彻落实党政领导干部保密工作责任制 加强对保密工作的领导，重新调整充实丰顺县委保密委员会成员。形成党政主要领导负总责，分管领导亲自抓，分管业务的领导具体抓的保密工作领导机制。各单位领导班子能严格根据《领导干部保密工作责任制》和《广东省党政领导干部保密工作责任制实施细则》要求，带头学习上级保密工作的指示、决定，重视、支持本地区、本部门的保密部门开展工作，确保了保密工作层层有人抓，级级有人管，使每个领导干部都能严格管好自己的口，做到该说的说、不该说的不说，牢固树立“保守安全，慎之又慎的思想”。

明确重点任务，抓好工作落实 1. 加强普通高考和高中学业水平考试的安全保密工作，确保考试安全保密方面万无一失。加强督促检查，规范国家统一考试保密管理的方式方法，落实保密部门的监督职责，在高考前联合教育、公安等相关部门开展试卷保密室的检查验

收工作，并对试卷保密室值班人员和试卷运送人员进行上岗前保密工作培训。通过“六个强化”，即强化组织领导、强化软硬件建设、强化业务培训、强化应急处置预案的制定、强化制度建设、强化信息报告，认真做好2017年度普通高考和高中学业水平考试的试卷运送和保密管理工作，确保试卷保密方面万无一失，实现平安高考。

2. 加强保密设备的配备和维修维护工作力度。

3. 按照有关要求，做好历年来保密工作文件资料的整理归档工作。

加强行政执法，依法履行职责　1. 完善相关保密规章制度体系。一是县委保密委员会联合县纪律检查委员会和县委组织部转发《关于转发〈广东省党政领导干部保密工作责任制实施细则〉的通知》，要求各单位结合实际认真遵照执行。二是转发《关于转发粤密局〔2017〕10号文件的通知》，要求各单位认真传达学习，加强涉密载体销毁保密管理工作。三是印发《“十三五”时期丰顺县保密事业发展规划》。四是印发《丰顺县保护国家秘密应急预案》。

2. 加强保密行政执法检查。一是协助做好市保密检查组对丰顺县委办、县府办等7个单位的保密检查工作，认真督促抓好整改工作，消除泄密隐患。二是转发《关于转发粤密办〔2017〕11号文件的通知》，要求各单位认真对照保密工作自查自评标准，按照规定程序，做好本单位保密自查自评工作。同时组织保密工作检查组，对县委宣传部等17个单位的保密自查自评工作进行抽查。对检查中发现的存在问题，要求各有关单位要高度重视，及时整改，消除隐患，堵塞漏洞，防止泄密事件的发生。

3. 加强保密工作业务培训，提高保密工作水平。一是健全保密工作机构，配齐保密干部。由于各单位人员的不断变化，县保密部门及时督促各单位、各镇（场）要落实好保密领导小组的建设和专（兼）职保密员。要求各单位保密领导小组有调整的要及时上报，对需新增或调整保密员的单位，要按规定填写好《经管国家秘密人员资格认定申请表》《经管国家秘密人员注册备案表》，报县保密局审批。二是积极组织参加各类保密业务培训和教育活动。选派一名干部参加广东省第二期定密工作培训班；选派两名干部参加浙江大学举办的党政办公室系统领导干部综合素养提升专题培训班；派员赴清远市国家保密局学习考察；组织全县15个重要涉密单位的保密员到梅州市参加基于RFID的涉密载体与设备监管系统试点成果推介会。

4. 加强保密技术防护装备的配备工作。一是加强保密技术装备配备工作。二是加强各重要涉密单位涉密计算机的监管。

强化宣传教育，增强保密意识　1. 深入开展“保密宣传教育月”活动。把“保密宣传教育月”活动与纪律教育学习月活动紧密结合起来，做到同部署、同检查、同落实。县委保密委员会办公室、县纪委办公室联合下发《关于开展保密法纪宣传教育活动的通知》，要求各单位要充分认识开展“保密法纪宣传教育月”活动的重要意义，努力使保密宣传教育活动常态化、内容丰富化、形式多样化，不断提高宣传教育效果。通过在重要场所、部门张贴保密宣传挂图资料、印发宣传资料、组织党员干部深入学习新修订的《中华人民共和国保密法》等法律法规，组织收看保密警示教育片等多种形式进行有针对性的宣传教育，广泛深入开展保密宣传教育，不断增强各级领导干部和广大涉密人员的保密意识。

2. 开展保密宣讲活动。为加强保密宣传教育，结合保密法纪宣传教育月活动，联合县普法办组织保密法宣讲团，到有关单位开展保密法律法规宣讲活动。

3. 积极关注“保密观”微信公众号。下发《关于开展关注“保密观”公众号活动的通知》，要求各单位结合2017年保密法纪宣传教育月活动，积极组织全体干部职工关注“保密观”微信公众号。

4. 积极征订有关保密宣传教育资料。认真做好“七五”保密法治宣传重点资料征订工作，订购了一批保密法治宣传资料，加强了保密宣传教育工作。

5. 做好2018年度《保密工作》杂志的征

订发行工作。加强《保密工作》杂志的征订工作，全县各单位共征订2018年度《保密工作》杂志124份，圆满完成杂志征订工作任务。

发挥职能作用，服务工作大局 县保密局紧紧围绕县委、县政府的中心工作和重大活动开展工作，增强为大局服务的意识，自觉地把保密工作放到全县工作的大局中去研究、去部署、去落实。完善管理机制，明确保密工作部门的执法主体地位。全体干部能深入实际，深入基层，加强管理和指导，把工作抓具体、抓扎实，并通过在具体工作中与被检查的单位的同志一起学习，使双方的保密业务水平和保密观念都得到了提高。充分发挥保密工作的保障和服务作用。在保安全、保发展上做文章，使各行各业、各个领域的保密工作都为实施丰顺县的发展战略做出新贡献。坚持与时俱进，开拓创新的精神，不断研究新情况、新问题，在发展中求发展，在发展中求提高，不断拓展保密工作的新途径和新办法，为“保安全，保发展”做出新的成绩。

2017年年底县国家保密局

局　长　邱劲铭

（郑奕珠）

县 人 大

【县十五届人大二次会议】 2017年3月9日至3月10日，丰顺县举行第十五届人民代表大会第二次会议。这次会议应到会代表257名，实到会243名，符合法定人数。列席会议的有：工作居住在丰顺的省十二届人大代表、市七届人大代表，曾任正处职和县人大常委会常务副主任在丰顺居住的老同志，县人大常委会正县级干部，县政府组成人员，县纪委副书记，县委办、县府办副主任，县人民法院副院长、县人民检察院副检察长，部分省、市驻丰单位和县直正局级以上单位主要负责人，县人大机关副科职以上干部，以及各镇（场）长和人大副主席。出席县政协十届二次会议的全体委员列席3月9日上午的大会。

县人大常委会对举行这次大会十分重视。认真履行宪法和法律赋予的职责，精心组织会议筹备工作。常委会领导及机关全体干部职工全力以赴，做了大量的细致的准备。由于领导重视，准备工作充分，各方面紧密配合，这次会议依法顺利地完成了预定的各项议程，并取得了圆满成功。

会议期间，代表们始终保持饱满的政治热情，依法履行职责，听取和审议廖茂忠县长所作的丰顺县人民政府工作报告，审议丰顺县2016年国民经济和社会发展计划执行情况与2017年计划草案的报告、丰顺县2016年预算执行情况与2017年预算草案的报告，听取和审议丰顺县人民代表大会常务委员会工作报告、丰顺县人民法院工作报告和丰顺县人民检察院工作报告。会议经过审议和表决，通过上述六个报告，并批准2017年县国民经济和社会发展计划和2017年县级预算。

在听取和审议各个工作报告中，代表们以实事求是的精神肯定了一年来丰顺县各个方面工作所取得的主要成绩，同时结合实际，就做好2017年工作提出了许多意见和建议。会议共收到代表十人以上联名提出的议案19件，其中：经贸工交方面9件，农林水方面4件，教科文卫方面2件，城建方面1件，其他方面3件。经大会议案审查委员会初审并提交大会主席团审议决定，19件议案转为建议处理。会议还收到代表提出的建议10件，其中：工交财经方面3件，教科文卫方面2件，农林水方面3件，城建方面1件，政法方面1件，城建环资方面1件，会后将一并移送县政府有关承办单位依法办理。

【依法治县工作】 常委会坚持把重大事项决定权的行使作为推动全县经济社会发展的重要抓手，适时就涉及全局性、根本性和长远性的重大问题，以及人民群众普遍关注和迫切要求解决的问题作出决议、决定。一年来，通过、批准了关于调整部分留隍、丰良、潭江三个中心镇污水处理厂建设项目专项债券用途，交通基础设施新（改）建提升一期工程项目购买服务资金（专项贷款部分）列入政府年度财政预算，县村村通自来水工程（2016—2018）项目购买服务资金列入财政预算等重大决定。

【人事任免】　依法做好人事任免。严格坚持党管干部与人大依法任免干部相统一的原则，切实增强人大常委会组成人员的政治意识和看齐意识。全年共任免国家机关工作人员22人，顺利实现了县委的人事安排意图。落实国家机关工作人员向宪法宣誓制度，维护了宪法权威，增强了国家机关工作人员的宪法意识、责任意识。

【监督工作】　一是加强计划、财政审查监督。听取和审议了县政府2017年上半年计划和预算执行情况的报告，审查和批准了2016年财政决算和本级预算执行和其他财政收支的审计工作报告，通过批准了2017年县级政府性基金预算调整。针对经济运行、社会发展及预决算中存在的问题，常委会从产业结构调整、工业经济运行、财源税源培植、惠民政策落实、税收征收管理，强化财政资金全口径监督和预算执行等方面提出了具体意见。为加强人大预算联网监督，设立专门办公室、购置专业设备完成联网工作，促进财政预算更规范、更公开。二是加强政府专项工作监督。全年先后听取和审议了国土资源、宗教、林业等专项工作报告。针对这些工作，常委会采取会前调研找症结、审议意见提思路、跟踪问效促落实的工作机制，对土地和矿产资源管理、宗教政策宣传和事务管理、建立林业可持续发展机制等问题进行跟踪督办，促进了相关工作顺利开展。三是加强重点工作监督。为强力推进榕江北河水体达标整治工作，确保按时保质完成治污目标任务。常委会分别于2016年8月和12月组织部分省、市、县、镇人大代表对榕江北河水体达标整治情况进行专项视察，代表们通过实地察看、收集群众意见，提出了整治工作要长期与短期相结合、管理与规划相结合等“六个相结合”的建议意见，督促县政府及相关职能部门落实责任，破难攻坚，确保如期完成整治工作任务。四是依法开展司法监督。听取和审议了法、检“两院”关于完善司法责任制改革情况的报告。针对司法改革中存在的问题，常委会专门形成审议意见2条，提出建议3条。这些意见和建议得到了法、检“两院”的高度重视，认真研究，迅速行动，制定出台了配套改革措施，进一步推进了司法责任制改革的贯彻落实。围绕法律法规正确实施，开展了《梅州市森林火源管理条例》宣传贯彻实施情况的执法检查和“七五”普法宣传活动。配合市人大开展了《中华人民共和国老年人权益保障法》实施情况、关于制定《梅州市客家围龙屋保护条例》和加强推进基本解决执行难工作等专题调研，提出了建议意见。五是加强涉法信访监督。一年来，常委会坚持对群众反映强烈的信访问题，开展重点监督，进一步发挥人大在维护群众利益和促进社会和谐稳定中的作用。全年共接待和办理人民群众来信来访31件次。按照“统一受理、及时批办、定期督查、限期反馈”的原则，全部及时交“一府两院”及相关部门办理，全程跟踪督办，限期答复当事人，做到了桩桩有人管、件件有着落、事事有回音。六是积极服务县委中心工作。按照县委统一安排，常委会班子成员积极支持、多方协调，参与了征地拆迁、招商引资、公路建设、挂扶镇村、帮扶企业、创文、创卫等重点工作。深入基层，调查研究，帮助基层和企业出主意、想办法、筹资金、搞协调，破解工作难题。按照县委精准扶贫的部署，组织机关人员深入挂钩联系点金汤村开展结对帮扶工作，制定帮扶方案，落实帮扶措施，不断巩固深化挂钩帮扶成果，如期完成年度帮扶脱贫目标。

【代表工作】

一年来，常委会不断加强和改进代表工作，为代表依法履职创造条件，充分发挥代表主体作用。一是加强代表学习培训，提升代表履职能力。建立代表培训工作长效机制，通过集中培训、以会代训、经验交流等多种形式，扩大代表培训覆盖面，提高代表履职能力。一年来，共组织常委会委员、镇人大正副主席、代表到全国人大深圳培训基地、省人大，参加各类人大培训班7次，累计培训人大代表250人次。同时，常委会还为代表和常委会组成人员订阅有关人大工作的报纸杂志，发送常委会汇编等学习资料，促进了代表素质和依法履职能力的提高。二是搭建代表活动平台，拓宽代表履职空间。为探索建立代表在闭会期间依法履职、发挥作用，按照便于组织、方便活动的原则，将省、市、县、镇人大代表混合编为18个代表活动小组，积极开展调研、视察等活动，有效激发了代表的履职热情。一年以来，县人大常委会围绕县委中心工作组织开展了新经济体企业发展情况、全县域人居环境综合整治、创建广东省文明县城工作情况等专题视察活动8次，指导各镇人大开展代表视察活动21次。三是扎实督办代表建议，转化代表履职成果。常委会以增强代表建议意见办理实效为目标，注重抓好会前引导、集中交办、重点督办、跟踪落实、满意度测评五个环节，不断扩大代表对建议办理工作的知情度和参与度。通过召开意见建议交办会、重点建议督办会、承办单位与建议提交代表座谈会等，加大建议意见的督办力度，不断提高代表建议办理质量。县十五届人大二次会议期间，共收到代表建议29件，已全部办理答复代表，代表满意率达100%。

【组织建设】

县人大常委会不断加强自身建设，努力适应新时期人大工作的需要，努力把常委会及机关建设成为依法履职的权力机关、为民谋利的代表机关和人民群众实现有序参与政治的工作机关。一是强化思想建设。认真开展“两学一做”学习教育常态化制度化活动，列出问题任务责任清单，建立长效化机制，不断把“两学一做”学习教育常态化制度化引向深入。按照“学懂、弄通、做实”的要求，认真学习宣传贯彻中共十九大精神，通过党组学习会、领导干部上党课、听专题讲座等多种形式，迅速掀起常委会及机关学习贯彻中共十九大精神的高潮，深刻领会精神实质，准确把握核心要义，切实用习近平新时代中国特色社会主义思想武装头脑、统一思想、指导实践。二是强化组织建设。认真贯彻落实粤常办〔2017〕47号《关于大力推进县乡人大工作和建设的若干意见》，进一步夯实县镇人大工作和建设。全县16个镇全部单独设立了镇人大办公室，配备了专职人员，落实了镇人大主席享受与同级党政正职同样的岗位补贴。完善了县镇人大会议制度，组织指导全县16个镇按规定一年召开2次例会。增设了人大信访接待和新闻宣传信息中心，县委原则同意了常委会办事和工作机构设置方案，较好地完成了关于推进县乡人大工作和建设“省十条”的整改任务，推动了县镇人大工作向纵深发展。三是强化作风建设。坚持深入基层，深入群众，围绕全县工作大局和人民群众普遍关心的热点问题，积极开展调研活动。一年来，开展了财政预算安排、“十件民生实事”进展情况等工作调研10项，配合省市人大开展富硒产业发展、梅汕高铁建设、产业转移园建设等工作调研5项。结合学习贯彻中共十九大精神，组织常委会及机关全体党员干部到黄金镇蕉头窝李坚真故居，开展“学习十九大精神，跟总书记重温入党誓词”主题党日暨联系走访代表活动，实地接受爱国主义和理想信念教育，进一步激发了全体党员的工作热情。

2017年年底县人大常委会

主　　任　徐庆青
正县级干部　朱云辉
副 主 任　陈美琼　何火营　陈诺文　曾命城　吴伟明　林楚辉
副县级干部　廖日来

2017年年底县人大常委会办公室

主　　任　吴裕强
副 主 任　叶细庄

2017年年底县人大常委会财经工作委员会

主　　任　罗建安
副 主 任　邱淑民

2017年年底县人大常委会预算工作委员会

主　　任　吴剑锋
副 主 任　徐玉茹

2017年年底县人大常委会法律工作委员会

主　　任　朱报锋

2017年年底县人大常委会选举联络工作委员会

主　　任　张炳灵
副 主 任　黎绍庆

2017年年底县人大常委会农村农业工作委员会

主　　任　徐文生
副 主 任　陈爱辉

2017年年底县人大常委会教科文卫华侨宗教民族事务工作委员会

主　　　任　吴道远

2017年年底县人大常委会城乡建设环境与资源保护工作委员会

主　　　任　徐名亮

副　主　任　魏流新

2017年年底县人大常委会选举联络任免工作室

主　　　任　马建生

副　主　任　蔡满文

2017年年底县人大常委会法制工作室

主　　　任　吴文海

2017年年底县人大常委会信访室

主　　　任　郑建忠

（罗海滨）

附：2017年县人大常委会发布的主要文件目录

丰人常〔2017〕1号　关于设立丰顺县十五届人大常委会代表资格审查委员会的决定

丰人常〔2017〕2号　关于印发《丰顺县人大常委会2017年监督工作计划》的通知

丰人常〔2017〕3号　关于印发《丰顺县人大常委会2017年工作要点》的通知

丰人常〔2017〕4号　关于卢佳亮同志任职的通知

丰人常〔2017〕5号　关于魏流新等同志任职的通知

丰人常〔2017〕6号　关于胡代先等同志职务任免的通知

丰人常〔2017〕7号　关于设立丰顺县人大常委会信访接待和新闻宣传信息中心的请示

丰人常〔2017〕8号　关于李小宁等同志任职的通知

丰人常〔2017〕9号　县十五届人大常委会第六次会议审议意见

丰人常〔2017〕10号　县十五届人大常委会第七次会议审议意见

丰人常〔2017〕11号　关于法检“两院”关于完善司法责任制改革审议意见

丰人常〔2017〕12号　关于许可丰顺县人民法院对县十五届人大代表吴佑仰进行刑事审判的决定

丰人常〔2017〕13号　县十五届人大常委会第八次会议审议意见

丰人常〔2017〕14号　关于同意接受谢国泉同辞去县人民政府副县长的通知

丰人常〔2017〕15号　关于赵旭同志任职的通知

丰人常〔2017〕16号　关于陈文新等同志职务任免的通知

县人民政府

【县政府主要工作】

政府工作报告　2018年1月12日，廖茂忠县长向县第十五届人民代表大会第三次会议作政府工作报告。《政府工作报告》指出：一年来，县政府在县委的正确领导下，在县人大和县政协的监督支持下，认真学习贯彻中共十九大精神、习近平总书记系列重要讲话以及对广东工作的重要指示批示精神，坚决贯彻落实中央和省、市的决策部署，抢抓“两大政策”机遇，扭紧“三大抓手”，坚守“两条底线”，着力构建丰顺新区、梅江韩江（丰顺）绿色健康文化旅游产业带“一区一带”发展新格局，全县经济社会实现平稳较快发展。预计完成生产总值113.7亿元，同比增长6.9%；规模以上工业增加值27.1亿元，同比增长7%；社会消费品零售总额54.5亿元，同比增长10.8%；一般公共预算收入9.2亿元，同比增长9.2%；固定资产投资73.1亿元，同比增长18.2%。

稳增长，调结构，实体经济不断壮大　电声产值突破百亿元。三次产业结构调整为21.0：41.0：37.9，产业结构不断优化。建成全国首个出口电声产品质量安全示范区，全国电声产业知名品牌创建示范区创建扎实推进，省级质量监督电声产品检验站全面启用。深化与工信部电子五所、广东工业大学等科研院校的战略合作，支持32家企业实施技改，培英公司车间智能化改造项目建成投产。实现电声产值101亿元，同比增长9%，成为全市首个县级百亿产业。

现代农业稳步发展。瑞丰粮油二期15万吨浅圆仓项目建成投产，总投资3.5亿元的代米生物二期日产110吨食用菌工厂化生产项目竣工试产。丰顺县首项省级地方标准《地理标志产品马图绿茶》开始实施，八乡山番薯获得国家地理标志保护，促进农业提质增效。农村土地确权扎实推进，颁证10.5万本，颁证率达90.1%。预计实现农业总产值40.6亿元，农村居民可支配收入12786元，同比分别增长4.3%、12%。

文化旅游快速发展。编制完成《丰顺县全域旅游示范县专项规划》《留隍镇国家级旅游度假区总体规划》，留隍镇入选国家第二批特色小镇。鹿湖温泉度假村获评国家AAAA级景区，填补了丰顺县国家AAAA级景区的空白。八乡山、韩山、揭岭飞泉、大宝山、九龙嶂、种王上围等总投资约50亿元的生态旅游项目建设加快推进，完成旅游重点项目投资5.8亿元。全县接待游客599.5万人次，旅游总收入57.1亿元，同比分别增长15.1%和16.1%。

创新驱动成效明显。新增高新技术企业5家，保有量达15家；实现主营业务收入5亿元以上工业企业研发机构全覆盖，组建省、市工程研发中心16家；互联网+孵化器建设提前通过省、市认定；研发经费投入9394.9万元，GDP占比达0.8%以上。连续两年获评市政府质量工作综合考核A级县。

抓项目，夯基础，有效投资不断扩大　全县90项重点项目完成投资127.2亿元、占年度任务的144.2%，其中33项省市重点项目完成投资62.7亿元、占年度任务的157.1%。

加大基建投资。以“两高”“双十”工程为重点的交通公路基础设施建设扎实推进，全年完成投资超过17亿元。梅汕高铁、大丰华高速丰顺境内工程实现无障碍施工。206国道丰顺段改造工程全线动工。西环路一期、北洞至大凹段等一批路桥建成通车。培英大桥基本建成。梅汕高铁丰顺东站连接线、留隍大桥至文祠等一批工程加快推进。完成公路安全生命防护工程272.3千米、村道路面硬化改造62.5千米。32宗重点水利工程完成投资4亿元，其中村村通自来水工程、中小河流治理各1.2亿元，三个中心镇污水处理厂建设项目7077.7万元。原中央苏区农村超高速无线局域网建设顺利完成，新一轮农村电网改造升级加快推进。

加大工业投资。全力保障项目用地，全年新增征地8161.8亩。丰顺经济开发区扩区获省批准。加快推进海珠（丰顺）产业园工业大道、生活配套区、污水处理厂等基础设施建设，其中污水处理厂基本完成主体工程，园区共投入基础设施建设资金11.6亿元。积极引导乡贤回乡投资兴业，引进新希望六合集团、青蒿素日化用品等合同项目6个，计划总投资36.4亿元。华于科技、双胞胎、旺兴达实现投产。新增青蒿药业在新三板挂牌，并成功申报国内主板上市辅导备案。全县完成工业投资23.6亿元，其中技改投资5.5亿元，同比分别增长60%、23.9%。

加大城建投资。全力推进珠光新城御景、珠江海棠湾等城市扩容提质项目建设，完成项目投资25.2亿元，其中总投资10亿元的珠光新城御景一期实现竣工，总投资4.2亿元的客潮水乡汤泉世界一期、总投资约2亿元的华茂大厦建成试业。完成中心镇（重点镇）“六个一”建设年度投资6.4亿元。

创“六城”，建新村，城乡环境不断优化　突出建设宜居温泉城。“六城”同创有序推进，成功获得省文明县城提名，创建国家卫生县城、省卫生强县、省文明县城、省推进教育现代化先进县和省食品安全示范县取得阶段性成效。坚持水质净化、路树绿化、堤灯亮化、岸景美化、彰显文化“五化”并举，加快打造“百里榕江画廊”。总投资3.6亿元的“六馆三中心”完成招投标工作，近期开工建设。进华路、新堤路等一批市政道路改造，以及丰达路新桥至新铺大桥两段堤路、汶水河人行景观桥、汤西桥至黄埔桥段景观提升工程加快推进。

全面整治农村人居环境。深入开展全县域人居环境综合整治、建设美丽乡村三年行动计划，成功引进广业环保投资约10亿元，合作27年，突出农村生活污水和垃圾处理，整治全县域人居环境，高美、梅溪、拾荷等23个村级污水处理站及35.2千米配套管网建成试运营。留隍镇实行圩镇保洁业务外包，半年时间扭转“垃圾围城”困境。坚决打击“两违”行为，立案查处违法用地54宗、违章建筑25宗。

加快创建社会主义新农村示范村。以“百村示范、千村联动、万众行动”为抓手，突出

61个省定贫困村建设，下达启动资金3740万元，其中58个省定贫困村每村30万元、省级新农村连片示范建设工程（含3条省定贫困村）2000万元。完成61个省定贫困村村庄规划编制和“三清三拆三整治”任务。总投资1.5亿元的留隍镇“五村连片十村联动”省级示范工程进场施工。成功承办第十三届中国农村发展论坛暨“新乡贤与农村发展新动能”全国研讨会。

狠整治，重保护，生态建设不断巩固　水体环境明显改善。坚持长短结合、标本兼治，突出抓好养殖、生活、工业污染治理和应急措施，大力实施榕江北河水体达标整治，实现榕江北河丰顺段水质稳定达标，顺利通过省、市摘牌验收。县污水处理厂集污管网一、二期完成修复，三期扩建工程加快推进。榕江北河丰揭交界河段治理工程基本完成。新世纪片区雨污分流工程可研报告通过专家评审。全面落实“河长制”，明确县镇村河长379个，推动江河湖库长效化常态化治理，韩江获评全国“最美家乡河”。全面完成中央环保督察反馈问题的整改任务。

生态优势更加凸显。编制《丰顺县林地保护利用规划》，建立全县森林和林地档案管理数据库，形成林地“一张图”管理。完成碳汇林人工造林4.6万亩、省级碳汇林抚育14.6万亩，完善提升生态景观林带600亩，完成4个省级示范点、20个市级示范点共24个乡村绿化美化工程，启动4个森林公园的规划设计工作，全县森林覆盖率达78.3%。

土地资源高效开发。永久基本农田划定工作通过省级验收，实际划定永久基本农田面积17994公顷，超额完成市下达任务。开发补充水田1358.2亩，新增水田1271.4亩。全县土地利用总体规划中期调整获省批复实施，建设用地总规模增加285公顷。

补短板，强弱项，民生福祉不断提升　民生保障持续加强。十件民生实事基本完成。城乡居民基本养老保险基础养老金标准从每人每月110元提高到120元。城镇、农村低保人均补差水平分别从每月419元、191元提高到457元、206元。城乡低保对象基本医疗救助比例达80%以上。城乡居民养老保险参保率达99.8%，新型农村合作医疗参合率保持100%。城镇新增就业4050人，城镇失业人员再就业2982人，就业困难对象再就业312人，新增转移就业6729人，失业率控制在2.45%。城镇居民人均可支配收入23449元，增长13.1%。食品安全抽检达到每千人1.5批次。成功创建2家市级“放心肉菜”示范超市。

文教卫体持续发展。潘田、北斗等12个镇通过教育强镇复评。实验中学、大同中学建成使用，实验小学、实验幼儿园动工建设。电视大学更名为开放大学，实现转型发展。县第二人民医院动工建设。组建人民医院、中医院两个县域医共体。丰良、留隍等6个镇通过“基本医疗和基本公共卫生服务示范镇”验收。259间村卫生站建设基本完成。《悦读丰顺》开刊，《大美丰顺》《百年圆梦》等一批文艺作品获得好评。建成村级综合性文化服务中心146个，农村文化俱乐部、文化驿站各10个。全民健身活动再掀高潮，组团参加第八届市运会取得好成绩。

脱贫攻坚成效明显。做好县级层面设计，创新实施帮扶措施，突出产业与就业扶贫两个关键，全力打好精准脱贫攻坚战。集中为2644户有劳动能力相对贫困户办理小额信贷手续，户均放贷3万元，发放贷款7932万元，统一投放到扶贫企业，按年均10%的收益，年户均增收3000元。采取“企业+贫困户+产业”帮扶方式，发动贫困户4982人投入3806万元，投放到扶贫企业，年人均增收764元。完成农村危房改造750户。全年新增5600名相对贫困群众脱贫，脱贫率提高到70%以上。

社会保持和谐稳定。建成覆盖全县的“综治网格群”，实现“中心+网格化+信息化”建设全覆盖。各类信访案件稳中有降，获评“全国信访工作‘三无’县”。十九大安保工作考核获评优秀档次，受到全市表彰。加强社会矛盾排查化解，健全人民调解以案定补制度，拓展公共法律服务领域，推动行业性、专业性人民调解组织的建设发展，调处各类矛盾纠纷2590件，实现“四个不发生”目标。“七五”普法工作高质量推进。严厉打击违法犯罪活动，“社会治安防控”“平安丰顺”工作扎实推进。汤西南磜村、汤南新楼村分别获评全国、全省文明村，北斗镇拾荷村获评全国民主法治示范村。成功举办第五届世界客商大会丰顺县重点项目动工竣工活动、2017年中国·丰顺“喜德盛杯”国际自行车邀请赛和“醉美丰顺·全域自驾”活动。压实安全生产责任，突出重点领域、重点时段专项治理，常态化开展事故隐患排查治理，全县安全生产形势持续稳定。金融稳定健康发展。妇女儿童、老龄、民族宗教、外事侨务、国防、兵役、双拥等工作扎实推进。人事、编制、监察、统计、物价、打假、法制、供销、气象、史志、人防、地震、档案、残联、粮食安全和红十字等工作成绩显著。

促改革，优服务，自身建设不断加强　继续深化行政体制改革，政府转职能、提效能工作进一步推动。重点领域改革取得新突破，加强县纪委派驻纪检机构建设，推进巡察机构建设，抓好城市综合行政执法、食盐监管体制改革和供销合作社综合改革，完成国有林场改革。丰顺粤海水务有限公司揭牌。推进行政许可目录和权责清单动态调整工作，公布行政审批中介服务事项清单和目录，保留行政许可252项，取消行政许可12项，调整完善权责事项628项。全面实施“多证合一、一照一码”登记制度改革，全县新增个体工商户2006户，企业338户，同比分别增长22.6%、16%。“双随机一公开”及涉企信息统一归集公示工作全面铺开。县镇村“一门式一网式”服务平台正式上线运行，网上办事大厅受理业务8782件，办结率达100%。“12345”政府服务热线实现24小时运行，及时受理办结工单560件。丰顺县惠民信息公开平台建成运行，公开近五年的涉农数据211.1万条。推进不动产登记制度化、规范化建设，发出不动产权证书10392本、不动产登记证明6688份。“三公”经费财政拨款支出不断压减。完成全县企事业单位取消车辆的封存停驶。认真学习宣传贯彻中共十九大精神，“两学一做”学习教育常态化制度化深入推进，机关作风整治、评议和党风廉政建设持续加强，政府执行力和公信力明显提高。深入推进法治政府建设，坚持科学民主决策，做好依法行政考评，加强政府信息公开，行政行为不断规范。认真落实人大及其常委会的决议、决定，坚持向县人大及其常委会报告工作，向县政协通报情况，自觉接受监督。办理代表建议29件、委员提案53件，办复率均达100%。

至2017年年底县人民政府领导

县　长　廖茂忠（2016.11起任）

常务副县长　郑春鹏（2015.7起任）

副县长　谢国泉　傅伟芳　张建民　罗裕权　梁玉辉　卢佳亮　赵　旭

副处级　朱报正

附：2017年度县政府主要文件目录

丰府〔2017〕1号　丰顺县人民政府关于颁发采矿许可证矿区范围的公告

丰府〔2017〕9号　丰顺县人民政府关于县城区范围内禁止燃放烟花爆竹的通告

丰府〔2017〕11号　关于印发丰顺县扶持创新驱动推动实体经济发展奖励办法的通知

丰府〔2017〕16号　关于2016年度丰顺县科技创新奖励的通报

丰府〔2017〕20号　关于调整县人民政府领导分工的通知

丰府〔2017〕28号　关于开展榕江北河畜禽养殖污染整治的通告

丰府〔2017〕34号　丰顺新区城镇建设用地征地限期迁坟公告

丰府〔2017〕35号　丰顺县人民政府关于清理规范行政审批中介服务事项（第二批）的决定

丰府〔2017〕37号　关于表彰丰顺县在梅州市第八届运动会上取得优异成绩的单位集体和个人的通报

丰府〔2017〕38号　关于授予邓志溢等500人2017年丰顺县“优秀教师”称号的决定

丰府〔2017〕52号　关于划定森林防火区的通告

丰府〔2017〕54号　关于印发丰顺县畜禽养殖区划分修订方案的通知

丰府〔2017〕60号　丰顺县人民政府关于在丰顺县城区依法实施试鸣防空警报的通告

丰府〔2017〕61号　丰顺县人民政府关于实行榕江北河畜禽养殖污染有奖举报的通告

丰府〔2017〕65号　关于公布丰顺县政府部门行政审批中介服务事项清单和清理规范行政审批中介服务事项目录的通知

丰府〔2017〕69号　关于调整县人民政府领导分工的通知

丰府〔2017〕70号　关于印发丰顺县加强困境儿童保障工作的实施方案的通知

丰府〔2017〕74号　关于印发丰顺县土壤污染防治工作方案的通知

【县政府办公室工作】

高度注重调查研究，充分发挥参谋助手作用　坚持研究在领导决策之前、参谋在领导思考之中，把主要精力放在全局性大事要事的研究、谋划上，放在参与县政府重大决策、重点工作部署上，协助做好各项基础工作。坚持把搞好决策参谋作为办公室服务中心工作的首要职责，围绕县委、县政府确定的重点工作和领导关注的重大问题以及群众关心的热点、难点问题，广泛收集信息，力求在项目建设、资金补助、政策倾斜方面为政府决策、谋划提供准确全面、翔实可靠的情况和富有针对性、操作性、可行性的意见和建议。特别是在推动丰顺新区、梅江韩江（丰顺）绿色健康文化旅游产业带建设、统筹城乡发展、办好民生实事等重点工作中，陪同县政府领导深入调查研究，努力为政府决策提供全过程、多层次、高质量的服务，当好参谋。一年来，起草了文件资料、会议讲话和调研报告等材料200多万字，撰写调研材料20多篇；高质量起草印发县政府文件61号，县政府函件132号，县政府办文件51号，县政府办函260号，发出会议纪要66期，编辑丰顺政务19期；有效地推进县委、县政府各项工作政策的落实，较好发挥了“智囊团”和“思想库”的作用，得到了县政府领导的充分肯定。

着力加强综合协调，确保重点工作全面落实　牢固树立全县工作一盘棋的思想，围绕县政府重点工作和日常工作运转，主动协调联络，搞好配套联动，增强工作合力，保证了政府工作的高效运转。对上及时请示汇报，准确领会领导决策和工作意图，注重做好领导之间的工作衔接和活动安排，及时解决工作中出现的困难和问题，避免工作脱节，确保了领导分工不分家，协调一致地推进工作。对下加强与县直部门和各镇（场）的联系衔接，把握重点工作和关键环节，精心组织协调县政府各项重要活动，主动从全局思考、谋划、安排工作和处理问题。2017年以来，组织有关部门先后就交通基础设施建设、产业园区扩能增效、中心城区扩容提质、深入推进行政审批制度改革、农村综合改革、产业园区建设、精准扶贫、梅江韩江（丰顺）绿色健康文化旅游产业带建设、十件民生实事办理等一系列事关全局的重点工作和热点难点问题，做了大量的组织协调工作，确保了县委、县政府各项决策的顺利实施，有力促进了振兴发展。同时，认真做好县政府重大活动的统筹协调工作，筹办了2017年“喜德盛杯”国际自行车邀请赛等重大活动。在横向协调中，主动加强与县委、人大、政协办公室之间的联络协调，及时交流情况、沟通信息、衔接工作。

强化督查督办工作，确保重点决策部署落实　紧紧围绕项目建设、深化改革、精准扶贫、社会管理、惠民实事等方面的重大决策部署，综合运用集中督查、联合督查、现场督查、催报督查、报告通报等多种方法，加大督查落实力度，创新督查机制，发挥了督查工作在促进各项重点任务落实中的作用。对县委全委扩大会议决策部署、《政府工作报告》确定事项、县政府重点工作、经济社会发展指标、政府常务会议工作任务、十件民生实事进展情况等工作进行梳理量化，定期不定期采取“四不一直”（即采取不发通知、不听汇报、不听汇报、不用陪同接待，直奔现场的方式进行检查）工作方法，全方位、全过程跟踪督查，有力推动了县委县政府各项重点工作任务的落实。一年来，共发出书面督查文件32份，电话督办2650余次，组织现场督办180多人次；按期办结市政府交办件51件，跟踪督促完成县领导批示和交办事项65件。

统筹推进各项工作，确保政务工作高效运转　一是不断提升办文办会水平。按照关于精文简会的有关要求，严格执行有关规定，注重精简会议、文件数量。进一步规范行政公文审核流程，加强OA现代化办公系统使用管理，严把“依据关、内容关、格式关”，严格控制发文数量和发放范围，做到精简行文、按需发文，保证了机关各项工作规范、有序、高效运转。全年共办理处理普通公文4620余份、“三密件”307份、传真1580多份。承办县政府常务会议、县政府工作会议、协调会议等90多场次。二是全力做好政务公开工作。主动公开政府信息，全年公开法规公文61篇，公示公告122篇，政务动态400篇，部门信息660篇、乡镇信息365篇，民生回复656篇，发布政府采购及招标信息126篇（条），让更多的人了解、关注丰顺。三是金融服务不断优化。新增青蒿药业股份有限公司在新三板挂牌，并成功申报国内主板上市辅导备案，培育后备企业上市工作在全市排名前三。助力地方金融促改革，农信社改制农商行工作取得新进展。深化农村普惠金融改革，推动县农信社积极向人行丰顺支行申请扶贫再贷款，在全省新一轮金融扶贫贷款排名靠前。按照省、市处非办部署，大力开展金融维稳排查和宣传工作，做好防范打击非法集资等考核有关工作，小贷公司日常监控全面加强，民众识别非法集资行为意识明显提高。助推金融机构支持实体经济发展力度不断增强，丰顺“中国金融生态县”金融生态环境得到全面优化提升。一年来，县金融办共办理普通公文314份、密件21份、发出通知28份、上报材料212份。四是大力提升应急管理能力。进一步加大投入，加强应急平台及队伍建设，加强县政府总值班室规范管理。重新编制、修订县级应急预案17个，开展县级专项演练18次。加强值班工作管理，制定应急值班轮流表，明确值班值守任务，认真做好突发事件处理和信息报送工作。五是着力提升提案议案办理水平。紧密联系人大、政协工作实际，全年共办理市人大建议9件，市政协提案6件，县人大建议29件，县政协提案53件，答复率均达100%，代表委员满意率达100%。六是积极开展反走私行动。积极贯彻国家和省、市有关打击走私综合治理的方针、政策、法规，组织、指导、检查、协调、监督各部门反走私联合行动、综合治理等工作。

着重优化规范管理，切实提升服务保障能力 一是全面推进依法行政。加强法律法规制度学习，举办党规党纪保密法规及本办规章知识测试活动，不断强化法制意识，增强法制观念，全面推进法治政府建设。全面落实《丰顺县人民政府办公室工作规范》，健全规范性文件管理等制度，做到合理编制计划，对重大民生事项、重大问题决策、重大项目投资决策、大额资金使用及规范性文件，坚持集体讨论决定，并严格依法审查，促进政府工作的规范性和法治性。二是规范后勤接待。贯彻落实党中央八项规定，反对“四风”，严肃财经纪律，加强公务用车管理。坚持勤俭节约的原则，切实加强财务管理，共同遵守财经纪律，推行“阳光操作”，领导班子和各股室从严要求，互相监督，勤俭节约，合理开支，杜绝铺张浪费，未发生任何违规违纪现象。切实加强接待管理，严格按接待标准，做好接待工作，做到热情好客，以礼待人，勤俭节约，规范接待。三是着重加强作风建设。深入开展“两学一做”学习教育制度化常态化，认真传达学习有关文件和会议精神，紧紧盯住“不严不实”的问题和具体表现，认真分析原因，找准症结根源，开展专项整治，严格正风肃纪，作风建设水平明显提升。深入贯彻落实《关于新形势下党内政治生活的若干准则》和《中国共产党党内监督条例》精神，紧紧结合纪律教育月活动，深入推进党性党风党纪、廉政法规、廉洁自律教育，让干部知道危险、查找风险、不敢冒险、力求保险；突出示范教育，加大对各级干部身边勤政廉政典型的宣传力度，形成了典型示范带动的良好氛围，筑牢拒腐防变思想道德防线。

2017年年底县政府办公室

主　任　钟凌玮

党组副书记　张壮生

副主任　罗　灏　杜嘉雄　徐柳明

（谢晓晓）

【县综合政务服务管理工作】　2017年，政管办在县委、县政府和市行政服务中心管理办的正确领导，以及上级有关部门的关心指导下，以习近平新时代中国特色社会主义思想为指导，认真学习贯彻中共十九大精神，紧紧围绕中心主要工作，立足本职，强化服务，着力抓好行政许可和公共服务事项标准化编制，突出抓好“一门式一网式”政府服务模式改革、政务服务“马上办”改革等重点工作，推进“两学一做”教育常态化制度化，积极配合做好“创文”等相关工作，促进综合政务服务水平全面提升。全年，中心窗口共办理各类许可服务事36.95万件，办结率和群众满意率均为100%；网上办事大厅共受理业务9410件，按时办结率100%；通过市统一申办受理平台业务受理并办结8783件（其中县级4652件、镇级2805件、村级1326件）。“12345”热线受理并办结工单685件。公共资源交易中心完成交易业务12宗。

着力抓好行政许可和公共服务事项标准化编制工作　一是抓好县级标准化编制和系统录入工作。按照时间节点，制发行政审批标准化工作实施方案、召开动员大会和编制、录入培训等工作；督促各编制单位做好行政许可事项标准化系统录入，至3月底，完成了全县494项行政许可事项标准化编制的录入和审核工作。根据市级要求，积极抓好行政许可的二次录入和市统一申办受理平台中公共服务事项的录入、审核工作。于6月完成了462项行政许可、110项公共服务事项的录入。二是抓好镇级公共服务事项的编制工作。根据权责清单目录，梳理出业务办理量较多的18项镇级公共服务事项，督促各镇进行公共服务事项标准化编制，于2017年6月底完成了合规性和合法性审核，7月份完成了系统的录入和事项审核。

稳步推进“一门式一网式”政府服务模式改革工作　一是完成窗口设置方案。由县府办印发《丰顺县推进一门式一网式政府服务模式改革综合服务窗口设置工作实施方案》，全面推进一门式一网式政府服务模式改革，对进驻县综合政务服务中心的34个单位、74个窗口进行优化调整，整合成38个窗口，分为一个“一门式”综合服务大厅和六个小一门综合服务窗口。同时对镇村一门式服务平台筹建进行业务指导和技术支持，按照时间节点，县级和镇村“一门式一网式”服务平台分别于7月和8月底正式上线运行。二是开展一门式综合服务窗口工作人员招聘和业务培训。按照综合窗口设置工作实施方案的要求，于4月初完成了综合窗口前台受理工作人员的招聘工作，4月底开展实施业务培训，6月1日实现综合前台受理人员全部到岗。三是印发“一门式一网式”窗口及工作人员绩效考核细则。参照市中心相关考核制度，结合丰顺县实际，制定了《丰顺县综合政务服务中心一门式一网式窗口及工作人员绩效考核实施细则》，将镇级窗口专职人员纳入县服务中心考核范围。进一步规范对县、镇、村服务中心（站）的管理，落实了中心各窗口的工作责任，改进了工作作风，提高了服务水平。

全面推进政务服务“马上办”工作　根据县委、县政府的工作部署，研究制定了《关于印发〈丰顺县全面推进政务服务“马上办”改革实施方案〉的通知》《关于成立丰顺县全面推进政务服务“马上办”改革工作领导小组的通知》《丰顺县综合政务服务中心实行重点建设项目“六办”制度》等文件，建立“马上办”政务服务事项目录管理制度，梳理了“马上办”事项目录，并按文件要求，条件允许的单位事项实现办理承诺时限在现承诺时限的基础上提速30%以上，申请材料减少30%以上。目前，34个单位中，承诺时限共压缩了3267.5天，平均压缩百分比达44.8%，申请材料减少1106份，平均精简百分比为36.8%，努力实现承诺时限、办理环节、来回次数、申请材料“四减少”。

统筹推进惠民信息公开平台筹建和运行工作　根据县委、县政府统一部署，协调县直相关单位做好涉农数据采集、录入等工作，同时积极跟进资金请款、场地设施配备等工作进展。经近半年的紧张筹建，丰顺县惠民信息平台于9月27日正式运行。此平台采集、汇总了全县13个职能单位、35项惠民涉农公开内容，至12月底已录入惠民信息数据230万条。同时，平台提供电脑网页、手机短信、手机APP、微信公众号以及中心的自助终端机进行查询，切实保障惠民政策落到实处。

着力提高网上办事大厅事项“三率一

数” 根据市中心提出的2017年度网上办事大厅“三率一数”工作目标（行政许可事项网上全流程办理率70%，上网办理率70%，网上办结率65%，到现场次数1次比率82%，0次比率为12%），协调各单位，着力提高事项“三率一数”。截至12月底，进驻市统一申办受理平台服务事项共570项，网上全流程办理率达81.92%，上网办理率100%，网上办结率75%，到现场次数1次比率83.01%，0次比率为12.2%。

全力以赴服务丰顺县创建省文明县城工作 中心大力开展社会主义核心价值观教育和政务服务规范守则教育，充分利用中心多媒体齐全的优势，多形式大力宣传，营造良好氛围，规范标牌标识，文明用语建设导服台，开展倡议活动，亮身份、亮职务、亮服务承诺上岗，对窗口和工作人员行为、服务态度、业务水平、工作效率等方面进行规范和提升。政管办多措并举、凝心聚力，聚焦提升文明风尚，在上级现场检查中得到了好评反馈和现场表扬，为丰顺县成功创建省县级文明县城做出了应有贡献。

2017年年底丰顺县综合政务服务管理办公室

主 任 罗 铭

副主任 陈秋丽 徐育琴

（邹 瑜）

【信访工作】 2017年，丰顺县信访局在县委、县政府的正确领导下，深入贯彻中共十九大精神和习近平新时代中国特色社会主义思想，以“四个坚持、三个支撑、两个走在前列”为统领，继续推进阳光信访、责任信访、法治信访，进一步畅通群众诉求表达渠道和落实“事要解决”的要求，加强源头治理、扎实开展矛盾纠纷排查化解活动，下大力气抓好涉土地、农村、劳资纠纷、房地产、环保领域突出矛盾化解工作，积极化解军队退役人员、原民办代课教师、转制国有企事业单位等利益诉求群体上访问题，信访的各项工作取得了明显成效，总体实现了“四个不发生”目标，圆满完成了上级和县委、县政府交办的各项工作任务。全年到京“零上访”，到省上访21批43人次，同比下降2%，人次低以市下达的控制目标20%，到市上访27批102人次，同比下降3%；把90%的矛盾纠纷解决在县内；县接待群众来信来访198批1390人次，同比去年的208批1522人次，批次下降4%、人次下降8%。各项信访工作指标在全市排名中成绩靠前。2017年，丰顺县被国家信访局授予信访工作“三无”县。

抓机制建设，促进信访工作责任制落实 县委、县政府高度重视信访工作，坚持每月召开常委会、政府常务会、信访工作联席会听取、研判、解决突出信访问题。尤其是县委、县政府主要领导，分管信访维稳工作的县领导，经常性召集相关单位研判各类案件，不定期约访信访人，解决信访人的合理诉求。

县委、县政府高度重视信访工作机制建设，一年来，先后建立完善了党委、政府定期听取信访工作汇报制度、党政领导干部挂点联系信访工作制度、党政领导干部接访下访制度、党政领导干部包案化解信访问题制度以及律师定期参与接访等一系列制度。以上一系列制度的建立、完善和推行，促进了信访工作的有序开展，为维护人民群众的合法权益，促进社会和谐稳定、密切党群、干群关系起到了明显的作用。

抓“四访”工作，促进了事要解决的真正落实 一年来，丰顺县继续坚持开展接访、下访、约访、巡访“四访”活动。每个工作日或特殊敏感时段的非工作日，轮值的县党政领导坚持在县信访局接访；始终坚持下访，县领导挂钩到镇，根据工作需要直接下访群众，将问题化解在群众的家门口；始终坚持约访，对重大、敏感的矛盾纠纷，县领导牵在脑里，挂在心中，尽心尽力做好约访工作；始终坚持巡访，县领导根据工作需要，不定期进行巡访，把问题解决在基层，化解在萌芽状态。一年来，轮值的县领导带领相关县直部门领导在县信访局参与接访，尽职尽责，解决了大量的矛盾纠纷。2017年，在县领导的指导下，县信访局接访群众198批1390人次，现场调解矛盾纠纷56宗，其中及时就地解决拖欠农民工工资案件33宗，涉及金额近1000万元。为维护丰顺县经济秩序，维护社会和谐稳定作出了贡献。

抓督查督办，促进矛盾纠纷的真正化解 一年来，县信访局高度重视督查督办工作，专门安排1名局领导专抓。对上级转送、交办和县信访局登记受理的案件全程进行督查督办。督，是否按照上级规定的流程进行登记受理、是否按照依法依规进行处理、是否按照规定告知、送达、反馈。重点是抓及时就地依法依规处理，抓重复访的解决，越级访的处理。一年来，县信访局主要领导和督查督办工作人员到镇（场）、县直有关单位督导22场次，通过电话、信函督办55件次，纠正不按规定受理案件6宗、指导化解案件23宗。尽力避免了因信访工作的差错、失误而产生的信访问题。

抓专项治理，促进信访突出问题的及时治理 按照上级的统一部署，一年来，相继进行了信访突出问题专项行动和积案化解行动、整治重复和集体越级上访行动。按照中央、省、市要求，从5月以来，丰顺县积极开展信访突出问题治理专项行动和积案化解行动。在县委、县政府的统一部署下，丰顺县对全县17个镇（场）信访问题相对突出的镇村进行了全面排查，按照上级规定的标准，对近年来矛盾纠纷相对突出、化解措施不理想的镇村进行了专项治理，经过努力，治理行动取得了阶段性成效。同时，丰顺县按照上级要求，认真排查积案，对重访2次以上的信访案件全程进行督促跟踪，至年底，绝大部分案件得到妥善化解。

按照上级要部署，从8月以来，根据丰顺县个别镇（场）群众多次集体到县群访和个别镇（场）重点人员多次越级上访问题。县信访部门于不同方式多次与相关镇主要领导、分管领导进行研判，探讨解决问题的方法途径，促进了工作的落实，越级上访的问题得到有效遏制。

抓安保稳控，促进特殊敏感时段的“四个不发生” 高度重视安保稳控工作，全力确保特殊敏感时段“四个不发生”。2017年4月以来，在县委政法委的统一协调指挥下，与县信访维稳专班联合做好中共十九大特别防护期的信访维稳工作。在此期间，共组织排查各类信访突出问题31件，落实领导包案31宗，化解30宗；梳理落实65名重点人员交县专班和重点人员辖区有关部门做好稳控工作。全年共派出8批信访维稳干部分赴北京、广州、梅州等地做好值守。为中共十九大、厦门金砖峰会、粤商大会、世界客商大会、《财富》全球论坛等的顺利召开创造了良好的社会环境。

抓自身建设，促进信访工作再上新台阶 一是按照上级要求认真抓好中共十九大、省党代会精神和党的一系列方针政策的学习，用党的理论、党的方针武装全体干部职工的头脑，确保思想和行动与党中央保持高度一致；二是抓好业务学习，通过走出去和请进的办法不断提高全体工作人员的业务水平，举办了一场全县信访干部培训班，请市信访局的业务科室领导到丰顺县为全县信访干部授课；举办了一场村级干部培训，为全县村党支部书记、主任传授信访工作业务知识；派出局业务人员到省、到市参加一系列业务培训，通过以上措施，不断增加全体工作人员的业务技能。三是抓好信访局的硬件建设，在县政府的重视下开通了信访视频系统，更新了部分办公设备，优化办公环境，使信访局的环境面貌得到了改善。

2017年年底县信访局

局　长　陈新云

副局长　赖春柳　张裕生

（陈绍真）

【外事、港澳事务、侨务工作】

举办冬令营活动 举办2017年新加坡、马来西亚丰顺会馆华裔青少年“中国寻根之旅”冬令营梅州营活动。新加坡、马来西亚丰顺会馆华裔青少年“中国寻根之旅”冬令营梅州营活动是2017年11月丰顺县访新加坡代表团促成的重要成果，由梅州市外事侨务局、丰顺县外事侨务局、新加坡丰顺会馆精心组织联合共同举办。12月4日至10日由新加坡、马来西亚丰顺会馆华裔青少年共21人前来丰顺千江酒店举行开营仪式，并在丰顺、梅州开展为期一个星期冬令营活动。通过一周的冬令营活动，近距离体验博大精深的中国文化和客家文化的独特魅力，亲身感受客域现代文明的发展，增进了他们对祖籍国和祖籍地的了解及对中国文化的

热爱。

对外联络　加强与海外社团、侨领、港澳同胞的联络沟通。县外事侨务局与海外华侨社团、侨领、新侨民、港澳同胞等通电话、发传真、发贺电、发微信等方式进行联络共109人次。5月17日至18日，应香港潮汕客属联谊总会的邀请，县委书记曾永祥为团长，县侨联会主席徐小燕、县外事侨务局局长李志坚、县委统战部常务副部长陈奕鹏、县委办副主任李威一行5人组成丰顺县庆贺团前往香港，参加香港潮汕客属联谊总会在九龙湾国际展贸中心三楼宴会厅举行的庆祝“香港回归祖国二十周年暨首届会董就职典礼”活动。10月13日，应世界客属第二十九届恳亲大会筹委会荣誉执行主席余国春、联席主席余腾春、林光如等的邀请。由县委副书记、县长廖茂忠为团长，县政协主席邱翠茂、县委常委、统战部部长罗卫标、县政协副主席刘超平、县侨联主席徐小燕、县外事侨务局局长李志坚、县团委副书记罗坤、县统战部综合组组长杨静等一行8人组成丰顺代表团赴香港参加由香港梅州联会主办“世界客属第29届恳亲大会”。11月3日至8日，应新加坡丰顺会馆、缅甸广东工商总会的邀请，由县委常委、统战部部长罗卫标为团长，县政府办党组副书记张壮生、县侨联会主席徐小燕、县外事侨务局局长李志坚、县统战部常委副部长陈奕鹏、县侨联会秘书长吕绍恩、县外事侨务局干部黄喜洁等一行7人组成丰顺县代表团，出访新加坡和缅甸，拜访了新加坡丰顺会馆、缅甸广东工商总会等海外社团和侨领，联络了侨情和乡情，推介丰顺经济社会发展情况和投资环境，邀请海外侨胞回乡投资置业，促进丰顺与海外侨务工作打下良好基础。

对外接待　一年来，外事侨务局积极配合县委、县政府和有关部门接待海外华侨、华人、港澳同胞316人次。接待华侨、华人、港澳同胞的团体16个次、团体人数271人次，接待的团体主要有：2月11日至12日，接待香港凤凰卫视台主播卢琛率领该台一行5人前来丰顺观看元宵节埔寨烧火龙活动，并参观汤南镇龙上古祠、种王上围、丰顺公园等活动。2月11日至16日，接待泰国丰顺会馆副主席黄光顺率领旅泰蓝田黄氏宗亲一行36人探亲拜祖团。2月22日，接待马来西亚柔佛丰顺会馆顾问张贤万一行5人旅游探亲团。3月8日，接待旅居香港县政协委员曾自香、蔡双兴、冯礼见、徐位建等一行12人。3月10日，接待泰国丰顺会馆副主席徐金亮一行7人旅游探亲团。3月14日，接待旅泰蓝田黄氏宗亲会副会长黄伟明一行5人旅游探亲团。5月1日至2日，接待全国政协委员、香港嘉应商会会长曾智明一行6人，在梅州市外事侨务局局长杨栋陪同下，前来丰顺参观考察、体验温泉之乡的建设情况。5月29日至6月2日接待旅泰新侨民、泰国丰顺会馆副主席徐永添一行4人探亲团。6月18日，接待印尼万隆客属联谊会华商青少年“中国寻根之旅”夏令营梅州营、教师学习团及青年团到梅州活动团一行共41人，在梅州市外事侨务局领导陪同下前来丰顺参观龙归寨瀑布，种王上围、坚真纪念馆、丰顺公园等活动。8月12日，接待专程从泰国回丰顺为家乡黎峰小学颁发奖教奖学金的泰国丰顺会馆副主席徐永添。11月15日，接待前来丰顺县举行第五届世界客商大会丰顺县重点项目集中动工、竣工仪式的泰国国会外交主席顾问、泰国丰顺会馆副主席徐细金。11月16日，接待前来丰顺县举行第五届世界客商大会丰顺县重点项目集中动工、竣工仪式的马来西亚中马丰顺会馆主席胡士强一行2人。12月4日至10日，接待2017年新加坡、马来西亚会馆华裔青少年“中国寻根之旅”冬令营梅州营活动青少年一行21人。12月21日，接待泰国丰顺会馆永远荣誉主席陈修试率领的旅泰华侨一行24人前来丰顺县参观、探亲、旅游团。2017年来分别接待了旅居泰国罗氏、徐氏、陈氏等华人华侨探亲、拜祖团。

外事和港澳工作　一年来，为县有关单位（企业）出国赴港招商、引资、引智、经贸、考察等工作业务提供服务，受理因公赴港通行证6批20人次。在受理通行证报批工作中，做到即来即受理，及时上报送审批，确保丰顺县出境人员按时出境。

华侨、华人、港澳同胞捐赠　2017年全县接受华侨、华人、港澳同胞捐资兴建公益项目

3宗，捐资金额233万元。捐资兴建的主要项目有：泰国丰顺会馆副主席徐位弹捐资人民币150万元汤坑镇东海公益福利基金会基金；香港同胞朱孟依捐资80万元丰顺东留中学教育发展基金会基金；旅泰侨胞罗中捐资3万元汤南镇新埔园村老人活动中心活动经费。

侨务信访　侨务信访工作是了解侨情，连接侨心的桥梁和纽带。外事侨务局严格按照《信访条例》管理规定，在侨务信访工作中，做到热情接待，认真听取，深入调查，耐心解释，积极办理，做到事事有回复。一年来，外事侨务局接待来访侨胞7次，受理侨胞来信3件次，经局组织人员深入到镇、村的调查，处理答复来信来访10件次。

扶持贫困归侨　一是按照省财政厅（粤财农〔2016〕153号、粤财农〔2016〕367号）、省侨务办（粤侨政〔2016〕62号、粤侨政〔2016〕127号）文规定精神，外事侨务局组织各镇（场）对全县困难归侨进行分类调查摸底，会同县民政部门对低保归侨名单进行核对，并进行公示。一年来，外事侨务局分别在1月和12月2次对全县纳入低保归侨生活补助79户次，困难归侨临时救助165户次，发放生活补助和临时救助金额54.98万元，受助对象的贫困情况得到有效缓解，为侨解了忧，暖了侨心，促进侨界和谐稳定。二是做好困难独居归侨的摸查工作。根据省侨办、市外事侨务局《关于摸查困难独居归侨的通知》精神，为进一步摸清广东省困难归侨群体情况，开展好侨务精准扶贫工作。外事侨务局按照省、市侨务部门统一部署和要求，外事侨务局对全县归侨丧失劳动能力（或长期重病），无子女（子女丧失劳动力）的独居困难归侨（含夫妻）进行造册登记。经调查统计丰顺县归侨人员中属独居困难归侨的人数有27人。三是按照县纪委关于《丰顺县涉农领域腐败问题专项治理方案》（丰纪发〔2017〕1号）文通知统一部署，外事侨务局对2013年至2016年四年来省财政厅下拨贫困归侨扶贫救助补助资金发放情况进行全面核查。外事侨务局经2个多月深入到全县纳入低保的特困归侨和临时救助归侨256户、人数482人家中进行逐一核对。经核查汇总，四年来丰顺县贫困归侨扶贫救助补助的专项资金发放符合《广东省贫困归侨扶贫救助专项资金管理办法》规定。

配合县创文工作　按照县委创文工作部署和外事侨务局的创文工作方案，为创新丰顺县乡贤文化，发挥海外乡贤的引领作用，保护、传承、发扬、打造“华侨文化”，外事侨务局投入资金近50万元修缮及布展华侨纪念馆展厅，为丰顺县创建广东省文明县城提供了一个亮点。

2017年年底丰顺县外事侨务局

局　长　李志坚

副局长　高兴泰　江宏军

（蓝秋荣）

【招商工作】　2017年，丰顺县围绕振兴发展主线，落实原中央苏区和粤东西北振兴政策，按照“一个目标、三大抓手、两条底线”的部署要求，主动融入广东梅兴华丰产业集聚带建设，深入实施丰顺新区和梅江韩江（丰顺）绿色健康文化旅游产业带“一区一带”战略，重点培育电子电声、绿色饲料、温泉养生三大特色主导产业。着力夯实园区发展基础、提升园区产业承载能力，补短板、优环境，盯紧产业发展制高点，大力实施精准有效的招商，努力引进一批有前景、有潜力的好项目和大项目，不断提升招商引资质量和效益。2017年以来，丰顺县成功引进合同项目16个，计划投资总额142亿元，完成全年任务70亿元的203%。其中工业类6个，占37%；旅游、文化产业7个；房地产业3个。

落实工作责任、突出招商引资的主动性　2017年丰顺县严格按照“硬任务、全覆盖、强执行”的要求，深入实施招商引资和项目建设“一把手”工作，严格落实领导班子成员联系招商引资项目制度，明确目标任务，制订计划，做好重大项目跟踪服务，切实做好项目洽谈、协调、签约工作，全力确保项目早签约、早动工、早投产。同时依托职能部门、专业招商队等力量，开展高密度、多频率、不断线的务实性项目对接和洽谈，确保跟踪一批招商信息、跟进一批在谈项目、引进一批招商项目、促成一批项目开工建设。

明确工作重点，突出招商引资的针对性　深入实施丰顺新区和梅江韩江（丰顺）绿色健康文化旅游产业带“一区一带”战略，加大对外招商项目策划和推介力度，深入实施“乡贤回归投资兴业工程”，集中力量引进关联度大、带动力强的产业链项目，特别是发挥优势、培育产业，主动融入梅江韩江绿色健康文化旅游产业带。一是突出电声产业招商，充分发挥丰顺县电声产业规模发展优势，大力推进电声招商。二是突出旅游招商。针对丰顺县文化特色资源，温泉资源、绿色生态等特色优势，积极打造文化旅游主导产业，完善各项旅游基础设施建设，加大旅游宣传推介力度，全面打造旅游品牌，推进丰顺韩江绿色健康文化旅游产业带，大力发展绿色健康、文化旅游等新兴产业。三是突出温泉城、长寿乡招商。以打造“温泉宜居城、休闲养生地”为契机，着力推进一批温泉宜居城项目落地、动工。四是突出园区招商，以省级工业园海珠（丰顺）产业转移园为平台，围绕电声、绿色饲料等主导产业，产业集聚开展招商引资。五是突出乡贤招商，充分利用乡贤资源优势，鼓励乡贤回乡投资兴业。

抓好优质服务，狠抓作风建设　招商引资必须“筑好巢”才能“引好凤”。因此，一方面丰顺县要大力完善硬件环境，为项目落地创造条件。同时，还要切实提升招商软环境，保障项目有效推进。特别是各级各有关部门要以优质服务为重点，坚持一线工作法，全面推动服务提质、工作提质、落实提质，努力打造成本洼地、效能高地、创业福地。同时，要千方百计兑现承诺、兑现扶持措施，做到诚信招商；要以保障企业权益为重点，坚决打击借机设障揩油、吃拿卡要等违法违纪行为，让企业在丰顺投资有安全感，发展有稳定感。全面提高办事效率，为企业提供“一站式”服务。为入园企业提供滴灌式的精准服务，推动园区加快步入健康快速发展的轨道，早日见到园区发展的综合效益。

成功举办推介会　在广州举办海珠（丰顺）产业园招商推介会、北京梅州人海外联谊会丰顺分会30周年庆典大会暨招商推介会和第五届世界客商大会丰顺县重点项目集中动工竣工仪式。积极办好2017年6月在广州举办的海珠（丰顺）产业园招商推介会，进一步加强面向珠三角地区的招商推介，展示丰顺优质的投资环境，吸引更多特色产业落户丰顺。办好第五届世界客商大会丰顺县重点项目集中动工竣工仪式，充分展示全县重点项目建设成果，推动丰顺新区和梅江韩江（丰顺）绿色健康文化旅游产业带“一区一带”建设，助推丰顺加快振兴发展。

2017年年底县招商局
局　长　罗卫胜
副局长　李蕊青　邱文丽

（朱洲丹）

政协丰顺县委员会

【政协会议】　县政协十届二次会议于2017年3月8日至9日在县会展中心310会议厅隆重召开。中共丰顺县委、县人大常委会、县人民政府、县纪委全体领导，丰顺新区领导，县武装部政委，县法院院长、县检察院检察长，正、副处（县）级干部和历届县政协主席出席了开幕大会和闭幕大会。县委办、县府办、纪委办领导，县直没有政协委员的正科级以上单位主要负责人，县政协、县人大机关副科级以上干部和在丰的市政协委员列席了会议。

县政协副主席刘超平、县政协主席邱翠茂分别主持了开幕大会和闭幕大会。会议听取并审议了县政协主席邱翠茂代表政协丰顺县第十届委员会常务委员会所作的工作报告及县政协副主席郭春山代表政协丰顺县第十届委员会常务委员会所作的提案工作报告；本次会议增补陈奕鹏同志为县政协第十届委员会委员。会议期间，徐喜嘉、何运新、陈其旭等3名委员，就广大干部群众关注的“设立丰顺食品工业园”、“大力发展八乡山镇苦笋产业”和“加快丰顺县文化祠堂保护建设”等热点问题进行了大会发言。会议期间，与会委员积极建言献策，大会共收到提案26件，经提案委员会审查立案25件；全体委员列席了县十五届人大二次会议，听取并协商讨论了县政府工作报告及其它报告；审议并通过了县政协十届二次会议决议；在闭幕大会上，县委书记曾永祥作了重要讲话，通报了过去一年丰顺县经济和社会各项事业取得的新成绩，对县政协十届一次会议以来所做的工作给予充分肯定，同时对今后县政协如何更好地履行职能，为助推丰顺振兴发展和全面建成小康社会再立新功提出了新的要求。

【协商议政】 县政协常委会坚持议大事、抓关键，紧扣改革发展主题，广泛开展协商议政活动，全力助推丰顺加快振兴发展。

聚焦县委重要决策开展协商。围绕“五位一体”总体布局、“四个全面”战略布局、振兴发展“两大政策”以及县委“一区一带”建设、“三大百亿”产业、“四个百亿”工程、“一都两区三中心”创建等重要决策，分别召开专题协商议政性常委会议，邀请县委县政府有关领导及县直部门负责人到会听取意见建议。通过决策协调，委员们的意见建议引起有关方面的高度重视，部分建议已被吸收采纳到党政部门相关文件和业务工作中。

围绕政府工作部署议政建言。十届二次会议期间，全体委员认真听取和讨论“一府两院”工作报告及其他工作报告，紧紧围绕县委十三届二次全会工作部署和要求，密切关注政府重点项目建设和公共民生实事，以新常态下丰顺经济社会转型发展为主题，充分发扬民主，积极建言献策。大会期间，有3位委员分别围绕设立食品工业园、发展八乡山苦笋产业、保护文化祠堂等议题作了大会发言，另有4个专委会提交了4份书面议政材料，分别在饮用水源规划建设、加强学校体育工作、加强学生法治教育、强化食品安全监管等方面提出了许多可行性的意见和建议，得到了县政府的重视和采纳；全年共召开常委会议7次、主席会议15次，就提案办理情况、“一区一带”规划建设等重点工程建设开展重点协商；围绕县政府“十项民生实事”、美丽乡村建设、拓展全域旅游等工作，召开专题议政性常委会议和专题协商会议，提出补充意见和对策建议，为政府工作部署提供决策参考。

紧扣民生热点推进办理协商。坚持把协商民主贯穿于提案办理各个环节，积极探索改进提案办理协商方式，取得较好效果。十届一次、二次会议以来共收到委员提案54件，立案53件。根据《广东省党政主要领导督办政协重点提案暂行规定》，把《关于加快推进丰顺县公建民营卫生站建设，全面提升村级医疗卫生水平的建议》、《关于加快进华路全段拓宽改造的建议》等9件提案确定为重点提案，分别由县委县政府主要领导及县政协班子成员领衔督办。在提案交办后，县政协提案专委及提案科积极通过上门走访、电话沟通、约请座谈等方式，与提案委员、承（协）办单位共同研究，协商办理措施。认真按照《丰顺县政协提案办理工作评价考核办法》，开展提案办理民主评议工作，对提案办理情况特别是对重点提案的办理落实情况进行“回头看”，组织委员深入现场开展视察、跟踪督办，切实提高办理成效。至目前，53件委员提案在县委县政府的高度重视下，经39个承（协）办单位的积极办理，取得了明显成效。其中《关于加快推进公建民营卫生站建设，全面提升村级医疗卫生水平的建议》《关于建设万佛园停车场的提案》和《关于规划建设大外环快速干线的建议》等提案受到社会各界广泛关注和好评。各专委、工作室根据对口联系工作安排，积极参与联系部门专项规划、重要制度和项目推进协商，先后组织委员围绕产业转移园区、实验小学及幼儿园、“六馆三中心”和“六城”同创等重点项目建设开展办理协商，推进了重点民生实事的落实。

【民主监督】 县政协常委会围绕县委县政府的重大决策部署，主动加强与县人大常委会、纪检监察部门及政风行风评议机构联系沟通，积极探索民主监督的有效途径，努力提高监督实效。

集体重点监督有力。根据县委工作部署和要求，为进一步推动榕江北河水体达标整治工作落实，2016年8月以来，县政协先后多次召开主席会议协商专项视察监督工作，制定印发了《丰顺县榕江北河水体达标整治政协委员视察监督工作方案》，落实职责分工，分解监督任务。经济、社法、农村等相关专委每月两次定期或不定期到有关工厂企业、职能部门和镇村开展监督工作，针对发现问题及时提出意见建议并报县委综合协调组和专项督查组。在此基础上，常委会于2016年9月和11月两次组织县政协常委和部分市、县政协委员代表联合开展榕江北河水体达标整治视察监督活动，分别深入北斗、汤西、汤坑、汤南等镇村整治现场，认真听取各镇各部门对前一阶段整治推进情况汇报，认真察看整改落实情况，共同商讨整治过程中遇到的困难和问题。同时，委员们针对存在问题积极建言献策、协商议政，形成了《关于榕江北河水体达标整治专项视察报告》报县委政府作工作参考，有力推动了榕江北河水体达标整治工作的扎实有效开展。

专题视察监督有效。2017年6月，为配合做好文明县城创建活动，组织有关专委及委员工作室政协委员专题视察县城农贸市场建设与管理工作，先后到县城南市场和开发区市场察看现场，重点对市场环境卫生、经营秩序、文明经营等项目进行视察监督，详细了解相关工作情况，并认真对照广东省县级文明城市测评标准和要求提出整改意见和建议。视察过程中，委员们还围绕如何加强和改进丰顺县城区农贸市场建设与管理等问题，踊跃建言献策，发表意见建议，供相关部门作工作参考，为助推广东省县级文明城市的创建工作起到了积极的作用。

2017年7月，为进一步推动全县城乡环境卫生综合整治工作的落实，社法专委牵头专门组织专委及工作室政协委员，开展专题视察活动，先后对黄金、潘田、丰良、北斗等镇、村环境卫生综合整治工作落实情况进行视察，详细了解综合整治工作开展情况，并针对薄弱环节和存在问题提出意见和建议。通过重点专项视察，进一步推进城乡环境综合整治工作的深入开展，创卫成果得到进一步巩固，全县城乡环境卫生整治工作逐步走上常态化、制度化轨道。

行政效能监督有为。参加民主评议、选派行风监督员是政协开展民主监督的有效形式。通过走访、视察、座谈和问卷调查等形式，针对各部门各单位在服务态度、办事效率、重点工作推进等方面提出意见建议，积极促进部门单位改变工作作风、提升工作效能。先后推荐委员60多人次参加有关单位的征求意见评议座谈会，并结合实际提出意见和建议，有力地推动了部门工作。选派20名政治素质高、业务流程熟、参政能力强的政协委员，分别担任人民陪审员、特约检察员、纪检监察员以及公安、司法、教育、工商、税务、卫计、城管、食品药品管理等单位的特邀监督员。通过推荐委员参与全县政风行风、机关作风评议、价格听证、司法审判和公务执法等群众关注公信行为的民主监督，进一步拓展了民主监督的渠道，切实做到在监督中体现支持，在支持中推进监督，有效促进了全县各级各单位机关作风的转变和服务效能的提高。

【参政议政】 县政协常委会充分发挥渠道畅通、智力密集的优势，通过组织重点协商、调研视察和反映社情民意等形式，努力把参政议政的成果融入加快丰顺振兴发展的履职实践中。

主动履职强化担当。政协委员是政协工作的主体。一年来，工作在各行各业、各条战线的政协委员，在助推发展、改善民生、服务群众等方面取得了突出成绩，有效地提高了政协组织和政协委员的履职服务水平。从事经济工作的委员，特别是领办创办企业的委员，积极拓展市场，提高自主创新能力，加快转型升级步伐，推动企业做大做强，依法纳税，照章经营，勇于承担社会责任，积极为丰顺加快振兴发展做出了重大贡献。从事农业农村工作的委员，积极投身发展精致高效农业、精准扶贫工作和美丽乡村建设，通过引进技术、组织培训、提供信息、安排就业等方式，促进农民增收、农业增效、农村发展。从事党政机关、事业单位工作的委员，带头遵纪守法，转变作风，依法行政，提高办事效率，在优化发展环境和推动振兴发展中做出表率。从事教科文卫体工作的委员，在争创广东省推进教育现代化先进县、创建国家卫生县城、创建广东省文明县城、省卫生强县、开展科技下乡、组织参加第八届市运会、2017年中国·丰顺“喜德盛杯”国际自行车邀请赛、第五届客家文博会等重要工作和活动中尽职尽责，为促进全县教科文卫体事业蓬勃发展起到了积极的推动作用；工会、共青团、妇联、民族宗教、港澳台侨等界别委员，积极促进政党、阶层、民族、宗教、港澳台侨关系的和谐，增强各界人士同舟共济、共谋发展的信心，合力营造政通人和的社会环境。

紧扣重点深入调研。为进一步推动重点提案和重点工作的落实，加快推进农村公建民营卫生站建设工作，2017年5月，常委会率领科教卫体专委调研组，深入到汤坑、汤南等镇村就村级公建民营卫生站和乡医队伍建设推进落实情况开展专题调研，委员们就如何推进公建民营卫生站建设工作各抒己见、积极建言，对加快项目建设起到了积极推动作用。同时，经济专委会积极组织委员开展专题调研活动，到县交通部门调研全县交通建设规划、年度重点工程建设推进情况，深入汤坑、北斗等黄栀花种植基地，对发展观光休闲农业和乡村旅游产业进行调研。一年来，县政协班子成员按照职责分工，带领分管专委和工作室委员深入到砂田、北斗、汤西、汤南、埔寨、小胜、黄金、留隍等镇，分别开展了挂钩联系重点项目推进、新农村示范点建设、环境卫生整治、现代特色农业龙头企业发展、城乡特色文化旅游宣传、文化祠堂保护传承和乡贤回乡投资兴业情况等专项调研。此外，还积极配合市政协调研组到丰顺县开展中心镇“六个一”重点工作、梅兴华丰产业集聚带建设、精致小镇建设和重点提案办理落实情况专题调研。通过组织开展和参与一系列的调研活动，有效促进了国家和省市县相关政策措施和工作部署的落实。

倾听民情综合民意。不断拓宽联系沟通渠道，及时收集和反映社情民意，充分发挥委员联系界别群众的优势，悉心倾听收集群众意见，充分发挥委员工作室的平台作用，组织委员开展学习交流、撰写提案、反映社情民意等履职活动，通过各种渠道及时反映群众诉求，切实维护好人民群众的合法权益。进一步升级完善“委员之家”网络平台，开展界别话题讨论，及时收集整理委员意见建议。发挥政协官网和微信平台的重要作用，向党政有关部门反映情况，全年共有20多条意见和建议得到有关部门的重视和采纳，促进了相关民生热点问题的解决，受到了广大干部群众的好评。

【民生实事】　县政协常委会坚持团结和民主两大主题，认真做好联系各界、协调各方、凝聚人心的工作，巩固共同思想基础，营造良好政治环境，汇集和谐发展动力。

做好精准扶贫工作。根据县委、县政府的工作部署和要求，县政协高度重视，多次召开主席办公会议，专题研究部署县政协机关挂点帮扶埔寨镇埔北村的精准扶贫和“三清三拆三整治”工作，明确要求，落实责任。一年来，政协机关全体干部职工在政协班子成员的带领下，多次深入埔北村对123户贫困户的精准扶贫和“三清三拆三整治”工作开展帮扶调研，严格按照一户一策的要求，制定脱贫规划，明确帮扶措施，把精准扶贫和“三清三拆三整治”工作落到实处。截至年度，县政协机关共为帮扶村协调落实精准扶贫和“三清三拆三整治”等各项帮扶资金70多万元，用于帮扶贫困村贫困户生产生活等基础设施建设。与此同时，积极动员全体委员共同参与全县扶贫攻坚战，引导各界别委员发挥自身优势，积极配合党委政府做好精准扶贫精准脱贫工作。特别是经济界、农业界及港澳委员充分发挥联系面广的优势，为招商引资、产业转移、扶贫创业牵线搭桥，拓宽困难群众致富增收渠道。医疗卫生界委员深入贫困村开展医疗扶贫活动，免费为困难群众诊病送药。据不完全统计，一年来各界委员为贫困群众和社会各项慈善事业捐助资金达500多万元。通过开展各种形式的扶贫资助活动，密切了委员与基层群众的联系，扩大了政协工作的影响力。

致力文化传承发展。积极发挥文史资料“存史、资政、团结、育人”的独特作用，不断完善征集机制，创新征集方法，坚持“走出去、请进来”，发动和依靠征集对象，开展与市、县（区）政协的史料征集协作，积极做好史料的征集工作。一年来，文化和文史专委积极挖掘、保护、编撰地方文史资料，做好丰顺县历史名人、名史、名居及古村落史料、地方特色材料的征集，编印出版《丰顺文史》第23辑；积极协助做好创建广东省县级文明城市史料征编和社会主义核心价值观的宣传工作；协助市政协完成《梅州民俗精粹》资料采编，为进一步完善和丰富市县文史资料做出了应有的贡献。

深化联谊交流合作。常委会注重发挥界别优势，加强与工商联、党外人士的联系与合作，积极发挥群团组织和社会新阶层的作用，努力搭建好参政议政平台。先后组织参加北京、香港、广州、深圳、惠州等商会、社团组织联谊活动；加强与省市政协、兄弟县市区政协联系和交流，协助省政协开展对口帮扶汤西新岭村的精准扶贫以及相关调研视察工作。积极配合做好广州、海珠、东莞、龙岗、惠州和梅州政协到丰顺考察调研活动；热情接待汕头、潮州、河源等政协组织到坚真纪念馆开展主题党日学习教育活动；积极参加丰顺县招商推介会、参加香港世界客属联谊第29届恳亲大会等，努力在交流合作活动中大力宣传推介丰顺，提高丰顺对外知名度和影响力。

【组织建设】 县政协常委会始终坚持把加强自身建设作为政协履行职责、提高效能的重要工作来抓，不断探索强基固本的有效途径，着力提升政协履职能力和工作水平。

深入开展专题教育。根据中央和省市县委统一部署和要求，县政协扎实推进“两学一做”学习教育常态化制度化工作，促使全体政协机关干部找准“学”和“做”的着力点。县政协党员领导干部坚持带头上党课，班子成员和机关干部一起谈心得、听意见、查问题，民主生活会严肃认真，整改问题不折不扣。同时，深入学习《中国共产党廉洁自律准则》《中国共产党纪律处分条例》《党委（党组）讨论决定干部任免事项守则》等，不断增强党规党纪意识，严守政治纪律和政治规矩，把纪律规矩挺在前面，带头执行八项规定，机关作风建设得到进一步加强，干事创业氛围更加浓厚。

发挥委员主体作用。认真按照党中央和习近平总书记对政协工作的新部署新要求，不断健全委员联络机构，完善委员履职制度，推动政协工作向基层延伸。一是设立委员工作室。为提升委员自我管理和服务能力，进一步规范委员参加政协活动的行为，为群众反映社情民意提供更为方便快捷的平台，县政协按照市政协的统一部署，于2017年10月中旬全面完成了七个专委委员工作室的建设工作，为委员创造了更好的履职条件。二是完善委员履职制度。根据全国和省、市政协关于委员履职工作规则及有关文件精神，制订了《中国人民政治协商会议广东省丰顺县委员会委员履职工作规则（试行）》，不断完善委员履职制度，将委员参加政协会议、调研视察、提交提案、报送社情民意信息等履职情况造册登记，作为委员换届留任和评优评先的重要依据。三是强化专委会作用。进一步完善专委、界别与县直部门的对口联系制度，强化专委的基础和引导作用，加强对各界别履职活动的指导和支持，不断创新履职方式，为发挥委员主体作用创造良好条件。

加强机关自身建设。按照中央和省市县委关于加强机关纪律作风建设的工作部署和要求，认真开展系列学习教育和主题实践活动，深入学习贯彻习近平总书记关于进一步纠正“四风”的重要指示精神，落实全面从严治党要求，持之以恒正风肃纪，不断完善机关内部管理，规范办文、办会、办事程序，进一步形成踏实干事、用心做事、规范办事的良好工作氛围。切实加强专委组织建设和委员教育管理，进一步夯实政协履职工作基础。加强政协宣传工作，认真做好政协工作和履职活动宣传，传递政协声音，打造政协品牌。

2017年县政协发布的部分文件目录

丰协〔2017〕1号，关于印发《政协第十届丰顺县委员会常务委员会2017年工作要点》的通知

丰协〔2017〕2号，关于刘祖孟等同志任职的通知

丰协〔2017〕3号，关于印发《中国人民政治协商会议广东省丰顺县委员会委员履职工作规则（试行）》的通知

丰协办〔2017〕1号，关于精准扶贫对口帮扶村落实贫困户结对帮扶责任人的通知

丰协办〔2017〕4号，关于做好县政协十届一次、二次会议以来提案办理工作的通知

丰协办〔2017〕5号，关于印发《丰顺县政协机关作风整治实施方案》的通知

丰协办〔2017〕6号，关于印发县领导领衔督办政协重点提案的通知

丰协办〔2017〕7号，关于印发《丰顺县政协学习宣传贯彻习近平总书记重要批示精神工作方案》的通知

丰协办〔2017〕8号，县政协机关关于深入开展习近平总书记重要批示精神学习培训工作的通知

丰协办〔2017〕9号，关于《印发丰顺县榕江北河水体达标整治县政协视察监督工作方案》的通知

2017年年底县政协

主　席　邱翠茂

副主席　刘超平　谢仁泉　蔡运林　曾庆珠　陈新化　郭春山

秘书长　谢录丰

办公室主任　谢录丰

办公室副主任　陈声礼

提案科科长　刘集贤

文史科科长　朱焱桥

文史科副科长　曾学军

提案专委会主任　朱开华

文化和文史资料专委会主任　刘辉响

经济专委会主任委员　陈自镰

农村工作专委会主任　陈建宁

科教卫体专委会主任　杲粤平

社会法制和人口资源环境专委会主任　徐海生

港澳台侨外事专委会主任委员　刘祖孟

（陈声礼　杨　星）

县纪检监察工作

【简述】　2017年，在市纪委和县委的坚强领导下，全县纪检监察机关认真学习贯彻落实中共十九大精神和习近平总书记对广东工作重要批示精神，以习近平新时代中国特色社会主义思想为指导，坚持不忘初心、牢记使命，严格按照中央和省、市纪委全会工作部署，紧紧围绕县委、县政府中心工作，忠诚履职、勇于担当，以坚强的政治定力推进党风廉政建设和反腐败工作，纪检监察工作取得新的成效。

【中共丰顺县第十三届纪律检查委员会第二次全体会议】　2月14日上午，中国共产党丰顺县第十三届纪律检查委员会第二次全体会议在县会展中心召开。县委、县人大、县政府、县政协、县纪委领导，县法院院长、检察院检察长，正、副县级干部，县纪委委员，各镇（场）党委书记、镇（场）长、纪委书记，县直副局以上单位和省、市属驻丰顺单位现职副科以上干部，县纪检监察机关全体干部参加了会议。全会主要传达十八届中央纪委七次全会、省纪委十一届六次全会和市纪委七届二次全会精神，听取县委书记曾永祥重要讲话，审议、通过了县委常委、纪委书记唐秀娟代表县纪委常委会所作的《工作报告》和《决议（草案）》。

【增强政治责任和政治担当】　认真学习中共十九大报告和新修订的《中国共产党章程》，学习习近平总书记关于全面从严治党的系列重要论述、对广东工作重要批示精神和《习近平谈治国理政》第二卷，深入领会习近平新时代中国特色社会主义思想和中共十九大关于推进新时代党的建设、坚定不移全面从严治党的重大决策部署，在学懂弄通做实上下功夫，牢固树立“四个意识”，坚定“四个自信”，增强维护核心、保持一致的思想和行动自觉。坚持把政治纪律和政治规矩挺在前面，严格执行新形势下党内政治生活若干准则。严把选人用人廉洁关，办理县管干部党风廉政情况回复关47人次。在市纪委和县委领导下，积极肃清李嘉、万庆良流毒影响和清除朱泽君、林碧红、叶胜坤、周章新等人在政治生态上的不良影响，坚决查处违反政治纪律和政治规矩的行为，进一步推动党员干部更加自觉坚持党性原则，净化丰顺政治生态。

【推动决策落实】　以督导考核压实“两个责任”。深入县直部门调研，到16个镇开展巡回

督导，层层传导压力，增强“两个责任”意识。严格党廉责任制考核，组织11个考核组，对全县各镇（场）、县直和省、市属驻丰顺各单位2016年落实党风廉政建设责任制情况进行了检查考核，对全县111个单位提出的720条问题意见，采取“一对一”的方式逐一反馈，并要求提交书面整改方案、限时落实整改。严格开展“三述”活动，抽选10个县直单位和镇党委“一把手”向县纪委十三届二次全会书面述责述廉述德，接受县纪委委员、部分“两委员一代表”、特邀监察员现场评议，对10名“三述”人员提出的54条建议意见，综合报县委，并反馈给相关“一把手”限期整改。

以督查问责倒逼工作开展。严格村级换届风气监督，组建3个巡察工作小组对全县17个镇（场）282个村（居）委的“两委”换届工作开展了2轮专项巡察，共排查涉及村级换届选举线索21条，通过核查转立案3件，重点查处了汤坑镇金溪村党支部个别党员拉票贿选案，其中诫勉谈话2人、立案查处3人，并在全县范围内通报，起到了很好的震慑效果，确保村“两委”换届工作顺利开展、圆满完成。会同县人大、县政协、县两办督查室等部门组建督查组，严格榕江北河水体达标综合整治督查。7月至12月，共组织督查61场次，随机抽查41家养殖场（户），向12个单位发出39份督办函，对因履行巡查监管责任不力的11名镇村干部进行了严肃问责，有力地推动整治工作落实。

【优化政治环境】 坚决整治机关作风。制订明察暗访工作方案，并将每月暗访情况专报县委、县政府，对典型问题进行全县通报，实现了明察暗访常态化制度化。全年，全县共开展明察暗访50场次，制作暗访片4期，转立案17件17人；问责19宗19人。重点查处了汤南镇、北斗镇公共服务中心工作人员上班迟到、早退、无故缺岗替岗等违反工作纪律问题，八乡山镇综治信访维稳中心应对群众上访处置不力、造成不良社会影响问题。通过查处问责，有力地推进全县党员干部作风的转变。

积极运用监督执纪“四种形态”。全年，共开展谈话提醒3652人次，其中，约谈处级干部57人次，乡科级党员干部1019人次，咬耳扯袖类3355人次、红脸出汗类297人次；运用“四种形态”处理92人次，其中，第一种形态15人次、占16.3%，第二种形态61人次、占66.3%，第三种形态10人次、占10.9%；第四种形态6人次、占6.5%。同时，严格按照市委《关于贯彻“三个区分开来”实行容误免责治理为官不为的意见》，旗帜鲜明地为敢于担当、踏实做事、不谋私利的干部撑腰鼓劲。全年，通过开展线索核查、函询等，澄清保护干部88人。

【增强惩治腐败的震慑力】 畅通信访举报。深入开展新一轮“举报贪腐·共创廉洁”宣传活动，进一步发动群众监督、规范信访举报；严格执行委中共局领导班子成员轮流接访制度，在国庆、召开十九大等重要节日、重大活动期间安排信访工作人员24小时值班。全年，接受群众信访举报268件，同比上升150.5%，其中检举控告类254件、重复121件，应核133件、100%核查；接待群众来访224人次，接受群众来电咨询182次。

严格执纪审查。采取执纪审查目标管理，建立室组镇联动机制和执纪审查协作区制度，努力破解各项制约执纪审查工作的瓶颈；充分发挥反腐败协调小组成员单位作用，形成执纪审查工作合力，持续保持反腐败高压态势。全年，处置问题线索96条，初核92件；立案82件82人，同比上升30.16%，其中乡科级干部26件26人，比2016年同期增加19件19人；结案78件，党政纪处分77人，组织处理1人；镇级自办案件35件35人；接收公检法等部门移送线索25条。

注重办案安全。全面完成镇级谈话场所规范化建设，组建专职陪护队伍，严格执行线索处置和执纪审查“两报告”制度，保持了执纪审查“双安全”“零事故”。全年共使用县纪委谈话室58次36人；向市纪委报告线索处置17条、报告案件26件，接收和审核镇纪委报告线索处置81条、报告案件35件。

【深入整治群众身边腐败问题】 深入推进“两违”线索排查。严格按照上级工作部署，深入推进农村基层党员干部违纪违法线索排查工作。至2017年年底，丰顺县“两违”线索排查工作已进入常态化。全年，共排查“两违”线索287条，转立案82宗，其中，扶贫领域问题线索79条。

全面开展入户核查。督促县直部门专门成立8个业务指导组、组建7个督查组开展扶贫领域政策落实情况入户核查工作，重点对12项惠民项目和2013年以来的贫困户脱贫攻坚等7个扶贫领域项目进行100%入户核查、对种粮直补等5个普惠项目选取10%入户核查、对村“两委”干部及其家庭成员领取各项补贴100%核查。至10月底，基本完成涉农领域入户核查工作，各镇（场）、县直各涉农单位共上报涉农领域腐败问题专项治理存在问题1131条，主动上交问题资金744.08万元，经梳理研判，共有问题线索218条。全年，涉农领域腐败问题立案34件34人，其中扶贫领域案件18件18人，已办结10件，党政纪处分10人。

建设惠民信息平台。成立惠民信息公开平台建设领导小组，制订工作流程，出台《丰顺县惠民信息公开平台建设（运行）实施方案》，分别召开动员部署会、督查汇报会、平台演示会，扎实推进惠民信息公开平台建设。8月份，丰顺县惠民信息公开平台正式上线运营，可通过手机、计算机、终端机查询到14个县直惠民职能单位2013年至2017年度共计210多万条惠民补贴数据，并可进行监督举报，有力保障了群众的知情权、监督权，对扶贫领域腐败和不正之风形成有力震慑和遏制。

【加强党内监督】 深化派驻改革。至6月底，全面完成派驻（出）机构改革工作，撤销原有7个派驻纪检组，重新设立11个派驻机构分别进驻11家县直单位，通过单位派驻和归口管理方式，对全县98个县直机关、事业单位和国有企业派驻监督“全覆盖”。

扎实开展巡察。根据中央、省委“一届党委任期内实现巡察全覆盖”的要求，以及市委“三年全覆盖，两年回头看”的目标任务，县委认真制定《中共丰顺县委关于坚持全面从严治党扎实开展巡察工作的实施方案》等制度文件，及时成立县委巡察工作领导小组，成立县委巡察办。组建3个巡察组对10个单位开展首轮巡察，组建1个专项巡察组对61个省定贫困村开展巡察。在县委首轮巡察工作中，发现问题线索233条，涉及296人，其中，移交县纪检监察机关37条、移交县检察机关1条、移交县直相关单位51条、移交被巡察单位145条。至12月底，已完成61个省定贫困村扶贫领域专项巡察，发现问题195个，推动18个问题立行立改，追回问题资金101.94万元。有效发挥了巡察工作的震慑、遏制、治本作用。在启动首轮巡察的同时，根据省委巡视组巡视梅县、兴宁、大埔等县（市、区）相关通报，县纪委梳理、罗列了共性问题清单并报县委，县委专门印发《关于落实全面从严治党自查自纠工作的通知》，让全县各级各部门对照检查，立行立改。

稳步推进监改。严格按照中央和省、市部署，县委带头担负改革试点主体责任，成立县深化监察体制改革试点工作小组，周密制定实施方案和时间表、路线图。县委书记带头履行“施工队长”职责，多次主持召开县委常委会会议、工作小组会议，对改革试点工作重点问题进行研究，强调提高政治站位和政治觉悟，确保改革试点在丰顺落地见效、做实做好。县纪委认真履行专责职责，积极抓好改革试点工作的组织实施和任务落实。县各有关单位相互支持、相互配合，齐心协力推进改革试点工作。县检察机关涉改干部已全部转隶，县监察委员会已全面组建并挂牌，实现与县纪委合署办公并正式开始运转，全县深化监察体制改革试点工作取得重要阶段性成果。

【提升反腐合力】 加大廉政宣传。完善“报、台、网、微”全方位立体宣传格局，在《中国纪检监察报》《南粤清风网》、“客都清风”微信公众号等媒体上加大投稿力度，宣传丰顺正风肃纪正能量。全年，中央级媒体采用5篇，省级采用21篇，市级32篇，共计58篇（次）。

积极开展教育。围绕2017年纪律教育主

题，积极开展“清廉修身、廉洁齐家”系列教育，扎实推进纪律教育学习月活动。重点是组织开展了“廉洁火炬杯”党章党规党纪知识竞赛，组织一批单位“一把手”配偶签订“廉内助”廉政承诺书活动等“十个一”活动。进一步提升全省反腐倡廉教育基地——李坚真纪念馆的建设规划，并以李坚真大姐“廉洁”为主题，大力开展廉洁家风教育，引导广大党员领导干部树立良好的家教、家风。

强化以案治本。成立“以案治本”工作领导小组，制订工作方案，选取2个单位为示范点，扎实开展“以案治本”工作，督促发案单位认真开展警示教育，完善制度、堵塞漏洞，形成查处一宗、教育一片、警示一方的社会效果。

【提升干部履职能力】 严格干部选用。按照《纪检监察干部资格准入制度（试行）》，严把选人用人政治关、廉洁关、形象关。2017年，结合巡察、派驻改革以及组建专职陪护队伍工作，向全县公开选调了9名干部，向社会公开招聘10名合同制陪护辅警。

加强干部管理。坚持从严抓班子、带队伍，严格执行新形势下党内政治生活若干准则和民主集中制，注重发挥集体智慧，坚持重大事项集体研究，认真落实“一岗双责”。重新修订了《中共丰顺县纪委常委会工作规则》《机关干部层级管理实施意见（试行）》《机关干部职工请示报告制度》等，规范班子议事工作，落实层级管理。严格按照市纪委《关于加强纪检监察干部“八小时”以外活动监督管理的意见（试行）》要求，加强对全县纪检干部的监督管理。去年，县纪委初查初核函询纪检监察干部2人，谈话提醒1人、组织调整1人。

强化干部培训。分期分批安排机关和镇纪检干部参加省、市纪委业务培训。全年，共抽调9名镇纪检干部到县机关跟班学习、以案代训，选送2名年轻干部到市纪委跟班学习。有力提升全县纪检监察干部业务能力，助推党风廉政建设和反腐败工作不断上新台阶。

在肯定成绩的同时，必须清醒看到存在的问题和不足。当前，虽然形成了反腐败斗争压倒性态势，但腐败存量仍然较大，信访举报高位运行，问题线索特别是涉农扶贫领域问题线索较多；从巡察和执纪审查情况看，不少单位和基层党组织不同程度存在管党治党宽松软的情况，党内生活缺乏政治性、原则性、战斗性，政治生态不健康，执行制度规定变形走样，甚至顶风违纪；有些领导干部对高压反腐触动不大，表面上执行政策和程序规定，私下里仍隐秘运作以权谋私；有些基层干部不作为、乱作为，资源资产管理监守自盗，在落实扶贫政策中贪污侵占、雁过拔毛、优亲厚友，对群众冷硬横推；隐形变异的“四风”问题发现查处不够及时有力，缺乏有效办法；纪检监察队伍建设存在薄弱环节，综合素质有待提高，个别干部缺乏担当精神，工作不实、作风不正、律己不严，特别是县监委成立后，对纪检监察干部的党性修养、业务知识、办案能力有了更高的要求。对此，必须认真对待，着力解决。

2017年年底县纪委监察局

书　记　唐秀娟

副书记　王　琳　王湘阳

县监察局局长　王琳

县纪委常委　谢淑娟　黄祖东　邓春帆　朱传讯

县监察局副局长　邹春雷　王泽韩

（朱传讯　黄震东　吴翠梅）

附：2017年县纪委监察局发布的主要文件目录

丰纪办发〔2017〕1号《关于印发〈县纪委有关反映扶贫领域涉嫌违纪问题信访举报督办工作方案〉的通知》

丰纪办发〔2017〕2号《关于印发〈关于在北斗镇、县畜牧局开展“以案治本”工作的方案〉的通知》

丰纪办发〔2017〕3号《关于调整县纪委监察局保密工作领导小组成员的通知》

丰纪办发〔2017〕4号《关于切实做好十九大维稳安保特别防护期信访举报工作的通知》

丰纪办发〔2017〕5号《关于印发〈丰顺县执纪审查问题线索及案件办理督办制度〉的通知》

丰纪办发〔2017〕6号《关于印发县纪委监察局机关工会有关制度及做好会员会费缴交工作的通知》

丰纪办发〔2017〕7号《转发〈关于加强纪检监察干部“八小时”活动监督管理的意见（试行）〉的通知》

丰纪发〔2017〕1号《关于印发〈涉农领域腐败问题专项治理方案〉的通知（丰顺县）》

丰纪发〔2017〕2号《关于印发〈丰顺县2017年明查暗访工作方案〉的通知》

丰纪发〔2017〕3号《关于印发〈丰顺县镇级纪委执纪审查协作制度（试行）〉的通知》

丰纪发〔2017〕4号《关于印发〈丰顺县纪检监察机关2017年度执纪审查工作指导意见〉的通知》

丰纪发〔2017〕5号《关于组织开展丰顺县第三届“廉洁火炬杯”党规党纪知识竞赛活动的通知》

丰纪发〔2017〕6号《关于加强村级组织换届选举工作纪律的通知》

丰纪发〔2017〕7号《关于开展村级换届风气专项巡察工作的通知》

丰纪发〔2017〕8号《丰顺县开展廉洁小品征集和公益广告创作大赛的通知》

丰纪发〔2017〕9号印发《关于进一步规范“走读式”谈话工作的指导意见》的通知

丰纪发〔2017〕10号《关于调整县纪委办公室、组织宣传室、第一至第四纪检监察室职责的通知》

丰纪发〔2017〕11号《关于印发〈丰顺县纪委派驻机构和镇级纪委执纪审查协作制度（试行）〉的通知》

丰纪发〔2017〕12号《关于印发〈丰顺县纪委派驻机构工作细则（试行）〉的通知》

丰纪发〔2017〕13号《关于印发〈县纪委派驻机构办理执纪审查工作有关事项〉的通知》

丰纪发〔2017〕14号《关于调整县纪委县监察局领导班子成员工作分工的通知》

丰纪发〔2017〕15号《中共丰顺县纪委关于认真学习宣传贯彻中共十九大精神的通知》

社会团体

县总工会

【简述】　2017年，丰顺县总工会在县委和上级工会指导下，在县政府和社会各界的大力支持下，认真学习县委和上级工会的有关会议精神，以中共十九大精神为指导，紧紧围绕县委、县政府工作大局，充分履行工会工作职能，突出重点、真抓实干，圆满完成了全年各项工作任务，为丰顺经济社会平稳健康发展做出了新的积极贡献。

【有序推进工会改革工作】　根据市总工会《梅州市总工会改革实施方案》及丰顺县委对群团改革的工作部署和要求，按照增“三性”、去“四化”、强基层、促创新的工会改革总体思路，结合丰顺实际，深入调研，多层次、多途径征集改革意见，制订了《丰顺县总工会改革实施方案》（以下简称《实施方案》），并在3月29日向县委深改组作工会改革情况汇报，《实施方案》已上报县委深改组审批。接下来，将按照改革时间步骤，及时高质量完成改革任务。

【扎实推进“三个一批”建设】　根据市总年度工作部署，丰顺县列为2017年的“三个一批”建设示范单位。县总按照要求扎实推进“三个一批”建设。一是新建工业园区职工之家，职工之家就建在工业园区内，在众多工厂周围，大楼主体建设完成，9月底装修完善各种功能室。二是公开招聘社会化工会工作者3名，公开招聘工作已按县委要求，上报县编委及分管领导审批，7月底招聘人员可到岗任职。

【切实加强基层工会建设】　加大工会组建和农民工入会力度。新建会6家，发展农民工会员2215人，其中民营企业4家，发展农民工会员507人；较大型建设项目工会有丰顺县珠光新城御景项目农民工工会委员会，丰顺蓝天城项目农民工工会委员会2家，发展农民工会员1708人。推动基层工会民主换届工作，2017年共完成民主换届企业25家。深入开展建设职工之家、会员评议职工之家活动，丰顺县会员25人以上基层工会368个，合格职工之家336个，合格率达91.5%；开展会员评家单位有323个，占25人以上基层工会的88.3%。2017年丰顺县金叶发展公司工会、广东深华药业有限公司工会被评为省模范职工之家，丰顺县国家税务局办税服务厅工会小组被评为省模范职工小家。

【切实维护职工的合法权益】　深入推进工资集体协商、企业民主管理，切实保障职工群众的知情权和参与权，全县工资集体合同签约率达90%。深入开展“安康杯”竞赛活动，11家企业、共4642名职工报名参加竞赛。组织开展“送温暖”活动，慰问企业、事业、机关单位

65家，慰问职工1708人，困难劳模12人，困难农民工226人，发放送温暖慰问金40万元，开展“金秋助学”活动，为24名低保困难职工家庭子女资助助学金3.8万元，开展“送清凉”活动，向户外一线职工发放防暑降温凉茶饮品600箱；向178名困难职工发放帮扶救助金14.6万元。积极推进“职工互助保障”活动，全县参保单位83家，参保12487人，申报理赔134例，赔付金额15.2万元。

【深入开展劳动竞赛活动】 县总工会带领全县各级工会组织和广大工会干部，紧紧围绕振兴发展目标，深入开展群众性经济技术创新。各基层工会大力宣传选树先进，在广大职工中营造崇尚先进、争先创优的良好氛围。在丰顺供电局、县泰昌电声有限公司举办职工技能大赛；深华药业有限公司邱小风获市先进“建功立业女能手”称号，人民医院获市“女职工文明岗”。创建了市级“劳模创新工作室”和“女职工创新工作室”。

【切实加强工会自身建设】 扎实推进“两学一做”学习教育常态化制度化建设。深入学习贯彻中共十八届六中全会、中共十九大和习近平总书记系列重要讲话精神。组织开展参加学习十九大精神的知识竞赛等考学活动，不断增强机关党员干部的牢固树立“四个意识”，坚定“四个自信”。深入开展职工理想信念教育，教育引导职工积极践行社会主义核心价值观。积极推动习近平新时代中国特色社会主义思想及党的各项决策部署进企业、到车间、入班组，广泛凝聚职工思想共识。

2017年年底丰顺县总工会

县人大常委会副主任、县总工会主席 陈诺文

县总工会党组书记、常务副主席 张炽礼

副主席 张怀仁 王湘辉

（徐俊森）

共青团

【简述】 2017年，团县委在县委、县政府的正确领导和上级团委的有力指导下，认真贯彻学习中共十九大精神，以“凝聚青年、服务大局、当好桥梁、从严治团”为工作总基调，围绕中心，服务大局，主动适应群团改革新要求，扎实开展各项工作，团结带领全县广大团员青年为丰顺振兴发展而努力奋斗。

【丰富载体，加强青年思想引领】 深入开展“两学一做”和“学习总书记讲话，做合格共青团员”学习教育实践活动，定期组织青年干部开展学习党规党章、团章团情团史、团干讲团课和习近平总书记系列重要讲话等主题活动，进一步引领广大青年干部社会主义核心价值观，引导青少年坚决拥护党的领导，激发青少年爱党、爱国的热情，坚定青少年的理想信念。组织开展“重走大姐革命之路，传承红色基因”和“纪念叶剑英元帅120周年诞辰”等活动，引导青年以老一辈革命家为榜样，争当艰苦奋斗、自强不息、甘于奉献、开拓创新的时代先锋。通过开展“最美南粤少年”、“优秀共青团员”、“叶剑英基金模范少先队辅导员”、“青年文明号”等活动，发挥榜样的示范引领作用，传播积极向上的青年精神，在青少年中培育和践行社会主义核心价值观。把握“学雷锋月”“五一”“七一”“建队日”等重要时间节点，开展“青春喜迎十九大，不忘初心跟党走”、“我的青春我的梦—学习总书记讲话，做合格共青团员”等主题教育活动，进一步引导广大青少年树立正确的世界观、人生观、价值观。

【搭建平台，服务各类青少年群体】 一年来，通过“希望工程”、“梅州市扶助特困学生上大学”、“梅州会亲”等活动，共帮助126名贫困学子圆梦上学；开展“助力贫困学子圆梦校园”爱心义卖活动，在社会各界爱心人士的支持下，共筹集10多万元善款帮助20名贫困学子圆梦大学。通过开展扶贫助学工作，助力精准扶贫精准脱贫，真正实现“青少年有困难，团组织有作为”。

同时，充分利用“希望家园”平台，为农村留守少年儿童提供心理疏导、情感交流、学习帮助、文体活动等服务，促进青少年儿童的

健康成长，满足农村广大留守少年儿童的需求，也为服务留守少年儿童提供方便有效的工作载体。至2017年，全县共有19所学校建成省级“希望家园”。

【从严治团，夯实团工作的基层基础】 结合“学习习近平总书记讲话，做合格共青团员”学习教育活动，通过开展团干部培训教育活动，筑牢团干部理想根基，增强党性修养，强化团干部的作风建设；贯彻落实团市委《关于进一步深化我市“1+100”团干部直接联系青年工作的通知》，继续做好“1+100”团干部联系青年工作；制定全县团员发展调控方案，严格按照团员标准和入团程序控制团员的发展，提高团员发展质量，至年底，丰顺县团青比例为28%，达到全省团青比例的控制范围；严格落实团的组织生活，按照“三会两制一课”制度开展团组织活动，加强团员思想政治教育和自我教育，强化团员意识；组织新团员观看《入团第一课》，开展新老团员集中入团宣誓仪式等20多场次，增强团员的责任感和归属感。

【开展志愿活动，助力创建广东省县级文明城市】 依托“广东志愿者”平台，大力推进志愿者注册工作，规范和完善志愿者管理工作，目前，丰顺县共有志愿者登记注册1.7万多人。一年来，坚持做好品牌志愿活动，不断丰富志愿服务内容。组织开展“青春情暖”“暖阳行动”“创建文明县城”“学雷锋志愿服务行动月”“青春扶贫”等志愿服务活动，为丰顺县特困青少年、重大疾病学生、留守儿童等奉献爱心。特别是在连续五届中国·丰顺“喜德盛杯”国际自行车赛事活动中，志愿者恪尽职守、吃苦耐劳，展示出丰顺青年志愿者“奉献、友爱、互助、进步”的精神风貌，赢得社会各界人士广泛好评。

紧紧围绕县委、县政府关于创建广东省县级文明城市工作先进城市的工作要求，组织开展以“助力人居环境整治，共建美丽丰顺家园”、“洁净家园，美丽丰顺”、“共创丰顺文明城市，共享美好和顺之城”、“醉美丰顺，全域自驾”、“文明交通你我同行，文明城市你我共建”、“创文宣传进万家”等主题的文明旅游、文明交通、文明礼让志愿服务活动共二十多场次，覆盖整个县城。志愿者们用实际行动身体力行地宣传了创建省级文明县城，也将这种正能量理念传递给了广大市民，让更多人自觉从身边小事做起，进一步提升城市形象，打造卫生、整洁、文明的城市风貌和文明风尚，助力丰顺县顺利通过广东省文明县城的提名。

【积极发挥职能，参与社会综合治理】 一方面，积极抓好预防青少年违法犯罪工作。联合县禁毒办、教育局等部门开展“毒品预防教育进校园”巡讲活动，全面覆盖丰顺县33所中学；在国际禁毒日开展“全民禁毒，健康生活”“6·26”国际禁毒日法制宣传活动，提升青少年的识毒、拒毒、防毒意识和能力；进一步加强对重点青少年群体的教育、服务和管理工作，完善预防青少年犯罪工作机制，切实维护社会和谐稳定，助推平安丰顺建设。

另一方面，扎实开展青少年社区矫正工作。联合县司法局有针对性地开展青少年社区矫正教育帮扶工作，充分利用具备法律、教育学、心理学等专业知识的志愿者服务队，对青少年社区矫正对象进行“一对一”的思想道德教育、法治制教育、心理矫正、社区服务等教育帮扶工作。

2017年年底团县委

书　记　王凌凌

副书记　罗　坤　巫石伟

（办公室）

妇　联

【简述】 2017年，全县各级妇女组织在县委县政府和上级妇联的正确领导下，认真学习贯彻中共十九大精神，以习近平新时代中国特色社会主义思想为指导，坚决贯彻落实习近平总书记系列重要讲话精神和省、市群团改革工作重要文件精神，认真落实县第十三次党代会和上级妇联的工作要求，服从服务于县委、县政府工作大局，不忘初心，牢记使命，富有创造性地开展了一系列工作，有效维护妇女儿童合法权益，促进男女平等，全县妇女儿童工作保持健康稳定发展。

【紧扣发展主题，推动妇女创业致富】 一是助推创业创新巾帼行动。深入开展“全省农村妇女增收致富支持行动”和推进创业创新巾帼行动，结合“南粤巾帼精准脱贫行动”工作，命名“梅州市巾帼扶贫创业示范基地”1个（丰顺县恒茂农民专业合作社），并在基地举办农村妇女技能培训班，邀请有种植经验的专家为基地技术骨干、合作社成员70多人进行技能培训，引导广大农村妇女转变农业发展方式，在新业态、新常态中拓宽创业创新渠道，更好地发展生产，奔康致富。在“巾帼创新业、建功十三五”活动中，广东龙岗马山茶业股份有限公司总经理饶幸霞立足本职，争创一流，被全国妇联授予“全国巾帼建功标兵”称号，为推动城乡经济发展、促进社会和谐做了表率。二是举办月嫂免费培训班。为了给有志于母婴护理的妇女提供一个学习知识、掌握技能的平台，联合梅州市宝嘉教育培训机构在丰顺县举办精准扶贫家政专项技能培训班，免费为50多名“准月嫂”提供为期5天的高级母婴护理专业技能培训，其中有20名学员通过考核获得上岗证，为城乡的妇女群众提供了更多的就业和创业门路。

【倡导文明风尚，弘扬健康向上的和谐社会风气】 一是加强思想道德宣传教育。利用“三八”国际劳动妇女节107周年纪念大会契机，特邀嘉应医学院人文教研室主任，在医学和心理学方面造诣颇深的周英华教授为大家作了一场《做一名身心灵和谐幸福的女性干部》的专题讲座，从女性亚健康和不同年龄段常见病多发病的预防、治疗、日常保健护理等方面，倡导女性树立正确的健康观念。为进一步弘扬传统美德，彰显文明新风，在全社会形成崇德向善、见贤思齐的浓厚氛围，联合举办“庆三八·道德楷模走进革命老区”活动，倡扬“广东好人”“丰顺好媳妇”“道德模范”“最美教师”“最美家庭”“最美护士”“爱心女企业家”“文明旅游工作者”“环卫工人代表”等各类先进楷模在精神文明建设领域，在社会公德、职业道德、家庭美德建设中传播正能量，传递好声音，树立好形象。为庆祝中国共产党96周年诞辰，营造浓厚的文明城市创建氛围，联合举办了“童心永向党共创文明城同筑中国梦”大型少儿舞蹈晚会，围绕“爱党爱国爱家园”主题，引导广大未成年人继承革命先辈的优良传统，身体力行，一心向党，树立全面建成小康社会和实现中华民族伟大复兴“中国梦”的远大志向，同时呼吁全县人民积极参与到文明城市创建活动中来，携手并肩，从我做起，从小事做起，从现在做起，讲文明语言、做文明市民、创文明城市。为积极响应县委县政府创建广东省县级文明城市的部署，结合纪律教育学习月活动营造清风正气的反腐倡廉氛围，联合举办以“文明花开·清风入怀”为主题的丰顺县美术作品展，使广大群众在艺术的熏陶中感受文明的花香，在树正气中感受清风入怀，为促进社会和谐发展添砖加瓦。为共同营造全社会爱粮节粮的良好氛围，利用“世界粮食日”和全国爱粮节粮宣传周活动的契机，与相关单位通力合作举办爱粮节粮科普知识讲座，倡导大家爱粮节粮从自身做起，节约每一粒粮食，抵制和反对浪费粮食的行为，养成勤俭节约的生活习惯。二是做好家庭教育指导服务工作。深入北斗镇拾荷村举办“爱与责任并重”主题家庭教育讲座，使家长们在明白在家庭教育中的角色扮演，做到换位思维，理解、包容并正确引导孩子，让孩子们树立正确的价值观、是非观，营造和谐轻松的家庭氛围，提升家庭幸福感。依托汤西镇双湖村“妇儿之家”举办以“儿童安全”为主题的家庭教育讲座，特邀县“七五”普法讲师讲解近年丰顺县发生的交通事故典型案例，让孩子们明白生命的宝贵和遵守交通法规重要性，自觉做到知法、懂法、守法，确保交通安全。三是创新推进家庭文明建设。积极开展梅州市优秀书香家庭评选活动和第二届梅州市“自强不息好少年”“孝老敬亲好媳妇”评选活动。全县评选梅州市“优秀书香家庭”1户，广东百名“最美家庭”1户，授予“孝老敬亲好媳妇”4名、“自强不息好少年”3名。同时联合县委宣传部、县文明办、县广播电视台在全县开展首届“文明家庭”评选表彰活动，在表彰20户“文明家庭”的基础上，择优评出10户“最美家庭”进行表彰。通过表彰先进，选树典型，让社会主义核心价值观在广大家庭里生根，在传播中升华，营造了家风好、民风淳的良好社会氛围。为营造崇德尚廉的良好家风，联合县纪委在省级反腐倡廉教育基地——坚真纪念馆开展“家庭助廉”主题教育活动。通过以“观”崇廉、以“案”醒廉、以“阅”思廉、以“诺”践廉的方式，引导大家从关心和爱护干部的角度出发，当好家庭“守门员”和“监督员”，共同筑牢家庭廉洁防线，共同沐浴廉洁家庭的盈门清风，为创造家庭幸福的“小环境”和丰顺和谐发展的“大环境”而共同努力。

【积极履职尽责，构建妇女儿童维权大格局】 一是畅通社会化维权渠道。进一步提升“12338”妇女维权热线的知名度，切实发挥热线服务妇女、服务群众的积极作用。围绕“三八”维权周主题，畅通“12338”热线服务，开展妇联主席接听“12338”热线活动，畅通妇联信访窗口，完善基层妇女儿童维权服务站等维权机制建设，提高维权实效。据统计，一年来，县妇联共接待来信来电来访案件20多件（次），切实做到为妇女群众排忧解难。二是举办“平安家庭”主题创建活动。以“妇女之家”为依托，举办“化解矛盾纠纷，创建平安家庭”专题法制讲座。特邀律师向广大妇女群众介绍妇女权益保障方面的法律法规，对家庭暴力防护方面进行典型案例分析，现场派发《中华人民共和国反家庭暴力法》及女性健康知识等宣传资料。通过活动的开展，增强广大家庭成员的法制观念，同时号召每一位群众积极投身反对家庭暴力的活动中去，积极化解矛盾纠纷，倡导家庭文明，共同创建平安和谐家庭。三是开展“防艾”宣传活动。为认真贯彻落实中共十九大精神和推进健康中国建设的总体要求，利用“世界艾滋病日”的契机，联合县防艾委员会等有关单位开展以“共担防艾责任，共享健康权利，共建健康中国”为主题的预防艾滋病宣传活动。通过设置宣传咨询台、摆放展板、悬挂主题横幅、发放预防艾滋病宣传资料、签名承诺、防治艾滋病健康知识讲座等形式普及艾滋病预防知识，让大家了解如何用正确的态度去对待艾滋病以及艾滋病病人，消除对艾滋病人的恐惧心理和排斥态度，给予艾滋病人更多关爱，以达到保护自我、关爱别人和预防艾滋的目的，从而调动全社会共同参与预防艾滋病。四是建立专业化维权长效机制。为进一步满足妇女维权与信息服务需求，及时处理有关妇女儿童的矛盾纠纷，建立了广东省妇女维权与信息服务站梅州站丰顺分站，让广大群众能就近得到更加专业化的服务。同时，为进一步发挥妇联组织调处婚姻家庭纠纷的优势，联合县综治办、县司法局等部门成立了丰顺县婚姻家庭纠纷人民调解委员会，有效预防和化解婚姻家庭矛盾纠纷，维护家庭稳定，促进社会和谐。

【关爱妇儿家庭，促进妇女儿童共享社会发展成果】 一是开展慰问贫困系列活动。一年来，县妇联利用节日契机，深入扶贫挂钩村、边远山区等地开展“春节送温暖”“六一送关爱”等慰问活动，关心了解贫困妇女儿童的生活和学习状况。县政府投入近8万元，由全县各级妇女组织给300多名困境妇女儿童送上慰问金、粮油、文具等生活和学习用品，传递着党和政府的关怀和温暖，营造全社会关注弱势贫困妇儿的良好氛围。二是尽心为困境儿童凝爱心送关爱。广泛招募机关、事业单位、企业、社会组织等集体和各界热心人士，继续推进“爱心父母牵手困境儿童大联盟”行动，为更多的困境儿童开展助学、助困、助教。一年来，共筹得善款30万多元，帮扶贫困妇女儿童280多名，其中争取省儿童基金会2万元、市叶剑英儿童基金会12万元，帮扶孤贫儿童140多名。为进一步促进少年儿童的健康成长，深入到汤南合山小学、上八乡学校、潭江中心小学等山区学校分别开展庆“六一”暨关爱留守儿童活动、“心手相牵快乐成长”等主题活动。通过活动为孩子们搭建一个敢于参与，敢于体验，展示自己的平台，让孩子们体验成功的快乐，同时营造全社会关心、关爱留守儿童的良好氛围。三是努力为妇女群众办实事谋福利。2017年争取省、市妇联支持16万元，县政府配套资金支持14.4万元，援建单亲特困母亲安居8户。筹措资金疾病救治妇女15名。联合县妇幼保健院举行“情系妇女节，与女性朋友健康有约”为主题的义诊咨询活动。同时启动健康扶贫项目，联合县中医院、县慈善会等单位举行“关爱母亲，健康万家”活动，为有需求的妇女进行甲状腺瘤、乳腺瘤等妇科手术，并提供补贴。另一方面，联合县卫计局、县财政局启动全县精准扶贫村妇女“两癌”免费检查活动。计划用三年的时间对全县1万多名农村贫困妇女开展宫颈癌和乳腺癌的免费检查，旨在通过“两癌”筛查，帮助患病妇女早诊断、早治疗，增强妇女的自我保健意识，降低死亡率，提高丰顺县农村妇女的健康水平，以实际行动落实各级妇联关注民生的工作部署。

【队伍建设】 一是扎实推进基层妇联组织区域化建设改革。一是全面开展村级“会改联”工作。县妇联在推进村级换届妇女进“两委”的基础上，经过精心组织、专题部署、试点先行、全面铺开等工作步骤，扎实开展村（社区）妇代会改建妇联工作，截至2017年9月底，全县17个镇（场）282个村（社区）全面完成了村（社区）妇代会改建妇联工作。每个村（社区）妇联干部从原来的1名妇代会主任扩充到现在的11名以上执委，共选出新一届村妇联执委会委员2949名，主席263名，专职副主席49名、兼职副主席214名；选出新一届社区妇联执委会委员229名，主席19名，专职副主席11名、兼职副主席8名，达到了村级妇联组织组建率100%。二是有效推进乡镇妇联区域化建设。利用2017年乡镇妇联任期届满的契机，扎实推进乡镇妇联区域化建设改革，把各行各业优秀妇女吸纳进妇联队伍中，将妇联的组织链条和工作触角由乡镇机关向乡镇全区域延伸。到2017年年底，全县16个镇乡镇换届选举工作全面完成，镇妇联干部由原来的1~2人扩充到现在的25名以上执委，基层工作力量得到了极大的增强。换届后，镇妇联主席由同级党政班子女领导兼任的有12个，享受副科级待遇的有4人，配备专职副主席（享受正股职待遇）12人，配备兼职副主席13人。同时争取县财政支持，将乡镇妇联工作经费列入年度财政预算，目前，全县乡镇妇联工作经费得到有效解决，从2018年起，每个乡镇妇联落实每年3万元的工作经费。二是推进“妇儿之家”创建工作。在省、市妇联的大力支持下，县妇联在抓好原有“妇女之家”和“儿童之家”示范点建设项目的基础上，2017年新建立“妇女之家”示范点3个、“儿童之家”162所、县级“儿童友好示范社区”1所（北斗镇拾荷村）。各“妇女之家”和“儿童之家”严格按照相关标准，完善各项软硬件设施建设，建立起社会支持系统，同时利用“六一”儿童节、“三八”妇女节等节日契机，通过宣传教育、维权服务、组织活动，使之成为联系和服务妇女儿童的窗口和纽带。三是建立基层家庭教育示范基地。为进一步加强基层家庭教育工作，联合教育部门在基层挂牌建立了“丰顺县示范家长学校”和“家庭教育工作示范社区（村）”15个。旨在通过家长学校传播家庭教育新方法，营造家长重视家庭教育，帮助家长更新教育观念，提高家长教育子女的能力和水平。四是全面加强党的建设。县妇联始终把加强政治建设作为首要任务，扎实开展“两学一做”学习教育和“主题党日”活动，严格执行新形势下党内政治生活若干准则，妇联党员干部“四个意识”进一步增强，“四个自信”更加坚定。严格落实全面从严治党要求，自觉遵守党的政治纪律和政治规矩，坚决执行中央八项规定，坚定不移改作风正风气，全面加强纪律建设，切实推动全面从严治党各项工作落实。

2017年年底县妇联

主　席　罗丽娜

副主席　朱赤英　罗旭娜

（杨藤花）

侨　联

【简述】 2017年在市侨联关心指导和县委、县政府的正确领导下，丰顺县侨联按照省、市侨联的工作要求，围绕丰顺县委、县政府的工作部署和工作中心，以习近平新时代中国特色社会主义思想为指导，认真履行侨联工作职责，为丰顺振兴发展尽职尽责谋实效。

【学习贯彻中共十九大精神与开展“两学一做”学习教育相结合】 学习贯彻中共十九大精神，是一定时期的政治任务，县侨联按照县委的部署，认真组织全体党员干部开展形式多样的学习、座谈活动，其中：集中学习5场次，主题党日上党课学习2场次，学习讨论3场次，撰写心得体会5篇。通过学习，把全体党员、干部的思想统一中共十九大精神上来。同时，在学习中共十九大精神的前提下，党支部扎实开展“两学一做”学习教育常态化制度化各项工作，成立领导小组、制订工作方案，组织党员、干部认真学习领会习近平总书记重要批示精神，学习《中国共产党章程》、党规、党纪。组织党员、干部到红色教育基地、培训基地韶山进行党性、党史教育，加强党员、干部理论武装，以做“四个合格党员”为标准，推进侨联各项工作创新发展而努力。

【精准扶贫】 按照县扶贫局的工作要求，多次到挂钩的丰良镇成东村开展精准扶贫调查摸底工作，并派出结对帮扶人员到村到户了解贫困户生产、生活现状，并提出一些切实可行发展经济的建议意见，同时与挂钩村的资料统计人员按照要求做好各类台账工作。2017年以来，多方面筹集资金支持丰良镇城东村环境卫生经费1万元，还为丰良镇广育小学学生因交通事故致伤捐救助款5000元，慰问挂钩村贫困户及村干部8600元，春节慰问丰良镇敬老院2000元。

【筛选推荐】 2016年至2017年是县级换届之年，按照人大、政协筹备领导小组的要求和名额分配计划，认真筛选侨界二类人员推荐工作，其中：人大代表人选1人、政协委员人选6人。根据市委统战部和市侨联的工作要求，通过摸底调查，筛选推荐8位同志作为梅州市新的社会阶层侨眷人士。

【联谊活动】 2017年5月17日至18日，参加由香港潮汕客属联谊总会举办的“庆祝香港回归祖国二十周年暨首届会董就职典礼”活动，活动期间还与香港丰顺同乡联谊总会主席曾自香女士亲切座谈，通报丰顺家乡的经济、社会建设情况以及招商引资项目情况。2017年6月6日马来西亚华侨一行6人，到丰顺县潘田镇寻根问祖，县侨联派出有关人员积极与当地政府沟通协调，经多方共同努力，在当天为其寻找到国内亲属，圆了其三代人寻根梦。2017年11月上旬，由县侨联牵头组织，在县委常委、统战部部长罗卫标为团长带领下，出访缅甸、新加坡进行外事活动，本次活动为推介丰顺县招商引资、联络侨情、沟通乡情、文化交流等，取得了良好效果。2017年以来，共接待海外侨胞、港澳同胞回乡探亲商务考察等活动250多人次。

【继续开展“侨联助学和敬老扶幼行动”】 2017年以来，为丰顺县各类困难归侨侨眷子女大学生就读帮扶共9人、资金3.3万元，其中：市侨联帮扶3人、王俊宏先生帮扶3人、县侨联帮扶3人；这项助学行动连续坚持了多年，得到侨界群众一致点赞。其次，开展各类扶贫济困和慰问活动，一年来，帮扶困难侨界群众和其他各类帮扶资金共2.3万元，尽力为困难侨界群众排忧解难，多做雪中送炭、锦上添花的实事。

【连续组织小学生参加世界华人华文作文大赛】 县侨联积极响应全国侨联和世界华人华文大赛评委会的倡导，组织丰顺县小学生参与这项活动并取得丰硕成果，2017年共有39名辅导老师和学生获得一、二、三等奖，其中：一等奖2人、二等奖10人、三等奖27人，连续十几年被省、市侨联通报表扬。

【做好侨联信息编报和信访工作】 一年来，丰顺县侨联积极引导侨界人大代表、政协委员参政议政，参与各类外事调研、座谈、慰问活动，其中：撰写各类人大议案或建议2份、政协提案或建议3份，编写侨联活动信息23篇，较好地履行参政议政职能和促进侨联文化信息交流。信访工作：一年来，接受侨界群众来访30多人次，对所有来访事项，都能依法依规进行调解、处理、答复。

【党风廉政建设】 用中共十九大精神统一党员的思想和行动，坚持党要管党，全面从严治党的方针，按照修改后《中国共产党章程》规定和党风廉政建设责任制总体要求，认真落实主体责任。具体做法：一是组织党员、干部学习中共十九大精神、习近平总书记系列讲话精神和十八届中纪委向十九大的工作报告精神，筑牢思想防线；二是推动党风廉政建设落实到实处，落实主体责任、制订廉政风险点防控方案、完善层级负责制和队伍日常管理责任书，开展对党员、干部谈话提醒、谈心等工作，修订本会各类规章制度汇编成册，真正做到用制度管人、管事，努力做到干部清正廉洁、机关风清气正。

2017年年底归国华侨联合会

主　席　徐小燕

副主席　丘奕芬

（吕绍恩）

工商联

【简述】 一年来，在县委、县政府的正确领导下，在市工商联和县委统战部的具体指导下，紧紧围绕县委、县政府中心工作，围绕促进“两个健康发展”目标，认真把开展“两学一做”学习教育活动常态化制度化，开拓创新，扎实工作，积极带领会员履行职能，参政议政，全面完成各项工作任务，为丰顺县振兴发展做出了新的贡献。

【组织建设】 工商联组织的科学化水平，关系到履行职能的成效，影响着服务“两个健康”的质量，要认真研究新形势下工商联组织建设发展规律，总结行之有效的工作方法，探索推进组织工作制度化规范化的有效途径。选优配强工商联领导班子，发展壮大会员队伍，积极引导商会协会建设，努力增强工商联的凝聚力和影响力。

工商联创新会员发展新思路，建章立制管好会员，变“单个发展”为“团体吸收”，积极将遵守国家法律、遵循职业道德、热爱工商联的非公有制经济人士吸收到工商联，进一步壮大会员队伍。与此同时，积极推动当地行业特色鲜明、产业规模较大的行业成立行业商会。切实加强镇级商会、行业商会建设，探讨异地商会建设，充实健全工商联队伍会员、团体会员结构，努力抓好工商联组织建设。上半年发展新吸收会员16人。

【加强队伍建设】 按照建设“学习型、创新型、服务型”机关的要求，推进“两学一做”主题学习教育实践活动常态化制度化，严格执行“三会一课”制度，认真学习贯彻习近平总书记系列重要讲话精神。建立健全符合工商联特点的工作机制，促进工商联机关工作科学化、制度化和规范化，提高执行能力和工作效能，更好地为丰顺县民营经济快速稳定发展做好服务工作。

【参政议政】 抓好非公有制经济人士政治安排推荐工作，提高非公有制经济人士参政议政水平。在县“两会”召开前夕，组织非公有制经济人士中的人大代表、政协委员召开座谈会等形式关心非公有制经济建设环境、社会热点等问题，为两会的代表或委员在会议期间提供高质量的提案、议案打下良好基础。2017年，认真组织担任人大代表、政协委员的工商联会员，积极建言献策，共向各级人大、政协提交建议、提案17件。县工商联大力引导他们积极参政议政，充分发挥代表、委员职能作用，在两会召开期间，积极发言，提出高质量的建议和提案。

积极发挥工商联桥梁纽带作用，协助政府抓好“六城”建设。工商联充分发挥桥梁作用，采取多种形式宣传贯彻党和政府的方针政策，深入企业，引导民营企业家积极参与“六城”同创建设，树立“绿水青山就是金山银山”的理念，推进民营企业绿色企业建设，共建丰顺宜居宜业城市。同时，协助政府做好电声产业创业园的建设，主动联系开发区、招商局促进电声企业进园，为企业早日进园提供帮助。

【服务企业】 完善企业交流协作平台，助推民企健康发展。一是坚持开展主席企业交流活动。2017年，工商联于6月、11月共组织2次主席企业交流会，促进主席企业相互学习和交流，实现相互促进、共同发展。通过主席企业交流活动对提升丰顺县企业管理水平起到积极推进作用。二是继续推进友好商会的建立。组织部分民营企业家到友好商会参观学习，就企业如何更好地发展进行深度交流、探讨。三是继续完善银企对接平台。工商联与县建设银行、邮政银行等金融部门紧密协作，采取召开银企协作见面会、举办金融知识培训等方式，搭建起多层次、多渠道的银企对接平台，为民营企业融资理财服务。四是注重教育培训，提升会员整体素质。

2017年，先后组织非公有制企业企业家、非公有制企业管理人才共300多人次参加各类研修班、专题讲座和相关培训。8月，组织23名企业家到八乡山苏维埃东江纵队会址参观学习，学习弘扬革命精神；11月3日，组织42名企业家学习中共十九大精神，引领民营企业学好用好十九大精神，促进企业健康发展。

通过开展一系列培训教育活动，大大提升了非公有制经济人士的经营管理水平和能力，同时也培养和造就了一大批政治觉悟高、业务素质好、责任意识强的非公有制经济人士。

【光彩事业】 弘扬光彩事业精神，增强非公有制经济人士社会责任。一年来，县工商联积极引导丰顺县非公有制经济人士参与光彩事业等社会慈善事业，致富思源，回报社会，自觉承担社会责任。特别是引导丰顺县非公有制经济人士积极参加“扶贫济困日”活动。在2017年630扶贫济困日活动中，工商联党组书记陈洁华的带领下深入企业与企业家座谈，动员他们投入到活动中去，发挥丰顺县民营企业家乐善好施、回报社会的精神，做一名合格的中国特色社会主义建设者，在工商联俊旋主席捐资250万的带动下，民营企业家踊跃捐资。6月29日，在扶贫济困日动员会上有11位企业家上台举牌，据不完全统计，共捐资1200多万元。

2017年年底县工商联

主席、总商会会长 邱俊旋

党组书记、常务副主席 陈洁华

党组成员、专职副主席兼秘书长 黎伟东

（黎伟东）

文 联

【简述】 一年来，丰顺县文联在县委、县政府和市文联的重视支持下，坚持以习近平总书记在文艺工作座谈会上重要讲话精神为指导，紧紧围绕县委、县政府中心工作，结合“两学一做”教育活动和“创文”工作的开展，通过召开文联委员扩大会、文艺家座谈会、支部会等形式，坚持深入生活，扎根人民，开拓创新，开展一系列的文艺活动，推动了全县文艺事业的发展，受到上级主管部门的充分肯定。

【召开县第七次文代会】 县文联把召开县第七次文代会作为深入学习贯彻习近平总书记系列重要讲话精神，特别是在文艺工作座谈会和第十次全国文代会开幕式上的重要讲话精神的一项重要工作来抓。9月中旬，县第七次文代会在县会展中心召开。县委副书记、县长廖茂忠，市文联党组书记、主席陈锐锋，县委常委、宣传部部长林剑，以及县人大、县政协、县纪委相关领导和来自广州、深圳、东莞和梅州的丰顺籍知名文艺家，县总工会、团县委等群团组织负责同志，县文联历届领导和老一辈的艺术家等领导、嘉宾130多人参加了会议。县委书记曾永祥因公在外学习，对开好这次文代会高度重视，专门发来贺信。会上，廖茂忠、陈锐锋分别为被县文联授予“优秀文艺家”称号的20文艺家颁奖。会议听取和审议了《丰顺县文联第六届委员会工作报告》、审议通过了《丰顺县文学艺术界联合会章程》，会议选举产生了丰顺县文学艺术界联合会新一届领导机构。

【文艺作品成果】 一方面是创作国画作品《大美丰顺》长卷。在县委、县政府的大力支持下，由广东客都书画艺术研究院策划，邀请广州市美术家协会山水画艺委会刘思东、黄唯理、羊草等广东省画坛10多位名家共同创作，经过一年多数次现场写生、采风，完成长28米、高85厘米的巨作，在客家文博会展出，并在客商大会期间举行揭幕仪式，形象地演绎出丰顺温泉文化、老区文化、客潮文化、火龙文化，生动地展现了丰顺新时代风采。另一方面是梅州市重点原创歌曲佳音频传。3月底，由陈光华创作的原创畲族歌曲“亲人到畲寨”，应邀参加浙江省文化厅主办的中国好畲音比赛，荣获金奖。为此，央视军事农业频道记者三到丰顺，拍摄潭江镇畲族风情、茶园和汤坑镇现代农业食用菌生产基地等画面，与该歌曲一起在中央电视台军事农业频道于8月中旬播播出。同时被梅州市列为重点创作项目的原创歌曲《百年圆梦》，在中共十九大召开前，即开始酝酿，并着手于该曲的创作，邀请著名词作家宋青松作词，陈光华在中共十九大召开前完成《百年圆梦》的创作和音乐制作，被全国总工会文工团选用，在辽宁三省和广西等地巡唱，反响良好；同时，在县委宣传部的力荐下，入选世界客商大会“遗珠璀璨——梅州市客家非物质文化遗产展演”晚会压轴节目。

在出版方面：朱明海出版杂文随笔集《明说海侃》，彭汉如主编文学作品评论集《甘露清风》，黄若芳的剪纸作品入选《美中杰出华人艺术家邮票纪念珍藏册》专集。同时，根据县委、县政府的工作部署，协助《客家人》杂志社编撰梅州客商大会丰顺专刊，全面宣传丰顺经济社会和文化事业的发展。在发表方面：彭汉如、陈其旭、罗琼、张扬等作者在《广东文学艺术》《厦门文学》《汀州客家》《梅州日报》《汕头日报》等报刊发表50多篇诗文。在得奖方面：陈宁浩、邹曼创作的相声《远虑与近忧》获省一等奖、市一等奖；由廖武作词、陈光华、邹曼作曲的歌曲《亲人到畲寨》获省二等奖、市一等奖。创作石雕作品；徐代铭的石雕作品“大美丝路”荣获第十届广东省民间工艺精品展铜奖、“家园梅香”又荣获第二届“客都文化杯”文化创意作品大赛金奖。吕海宁摄影作品《龙威壮我行》获新加坡PSA国际金牌，《山居清韵》获印度PSA国际金牌，《祥龙献瑞》获首届“长寿之乡杯”摄影比赛一等奖。

【文艺交流】 一方面是请进来。一是举办文艺讲座和研讨会。县文联先后举办了“广东书画名家走进丰顺讲坛”“数码时代——后期技术让你的照片出彩”等讲座，邀请广东省书协副主席、广州市美协主席周国城、梅州市摄影家协会副主席张仁等名家到丰顺县讲授书画和摄影创作，与文艺名家面对面交流。6月中旬，由广东省作家协会创研部指导，梅州日报社、梅州市作家协会主办，县委宣传部承办的翰儒文学作品研讨会在丰顺县召开。省作协主席蒋述卓，省文学院院长熊育群，市作协主席、嘉应学院文学院院长曾令存等省市名家以及省、市作协和各县（市、区）作协其他领导和代表、汕头市文学界的同仁100多人参加了会议，与会专家学者对彭汉如创作的散文、小说给予高度评价。二是邀请名家到丰顺县指导。先后邀请广东省、广州市作协副主席张梅和著名作家安石榴等文艺名家到丰顺指导文学创作，与作家座谈，撰写宣传丰顺的诗文，提高文学创作水平。另一方面是走出去。陈其旭、程晓丹分别到普宁市、浙江金华参加第二届广东省祠堂文化研讨会和“归去来兮·中国传统村落（武义）国际高峰论坛”。撰写的论文《谈谈丰顺县文化祠堂保护利用与新农村建设》《丰顺古村落申报工作实践与体会》入选两本研讨会（论坛）文集和《客家研究辑刊》。下半年，组织丰顺石雕到广州、梅州等地参展，亮出丰顺的品牌。

【配合有关单位开展活动】 主要做法：一是积极开展文艺惠民活动。继续坚持文艺为人民服务、为社会主义服务的宗旨，一年来，先后举办送春联、迎春书画摄影作品展、“文明花开·清风入怀”美术作品展和“丰顺县庆国庆、喜迎十九大灯谜晚会”等场等10多场活动，展出300多幅书画摄影作品、免费为群众送出600多副春联，创作了3000多则谜条，活跃广大人民群众的节日文化生活。为了扩大文艺工作的服务面，将法律知识艺术化、普及化、大众化，陈光华与县司法局联合创作推出的法治歌曲进校园活动，已在两个学校进行试点工作，下半年在全县小学普开，该活动思路新、寓教于乐，深受师生的欢迎。梅州市普法网，《梅州日报》、广东电视台新闻频道等媒体已多次宣传报道。5月底，在汤坑中学举办的“丰顺县文学进校园品读交流会”中，县文联、作协主席陈其旭以“梦想 = 可能”为主题，向100多位师生作了讲演。同时，还向该校赠送了100多本书刊，将送文艺进机关、基层等活动落实到一个个具体的工作中。此外，部分作家、文艺家还牵头举办了首届文学春晚，举办多场丰顺悦读会，在市县都有良好的反响。

二是举办系列文艺进新农村活动。将文艺进新农村作为新时代文艺工作的重要一环。组织文艺工作者自觉投身乡村振兴发展中。4月初，县书法家协会第三十一届兰亭纪念日活动在汤南镇中国古村落种王上围举行。梅州市书协、县委宣传部、县文联等领导和嘉宾共100多人参加了纪念日活动。此举得到市书协彭贵山主席的高度评价。同时，还协助市直有关单位在粤东第一瀑龙归礤和中国古村落举办种王上围“客潮山水美，文明你我他”百人写生团走进丰顺、“梅江颂、海丝情”——丰顺采风行、东莞石龙美术协会丰顺写生，摄影家眼里的乡愁民俗等活动，活跃了新农村的文艺氛围，创作了一批宣传丰顺的书画作品。于2014年年初成功申报为中国古村落的种王上围，近年来，县委、县政府先后投入了2000多万元进行美化、净化和亮化工作，目前种王上围已成为梅州市城乡环境综合整治的示范点，推动城乡协调发展的亮点，拉动丰顺县新区经济快速发展的热点。

2017年年底县文联

主　席　陈其旭

副主席　何宝玉

（徐东霞）

残　联

【简述】　2017年，县残联在县委、县政府的正确领导和省、市残联的指导帮助下，高举习近平新时代中国特色社会主义思想伟大旗帜，认真贯彻落实中共十九大精神，以组织实施惠残民生工程为抓手，不断创新工作机制，真抓实干，精准服务，加快推进残疾人康复、教育、就业扶贫、社会保障、维权、组织建设和综合服务设施等各项工作，残疾人小康进程取得新进展。

【民生实事】　1. 保障底线民生项目：残疾人生活津贴标准由1200元/年提高到1800元/年，重残护理补贴标准由1800元/年提高到2400元/年。认真按照文件要求做好“津补贴”对象的筛查登记和资格审核工作，配合民政部门做好补贴资金发放工作，全县共有12050名残疾人享受残疾人二项补贴，其中发放重度护理补贴7553人，发放困难残疾人生活津贴4497人。

2. 推进康园中心建设项目：为及早做好新建11个、规范运行6个社区残疾人康园中心工作，县侨联与县财政局联合制定《丰顺县新建和规范运行社区残疾人康园中心实施方案》下发至各镇，落实配套资金，完成了11个新建康园中心的工作任务、规范运行6个社区康园中心，2017年11月8日通过市检查验收。

【康复服务】　1. 进一步完善康复机构建设。根据脑瘫残疾儿童康复工作需要，进一步完善康复中心硬件设备投入，购置了运动治疗、物理治疗等一批康复器材设备，添置符合儿童生理心理特点的儿童运动设施等。积极组织康复员参加省残联举办的培训班，不断提高引导式教育和康复训练服务水平，更好地为脑瘫残疾儿童提供优质的免费康复服务，2017年在训人数42人。

2. 加强县级残疾人辅助器具服务机构规范化建设。经过努力和积极争取，县残疾人辅助器具服务站增加事业编制2名，使辅助器具服务站实现了“六有”：有机构人员、有场地、有牌子、有印章、有经费、有服务内容。开展为300多名残疾人免费配发辅具活动，发放轮椅、助行器、手摇三轮车、沐浴椅、拐杖、盲人电饭煲等一批辅具。

3. 继续巩固“白内障无障碍县”工作。为帮助贫困白内障患者重见光明，认真落实市、县扶贫复明活动，做到白内障“发现一例、手术一例”，日常白内障复明手术到定点医院市残联康复医院实施，集中开展活动时，争取市残联选派“光明快线”手术流动服务车和眼科专家到丰顺县实施复明手术活动，共帮助346名贫困白内障患者实施免费复明手术，帮助他们重新恢复了视力，又能重见灿烂的阳光和明亮的世界。

4. 认真做好残疾人日常康复工作。一年来，全县共为10名低视力患者进行配用助视器；开展盲人定向行走训练25名；为残疾人提供矫形器装配22例；通过与丰顺县中山友好医院进行合作，投入资金12万元，采用购买服务的方式，由医院选派具有资质的康复医生每周上门为居家康复服务对象提供康复训练服务，共有20名因脑中风、脑外伤、脊髓损伤等疾病致功能障碍的残疾人得到康复服务。认真做好残疾预防知识和特需人群补碘宣传教育工作，提高科学与安全意识。

【社会保障】 1. 在实施城乡最低生活保障中，积极与县民政部门沟通协调，优先保障残疾人，切实将符合条件的贫困残疾人纳入最低生活保障线，给予定期救济。

2. 认真配合县社保部门落实为重度残疾人、智力、精神残疾人残疾人免费购买城乡居民养老保险民心工程。投入资金1027680元，资助5538名16周岁以上的重度残疾人、智力、精神残疾人购买了城乡居民养老保险。

3. 切实做好残疾人机动轮椅车燃油补贴的调查摸底和资金的发放工作，将国家补贴资金及时发放到313名补贴对象手中。

4. 切实做好2017年度丰顺县城乡重度残疾人基本医疗保险参保工作，共投入资681840元，资助3788名重度残疾人免费购买2018年度城乡居民基本医疗保险。

【特殊教育】 认真落实“两免一补”政策和实施“南粤扶残助学工程”，与教育等部门共同推动残疾人享受教育的同等权利，对学前教育、义务教育以及其他各类教育的残疾学生给予鼓励扶助，初步形成了以随班就读为主体，其他教育方式为补充的特殊教育办学格局。为8名贫困残疾大学生（4名大专、4名本科）申请南粤扶残助学金10万元，为17名家庭困难的学龄前儿童提供资助，发放扶残助学金1.7万元，帮助他们顺利入学接受教育。

【就业扶贫】 1. 认真贯彻执行《残疾人就业条例》，继续实施残疾人创业就业补助机制，投入资金14.4万元为45名有创业能力的残疾人种养户和个体经营户提供帮扶资金，投入资金5.5万元，为42名农村残疾人开展农技培训。

2. 将推进残疾人脱贫工作与“精准扶贫”工作有机结合。积极争取党政领导重视，将残疾人扶贫工作列入政府精准扶贫规划同步实施，动员各级各部门采取“帮、包、带、扶”多种形式重点扶持贫困残疾人家庭脱贫，全县共有2267名残疾人在精准扶贫中得到扶持。投入残疾人家居无障碍改造资金25万元，对50户贫困残疾人家庭进行家居无障碍改造，大大方便了残疾人日常生活，提高了残疾人的生活质量。

【专项调查】 精心组织实施全国残疾人基本服务状况和需求信息数据动态更新调查工作。根据国家、省、市残联的通知精神，丰顺县从2017年7月1日起至9月30日开展残疾人基本服务状况和需求信息数据动态更新调查工作。为做好此项工作，丰顺县制定了《全国残疾人基本服务状况和需求信息数据动态更新调查方案》，方案明确了县、镇残联及相关部门的具体工作职责，做到层层抓落实，确保高质量完成专项调查工作。全县共对1.4万名持证残疾人进行入户调查，入户调查率为100%。

【组织建设】 认真学习贯彻中共十九大精神，深入开展“两学一做”学习教育常态化活动和“基础管理提升年”活动。继续实施强基育人工程，以健全规范基层残疾人组织建设为重点，全面加强县、镇残联建设，切实发挥县、镇残疾人组织作用，加强完善服务功能，着力提高为残疾人服务的水平，282个村（社区）残协积极开展工作，逐步规范基层残疾人组织制度化建设。认真做好镇、村（社区）残疾人专职委员的选聘和培训工作，镇级专职委员每人每年补助3600元，村（社区）级专职委员每人每年补助1200元，专职委员补助资金委托银行发放。积极动员和组织专职委员参加中国残联组织的网上系统学习，建设一支“人道、廉洁、服务、奉献”的高素质残疾人工作人才队伍，为加快推进丰顺县残疾人工作提供组织保障和人才支撑。

【信访维权】 进一步加大残疾人法律法规宣传力度，财政、教育、卫生、工商、税务、城管、广播电视台等部门也结合各自实际，认真制定和落实优惠政策。县法律援助中心的律师为残疾人提供“优先、优质、优惠”的法律援助，保障残疾人的合法权益。县残联认真做好残疾人来信来访工作，各类信访件办结率为100%，做到事事有着落、件件有回音，使来访的残疾人和亲属满意而归。没有发生残疾人越级上访、集体上访和恶性上访事件。

【扶残助残】 在春节、“全国助残日”等重大节日期间，各级党政领导亲自参加慰问贫困残疾人活动，深入基层走访慰问贫困残疾人、残疾人自强模范，给他们送上慰问金、慰问品，给残疾人以极大的鼓舞。2017年5月21日是第二十七次“全国助残日”，围绕2017年“推进残疾预防，健康成就小康”助残日主题，在县残疾人康复中心召开第二十七次“全国助残日”活动慰问座谈会，42名在训脑瘫儿童及其家长们参加座谈会。张环琪理事长要求康复中心提供精准的个性化康复服务，积极加强三级预防工作，探索和创新残疾预防工作模式，减少残疾发生，降低残疾程度，努力实现残疾人“人人享有康复服务”的目标。座谈会后，县残联理事会领导成员为脑瘫儿童送上节日慰问金和精美礼品。

【宣传文体】 各镇场充分利用各种社区资源帮助残疾人参加各种文体活动，丰富了残疾人的文化生活。建立2个全民助残健身工程示范点，积极选派5人参加全省残疾人健身指导员培训班，编印了《残疾人健身方法手册》，积极组织辖区内残疾人开展常态化健身训练工作。积极组团参加梅州市第七届残运会，获得金牌6枚、银牌4牌、铜牌1枚。大力协助省、市残联选拔残疾人运动员，为省、市推荐了徐钦梓、谢丹霞等一批优秀残疾人运动员。

【服务设施】 县委、县政府高度重视残疾人基础设施建设工作，把建设“丰顺县残疾人康复中心”作为一项重要民生工程来抓，在城市中心用地十分紧张的情况下，将位于城区中心五一路29号原县文具厂划拨给县残联用于拆旧新建残疾人康复中心。该中心占地面积765.4平方米，规划建设七层，总建筑面积2752平方米，总投资约896.99万元。建成一座符合无障碍设施要求，集残疾儿童康复训练服务与业务指导、辅助器具供应、文体活动等为一体的县残疾人康复中心。该中心于2016年12月21日开工建设，目前进入室内装修阶段，康复中心的建成将为丰顺县有康复需求的残疾人开展多项康复服务，逐步实现残疾人“人人享有康复服务”目标。

2017年年底县残联

理事长 张环琪

副理事长 张暹春

（赵永新）

关工委

【简述】 在县委、县政府的正确领导和省、市关工委的指导帮助下，县关工委深入学习贯彻党的十八届五中、六中全会和十九大精神，学习贯彻习近平总书记系列重要讲话精神，努力实践科学发展观，坚持“急党政所急、想青少年所需、尽关工委所能”的工作方针，加强调研，敢于创新，大力发挥“五老”的优势作用，在加强和改进青少年思想道德教育，促进青少年健康成长等方面，做了大量深入而细致的工作。

【深入学习中共十八届五中、六中全会精神】 根据中国关工委的通知和上级党委的统一部署，县关工委继续采取多种形式，深入学习宣传五中、六中会议精神，学习贯彻习近平总书记对关心下一代工作的重要指示精神，认真组织全体常务班子成员和邀请部分“五老”人员，认真学习会议精神，学习贯彻中国关工委和省、市关工委文件精神，把学习教育活动引向深入。同时深入开展专题宣传活动，编印了宣传材料下发至基层关工委，出版大型专题宣传栏，张贴挂图等，营造了良好的宣传氛围，并继续大力抓好全县中小学生思想道德和法制教育，先后到汤西镇中心小学、汤坑中学、丰顺中学等学校调研，指导各中小学校深入开展德育、法制教育，积极组织和参与汤西镇中心小学、汤坑中学、黄金中学等160多间中小学校举行德育、法制教育报告会、学习会，教育广大青少年学生从小学法懂法守法，受教育学生达5万多人次。

【学习贯彻中共十九大精神】 在中共十九大召开期间，县关工委组织常务工作班子成员观看开幕式现场，聆听习近平总书记的《工作报告》，会后连续几个星期一召开常务工作班子会议认真学习十九大精神，学习十九大《工作报告》、《会议公报》、新《党章》，学习党报党刊和《中国火炬》等杂志刊登的十九大文章。会议明确提出，学习好、贯彻好、落实中共十九大精神和习近平总书记系列重要讲话精神，是各地关工委当前和今后一个时期的首要政治任务，要用习近平新时代中国特色社会主义思想统领关心下一代工作，把会议精神贯彻到基层关工委和“五老”中去，贯彻到广大青少年中去。同时加强宣传工作，出版了学习中共十九大精神的图片宣传栏《不忘初心继续前进》，印发学习资料发至“五老”手中，并先后到汤西镇中心小学、丰顺中学等学校和部分镇（场）、农村创业学员基地调研，宣传贯彻十九大精神，指导各中小学校深入开展思想道德教育等活动。

【深入开展社会主义核心价值观教育活动】 各级关工委继续认真学习贯彻中国关工委、省市关工委有关文件和会议精神，突出重点，找准主题，继续以“学雷锋、心向党、讲品德、见行动”主题教育活动为载体，结合开展“老少共筑中国梦”、迎接中共十九大召开等活动，深入进行社会主义核心价值体系教育，全面提高青少年理想信念和思想道德素质。各级关工委以中小学校为重点，以加强理想信念和道德品质教育为中心，把教育活动具体化、形象化、生动化，唱响主旋律，引导青少年学习理解党的路线方针政策，弘扬中华民族优秀传统文化，使广大青少年更加爱党爱国，坚定走富民强国的道路。

【抓好基层关工委组织建设，建立健全长效机制】 县关工委从抓基层、建制度方面下功夫，建立健全关心下一代工作长效机制，继续开展“基层工作年”和创建“五好”基层关工委活动，并根据需要调整充实了部分镇村、学校关工委成员班子，特别是抓好部分镇（场）关工委常务副主任的选任工作。至年底，全县17个镇（场）、282个村（社区）、69个县直单位、21个民营企业及中小学校建立596个关工委组织，成员11790人（其中聘请企业家任名誉主任2069人，“五老”3885人），另有老人志愿者2308人，基本实现“七有”（有机构、有队伍、有牌子、有印章、有办公地点、有经费、有活动）目标，较好地保证了工作的延续性、正常化。

【继续大力开展关心下一代宣传工作】 县关工委以宣传学习中共十八届五中、六中全会和十九大精神以及习近平总书记重要指示精神为契机，根据各时期的工作出版宣传栏，开设学习园地，悬挂宣传横额等，采取多种形式大力开展关心下一代宣传工作。同时于4月11日与县老干部局、老促会联合召开宣传报道工作会议，总结和部署宣传报道工作，并对2016年度取得优异成绩的13名通讯员进行表彰。2016年全体通讯员在《中国火炬》《中国老区建设》《秋光·关心下一代》等媒体发表文章信息120

多篇，得到了上级部门和县委的充分肯定，县关工委宣传工作2004—2017连续十四年被中国关工委评为先进集体。在抓好2018年度关工委系统刊物的征订工作中，得到了各级党委、政府和有关单位、学校的支持，共完成订《中国火炬》402份、《秋光·关心下一代》425份。

【积极争取社会各界的支持，帮助贫困生圆“上学梦”】 县关工委在深入调研的基础上，努力争取上级部门的重视和社会各界热心人士的支持，共为4名贫困大学生、68名贫困高中生发放助学金共17.1万元，以实际行动关爱寒门学子。首先是争取热心人士吴绍艇先生伉俪连续三年捐资各1万元资助2名贫困大学生；县关工委名誉主任巫俊平先生连续三年捐资5000元资助1名贫困大学生；热心人士徐建斌先生捐资1万元资助1名贫困大学生。同时从8月15日开始，根据市关工委发放叶剑英基金助学金的工作部署，县关工委在深入调查核实、确定受助学生对象的基础上，结合本县山区人口分散、受助学生年龄较小、交通不便等实际，不辞辛苦连续多天深入到黄金、砂田、留隍等16个镇和相关学校，认真细致做到送温暖、送爱心，把助学金送到全县68名家庭贫困的高中生手中，受助金额共13.6万元，每人资助2000元，使受助学生和家长深受感动。

【加强培训和帮扶力度，帮助农村青年创业上档次】 县关工委采取送学到村、面向群众的做法，举办3期农技技术培训班，其中4月14日在北斗镇拾荷村、6月9日在汤西镇南礤村举办了2期“农村创业青年种植黄栀子技术培训班”，9月9日在八乡山镇上八乡中学举办“农村创业青年茶叶管理技术培训班”，共培训农村创业青年、种植专业户205名。同时，按照省市关工委的部署，推荐了4名学员参加了市关工委“提高班”、2名学员参加省关工委“高级班”的培训。为促进农村青年创业上规模、上档次，县关工委于11月30日在县委党校召开“领头雁”农村青年创业致富带头人座谈会，邀请了30多名曾参加省、市、县关工委举办的“农村创业青年培训班”学习，经多年努力创业取得一定成效的种养大户、农民企业家参加会议，取得预期的效果。至年底，县关工委共组织了1600多名农村青年分期参加省、市、县联办的“农村青年创业培训班”，其中有130名参加了市关工委“提高班”、6名参加了省关工委“高级班”学习。多年来，县关工委坚持在帮扶和跟踪服务中下功夫，注重引导农村青年打造特色品牌，增强社会影响力，学员中涌现了张细清、何运新、高宁烽、蔡宇文等一大批年收入100万元以上的成功典型，同时还有一大批学员被吸收为共产党员，当选为镇村干部、人大代表、政协委员等，有一部分成为企业或专业合作社的总经理、理事长，成为农村脱贫致富的生力军和带头人。

【继续深入开展“三百”活动】 2017年是梅州市开展“三百”活动的第8个年头。八年来，在县委、县政府的重视支持下，根据梅市办〔2009〕48号文、县委办公室丰委办〔2009〕49号文件精神，县关工委把“三百”活动摆上重要工作日程，持之以恒深入开展活动，加强与教育、文明办等部门的沟通协作，努力争取各镇（场）党委、政府的重视和支持，发动企业家、“五老”积极参与，在发动捐资建学校、成立奖教奖学金，帮助“四失”即“失学、失业、失足、失医”青少年、关爱“留守儿童”等方面取得了明显成效。特别是发挥县、镇、村各级关工委名誉主任的优势和作用，动员海内外热心人士，积极参与关心下一代事业，几年来丰顺县各级关工委名誉主任朱拉伊、朱庆伊、陈绍常、许应裘、徐旭亮、陈富柱、巫俊平、谢小章等300多名企业家，以及旅外同胞张芳荣、何侨生等，慷慨解囊捐巨资建学校、成立奖教奖学金等，为丰顺县的教育事业做出了突出贡献。

2017年年底县关工委

主　任　刘德姜

副主任　巫自华　马文腊　朱朝奉　李献强

梁干辉　黄晓阳　江智强

（江智强）

老促会

【简述】 2017年，是学习、领会、践行“不忘初心，牢记使命”的一年，是努力传承红色基因，讲好老区故事，弘扬老区精神的一年。一年来，在县委、县政府的正确领导和重视下，圆满完成上级老促会以及相关部门要求的各项工作任务。中共十九大召开以来，老促会认真学习十九大精神。十九大提出的加大力度支持革命老区加快发展等重要内容，给大家极大的激励和精神动力。

2017年，丰顺县认真贯彻落实中央、省和市委、市政府部署，大力推进农业供给侧结构性改革，坚持创新实施帮扶老区，扎实推进农村改革发展，推进精准扶贫和脱贫攻坚工作。全县61个省定相对贫困村，分别有12个省直和中直驻粤单位、8个广州市直单位、35个花都区单位、6个梅州市直单位结对帮扶。未列入省定贫困村的34个村，由县安排工作队进村组织扶贫攻坚工作。2017年1月25日核定全县相对贫困户5862户、15659人，其中有劳力的贫困户2964户、11446人。全县共筹集扶贫资金3.4亿元。

1月24日至25日，省老促会会长陈开枝到丰顺县龙岗镇马图村、小胜镇的大南村、砂田镇的黄花村和大坑村等地，调研革命红色遗址和扶贫攻坚等工作，县委副书记、县长廖茂忠，县委常委曹志辉等领导以及县老促会副长兼秘书长黄光心陪同参加调研。

县老促会宣传工作被国家老促会评为三等奖，通知派员参加出席井冈山召开的表彰会。7月，老促会成立临时党支部，陈修忠任支部书记。

【学习贯彻中共十九大精神】 1. 组织全体人员收看收听中共十九大开幕式，聆听习近平总书记在中共十九大的《决胜全面建成小康社会夺取新时代中国特色社会主义伟大胜利》报告，组织学习中国共产党第十九次全国代表大会部分修改通过的《中国共产党章程》等重要的文献。

2. 学习党报党刊宣传贯彻落实中共十九大精神的社论、评论等重要的报道文章。

3. 学（习）、思（考）、践（行）、悟（理）。中国特色社会主义进入新时代，老促会的工作，是在新时代新征程中进行伟大斗争、建设伟大工程、推进伟大事业、实现伟大梦想的一部分。深入学习，提高老促会一班人工作的责任感和光荣感，为开展各项工作提供扎实的动力基础和思想保证。

【传承红色基因，讲好老区故事】 1. 跟进纪念李坚真110周年诞辰的系列活动。2017年1月，是丰顺县籍的女长征战士李坚真110周年诞辰。丰顺县隆重组织缅怀、学习、弘扬李坚真精神的系列活动。县老促会身体力行，参观访问了李坚真故居，编写弘扬李坚真精神的宣传材料，让更多的群众特别是广大青少年，了解李坚真一生的光辉历程，领会李坚真精神的核心内容。李坚真经历过土地革命战争、二万五千里长征、抗日战争和解放战争，从童养媳到革命家，靠的是共产党人的崇高理想，坚定的革命信念。李坚真对党和人民的革命事业，处处体现赤胆忠诚之心和本色之气，处处体现共产党人的伟大人格和崇高风范，是党员干部学习的光辉榜样。

2. 为基层提供老区革命史料，让当地村民、特别是年轻村民了解当地革命光荣历史。丰良九龙村干部向老促会反映，他们对九龙嶂的革命历史了解不多，要求老促会帮助提供比较系统的相关资料，对此，老促会及时把有关史料加以整合，帮助他们宣传使用。

3. 挖掘保护有重要价值的革命遗址。汤西镇大罗村绍南里，是梅州市的历史建筑，通过实地走访，发现那里保留着许多在土地革命战争时期的场所、口号和标语，对此，老地向相关部门反映，提供考证的相关资料，让丰顺县红色资源得到充实丰富。

4. 编纂《丰顺县革命老区发展史》。9月26日，县老促会接到市“两办”《关于组织编纂〈梅州市各县（市、区）革命老区发展史〉通知》的通知后，立即着手这项工作。在县领导的重视下，由县“两办”发文，成立编委机构。编委会由县委书记曾永祥、县长廖茂忠担任顾问，县委常委、组织部部长曹志辉担任主任，确定主编、副主编等相关人员，落实了人员分工，统一领导组织编纂《丰顺县革命老区发展史》。

【基层调研，当好纽带】 1. 调研革命遗址的保护维修状况。2016年维修、维护的革命红址中，投入80万元的李坚真蕉头窝旧居，投入280万元维护的龙岗镇马图村见龙居。到2017年年底，两处维护效果已经初步体现。在李坚真蕉头窝旧居，房子修旧如旧，增设宣传栏，新建洗手间等。见龙居是1929年朱德军长屯兵马图的驻地，具有重大的历史研究价值和纪念意义，至年底维修已告一段落。

2. 调研农村精准扶贫脱贫攻坚的的做法经验。广东省政协办公厅驻丰顺县汤西镇新岭村工作组进村开展精准扶贫以来，坚持精准扶贫、精准脱贫、规划到户、责任到人、一户一法，既做到高标准，又做到入情入心。驻村工作组对核实的88户贫困户，289人，按一户一档的要求，将入户核实的贫困户家庭及成员4224项数据信息，进行归纳分类分析致贫原因，研究制定“一户一法”和“一人一策”的脱贫规划。老促会在新岭村的调研材料，2017年《源流》杂志第6期作了详细报道。

4. 调研丰顺县发展特色产业的状况。丰顺县多年来坚持把发展特色产业，作为促进老区人民脱贫致富的主攻方向，取得显著成效。近年来全县上下扎实推进农村改革发展和脱贫攻坚工作，农民收入稳定增加，农业稳定发展，新农村建设扎实推进，精准脱贫、老区人民致富奔康态势良好，并为以后的发展创造了良好的前提基础。老促会把丰顺县的特色产业的主要品种项目、规模现状、经济效果等调研情况综合以后，报送梅州市老促会，县委书记曾永祥，县长廖茂忠，县委常委曹志辉、县委办公室、县政府办公室、县扶贫局等单位，为领导及有关部门掌握参考。

5. 调查各级扶贫为全县老区乡村带来的变化成就。据了解，前两轮扶贫省定丰顺县168个行政村，共投入资金10.93亿元，启动实施村级项目3135个，贫困户人均收入达8268元，比帮扶前增长2.8倍；贫困村的集体经济年平均收入9.36万元，比帮扶前增长6.8倍。筹集民生保障项目资金4.76亿元，培训劳动力532万人次，资助学子11699人次，资助购买新农合16.23万人，新农保26841人。19110户住房困难家庭圆了安居梦。

2017年，县老促会还参加由市老促会组织的赴江西寻乌学习调研他们对接中央苏区县优惠政策的做法经验。丰顺县自2013年以来，在财政、教育、卫生、具体、住房等其他方面，都得到中央、省的很大的扶持，极大地推动了丰顺县各项事业的建设发展。

【宣传老区，大力弘扬老区精神】 1. 中办国办有关文件提出，要大力弘扬老区精神。努力把将宣传老区精神的工作融入老促会开展的各项活动之中。利用会议、下乡以及参加社会活动的各个时机，努力推动老区精神的深入传播，营建热爱支持老区的浓厚氛围。

2. 争取政府和有关部门重视支持，全面完成《中国老区建设》《源流》杂志的发行订阅任务。2017年度，丰顺县订阅了《中国老区建设》175份、《源流》283份，实现了老区订刊、读刊在学校、乡村全覆盖。获得了《中国老区建设》《源流》授予的宣传工作三等奖。

3. 主动向“两刊”上送信息。2017年的向上发稿，被《中国老区建设》采用3篇，（含1幅图片）；《源流》采用23篇（含12幅图片）稿件；

4. 2018年，《中国老区建设》《源流》杂志的发行订阅在县政府和相关部门的重视支持，实现了有所增加。

【建设自身，有为有位】 1. 经常主动及时地向县委、县政府的主管领导和上级老促会汇报老促会的工作，争取上级对老促会工作的及时指示和支持。

2. 参与有关部门举办的公益相关活动。2017年是雁洋基金会为有困难的烈士后裔发放助学金、困难补助金的第四年。由于镇的换届，一些新的民政干部对工作比较生疏，客观上带来许多工作量。老促会采用多调查、多联系、多耐心等工作方法，最后圆满地完成这项重要的工作任务。

3. 按照要求完成和系统总结汇报丰顺县烈士后裔发放助学金的工作。2017年，分别为14位新上大学的烈士后裔每人补助了4000元助学金；为1位新上中专新生发放2000元助学金。

为烈士后裔发放助学金这项工作，丰顺县已经连续了22年。累计发放金额70万多元。先后为651名就读各级学校的烈士后裔，补助一定数额的助学金。

4. 调研争取上级老促会统筹的交通补助资金。2017年为丰良镇九龙村、汤坑镇黎丰村、谭江镇丹竹洋村、小胜镇大南村等分别上报各3万元的支持修路资金申请，扶持鼓励他们改变当地的交通面貌。

2017年年底老促会

会　长　陈修忠

第一副会长　钟廷璧

副会长　郭春山　李少级　廖金发　陈富柱　黄光心

秘书长　黄光心

办公室主任　郑兆台

（李少级）

坚真老干部老年大学

【简述】　丰顺县坚真老干部老年大学在县委县政府的正确领导下和上级主管部门的指导下，坚持正确的办学方向，各项工作取得可喜成绩。

【教学工作正常开展，结合实际开设新课程】　2017学年度，共开设12个教学班，招收学员896人科次，其中新开设“剪纸艺术班”，招收学员60人，以满足老年人学习新知识、掌握新技艺的需要。

【坚持党的领导不动摇，不忘初心跟党走】　在县离退休干部工作委员会的直接领导下，于5月10日召开党员大会，40位退休老党员参加大会，选举党支部委员7人，正副支部书记3人；全年组织党员参观坚真纪念馆、东江苏维埃纪念馆，分别召开学习党章、学习坚真大姐精神、学习十九大精神的专题座谈会，坚定了老党员在新时期永远跟党走的信心和决心。

【参与大型文体表演，展现老年精神风貌】　9月18日学校承办由县老干部局主办的“喜迎中共十九大，不忘初心跟党走”文体大会，老干部局局长马文腊作讲话，老年大学师生演出大合唱、表演唱、独唱、民族舞、交谊舞、快板、太极拳剑扇、弦乐合奏等节目15个。县老年大学在新世纪广场组织庆元旦演出，共演出节目17个。国庆节县老年大学组织师生到留隍镇，与留隍、丰良的老年朋友开展庆国庆歌舞联欢活动，充分展示老年人健康向上的精神风貌。

【继承先辈革命传统，山歌唱响革命精神】　10月29日，由学校坚真红歌队组织的“夕阳红组合队”的客家话说唱《李坚真山歌选段》，经过县海选、市半决赛，参加梅州市电视台主办的《记住乡音》2017“恒大杯”客家话大赛总决赛，获优秀奖；市电视台进行了现场直播，充分展示和宣扬了李坚真大姐的革命精神。

【太极拳比赛显身手，奋勇拼搏创佳绩】　在2017学年度，学校太极拳爱好者频频组队出征，奋勇拼搏，取得一系列不俗的战绩。4月24日至29日，学校太极拳联队十一人赴广州参加“中华人民共和国第十三届运动会群众比赛暨2017年太极拳健身工程系列活动（华南、华东赛区）太极拳公开赛”中，荣获“42式太极拳”集体二等奖；林凤英获“武当太极剑”个人三等奖，林添武获“吴式太极拳规定套路”个人三等奖。5月18日至21日县老年大学太极拳联队赴梅州参加“广东省老年人太极拳剑比赛”，荣获“42式太极拳”和“42式太极剑”集体优秀奖。8月12日至13日，县老年大学太极拳联队47人参加梅州市太极拳协会举办的“农信杯”太极拳剑扇集体和个人大赛，均荣获“42式太极拳、剑”、“第一套太极功夫扇”集体总分优胜奖；黄克香获拳剑扇个人比赛第四名。4月8日、9日县老年大学太极拳联队46人赴揭阳市参加第七届粤东太极拳联谊交流活动，彰显了丰顺夕阳人良好的拳技和多彩的丰姿，受到好评。

【确保各项工作有序开展】 1. 2017年重阳节，学校组织350名师生游览了丰顺县著名旅游景点揭岭飞泉，进行了野炊和野外歌舞表演，可喜的是，十多年来学校组织大型外出旅游活动，都未出现安全意外事故。

2. 2017年学校歌咏比赛，组织班级和个人进行《校歌》比赛，班队评出一等奖4个，二等奖8个；个人评出一等奖2名、二等奖2名。学校分别发给奖金和荣誉证书。

3. 学校舞蹈队节目《荷叶青青》、《天降吉祥》和大锣鼓队等节目参加县宣传文化部门组织的春节迎春活动，完成了上级交给的演出任务。

4. 学校精心组织编印校刊《桑榆景》，内容丰富，图文并茂，印刷装帧精美，深得社会各界赞誉和学员们的喜爱。

5. 根据上级有关部门要求，丰顺县老年学学会于年终对组织机构组成人员进行了改选，以加强领导，开展正常工作。

6. 学校校长卢广甜、副校长蔡礼轩于10月13日参加广东省东部地区老年大学工作研讨会，对丰顺县老年大学十多年的发展情况作书面交流发言。

2017年年底老年大学

荣誉校长 曹志辉　马文腊　张小欣　巫金星

校　长 卢广甜

副校长 蔡礼轩

（吴春海）

法 治

政法委及综治

【简述】 2017年，全县政法各部门在县委、县政府和上级政法委的正确领导下，以习近平新时代中国特色社会主义思想为引领，全面贯彻中共十九大精神、习近平总书记对广东工作的重要批示精神，持续深入推进“平安丰顺”建设，提高执法司法工作能力和水平，有效防控各类风险，忠实履行好维护国家安全和社会大局稳定、促进社会公平正义、保障人民安居乐业的职责使命，为构建“一区一带”发展新格局战略的实施创造了和谐稳定的社会环境。

【落实维稳责任，维护社会和谐稳定】 2017年，丰顺县认真贯彻落实中央、省委和市委有关信访维稳工作的决策部署，切实把维稳工作作为2017年的头等大事来抓，坚持专项治理与系统治理、依法治理、综合治理、源头治理相结合，加强领导、压实责任，成立专班、专责推进，完善方案、打防结合，着力防控和化解各类矛盾纠纷，全力做到“四个确保不发生”，圆满完成中共十九大及G20安保维稳工作，切实维护社会大局和谐稳定，有力地促进全县经济社会保持平稳较快发展。

1. 主动应对，畅通渠道。健全日接访、月研判制度，坚持每天安排一名县领导带班接访，坚持政法委每月一次、县委每两个月一次召开全县社会稳定形势分析研判会，遇到突发重大群体性事件时随时召开分析研判会，同时落实镇级每周一次研判制度，及时掌握动态，对全县矛盾纠纷做到心中有数。

2. 源头防范，打防结合。扎实开展“四访”活动，最大限度地把矛盾纠纷化解在当地、消除在萌芽状态，确保小事不出村、大事不出镇、难事县终结。围绕涉军退伍人员、民办教师等重点人群和涉农、劳资、环保、征地等重点领域，逐镇逐村开展社会矛盾纠纷全面排查化解工作，引导群众依法合理反映诉求。充分发挥全县300多个调委会和330多名调解员的作用，推动诉讼调解与人民调解、行政调解、行业调解等无缝对接，努力实现党群沟通“零距离”、服务帮扶“零保障”、社会矛盾“零复发”。

3. 巩固“防邪教”成果。县防邪部门根据全市防范处理邪教工作的总体要求，深入学习习近平总书记系列重要讲话精神和治国理政新理念新思想新战略，增强政治意识、大局意识、核心意识和看齐意识，强化防范打击、教育转化、警示教育，最大限度削弱邪教活动能量、消除邪教现实危害和潜在危险。全县无“法轮功”等邪教组织人员上省进京滋事和参与群体闹事事件，切实维护了全县社会政治稳定。

【坚持严打整治，打造平安美丽丰顺】 县委政法委充分履行指挥、监督、组织、协调等职能，引领好全县政法部门坚定不移地贯彻严打方针，依法严厉打击各种违法犯罪活动。

县公安局扎实推进“社会治安防控”等工作，大力开展“飓风2017”等专项行动，圆满完成了十九大等安保维稳任务，通过严厉打击各类违法犯罪活动，成效显著，有力确保了全县政治、治安稳定。2017年，全县共立刑事案件564宗，破406宗，刑事拘留337人，成功抓获了网上在逃人员146名。县检察院紧紧围绕“强化法律监督，维护公平正义”主题，严把案件事实关、证据关、程序关和适用法律关，实现了无错误定性、错捕错诉、漏捕漏诉、刑事赔偿和超期羁押。全年共受理审查逮捕案件158件261人，经审查批准逮捕案件169人，批捕、起诉准确率达100%。人民法院紧紧围绕“让人民群众在每一个司法案件中都感受到公平正义”目标，牢牢把握“司法为民公正司法”工作主线，狠抓审判执行工作，落实司法责任制改革，加大司法公开力度，准确把握司法导向，为建设平安丰顺、法治丰顺提供有力的司法保障。共受理刑事案件196件，审结196件，判处罪犯300人。

【创新社会治理，社会效果明显】 2017年，丰顺县社会治安综合治理工作紧紧围绕省、市、县关于综治“中心+网格化+信息化”建设的工作部署，以全面实现“违法犯罪有效防控、矛盾纠纷有效化解、安全隐患有效排除”和人民群众安全感明显提升为目标，全面推进综治网格化建设为重点的平安创建工作，群众安全感和幸福感得到进一步提升。

1. 全面建设综治“中心+网格化+信息化”。2017年，丰顺县已建成县综治中心1个、镇综治中心17个、村（居）综治中心282个，网格790个，配置790名网格员，综治信息系统纵向贯通、横向联通已初步建成。综治“中心+网格化+信息化”建设社会成效初显：一年来，全县网格员共报送信息总量11多万条，其中有效案（事）件共1862宗，办结率达100%。

2. 提升重点人员管理力度。司法局全面提升对社矫帮教对象监管力度。丰顺县在册社矫人员217人，2017年新入矫122人，解矫121人，在册的刑满释放人员739人，2017年新接收121人，落实服刑在教人员子女措施2个，核实全县服刑在教人员基本信息，核实率100%，重点对象接送率100%。社矫重点监管对象全部佩戴“电子手环”监管措施，社区矫正管理系统升级至二代，社区矫正指挥中心实现省、市、县、镇四级联动，监管矫治水平全面提升。县各有关部门，按照市、县政法委的工作安排部署，根据自身工作职能，进一步落实严重精神障碍患者的各项工作措施，大力加强严重精神障碍患者救治救助和管理服务工作，严密防范严重精神障碍患者肇事肇祸行为发生，确保丰顺县社会大局和谐稳定。全年，丰顺县辖区范围内未发生严重精神障碍患者肇事肇祸案事件，无出现因此伤亡人员。

【加强党的领导，突出政法委职责】 1. 建立健全各项联席工作会议机制。2017年年初，重新启动了刑事执法联席工作机制，拟发了《2017年度执法联度工作会议的通知》，定期召开公、检、法、司的刑事执法联席会议，对重大疑难的刑事案件进行了研讨，对刑事案件进行了互通，加强了各政法部门的沟通协作。完善行政执法和刑事司法衔接工作联席机制，增加了县法院等单位为县“两法衔接”联席会议新成员单位，召开了“两法衔接”联席工作会议，对“两法衔接”信息共享平台作了具体部署，进一步推进了行政执法和刑事司法衔接工作的有力开展。建立解决执法难工作机制，印发了《丰顺县基本解决执法难工作领导小组成员名单的通知》，成立了县基本解决执行难工作领导小组，加强了丰顺县执行联动机制，积极推进了解决丰顺县执行难问题。

2. 积极稳妥做好重点涉法涉诉信访案件化解工作。成立了“县委政法委2017年集中排查化解涉法涉诉信访矛盾专项行动工作领导小组”，法治监督室对县直政法部门每月涉法涉诉信访矛盾排查表及时上报，对全县滚动排查出的两宗重点涉法涉诉信访案件做好跟踪，督查，上报，现两宗案件已经息诉，为中共十九大胜利召开营造安全稳定的社会环境。同时积极做好政法各部门有无“领导干部干预司法活动、插手具体案件处理”的情况统计、上报及汇报分析工作，落实专项学习、纪检监督等各项措施，确保了丰顺县无“领导干部干预司法活动、插手具体案件处理”情形的发生。

3. 积极做好重大敏感案件信息互通和协同处置工作。成立了丰顺县重大敏感案件处置协调小组，召开县直政法部门的信息员的联席会议，对上半年的重大敏感案件进行了研讨，分析了形势，切实加强了政法部门对重大敏感案件的信息和协调处置工作。

【全面依法治县，加快法治丰顺建设】 一年来县委全面依法治县工作领导小组办公室以法治政府建设和“阳光法治·法治惠民”主题实践活动等为载体，切实加强协调、督办、指导工作，大力推进依法执政、依法行政、公正司法、法治文化、基层民主法治建设等各项工作，不断加快法治丰顺建设的进程。

1. 全面推进依法治县。及时调整全面依法治县工作领导小组，把有关职能部门充实到领导小组成员单位。认真贯彻落实中办国办《党政主要负责人履行推进法治建设第一责任人职责规定》以及省的实施细则。牵头起草《丰顺县2017年全面依法治县工作要点》。工作要点提出了全面推进依法治县的重大意义、指导思想、目标任务等，对全面依法治县、加快推进法治丰顺建设作出了重要部署。

2. 推进法治政府建设。县政府出台《丰顺县法治政府建设指标体系（试行）》和《丰顺县依法行政考评办法》等各项配套制度，使各级各部门依法行政工作有章可循。开展了两批行政审批事项清理，整理汇总形成行政审批事项清单。梳理《丰顺县行政审批改革事项目录》，并在丰顺县人民政府网上予以公布，实现了对行政审批事项的目录管理。开通方便公众进行网上申报、网上受理、网上审批、网上反馈、进驻48个单位共518项服务事项的网上办事大厅，实现了对各职能部门审批事项进行流程再造的倒逼。

3. 抓好“四级同创”工作。根据《2017年度法治县（市、区）创建活动工作评估指引》和《2017年度法治乡镇（街道）创建活动工作评估指引》的内容要求，部署召开好评估检查会议，要求县创建成员单位和创建镇认真对照评估标准，严格查漏补缺，制订了《丰顺县关于全面推开法治建设“四级同创”活动的实施意见》和《法治县、法治镇创建督导方案》，加强检查督促，全面推进落实法治县、法治镇创建的各项工作。

【着力为党铸造一支过硬政法队伍】 始终高举中国特色社会主义伟大旗帜，坚持用习近平新时代中国特色社会主义思想武装头脑、指导实践、推动工作，永葆政法队伍对党忠诚的政治本色。要把党的政治建设摆在首位，牢固树立“四个意识”，严守政治纪律和政治规矩，在政治立场、政治方向、政治原则、政治道路上同党中央保持高度一致。推动全体干警更加自觉地做共产主义远大理想和中国特色社会主义共同理想的坚定信仰者和忠实实践者。要狠抓作风建设和反腐倡廉建设，把纪律和规矩挺在法律前面，挺在党风廉政建设和反腐败斗争前沿，确保政法队伍风清气正，锻造一支信念坚定、执法为民、敢于担当、清正廉洁的政法队伍。

2017年年底县委政法委

县委常委、政法委书记　黄纯忠
常务副书记　郑春李
专职副书记　吴洪段　易锦洲
专职委员　曾宇宁　刘向新　黄　程　黄佳龙　黄梦瑶　何道明　曾瑞华

（综合协调研究室）

法治政府建设

【严格法律审查，提高规范性文件质量】 充分发挥法制部门职能作用，认真贯彻《梅州市规范性文件制定程序规定》《丰顺县行政机关规范性文件管理规定》的要求，执行“有发必审”的规范性文件审查制度，切实抓好规范性文件的制定、审查、备案和清理工作，提升规范性文件的质量。

1. 起草并提交县政府印发《丰顺县人民政府办公室关于实行行政机关规范性文件统一登

记统一编号统一印发制度的通知》，实行制定机关对规范性文件统一登记、统一编号、统一印发制度。2017年共审查规范性文件28件，确保每一份文件的合法性和可操作性。

2. 积极落实规范性文件清理工作。2017年4月26日印发《丰顺县人民政府文件清理工作实施方案》（丰府函〔2017〕53号），对丰顺县人民政府成立以来至2013年12月31日，以县政府及县政府办公室名义制发的现行有效的文件进行全面清理。通过文件清理，1982年至2013年12月底前纳入清理范围的文件共计1861件，其中：废止的文件285件、失效的文件1130件、修改重新发布的文件14件、继续保留的文件432件。文件清理结果经县政府常务会议通过，并于2017年12月12日《丰顺县人民政府关于公布政府文件清理结果的公告》（丰府〔2017〕67号）正式印发，在丰顺县人民政府网站上向社会公告清理结果。

【化解行政诉讼争议】 坚持依法办理行政复议案件，妥善化解行政诉讼争议。一是努力提高行政复议案件办理质效。2017年，共收到5件行政复议申请，受理5件，结案4件，1件在审查中。案件涉及土地管理纠纷、行政处罚等类别。二是认真做好各类案件代理应诉工作，起草并提交县政府印发《丰顺县行政机关负责人出庭应诉工作规定》，规范丰顺县行政机关负责人出庭应诉工作。2017年，行政诉讼案件6宗，一审审结4宗，二审在审2宗。

【发挥法制部门参谋、助手作用】 积极主动地参与县政府重大决策及涉法事项等法律事务，为县政府决策提供政策法律咨询意见，确保政府决策合法合规，为实现全县经济的又好又快发展提供有效的法律支持。根据县领导的安排，及时审查、修改涉及县政府的有关合同、协议等法律文书。共派员参加各种协调会98场次，完成县领导交办的法律事务92件，审查征求意见稿85件，提出建议意见70条。

【规范行政执法行为】 推行执法人员综合法律知识网上考试，严格实行行政执法人员持证上岗和资格考核、管理工作。坚持严格规范公正文明执法，促进依法行政，2017年10月印发《2017年行政执法案卷评查工作方案》（丰府办函〔2017〕232号），对县政府所属具有行政执法职能的部门、法律法规授予行政执法权的组织、部门依法委托执法的单位，2017年1月1日至2017年9月30日期间，已办理完成的行政处罚、行政强制、行政许可、行政检查案件的案卷进行评查。

【队伍建设】 一是强化思想政治建设，认真开展“两学一做”学习教育活动。通过开展政治理论学习、主题党课等多种形式学习活动，努力实现“两学一做”学习教育常态化、制度化，认真学习宣传贯彻中共十九大报告精神，积极推动学习成果转化为实际工作能力，以习近平新时代中国特色社会主义思想指导工作实践、推动政府法制工作，确保学习教育取得实效。二是加强纪律、廉政教育，强化党的政治纪律和政治规矩意识。通过开展上党课、专题廉政教育警示、党纪党规网上平台答题等活动，强化“四个意识”，确保政府法制系统党员干部的政治方向、政治立场、政治言论、政治行为与党中央保持高度一致，确保党员干部无任何违法乱纪的行为发生。加强法治政府建设的宣传，2017年与邮政合作，在政府各单位30多个视频播放点播放“宣传十九大推进法制建设”视频。三是加强作风建设，扎实有效开展走访活动。坚持定期到挂点帮扶村走访调研、开展帮扶，了解基层民意，宣传政府法制工作，坚持把开展集中走访帮扶活动作为解决基层矛盾、促进社会和谐、提升机关工作能力的重要抓手。四是加强业务学习，努力提升全局工作人员业务水平。通过开展专题培训、经验交流、个案研讨等形式，大力营造比学赶帮的学习氛围，努力提高全局工作人员的业务能力和专业素养。

【开展年度依法行政考评工作】 根据《丰顺县2016年度依法行政考评方案》（丰府办函〔2017〕53号）的有关规定，县政府组织有关部门于2017年3月至5月期间采取行政系统内部考核和社会评议相结合的方式，按照考评对象自查自评、监管部门评价、社会评议、考评组实地考评、综合评审等步骤，对2016年度全县依法行政工作情况进行了考评。从考评结果看，全县依法行政工作整体情况良好，大部分政府部门能够把依法行政作为各项工作的基本准则，依法行政的意识和能力逐步提高，依法行政配套制度建设逐步完善，行政决策逐步规范，政府信息公开稳步推进，行政执法效能得到提升，行政监督力度加大，防范和化解社会矛盾的渠道不断拓展，依法行政保障逐步增强。

2017年年底丰顺县法制局

局　长　刘钦泰

副局长　陈爱宁　卢宝敏

（杜院尔）

公　安

【简述】　2017年，丰顺县公安机关在县委、县政府和上级公安机关的正确领导下，以中共十九大精神为指导，紧紧围绕“建为民公安，保丰顺平安”这一目标，大力深化公安基础信息化、执法规范化、警务实战化、队伍正规化建设，扎实推进“社会治安防控”、“平安丰顺”等工作，大力开展“飓风2017”专项行动、“梅安1号”等十九大安保维稳七大专项行动以及“两学一做”教育活动，严厉打击各类违法犯罪活动，确保一方平安，成效显著，为丰顺县社会政治、治安和谐稳定做出了应有的贡献。

【严厉打击刑事犯罪活动】　县公安局根据上级公安机关的统一部署，突出重点，集中力量，精心组织开展了“社会治安防控”、“平安丰顺”、“飓风2017”专项行动、“梅安1号”等十九大安保维稳七大专项行动，精心组织部署，强力开展破案战役，成功侦破了一批大案，有力地打击了各类违法犯罪分子的嚣张气焰，确保了全县社会治安的持续稳定。2017年，全县共立刑事案件564宗，破404宗，抓获犯罪嫌疑人470人（其中“盗抢”立284宗，破“盗抢”案件223宗，抓获125人），提请检察院批准逮捕285人，检察院批准逮捕232人。通过一系列的严打整治行动，打出了声威，确保了丰顺社会治安的持续稳定。

【治安管理】　县公安局狠抓治安管理工作，深入开展严厉打击“胡豆子”“鱼虾蟹”“押大小”、扫除“黄赌毒”等专项行动。2017年，全县共查处行政案件12742宗（含交警类治安案件），行政处罚10414人，其中赌博案件19宗84人，行政拘留79人，行政罚款23人；毒品违法犯罪74起78人。通过有力的打击整治，全县辖区内的“黄赌毒”等违法犯罪活动得到了有效的遏制，营造了良好的社会风气。

【户政管理】　县公安局户政部门认真抓好人口信息系统建设等工作，加强户政业务建设，为领导决策提供了人口信息依据，为人民群众提供了优质服务。2017年，共核实双重户口人员信息6530条，注销双重户口4102，受理二代证54898张，制作临时身份证8600张，审核签发准迁证2683张，出生入户、漏登补录11599人，查缺补漏安装门楼牌1800块。

【“飓风2017”专项行动】　县公安局根据省、市开展“飓风2017”专项行动的统一部署，结合丰顺实际，精心组织部署，在全县开展以打击涉黑恶、涉电信诈骗、涉盗抢、涉金融领域犯罪为主要内容的“飓风2017”专项行动，取得了明显性工作成效，有力确保了全县社会治安持续和谐稳定。2017年，涉盗抢：提请逮捕37人，移送起诉45人；涉黑恶：破案15宗，刑拘72人，提请逮捕53人，强制隔离戒毒78人。涉电诈：破38宗，提请逮捕9人；涉金融领域犯罪：破2宗，共抓获2人。

【出入境管理】　县公安局出入境管理部门以争创全省之明窗口为动力，继续落实便民利民措施，提升了服务质量和管理水平。2017年，共受理各类出入境申请46780多人次；其中因私护照11098多人次、港澳个人游24558人次、港澳双程探亲通行证704人次、赴台申请696人次、港澳单程75人次、港澳商务通行证6人次、台胞延期2人次，自助办证一体机办理港澳证续签7503份，民警在受理各类证件中发现和查处违规办证3人次；查处涉“三非”外国人案件15宗，其中遣送越南非法入境49人，缅甸6人，逾期居留2人。

【道路交通管理】 县公安局交警部门认真贯彻落实上级公安机关预防道路交通事故的重要指示，紧紧围绕“压事故、保平安、护畅通”的工作思路，加大道路交通违法行为治理力度，有效地整治了假牌、套牌机动车、报废车、无牌无证机动车及酒后驾驶、“三超一疲劳”等严重交通违法行为，对全县校车进行检查，确保了丰顺县道路交通安全畅通。2017年，交警大队共出动警力1.6万多人次，检查机动车6.2万余辆，查处各类交通违法行为17186起，其中乱停乱放违法行为3591起、查处（含移交交通运输执法局）违法大货车648辆次、卸载16105吨，罚款118万元，对驾驶人记分3645；查处涉牌涉证违法行为1236起、查处酒驾162起、毒驾16起；查扣机动车2770辆，其中摩托车1617辆、汽车1153辆。受理新车入户2697辆、摩托车入户489辆，换证4019人、补证1093人；接处各类交通事故（含轻微）1968宗，交通事故死亡39人，受伤1085人，直接经济损失500万元，立危险驾驶案13宗、交通肇事案8宗，行政拘留5人。

【调研宣传与信息】 县公安局指挥中心结合公安工作中心任务，充分发挥指挥中枢和桥梁纽带作用，扎实开展调研活动，及时为领导决策提供参谋服务，实现调研工作新突破；强化宣传舆论引导工作，扩宽宣传渠道，积极发挥宣传工作在打击犯罪，教育群众、弘扬正气、树立公安新形象等方面的作用。2017年，被市局以上部门转发公安简报155篇，《丰顺公安大事记》《社会治安情况反映》各12期，撰写文件、会议、调研、领导讲话等材料113份；摄制《梅州公安栏目》4期、《丰顺公安》12期、《警情通报》40期，撰写专项行动快讯、简报共计88期，在市级以上报刊和网站等媒体共发表文章360篇；110报警服务台受理报警电话27571次，其中有效警情14615起，协助抓获违法犯罪嫌疑人132名，解决群众求助电话4922次。

【队伍建设与立功受奖】 县公安局组织民警深入学习“两学一做”教育活动，扎实开展粤警创新大赛活动，狠抓队伍建设工作，加强党的基层组织建设，强化公安队伍的教育与管理，全面落实执行《丰顺县公安局职能配置、内设机构和人员编制规定》，建立和实施《丰顺县公安局队伍建设和业务工作年终考核评比办法》，有效地提高了公安队伍的整体素质和战斗力，涌现出了一大批先进单位和个人。2017年，参加市局警衔培训50人，新警培训31人。荣获市级以上集体三等功10个、个人三等功29个；县局嘉奖单位8个、嘉奖个人160人、先进工作者63人，县局表彰先进党支部4个、优秀党员31人。

2017年年底县公安局

丰顺县副县长、局党委书记、局长 张建民

局党委副书记、政委 郑荣丰

副局长 刘辉林 冯丹心 罗勇胜 李毅峰 陈志坚（挂职）

局党委委员 杨新云 罗 欣 冯柳勋

（魏耀阳 徐俊轩 吴志欣）

【县公安消防大队工作】 2017年，丰顺县公安消防大队在县委、县政府和县公安局的正确领导下，以锐意进取的优良作风，团结带领大队全体官兵奋勇拼搏、攻坚克难，紧紧围绕支队党委扩大会议精神，坚决落实“三个一流”的部署要求，深入推进支队党委“十百千”战略工程，全力推进消防工作和部队建设，圆满完成了中共十九大等一系列重大消防安保任务，实现火灾形势和队伍管理“双稳定”，得到县委县政府的肯定、人民群众的信赖。2017年，大队被公安部消防局评为“中共十九大消防安保工作先进大队”，1人被总队评为“执勤岗位练兵先进个人”，1人被总队评为“优秀警官”，8人次受到总队、支队嘉奖。

全面筑牢消防基础建设 大队党委充分发挥主观能动性，抢抓机遇，积极推进第二消防站建设工作，已完成了土地登记和建筑规划设计工作。丰良、留隍、潭江等三个镇分

别建成政府专职消防队并完成组织机构登记。全县建成市政消火栓64个，99万元购置一辆大吨位水罐消防车。2017年大队消防业务经费达450.3万元，县委县政府划拨城市消防安全风险评估工作专项经费，单兵快速应急通信系统购置经费、城市消防安全风险评估工作专项经费近百万元，消防基础建设得到了全面筑牢。

全面提升灭火救援能力　扎实推进实战化训练，组织开展政府专职消防队联勤联训，积极组织开展社区微型消防站、重点单位等业务技能比武，不断提升现役消防队伍和多种形式消防队伍的战斗力。全年共接警90起，出动消防车182辆次，消防官兵885人次，抢救被困人员13人，抢救财产价值216.3万元，成功处置了“1·16”“3·2”“3·18”1，队伍战斗力不断提高，得到了各级领导和人民群众的好评。

全面夯实社会面火灾防控　消防大队深入开展冬春火灾防控工作、夏季消防检查等各项整治工作的基础上，严抓责任落实，联合多个相关部门组成检查组，全面排查行业内的安全隐患，分门别类逐一登记造册建档。共检查单位1931家，下发责令整改通知书609份，行政处罚决定书22份，临时查封13家，停产停业15家，拘留4人，将3家单位列为重大火灾隐患单位并提请县政府挂牌督办，有效保障了社会面火灾形势的稳定。

2017年年底丰顺县公安消防大队

大队长　时　莹

教导员　彭新锋

（蔡冬松）

【县公安局森林分局工作】　丰顺县共有林业用地333.9万亩，其中生态公益林130.9万亩，商品林等203万亩，本县地处扼汕梅要冲，是梅州市木材流向潮汕木材特大集散区的必经之地。丰顺县森林公安机关编制30人，2017年有民警27人、辅警10人。内设政秘股、治安股、法制股、刑警队4个股（队），下设汤坑、丰良、留隍3个森林派出所，受县林业局和县公安局双重领导，在辖区内负责林区治安秩序，保护生态安全，依法打击各类破坏森林资源违法犯罪活动，组织清查发生在本辖区内的森林刑事、治安、林业行政案件。

2017年，森林分局接涉林警情178起。共立森林刑事案件14宗，破15宗（其中当年案件11宗、积案4宗），刑事拘留7人，取保候审7人，移送起诉14人。查处林业行政案件30宗，协助县林政部门及各镇执法50起，处置、放生野生保护动物77起，处置信访案件7宗。林区治安秩序呈两个特点：一是滥伐林木和涉占用林地案件增加，原因是近年发生林地、林权流转，无证砍伐林木，违法改变林地用途较多；二是加大巡逻执法力度，及时发现侦破森林火情案件明显增加。

全面加强队伍建设　认真贯彻落实习近平总书记视察广东讲话精神，推进“两学一做”制度化、常态化。习近平总书记的讲话是从战略和全局高度为广东发展的把脉定位，充分展现了习近平总书记治国理政新理念的科学性。通过学习，县公安局森林分局把习近平总书记的重要批示作为推进森林公安发展必须长期坚持的行动指南，努力在新一轮绿化丰顺大行动中走在前列，切实理解坚持党的领导，坚持中国特色社会主义、坚持新发展理念、坚持改革开放，为全国推进供给侧结构性改革、实施创新驱动发展战略、构建开放型经济新体制提供支撑，努力在全面建成小康社会、加快建设社会主义现代化新征程上走在前列。

全面加大打击力度　以“专项行动”为打击手段，全面保护森林资源安全。为有效保护丰顺县森林资源，打击各类涉林违法犯罪行为，树立执法威信，县公安局森林分局认真组织开展由上级部署的“利剑行动”“森网行动”“红线行动”“打击破坏野生动物资源违法犯罪”等专项行动。重点打击非法占用林地行为，盗伐滥伐林木行为，纵火、失火烧毁林木等行为，破坏野生动物违法犯罪行为。

2017年是《梅州市森林火源管理条例》实施第一年，县公安局森林分局深入学习理解，认真贯彻落实，森林防火期，县公安局森林分局全天候巡控，进一步强化野外火源管理，严处违法违规野外用火行为，以“火灾原因没有查清不放过，火灾责任者没有受到处理不放过，火灾隐患整治措施不落实不放过，有关人员没有受到处理不放过”的原则，查清火灾原因，严惩肇事者。一年来共立5宗刑事案件，破4宗，刑事拘留3人，查处森林火灾行政案件15宗，对涉案人员依法处罚，达到宣传教育的良好效果。

2017年来，在野生动物保护方面的工作，县公安局森林分局以“专项打击”和“日常管理”相结合的工作方式，根据《梅州市人民政府关于加强野生动物资源保护有通知》精神，在上级的领导下，开展了打击破坏森林和野生动植物资源违法犯罪的“利剑行动”、打击网络涉野野生动物资源违法犯罪的“森网行动”、打击走私象牙等野生动植物及其制品专项行动。县公安局森林分局通过加强巡逻、侦查、教育等手段，在全县范围内，共拆除大小捕鸟网320多张，解救鸟类200多只，处理鸟死体37只，清查酒家饭店250多家次，捕捉蟒蛇并放生30多条。教育民众300多人次，发放宣传册2000多份。

全面加强综合治理　以“林区治安综合治理”为抓手，确保林区秩序稳，以“防烧、防伐、防挖”为工作重点，巩固生态建设成果。加强治安信息收集，继续完善森林公安“三情”“四网”“两管理”工作，使治安防范的触角深入到各警务辖区社会，对治安隐患苗头“露头就打”。围绕本地林区社会治安情况，特别加大对林区重点地段的巡逻防范力度，对无视国家法律，盗伐林木、擅自改变林地用途等违法行为进行打击和防范。

2017年年底县公安局森林分局

局　长　黄云峰

教导员　曾令广

（彭世逊）

检　察

【简述】　2017年，县检察院在上级检察机关和县委的领导下，在县人大监督和县政府、政协以及社会各界的支持下，认真贯彻落实中共十八届六中全会、十九大精神以及习近平总书记对广东工作重要批示精神，深入开展“两学一做”学习教育活动，紧紧围绕县委工作部署，依法履行检察职能，扎实推进司法体制改革，深入推进平安丰顺和法治丰顺建设，为加快丰顺振兴发展提供坚强有力的司法保障。

【批捕起诉工作】　坚决惩处故意杀人、聚众斗殴等严重暴力犯罪和抢劫、盗窃等多发性侵财型犯罪，努力维护社会治安稳定。全年受理公安机关提请批准逮捕案件170件232人，经审查批准逮捕135件161人；受理公安机关及本院自侦部门移送审查起诉案件212件330人，经审查依法提起公诉195件298人，申请强制医疗1人。对刘某清故意杀人案、邱某龙抢劫案、“斗狗”赌博案等重特大案件提前介入侦查、引导取证，快捕快诉。重拳打击新型犯罪，依法办理电信网络诈骗、侵犯公民个人信息等新类型案件11件18人，有效震慑犯罪。

【查办职务犯罪工作】　紧紧围绕中央和广东省委关于新农村建设、深化农村改革的战略部署，着力摸查惠农资金发放和管理等方面的案件线索。反贪部门立案侦查贪污贿赂案件5件8人，精准打击涉农领域腐败行为，保障扶贫资金落到实处。反渎部门立案侦查副科级干部在开展“两不具备”整村搬迁等涉农领域工作中玩忽职守、滥用职权案件3件3人，追回国家损失103万元，发挥良好的警示教育作用，促进干部严格履职，依法行政。

【刑事诉讼监督工作】　深入推进以审判为中心的诉讼制度改革，严把案件事实关、证据关、程序关和法律适用关。全年改变侦查机关定性案件4件5人，退回补充侦查15件18人，追加漏罪1件1人。继续推行量刑建议制度，向法院发出量刑建议107次，促进量刑工作规范化。高度重视律师在防范冤假错案方面的作用，听取律师意见7次。充分发挥检委会职能作用，对6件案件进行集体研究决定，保证案件程序正当、实体公正。

【刑事执行监督工作】　全年依法向监管场所提出纠正违法3次，配合清仓12次，给在押人员上法制课15场，确保监管场所管理安全有序。积极开展羁押必要性审查工作，对12名无继续羁押必要的犯罪嫌疑人建议办案机关变更强制措施。积极开展强制医疗检察监督工作，办理强制医疗检察案件3件3人，深入精神病院实地检察，促进强制医疗工作依法有序开展。根据最高人民检察院部署，深入开展财产刑执行专项检察工作，核查刑事判决涉及财产刑案件504人次，裁判金额1193万多元，监督财产刑案件依法执行。

【民事行政检察工作】 深入开展民事执行监督专项活动，加强与法院的沟通联系，构建常态化联动机制，受理执行监督案件1件，促使判决执行到位。全国人大常委会立法赋予检察机关提起公益诉讼职权后，主动担当职责，积极与法院、司法局、环保局、消委会等部门建立公益诉讼协作机制。全年受理各类公益诉讼线索4条，办理公益诉讼诉前程序案件2件，发出检察建议2份，促使职能部门对相关企业作出行政处罚，督促职能单位追缴到期借款，防止国有资产流失。

【控告申诉工作】 扎实开展信访突出问题治理专项行动，加强信访风险研判，及时排除不稳定因素。全年受理举报线索29件，检察长接待群众24批34人，办理信访案件35件。建立远程视频接访系统，实现与高检院视频接访系统互联互通。积极开展司法救助工作，给予2名被救助人各1万元的司法救助，傅某申请救助案被广东省检察院评为“优秀案件”。

【未成年人检察工作】 认真贯彻未成年人检察工作“教育、感化、挽救”的方针，依法办理涉及未成年人犯罪案件24件61人。扎实推进“法治进校园”巡讲活动，组织宣讲团到全县51间中小学校上法制教育课，印发宣传手册，受教育学生6000多人。开展“防治校园欺凌，护航未成年人成长”检察开放日活动，引导学生防范校园暴力，创建安全和谐的校园环境。

【行政执法监督工作】 深入开展破坏环境资源专项立案监督和危害食品药品安全犯罪专项立案监督活动，运用“两法衔接”信息共享平台，对40个行政执法单位录入系统的917件案件严格审查，监督行政执法部门将1宗犯罪案件移送公安机关处理。加强“两法衔接”机制建设，与公安机关、环保等部门密切协作，形成执法合力，依法办理1件电镀厂非法排放超标污染物的污染环境刑事案件，以法律手段保护生态环境。

【预防职务犯罪工作】 深入开展预防职务犯罪宣传教育，到县直单位和乡镇上廉政教育课5场，增强干部廉洁从政观念。与邮政部门联合开展“预防职务犯罪邮路”活动，把廉政文化宣传到千家万户。继续在全县中小河流治理等4个县重点工程开展专项预防，促进干部廉洁、工程优质。为单位和个人提供行贿档案查询服务1539次，努力构建诚实守信的社会体系。

【派驻丰顺新区检察室工作】 加强对司法和执法活动的法律监督，积极为丰顺新区建设提供法律支持，帮助相关部门以法治思维和法治方式解决新区开发和土地征用管理等工作中出现的矛盾纠纷。加强与基层政府的沟通合作，协助当地政府和相关部门解决欠薪、土地权属等矛盾纠纷，营造良好的投资发展环境。

【案件管理工作】 积极开展案件评查工作，评查各类型案件14件。受理赃证款物管理案件121件，接待律师及群众来访72人次。微信平台全面上线，与全国检察机关案件信息公开网同步公开，公布程序性案件信息410条，法律文书130份，重要案件信息15条，提高司法公开度和透明度。

【调研宣传工作】 全年撰写各类信息调研宣传材料186篇，被省、市、县级刊物采用转发32篇次，编发《检察信息》15期、《检察工作动态》49期，3篇论文分别获得省级和市级征文比赛三等奖。加强新媒体建设，精心设计丰顺检察外部网站，成功连接互联网，“两微一端”制作水平不断提高，扩大丰顺检察社会影响力。

【队伍建设】 加强业务培训，开展干部素能培训4批55人次，经常性召开案例评析会、公诉模拟辩论会，提高干警的业务技能。全面推进文化育检，拍摄《飞走的补偿款》反腐微电影，开展“迎五四，扬青春”朗诵比赛活动，选派党员代表丰顺县参加梅州市“廉洁火炬杯”党规党纪知识竞赛获得团体第二名，组织羽毛球队、篮球队参加全市检察机关“公信杯”比赛获得冠军。深入开展全市检察机关“加强作风建设，增强执行能力”教育实践活动，经常性开展检务督察和案件评查，加强对检察干警八小时内外的监督，维护党的纪律和检察纪律严肃性。

2017年底县人民检察院

党组书记、检察长 周福香

党组副书记、副检察长 戴志勇

党组成员、副检察长 黄丽玲 郑旭芳

党组成员、纪检组组长 罗国强

党组成员、检委会专职委员 邹贵鹏

党组成员、政工科科长 李 欣

（李传智）

法 院

【简述】 2017年，法院在县委的领导下，在县人大监督和县政府、县政协以及社会各界的支持下，紧紧围绕“让人民群众在每一个司法案件中都感受到公平正义”目标，忠实履行宪法法律赋予的职责，狠抓审判执行工作，完善司法责任制改革，加大司法公开力度，正确把握司法导向，为建设法治丰顺、平安丰顺提供了有力的司法保障。全年共受理各类案件2236件，审结2131件，收案数与结案数同比增加146件和130件，法定审限内结案率99.95%。审判质效持续排在全市基层法院前列。

【依法打击犯罪】 共受理各类刑事案件196件，审结196件，结案率100%，判处罪犯300人。依法打击各种刑事犯罪，审结故意伤害、抢劫、抢夺、强奸、盗窃、诈骗等危害群众生命财产安全犯罪案件75件112人，审结黄赌毒、寻衅滋事、聚众斗殴等妨害社会管理秩序犯罪案件53件95人，审结交通肇事、危险驾驶等危害公共安全秩序犯罪案件26件26人，审结山林失火、盗伐滥伐林木等犯罪案件7件8人，审结贪污、贿赂、渎职等职务案件8件11人，审结侵犯公民个人信息、拒不支付劳动报酬、污染环境等新型犯罪案件4件4人，有力维护了社会安全稳定。坚持宽严相济刑事政策，做到宽严有据，罚当其罪。加强未成年人保护工作，充分发挥少年审判法庭的惩教并举功能，审结未成年人犯罪案件10件14人，判处缓刑8人，未成年人非监禁刑适用率57.14%。

【依法审理民商事案件】 共受理各类民商事案件1499件，审结1444件，收案数与结案数同比增加109件和117件，诉讼标的额2.76亿多元，一审服判息诉率93.21%。审结婚姻家庭、继承等民生案件766件，审结机动车交通事故责任纠纷、提供劳务者受害责任纠纷等侵权责任纠纷109件，审结追索劳动报酬、劳动争议、劳务合同等劳动纠纷案件31件，审结民间借贷、保险、信用卡等金融纠纷案件254件，审结房屋买卖、建设工程合同、土地租赁等涉房地产纠纷案件93件，审结恢复原状、排除妨害、返还原物等物权纠纷案件31件，有力促进了经济社会和谐发展。加强民事调解工作，将“案结事了、定分止争”理念和“调解优先、调判结合”原则贯穿民事审判全过程，妥善调处了一批矛盾尖锐、涉群体性纠纷案件。全年共调解结案741件，撤诉结案258件，调撤率69.18%。

【依法开展执行工作】 共受理执行案件541件，执结491件，实际执行率53.16%，执行到位率58.8%，均达到省法院的监控指标值范围，执行到位金额6810多万元。开展有财产可供执行案件专项清理、涉民生案件、金融债权案件和刑事财产刑案件专项清理等系列活动，确保有财产案件都能在法定期限内处置完毕。运用“互联网+”模式，加大网络查控和网络司法拍卖力度，提高执行工作效率，全年共查询、冻结、扣划、查封被执行人财产8500多人次，共有14件案件启动网络司法拍卖，6件拍卖成功，成交价总计653.26万元。继续加大信

用惩戒力度，坚决将不自觉履行、抗拒执行、规避执行的被执行人列入全国法院失信被执行人“黑名单”。同时，对于有能力履行又抗拒执行、隐匿财产的“钉子户”，果断采取查封、拍卖、司法拘留等强制措施。全年共有219名被执行人被纳入全国法院失信被执行人名单库，司法拘留4人，其中有13名失信被执行人主动履行了约104万元的债务。

【落实司法为民措施】 在立案大厅实行立案、法律咨询、案件查询、预收诉讼费、信访接待“一站式”窗口文明服务。开通诉讼费网上缴纳服务，引导当事人通过微信、支付宝等网络支付平台扫描二维码进行缴费。加大法制宣传力度，开展“青年文明号开放周”、“模拟法庭进校园”等活动。坚持落实巡回审判、下乡调解、诉讼导诉、刷卡缴费等各项便民措施，对涉及弱势群体、困难群众的案件以及务工人员追索劳动报酬的案件，开通绿色通道，实行快立、快审、快执。做好诉前调解工作，全年共立案调解结案184件，有效降低当事人维权的司法成本。加强信访窗口建设，配备资深法官负责信访接待工作，实行专人接访和院庭领导轮流接访相结合制度，共处理群众来信来访15件。加大司法救助力度，共为64名困难当事人发放28万多元司法救助金，为60名困难当事人缓交诉讼费用9.8万元。

【推进司法公开工作】 完善主动公开方式，对官方网站进行升级改造，开通官方微信公众号，在机关六个法庭接入网络庭审直播系统，同步完整地向公众公开庭审全过程，及时发布开庭公告、案件审判、法院工作动态等信息，全方位拓宽司法公开渠道。自2017年6月正式启用网络庭审直播系统以来，共通过“中国庭审公开网”平台同步直播庭审13场，实现了庭审直播常态化。继续落实裁判文书上网公开制度，全年共上网公开各类案件生效裁判文书451份，文书上网率100%。继续加强司法宣传，依托电视、报刊、网络等媒介，发挥司法宣传的正面导向作用，共在各级主流报纸发表宣传稿件106篇次，在市县电视台播放新闻35条。2017年，县人民法院研究室被省法院授予“集体二等功”的荣誉称号。

【自觉接受社会监督】 向县人大常委会专题报告法院完善司法责任制改革的情况，并针对县人大常委会的审议意见，认真加以整改，制订完善司法责任制改革的相关制度。同时，认真做好人大代表、政协委员的沟通联络工作，配合市人大常委会调研基本解决执行难工作，邀请人大代表、政协委员参与见证案件执行、参与案件调解和旁听案件庭审。全年共邀请9名人大代表、政协委员、人民监督员开展旁听庭审活动，邀请6名人大代表、政协委员参与见证案件执行。充分发挥人民陪审员作用，加大人民陪审员参与各类案件审理的力度，最大限度地扩大陪审员对案件的接触面，提升司法民主化水平。全年普通程序审理的案件共邀请陪审员参审466件，陪审率97.9%。

【完善司法体制配套制度改革】 完善审判权运行机制改革，规范院庭长审判监督管理职责。从2017年1月1日起，全面取消了院庭长的案件审批权，实行独任制法官审理的案件由独任法官直接签发裁判文书，合议庭审理的案件由合议庭法官共同签发裁判文书的制度，院庭长原则上不签发本人未参与审理的案件。制定了《院庭长审判监督管理办法（试行）》和《关于院庭长、员额法官办理案件的暂行规定》，明确院庭长的监督管理职责和办案任务，规定院庭长以及其他员额法官每年需要办理的案件基数。全年，院庭长共审理案件1140件，占所有员额法官审理案件的68.06%，院庭长已成为办案主力。建立专业法官会议制度。设立刑事、民事、执行立案三个专业法官会议，制定《专业法官会议工作规则（试行）》，规定专业法官会议议事规则，明确专业法官会议功能，充分运用法官集体智慧，研讨重大、疑难、复杂案件，为独任法官或合议庭办案提供专业咨询指导意见。同时，建立会后总结机制，加强专业法官会议统一裁判尺度效果。全年共召开专业法官会议7次。完善审判委员会工作规程，建立审委会讨论事项先行过滤机制，减少讨论案件的范围和数量，强化审委会宏观指导职能。全年共召开审委会议8次，讨论案件10件，同比下降了30%。实行法官绩效考核办法。制定《员额法官绩效考评办法（试行）》，成立绩效考评委员会，全面、客观、科学地评价员额法官的办案数量、质量、效率和效果。同时，为保证法官依法行使职权，维护司法公正，制定《违法审判责任追究办法（试行）》，明确违法审判责任的范围、违法审判责任承担、违法审判责任追究程序等内容，规定法官应当对其履行审判职责的行为承担责任，在职责范围内对办案质量终身负责，强化法官的公正意识，提高办案质量，增强办案的工作责任心。

【加强思想政治建设】 以集中培训、专题党课等方式，深入学习贯彻中共十八大和十八届三中、四中、五中、六中全会以及中共十九大精神，始终坚持党对法院工作的领导，牢牢把握法院工作正确的政治方向。加强政法干警核心价值观教育，牢固树立社会主义法治理念，落实“三会一课”制度，增强干警转变司法作风、坚持廉洁司法的自觉性。组织开展“七一”建党节系列活动，开展理想信念教育和革命传统教育，开展纪律教育学习月活动，推进“两学一做”学习教育常态化制度化，进一步增强干警政治意识、大局意识、核心意识、看齐意识。坚持“抓党建带队建促审判”，把党建工作与法院中心工作结合起来，将党建工作纳入法院工作整体规划，组织党员干警学习政治理论，教育干警严守纪律、严守规矩、严守底线、公正司法。

【加强党风廉政建设】 认真落实党组主体责任和纪检监察监督责任，制订《开展谈话提醒构建抓早抓小实施方案》，落实谈话提醒制度，加强对干警的日常管理和教育监督，增强干警的公正意识、廉洁意识和法纪意识，全年共谈话提醒137人次。开展以案治本警示教育活动，引导干警增强廉政风险预防的紧迫性和责任感。开展廉洁司法教育活动和廉政约谈活动，坚持新干警、新法官、新领导任前岗前谈话制度，筑牢拒腐防变防线。加强审务督察工作，狠抓队伍作风建设，全年共开展审务督察34次。加强对案件的监督管理，实行审判执行工作每月通报、案件质量评查每季度开展的制度。公开举报投诉电话和电子邮箱，随案向当事人发送“廉政监督卡”。要求每位干警签订廉政责任保证书，将干警的工作责任和领导的“一岗双责”落到实处。

【加强司法能力建设】 加强对干警的业务培训，派出法官参加上级法院组织的各类业务培训班，举办民商事审判业务培训班、合同制审判辅助人员培训班、司法警察技能培训班等，不断提高员额法官及司法辅助人员的业务能力和综合素质。通过座谈交流、集中学习、以会代训等方式加强对人民陪审员的业务培训，提升参审能力。开展案件评查活动，把司法能力建设与执法办案实践有机结合，促进法官审判业务技能的提升。加强信息、调研、案例等工作，建立报送机制，坚持全面、及时、准确地向上级法院以及党委、人大反映法院工作动态、工作经验和工作亮点。2017年，信息调研工作均排在全市基层法院前列。

2017年年底县人民法院

党组书记、院长 毛嘉鹏

党组副书记、副院长 吴木生

党组成员、副院长 廖俊洪

党组成员、副院长 郑志刚

党组成员、纪检组组长 刘振环

党组成员、政工科科长 徐春瑶

（谢碧娟　廖晓敏）

司法行政

【简述】 2017年，丰顺县司法局在县委、县政府的正确领导下，在市司法局的有力指导下，以习近平新时代中国特色社会主义思想为引领，全面贯彻中共十九大精神，紧紧围绕“一区一带”规划建设，扭紧“三大抓手”，服务全县中心工作和重点项目，坚持稳中求进工作总基调，积极构建“覆盖城乡、功能完备、便捷高效”的公共法律服务平台，为人民群众提高普惠、及时、高效的法律服务，为探索丰顺县“生态富民强县”新路子提供有力的法治保障。

【人民调解工作】 2017年新成立了“丰顺县婚姻家庭纠纷人民调解委员会”“广东深华药业有限公司人民调解委员会”“广东深华药业有限公司劳动争议调解委员”3个调解委员会，进一步扩大了行业性、专业性人民调解委员会的工作覆盖面。深入开展“十九大维稳”矛盾纠纷排查化解专项行动，及时将矛盾纠纷化解于萌芽状态，保障和谐稳定的社会环境。2017年，全县各级调委会共调处各类矛盾纠纷2832件，涉及当事人6000多人，其中调解成功2832件，调解成功率100%。大大缓解了丰顺县的信访工作压力，基本实现了“小事不出村、大事不出镇，矛盾不上交”。

【社区矫正工作】 投入工作经费约180万元，严格按照省厅《关于推进社区矫正指挥中心和社区矫正中心建设的意见》，高起点高标准规划建设了包含有9大功能室、现代高效的社矫中心。社矫人员按照每人每年0.5万元的工作经费标准被纳入财政预算，社矫重点监管对象全部佩戴“电子手环”监管措施，社区矫正管理系统升级至二代。扶持成立了丰顺县启航社矫帮教中心，填补了丰顺县社会力量参与社矫帮教工作的空白。中共十九大会议期间，对社矫对象进行重点监管，为十九大的胜利召开营造稳定的社会环境。根据丰顺县机构编制委员会《关于同意司法局调整部分内设机构的批复》（丰机编〔2017〕47号）文件精神，成立了“丰顺县社区矫正管理局”。9月30日，省司法厅厅长曾祥陆来丰顺调研期间，亲自为“丰顺县社区矫正管理局”揭牌。由于社矫中心建设推进有力，工作突出，社区矫正管理局被梅州市司法局记“集体三等功”，社矫局局长朱报杭记个人“专项三等功”。

【安置帮教工作】 按照“帮教社会化、就业市场化、管理信息化、职责法制化”的要求，不断创新帮教机制，落实好衔接、帮教、安置工作。全年共新接收帮教对象282名，现在册831名，解除帮教对象52名，帮教率100%，安置率90%以上，服刑人员核查率达100%，重点对象接送率100%。对所有帮教对象进行摸底和调查，对回归的人员按“一人一档”原则建立工作台账，分类列入、统一管理，做到底数清、情况明。与有关部门保持密切联系，不定期走访帮教对象，了解情况，切实为他们解决一些生产、生活中的实际困难，贯彻好以就业防脱管的方针，努力为刑释解教人员自食其力创造条件。

【普法工作】 制定了《丰顺县法治宣传教育第七个五年规划（2016—2020年）》《丰顺县“七五”普法主要任务和责任分解表》《丰顺县建立国家机关“谁执法谁普法”责任清单制度的工作意见》等文件，完善普法工作机制。组建了“七五”百人普法讲师团和普法志愿者，在全县各机关单位、中小学广泛开展普法宣讲活动，践行普法“六进”，把法律知识和法治精神送进千家万户。成立以来，共开展法治专题宣讲50多场次，受教育人数达8000余人次，发放宣传资料2万多份。按照“普法从娃娃抓起”的思想，根据青少年学生的普法需要，编写了《立法保护健身心》《祖国栋梁茁壮成》《防毒防灾歌》等多首普法歌曲，在各中小学校广泛唱响。深入挖掘群众身边的案例素材，结合地方语言文化特色，自导自拍自演普法微电影。《别把劝酒不当回事》《交通肇事逃逸自酿后果》《无良老板的下场》等多部普法微电影一经播出后，获得了广泛点赞和转载。中国普法网、“广东普法”微信公众号、梅州日报等均对此进行了宣传报道。在丰顺公园，规划建设了丰顺县首个法治文化主题公园，在北斗镇拾荷村，创建了乡村法治文化公园。北斗镇拾荷村被评为“全国民主法治示范村”；培英电声、深华药业、丰顺供电局3家企业被评为“广东省法治文化建设示范企业”；全县共115个村（社区）成功创建省级“民主法治示范村”。

【公证工作】 积极服务“206国道”、“大丰华高速公路”等重点项目建设，为汤坑、汤南、丰良、建桥、留隍、龙岗等镇的征地拆迁工作提供公告张贴、证据保全、征地款提存等公证服务。全年累计办理公证业务447件，其中国内公证业务249件，涉外公证业务298件（含港澳台业务），合计办证收入116374元。为行动不便的群众提供上门办证10宗，为经济困难群众免收公证费2宗，办理小额继承权公证18宗，受益的困难群众50人。2017年5月，公证处主任王桂珍当选中共广东省第十二次党代会代表。丰顺县公证处被共青团梅州市委员会连续授予2013—2014年度、2015—2016年度“梅州市青年文明号”荣誉称号。

【法律援助工作】 丰顺县法援处认真贯彻落实《广东省法律援助条例》，秉持“应援尽援、能援多援”的原则，为困难群众、外来人员、军人军属、鳏寡孤独等特殊群体提供优质便捷的法律援助服务，开展了“法援进军营”“关爱老年人、欢庆十九大”等法援“零距离”主题活动，推动法援服务进军营、进社区、进乡村、进企业、进敬老院，使困难群众和弱势群体在茫然无措之时能能够及时获得法援帮助。2017年共办理援助案件239宗，仅潭江中学建设工程就涉案42宗，涉及人员100多人，涉案金额400多万元，案件全部调解结案，全年获群众赠送锦旗6面，感谢信多封。2017年，丰顺县法律援助处荣获“梅州市文明窗口”荣誉称号，徐惠华律师被评为“全省法律援助先进工作者”。

【“一村（社区）一法律顾问”工作】 2017年6月，召开了全县律师、公证员执业道德执业纪律培训会，强化行业纪律作风建设。组织引导村（社区）法律顾问积极参与村“两委”换届工作，大力宣传解读《村民委员会组织法》等法律法规，为换届选举顺利完成保驾护航。2017年，全县村（社区）法律顾问共提供法律咨询服务2890次，开展法制宣传2275次，出具专业法律意见130份，参与调解87件，提供法律援助9次，参与其他法律事务452件，使群众享受到了实实在在的法律服务。由于工作突出，丰顺县司法局被广东省司法厅评为“一村（社区）一法律顾问工作先进集体”。

【队伍建设】 全面贯彻中共十九大精神，坚持坚持以习近平新时代中国特色社会主义思想为引领，创新宣传形式，举办了“法在身边——学习贯彻十九大精神主题文艺会演”、“关爱老年人，欢庆十九大”、“主题党日户外行登高学法颂党情”等特色活动。制定出台了《丰顺县司法局党组工作规则》《丰顺县司法行政系统开展机关作风整治的实施方案》《2017年丰顺县司法局党风廉政建设主体责任清单》等文件，全面纠治“四风”问题，狠抓党风廉政建设，有效提高行政效能，认真贯彻落实“三个规定”，杜绝司法干预。深入推进“两学一做”学习教育常态化制度化，贯彻全面从严治党，创新开展主题党日活动“5+1”活动和纪律教育月系列活动。2017年9月，分两批次组织全县司法行政系统干部职工到上海复旦大学进行为期一周的能力提升脱产培训，积极与先进单位开展学习交流活动，提升司法行政干警履职尽责的能力和综合素质。获批招录19名司法助理员，壮大了基层队伍力量，夯实了基层司法所规范化建设的基础。

2017年年底县司法局

党组书记、局长 徐淑斌

党组副书记、副局长 罗育斌

党组成员、副局长 刘及华 张加席

党组成员、政工办主任 李耀华

副科级干部 徐永红

（蔡昌雄）

军　事

县人武部工作

【简述】 2017年，人武部在军分区党委和县委、县政府的正确领导下，以两项重大教育活动为牵引，按照“认清新方位、直面新考验、聚合新力量、踏上新征程，合编合力合心，坚定举旗铸魂，坚持安全发展，奋力开创国防动员事业新局面”的工作思路，始终把思想政治建设摆在首位，高举旗帜，牢记使命，狠抓战备训练，严格教育管理，注重创新发展，努力推进人武部和民兵预备役建设大发展。

【思想政治建设】 深化习主席系列重要讲话精神的学习贯彻，打牢忠诚核心、拥戴核心、维护核心、捍卫核心的思想基础。一是大力抓好中共十九大的学习宣传贯彻。采取上级宣讲、领导授课、个人自学、理论考核和到基层武装部指导学习等多种形式促进理论学习效果，组织全体干部职工、专武干部党员到坚真纪念馆重温入党誓词，购买学习书籍100余份，出了8期专题宣传板报、多条宣传横幅条幅营造浓厚学习宣传氛围，持续掀起十九大学习热潮。二是抓好两项重大教育活动。组织开展“维护核心、听从指挥”主题教育活动，推进“两学一做”学习教育常态化制度化，严格按教育计划落实，部领导带头讲党课，党支部组织党员承诺并公示，定期对党员践诺进行评定。坚决拥护“军委主席负责制”，层层签订责任书，彻底肃清郭徐流毒影响。三是抓好党的组织建设。规范党组织生活制度，制定组织生活计划，严肃党内政治生活。抓好古田全军政治工作会议“下篇文章”落实，深入抓好廉政文化建设，扭住正风肃纪、落实“两个责任”、加大执纪监督，常态推进从严治党。四是做好思想稳控和防间保密工作。紧跟改革进程关注官兵思想动态，积极参加国动委、省军区、军分区组织的各项教育，做好干部队伍经常性思想工作，特别是做好教育引导和一人一事的工作，积极协调解决官兵实际困难，确保干部队伍思想稳定。坚决打好意识形态领域主动仗，完善军地隐蔽斗争协作机制，确保部队纯洁巩固。

【战备训练】 紧盯应急应战职能使命，深化拓展军事斗争和动员准备。一是大力提升日常战备水平。依据上级部署要求，搞清任务定位，修改完善作战、应急处突、日常战备3类方案。严格落实各项战备制度，突出抓好值班执勤，加强反恐演练，始终保持正规战备秩序和良好戒备状态，随时做好应对突发事件准备。二是扎实打牢训练基础。牢固树立依法从严治训观念，确保训练落实到位。4月下旬至5月上旬，组织民兵轻舟分队在县城河道上进行操舟训练。5月中旬，组织民兵轻舟分队参加市民兵轻舟分队骨干集训，在考核中取得梅州市总分第二名的好成绩。对现役干部进行队列、手枪射击、北斗手持机操作、军事理论背记、3000米跑、基础体能进行了集中训练，提高现役干部组织指挥能力，对全县专武干部进行了队列指挥、军事理论学习、3000米跑和自动步枪射击等多个课目的训练，有效提高现专武干部队伍军政素质。三是积极推进国防动员和后备力量建设。深入抓好国防动员准备，调整优化国防动员委员会领导机构。突出抓好兵役登记工作，为征兵工作打下良好基础。丰顺县年满18周岁的男性青年有4949人，登记4932人，兵役登记率达99.7%。

【依法治军，着力抓好安全稳定】 坚决贯彻“依法治军、从严治军”的要求，坚持不懈地抓好安全稳定，夯实强军之基。一是抓好学习教育。深入学习条令条例和国防动员部关于新体制下加强管理工作的6个规范性文件，进一步凝聚法治共识，转变治军方式，规范治军行为，树牢安全发展理念。二是抓好制度建设。正规人武部工作生活秩序，严格车辆管控，落实派遣审批、干部带车和私家车报批等制度。门岗落实双人双岗、晚上轮班执勤和登记、巡逻制度，所有车辆凭出入证进出，外来车辆在登记后凭临时出入证进出。坚持安全工作形势分析会，梳理安全隐患，拿出对策措施。三是抓好安全隐患排查。树牢“零事故不是真安全、零隐患才是真安全”的理念，深入开展“枪弹专项清理整治”活动；通过全面动员和清查，全县共计收缴7.62毫米步枪弹209发、53式7.62毫米重机枪弹60发。结合迎接全军安全工作大检查，对重要人员、目标、车辆、枪支弹药、涉密载体管控等进行拉网式排查，把隐患消灭在萌芽状态。

【保障质量建设】 深入学习贯彻后勤战备建设两个标准规范，综合保障效益不断提升。一是大力抓好武装部正规化建设。在地方政府的大力支持下，共投入资金837万元，采取“交钥匙工程”的方式，主要对人武部大门、护坡及挡土墙、应急分队宿舍、饭堂、作战指挥中心、网络会议室、三室两库和办公场所等进行升级改造建设，至年底立项、勘探设计、招投标、图审等相关手续已完成，县政府指定民政局为建设单位，计划年底前完成整个工程建设。二是坚持经费使用正确导向。严格落实党委集体理财制度，定期听取财务汇报，集体研究决算，控制行政性消耗开支，坚持各项经费保障向中心任务倾斜。

【征兵工作】 贯彻落实省军区、军分区“阳光征兵”政策，确保征兵工作公平、公正、公开，健全组织，加强领导，提前筹划，把准备工作做充分。通过电脑派号来确定新兵入围和去向的方式，圆满完成征兵任务。一是加强组织领导，提前筹划安排。根据征兵工作领导小组人员的变动，及时调整了征兵工作领导小组成员。县征兵工作领导小组及时召开会议对县征兵办公室成员进行了调整，对征兵中的体检、政审、纪检、保障等进行了安排部署。二是搞好宣传发动，营造良好氛围。丰顺县征兵办采用墙报、板报、标语、横幅和给每个适龄青年发书面通知等多种形式进行宣传教育活动，营造参军光荣的社会氛围，增强了全民国防意识和广大青年依法服兵役的自觉性。三是及时召开会议，统一思想认识。在参加市征兵工作会议后，丰顺县及时组织召开了征兵工作会议，对2016年度征兵工作先进单位表彰通报，总结了丰顺县2016年征兵工作情况，并对2017年征兵工作作出具体部署。最后，县委副书记、县长廖茂忠作了坚决完成2017年征兵工作任务的重要指示，并与各镇征兵工作领导小组组长签订了征兵责任书。四是严把体检、政审关。为了给部队输送高质量兵员，丰顺县征兵办精心组织、科学筹划，认真学习有关征兵政策规定，针对以往征兵中出现过的问题，进行专门讨论、研究，进一步明确了标准和方法，规范了程序，严格落实谁签字、谁负责的制度，严把体检和政审关。

【双拥共建】 强化党管武装制度，积极发挥桥梁纽带作用，推动军民融合发展落到实处。一是积极支援地方建设。按照精准扶贫要求，积极帮扶挂钩村贫困户，开展慰问活动，共发放慰问金、物资约2万元。开展义务植树造林、组织干部职工应急队员义务无偿献血、义务打扫街道卫生等活动，进一步密切了军政军民关系，形成了军地和谐、军民共建的良好氛围。二是应急作用发挥明显。常驻民兵应急分队发挥作用明显，全年共出动1万余人次积极参加扶贫攻坚、反恐演练、安保活动、生猪清理整治和县委县政府门卫执勤等地方维稳活动，展示了人武部和民兵预备役的良好形象，受到县委、县政府及全县干部群众的一致好评。三是做好拥军优属工作。结合驻丰顺部队实际困难，主动协调县政府安置了4名驻丰部队随军随调家属，解决了官兵后顾之忧。

2017年年底县人武部

部　长　秘海涛

政　委　黄小南

副部长　黄炳洪

（王石坚）

武警中队工作

【简述】　武警丰顺中队位于汤坑镇新生路，成立于1949年10月，称“广东省丰顺县公安部队”隶属丰顺县公安局建制领导。1951年改番号“中国人民公安部队丰顺县公安队”，隶属兴梅公安大队建制领导。1952年4月部队改编为“中国人民解放军丰顺县公安队”，列入解放军序列。1955年8月改编为“粤东行署公安处丰顺县民警队”，1962年1月恢复部队建制，改番号为“中国人民武装警察部队丰顺县中队”。1963年1月改称为“中国人民公安部队丰顺县中队”。1966年7月列入解放军序列，由丰顺县武装部建制领导。1976年1月改编为“丰顺县人民武装警察中队”，隶属梅县地区民警科建制领导。1983年1月改编为“中华人民武装警察部队丰顺县中队”，2018年1月改成为中华人民武装警察部队梅州支队执勤二大队丰顺中队。主要担负丰顺县看守所的看守任务。根据任务需要还担负武装押解、武装逮捕、武装追捕、武装巡逻、抢险救灾等任务，协助公安局处置突发事件和恐怖袭击等，维护丰顺县的安居稳定和人民财产安全。

【武警工作】　2017年，武警丰顺中队在武警梅州支队党委、县委县政府的正确领导和关心厚爱下，坚持以《军队基层建设纲要》为依据，始终响应习主席提出的“建设一支‘听党指挥、能打胜仗、作风优良’的现代化人民武装警察部队”的强军梦，认真贯彻执行十九大精神、习主席系列重要讲话精神总部、总队、支队党委会议精神，依托主题教育和驻地红色文化，继承革命传统，筑牢官兵的思想防线，提升政治素养，凝练以“赤胆忠诚、团结奋进、敢打敢拼、永争第一”的中队队魂，始终以“能打胜仗”为战斗力唯一标准，着眼实战要求和任务需要，大力掀起军事训练热潮，努力提升部队遂行多样化任务的实战能力。近年来先后参加总队、支队、县公安局的实战对抗演练20余次，并在梅州支队各县市区对抗演练中取得较好名次，完成了广东省统一部署的“12·30雷霆扫毒”跨区武装逮捕任务、埔寨元宵节烧火龙机动备勤、长途武装押解、处置汕头突发事件和春节、“两会”、“6·4”等敏感期的城区武装巡逻等任务，得到了总队、支队党委的充分肯定和县委县政府与人民群众的高度认可。

【获得荣誉】　2006年被总队评为基层“五配套”先进中队、2007年参加地方抗洪抢险任务中，被总队记集体三等功一次，连续十几年被支队评为“安全工作先进单位”，2011年被支队评为“基层正规化建设先进单位”，2012年、2013年、2014年连续三年，中队党支部被支队评为“先进基层党组织”，2013年、2014年、2015年中队团支部被总队评为先进基层团组织，2013年中队被支队评为“士官人才培养先进单位”，2012年、2013年、2014年连续三年被总队评为落实基层《纲要》建设“先进单位”。2016年，中队被梅州市共青团委员会评为“青年文明号”，2017年被总队评为落实基层《纲要》建设“先进单位”。2017年以来，在支队党委以及县委、县政府的大力支持下，生活在新建设的营区设施环境中，中队官兵思想统一，精神振作，各项工作都有进一步的提升。在取得各项荣誉的同时，中队党支部及时进行反思总结，扎实推进工作，努力争取再创先进中队。

2017年年底武警中队

中队长 魏海彦

政治指导员 王 波

（魏海彦）

县人防工作

【学习贯彻中共十九大精神】 县人防办党组多措并举，组织动员全办党员干部认真学习中共十九大精神。一是同步收看现场学。在办公室集中收听收看十九大开幕会、新一届政治局常委记者见面会、十九大报告专家解读等，并引导党员干部利用智能手机、网络媒体平台持续跟进收听收看，确保大家第一时间了解掌握大会盛况及精神，学习氛围浓厚。二是领导干部引领学。10月23日，市人防办专门组织召开全市人防办主任会议，原文学习传达了中共十九大报告，并对报告中的新思想、新观点、新论断进行解读，现场组织讨论发言；十九大后，人防办领导班子又多次参加市、县举办的十九大宣讲会、学习会，深入学习、理解和领悟，认真做好学习笔记，及时撰写心得体会，做到领导干部走在前列、先学一步。三是结合"准军事化"机关建设实践融入学。以党组中心组学习为龙头，积极发挥示范作用，召开多次会议传达学习十九大精神，及时用会议精神统一思想步调，全办党员干部自觉同习近平为核心的党中央保持高度一致，凝聚上下共识，推动人防工作全面、高效运转，确保宗旨意识全面、持续地体现。

【人防工程建设和经费筹集工作有重大突破】 根据丰府办〔2010〕56号文件精神，县人防办加强了民用建筑项目的审批管理，依法开展人防工程建设和易地建设费的收缴工作。一是完善申报程序。认真抓好新一轮行政审批制度改革深化工作，进一步缩减各类行政审批和与审批相关的行政服务事项办理承诺时限，积极开展"权力清单"清理工作，明晰服务项目和服务标准，并根据权责事项职权目录全面推进行政许可和公共服务事项标准编制，规范行政执法。二是严肃审批纪律。按办事指南逐层审批，较大工程经办党组会议集体讨论决定，阳光操作。三是档案管理规范。电脑同步录入基本信息、审批信息和发出的人防凭证信息，做到纸质材料和电子文档同步存档，确保档案完整。四是按照"平时服务、急时应急、战时应战"的方针，在丰顺新区建设的审批过程中，遵循"以建为主，以收促建"的原则，达到建设防空地下室条件的，都要求建设单位按照新建民用建筑的标准和等级配建，把人防建设与城市建设同步规划、同步推进，推动人防工作加快转型升级，全面提高综合防护能力和平战结合能力。五是按照"精致建设，质量第一"的要求，切实加强人防设计、图审、监理、设备四大单位执业资质的监管，并与规划、建设部门协调配合，全程监督人防工程建设，确保人防工程质量，不断完善提升人防基础设施。六是开展在建人防工程安全隐患专项整治工作，对照安全生产大检查要求，对在建人防工程安全进行认真的排查整治，确保人防地下工程建设安全。通过以上努力，全年新报建拟设计建设防空地下室和人防工程易地建设费筹集均有重大突破，在2017年度全市人民防空建设目标管理考核中被评为达标先进单位。

【组织指挥工作全面展开】 县人防办对防空袭方案、人口疏散计划和各种保障计划进行了修订，重新整组人防专业队伍，造册登记，明确了专业队员，落实了职能职责，完善了资料档案，有效提高了人防专业队履行职责的能力。同时着眼于战时和灾时为人民群众提供疏散场所的需要，制定专门的掩蔽、紧急疏散行动方案，强化掩蔽疏散措施，健全掩蔽疏散体系，并准备实地组织疏散单位与接收单位开展对接活动，确保突袭来了能疏散、灾害来了能避险。

【人防执法力度不断加大】 县人防办在完成权责事项职权目录和标准化编制工作的基础上，按照政务中心的工作要求，安排专人负责录入工作，确保人防工作在"一门式"综合服务窗口有序运行、无缝对接、高效服务。同时，不断加强人防执法工作，重视对执法人员的业务学习培训，成立人防执法工作队，继续对欠缴、未缴人防易地建设费等遗留项目和在建人防工程进行专项执法，对6家单位下达了检查整改通知。在执法过程中无袒护、曝光、举报等不良现象，无索、拿、卡、要等违法违纪行为。

【应急管理工作扎实推进】 为加快推进全省人防信息传输基础网系和人防预警报知系统建设，夯实“三强人防”信息化建设基础，11月份，县人防办开展了全省人防军用第三代短波通信系统建设、人防警报控制系统升级改造和人防超短波通信系统使用频率调整工作，并对原警报设施进行全面检测、维修，保证了防空袭警报效能正常。11月29日9点30分，依法组织了年度防空袭警报试鸣工作，固定、移动、电视三种方式将同步发送防空警报信号，鸣响率和音响覆盖率均达到了100%。

【人防宣传形式多样】 2017年，县人防办利用多种形式，进一步加强人防宣传。一是利用丰顺政府网及时公开人防最新动态、政策，方便群众查阅；二是在年度防空警报试鸣活动中，利用丰顺电视台、微信平台“逛丰顺”“丰顺论坛”以及OA系统发送政府文件的形式公布防空警报试鸣公告、人防标语等；三是利用学校阵地抓好“三防”知识教育工作。在县城初二级学生中开设防空知识课程，抓好防空知识课程按计划得到落实，使学生切实掌握基本防护要领，增强国防意识。四是与邮政局合作制作人防视频广告，使用梅州邮政广告传媒广泛铺设的视频机进行人防知识宣传，以点状发布，形成网状规模，与市民维系情感，让市民在工作场所、居住场所、娱乐场所都能够认识人防知识，加强学习和了解。

【人防机关党建工作成效显著】 县人防办按照“准军事化”管理要求，不断加强机关建设。一是扎实推进“两学一做”学习教育常态化、制度化。制订“两学一做”学习教育常态化、制度化工作清单，发挥领导干部带头作用，及时解决学习教育中出现的困难和问题，开展机关制度的“废、改、立”工作，坚持按制度办事，以制度管人，切实使机关内部合心合力。二是组织学习十九大、习近平总书记对广东工作重要批示、省第十二次党代会、市第七次党代会和省委李希书记到梅州调研讲话精神，深刻领会“四个坚持、三个支撑、两个走在前列”内涵，把十九大与习近平总书记系列重要讲话精神和治国理政新理念新思想新战略一体认识、一体把握，进一步增强“四个意识”，坚决维护以习近平同志为核心的党中央权威，充分发挥人防机关的职能作用，加快构建战时能力强、平时作用大的现代人民防空体系，为丰顺县实现新发展做出更大贡献。三是党风廉政建设持续深化。进一步规范资金的管理使用，坚持“收支两条线”管理、坚持政府集中采购、坚持重大项目请示报告等制度。

2017年年底人防办

主　任　许日山

副主任　徐瑞祥

（徐建满）

经 济

经济管理

【发展和改革工作】 2017年，丰顺县发展改革工作坚持以习近平新时代中国特色社会主义为指导，紧紧围绕县委、县政府“一区一带”发展战略，立足本职，勇于担当，狠抓重大规划、重大项目、重大改革的落地实施，较好完成各项工作任务，促进了丰顺加快振兴发展。

充分发挥统筹职能 加强全县经济运行态势分析，撰写2017年上半年及全年《丰顺县国民经济和社会发展计划执行情况报告》，对丰顺县2017年主要经济指标完成情况、经济运行存在主要困难和问题等进行了深入剖析，及时掌握经济运行中出现的新情况、新问题，并提出对策建议，提交十五届人大常委会第七次会议和十五届人大三次会议审议。

加强项目审批服务 根据国家和省、市、县行政审批制度改革要求，进一步简化审批程序，改进和规范审批行为，积极推行网上审批和网上并联审批制度，为企业和群众提供优质高效的行政审批服务。全年共办理项目立项139项，总投资额68.6亿元；项目备案48项，总投资额60.69亿元。

推进重点项目建设 认真落实重点项目工作目标责任制，抓好项目建设进度和投资计划安排，加强督促检查，积极做好跟踪管理和信息上报工作，确保年度投资计划任务完成。2017年丰顺县列入市重点项目33项，总投资176.43亿元，2017年度投资计划39.92亿元，全年完成投资62.71亿元，完成年度投资计划的157.09%，进度居全市第4名。其中省重点项目5项，总投资40.4亿元，2017年度投资计划9.68亿元，全年完成投资13.28亿元，完成年度投资计划的137.19%。

积极争取项目资金 全年共争取到中央预算内投资资金3100万元，包括丰顺县实验中学3000万元、丰顺县全县域环境综合治理PPP项目前期工作经费100万元。同时，积极组织做好2018年度卫生、资源环境等中央预算内投资项目申报工作，共上报项目12个，总投资14.83亿元，可争取申请中央配套资金4.45亿元；组织申报广东省基础设施投资基金项目分两批共27个，总投资124.33亿元，可争取申请广东基础设施投资基金62.16亿元。

深化经济体制改革 一是积极推进供给侧结构性改革。积极协调组织开展丰顺县钢铁行业落后产能和违法违规项目清查工作，对省、市确认属于落后产能的企业，组织进行了设备、设施拆除，彻底清除复产隐患。创新补短板投入机制，保持政府投入力度。2017年丰顺县补短板项目共45项，总投资153.92亿元，全年计划投资37.11亿元，全年完成投资45.08亿元，投资完成占全年计划的121.5%。二是建立健全公平、公开、透明的市场规则。推进市场准入负面清单制度改革，结合丰顺县实际，认

真贯彻落实国家《市场准入负面清单》。贯彻落实省有关建立公平竞争审查制度要求，建立了丰顺县公平竞争审查工作部门联席会议制度，并对2017年以来各成员单位出台的相关规范性文件进行了审查。三是建立完善“双随机、一公开”监管制度。建立价格检查对象名录库、价格执法人员名录库，将检查依据、检查内容、检查方式等予以明确公开，定期对市场价格主体进行随机抽查，并及时在门户网站进行公示，接受社会监督，规范市场价格秩序。四是深化投融资体制改革。积极推广政府和社会资本合作（PPP）模式，认真做好丰顺县PPP项目库编制工作，加强项目入库，全年入库项目3个，积极发挥财政资金的导向作用，充分利用金融机构、社会资本在资金和管理上的优势，推动丰顺县基础设施和公共服务领域投融资机制创新。五是推进企事业单位公务用车制度改革。按照国家和省、市县统一部署，推进丰顺县企业事业单位公务用车制度改革，落实全县企事业单位于4月30日前完成取消车辆的封存停驶工作，经主管部门审核后报县车改办备案。全县县属企事业单位公务用车制度改革工作正有序推进。

推动牵头工作　一是全面推动梅江韩江绿色健康文化旅游产业带丰顺片区规划建设。2017年丰顺县列入梅州市梅江韩江绿色健康文化旅游产业带实施项目27项，总投资1120.37亿元，2017年投资计划22.96亿元，全年完成投资24.91亿元，投资完成占全年计划的108.49%。二是积极推进梅汕高铁项目建设。梅汕高铁丰顺段全线无障碍施工，6月底完成丰顺段征地拆迁，8月底完成“三电”迁改工作，12月底工程已完成桥梁线下施工、架梁施工、车站施工等，丰顺隧道已完成掘进8642米，完成全长3/5。同时，还积极做好信用体系建设、留隍镇新型城镇化综合试点等牵头工作。

加强物价调控管理　加强对38个品种重要商品和食盐价格的调查监测。在认真做好调研和定价成本监审的基础上，并经召开价格听证会，形成了丰顺城区管道天然气价格和建立居民生活用气阶梯价格制度等方案，积极推行居民生活用气阶梯价格制度，待报县政府批准后施行。及时公布和实施收费目录清单，进一步清理规范行政审批中介服务收费、行业协会商会收费，认真落实国家和省、市公布取消、停止、免征以及降低征收标准的行政事业性收费、政府性基金、涉企经营性服务收费，一年可减轻企业负担约1200万元。认真组织开展春运客运票价、食盐价格、殡葬服务价格、电力价格、涉企收费等专项检查，积极维护价格正常秩序。畅通“12358”价格举报电话，认真做好价格举报投诉工作，及时调查处理，维护了群众的价格权益。全年共受理价格举报投诉咨询件9宗，办结率100%。认真执行国家发改委《价格认定规定》，积极做好涉案物价格认定工作，较好地为公安司法部门、行政执法机关办理案件提供了价格依据。全年共受理涉案物价格认定240宗，鉴定金额750.52万元。

做好精准扶贫工作　认真贯彻落实县委、县政府关于扶贫工作的部署要求，扎实推进发改局挂钩汤坑镇金丰村精准扶贫精准脱贫工作。2017年积极协助金丰村做好“两委”换届选举工作，对贫困户开展春节和疾病慰问，协助贫困户取得重大疾病救助等，扶贫工作取得明显成效。

2017年年底县发展和改革局

局　长　张良生

副局长　谢伟豪　蔡伟彬　曾德胜

（王维恒）

【工商和质监工作】　2017年，丰顺县工商和质监局深入学习贯彻中共十九大精神，以习近平总书记重要讲话精神为指导，围绕县委十三届二次全会，县十五届人大二次会议的部署要求，以及上级部门的工作会议精神，注重管与服相结合，协调发展，一手抓好“服务”，一手抓好“严管”，坚持“放管服”相结合，激发市场活力，维护市场秩序，助推丰顺实体经济腾飞。

积极发挥职能作用，服务地方经济发展

1. 大力实施品牌战略，助推实体经济又好又快发展。通过树立质量、品牌发展典型，推动优化质量发展环境，提升丰顺品牌价值。一是广东省质量监督电声产品检验站（梅州）建设项目完成竣工验收。1月18日，由县工商和质监局筹建的重点项目——广东省质量监督电声产品检验站（梅州）建设项目完成竣工验收。梅州市质计所已完善仪器设备数据建档和内审准备工作，并做好试运行分工及实操方案，完成相关项目检测能力验证。二是积极开展全国电声产业知名品牌创建示范区创建工作。继2017年8月获批筹建“广东省电声产品知名品牌创建示范区”后，同年12月又获得国家质检总局批准筹建“全国电声产业知名品牌创建示范区”。三是积极开展创建国家级出口电声产品质量安全示范区申报和建设工作。丰顺县在成功创建省级出口电声产品质量安全示范区的基础上，2017年继续与梅州出入境检验检疫局签署了合作协议，申报建设国家级出口电声产品质量安全示范区。于5月10日召开创建广东省丰顺县国家级出口电声产品质量安全示范区动员会及联席会议并成立广东省丰顺县国家级出口电声产品质量安全示范区领导小组。国家级出口电声产品质量安全示范区于12月通过国家验收。四是积极申报“丰顺电声”集体商标，优化丰顺电声发展环境，提升“丰顺电声”品牌价值。五是努力推动企业争创名牌。培育、发动广东深华药业有限公司、广东宇星阻燃新材股份有限公司申报广东省著名商标，引导和动员旺兴达（丰顺）电子有限公司、丰顺泰昌电子元件有限公司、丰顺培英电声有限公司3家企业参与省名牌产品申报，着力提高企业市场知名度和产品附加值，其中丰顺泰昌电子元件有限公司和丰顺培英电声有限公司获评2017年度广东省出口名牌企业。协助培英电声有限公司上诉并成功审核使用“M.”商标。2017年新注册商标22件。六是深入开展质量强县工作，2017年在市政府对各县（市、区）2016—2017年度质量工作综合考评中，丰顺县获得A级，连续两年获得A级殊荣。七是做好“守合同重信用”企业公示活动。全县共有39家企业获得2016年“广东省守合同重信用企业”称号，其中新增申报企业4家。

2. 大力实施技术标准战略，促进产业优化升级。加强企业标准体系建设，着力推动自主核心技术带动型的产业发展。丰顺县首项省级地方标准《地理标志产品马图绿茶》（DB44/T1960-2017）于2017年6月10日起开始实施，为“马图绿茶”的生产加工提供了统一的技术标准，有效保护“马图绿茶”品牌，有力地推进了丰顺县茶产业提质增效；八乡山番薯地理标志产品保护的申报工作已获公示，可望在年底前完成审查工作；启动广东省地方标准《扬声器生产工艺规范》立项工作。

3. 深化商事制度改革。2017年，工商和质监局在市工商局的指导下，继续深入推进商事制度改革，以《广东省商事制度条例》实施为契机，以全面实施“多证合一”登记制度改革为着力点，进一步简化登记手续，缩短办理时限。推进简易注销登记改革、实行市场主体退出便利化；推进电子营业执照的进一步应用，极大的激活市场活力和社会投资热情。至年底，全县各类市场主体20365户，其中企业2303户、农民专业合作社545户、个体工商户17517户。其中新增个体工商户2327户、农民专业合作社60户、企业375户，分别同比增长22.6%、19%、16%。

依法行政，创新监管，维护市场秩序稳定

1. 加强监管执法。一是加强稽查打假，维护市场秩序。2017年以来，对潜在危害大、影响范围广、关系国计民生的重要产品，涉及安全生产、农资、成品油、电器质量等方面，重点以“打假”“打私”工作为突破口，开展侵犯知识产权、虚假违法广告等多个专项执法行动，为整顿和规范市场经济秩序做出了积极的贡献。据统计，2017年全系统共查处各类违法违章案件241宗，结案241宗，罚没入库金额59.38万元。二是开展查无综合治理，针对丰顺县无照经营的热点和难点问题，结合创建丰顺县卫生城市，集中时间集中力量，组织开展专项治理行动，对全县范围内各类涉及安全生产的市场主体生产经营情况进行全部排查，2017年，全县共出动执法人员735人次，检查经营户2665户次，引导办照1161户，立案查处取缔无照经营案件124宗，罚没款25.488万元。三是坚持依法行政，加强法制培训。依法行政是政府部门处罚案件之根本，是处理政府和群众关系的基础，在具体的工作中严格依照法律法规办事，严格依据事实定性，依据法律程序和实体办理案件。2017年，重点组织学习“一法律三条例五办法”。

2. 积极构建信用监管。通过强化失信惩戒力度，倒逼企业自律经营，积极建立信用监管机制。一是全面做好年报工作及年报抽查工作。通过强化责任落实、加强业务培训、加大宣传指导、下拨工作经费、深入企业督导等措施，全面推进企业年报工作。2016年度应报年报市场主体18210户，已报16563户，年报率90.96%。根据上级部门的要求，在年报公示结束后，完成本年度年报抽查工作。2017年，共抽查2016年度年报市场主体569户。二是建立健全企业经营异常名录制度。对未按规定公示年报的企业139户、农民专业合作社90户和个体工商户1030户一律列入经营异常名录（标记为经营异常状态）。将长期停业的116户企业进行批量吊销。三是全面铺开“双随机一公开”及涉企信息统一归集公示工作，目前，县工商和质监局已建成随机抽查事项清单和检查对象名录库，执法检查人员名录库正由省工商局建设中，基本实现“双随机一公开”监管机制在工商系统监管业务的全覆盖和对18141户市场主体登记信息、年报信息和954户市场主体抽查监管信息统一归集公示工作。

3. 加强质量巡查监管。以源头抓质量为根本，以培育名优产品为重点，扎实开展质量管理工作，促进全县企业质量水平稳步提升。出动巡查人员80人次，巡查企业52家次。按照《产品质量监督抽查管理办法》制定了产品质量监督抽查计划，2017年实施对电声产品、砂轮、食品相关产品、商品混凝土、钢铁、服装等产品抽查29批次，产品质量监督抽查合格率维持在较高水平。开展遏制钢铁行业违规新增产能和取缔“地条钢”产能巡查监管工作，深入铸造企业、轧钢企业巡查4场次，经查，丰顺县区域内未发现有企业违规生产“地条钢”现象。支持企业推行质量管理体系认证，由政府为出口示范区内的电声企业购买体系认证服务，实现园区内企业获得质量体系认证达32家。

4. 加强特种设备监察。严厉打击辖区内特种设备“三非”（非法制造、非法安装修理改造、非法使用）、“两超”（超期未检、隐患超期未改）、“一无一违”（无证上岗、违章作业）行为，督促企业全面落实企业主体责任，严厉查处特种设备各类违法违规行为。对液化石油气加大执法抽查力度，严厉打击充装掺混“二甲醚”液化石油气违法行为。会同省局委托汕头市质量计量监督检测所工作人员到县辖区内四家液化石油气充装站进行抽检。据统计，至目前为止，共出动检查人员289人次，检查特种设备使用单位87家，排查隐患23宗，发出安全监察指令书23份，已完成整改23起，完成闭环管理23宗，立案查处案件5宗。

5. 加强计量、广告、网络交易等工作监管。强化计量监管，大力开展与人民生活密切相关领域计量专项整治和监督检查活动，进一步保障消费者的合法权益。共查处使用未经检定的列入强制检定范围的计量器具案件4宗，液化石油气瓶定量包装计量违法案1宗；加强商标广告监管，加大对金融、房地产、新媒体等广告的监管力度，检查微信平台经营商3家，广告经营者5家，约谈了全县规模较大房地产企业4家，加强商标监管，检查经营户130户，专业市场3个，查处侵权假冒案件2件；建立完善网络市场监管体系，开展网络监管工作，巡查网站、网店272户次，实地检查企业自建网站和网店23个次，责令经营者删除网络违法宣传信息4条，新入库网络经济户口5户，2017年共处理网络投诉29宗，其中诉转案4宗。

6. 做好安全生产工作。重点以非煤矿山、危险化学品、烟花爆竹生产经营、废品回收、农资、建材、文化娱乐、网吧、中介、机动车维修及配件经营、旅游、儿童托管机构、校园周边等高危行业领域、人员密集型场所为重点加强检查督查，重点关注人员密集场所和“三合一”“多合一”的生产经营场所。开展特种设备安全专项整治活动，强化企业的安全主体责任，严格落实安全管理各项制度，进一步规范企业的安全生产活动，防止和减少事故发生。

做好民生工作，惠及百姓　1. 开展“创建广东省文明县城”活动。开展“文明经营百家示范店”评选活动。丰顺县委宣传部、县文明办、县工商和质监局等部门在县城联合开展“文明经营百家示范店”评选活动，在丰顺县城6千多商户中评选出100家文明诚信程度高、民意基础好、社会认同度高的经营主体作为“文明经营示范店”。活动旨在营造文明、诚信、和谐的市场环境，扎实推进广东省县级文明城市创建工作，不断提高公民道德素质和社会文明程度，形成“说文明话、办文明事、做文明人”的良好风尚。

2. 做好消费维权工作。一是认真受理每宗消费投诉，牢固树立为消费者服务的意识，强化内部机制，提高调解技巧和水平，妥善解决消费纠纷，做到了消费者投诉件件有着落，事事有答复。据统计共受理消费者投诉88宗，接受咨询300多人次，办结率100%，介入调解的成功率97%，为消费者挽回经济损失8.5万元，有效地化解消费纠纷。二是开展“3·15”国际消费者权益日纪念活动。围绕“网络诚信消费无忧”这一年主题，隆重举办了“3·15”国际消费者权益日纪念活动，派发宣传资料2000多份，为广大消费者提供咨询服务，指导辨别消费品真伪，以及接受消费者各种投诉等。

3. 继续对集贸市场、医疗卫生机构常用强检计量器具实施免费检定。加强计量标准建设，提升检定能力。一是2017年新建计量标准2个（测力、温湿度表检定）。二是筹资15多万元，对压力表标准的主设备进行更新。三是向当地政府争取12万元用于保障计量器具免费检定工作顺利开展。2017年共检定/校准各类计量器具3529台（套），其中：集贸市场免费衡器检定1597台，血压计928台，压力表检定395台，加油机检定379台，水表检定100台；检定各类衡器130台，各种规费收入约11.46万元，免去集贸市场医疗卫生单位检定费用约16.89万元，免去企业检定计量收费约31.1万元。

从严治党，保障队伍安全稳定　在从严治党新常态下，县工商和质监局落实“一岗双责”责任，不断强化对全体党员干部的监督与管理，加大对党员干部党风廉政建设的教育力度。一是加强基层党组织建设，按要求完成了党总支和2个党支部换届，调整设立了5个党小组，严格落实“三会一课”制度，定期召开党员大会、支部会议和党小组会议，支部书记带头讲党课，带动全体党员深入学习党的理论、方针、政策。二是通过开展“三严三实”“两学一做”等专题学习活动，“两学一做”专题教育常态化，每周一由班子成员轮流讲党课，建立党支部微信群，扩大党员学习平台，全面提高党员干部党性修养。三是开展日常监督，通过会议部署、干部诫勉谈话、明察暗访等一系列有效措施，强化干部思想作风建设。四是从抓制度建设入手，对机关现有制度进行全面梳理，修订完善了公车使用、财务管理等相关制度，修订了《办公用品申领表》《饭堂管理制度》等，全面深入开展了廉政风险和监管风险防控工作，确保队伍安全。

牵头做好“两建”工作　为切实贯彻落实国家“十三五”市场监管规划和省、市市场监管现代化“十三五”规划工作要求，学习好、贯彻好、落实好《广东省市场监管条例》（以下简称《条例》），在市“两建办”的指导和县委、县政府的坚强领导下，丰顺县“两建”办主动作为，一是结合《条例》颁布契机，加印了《条例》读本和释义共1000册，发放至各成员单位，并于10月27日，特邀嘉应学院政法学院王辉副教授为各乡镇、“两建”成员单位授课，讲解《条例》释义和亮点，诠释权责。二是鉴于人事变动，及时调整了领导小组，印发了《关于调整丰顺县社会信用体系和市场监管体系建设工作相关领导小组成员的通知》（丰府办函〔2017〕191号），切实保障“两建”工作的顺利开展。三是紧密联系各成员单位，印发了《2017年丰顺县市场监管体系建设重点工作》等文件，进一步明确丰顺县市场监管工作任务目标要求，明确各成员单位的责任和任务，确保“两建”工作责任落实到位。

2017年年底工商和质监局

党组书记、局长　赖建军

副局长　郑春广　徐国南　罗洁营　蔡征涛　巫书平

党组成员　叶永贵

（彭星红）

【审计】 2017年，县审计局深入贯彻中共十九大精神，深刻学习领会习近平新时代中国特色社会主义思想，在上级审计机关的正确领导下，紧紧围绕县委、县政府的工作部署，按照“突出抓重点、补短板、强弱项”的要求，紧紧围绕供给侧结构性改革、打好“三大攻坚战”等重大任务落实，进一步提高政治站位、创新审计理念、理清工作思路、突出审计重点，加强重大政策措施落实情况跟踪审计，加大对人民群众最关心最直接最现实的利益问题和经济平稳健康运行关系最密切问题的审计监督力度，推动党的理论和路线方针政策全面贯彻落实，推动如期实现全面建成小康社会各项目标任务。同时大力推进对公共资金、国有资产、国有资源和领导干部履行经济责任情况的审计全覆盖。

主动适应新常态、践行新理念，更加努力地履行审计监督职责 2017年县审计局共完成审计项目40个，审计查出主要问题金额34194.87万元，其中：违规金额6782.03万元，管理不规范金额27412.84万元。审计处理处罚金额13193.94万元，其中：应上缴财政396.19万元，应减少财政拨款或补贴3115.27万元，应归还原渠道资金6212.9万元，应调账处理金额3469.56万元。部分单位在审计期间能够及时整改发现的问题，审计期间整改金额209.17万元。移送处理事项3件，移送金额84.3万元。

加强对重大政策措施落实情况的跟踪审计，促进重大政策落地生根、惠及百姓 把促进中央和省、市、县出台的稳增长、促改革、调结构、惠民生一系列政策措施的贯彻落实作为审计工作的重中之重，着力推动项目落实、资金保障、简政放权、政策落实、风险防范，有效发挥审计的保障作用。2017年以来，审计局重点关注新时期精准扶贫、精准脱贫国家重大政策落实情况，关注丰顺县相关优势产业及龙头企业带动贫困人口脱贫方面的进展、效果。发现存在产业扶贫效果不佳，龙头企业带动示范作用不明显的情况；同时对广州海珠（丰顺）产业转移工业园基础实施建设项目进行审计调查，发现存在产业扶贫效果不佳，龙头企业带动示范作用不明显的情况。针对审计发现问题，审计局提出了相对应的意见和建议。

深化财政预算执行审计，促进资金合理高效使用 以保障公共资金安全高效使用、促进建立健全现代财税制度、增强财政政策的有效性为目标，切实增强财政审计的宏观性、整体性和建设性。根据丰顺县实际，重点关注财政全口径预算的建立健全、财政资金的存量和增量、财政支出结构和投向的合理性。通过审计，促进了财政国库管理、重点专项资金管理使用、公共资金、公共资产、公共服务等分配过程的合法合规性。

强化经济责任审计，加大对权力运行的监督和制约力度 以促进领导干部守法、守纪、守规、尽责为目标，促进领导干部依法作为、主动作为、有效作为。2017年县审计局共对21名领导干部进行经济责任审计，重点围绕“以领导权责为核心、以领导决策为主线”工作思路，把重大经济决策、重大财政资金安排使用、重大投资建设项目管理、执行中央和省重大决策部署、自然资源资产管理和机构编制管理等情况作为审计重点。通过审计，促进了单位财务核算的规范和相关制度的建立和完善，增强了领导干部财经法规意识和经济责任意识，加强了对领导干部权力制约和监督，为县委管理、评价和考核使用干部服务。

突出公共投资项目审计，提高投资效益 为了促进深化投融资体制改革，扩大有效投资，优化供给结构，提高投资绩效，2017年县审计局对5个政府投资工程进行了审计，重点关注立项决策、项目审批、征地拆迁、环境保护、工程招投标、物资采购、资金管理使用和工程质量管理等重点环节。提出一些切实可行、提高效率和降低成本的意见建议。

抓好民生专项资金审计，维护群众利益 以促进深化改革、保障和改善基本民生、维护人民利益为目标，确保惠民政策落地生根、不断完善和发挥实效。2017年县审计局对体育彩票资金、残疾人护理补贴和残疾人生活补贴配套资金、测土配方施肥项目资金管理和使用情况进行了审计。促进了民生资金的政策执行、预算安排、资金拨付使用、项目实施和内部管理的合法合规。

开展企业绩效审计，提高企业经济效益　以促进国有企业提质增效、保值增值、做强做优做大为目标，推动国有企业深化改革，促进增强国有经济活力、控制力、影响力、抗风险能力，维护国有资本安全。2017年县审计局对丰顺县金叶公司资产、负债及经营效益情况进行了绩效审计。重点关注企业实现利润、资产、负债及损益情况；促进企业生产经营的合法合规和管理的制度建设。

贯彻落实中共十九大精神，推进“两学一做”学习教育常态化制度化　中共十九大以来，审计局认真贯彻落实习近平总书记关于“切实学懂弄通做实中共十九大精神，努力在新时代开启新征程续写新篇章”的重要指示，牢固树立“四个意识”，切实增强“四个自信”，坚决维护以习近平同志为核心的党中央权威和集中统一领导，坚定不移用习近平新时代中国特色社会主义思想武装头脑，坚定不移贯彻新发展理念，把中共十九大精神贯彻落实到岗位上行动上，让广大人民群众有更多获得感。结合“两学一做”学习教育常态化制度化，把学习贯彻习近平总书记对广东工作的重要批示精神引向深入。全局全体党员干部深入学习领会习近平总书记重要批示精神，深刻领会“四个坚持”是广东改革发展的旗帜和原则，“三个支撑”是广东的使命担当和发展路径，“两个走在前列”是改革发展的奋斗目标。积极践行“四个坚持、三个支撑、两个走在前列”要求，把贯彻落实习近平总书记重要批示精神作为“两学一做”学习教育的最大实践，转化为丰顺县审计局的具体工作目标和任务，一项一项抓好落实，最终转变成改革发展的实践成果。

“七五”普法执行落实情况　根据文件要求，县审计局印发了《丰顺县审计局开展法治宣传教育第七个五年规划（2016—2020年）的实施方案》、成立了丰顺县审计局“七五”法治宣传教育领导小组和制定了丰顺县审计局“七五”普法工作计划；同时领导干部带头学法、讲法、用法，增强领导干部法律素质，提高依法行政、依法决策、依法管理的能力和水平。

建立健全审计业务质量控制制度　为规范审计机关及审计人员审计执法行为，提高审计质量，防范审计风险，更好地发挥审计在完善国家治理中的保障和监督作用，2017年以来审计局根据上级审计机关的工作要求，结合审计局工作实际，制定完善了《丰顺县审计局审计项目计划管理实施细则（试行）》《丰顺县审计局审计项目督办管理实施细则（试行）》《丰顺县审计局审计业务基本操作实施办法（试行）》等审计业务质量控制制度。

2017年年底审计局

局　长　黄金星

副局长　刘兆陆　彭捷兴

（胡　泓）

【统计】　依法统计是提升政府统计公信力的关键，2017年以来，县统计局大力开展统计法宣传，严格执行统计制度，严肃统计执法。一是增强统计人员依法统计意识。将统计法规知识列为统计业务培训的重要内容，提高统计人员学法、懂法、用法自觉。二是采取多种形式宣传统计法。结合第三次全国农业普查，借助电视台、广告牌、宣传横幅、LED屏等宣传介质，大力宣传统计法。三是严格执行统计制度。按照统计制度方法要求，切实做好全过程统计数据质量的管理与控制，完善统计数据审核制度，规范统计数据报送流程，有序开展各专业统计调查工作。四是开展统计执法检查。对执法检查中发现有数据质量问题的企业，及时约谈企业负责人，提醒注意并要求其立即整改。2017年县统计局选派3名干部参加全省统计执法检查培训，其中2名干部顺利通过全国统计执法资格考试，取得统计执法资格，合格率为66.7%，高于全国和全省地方统计局系统平均合格率。

稳步推进，进一步加强“双基”建设　统计基层基础是保障统计数据质量的基石，要提升数据质量关键在于坚定不移抓统计基层基础建设。近年来，县统计局着重补短板，以提高基层数据采集能力、数据质量控制能力、统计服务能力、依法统计能力为着力点，全力抓好统计基层基础建设并取得实效，有力提升了统计源头数据质量。一是加强镇（场）统计办建设。加大对镇一级的投入，帮助指导镇（场）

统计办建设，提升硬件水平，不断优化统计工作环境。同时，把镇（场）统计台账是否健全和村级报表保存是否完善作为衡量统计规范化建设的重要标志，通过开展常态化的检查，对台账、村级报表保存仍然不完善的，采取措施加以整改。二是实施全员培训。全年共组织各类业务培训30余次，培训镇、村级统计人员及企业人员500余人次，统计业务人员培训率达100%。三是指导网报企业建好台账。严格按照《广东省一套表联网直报单位统计工作规范》的要求，指导联网直报企业建立完善原始记录和电子统计台账，把企业原始记录和电子统计台账建设列为统计执法检查的一项重要内容，督促企业建立完善原始记录和电子统计台账，确保统计数出有据。四是加强基层统计人员管理。为及时掌握统计人员变动情况，各镇（场）、企业统计人员发生变动时需严格按照统计法律法规完善手续，提交来的纸质材料由办公室保管。五是培育“双基”示范点。培育示范点有利于以点带面，提升“双基”建设整体水平，同时也是展示“双基”建设成果的需要。汤坑镇、潘田镇2个镇被选为示范镇，工业、贸易、建筑业、房地产业等专业各2家企业被选为示范点，县统计局对示范镇和示范点进行了针对性的培育，同时加大投入和业务指导，真正把这些示范点建成“五有六化”和联网直报企业的模范。

围绕主题，努力提高统计服务水平　县统计局围绕“统计数据质量建设年”这一主题，努力推动全县统计数据质量，提高统计服务水平上新台阶。一是进一步完善国民经济核算体系，积极搞好规模以上工业、规模以下工业、工业品价格、固定资产投资、房地产业、建筑业、服务业、商业、旅游业、畜禽监测、人口变动抽样、城乡居民住户、农村人口定点等调查。二是积极开展城乡一体化住户调查样本轮换工作，根据国家统计局统一部署和省、市有关文件精神，成立了住户调查样本轮换工作办公室，并对新选聘的辅调员进行多次业务培训，确保此项工作顺利推进。三是加强经济运行分析。紧紧围绕县委、县政府中心工作，针对领导关注的问题，每月召开经济运行及节能形势分析会，由各专业逐一进行分析、预测，最后形成材料第一时间向县主要领导、分管领导汇报。四是做好统计服务。2017年来县统计局为各级党政和社会各界人士提供信息咨询120余次1100余条，向县节能监察中心提供节能形势监测预警分析5篇，撰写正式发表的丰顺统计资料分析文章15篇，印发丰顺统计月报11期，同时，印发2016年度国民经济和社会发展统计公报。五是加强丰顺统计网站建设。进一步加强网站的安全管理，推进统计信息化建设，及时为公众提供统计信息。

协作配合，积极指导部门统计工作　积极开展对部门统计业务指导，强化协调配合，与经信、发改、住建、税务、工商、旅游、农业、开发区、交通、公路等部门建立起更加完善、有效的数据交换机制，加强部门信息共享，积极做好基本单位名录库更新完善，企业上、下规模工作，配合做好节能减排、产业转移工业园考核等工作。

精心组织，顺利完成第三次全国农业普查工作　丰顺县大力组织人员严格按照普查方案做好第三次全国农业普查（以下简称“三农普”）登记、录入、验收等工作。完成登记：农户普查表117246户；规模农业经营户普查表1056户；农业经营单位普查表722户；行政村普查表263个；乡镇普查表17个。入户登记期间，县农普办多次安排人员分组到全县各镇（场）指导督查“三农普”登记及录入工作，市农普办也多次派员到丰顺县进行“三农普”工作质量抽查并指导，及时发现问题，及时解决问题。5月，省第三次农业普查事后质量抽查检查组到丰顺县进行质量抽查，省检查组对丰顺县的“三农普”工作给予了充分的肯定。

2017年年底县统计局

局　长　蔡　君

副局长　刘　愈　李东升

（吴颖霞）

农业水

【农业】

稳定粮食生产　坚持稳定和发展粮食生

产，落实种粮补贴、农机购置补贴和户用沼气池补贴等强农惠农政策，激发农民种粮积极性，大力推广优良品种和先进适用技术，继续稳定粮食生产面积，不断提高粮食综合生产能力。2017年全县农作物播种面积4249公顷，比上年增加346.7公顷；全县粮食作物种植面积2808公顷，粮食总产达16.04万吨，面积和总产均比上年略增。

落实种粮补贴　全年落实种粮补贴面积18025公顷亩，补贴金额2208.94万元，全面调动了农民种粮积极性。

植保病虫测报和综防　全县主要农作物病虫鼠害发生面积4.58万公顷次，防治面积6.68万公顷次，经防治后挽回损失7188吨。其中水稻病虫害发生面积28153公顷次，防治面积48133公顷次，防治后挽回粮食损失5391吨。积极做好预防宣传工作，全年印发农作物病虫情报和防控信息、通知12期。

贯彻落实好新修订《农药管理条例》。一是专门组织植保、测报等有关部门、人员认真学习研究新修订《农药管理条例》以及配套规章，指定专人负责抓好农药相关业务工作的落实。二是以农药生产经营专项摸底调查为基础，制定工作方案，以《农药管理条例》宣传月活动、含有危险化学品的农药使用安全大检查、农药安全宣传培训为重点，先后召开了工作会议5次，举办培训班5次、共325人次，现场宣传活动1次、咨询300人次，共编写印发宣传资料6种、8000余份，悬挂（张贴）宣传条幅、公告65条。大范围、多层次积极开展宣传培训工作，使新《农药管理条例》很快在全县得到普及，为贯彻实施打下了基础，扎实推进农药管理工作。

推进农田水利基本建设　充分利用冬季或农闲季节等有利时机，加大农业基础设施建设力度，建设现代标准农田，提高农业抵御自然灾害能力。2015年建设内容及规模：面积1314公顷，总投资2956.5万元，划分为7个项目区（标段）实施，分别是1标段汤坑镇（166.7公顷）、2标段汤西镇大罗村、新兴村片（246公顷）、3标段汤西镇河西村片（253.8公顷）、4标段北斗镇（274公顷）、5标段建桥镇（373公顷）。项目工程于2016年10月开始实施，2017年3月已完工。

2016年度高标准基本农田建设计划建设任务为1700公顷，总投资3825万元，划分为7个项目区，分别是1标段八乡山镇（287公顷）、2标段埔寨镇（213公顷）、3标段丰良镇丰溪村片（161公顷）、4标段丰良镇布新村片（227公顷）、5标段潘田镇松柏村片（365公顷）、6标段潘田镇集群村片（273公顷）、7标段留隍镇（173公顷），项目工程于2017年10月开始实施，将于2018年3月完工。

持续推进精致高效农业扶持政策　2017年，认真抓好农业产业转型升级，培育引导和扶持发展新型农业经营主体，积极争取上级在政策上倾斜，在资金上扶持，县委、县政府安排了财政专项资金100万元用于奖励科技创新驱动、发展精致高效农业，充分落实《关于推进科技创新驱动发展精致高效农业奖励实施办法》《关于开展农民专业合作社县级示范社申报工作的通知》等一系列文件，激发和调动全县发展新型农业经营主体的积极性，对经考核验收符合条件的县、镇、村等各级示范基地的企业、新获三品认证、著名商标、龙头企业认定、新获增市级农民专业合作社示范社落实奖励扶持，以更好激励农业经营主体推进农业创新驱动、发展精致高效农业。农业局围绕优势特色产业，积极引导新型农业经营主体进行产业对接，加强技术指导，使新型农业经营主体如雨后春笋层出不穷，发展势头良好。

培育龙头企业　全县省市重点农业龙头企业已发展至30家（其中省级9家、市级21家）；马山茶业、代米生物、天亿实业、马图茶业、龙丰农业、宏伟新科技等多家龙头企业实施了技术改造升级，共争取扶持资金达1885万元，涉及总投资超过4000万元；全县农业企业预计实现总产值15亿元，带动4万多农户增收。其中，代米生物年产鲜菇达3.5万吨，年产值3.4亿元，带动农户2000户；马山茶业发展种植高山绿茶666.7公顷，年产量达600吨，年产值5000多万元，带动农户1250户。全县农民专业合作社发展至447家（其中被评为国家级3家、省级示范社9家、市级12家），合作社成员总数8600人，带动农户3.02万户，合作社成员人均纯收入比当地农民人均要高20%以上。2017年，新申报评选市级示范社5家。丰顺县以农业龙头企业、农民专业合作社、家庭农场为主的新型农业经营主体结构已初步形成。

擦亮农业品牌　成功打造优质茶、八乡红薯、食用菌、台湾枣、留隍榄、沃柑、柠檬、火龙果、山茶油、黄金姜糖、留隍糕、铁皮石斛等一大批名优产品。全县现有无公害农产品4个，绿色食品11个，有机食品9个，省级名牌产品4个。

培育休闲农业　注重扶持发展休闲、生态、旅游观光农业，鼓励科学耕山致富，形成了拾荷村、黄花村、梅溪村、石桥村、韩山生态茶园观光区、马山茶文化休闲产业园、八乡山田园牧歌生态茶园旅游风景区等一批以休闲观光为特色的农业旅游景点景区，拓展和促成了现代农业发展的新业态。全面推进农业产业化发展，推动农产品精深加工，马山、代米、天亿、凤畲、穗丰、正八乡、龙丰、新大、马图、宏伟新科技等一批大型农业加工企业建成投产，农业产业初具规模。据统计，全县现有农产品加工企业22家，农产品加工率达38%，加工产值达22亿元，占农业总产值的52.6%。

农技推广体系建设　2017年，丰顺县基层农业技术推广工作和农技服务水平有新突破。一是基层农技推广体系补助项目系统：包括做好1个专家组、33个技术指导员、183户科技示范户、6个示范基地以及水稻、茶叶、水产、生猪4个主导产业各方面信息录入上报。二是基层农技推广体系管理信息系统：主要包括全县16个镇农技站和县农业技术推广中心、县农机办、县水技站、县畜牧兽医站共20个单位的人员信息、办公设备条件等各方面信息录入上报和季度更新。按时按质完成省、市分配丰顺县的各项培训任务。

农业综合执法与农产品质量安全　一是认真履行农业综合执法职能，规范农产品和农资产品生产经营秩序，严格查禁高毒、剧毒农药的销售，从源头上把好关；大力宣传农药安全使用常识，提高全民的质量安全意识，规范农产品、农资产品经营市场，全年累计出动执法人员1350人次。发出宣传资料3100多份，检查农资门店270间次。全年未发现有违规经营的农资产品现象。二是加强农产品质量安全监管，局成立了农产品产地检测站，2017年县农业局抽取2400个蔬菜样品，其中不合格样品43个，检测合格率98.2%；配合农业部、省、市级农产品专检、例检、抽检共16次，检测样品132个，大部分合格率100%。三是开展渔政执法，加大执法宣传力度，在主要江河加强巡逻值守，共出动执法车辆35辆次，执法人员171人次，出动快艇31次约74小时，分别比2016年增加4辆次、18人次、5次及12小时，对非法捕捞船只和涉及人员作出行政处罚，初步扭转了乱捕滥捕野生鱼类、破坏渔业资源的局面。

农村工作扎实推进　一是全面落实国家强农惠农富农政策。截至2017年4月，已全面完成2016年度各镇场农户补贴资金发放工作，发放面积18024.8公顷，发放金额22089392.4元。2017年全县耕地地力保护补贴面积13459.62公顷；全年共受理农机购置补贴申请274份，受益户数265户，补贴机具310台，中央资金补贴金额48.62万元。二是扎实推进农村土地承包经营权确权登记颁证工作。截至2017年11月28日，全县已基本完成外业测绘工作的有17镇场261个村，其中留隍片区4个镇81个村、丰良片区6个镇96个村、汤坑片区有7镇84个村。已进入一轮公示阶段的17个镇场有260个行政村、3776个经济合作社。已进入二轮公示的有17个镇场有256个行政村、3621个经济合作社。公示涉及农户数约11万多户，实测承包地面积20158公顷，占国土二调面积的94.98%。全县17个镇场已颁发证书104744本，颁证率为89.6%。三是实施村级公益事业“一事一议”财政奖补项目。“一事一议”项目涉及群众的切身利益，是加强基层治理工作的重要内容。认真贯彻落实中央、省、市有关“一事一议”财政奖补政策的工作，切实解决关系到农村和农民生产生活的实际问题，努力完善农村公益基础设施建设。2017年有汤坑、北斗、潘田、留隍、丰良、小胜6镇14个村14个项目。项目投资总额1680.45万元，其中农民筹资筹劳1120.3万元、中央和省财政奖补资金448.12万元，市县财政奖补资金各56.02万元，受益人口27552人。四是2017年度丰顺县政策性水稻种植保险共投保17977公顷，占水稻种植面积的100%。全面完成省、市下达的投保任务，持续推进政策性涉农保险工作。五是做好汤南镇幸福村居示范片建设。以种王上围古村落为主，其余自然村为辅结合周边综合整治工程，将汤南镇新楼村和新埔园村建成客潮融汇历史人文特色的幸福村居示范片。并于2017年8月29日验收通过。

发展水产养殖 大力发展水产品养殖业，全年水产品养殖面积1473公顷，其中山塘水库养鱼面积807公顷，占全县水产养殖总面积的一半，水产品总产量1.9万吨，总产值2.7亿元。

精准扶贫工作顺利推进 各级财政资金（“631”资金和县级精准扶贫专项资金）累计下拨到环市村260.23万元，其中177.92万元用于参加丰顺县保底扶贫天亿项目，结余82.31万元，资金使用率为68.37%。2017年度各级支持环市村共投入精准扶贫专项资金22万元。农业局扶贫双到工作圆满完成上级下达的各项任务、指标，取得了显著成效，受到上级领导和广大干部群众的好评。

2017年年底丰顺县农业局

局长、党组书记 杨永亮

党组成员、副局长 王长青 刘 斐 刘宋大

副局长 黎杰武

党组成员 黄列耸（12月止） 陈汉洋

（张栋明 杨步云）

【畜牧业】 2017年以来，在县委、县政府的正确领导下和上级主管部门的关心指导下，畜牧局认真贯彻落实中央1号文件精神和中央、省、市农业农村工作部署，围绕县委、县政府“一区一带”产业发展战略，以发展生态健康养殖为中心，统一思想，抢抓机遇、扎实工作，有力地推进了丰顺县畜牧业的生态、绿色、可持续发展。县畜牧局按照“调优、绿色、监管、安全”的工作思路，坚持以发展产业化、规模化生产为核心，加快结构调整步伐，以科技创新为动力，以提高农民收入为根本，有效地促进了畜牧业和农村经济的发展。2017年全县生猪预计存栏24.48万头，其中能繁母猪存栏2.48万头，生猪出栏28.02万头；家禽存栏440.62万羽，其中蛋鸡存栏8.48万羽，肉鸡存栏427.52万羽；家禽出栏1944.48万羽，其中肉鸡出栏1921.26万羽；牛存栏1.08万头，其中奶牛存栏量保持在223头；肉类总产量4.62万吨，禽蛋产量932.3吨，奶类产量2201.2吨，其中牛奶产量957.2吨。在重大动物疫情防控的严峻形势下，畜牧业依然保持良好的发展态势。为确保丰顺县畜产品有效供给，保障全县经济社会和谐稳定，促进全县畜牧业的健康发展和农民持续增收做出了重要贡献。

做好防疫检疫工作 2017年为切实抓好高致病性禽流感等重大动物疫病防控工作的落实，进一步健全领导机构，调整充实了县防治高致病性禽流感工作领导小组、县防制重大动物疫病指挥部成员，做到分工明确，责任落实，切实加强重大动物疫病防控工作的组织领导。县政府与镇政府签订了防控重大动物疫病工作责任书，镇政府与村签订责任书，做到了层层建立责任制，职责明确，问责有据。全年丰顺县生猪存栏24.48万头，生猪口蹄疫应免24.48万头，实际已免疫为24.48万头，免疫密度达到100%；家禽存栏440.62万羽，高致病性禽流感应免440.62万羽，实际免疫440.62万羽，免疫密度达100%；牛、羊O-I型口蹄疫免疫密度100%。全年全县共贮备了禽流感疫苗550万毫升、口蹄疫疫苗20万毫升、猪蓝耳病疫苗15万毫升、猪瘟18.4万头份、新城疫苗300万羽份、消毒药5.9吨、防护服620套以及疫情扑杀器械、消毒设备等应急物资一批。

1. 做好春、秋两季动物防疫的各项工作。分别拨付19万元和15万元中央专项资金到各镇（场），用于基层防疫员经费补助，确保提高免疫密度和免疫质量。一是严格落实防疫免疫工作各项措施、扎实开展春季集中免疫。确保强制免疫疫病的免疫密度达100%，免疫抗体合格率保持在70%以上。二是完善免疫档案的建立和保存制度。三是建立免疫示范村。每个镇场至少建立2个以上免疫示范村。

2. 动物及动物产品的检疫监管。一是把好产地检疫关。做好病死动物无害化处理工作，

坚持“五不准”处理原则，即不准宰杀、不准加工、不准食用、不准出售、不准转运、严格无害化处理，切实做到从源头上控制动物产品质量安全。二是严把屠宰检疫关。做到“三个一致”（票证一致、标证一致、货证一致）；严格实施宰前、宰后检疫工作，严肃查处屠宰加工病死动物等违法行为，严防病死、未经屠宰检疫或检疫不合格动物产品进入加工环节，切实保证上市动物及动物产品卫生安全。三是加强畜禽及其产品经营市场的检疫和监管。四是做好畜产品瘦肉精等违禁药品监测工作，防止含瘦肉精等违禁药品的生猪上市。杜绝问题产品流入市场，保证畜产品安全。

做好生猪定点屠宰资格审核和督查整改工作　1.加强组织领导。畜牧局指定一名分管领导负责，从生猪服务中心和动物卫生监督所等部门抽调执法人员，组成联合监督检查组，对辖区内的县肉联厂及各镇生猪定点屠宰场进行了全面监督检查工作。

2. 加强监督执法。县畜牧局自2017年4月起，共出动了80多人次，对辖区内15个生猪定点屠宰厂（场）进行监督检查。根据《中华人民共和国动物防疫法》和《生猪屠宰管理条例》等法律法规，依照动物防疫的相关条件要求，检查屠宰企业是否按照《生猪屠宰产品品质检验规程》等国家规定进行规范操作；明确屠宰企业落实质量安全主体责任，检查现场填写《生猪屠宰厂（场）年度监督检查记录表》或《生猪屠宰厂（场）日常监督检查记录表》，由厂（场）负责人签字留存，对发现的问题提出整改意见，并及时跟进落实整改情况。

3. 督促整改落实。丰顺县现有14家小型屠宰场点和1家县级屠宰场，经相关部门研究确定有7家小型屠宰场点（大龙华、黄金、潘田、八乡山、砂田、潭江、建桥）需先行整改，到2017年10月已整改完毕（包括完善生猪宰前宰后记录台账、生猪及肉品检疫检验记录台账和屠宰场场地、设施等硬件的整改提升）。畜牧局会同县环保局、县商业企业总公司相关人员组成专家组，于10月17—18日对上述丰顺县各镇整改后的生猪屠宰场点资格进行初审，初审合格通过，已提交上级主管部门进行复核。留隍食品分公司定点屠宰场已通过审核验收。其余县肉联厂及丰良、龙岗、小胜3个镇正在落实选址及土地调规等工作。

做好动物卫生监督工作　1. 一是全面开展监测工作。在做好常规监测和应急监测的基础上，扩大监测范围，增强监测数量和频次，及时掌握疫情动态，消除疫情隐患。二是加强监测结果分析。把监测工作和免疫工作相结合，把重大动物疫病免疫抗体监测作为动物群体保护水平、科学指导免疫工作的重要依据，发现动物群体保护水平下降，要立即实施补免。三是加强疫情追踪溯源。对测出的阳性动物，除按规定进行处置外，还要开展疫情追溯，判断疫情发展趋势，采取科学的控制措施。

2. 进一步强化应急值守、严格疫情报告制度。

坚持24小时值班制度，责任落实到岗到人，确保电话、信息畅通。进一步严格疫情报告制度，严密监控重大动物疫病，及时准确逐级上报疫情，不迟报、漏报、瞒报和谎报。

3. 规范动物检疫监督工作，坚持“以监促检，以检促防”。一是继续抓好产地检疫，各乡镇检疫开展面达100%。实行报检制度，设立报检点，坚持24小时值班，到场到点实施检疫，凭免疫档案和经检疫合格才能出具动物产地检疫合格证。二是加强屠宰检疫和市场监督。对进入屠场牲畜要做到“5个100%”。每批进入屠宰场的生猪都要按比例进行盐酸克伦特罗抽检，对问题生猪严肃处理；组织监督人员对肉品市场进行检查，对未经检疫或检疫不合格动物产品禁止出售，确保群众能够吃上“放心肉”。三是对动物交易市场实施检疫监督，对温氏公司交易市场派驻检疫员和监督员，对检出不合格或无检疫证明的一律不准运输、出售，对病害畜禽监督其无害化处理。至年底，全县产地检疫25万头，屠宰检疫30.1万头，禽检2250万羽，处理病死畜禽2860只。

开展食品安全宣传周活动　1. 组织开展宣传活动。紧紧围绕“尚德守法共治共享食品安全”为主题，共出动宣传人员20多人次，宣传车1台次，设立宣传点1个，现场接受咨询人员100余人次，发放宣传资料500余份，悬挂标语横幅17条。通过广泛宣传提高了公众对食品消费信心和食品安全意识，增强了食品生产者守法经营责任意识，提高了执法人员的监管责任意识和业务素质，营造了良好的社会氛围。

2. 组织开展对重点区域检查。结合当前专项整治工作要求，2017年内县畜牧局对重点区域的动物食品安全组织进行了专项检查。一是开展对规模养殖场（户）、兽药饲料销售点和饲料企业进行了养殖投入品及饲料原料监督检查，监督检查其养殖档案、卫生防疫条件、消毒设施设备、进货台账是否健全，共检查兽药经营企业36个次，检查饲料生产企业10个次，检查规模养殖场100多个。二是针对屠宰场和城乡农贸市场开展了监督检查。三是开展对屠宰场、养殖场“瘦肉精”的检测和抽查。认真配合农业部、省、市动物卫生监督机构抽取了兽药样品5份、饲料样品6份、肉类样品45份、抽检动物尿样3319份，用于兽药残留、三聚氰胺、瘦肉精等违禁物资的监测。经检测，全部合格，未发现违法添加违禁物质的行为。

3. 组织开展送食品安全知识进企业活动。宣传周活动中，组织开展了由厂方主管人员和生猪经营业主参加的“生猪屠宰企业食品安全承诺”座谈会。一是学习畜产品质量安全的有关知识，以及涉及畜产品质量安全的相关法律法规如《中华人民共和国动物防疫法》《中华人民共和国农产品质量安全法》《中华人民共和国食品安全法》和《兽药管理条例》等。二是进一步提高各经营业主在经营食品中的诚信意识和自律意识。三是与企业主管人员和经营业主交流相互配合，共同控制好畜产品质量安全的各项措施方法等。

加强畜产品质量安全监管工作　动物防疫和畜产品质量安全工作是公共卫生工作的重要组成部分，是保持社会经济全面、协调、可持续发展的一项基础性工作，抓好动物防疫和畜产品质量安全工作，是畜牧工作的重中之重。2017年全县将进一步依法规范种畜禽、兽药、饲料和饲料添加剂生产经营以及质量监督管理工作。一是开展畜牧业投入品专项整治行动。以开展兽药饲料专项整治行动为契机，加大对兽药、饲料生产经销企业的监督检查力度，严厉查处生产销售使用假冒违禁兽药饲料的违法行为，检查养殖企业落实生产主体责任情况，检查养殖企业兽药、饲料及饲料添加剂进货和使用记录，是否严格执行休药期和病死畜禽无害化处理制度；2017年共检查饲料生产企业10个次、兽药GSP认证企业46个次、动物诊疗机构1个次、养殖场（区）360个次，对违法经营现象进行了查处，进一步规范了畜牧业投入品市场秩序。二是加强肉品质量安全监管。严把屠宰检疫关，坚决杜绝未经检疫、无有效检疫证明和无畜禽标识、无“瘦肉精”承诺书的动物进入屠宰场，做好宰前、宰后检验记录，检查企业是否做好“瘦肉精”自检和检测记录，对检出的病畜、病害肉严格按规定进行无害化处理，做到跟班作业，随宰随检，有宰必检。同时，以节假日期间集中检查为重点，加强对屠宰场、肉品批供点的监督检查。严厉打击经销病死动物及其产品的违法行为，共检查生猪定点屠宰场15家、肉品批供点15个，共查处经营销售未经检疫猪肉13个、对未经检疫肉品依法进行处理，有效确保了流通环节动物产品质量安全。三是强化病死畜禽无害化处理监管工作。严格落实病死畜禽无害化处理“四不准一处理”规定，即：不准宰杀、不准食用、不准出售、不准转运病死畜禽及其产品，对病死畜禽严格进行无害化处理。对养殖过程中的病死畜，由畜主申报，镇有关工作人员接到申报后立即赴现场，对病死畜进行拍照登记，监督畜主对病死畜进行无害化处理，并逐级上报申请财政补贴。严格落实病死畜禽无害化处理补贴标准，对不符合条件的不予申报补贴。对不按规定进行无害化处理、乱扔乱抛病死畜的养殖场（户），一旦发现，严格按照动物防疫法相关规定，严肃查处，绝不姑息。至年底，全县共无害化处理养殖过程中的病死猪200多头，切实有效地维护了公共卫生安全。四是加强畜产品安全监测。积极落实瘦肉精监测制度。驻屠宰场官方兽医督促屠宰场开展瘦肉精自检工作，并定期进行监督抽检；在养殖环节，各镇以随机抽样的方式对规模养殖场开展抽检。至2017年，共抽检动物尿样3900余份，经检测，全部为阴性；同时，认真配合农业部、省、市

动物卫生监督机构抽取了兽药样品10份、饲料样品6份、肉类样品120份、牲畜尿样品100多份，用于兽药残留、三聚氰胺、瘦肉精等违禁物质的监测。经检测，全部合格，未发现违法添加违禁物质的行为。

加强畜禽养殖污染整治工作　为全面贯彻落实《国务院关于印发水污染防治行动计划的通知》（国发〔2015〕17号）、《广东省环境保护厅关于印发2016年广东省水污染防治工作方案的通知》（粤环函〔2016〕1058号）以及《梅州市水污染防治工作方案的通知》（梅市府函〔2015〕238号）等文件精神，进一步做好《中央第四环境保护督查组初步反馈意见整改责任清单》提出的畜禽养殖污染防治工作的相关存在问题，畜牧局继续加强畜禽养殖污染防治工作，深入推进畜禽养殖业污染物的处理与净化工作，努力积极推进2017年度的畜禽养殖污染防治工作。

1. 做好榕江北河畜禽养殖污染整治工作。2017年7月、8月以来，畜牧局认真贯彻落实省环保厅调查组到丰顺专题调研和市委谭君铁书记、方利旭市长、县委曾永祥书记、廖茂忠县长等领导重要指示精神，根据县人民政府办公室《关于印发丰顺县榕江北河畜禽养殖污染整治方案的通知》（丰府办〔2017〕37号）文件要求，扎实开展畜禽养殖污染整治工作。畜禽养殖污染整治工作由县畜牧局牵头负责，整治工作领导小组办公室设在县畜牧兽医局，下设5个业务指导组及1个督查组，共抽调30多人，车6辆，在2017年7月中旬至12月到各镇指导督查整治工作。据统计，全县畜禽养殖场有2251户（本县牛、羊养殖均属小型散养，不列入此次统计），其中，养猪场1209户，约16.4万头；禽类养殖场1042户，约1030.5万羽。榕江北河流域七个镇（场）共有非温氏养猪户823户，需整改809户，已动工整改794户，完成整改（含关停）774户，完成率95.67%；其中：禁养区养猪178户，共27222头，养鸡8户，共71955羽，已关闭182户（26930只猪，71955羽鸡），占比97.8%；关闭面积约3.7万平方米。温氏养猪户共有239户，已关停退养36户，剩余203户已全部动工进行整改，完成整改203户，完成率100%；11月底已全面完成整改，堵住农业面源污染。张贴《丰顺县人民政府关于开展榕江北河畜禽养殖污染整治的通告》2500份，发放《法律法规宣传小册子》1200份，向列入整改范围的823户非温氏养殖户送达《限期整改通知书》，向揭阳市温氏畜牧有限公司发出《关于协助整治榕江北河流域（丰顺段）养猪场的通知》，要求该公司履行法定和约定的环保义务，自行立即停止对所合作的203户养殖户供应猪苗，停业整治并及时处置存栏生猪。制定《丰顺县榕江北河禽畜养殖污染整治奖补实施方案》，对限期内完成整改的非温氏养殖户给予0.5万元、1万元或1.5万元不等的补贴，积极引导其自主选择温氏治污模式、科创治污模式或嘉应洲环保治污模式进行整改，形成养殖业污染社会共治的合力。按照《丰顺县榕江北河畜禽养殖污染整治验收方案》的要求，县榕江北河畜禽养殖污染业务指导组会同相关镇、村从10月份开始对已完成整改的养殖场陆续进行验收，截至12月底，已完成整改畜禽养殖场1012户（其中散养户809户、温氏合作养户203户）。

2. 做好禁养区、限养区和适养区划定工作。三区划分工作于2017年9月年底开始，由丰顺县政府委托第三方梅州市环境科学研究所和广东碧蓝环保科技有限公司经实地考察后，以《中华人民共和国环境保护法》等15份相关法律法规，以及《国务院关于促进畜牧业持续健康发展的意见》等39份相关政策、规章、技术规范、相关文件及全县现有的畜禽养殖区划分方案为依据，给出了新的初步划分方案。其中，丰顺县范围内的韩江水系流域、榕江北河下流流域以及部分丰良河流域，县城规划建成区范围内的区域，即包括建制镇规划建城区、集镇规划区、居民人口集中区在内的范围，自然保护区、风景名胜区范围内领域，学校周边、工业园周边，县城现有饮用水源、圩镇和农村集中式饮用水源取水口以上控制集雨面积范围内的区域，基本农田保护区等区域被划定为禁养待定区。现阶段正在推进各镇进村核实养殖户准确数据以及对养殖散户的查漏登记工作。

推进落实涉农领域腐败问题专项治理工作　为有效治理涉农领域腐败问题，切实纠正直接侵害群众利益的不正之风，根据梅州市纪委及丰顺县纪委的相关工作部署，畜牧局于2017年4月28日召开涉农领域腐败问题专项整治工作会议，认真学习、传达文件精神，制订了整治方案，指定专人负责，全面梳理，对资金下达、拨付和使用等环节进行全面自查，在自查的基础上加大涉农资金的监管力度。其中畜牧类的涉农补贴资金主要有两项：1. 2013—2016年能繁母猪保险补贴资金。2. 养殖环节病死猪无害化处理补助资金（2016年的省、市、县补贴资金至年底未拨款）。畜牧局及时抽调人员成立核查组，对各镇（场）的参保户进行随机抽查。核查组共四人（其中畜牧兽医局3人、保险公司1人）对2013—2016年各镇（场）畜牧类涉农补贴项目的相关资料、数据核查、开展情况进行督导和开展实地核查。本次共出动核查人员16人次，抽查10镇54户。其中留隍镇12户、黄金镇1户、潘田镇4户、建桥镇2户、龙岗镇7户、丰良镇7户、汤西镇5户、北斗镇4户、汤坑镇6户、埔寨镇6户。通过查阅各镇（场）入户核查台账，已100%完成入户核查工作，养殖户均已确认投保的能繁母猪头数和养殖环节病死猪无害化处理头数，从开展实地核查情况看，未发现骗取政策性补贴项目资金、没有出现以补贴抵扣农户的款项或截留、挤占和挪用补贴资金等违法问题。

加强动物疫情应急管理工作　2017年以来，丰顺县重大动物应急队伍先后在高致病性禽流感、猪链球菌病、高致病性猪蓝耳病疫情等重大动物疫情防控工作中，发挥了极其重要的作用，全面落实各项防控措施，确保了丰顺县疫情没疫情发生。一是加强宣传培训。为提高人民群众的动物防疫意识，县重大动物疫病防治指挥部专门编印了相关技术资料1000多本，发放到全县动物防疫员和部分养殖大户，取得了良好的效果。二是加强监督管理。丰顺县的监督执法主要做了以下几方面的工作：第一，加强对上市动物及动物产品的监督管理，严查非法经营活动。要求所有上市动物及其产品经营必须公示检疫证明，对无检疫证明的，或重新补检，或按章查处。对非法经营案件查处过程中，严格按照执法程序办案，提高办案质量，并且建立案卷存档制度，由专人负责管理，使案件处理走上规范化管理轨道。第二，加强部门联动，畜牧局组织并参与了与商贸、工商、公安、卫生监督召开联席会议，消除误会，化解矛盾，互通信息，联合执法。第三，狠抓家畜定点屠宰，家禽集中检疫，保障屠宰检疫正常进行。积极配合屠宰部门清除私屠滥宰场点，依法打击私屠滥宰、逃避检疫不法行为。第四，对自身检疫执法行为的监督，开展自查自纠，发现问题及时提出并解决。第五是开展应急演练。2017年按照县应急办要求，理论结合实际做好演习，提升了全局应对突发重大动物疫情的处置能力。

做好创建省食品安全示范县工作　在创建省食品安全示范县进程中，畜牧局依法履行食品安全监督职责，始终坚持严实并举，着力强化红线意识，全力确保食品安全，全县连续多年无重大动物疫病发生，无畜产品和饲料兽药质量安全事故发生，无畜牧业安全生产事故发生。一是加强疫病防控，确保防疫安全。按照“县不漏乡、乡不漏村、村不漏户、户不漏畜禽、畜禽不漏针”的要求，畜牧局迅速行动，层层签订目标责任书、责任状，精心组织，严密防控。1—9月，共完成免疫高致病性禽流感1476万羽、猪口蹄疫42万头、牛口蹄疫0.5万头、羊口蹄疫1.5万头、羊小反刍兽疫1.5万只，全县免疫率达100%。二是加强检疫监管，确保畜产品质量安全。通过加强动物防疫条件审核、病死动物无害化处理、能繁母猪保险、规范产地检疫、屠宰检疫等手段，切实保障丰顺县畜产品质量安全。截至9月底，丰顺县共无害化处理病死猪35头；1—9月，共实施生猪产地检疫63269头；鸡1200万余羽；屠宰检疫生猪63269头，确保了人民群众舌尖上的安全。三是加强执法监督，确保饲料兽药质量安全。1—9月，畜牧局共出动执法车辆258车次，出动执法人员856人次，对全县饲料兽药经营企业、生猪屠宰企业及养殖场用药、饲料进行全方位监管，确保了饲料兽药质量安全。

2017年年底县畜牧局

局　长　李书灵
副局长　曾玉花　谢贤亮　杜卓贤

（徐京巧）

【林业】　全县森林覆盖率78.27%，有林业用地22.26万公顷（占国土面积的83.5%），其中商品林地10万公顷（占国土面积的44.92%），生态公益林12.25万公顷（占国土面积的55.07%）；林地资源丰富，气候适宜，具有大力发展林业产业经济的优越自然条件。2017年，全县共完成碳汇林人工造林3067公顷，完成森林抚育1.88万公顷，建设生态景观林带7.5千米，完成乡村绿化美化20个；规划建设森林公园4个。至年末，全县活立木总蓄积量达743.2万立方米，森林覆盖率达78.27%。同时，县林业局严抓森林资源保护，全县森林量、质同增。

深化集体林权制度改革　加强森林资源保护力度，严守森林资源利用保护红线。一是林木、林地管理方面。编制了《丰顺县林地保护利用规划》，建立了全县森林和林地档案管理数据库，形成林地管理“一张图”；森林采伐限额制度得到有效执行，对商品林采伐适度严管，对速生丰产林采伐“放开、放活”，对生态公益林采伐“管严、管住”，建立了森林可持续经营管理体系基本框架。二是林业执法方面。组织开展森林资源保护“利剑行动”“森网行动”“红线行动”“打击破坏野生动物资源违法犯罪”等专项行动。重点打击非法占用林地行为，盗伐滥伐林木行为，纵火、失火烧毁林木等行为。特别是在林地保护和野生动物保护专项行动期间，查处了擅自改变林地用途9宗，处置野生保护动物36起，拆除捕鸟网169张，发放野生动物保护宣传册1万多份。

狠抓森林防火　立足丰顺县是国家森林重点火险县之一的现状，坚持“预防为主，积极消灭”工作方针，建立健全森林火灾应对工作机制，强化协调联动，科学高效应对森林火灾，最大程度减少人员伤亡和财产损失，保护森林资源。丰顺县2017年继续完善粤东重点火险区物资储备库，新购置风力灭火机156台、灭火水枪520支、打火把1000把、个人扑火防护装备1680套、森林消防指挥车1辆等大批扑火工具和物资，并按规定进行了经常性维护、保养、补充和更新。在重大节日期间，及时组织林业、森林公安、镇（场）林业员、护林员严防死守，严格野外用火监管，设立专门烧纸焚香地点，杜绝火源上山，确保几年来无大的森林火灾发生。

落实林业惠民政策　继续完善、规范生态公益林补偿资金发放程序，补偿资金全部由县财政直拨到各镇（场）11万多份补偿对象银行账户，并将发放情况在各村张榜公示，设立投诉电话接受群众监督，确保群众利益不受侵害，确保林业惠民政策落实到位。

发展林业产业　积极发动群众，广泛吸引不同主体投资林业，加强扶持，从技术、信息、林地承包经营权流转等方面提供服务，为农民提供良好的政策环境，激发农民发展林业，提高农民经济收入，推动全县林业产业经济发展。

加强党风廉洁建设　坚持贯彻落实全面从严治党，把党风廉洁建设放在突出位置抓好抓实，认真落实党风廉洁建设主体责任，切实履行“一岗双责”；扎实推进党组中心理论组学习活动、主题党日活动、学习贯彻习总书记重要批示精神活动等，领导干部率先垂范，带头参加学习，带头讨论交流，带头讲党课，抓实“三会一课”，深入开展“两学一做”、“三严三实”制度化常态化教育，强化组织建设、思想建设、制度建设，整顿机关作风，营造良好的工作环境，树立林业系统新形象。

2017年年底县林业局
局　长　朱国武
副局长　黄德明　郑立文　徐小文
公安局森林分局局长　黄云峰

（曾秋龙）

【水利】　2017年，在县委、县政府的正确领导以及上级主管部门的指导下，县水务局认真贯彻落实中央、省、市和县的决策部署，抢抓“两大振兴政策”机遇，紧紧围绕丰顺县建设“一区一带”的发展要求，真抓实干，攻坚克难，开拓进取，突出抓好水利基础设施建设，扎实有效地推进丰顺县水务事业发展。

重点水利工程建设　2017年重点水利项目共32宗（中小河流治理工程10宗，村村通自来水工程15宗，三个中心镇污水处理厂及配套截污管网2宗，其他重点水利工程5宗），总投资约6.36亿元，累计完成投资约4.62亿元。

1. 2017年山区中小河流治理工程共实施7宗，治理河长94.69千米，概算总投资12484万元，已完成投资约11341.7万元。2. 中央计划中小河流治理工程共实施3宗，治理河长23.1千米，概算总投资7137.9万元，累计完成投资约3267万元。3. 村村通自来水工程。2017年度实施15宗，规划投资1.54亿元，惠及13个镇58个行政村（含居委），规划受益人口33.78万人，累计完成投资约1.5亿元。4. 三个中心镇污水处理厂及配套截污管网建设。三个中心镇污水处理厂建设项目，项目总投资约为6886.87万元，累计完成投资约5227.71万元。配套管网项目总投资约为7941.38万元，配套管网总长约19.08千米，完成投资约1850万元。5. 正在加快汤南丰达路新桥至新铺大桥2段堤路建设工程，概算总投资约6131万元，完成投资约4230万元。6. 汤西桥至黄埔桥段景观提升工程概算总投资2365.94万元，累计完成投资约1200万元。7. 崩岗治理项目。2016年度丰顺县“五沿”崩岗综合治理工程1宗11处，总投资260万元，治理崩岗面积6.77公顷，完成投资234万元。丰顺县革命老区及原中央苏区崩岗治理工程，计划综合治理崩岗55处，治理崩岗面积38.5公顷，防治面积5969公顷，项目分三年度实施建设（2017—2019年），总投资1788.8万元，其中：2017年计划投资596.27万元，已动工建设，完成投资360万元。8. 榕江北河丰揭交界河段治理工程，项目总投资约3000万元，铺设100150平方米水域的智能网膜下水，治理河长2.54千米，完成投资2850万元。9. 丰顺县污水处理厂集污管网三期扩建工程，估算总投资1403.5万元，于10月16日开始动工建设，已完成投资600万元。10. 县城雨污分流建设项目，分为四个片区，新世纪片区雨污分流工程可行性研究报告已通过专家评审会，正在加快工程立项，争取尽快动工建设。11. 抓好项目验收工作。已全部完成省级小型农田水利重点县三年项目收尾及完工验收工作，做好验收结算工作；引龙灌区改造工程的已基本完成完工验收工作，年底前是否完成年底前已完成新增病险水库主要是斋公坑水库工程完工验收，加快完成中小河流治理工程的验收结算工作。

小型水利体制改革　2017年3月份开始启动深化小型水利工程管理体制改革工作，收集基本资料。按照“谁投资、谁所有、谁受益、谁负担”的原则，加强项目管理，深化小型水利体制改革。进一步完善基层水利服务体系建设，明晰产权，落实项目管护主体和责任。目前已成立丰顺县深化小型水利工程管理体制改革工作领导小组及其办公室，出台《实施方案》，并委托广东省水利水电勘测设计研究院承担改革技术服务。

“河长制”工作　为全面推行河长制工作，成立了成立以县委书记为组长、县长为常务副组长、相关县领导为副组长、县直相关部门主要负责人为成员的县全面推行河长制工作领导小组及办公室，并设立县河库保护中心（县河长办），增设5个人员编制。按照省、市和县的目标节点要求，相继制定出台了县、镇级全面推行“河长制”工作方案，并成立了镇级全面推行“河长制”工作领导小组及办公室。河长体系实现全覆盖。8月底前已全面建成县、镇、村三级河长体系，其中县级“河长”6名，镇级“河长”99名，村级“河长”274名。制度体系全覆盖。10月底全面出台了县、镇“河长”制相关配套制度，明确各级“河长”是河道管护的第一责任人，履行保护、管理、治理“三位一体”职责。印发了“河长会议、信息公开与共享、工作督察、河长巡查、信息报送、工作考核、验收、投诉举报、问责和激励”等九项制度，正在加快“一河一策”实施方案的编制工作。鼓励社会参与，鼓励社会参与。制定县级“河长”公示牌规范，160多块河长公示牌全部布设到位，“河长”名单向社会公布。建立微信公众号，设立监督举报电话，鼓励公众参与和监督，基本形成全社会齐抓共管河湖管护与治理的局面。扎实开展巡河，丰顺县6名县级“河长”分别深入了各自挂点流域河流进行巡河。截至目前，县级“河长”巡河6次，人数达15人次；镇级“河长”巡河99次，人数达232人次；村级“河长”巡河274次，人数达769人次。

水资源与水政执法工作　2017年3月底，县水务局开展第二十九届“中国水周”宣传活动，深入到潭江镇、留隍镇、黄金镇及其他乡镇主要街道、路段悬挂《水法》《水土保持法》和《广东省河道采砂管理条例》等水法规宣传横幅120条，树立红旗标语280条。落实最严格水资源管理制度，做好水资源的综合规划，制定了《最严格水资源管理制度实施工作方案》、《丰顺县水资源综合规划》和《丰顺县地表水功能区划》。加大水资源费收取力度，截至第三季度，已办理取水许可业务共47宗，征收电站水资源费292.8万元，征收自来水水资源费325.7万元，征收地热水资源费5.28万元。为加强河道采砂管理，县水政监察大队配合当地镇政府，全年发出《责令停止违法行为通知》3份，查处占用河道违章建筑3宗，取缔非法采砂场12宗，信访件13宗，立案查处2宗。另外，完成了韩江干流河段2016年度枫坑可采区开采权出让招标工作，出让费1915.2万元。完成韩江干流2014年度溪西村、石九村可采区验收工作，以及规划韩江干流河段2018年度小胜山洪可采区工作。

水电建设管理工作　2017年全县发电设备拥有量289处282104千瓦（含韩江东山电站1处7.5万千瓦），其中当年新增小水电站480千瓦，本年建设完成投资1987万元，其中中央财政资金885万元；全县发电量达7.8亿千瓦时（韩江东山电站2.3亿千瓦时），总收入39682万元（韩江东山电站11701万元），税收5555万元（韩江东山电站1638万元），在建水电站2处12320千瓦。严格落实2017年小水电防汛与安全责任人，共签订有（无）防汛任务电站责任人与责任主体287处，并在丰顺水务局网站上公示有电站防汛任务的“双主体”责任人。扎实开展汛前防汛安全大检查，其中重点检查了全县有防汛任务电站36处，协助安监部门开展农村水电安全生产责任人的安全生产专项培训。另外，丰顺县列入“十三五”农村水电增效扩容改造项目的八乡一、二级水电站和茶背崇下水电站，改造后总装机规模为29060千瓦，争取到中央财政奖励资金2034万元。至年底，崇下水电站和八乡一级、二级水电站增效扩容改造工程3宗项目已完成工程招投标、施工图设计、施工合同签订及机电设备的订购，按照工程施工进度已完成了第一批工程款的拨付。

水库移民后期扶持工作　2017年下达丰顺县大中型水库移民后期扶持（600元）资金253万元，结余资金163万元，小型水库移民后期扶持基金165万元，合计581万元。其中：大中型水库移民直补到人4017人，按每人每年600元的补助标准发放资金241.02万元；小型水库移民后期扶持基金完成项目6宗，投入扶持基金165万元，受益人口1221人；结余资金完成项目4宗，投入资金137.5万元，受益人口979人。8月中旬开展全县涉农后扶补贴资金自查清理工作，抽调3个工作组共9人，重点督查2013—2016年涉农领域大中型水库移民后期扶持资金。2017年11月召开了全县水库农村移民后期扶持人口核定登记工作会议，扎实开展水库农村移民后期扶持人口核定登记工作，规范工作程序，严格实行村报、镇审、县核定的工作流程，加强档案资料归档。确保核定登记工作精准，确保核实到人、直补到人。

党风廉政建设　全面落实从严治党，主动适应新要求，以开展党的群众路线教育活动和开展“两学一做”专题教育为契机，深入推进党风廉政建设和反腐败斗争，认真落实党风廉政建设的主体责任和监督责任，积极组织开展民主评议政风行风工作，不断深化廉洁从政教育，深化学习中共十九大精神、新党章和习近平总书记系列讲话精神，不断加强对干部职工纪律作风的监督管理，把抓好纪律作风作为从严管理干部的重要抓手，切实加强了对干部职工上下班、工作效率、为民服务、落实制度等方面的监督检查，使全局系统无违法违纪案件发生，树立了水务系统风清气正的良好形象，为推动各项水务工作的顺利开展奠定良好的组织纪律基础。

机关效能建设　2017年局办公室、计财、人事监察等部门团结协作积极发挥重要作用，认真贯彻落实局党组的安排部署，确保局领导、机关干部职工的服务水平得到全面提高。真抓实干、奋力攻坚，推动各项水务工作任务落实。在综治信访维稳、安全生产和工程质量监督管理方面，严格落实工作责任，完善了各项规章制度的建设，并取得一定的实效，实现本系统全年整体工作运行平稳，无任何重大事件和安全事故发生。

2017年年底县水务局

局　长　徐江生

副局长　吴小铧　林庆丰　张炳坤

党组成员　徐　义

（办公室）

【“三防”工作】　2017年全县三个区域降雨量分别为汤坑1551.4毫米、丰良1282.5毫米、留隍1152.8毫米，属雨量偏少年份，较多年平均降雨量偏少二成多。1—5月降雨偏少，6月降雨偏多，主汛期受台风影响降了些大雨及暴雨，但时雨量级不大，没有发生大的洪涝灾害，后汛期降雨较少。2017年受台风影响较轻，丰顺县未出现大面积的洪涝灾害，各主要江河均未出现超警戒洪水，是丰顺县洪灾较轻的一年。6月丰顺县的频繁降雨，加上韩江上游大范围持续性降雨，韩江水位上涨至20.44米（6月15日韩江水位上涨至20.44米），差1.56米就到警戒水位。6月17日8时至18日12时，受西南季风及切变线的影响，全县普降大雨到暴雨（其中13个测站出现暴雨，小胜镇106毫米、建桥镇93毫米、大龙华镇88毫米），共有4个镇受灾，受灾人口达1371人，临时紧急转移5人，倒塌房屋7间，农作物受灾面积约66.06公顷，道路中断9条次，供电中断15条次，通信中断3条次，损坏电站1座，山体滑坡13处，损坏护岸14处0.21千米、损坏灌溉设施29处，直接经济损失483万元，其中水利水电损失245万元。

“三防”工作开展情况　一是进一步落实行政首长防汛责任制，开展汛前防汛安全大检查。根据2017年县、镇、村领导人员工作变动情况重新明确各级政府三防行政责任人，进一步落实重点水库.堤防、山塘、电站蓄水工程的行政责任人和技术责任人，并签订了责任书。及时调整充实县、镇、村及重点工程单位“三防”领导成员，切实加强“三防”工作的领导。县“三防”指挥部年初即布置各镇工程单位开展汛前防汛安全大检查，拟订下达重点工程单位防汛抢险备用物资任务，重点水库汛期控制运用计划。二是未雨绸缪，防患于未然。丰顺县政府、“三防”部门在县财政资金紧张的情况下，增加了购置防汛物料资金的投入，补充了一批防汛器材，同时各级加强防汛物资管理，确保防汛物资用而有备。并专门下发一定的资金帮助各镇（场）及县管水利工程单位购置防汛物料。对重点防守地段、重点防守工程、水库、堤围均落实以民兵预备役部队为骨干的抢险人员，全县已落实防汛抢险队伍人员1.1万人，其中广东省民兵轻舟抢险应急五大队丰顺分队40人。为防灾救灾打下较好的基础。三是全力以赴抓好防灾抗灾工作。2017年全县受一次暴雨袭击，4各镇（场）不同程度受灾，各项工程设施、农田水利等都受到破坏，人民群众财产损失严重。面对灾情，县委、县政府高度重视，广泛组织发动群众，采取积极可行的措施，级级落实防灾抗灾责任，县主要领导亲自挂帅，组织财力、物力、人力投入抗灾复产工作，迅速恢复了正常的生产、生活秩序，把损失降到最低限度。四是切实做好防汛通信工作。坚守24小时值班制度，三防与各部门协调配合，互通信息，密切关注各地降雨情况及天气、台风变化趋势，及时启动应急预案。当出现暴雨、台风天气时，通过电视、网络、手机短信、预警广播等形式发布暴雨、台风、地质灾害等预警信息，使全县广大干部群众了解天气或台风的最新情况，及时做好各项防御措施。五是认真完成汛期山区防灾安全隐患专项排查和风险防控工作。按照省防总、市防办的部署要求，丰顺县开展汛期山区防灾安全隐患专项排查和风险防控工作，对山区隐患进行了排查和整治，主要包括水利工程、中小河流、山洪灾害危险区、削坡建房、地质灾害点、山区危房、自然灾害应急避护场所。各部门各单位通过专项排查建立了台账表，并针对排查发现的安全隐患，全力抓好整改，切实加强防灾避险长效机制建设，努力提升山区防灾减灾能力，确保人民群众生命财产安全。

工　业

【经济和信息化】 2017年，在上级党政的正确领导下和业务主管部门的具体指导下，丰顺县经信部门认真贯彻落实市、县创新驱动与加大有效投资工作会议、市经信工作会议及县委十三届二次全会和县“两会”精神，抢抓“两大振兴政策”机遇，突出创新发展，加大有效投资，振兴实体经济，打造百亿电声产业和“中国电声之都”为目标，积极应对经济下行压力的影响，加快工业机器人和智能装备应用、企业转型升级和创新驱动步伐，做好服务企业、争资立项，园区扩能增效，加大工业投资力度等工作，主动作为，勇于担当，不断开创工业经济和有效投资新局面，取得了较好成绩。

2017年全县工业总产值70.67亿元，比上年同期减少（下同）8.6%，其中规模以上工业总产值65.85亿元，比减4.4%，规模以上工业增加值14.26亿元，比减5.7%，完成市年度目标（增长11%，28.1亿元）的50.7%；工业投资23.63亿元，比增23.9%，完成市年度目标24亿元的98.46%；工业技改投资5.54亿元，比增16.8%，完成市年度目标7亿元的79.14%。实施技改规模以上企业20家，完成111%。智能化技术改造示范企业1家，完成100%。新增机器人应用数量32台（套），完成100%。全县外贸进出口总额30508万美元，比减10.85%，其中出口总额227405万美元，比减18.07%，进口3103万美元，比增301.94%。

工业经济稳步发展　1. 打造百亿电声产业集群，电声产业产值突破百亿产值。根据《丰顺县打造百亿电声产业集群实施方案》，经信局认真组织力量深入开展相关工作。2017年全县电声产业产值达102亿元，比增10.8%，突破百亿元产值，成为梅州市首个县级百亿产业。一是重点工业经济项目稳步推进。旺兴达高新产业园建成投产，汇威公司全面建成，手机、平板电脑、电视机生产线已投产。培英公司投入5000万元的1.2万平方米车间智能化改造项目建成投产。广东省质量监督电声产品检验站（梅州）建成投入使用。二是做好全市工业企业机器人与智能装备应用现场会在丰顺县顺利召开，至年底，全县拥有20家企业使用工业机器人。三是开好广东省电声产业技术创新联盟揭牌暨丰顺县电声产业机器人与智能装备应用动员大会。四是举办广州大学—丰顺县人民政府产学研创新驱动对接交流会，会上，汇威、鸿润、明音、佳丰、骏达、穗丰、蓝田等7家公司与广州大学签订产学研合作协议。五是做好全国电声产业知名品牌创建示范区创建工作和积极申报国家外贸转型升级基地和国家级出口电声产品质量安全示范区。六是做好工业品牌推广工作，积极组织10家企业参加广州海珠·梅州丰顺产业共建招商推介会，与企业签订发展实体经济项目14个、计划总投资84.4亿元。其中工业类项目9个、计划投资23.6亿元，包括由广东华于科技投资3.6亿元的粉末冶金制品项目、广东金利华电器科技投资3.5亿元的家电产品生产基地、广东新南方集团投资5亿元的青蒿素日化用品等。七是与深圳市赛昂精密自动化科技有限公司签订智能化和装备应用推广战略合作。八是与工信部电子五所再次签订战略合作协议。九是与广东工业大学签订战略合作协议。十是组织12家电声外贸企业15个展位抱团赴阿联酋迪拜参加由商务部和香港贸发局主办的2017中国家居（迪拜）品牌展览会和CES国际消费电子展、香港春秋电子展、德国柏林电子展、春秋广交会以及中国（花都）视听产品博览会，开拓了国际市场，取得了良好效果。

2. 技改投资和园区建设步伐加快。一是开展技术改造等项目申报工作，积极向上争取技改资金。组织丰顺县骏达电子有限公司申请广东省工业企业技术改造事后奖补，梅州旺兴达光电有限公司、广东汇威高科技有限公司等10家企业申报梅州市工业振兴行动专项资金设备更新和机器人及智能装备应用专题项目。组织4家企业加入梅州市中小微企业信贷风险补偿基金池。组织企业申报2016年度首次达到规模以上工业企业奖励申报工作。二是广州海珠（丰顺）产业转移工业园园区建设加快推进。到

2017年年底园区共引进企业128家，已投产企业113家，其中埔寨片区引进24个工业项目，已投产企业5家，分别为汇威科技、中燃天然气、旺兴达、鼎新科技、瑞丰粮油，在建项目7家，其中华于科技、立讯饲料、大北农、双胞胎等项目预计年底前实现试投产。鸿润电子、泰昌、新顺达、华亿达、铭海等5家企业已完成土地招拍挂，地址勘查已接近完成，正在进行设计。立讯精密、新南方青蒿日化用品市场基地等企业计划落户园区。三是加快完善园区基础设施建设和配套设施建设，强化服务意识，加大投资力度，确保完成上级下达的目标任务。做好广州海珠（丰顺）产业转移工业园省、市园区考核相关工作并顺利考核通过。2017年产业园完成固投21.09亿元，完成年度目标20亿元的105.5%；实现规上工业增加值7.35亿元，同比增长-12.6%；实现全口径税收2.71亿元，比增25.06%；承接珠三角产业梯度转移企业6个企业项目、计划投资额12.6亿元（市目标任务4个，计划投资额6亿元）；完成亿元以上产业共建项目落地建设6个（市目标3个）。

3. 加强经济运行的监测，做好上规企业工作。加大企业培育力度，加大推进“小上规”工作，进一步加强调查摸底，让更多接近或具备条件的企业及早进入规模以上企业，2017年底规上企业数达71家（2017年新增规模以上企业9家）。突出重点企业培育，继续对重点企业实行分类指导，因企施策，提高重点企业发展速度，对重点企业优先扶持发展壮大。切实做好企业减负工作。

信息化建设不断推进　2017年年底全县原中央苏区农村超高速无线局域网实际建设任务264个，占比100%；勘察264个，设计264个，立杆264个，占比100%；接入中心设备260个，占比98.48%；开通调试259个，占比98.11%；发放终端151个，光缆到基站260个，占比98.48%；光缆数据开通到基站259个，占比98.11%。同时做好信息基础设施专项规划、电子信息制造业企业数据统计、互联网+旅游小镇培育建设、农村信息化建设、两化融合管理体系贯标试点企业、互联网+试点企业、信息化项目验收、电子政务关键信息基础设施网络安全防护和检查、梅州市统一申办受理平台建设、电子政务网络互联互通、三网融合推广、网上办事大厅建设、调查职能终端产业发展情况和广东省全域旅游示范县创建等信息工作。

资源电力、行业监管成效明显　一是开展成品油市场综合整治工作。召开工作会议3场次，联合工商质监局等相关部门出动执法人员364人次，出动执法车辆84辆次，检查油站等经营成品油户共105次，查处无照成品油案件22宗，下发整改通知书12份。二是做好成品油年检工作。三是开展节能宣传月和低碳活动。四是开展机电能效提升工作。五是积极开展节能减排项目申报工作。六是做好2016年度市节能考核相关工作并获得合格等次。同时抓好钢铁行业企业违规新增产能和取缔“地条钢”产能监管工作，经核查丰顺县未发现有违规生产“地条钢”企业。抓好砖厂监管和工业污染环境整治工作。做好无线电监管工作，配合市无线电监管部门拆除干扰器一批。

中小企业稳步推进　一是与县委组织部合作，委托浙江大学继续教育学院举办“丰顺县民营经济创新发展专题培训班”，丰顺县40多家企业董事长、总经理、厂长参加了学习。二是举办了3期电商人才创业培训班、电声企业电子商务培训班。三是组织5家企业参加省民营企业（中小企业）创新产业化培训班（梅州班）。四是组织企业参加了梅州市中小企业局组织在湖南长沙举办的《梅州市提升中小企业公共服务效能促进实体经济发展专题研修班》。五是对成功登陆新三板市场的宇星新材、青蒿药业两家公司分别给予了150万元补助。六是认真开展中小企业全面成本调查和促进民营经济发展调查，为做好民营经济提供决策。七是做好减轻企业负担政策宣传活动，积极组织企业参加省、市降低制造业企业成本支持实体经济发展若干政策措施宣讲培训。八是举办电声器材产品质量整治和提升专题培训班以及ISO 9001质量管理体系培训班。九是组织4家企业加入梅州市中小微企业信贷风险补偿基金池。

外资、对外贸易稳步发展　一是加大政策扶持，出台《丰顺县2017年促进外经贸发展政策措施实施细则》，扶持和鼓励企业做大做强。二是加快“省外贸转型升级基地”“中国电声出口共建基地”和“梅州市丰顺出口电声产品质量安全示范区”建设。三是大力开拓国际市场，扩大电声产品出口。四是积极创建品牌，扩大区域品牌影响。五是灵活招商引资，增强外资发展后劲。

商贸流通市场建设扎实推进　鼓励引导广东深华药业有限公司依托现有的物流配送中心，积极发展深华物流园，创建成为粤东地区一流的现代药品物联网应用示范基地。鼓励引导丰顺县瑞丰粮油食品有限公司加快建设丰顺县瑞峰粮油仓储物流配送中心。积极主动配合省、市商务部门促成广东深华药业有限公司与梅州市制药企业产销对接和物流连（第三方物流）项目建设、帮助广东蓝田农业有限公司申报广东蓝田食用菌冷链物流基础设施建设项目的申报工作。加快内贸流通创新健康发展，积极引导鹏泰购物广场、丰顺县金标商贸有限公司、梅苑实业有限公司等商贸企业制订促销费活动，为拉动丰顺经济消费、促进丰顺经济发展做出了应有贡献。

安全生产监管有力　认真贯彻落实中央、省、市、县有关安全生产文件精神，加强领导，落实“一岗双责”安全生产责任制，采取了多种形式开展安全宣传教育和安全生产检查整治活动，切实提高企业安全生产经营意识，做到安全工作长抓不懈、警钟长鸣。一年来，经信局坚持每月和逢重大节假日组织开展安全检查督促活动，杜绝了重特大安全事故的发生，营造了安全、稳定的生产经营环境。

学习教育成效突出　认真组织学习宣传贯彻中共十九大会议精神和开展“两学一做”学习教育活动。把学习宣传贯彻中共十九大精神当作当前和今后一个时期的首要政治任务，做到认认真真、原原本本地学习中共十九大报告和党章，以及习近平同志在党的十九届一中全会上的重要讲话精神，着力在弄懂、弄通、做实上下功夫，完整准确地领会中共十九大提出的新思想、新目标、新论断、新要求、新部署，取得了实实在在的效果。同时，经信局认真做好挂钩帮扶村计生工作，扎实开展扶贫开发“双到”及信访综治工作。一年来投入30多万元资金帮扶挂点黄金镇松青村，建设了光伏发电等项目，增加了村集体收入，扶贫工作取得阶段性成效。

国企改制稳步推进　做好县饮料总厂、饮料厂改革转制工作，安置职工231人，与81名职工签订了一次性解除劳动关系合同，安置离退休人员150人。同时做好县文具厂历史遗留问题和改革转制前期工作。解决好已转制企业职工的一些历史遗留问题，确保一方稳定。

2017年年底县经信局

局　长　黄忠明

副局长　邱建文　胡玉富　冯文胜　罗英顺

孙士富（挂职）

（李国桥）

附：丰顺县电声产业方面获得荣誉

1. 广东省电声专业镇（汤坑镇）
2. 广东省电声器材产业基地
3. 广东省电声产业集群示范区
4. 广东电声之都
5. 广东省外贸转型升级示范基地
6. 中国电声出口共建基地
7. 全国产业集群区域品牌建设试点地区
8. 广东省产业集群区域品牌建设试点地区
9. 全国电声知名品牌创建示范区
10. 广东省电声知名品牌创建示范区
11. 广东省出口电声产品质量安全示范区
12. 广东省电声产业技术创新联盟
13. 广东省电声产业技术创新联盟理事长单位
14. 广东省加工贸易梯度转移承接示范区

【国有资产投资】　丰顺县国有资产投资有限公司在县委、县政府的正确领导和各有关部门的大力支持下，切实加强企业经营管理，抓党建，树核心，抓生产，保安全，抓维稳，促和谐，努力推动企业健康发展。2017年度在公司广大干部职工的共同努力下，各项工作进展顺利，并取得了较好成绩。

2017年完成的主要工作　1. 完成主要经济指标情况。全年完成上网售电4069万千瓦时，售电收入2086万元，上缴销售税303万元。

2. 努力清偿历史债务。公司承接历史遗留债务繁重，逐年不断清偿，2017年累计偿还银行贷款本息155万元。

3. 提高和改善干部职工的福利待遇。2017年公司干部职工再次提高工龄补贴，人均月增约105元。

4. 投入资金，完善水毁修复工程和增容上网工程。积极筹措资金，利用枯水时段完成了：木头凹水电站前池、圳道水毁修复和增容上网改造工程；竹子坜水电站溢洪道口水毁修复、渠道维修和前池清淤工程；八乡一级水电站进厂道路护坡修复和八乡水库10千伏线路改造工程等。全年共投入维修保养、完善项目资金约120万元。

5. 着力抓好安全生产和综治信访维稳工作。坚持以安全和维稳作为企业管理的重要工作来抓，通过不断完善制度、严肃纪律、规范程序、加强管理，实现了全年安全生产无事故和综治信访维稳工作稳定向好的目标。

6. 积极跟进技改项目进程，促八乡一级水电站增效扩容技改前期工作顺利进行。针对八乡一级水电站投运时间长、设备老旧、故障率高的状况，公司通过前期的努力，完成了将该站列入“十三五”农村水电增效扩容改造项目的申报、初步设计、专家评审和招投标等工作，该项目2017年11月正式进入施工阶段，至年末已投入资金约850万元。

采取的主要措施　1. 抓好政治思想教育，加强党风廉政建设。切实推进“两学一做”学习教育常态化制度化，深入学习领会和贯彻落实习近平总书记系列重要讲话和省第十二次党代会精神，认真学习贯彻中共十九大精神，按县委曾永祥书记在全县传达贯彻中共十九大精神大会上所作的讲话要求，把思想和行动统一到中共十九大精神上来，加强干部思想政治教育，进一步发挥党员带头作用，以点带面，带动职工提高认识，积极工作。同时，注重业务人才培养和能力提升，压实“两个主体责任”，以廉洁从业风险防控体系建设为主线，以权力监督约束为重点，层层签订《党风廉政建设责任书》，全面履行“一岗双责”，严格执行国企领导人员廉洁从业实施办法，不断推进惩防体系建设，确保了公司全年未发生顶风违纪案件及事故，保持了风清气正的良好工作局面，很好地推动了公司各项工作的健康有序开展。

2. 进一步完善制度，切实强化内部管理。针对公司存在管理落后、工资福利待遇低下、人心涣散等较为突出的老大难问题，近年来不断加大整顿力度，进一步完善管理制度，严肃纪律，严格贯彻落实中央八项规定、“六项禁令”，进一步加强财务管理工作，严格控制各项费用开支，加大资金监管力度，使各项资金能够用在刀刃上、用在实处，努力提高干部职工的福利待遇。切实改变作风，取得了实效。同时，加大维稳力度，规范信访程序，着力抓好综治信访维稳工作，尽力将矛盾化解在基层。维持了年度综治信访维稳的良好局面。

3. 狠抓责任落实，确保安全生产。经常性地开展对下属电站安全生产进行巡视检查，对检查中发现的问题和隐患，都及时地召集相关负责人深入现场进行调研，作出具体解决方案，做好资金的筹备，制订专项措施，落实具体责任，强化跟踪管理。不断提高设备健康水平，确保设备、设施的安全高效运行。对一时难于解决的隐患及时完善预案，加强“应急演练”，做到有备无患，使公司安全生产管理工作不断规范和完善，确保了全年的安全生产。

4. 抓项目措施落实，促增效扩容工程顺利开展。八乡一级水电站自1995年建成投产至今已20多年，一直未曾更新改造，设备老化，故障率高，存在较大的安全隐患，为了提高设备安全性及自动化程度，以满足目前设备入网运行要求，结合《财政部、水利部关于继续实施农村水电增效扩容改造的通知》（财建〔2016〕27号）精神，通过努力，八乡一级水电站增效扩容改造工程成功争取列入了省“十三五”规划技改项目，并通过了立项批复，项目总投资为1852.63万元（其中测算中央补助资金为840万元、自筹1012.63万元），首批中央补助资金461万元已经到位，招投标工作已完成，至2017年11月，工程已开工，力争在2018年底完成主要设备的更新改造，2019年全面完成。

5. 积极发挥党、工、妇团的协调推动作

用。切实加强党的组织建设，深入贯彻落实中共十九大和习近平总书记系列重要讲话精神，以开展“两学一做”学习教育为契机，以党的建设和机关作风建设为抓手，促进企业各项工作健康有序开展；不断规范综治信访维稳工作，严格落实信访维稳责任追究制度，加大信访维稳工作力度，规范信访行为，使信访案件得到有序有效落实，维护了辖区稳定；不断完善工会组织和妇女组织机构的建设，积极发挥工会、妇女团体组织在企业生产管理过程中的重要作用，有效推动了公司各项工作的顺利开展。

2017年年底国有资产投资有限公司

总经理　邱荣辉

（陈达行）

【供电】　2017年是“十三五”规划实施的关键一年，在网、省公司、梅州局和县委、县政府的正确领导和大力支持下，丰顺供电局积极面对各项艰巨而繁重的工作任务，全局上下凝心聚力、攻坚克难，全面贯彻落实中共十九大会议精神，深入践行《南网总纲》，按照梅州局“从严动真，固本强基，持续改进，小步快跑，迈向卓越”的总体思路，持续夯实安全稳定基础，大力实施电网升级改造，着力做好全县人民安全用电服务，较好地完成全年各项目标任务。全年完成供电量11.04亿千瓦时，售电量10.56亿千瓦时，分别比增5.26%、6.45%；综合电压合格率99.96%，同比提高0.01个百分点；综合线损率4.35%，同比降低1.07个百分点；电费回收率100%，同比持平；主营业务收入净额5.12亿元，同比增长11.06%；完成S-EVA-1.04亿元；利润总额986.63万元，同比增盈609.39万元；固定资产投资5482.77万元；完成增资1.051亿元；全年没有发生四级及以上电力安全事件。

坚守安全生产底线，加强风险管控，巩固安全稳定局面　坚决落实安全生产责任制，圆满完成中共十九大、“两会”等13项保供电任务，累计投入6181人次、704车次，实现保电万无一失。实现了对配网运行风险分析评估全覆盖。配合梅州局稳妥推进主网专业化和配调集约化，配电专业图实一致率提高至100%，配网及馈线自动化覆盖率提升至10%。配网调管范围延伸至配变本体。

加强可靠性管理，防治结合提升供电能力。针对2016年低电压投诉次数和重复投诉较多的单位制定专项治理方案，共收资81台低电压台区。推广应用新技术，全年组织完成无人机巡视10千伏线路16回，发现问题919项，完成整改率64%。加强配网设备隐患排查与治理工作，做好输配电线路特别是易于发生触电危险的区域或场所（如钓鱼场、人员活动密集区、马路边）警示标志牌设立、防碰撞设施等工作，完善安健环设施35225块，对易于发生触电危险的区域或场所加装878块警示牌。开展配电线路绝缘化及接地改造，重点做好城区配变、城郊区中压裸导线、进村低压裸导线等绝缘化改造，完成中压裸导线改造8.628千米，低压裸导线改造（9个供电所24个台区）37.9千米。

大力推广10千伏新建线路接入、设备检修消缺等带电作业，全年累计带电作业181宗，年度完成率152%。编制印发《丰顺供电局2017年降低中压线路故障率工作方案》，从雷击、用户故障出门、台风和树障等四个占比大的因素入手，编制差异化工作方案，对近三年发生过永久性故障的线路精准实施一线一策。提高中压线路防雷能力，优先完成亟需部分的架空线路防雷改造，对6个供电所7条线路加装避雷针53组。电网抵御自然灾害的能力持续改善，组织开展各项应急演练40场，局应急指挥中心主动与政府应急平台对接，进一步规范应急处置各项业务，全年启动防风防汛Ⅳ级应急响应5起，Ⅲ级应急响应1起，台风蓝色预警1起，成功应对了“苗柏”“纳沙”“天鸽”“玛娃”等5次台风和次生灾害的袭击。全局安全生产形势保持平稳，实现梅州局“四个杜绝、三个确保、两个不发生、一个减少”的年度安全生产目标，全年没有发生四级及以上负有责任的电力事故、事件，百万工时工伤意外率为1.22%，丰顺电网安全运行超十七周年。

电网建设提速提质，有效契合丰顺发展前景趋势　2017年，紧紧扣住县委县政府关于

“抢抓‘两大政策’机遇，扭紧‘三大抓手’，坚守‘两条底线’，扎实推进丰顺新区、梅江韩江（丰顺）绿色健康文化旅游产业带‘一区一带’”的规划建设，以完善县域电网网架结构为着力点，为全县经济社会保持平稳较快发展提供强有力的电力保障。在上级单位的大力支持下，供电局加大投资建设力度，其中配网建设改造总投资约2.73亿元，包含常规配网、业扩、小水电接管改造、修理技改、表改共544个项目，投资规模和项目数量均达历史最高，相当于整个“十二五”投资总额；全面完成汤坑站10千伏河滨线改造工程，新建箱式变压器6台，新敷设10千伏电缆4200米，并针对工程实施前该路段箱变、分接箱占地选址困难和青赔漫天要价的问题，以此突破口与城管局、汤坑镇政府等政府部门联合执法，形成政企合力，彻底解决了多年来10千伏河滨线顺发路、五一路、富岭路段架空线路的安全隐患、线路杂乱、频繁跳闸等问题，该工作得到县委县政府主要领导的表扬。主网方面，配合梅州局完成500千伏岐山（揭东）输变电工程（梅州段）工程途径埔寨镇段14基铁塔基础的浇筑工作，开展了220千伏高铁牵引站配套输电线路路径征询及环评工作。顺利推动南湖输变电、潘田输变电、埔寨变电站#2主变扩建以及丰南片区电网结构完善共4项110千伏主网工程项目的路径确认、环评、征地等相关前期工作。小型基建方面，黄金、小胜、北斗、丰良、八乡山5个供电所技术业务用房项目已前后完成备案、签订征地协议、规划报建和施工招标等前期工作，顺利进入开工建设阶段。完成砂田供电所技术业务用房购置项目资产和质量评估，并签订转让意向协议。

加强属地管理，确保电网建设有序进行。开展了多场覆盖外施工单位的专项安全生产分析会议以及施工现场安全检查工作，及时纠正违章违规行为。固化联动机制，在项目施工前联系属地政府和供电所，将实施问题进行全面交底。继续发挥基建配网工程规划许可证的优势作用，将城区基建配网项目纳入城乡总体规划，举全县之力共同推进电网建设。面对新一轮发展形势，领导班子主动加大基层调研力度，采取座谈讨论、现场查看等形式，详细调查了各供电所辖区内10千伏及以下电网线路和设备现状、线路和低压台区改造情况、线路及设备的缺陷及隐患情况以及该镇未来负荷发展情况，为指导完善区域配网建设改造计划取得了第一手资料。同时，主动沟通协调县、镇、村三级，解决供电局配网规划建设（包括小水电接管改造）涉及的选址、占地、走廊、青赔、办证等疑难问题，开辟了良好的思路、方法和通道。

化投诉为动力，不忘初心为客户提供优质服务　坚持以客户为导向，全面承接梅州局客户投诉24小时内“见人见事”快速处理机制，主动介入、把关“95598”、“12398”工单处理，通过完善考核，充分发挥客户经理制的作用，把意见建议、投诉处理在供电所、客户经理关口，投诉增量得到有效遏制。全面整治低电压台区，完成25个台区整改，整改率31%，其余均已立项实施。切实降低停电对客户的影响，全年配网带电作业有效减少客户停电时间3.6小时，停电计划刚性执行率95.56%（全市前列），计划停电时间8小时（考核目标值9.1小时），同比减少2.26小时，故障停电时间16.45小时，同比减少31.7小时。客户全方位服务效果明显，129名“网格式”客户经理团队覆盖全县客户18万多户。

有效推动智能电表改造和低压集抄建设“两个全覆盖”，覆盖率分别达89.23%、78.9%，按时间节点完成年度“三个一片”任务（建成一片、投运一片、转岗一片），分两批进行人员转岗培训，比例达41%。“采维一体”取得初步成效，电子化结算率达99.34%，实现同比大幅提升。依法依规规范用电市场秩序，全年共查处补收电量16.61万千瓦时，补收电费、违约金合计26.78万元（含故障电表、违约用电、窃电等），保障了企业合法利益。持续推进线损精益管理，开展高损用检周活动，完成省公司督办的11条高损线路和33个高损台区的治理，整改完成率100%。低压业扩投资界面延伸率达100%，管控成效初显。全力吸纳清洁能源，并网光伏发电（含分布式）项目达到141户，容量3243千瓦，年累计发电量49.89万千瓦时。推动需求侧能效服务业务，积极引导客户使用节能、低碳新技术和新产品，全年节约电量544.85万千瓦时，电能替代电量1245.46万千瓦时。拓宽非现金缴费渠道，非现金缴费率93.50%、银行划账率64.28%，分别比增20.29%、39.92%。借力县政府《关于加快理顺丰顺小水电自供自管体制，加快自供自管农网改造要求》的有利时机，与政府部门搭建联合工作小组，推动11个小水电自供自管区域接管改造。

巩固提升经营质效，企业管理向精益化迈进　加大核算、报账、财务、资金、预算及价格管理模块的考核力度，进一步推动财务管理质的转变。对每月预算归口费用均衡性完成情况进行纵横向比较，持续优化资金规划预测、收支运营、监督控制。树立“大成本”理念，将成本集中用在改善农网、提高安全生产等方面。严格执行中央八项规定不放松，一般性管理费用和非生产性开支控制在年度预算内，四项费用平均同比降低6.2%。紧抓关键业务风险，开展电能表轮换、营销费、“三公”经费、物资管理、农网升级改造等五大类11项内部审计调查，整改各类问题46个，进一步堵塞管理漏洞，规避业务风险。

持续深化区域联动工作，主动与兄弟县局对标，学习先进管理经验，企业经营能力持续提升。加强局层面、供电所指标的督促跟进，在每月月度工作会上对指标完成情况进行全面通报分析，各部门单位一一对照、查漏补缺，围绕指标来细化分解工作，避免出现人为疏忽而导致扣分垫底的情况，“抓补强”成效明显，党组织先进性评价、台区线损率、信息化应用等指标保持全市领先水平，非现金缴费率等部分短板指标大幅提升，首次实现4个供电所（建桥、北斗、大龙华、潭江）进入全市前十名。印发了精益管理总体实施计划要求和建设目标，由各专业部门主导全面落实班站所标杆星级建设，省公司准四星班组首次实现零的突破，3个单位获评梅州局第一批三星班站所。

通过重点开展定员定编管控、边远供电所轮换机制、调配新进人员补充、“工分计酬”激励约束机制等工作，结合岗位胜任能力评价、练兵比武、冗员转岗培训，人力资源得到有效盘活。推进“一所一简易实训场”建设工作，完成留隍所配电实训场、16个供电所营销实训场建设，另有8个供电所实训场装备了低压集抄简易培训装置，切实为员工搭建就近学习、技能提升的场地和平台。

以中共十九大精神为指引，推动全面从严治党向纵深发展　深入学习宣传贯彻中共十九大精神，通过微信、OA、网络平台组织党员、员工学习报告、精神和新党章，积极开展局中心组学习和支部学习活动，切实做到“三个全覆盖”（贯彻部署全覆盖、干部学习培训全覆盖、媒体宣传全覆盖），参学率均达100%。落实网公司党组1号文，24项任务、245条重点举措全面落地。组织举办“四重温四增强”党性锤炼培训班、“七一”党课暨道德讲堂、党支部书记轮训班、佩戴党徽活动，对部分党支部书记、委员、纪检员进行调整配置，进一步加强了党支部建设。重点以“书记项目”“支部行动计划”“村电共建”为抓手，拓展企业党组织联系群众、服务群众的有效载体和服务平台。建立领导班子及成员落实党风廉政建设“一岗双责”责任清单，实施党风廉政建设约谈机制，构建了“月度自查、季度评价、年度考核”全过程管控模式。

按照“政治巡察为主、业务巡察为辅”的原则，成立巡察组织机构，在上级指导下完成8个供电所巡察监督任务。多措并举开展纪律教育讲坛6次，党员职工接受教育达650人次。扎实开展以“推进从严治党、实践四种形态”为主题的廉洁教育月活动，通过开展学习研读、组织专题讨论、签订廉洁从业承诺书、参观反腐倡廉教育基地、观看廉洁教育片等活动，不断夯实广大干部员工的廉洁从业意识和纪律规矩意识。组织2次“四种形态”谈心谈话共374人次。推行“双月自监督、每季再监督”，合计发现问题46个，整改率100%。分19批次开展政治、廉洁、工作纪律的明察暗访，未发现一起违规违纪问题，巡察利剑作用得到充分发挥。正确运用监督执纪“四种形态”，累计开展主责约谈22人、提醒谈话1人，履职约谈22人。

在依法决策方面，通过局长办公会、党委会对“三重一大”事项决策，切实按照集体领导、民主集中、个别酝酿、会议决定的原则，经过集体讨论决定，凡是涉及员工切身利益的事项必须经过职工代表大会、职代联席会议讨论确定。在依法办事方面，配合当地政府部门梳理、清理本单位适用的法律法规、国家、行业标准、司法解释及制度等规范性文件并实时更新；在解决企业用户用电报装、恢复生产、增容申请等业务方面，始终坚持“遇事先问法”，法律风险得到有效防范；将“负面舆情”“主诉维权”“客户投诉”“合同管理”等工作纳入企业法治全过程管理，持续增强全员政治纪律、组织纪律和财经纪律意识，切实做到依规经营和依法经营，全年全局未发生一起干部职工违法行为。

加强队伍建设，干事创业活力不断增强 从严从实选优配强各层级干部队伍，提拔干部3人、交流轮岗6人。集中开展中层管理干部人事档案“三龄两历”专项审核工作，为干部选拔、任用、考核提供真实依据。配合省公司、梅州局开展岗位胜任能力抽考专项行动，全面检查岗评质量和员工整体能力情况，抽考14人，通过率100%。组织50名员工参加主网专业化及配调集约化管理第二批招考工作，合格率达54%。鼓励员工积极加强继续教育，25人取得更高学历，新增中级职称17人、初级职称7人。广泛发动技能类员工参技能鉴定，新增高级工26人、技师12人。

充分调动广大干部员工干事创业的积极性，建立激励积分账户和“激励菜单”，将积分与激励资源有效对接，满足多层次、个性化的激励需求。推进“划小分配单元”优化绩效和薪酬工作，推行“人力资源部门+各级管理人员（直线经理）”模式，授予各班组长充分的绩效管理自主权，激发基层班组通过减员增效提高员工工资水平，不断提升企业用工效率和经济效益。“工分计酬”实现班组应用全覆盖。

稳步推进“暖心工程”建设，进一步改善基层班站所工作环境和生活质量。新建北斗、汤南、八乡山供电所职工食堂，完成龙岗供电所和茶背营业点职工食堂改造；合计投入资金23.85万元用以完善职工食堂和休息室，进一步改善基础设施条件，提升基层员工的获得感和归属感。加大办公场所7S管理宣传贯彻和问责考核力度，基层办公及生活环境得到逐步改善，有效提升员工工作效率和精神面貌，为星级班组达标及转作风、强能力筑牢基础。

结合局中心工作，要求新闻线将镜头对准基层、瞄准一线，积极传递、传播正能量。全年在网、省、市系统内以及大众媒体等平台上稿达170多篇（完成率326%）。同时，有效借力上级平台，防汛抗险期间组织基层通讯员拍摄小视频和图片，积极、正面地宣扬了梅州供电人众志成城、全力抢修为民生的责任担当和精神面貌。加强员工自媒体管理，对员工微博、微信、QQ进行保密管控，防止在互联网上出现和传播企业相关内部文件、工资收入、食堂菜单等敏感信息，维护企业的良好形象。

2017年年底广东电网梅州丰顺供电局

局　长　冯　挺

党委书记　梁荣彬

副局长　陈　捷　罗华荣

纪委书记　杨建辉

（王海东）

【安全生产监督管理】 丰顺县安全生产监督管理局为县安全生产工作主管部门，正科级，并设立安监局党组。内设机构有办公室、矿山监管股、危险化学品监管股、监察执法大队、职业安全健康监管股。下属事业单位为安全生产应急救援指挥中心。全局共有干部职工24人，5名领导班子成员。丰顺县人民政府成立安全生产委员会，由县长廖茂忠任主任、县政府相关班子成员及安监局局长任副主任，县直相关单位主要负责人任成员。县安委会下设办公室，由县安监局承办日常工作。

安全情况 2017年，丰顺县认真贯彻落实党中央、国务院和省、市关于安全生产的系列决策部署，牢固树立科学发展、“安全发展”理念，以落实安全生产“党政同责、一岗双责、失职追责”为抓手，强力推动政府领导、部门监管和企业主体“三大责任”落实，压实安全生产责任，常态化开展事故隐患排查治理，大

力推进依法治安，切实加强特别防护期和汛期安全生产检查、安全生产月、重点领域、重点时段专项治理、重点行业领域重点地区安全生产攻坚治理、安全生产大检查等工作，杜绝了较大以上安全生产事故的发生，全县安全生产形势持续稳定。全县发生1起工矿商贸生产安全责任事故，受伤3人；道路交通事故57起，死亡6人，受伤47人；火灾事故59起，死亡1人。

监管情况　2017年，丰顺县安全生产监督管理局认真贯彻落实安全生产工作会议精神，以开展安全生产领域专项行动为抓手，切实加强对安全生产工作的领导，全面落实安全生产责任制，按照“全覆盖、零容忍、严执法、重实效”的要求，进一步强化责任落实，深入开展隐患排查治理和安全生产大检查活动，实现了安全生产状况持续稳定向好，为加快振兴发展营造了安全有序环境。主要做法：一是强化目标管理，完善安全生产责任制；二是强化宣传教育，提高全民安全生产意识；三是深化安全生产领域打非治违专项行动，确保重点行业领域安全稳定；四是落实企业安全生产主体责任和企业负责人第一责任人职责，加大隐患排查治理，夯实企业安全生产基础；五是认真做好各类节假日期间安全生产检查工作；六是加大安全生产投入，夯实安全生产基础，提升安全生产工作水平；七是全面发展，进一步协调推进全局工作。

2017年年底县安全监管局

党组书记、局长　罗长军

党组副书记、副局长　陈照阳

党组成员、副局长　陈声丢

党组成员、执法大队长　刘仪石

（范晓燕）

交通　通信

【交通运输工作】　2017年，县交通运输局在上级交通运输主管部门的全力支持下，认真贯彻落实县委、县政府的工作部署和要求，坚持以中共十九大精神和习近平总书记对广东工作重要批示精神为指导，加压奋进，采取超常规的措施，着力抓好交通运输各项工作，顺利完成交通建设大会战预期目标任务，交通执法、行业管理等各项工作取得进显著成效，为丰顺县深入实施“一区一带”发展战略筑牢交通基础。先后获得“梅州市2017年重点项目建设先进单位”，丰顺县“政协提案办理先进单位”“综治工作先进单位”等荣誉称号。

毫不动摇推动交通基础设施建设，服务经济发展　在县委、县政府的正确领导下，全力以赴推进交通建设大会战，构建对外快速联通、对内全面畅通的交通运输网络。重点配合推进大丰华高速公路建设，谋划实施一批省、县、乡、农村公路以及桥梁项目建设。年度计划投资3.5亿元，至年底实际完成投资3.6亿元，比2016年增长95%，创历史新高，完成水泥路面铺设78千米，路基工程完成89千米。

1. 全力配合推进大丰华高速公路丰顺段项目建设。大丰华高速公路丰顺至五华段全线里程约40.89千米，其中丰顺县境内长度约14.43千米，总投资63.5亿元，需建设枢纽互通1个、高速出口1个、服务区1个、管理养护中心1座。涉及征地面积约123.2公顷，主要涉及汤坑、汤西、北斗3个镇4个行政村。经过各级各部门协同作战，整个工程项目建设用地的征地拆迁工作已基本完成，保证工程无障碍施工。

2. 加快一批在建项目建设。交通各在建项目进展顺利，省道224线至省道228线连接线（西环路）第一期、省道233线北洞至大凹段、培英大桥新建工程于2018年春节前建成通车；省道224线黄金三合至潘田段、丰顺县留隍大桥至潮州市赤凤镇、小胜镇珠胜公路顺利推进。此外，完成南溪桥、坪上水面桥、新铺大桥3座危桥改造任务。公路安全生命防护工程完成整治隐患里程272.3千米、新农村公路硬底化完成62.5千米，均顺利完成县民生实事工作任务。

3. 加快新开工一批项目。在县委、县政府的重视支持下，全力抓好重点经济网络线路规划建设，2017年计划动工建设5个以上项目。至年底，汕梅高铁丰顺东站连接线、县道072线文祠至留隍段、国道206线丰良镇奖坑至榕树塘、新高园至铜盘林场大宝山旅游景区、榕江北河西岸（二中至隆烟大桥）等项目已进场施工；汤南镇海沟路、东里至段桥、国道235（埔寨）接省道226至国道206线（东里）连接线建设工程，以及省道242线（原X949线）马图至江坑段、县道027线砂田至潭江大桥段、乡道117线汤西至大罗段路面提升工程前期工作正有序推进，争取尽快动工实施。

4. 全力筹备落实“双十”项目。2017年，县委、县政府科学谋划今后五年交通公路建设，确定了总投资约63.8亿元、建设总里程达513.34千米的“双十”交通公路建设规划，其中2017—2018年计划开工建设十项系统工程（共有22个项目）、2019—2021年开工建设十项系统工程（共有19个项目），通过加强国省道改造，完善经济网络线路，促进对内全面畅通，对外快速连通，服务全县大发展。

建养并重抓好地方公路养护，确保公路畅通 坚持转变观念，务实创新，切实加强地方公路养护管理工作，强化建、养、管力度，全力确保地方公路安全畅通。

1. 全面开展公路安全生命防护工程工作。投入6260多万元，完成整治隐患里程共272.359千米（其中包含完成县民生工程项目200千米公路安全生命防护工程）。2016年项目除乡道154线暂时无法实施外，其余线路已经完工；2017年项目除乡道154线、乡道203线涉及窄路加宽和县道949线、乡道128线（500万元以上项目）暂时无法实施外，其余线路已经完工。

2. 绿色廊道建设工作。以省道233线西洞至大凹段、县道094线尖山至戏潭段作为绿色廊道建设工作的重点，至年底投资280多万元，基本完成30千米绿色廊道建设计划。

3. 地方公路建管养工作。切实加强地方公路建、养、管力度，全面提升县、乡道公路各项安全系数和公路抗灾能力。全年投入资金68万元，完成县道950线黄金至留隍段、县道072线潭江至东留段、县道027线砂田至溪西破碎路面软基换填修复工程；投入资金485.92万元，完成对金贵大道、县道955线、省道224线破损路面回填400余处，县道950线、028线等线路共24296平方米路面挖补工程；投入资金14万元，委托桥梁检测公司对7座大桥的水下基础进行检测；投入资金540万元，完成45千米硬水沟建设。

4. 水毁工程抢修工作。2017年丰顺县地养公路累计水毁公路造成直接经济损失达504.295万元。至年底累计投入水毁抢修资金10多万元，出动抢修人员120多人次（夜间紧急出勤抢险2次20多人），投入机械10多台班。清除塌方淤泥3万多方，疏通修复局部毁涵洞31道，完成抢修县道交通阻断2处，及时恢复农村公路安全通行。专项水毁修复方面，X955线专项水毁工程预算投资101万元，目前已完工，工程未验收及结算。

5. 危桥改造（加固）工作。全年投入资金1253.38万元实施危桥整治，完成村道159线坪上水面桥、村道094线南溪桥和乡道114线新铺大桥危桥改造任务，同时，继续加强危桥安全防范和前期各项准备工作，完成村道035新兴桥、乡道141水面桥、乡道176大胜大桥、乡道212庵坑桥、乡道212娘宫桥等五座危桥认定工作并进行设计，确保危桥改造计划有序推进。

全力以赴强化交通综合执法，优化发展环境 全面加强超限超载运输、道路旅客运输、道路危险货物运输、水上运输等领域违法案件查处，推动执法工作深入开展。全年共会同交警部门共出动执法人员14500多人次，执法车辆6332车次，立案1195宗，结案1195宗，罚款金额316.5万元，查处案件宗数位列梅州各县市区第一名，起到了打击一批、震慑一批的良好效果。在全行业形成守信用、遵规矩的良好氛围。

1. 强化联合执法机制，严打超限超载运输行为。根据《丰顺县治理货运车辆超限超载工作方案》精神，县治超办从县公安交警大队、交通综合行政执法局分别抽调执法人员组成约40多人的常态化联合执法专业队伍，重拳整治车辆超限超载运输违法行为。2017年6月，为进一步充实治超执法力量，县政府拨出专门经费，向社会公开招聘12名治超协管员，人员由县交警大队负责日常管理，于7月开始正式上岗参与治超执法行动。通过抽调精兵强将参与执法行动，层层压实责任，落实工作经费，为持续深入开展货运车辆超限超载专项治理行动奠定了全方面保障。

2. 整治涉路违法行为，保障公路畅通。由交通综合行政执法局联合丰顺县公路管理部门组织开展道路两侧乱摆卖、乱搭建、乱堆放、乱丢弃、乱拉挂“六乱”现象联合整治行动，针对公路沿线公路两侧建筑控制区内架（埋）杆线，建厂，修养殖场，设置广告标牌，悬挂宣传横幅，对公路沿线违章建筑、违章占用公路的行为、非公路标志、标牌和摊点等加大巡查力度，及时查处各类路政案件。全年共出动执法人员460人次，执法车辆115车次，清查路政案件120宗，拆除擅自设置的路边广告牌58块，清拆违章面积480平方米。

3. 整顿道路交通运输市场秩序，严厉打击违规客运车辆。采取视频执法方式，通过自主完善创新，针对客运车辆违法行为进行查处，重点打击客运站私自接纳未经批准的客车进站经营、客车超载出站等违法行为，进一步规范客运站场的经营行为，实现“车进站、人归点、站管车”的目标，维护站场的安全有序和旅客安全，确保运输市场的良好稳定。统一行动中共出动执法人员160多人次，查处车辆53辆，处罚金额5万多元。

4. 加强巡查，强化港航管理。加大对沿江业主单位和各施工单位的巡查力度。港航中队每月开展巡查工作1～2次，加强对沿江拦、跨、临河建筑物的管理，督促施工单位规范施工弃渣、弃土行为，严格制止向河道倾倒弃渣、弃土的违法行为。为保护航道和航道设施，航标和航标设施不受侵占或破坏，依法制止和严肃查处各种侵占、破坏航道和航道设施、航标和航标设施的违法行为。2017年以来，发现存在问题8个，及时发出整改通知或口头警告，限期整改，消除安全隐患。

统筹兼顾推进行业管理，提升服务能力 通过创新管理机制，统筹推进“交通便民”工作，不断加强交通运输行业安全监管，开创交通运输行业管理新局面，为丰顺实现跨越式发展贡献力量。

1. 抓好运输行业管理各项工作。通过进一步创新和完善行业管理机制，积极抓好机动车辆维修、驾驶员培训市场的专项治理工作，以及营运车辆经营资质年度查验的工作，全年共办理普通货车行政许可46宗。

2. 着力提升公共交通服务水平。大力实施“交通便民”工作，进一步加大投入，优化城乡交通统筹、协调发展，满足广大人民群众出行需求。全年新增城乡客运线路3条。农村客运和公交线路基本上覆盖全县各镇，服务广大群众便捷出行。

3. 深入抓好交通行业安全生产。加强水陆客货运输和交通建设领域的安全督查，在春运、“五一”、国庆等假期重点加大对易燃品、易爆品和危险品查堵力度，及时排查可能存在的隐患，严厉查处违法行为。同时交管驻站人员加大对客运站日常监管力度，督促企业认真落实安全生产主体责任，严格执行“三不进站、六不出站”等管理规定。9月，对丰顺客运站停放的37部无关车辆予以清理，消除了历史遗留顽疾。通过认真做好各项工作，确保了交通运输领域安全生产工作形势稳定，没有发生重特大事故。

全力做好精准帮扶工作 实现年度目标 按照省、市、县关于新时期精准扶贫、精准脱贫三年攻坚的有关文件精神，加强组织领导、精心谋划部署，对挂钩的丰良镇莘桥村开展多渠道、多层次、多形式的帮扶工作。共筹集约131万元帮扶资金，引进“绿天源”蔬菜种植项目、组织贫困户扩大生产和养殖规模、对部分有外出务工意愿的农户进行技能培训或转移就业，帮扶新建莘桥大桥以及西厢路口至油罗坳路面挖补、桥背段路灯、村体育广场安装健身器材等项目，使该村村容村貌和交通基础设施得到初步改善，经济社会发展焕发新的活力，村集体和贫困户经济收入稳步增长。至2017年年底，65户贫困户已有49户实现脱贫目标，脱贫率75.4%，圆满完成年度工作目标任务。

加强机关党风廉政建设 促进事业发展 坚持严字当头，抓常抓细，做到党风廉政建设同业务工作同部署、同检查、同落实。成立了党风廉政建设工作领导小组，层层制订完善了《党风廉政建设主体责任清单》；积极开展反腐倡廉宣传教育，结合纪律教育学习月活动，积极组织党员、干部学习中央八项规定、《廉政准则》、党纪政纪等法律法规，有组织、有步骤地开展了警示教育活动，通过组织广大党员、干部学习党的各项纪检条例、规定，观看警示教育影片、电教片，组织座谈讨论等活动，增强了党员干部，特别是领导干部的反腐倡廉意识和自律意识；同时突出重点，抓好预防。继续深入开展“四个防控”（厉行节约风险防控、工程领域风险防控、安全监管风险防控、综合执法风险防控），通过深入开展廉政风险防控管理工作，有效地促进了全局廉政防控体系建设的落实，极大地提高了广大干部职工的廉洁从政意识，确保了交通各项工作取得良好成效的同时，没有发生违法违纪案件，廉政防控工作取得了实实在在的成果。

2017年年底县交通运输局

党组书记、局长 罗灿雄

党组副书记、副局长兼地方公路管理站站长 曾令冰

党组成员、副局长 许能洪 吴武城

党组成员、副局长兼交通综合行政执法局局长 罗泽宏

党组成员、县纪委派驻组组长 谢金润

（张志荣）

【公路养护】 丰顺县公路局基本情况：公路局管养3条国道、1条省道，实际养护里程199.14千米：国道169.34千米，省道29.8千米，其中：国道235线（原省道224线）砂田丰埔桥至埔寨农场59.45千米；国道355线（原省道334线）留隍盐坪至丰良环城路55.56千米；国道206线建桥环西至汤南九斗54.33千米；省道228线八乡分水坳至汤坑风度29.8千米。全局共有231人，其中干部职工132人、退休人员99人；局机关设置8个股室，下设1个直属单位（公路建设工程管理服务中心），14个下属单位（3个养护中心，10个道班，1个养护专业队）。

2017年，公路局按照县委、县政府的部署，围绕交通基础设施建设、提升养护水平，着力公路“三个文明”建设，提升公路通行能力、路况水平、安全水平、服务水平和文明水平。加快推进丰顺公路交通基础设施建设，为丰顺的建设和全面建成小康社会提供强有力的交通支撑。

公路建设业绩显著提高　公路局2017年主要建设“一路一桥两恢复”项目：一是国道206线兴宁松陂至丰顺北斗石桥头段（丰顺段）改建工程。路线全长46.6千米，其中丰顺段37.64千米，于2017年10月全线动工。截至年底，完成征地117.37公顷，占任务的98%，房屋拆迁7906.3平方米，占任务的90%；完成清表、路基填筑及涵洞施工等工程；完成韩山隧道出口的施工便道工程；完成项目总投资1.4亿元。二是丰顺县城汶水河人行景观桥梁工程。预算总投资1381万元，于2017年10月进场施工，截至12月底，完成围堰、筑岛、桩基等工作，C桥完成11根立柱，完成投资380万元。三是国道355线（原省道334线）灾毁恢复重建工程，桩号K76+400—K131+900段，路线里程55.5千米，总投资金额1718.1万元，建安费1538.94万元，于2017年12月进场施工。四是省道228线灾毁恢复重建工程，桩号K140+292—K168+500段，路线里程28.21千米，总投资金额1097.96万元，建安费1007.51万元，于2017年12月进场施工。

公路养护呈现新面貌　公路局始终坚持“建设是发展，养护也是发展”的思想理念，抓紧抓实抓好养护主业，努力提高公路养护水平。

真抓实干，提高养护效果。坚持以全面养护为主，落实小修保养制度，认真做好小修保养工作，治理排水系统，提高路容路貌，尽最大能力、最大限度地控制病害的蔓延。全年累计完成清挖边沟176千米；清理塌方7630立方米；填补路基缺口2055立方米；整修路肩边坡16530平方米；修补路面坑槽6840平方米；疏通桥涵排水68座；补划路面标线7620平方米。在绿化、美化、亮化方面共投资460多万元，在管养的国、省道干线公路种植樟树、荫香树和黄槐等乔木660多棵；种植夹竹桃、小叶紫薇、大红花等灌木2650株，全年公路好路率达88.5%。

安全生产管理有效提升　公路局坚持“安

全第一、预防为主、综合治理”的方针，始终把安全生产工作作为一切工作重中之重，实行“一岗双责”，做到安全工作警钟长鸣，常抓不懈。全面开展安全生产大检查和安全隐患整治，各项指标得到控制，实现了“零”责任事故管理目标。

营造氛围，常抓不懈。安全工作逢会必讲，通过开展安全生产月活动。落实责任，加强管理。通过层层签订安全责任书，层层抓落实，将安全工作分解，形成齐抓共管的良好局面。

重点整治，确保安全。为保障安全生产工作的正常开展，领导班子带队到各线路、道班督查40余次，对辖养国省道的桥梁、涵洞、交通标志、标线、示警桩、防护栏和事故多发路段等各个项目进行全面安检，发现隐患50多处并及时处置，还新设300多米道路钢护栏，确保无安全责任事故发生。同时公路局被梅州市公路局评为2017年“安全生产管理先进单位”。

路政执法高效优质　一年来，以加强路政管理为抓手，认真贯彻执行《中华人民共和国公路法》《广东省公路管理条例》《公路安全保护条例》，规范工作程序，依法行政，依法治路，实现了公路执法无“三乱”工作目标。

加大路面巡查密度，维护路产路权。累计上路巡查32271千米；处理路政赔偿案件38宗，结案38宗，收取损坏路产赔偿费29.6万元；办理路政审批许可11宗，送达交通综合执法局《公路违法案件告知表》19份。坚持每月上路巡查时间不少于25天，国道巡查不少于每周3次、省道每周2次，节假日全天候巡查执勤，及时处理突发事件，有效地制止违法违规现象，全年拆除违章广告标牌（条幅）194块/894平方米，清除公路路障、杂物66处/1209立方米，教育整治撒漏污染公路车辆183台，路政案件结案率达100%。

抓作风建设，共建文明机关　一是切实加强党的思想建设、组织建设和作风建设。2017年局党总支下设3个支部，党员49人。二是健全职代会制度，发挥工会在局务工作中参与决策及监督作用。积极组织干部职工参加与县司法局联合举办的“五四”青年节乒乓球友谊赛和梅州市公路系统职工乒乓球羽毛球比赛并取得优异成绩。

精准扶贫精准脱贫工作取得一定成效　一年来，公路局多次到定点帮扶的邓屋村走访调研。通过建立“一对一”精准结对帮扶机制，做到干部职工和贫困户结对帮扶全覆盖，真正做到为群众办实事、办好事。据统计，公路局在2017年投入扶贫帮扶资金共计20万元。后续将继续按照县委传达贯彻省第十二次党代会精神干部大会上“小康路上一个都不能掉队”的要求，更进一步精准施策、靶向疗法，创新方式方法，用好帮扶力量，压实帮扶责任，坚决打好这一场精准脱贫攻坚战，确保邓屋村26户贫困户全面脱贫。

2017年年底丰顺县公路局
党组书记、局长　*徐名阁*
党组副书记、副局长　*罗伟光*
党组成员、副局长　*罗　哲　黄济荣*

（*办公室*）

【电信通信】　2017年是喜迎中共十九大胜利召开之年，也是丰顺分公司企业转型升级的攻坚之年，也是改变市场格局的关键之年。中国电信丰顺分公司深入学习贯彻中共十九大精神，围绕“两学一做”学习教育要求，坚持稳中求进工作总基调，以提高发展质量和效益为中心，主动适应经济发展新常态。中国电信丰顺分公司在市分公司的正确指导和县分公司党总支的坚强领导下，认真贯彻落实市公司部署，聚焦“2+5”经营重点，推进质量、效率、动力“三大变革”，创新执行，不断提升核心能力；抢抓发展的时间窗口，坚定信心、迎难而上，进一步提升规模及速度，全年各项工作均达到了预期目标。2017年全年累计完成年度预算的102.9%，全市排名第一，税后收入累计同比增长4.03%。丰顺分公司2017年累计税收缴纳超过450万元。

质量变革　一是强化主动维护，提升网络质量。持续从主光路、分支光路、皮线光缆三方面着手开展光路衰耗达标整治，不断提升光路衰耗达标率，达标率提高到95.26%，光宽故障申告率降至1%以内，提升光宽用户使月感

知。二是筹集约8640万资金提升网络服务能力，进一步拓展无线网络频谱，优化移动网络质量。规划新建800M4G基站以实现县城、乡镇、行政村以上的4G信号全覆盖，平均下载速率大于30M，掉线率为0。三是强化服务攻坚，提升用户感知。通过持续不断的抓装维触点、抓营业触点、抓投诉热点来提升服务质量，提高用户的综合满意度。宽带24小时修复率高达95%，宽带装移履约率高达99.5%，全年无重大服务事件、无工信申诉定责工单、无新闻媒体曝光等事件发生，中国电信丰顺分公司还被市公司评为“2017年工信部、越级投申诉管控先进单位”“2017年客户服务优秀团队”。

效率变革 一是不断提高专业人才的技能水平，优化工程建设流程，缩短开通历时，及时有效的支撑市场前端放号。工程建设交付历时从原来的60天缩短至40天，光网扩容历时从原来的15天缩短至10天。二是不断加强营业受理人员培训，升级受理设备，优化系统业务受理流程，缩短用户前台等待时间，提高办事效率。前台受理一套全融合新装业务时间从原来的1个小时缩短至10分钟。三是充分利用暑期大学生社会实践活动，增强人力队伍，加快丰顺县铜缆用户升级转光登记速度，让更多的用户早日用上更加稳定更加快捷更加安全的网络。至2017年底，全县铜缆宽带用户转光率已达96%。

动力变革 一是完善人才培养激励机制，增强凝聚力。通过建立人才评价、选用、竞争、流动、激励、管理机制，打通员工职业发展通道，为员工酿造“能干事的人有机会、有能力的人有舞台”的职业发展空间。2017年，通过开展营销中心经理竞标、员工岗级晋升活动，优化调整员工岗位25人，员工岗级晋升16人，让想干事、能干事、干成事的人有位置、有成就。重新焕发员工队伍，激发活力，有效促进企业发展。二是通过不断优化员工绩效考核办法和年度评先办法，让更多为企业辛勤付出的员工能够获得更大的回报，2017年全县划小CEO合计获取市县各类经营激励奖金超15万元，充分调动员工工作的积极主动性、营造良好的创先争优氛围。三是制定出台了电话实名制管理办法、通信机房安全管理办法等生产管理办法文件，进一步规范企业运营管理，切实增强合法合规运营，提质增效，未有危及通信安全事件发生。

信息化建设 丰顺电信以服务地方信息化建设为己任，各项工作成效明显。一是有计划、有步骤推进智慧城市建设：秉着服务人民、服务社会的宗旨，积极承建丰顺智慧城市项目，并筹备资金、调配优秀人才，稳步推进项目开展，本项目将覆盖城市运营大数据、智慧政务、智慧城管、智慧旅游等新型城市管理的热门领域，建成后将大幅度提升丰顺社会信息化水平。二是投入资金近400万元全力支撑丰顺新区的规划建设。三是投资约200万元服务积极服务支撑政府重点招商引资项目，为丰顺新区建设和打造旅游胜地奠基发展基础；四是不断推进“平安丰顺”社会治安视频监控系统建设，为社会管理及“平安丰顺”建设提供了强大的保障，助力政府打造宜居城市。五是筹备400万元完成基层公共信息服务平台建设，便民利民，提升效率。六是配合县政府争创“教育争先”工作，全县所有中小学的教育城域网，不但可接入安全专业的教育内网，还可高速接入互联网，搭建了丰顺县教育OA办公自动化系统、教育视频网、教育云三通两平台，大大提升了丰顺教育信息化水平。

党建工作 一是以十九大精神为引领，不断加强和改进企业基层党组织建设。扎实开展“两学一做”活动，全面开展中共十九大精神“大学习、大宣传、大落实”，组织中国电信丰顺分公司全体党员参加“学报告、学党章”考学活动，全体党员干部均顺利完成十九大考学，完成率100%，满分率100%。严格执行“三会一课”制度，深入基层讲党课，开展主题党日活动，组织党员到江西瑞金革命传统文化教育学院、大埔三河坝纪念馆参观学习，表达不忘初心、牢记使命，铭记光辉历史、传承红色基因的坚定信念。规范党费收取和管理工作。二是以党风廉政建设为抓手，优化企业发展环境。落实党风廉政建设责任制工作，建立反腐倡廉基本制度，通过案例警示教育、违规案例通报等开展反腐倡廉宣传教育，严格执行

任前谈话制度，盯防关键环节，日常监督成常态。三是履行党总支主体责任，落实全面从严治党要求，规范和严肃党内政治生活，强化各级党组织总揽改革的领导核心作用。四是强化基层党建工作与生产经营紧密结合，推动企业经营发展，对党总支下辖党支部优化调整，撤销机关党支部，增设综合部党支部、业务部党支部、政企客户中心党支部、综合维护中心党支部等四个党支部，并重新选举支部委员，进一步发挥党组织的战斗堡垒和党员先锋模范作用。

工会工作　一是服务员工，打造关爱品牌。始终坚持落实“五必访五必贺”等常规慰问工作，深入开展帮困、“送温暖”系列活动，切实把党和企业的温暖送到广大员工的心坎上。1年来，共走访慰问70人次（基层工会小组），为75名员工申请共11.3万元补助，其中53位重大疾病员工共得到了“济难解困互助会”的6.32万元重大疾病医疗资助，22位困难家庭员工共得到了4.98万元困难补助。通过企业各种人性化慰问、关怀和帮扶，充分调动员工为企业发展努力工作的积极性。二是丰富“四小”品牌，支撑服务一线。工会办及时收集基层“四小”专项设备需求，投入资金加强“四小”建设，完成4个营销中心食堂、卫生间等改造，改善了员工就餐、生活环境，巩固“四小”品牌建设提升。

社会责任　一是严格按照国务院“三电办”的工作部署，积极配合县公安局开展以打击盗窃和破坏电力电信广播电视设施犯罪行为的专项斗争行动，专门安排人员全程跟踪和协调综治、公安、工商、电力等8个单位的工作，共参加清查废旧物资回收2次，清查范围达8多间。二是增强创文创卫工作责任，自觉做好门前“四包”工作，共组织统一集中清扫行动10次。三是履行责任，感恩社会，奉献爱心，积极履行挂钩扶贫的各项工作。

企业荣誉　荣誉感是一个团队的灵魂，高度重视荣誉选树工作。2015年，丰顺分公司被评为“丰顺县2015年度党风廉政建设责任制量化良好单位”；丰顺分公司员工徐瑜伶荣获“梅州市五一劳动奖章”；丰顺分公司被评为“2015年度社会治安综合治理先进单位”；2016年，丰顺分公司荣获“丰顺县第六个五年普法教育先进集体”称号，总经理许穗荣获先进个人；2017年，丰顺分公司被市公司评为“2017年度先进绩效单位三等奖”“2017年度工信部、越级投申诉管控先进单位”“2017年度客户服务优秀团队”；丰顺分公司荣获“2017年度社会治安综合治理（平安创建）工作先进单位”称号。

2017年年底中国电信股份有限公司丰顺分公司
总经理　许　穗
副总经理　邹岳龙　张　良

（周德孟）

【邮政通信】　2017年，丰顺邮政分公司围绕省分公司党组提出的“三大战略”“六大机制”“六量齐升”的经营战略不动摇，服务丰顺县“一区一带”的发展新格局为中心。在经济发展新常态下，不断集中优势资源，集聚创新要素，以加快发展为动力、以创新发展为引领、以转型发展为支撑、以特色发展为主线，在战略上要稳、战术上要活、战役上要准，不断推进丰顺邮政“市场化”发展引向深入。

业务发展　2017年，丰顺邮政分公司在县委县政府的帮助和支持下，在省、市分公司的正确领导下，业务总收入完成自定预算的93.97%，同比增长3.09%；全县邮储余额规模达23.17亿元，同比增长1.08%；邮储余额规模市场占有率为18.1%，较2016年年底上升1.48%。

企业管理　内控管理落实到位。一是紧紧围绕省分公司“三级机制，三个中心”的部署，围绕案件防控核心开展各项内控管理工作，经常性地开展常规检查和专项检查。二是为进一步加强企业内部合规文化建设，围绕“十条禁令”开展了金融从业人员排查等工作，并分析在检查中发现的问题，提出相关整改措施和要求等。

安全工作重视到位。一是严格贯彻市分公司关于建设“平安邮政”的总体目标要求，重点执行落实市公司关注和考核的七大安全工作目标，及时印发了“平安邮政”建设工作文件、完成了各项安全责任书的签订、按上级检查频次要求对全县各网点开展全面安全检查、开展了“安全生产月”和“119消防安全生产月”等专项活动、邮件场所监控本地安装率达100%、较好完成了全年安全管理工作目标。二是制定贯彻落实2017年“安全应急实操演练规范年”活动实施方案。为落实“培训千遍不如实操一次”的指导思想，组织各支局进行了多次“突发事件应急演练”通过实操演练，有效提高全员对事故及案件的防范能力。三是推行网点业务库异地值守试点建设，为推行实施网点业务库异地值守，县分公司从5月开始对4个网点业务库实施业务库异地值守的管理工作，制定了异地值守应急预案，确保了网点业务库异地值守示范网点的顺利实施。四是按照公安、银监及市公司的工作安排，于9—10月组织开展了丰顺邮政代理金融网点安全评估工作，通过评估，全县自评分达到了90分，达到了网点安全建设要求。五是开展电气火灾隐患排查治理，之前丰顺县存在电源线路老化、私拉乱接电线、使用不合格电器产品、违规使用大功率电器等问题，县分公司根据市公司《关于开展电气火灾隐患排查治理工作的通知》的要求，结合自身实际情况，制定《丰顺邮政电气火灾隐患排查治理工作方案》，及时开展电气火灾隐患排查治理工作。通过整治，电源线路老化、乱拉乱接的问题得到了有效解决，为企业、员工用电提供了安全保障。六是为解决电动三轮车的充电安全隐患，县分公司于12月为埔寨、汤西、北斗、大同、建桥、小用、大龙华、砂田、潘田、丰良10个投递点安装了电动三轮车专用充电桩。

质监工作推动到位。一是严格落实上级经营范围、确保合规经营、保障服务畅通，严格抓好普遍服务、机要通信的保密、寄递渠道的安全、投递时限达标工作，有效保障了丰顺邮政普遍服务工作任务圆满完成。二是严抓邮件、快递包裹质量管控，制订通信质量考核办法，通过完善考核办法、投诉工单全过程跟踪监控、确保了丰顺县投诉及时率、重派率的达标。三是做好各项重大活动期间安全服务保障工作，在国家举办各项重大活动期间，各职能部门按照“管业务必须管安全、管生产经营必须管安全”和“谁主管谁负责”的责任制，落实邮件收寄三个百分百制度，将收寄验视责任落实到员工个人，按照要求执行收寄验视制度，核对寄件人身份信息，堵绝违禁物品通过邮政渠道收寄，确保了重大活动期间邮政企业邮件收寄安全。四是继续深化和完善“代理金融服务品质提升”工作。为进一步提升丰顺服务质量，通过服务质量提升促进丰顺县金融快速发展，丰顺分公司从3月开始启动了“代理金融服务品质提升”活动，通过开展“服务品质提升”活动有效推进行了丰顺县金融业务快速发展。五是严格开展各种监督检查工作，检查人员利用信息检查、远程监控视频检查和现场检查三位一体的质量管控检查，有效完善了企业各项营业系统数据信息资料，提升了管控手段，保障了丰顺县邮政企业的通信服务质量。

服务理念　丰顺邮政作为国家重要的社会公用事业和通信基础设施，充分发挥实物流、资金流、信息流“三流合一”优势，不断提升服务地方经济社会发展的能力和水平。一是继续推进网点整治提升发展实力，对营业网点制订专业化、标准化管理标准，提升网点的硬环境和软实力，为当地群众创造更好的服务环境。二是持续开展“三个一”服务。在客户进门时，送上一个自然的微笑；在客户等待时间，送上一杯解渴的茶水；在客户办理业务时，送上一个温情的问候。坚持客户来有迎声，问有答声，去有送声的服务理念。三是建设职工小家。目前农村支局职工小家均配备了“五个一”标准生活用具、电冰箱、抽油烟机、煤气灶、太阳能热水器供员工使用，并对支局员工每月发放小伙食补助，为基层员工创造了较好的生活条件。四是协助落实县政府十项民生实事，加快推动快递下乡，增加快递末端服务网点，覆盖全县17个镇（场），解决快递服务“最后一公里”的问题，促进了农村快递末端服务水平的提升。五是贯彻融合发展理念，整合产品与渠道。充分发挥农村电商点、助农取款点、便民服务站、广告传媒等渠道效能，实现融合发展。全县农村电商已建点190个，开通邮掌柜190个。六是投放智能包裹柜，增设快递自提站点，提高投递服务效能。2017年，丰顺邮政分公司在全县共布放智能包裹柜66个，建设自提点827个，增配电动三轮车35辆，有效缓解投递压力，提高投递效率。

2017年年底丰顺邮政分公司

总经理　*蔡淑君*

副总经理　*徐振光*　*何永坚*

（翁荣太）

【移动通信】　2017年，在丰顺县委、中国移动梅州分公司党委的领导下，紧扣县委、县政府一系列决策部署，加大投资力度，巩固网络优势，提升服务水平，全力加快全业务运营，推进信息化建设。截至2017年年底，公司网络覆盖率已超过99.70%，移动客户数持续增长，已超26.4万户。2017年丰顺移动分公司连续18年被评为广东省守合同重信用企业、荣获中国移动梅州公司年度经营考核先进单位奖、“质量管理先进单位”等多项荣誉称号。

党建党廉　积极落实“两学一做”常态化制度化，开展多种形式学习中共十九大会议精神，严格落实组织生活基本制度、开展党员3支“岗区队”创建与班组建设对接活动、推动嵌入式廉洁风险防控机制建设并做好二次识别，个性防控；纪检委员做好警示提醒，全年开展7批31人次廉洁谈话，落实问题抓早抓细抓小工作。深入开展党风廉政建设防范工作责任制的落实，认真贯彻落实中央八项规定和中国移动省、市公司相关要求，推进作风建设，实现全年无重大安全事故、无重大违规行为。

网络建设　全力以赴加快丰顺网络建设：以行政村通建设为重点，业务需求为导向，不断推动信息化建设，全年建设4G站点154个，家宽建设2.8万多户，开通专线70多条；同时，重视优化工作，开展包括OLT双上联、LTE综合覆盖提升优化项目等在内的无线、传输项目的优化工作，建设维护各项任务均达标准和要求。

持续推动业务发展与提升移动信息服务　根据国家大力推动“互联网+”的整体战略思路，大力推动数字化建设，深化转型发展，全面构建数字化服务新格局。以4G发展为主体，不断持续扩大4G客户规模，面向个人、家庭和集团提供多元化融合营销服务，更好地服务丰顺人民；响应国家号召，针对扶贫村开展宽带普遍服务信息化扶贫，免费送20M光宽带1~2年；为普罗大众推出20M、100M等“高质量、高带宽、低资费、低门槛”的光纤宽带优惠，年度光纤客户新增超1万户。累计宽带用户数达3.5万户。2017年8月底，与丰顺县扶贫开发局合作，联合推广“岭南生活”平台，通过“岭南生活”平台招商流程，引进本地电商并授权开展岭南生活商品业务，对接丰顺县61个省定贫困村和34个县重点帮扶村一共95条帮扶村的农产品。选定埔寨镇埔南村建设首家岭南生活服务站，挖掘贫困地区的土特产品优势，推动“名特优新”“三品一标”“一村一品”农产品和休闲农业上架“岭南生活”，如：八乡番薯、留隍橄榄、黄金姜糖、汤南小菜等，推介有丰顺特色的农副食品，促进本地经济发展，共同推进精准扶贫信息化。

信息化建设　一是启动建设丰顺县惠民信息公开平台系统项目，完成15个县直单位的涉农数据收集和上线，2017年9月顺利完成系统建设，不但对进一步推进丰顺县涉农领域腐败问题专项治理工作发挥了很大作用，需且方便涉农群众通过自助终端、手机APP、网站、微信等平台进行查阅涉农补助。二是响应丰顺县教育局关于“教育争先”网络达标专线带宽提升，提高教育系统的网络速度，对低带宽的学校互联网专线进行了提速，要求县城和镇区面上学校、农村面上学校互联网带宽在500M以上，农村面上小学互联网带宽100M以上，共计提速带宽的学校有30所。

企业文化建设　以员工为本，深入基层，因地制宜，开展多样式业余文化生活。一是鼓励全员学习培训，强化自身建设。二是开展文化班组墙建设活动、“三八”节活动等，活跃班组文化，增强团队凝聚力。三是延伸员工关爱，开展员工生日关怀、生育关怀、重病和员工家访关怀等，深化和谐建设。四是开展工会兴趣小组活动，联谊、交流形式开展篮球、足球、乒乓球、“五四”歌唱青春正能量比赛，形成常态化的健康团队活动，保持团队活力。增

强企业凝聚力。

社会责任　积极响应丰顺县委、县政府号召，在上级公司的正确指导下主动履行社会责任，认真落实“精准扶贫”工作，积极参与“扶贫济困”、“爱心献血”、“青年文明号走基层”、“爱国卫生运动”、“纪念‘3·15’国际消费者权益日”、“造林绿化”“喜德盛杯”国际自行车邀请赛青年志愿者行动等一系列社会活动。履行社会责任，回报社会。2017年圆满完成“官溪演唱会”、“埔寨烧火龙”大型项目活动通信保障工作，得到政府与群众的高度好评。

2017年年底中国移动通信集团广东有限公司丰顺分公司

总经理　陈立征

总经理助理　黄自勇

（黄艳慧）

【联通通信】　2017年丰顺联通全面贯彻中共十八大、十八届历次全会精神，在县委、县政府的大力支持下，在上级公司的领导下，积极响应国家网络强国、互联网+行动计划、提速降费行动，以党建统领全局、融入全局、推动全局，全面深化落实集团聚焦战略和混改部署，全面推动“三大转型”，全面推动五年发展规划和聚焦战略三年行动计划，以示范区建设“三争创”实现健康发展“三促进”，实现“数字联通”行业引领，积极推动“数字丰顺”建设，为丰顺信息建设做出应有的贡献。

党建工作　一年来丰顺联通以中共十八大和十八届六中全会精神以及习近平总书记系列重要讲话精神和国企党建工作会议精神为指导，一是组织全体党员干部认真学习中共十八届六中全会精神、进一步增强四个意识，深入开展代“两学一做”学习教育，加强党风廉政建设，组织开展“四风”问题整治“回头看”等工作，把党风廉政建设工作纳入日常管理，责任到人。开展正面典型教育和反面警示教育，大力表彰先进，弘扬正气，提高工作效率，促进业务发展。二是扎实落实聚焦战略，加快重点业务发展。三是加强管理，实现提质增效，主要是一手抓业务增长，一手抓成本控制。四是持续深化创新，尤其是观念创新。五是加强学习，树立正气，做到诚信经营。全面落实上级公司党建要统领全局，融入全局、推动全局工作要求，实现业务发展全面提速。

生产经营情况　总体经营稳定，新型信息化业务收入已超过传统通信服务收入。

全年主营收入累计完成2750多万元，预算完成率99%，全市排名前列，其中数据业务收入占比超过50%。手机出账用户5.7万户，其中4G用户突破2.5万户，光纤宽带出帐用户稳中有增长，其中100M速率以上占比达50%。

工程建设　完成固定资产投资约2000万元，其中光纤传输网升级改造约1000万元，4G基站建设投资1000万元。4G基站将达250个，重点覆盖核心城区及主要乡镇等区域，同时增强主干道路和重要旅游景点4G覆盖，手机网速达300Mbps。县城90%区域完成光纤改造，95%镇区、60%的行政村实现光纤覆盖，目标覆盖6万户，家庭带宽接入能力全面满足100Mbps及以上。全力提速宽带网络建设，以“提速降费”为着力点，切实围绕客户需求，打造高速率的宽带网络，

信息化建设　积极落实国家“网络强国”、“互联网+行动计划”“宽带中国”战略，落实《梅州市信息基础设施建设三年行动部署工作方案》和梅州联通与丰顺县政府签订《推进“互联网+”战略合作框架协议》，加快推进移动互联网、物联网、云计算、大数据等信息技术在丰顺县的普及应用，积极争取省市公司资源助力丰顺县打造全国“数字政府”示范城市。

2017年年底中国联合网络通信有限公司丰顺县分公司

总经理　张　添

（郑　辉）

城乡建设　环境保护

【住房和城乡规划建设】　2017年以来，县住建局在县委、县政府的领导下，以“干在实处、走在前列”为工作取向，以中共十九大和习总书记系列讲话精神为指导，坚持规划引领，推进项目实施，提升服务意识，加强效能建设，扎实推进了住建系统各项工作向前发

展，为丰顺县经济社会全面发展，生态环境优美，基本公共服务健全，人民生活改善，做出应有的贡献。

立足规划，突出服务水平 一是继续完善开展丰顺县中心城区扩容提质和丰顺县生态控制线划定工作，进一步做好县城规划区内的控制性详细规划，完成了丰顺县生态工业区控制性详细规划方案。二是认真审查建设用地规划项目，发放“建设用地规划许可证”15份，批出建设用地红线图29份，审查通过修建性详细规划项目48个。积极开展规委会工作，审议通过15个项目，为丰顺县发挥了城乡规划发展做出可喜成绩。三是继续坚持新区开发与旧区改造相统一，集聚发展。围绕加快扩容提质步伐，珠光·新城御景、培英锦绣城、珠江·海棠湾温泉度假山庄、万江府商住小区和丰顺县顺兴花园等一系列城市综合体顺利开工建设，有效地提升了丰顺县中心城区的竞争力。

惠及百姓，民生服务进一步改善 1. 切实抓好住房保障工作。一是根据丰顺县2016—2020年保障性安居工程建设规划表，2016—2020年每年各100套，合计500套。在丰顺县住房困难需求量仍大及汤南红狮小区整体规划建设收尾的实际情况下，2017年县政府决定新开工建设100套公租房。二是对全县城镇住房困难家庭租金补贴。截至11月底，2017年全县城镇住房困难家庭租金补贴发放至第三季度，一共发放85户（其中老租补80户，2017年新租补5户），发放金额6.51万元。三是大力实施农村危房改造。2017年丰顺县农村危房改造优先安排2017年扶贫建档立卡的预贫困户，从最困难，最急需的原则方法兜底出2017年度建档立卡户1217户危房改造任务，其中建档立卡分散特困人员426户、建档立卡低保户407户、建档立卡一般贫困户384户。

2. 加强市场监管，促进房地产市场平稳健康发展。一是建筑业管理工作平稳向前发展。2017年至今，共办理了建筑工程施工许可证22份，比去年同期增加了3份。商品房预售许可证11份。全县竣工验收项目16项，建筑面积32.1万平方米，总造价158366万元，竣工验收合格率100%。二是严格按要求办理建设工程规划许可证。2017年，共办理私人报建76份（建筑占地：8061.21平方米，总建筑面积：44763.71平方米）；企业、机关单位报建24份（建筑占地：136503.83平方米，总建筑面积：1018636.2平方米）；市政工程报建12份（其中燃气管道长度：2726米；电缆全长：11.03千米；道路新建、改造、维修长度：6061米），办理建设工程规划验线19宗。三是规范房地产市场。2017年丰顺县商品房总共售出2408套成交面积304280.19平方米成交金18.44亿元成交均价6059.25元。套数同比减少18.95%，面积同比减少5.56%，均价同比增加35.17%。

3. 规范档案管理，提升服务质量。一是做好档案的规范化、标准化整理工作。县住建局配合国土部门共调取国土证原件档案207卷，打印房产档案信息表520多份。规划档案归档251卷，城建档案归档1144宗。房地产抵押注销950多卷，预告抵押注销50卷。二是提高档案查阅效率。司法协助查询、城镇住房保障户房产核查等，共调取和查阅档案9436多卷，协助法院查询和执行查封解封房地产110宗。

整合资源，村镇建设成效显著 1. 加大传统村落建设力度。为贯彻落实党中央、国务院关于加大力度保护传统村落的要求，进一步完善中国传统村落名录，住房城乡建设部办公厅下发了《关于做好第五批中国传统村落调查推荐工作的通知》（建办村〔2017〕52号），丰顺县积极开展调查工作，拟推荐汤坑镇埔河村、埔寨镇塔下村等10个村为第五批中国传统村落，充分发掘村庄的文化价值，探索美丽村庄建设之路，加快了丰顺县村镇旅游业的发展。

2. 加快环境整治步伐。一是大力开展农村环境综合整治工作。一方面丰顺县积极创新思路，以网络化管理、专业化运营、信息化支撑，以“净、畅、绿、美”为目标，以20户以上、常住人口100人左右自然村为基本单元，大力开展以生活垃圾、生活污水和杂乱治理为重点的农村环境综合整治工作，每年整治30%的自然村，确保2018年年底前90%以上的村庄得到有效整治。二是加快推进全县域实施城乡环境综合治理与修复PPP项目。丰顺县全县域环境综合治理与修复项目估算投资总额9.27亿元，中标公司为广东省广业环保产业集团有限公司/中国水产广州建港工程公司/广东省环境保护工程研究设计院联合体，该项目前期工作已顺利完成，进入了项目执行阶段，第一期村级生活污水处理设施建设，涉及汤坑镇、汤西镇等共16个镇63个行政村，高美、梅溪等23个村级污水处理站及29.8千米配套管网已建成试运营，其余村级污水处理站，设计单位已根据各乡镇初步的选址方案完成了实地勘查工作，设计单位正采用分期分批设计、建设的方式开展施工图设计等相关工作。其中，潘田镇新南村、汤坑镇下村村等共6个村级污水处理站点已开工建设，汤坑镇横东村等22个村级污水处理站点施工图设计工作已完成，中标公司正在进行内部审查，审查完成后将相继开工建设。

夯实党建工作，抓实作风建设　2017年以来，积极适应新常态，加强对中共十八大以来历届全会精神、十九大会议精神和习总书记系列讲话精神为指导的学习。全面加强党员干部教育，认真贯彻落实中央八项规定，改进工作作风，加强廉政教育，深入开展“两学一做”常态化教育，党员干部宗旨意识、服务意识有了明显加强。严格落实“两个主体责任”，规范“三会一课”“党费收缴”等各项制度。坚持全面从严治党、依规治党，严格标准、严格要求、严格问责，着力解决思想不重视、学习不深入、落实不到位的问题，督促全局党员领导干部切实担负起全面从严治党的政治责任，严肃党内政治生活，加强党内监督，推动全面从严治党向纵深发展，树立党组织的良好形象。

2017年年底县住建局

党组书记、局长　徐奕禄

副局长　刘辉忠　黄佳迎　徐建放　徐　彬

（谢国锋）

【城市供水】　在县委县政府的正确领导下，丰顺县供水服务中心2017年能坚持以邓小平理论和“三个代表”重要思想为指导，深入落实科学发展观，认真贯彻中共十九大会议精神，高举习近平总书记新时代中国特色社会主义思想伟大旗帜，紧紧围绕县委、县政府确定的目标和工作任务，丰顺县供水服务中心作为供水管理部门，始终把安全供水、发展经济作为首要任务来抓，认真做好与粤海集团的产权交接工作。妥善解决好供水区域群众用水问题，促进县城供水事业的稳步发展。2017年累计出厂供水量1256万立方米，售水总量976万立方米，产值1817.52万元。

促进供水发展　丰顺县自来水公司为丰顺县供水服务中心下属正股级事业单位，2017年，丰顺县供水服务中心为确保市民饮水安全和满足城市发展用水需求，为使企业可持续发展，按照县委、县政府的工作部署，经丰顺县政府审批同意，通过公开竞争程序依法选定粤海水务集团（香港）有限公司为合作方，根据交易文件的安排，由粤海水务集团（香港）有限公司（以境外人民币7525万元作为出资占股70%）与丰顺县自来水公司（以供水经营性资产出资占股30%），合资设立丰顺粤海水务有限公司，由合资公司受让丰顺县兴丰温泉有限公司100%股权，丰顺县人民政府授予丰顺粤海水务有限公司丰顺县城区供水的特许经营权，负责丰顺县城区的自来水供水业务，授予丰顺县特定区域温泉经营的特许经营权，由丰顺县兴丰温泉有限公司负责丰顺县特定区域温泉经营业务，特许经营权期限均为30年。经清产核资于4月1日在丰顺县供水服务中心大楼顺利举行城区水务合作项目资产移交。

加强水质安全管理　1. 虎局水库是丰顺县饮用水水源地，为保障库区水质优良，提高供水安全，由县政府制定并颁发了《丰顺县虎局水库饮用水水源水质保护管理办法》，供水服务中心建立和完善了虎局水库的保护管理规划，确保集雨库区范围内的生态安全，切断污染源，保证水源水常年达到环境地表水Ⅱ类水质标准。2. 采用“两管理、三检测”制度对自来水水质安全进行管理、监测（供水中心、主管部门管理，水厂化验室、县疾控中心、专业水质检测机构）确保水质安全。3. 定期对管网和管网末梢进行冲洗和排放保障管网水质安全。4. 积极向上级争取资金对虎局水库半岭段980多米引水主干渠道水毁圳道进行抢修并进行三面光施工，提高引水效率；贵角电站完成技改工程后，2017年发电收入同比增长11.2%。

强化服务意识　丰顺县供水服务中心大力抓好供水基础设施建设，不断完善内部环境管理，强化员工服务意识。认真建章立制，严抓纪律，着力抓好队伍建设，不断提高员工优质服务水平，树立企业良好的社会形象。

做好污水处理厂管理工作　2017年污水处理厂全年共处理污水1509.83万立方米，削减COD总量720.98立方米，削减总磷8.92立方米，削减氨氮212.44立方米，处理污泥1191.2立方米，完成丰顺县的污染物总量减排任务。同时，积极做好集污管网全长约4千米总投资1403.5万元的污水处理厂三期集污管网扩建工程工作，该工程已于2017年10月16日动工建设。

2017年年底县供水服务中心

主　任　徐　义

副主任　徐名仓　陈生活

（徐文畅　梁向清）

【国土资源管理】　2017年，在县委、县政府的正确领导和上级国土资源主管部门的具体部署和指导下，国土资源局以供给侧结构性改革为主线，以节约集约用地建设为抓手，牢固树立和贯彻落实新发展理念，凝心聚力，履职尽责，主动对接市“一区两带六组团”新要求，积极落实县加快构建“一区一带”新格局的战略部署，尽职尽责保护国土资源，节约集约利用国土资源，尽心尽力维护群众权益，为加快丰顺经济社会振兴发展提供坚强有力的资源保障和优质服务。

耕地保护　一是坚持落实最严格的耕地保护制度。2017年度丰顺县耕地保护责任目标为2.09万公顷，截至2017年年底全县耕地面积2.19万公顷，超过上级下达指标任务。二是做好永久基本农田划定工作。2017年已全面完成永久基本农田划定工作，划定成果通过省级验收，全县实际划定永久基本农田面积1.79万公顷，高于市下达的基本农田保护任务。三是加快开发补充水田和耕地提质改造工作。其中开发补充水田项目，开发范围面积共90.53公顷，预计可新增水田约84.73公顷；耕地提质改造项目，开发范围面积约为92.46公顷。

矿产资源管理　一是依法依规实施县级采矿权登记审批管理，完成县级发证权限的划定矿区范围1宗，采矿权登记4宗。二是严格落实矿业权出让制度，全年招拍挂出让采矿权1宗，出让权价款68.47万元。三是推进矿山年检改革，督促矿业权人做好勘查开采信息公示工作，进一步加强对矿业权人履行法定义务和合理开发利用矿产资源的监管。

执法监察　一是进一步加强执法监察动态巡查工作，充分发挥国土资源在线巡查系统作用，对重点地区进行全面监控，确保巡查不留死角，在线巡查率达60%以上。二是全力做好卫片执法检查，成功通过了2016年度土地矿产卫片执法监督检查工作省级验收和2017年度第二、三季度土地矿产卫片执法监督检查市级验收。

用地保障　一是着力做好项目用地报批工作。2017年组织了7个批次城镇建设用地材料上报省市审批，总面积189.4公顷，其中单独选址项目1宗（大丰华高速），已批面积34.86公顷，重点保障了国道206线公路改造工程、大丰华高速、三个中心镇污水处理厂及产业园区等项目用地需求。二是加快国土资源供给质量效率。丰顺县2012年至2016年度共供应土地面积341公顷，供地率为64.62%，为县域项目建设提供良好的用地保障。三是抓好土地收储出让工作。一年来，县国土资源管理局共收储9宗土地共98.7公顷，其中重点收储了工业园4号地23.4公顷，新建梅州至潮汕铁路丰顺段60.6公顷。

地灾防治　加强地质灾害防治，重点做好地质灾害详查和削坡建房综合治理工作，目前均已完成野外作业；完成地质灾害隐患点10%的核减任务；汤坑镇金瓯山崩塌群地质灾害治理工程进入设计阶段；抓好汛期应急工作，实现地质灾害“零伤亡”，切实维护人民群众生命财产安全。

节约集约　一是优化空间布局。科学合理编制空间规划，完成全县土地利用总体规划中期调整工作，已通过省批复实施，全县建设用地总规模增加285公顷，建设用地总规模为8610公顷。二是以“三旧”改造为抓手，力促节约集约用地。2017年申请列入“三旧”改造项目共6宗，面积约15.3公顷，完成改造面积约3.4公顷，有效盘活存量建设用地，为城区扩容提质拓展发展空间，优化人居环境。三是优化资源配置。2017年通过网上拍卖出让土地使用权18宗，面积27.53公顷，总成交额约1.78亿元；划拨土地2宗，面积67.15公顷。

不动产统一登记　一是积极对接，完成原房管纸质档案资料移交工作，加快不动产登记存量数据整合，不断推进不动产登记制度化、规范化建设；二是加强服务型窗口建设，进一步简化审批流程，压缩办理时限，实现“一站式服务”，全面提升效能，促进便民惠企。2017年来共发出不动产权证书11700本、不动产登记证明7450份，出具无房证明4024份，完成不动产权查档记录1464宗。

测绘管理　着力提高测绘服务质量和水平，优质完成了用地报批、征地供地等测量任务70多宗。数字丰顺地理空间框架建设项目已于2017年10月份完成验收，系统运行和应用已初见成效。

队伍建设　一是把思想教育摆在更加重要的位置，发挥“关键少数”作用，以上率下，加强意识形态阵地建设，认真学习贯彻中共十九大精神，推进“两学一做”学习教育常态化制度化。二是增强队伍力量，2017年新招录2名公务员充实到基层队伍，新提拔副股级干部27名、股级干部5名；提高新发展党员工作质量，新发展入党积极分子3名、预备党员2名。三是结合主题党日“5+1”、纪教月活动等，丰富教育培训活动载体，开展了廉洁党课、参观红色教育基地等教育学习，组织干部积极参与各类志愿服务、足球友谊赛、演讲及征文比赛等活动，加强和支持工会工作，进一步提振干部精气神，强化国土系统上下“一盘棋”思想。

2017年年底县国土资源局

党组书记、局长　黎委托

党组成员、副局长　杨愉兆　钟剑锋

徐华森　钟奕苑（挂职）

党组成员、执法监察队队长：徐显淳

党组成员：刘天生　李志盟

（罗嘉胤　张晓平）

【环境保护】　2017年，县环保局在县委、县政府的正确领导和省市环保部门的关心指导下，紧紧围绕工作中心，以中共十九大精神为指导，坚持依法行政，推进建设法治政府，以建设“丰顺新区”发展战略和实现“振兴丰顺发展”为目标任务，坚守生态环保底线，强化污染减排，加强环境监督管理，推进污染防治，不断加大环境执法工作力度，全力推进生态文明建设。一年来，县城区环境空气质量优良率96.1%。城市功能区噪声达标率保持100%。水环境质量达标率达到上级的要求，未发生重大环境安全事故，为丰顺振兴发展提供了良好的环境保障。

责任落实　坚持党政“一把手负总责，分管领导具体抓”，按照“属地管理”原则，落实辖区管理责任，把辖区（行业）内的环境保护工作责任落到实处。实行县环境保护领导小组联席会议工作制度，明确职责、部门联动、齐抓共管，强力推动环境保护工作发展。落实环保责任考核机制，把环保法律法规、环境质量变化和公众满意度等指标纳入政府政绩考核指标体系，作为政府、部门领导班子和领导干部政绩考核的重要内容并延伸到镇（场）。

总量减排　一是根据市对丰顺县主要污染物排放量进行核定情况，结合丰顺县经济、社会、人口、能耗等相关指标变化情况，对生活源、工业源、农业源的主要污染物排放总量进行核定，并以此为基础，制定了丰顺县年度主要污染物总量减排计划，对2017年年度减排任务进行较为科学的分解，严格执行丰顺县环境保护“十三五”规划。二是严格执行建设项目环保管理主要污染物排放总量前置审核制度，凡排放纳入国家总量控制的主要污染物的建设项目，没有核定主要污染物总量控制指标的，一律不予审批和验收。三是加大督查力度，跟踪落实各项减排工作，做好预警报告，及时发布预警信息。四是指导企业做好项目减排台账，督促完善污染治理设施规范化管理。

环境监管　一是加强重点企业污染处理设施运行监管。对县生活污水处理厂、6家电镀配套车间等着国、省控企业开展不定期执法监督和现场检查。严格监管县生活污水处理厂进

出水浓度，确保实际处理污水量不低于设计能力的90%，进水浓度不低于设计能力的60%，污泥做到减量无害化处理不造成二次污染；加强固体废物集中处置管理，建立固体废物环境监管长效机制，实行危险废物网上申报登记、管理计划网上备案、电子转移联单，加强危险废物基础数据动态管理。对电镀、线路板等行业的危险废物及医疗废物实行规范化处置，确保环境安全。二是认真组织开展环保专项执法行动。以“整治违法排污企业保障群众健康环保专项行动”为契机，大力开展江河流域企业污染排查、砖厂行业专项整治、大气污染防治检查、畜禽养殖污染整治、重金属行业污染整治、汽车尾气检测、饮用水源地执法监察及去冬今初开展的中央环保督察整改等全方位、多层次的专项行动，最大限度提高环境质量。三是高效处理环境信访及污染纠纷投诉。进一步健全和完善群众环境信访接待、查处及回访制度，规范环境信访工作程序，严格执行环境保护快速反应机制，明确舆情工作负责人员并配备了“12369”“12345”环保投诉专线，实行24小时工作状态，在第一时间上报有关情况，严防事态扩大；实行“一把手”负总责、亲自抓，分管领导具体抓，定期安排部署，定期检查调度，相关股室全力协调处理，确保在最短的时间内解决问题，并及时与信访人沟通，及时反馈处理情况。立案调处率100%，办结率100%；受理梅州市电子政务系统“12345”热线环境污染投诉案件群众满意率在95%以上，切实保障了群众的环境权益。四是按标准完成排污费征收。认真落实排污申报要求，把排污许可、排污申报和排污费核定与企业实际生产情况相结合，按照公开、公平、公正的原则依法征收排污费。

管理服务　一是严格执行环境影响评价、环保“三同时”、污染物排放总量前置审核等制度。经审项目的环评执行率和“三同时”执行率均达到100%。2017年，县环保局共受理建设项目环评申报41份，审批41份，初审1份，环评审批率为100%，其中报告书1份，报告表36份，登记表4份，企业自主网上办理建设项目环境影响评价备案登记11份。共核发排污许可证45份。二是树立为民、务实、清廉的服务型政府机关形象。环保局政务窗口均被丰顺县监察局评为“县电子监察系统绩效测评”前5名，其中2月被评为第1名。

能力建设　一是继续抓好环境监测网及监测站标准化建设，着力推进丰顺县环保能力建设。已完成环境监察执法业务用房和环境监测站实验室装修；加强环境监测能力建设，投入资金123万元装备环境监测站仪器设备，通过了省环保厅的标准化验收。二是加快“数字环保”体系的建设，按照省提出的建设省市县一体的环保电子政务网络和环境信息管理系统的要求，继续推进电镀配套车间，完善远程监控、采样等监控平台建设。三是创新环保宣教方式，投资10多万元购置办公楼大厅和会议室LED宣传屏，大力宣传环保，让环保理念深入人心，让环保成为全社会的自觉行为。

信访宣传　县环保局重视环保信访，畅通信访渠道，强化值班制度，严格执行24小时值班制度，保证“12369”环保热线和梅州市政府“12345”电话畅通电，确保有投诉必受理，第一时间掌握群众有关环境问题的呼声和投诉。对来人来信来访，环保局认真对待，热情接待，组织环境隐患和矛盾纠纷的深入排查，开展大调解活动，把矛盾解决在基层和萌芽状态，做到信访案件，件件有落实，事事有回音。一年来，未发生因环境污染而引发的群体性事件，无重大案件发生。2017年所有案件均已办理，结案为率100%。环保局的环境信访工作，切实做到党委、政府满意、群众满意、社会满意。

加大环境保护宣传力度。充分利用横额、宣传栏（《梅州日报》电子读报栏）、标语、网络、电视、报刊等载体，加大宣传力度，营造浓厚的活动氛围，促进活动开展。利用“世界环境日”、环境保护宣传月和安全生产月等，开展多种渠道的宣传活动。利用“天赖公司下乡送戏”之机，宣传“环保人不易”和相关政策法规，让群众更多地理解和支持环保工作。再如“六五”世界环境日，根据全国、省、市环保宣传工作要求，在县城主要道路、工业园区等人群密集场所悬挂20多条环保宣传横额，宣传“绿水青山就是金山银山”这一主题。同时为使2017年“六五”世界环境日营造一个良好氛围，围绕“绿水青山就是金山银山”这一主题，环保局联合丰顺县政府办公室共70多人在韩山徒步基地开展“绿色低碳、健康徒步”活动，响应习近平总书记提出的“绿水青山就是金山银山”的科学论断，自觉践行绿色生活，共同建设美丽中国。通过活动，可以领略大自然美景，感受好山好水好空气，亲身体验“绿水青山就是金山银山”。通过开展开展广泛开展形式多样、内容丰富的宣传活动，营造全社会关心、支持和参与环境保护的社会氛围。

扶贫“双到” 根据上级安排，县环保局负责汤坑镇内岭村的新时期精准扶贫工作，时间为3年。目标是通过扶贫开发，确保5户有劳动能力的贫困户2018年年底实现稳定脱贫，贫困人口教育培训、医疗卫生、住房、低保等问题基本解决，使贫困户的生产、生活条件得到改善。为更好开展精准扶贫工作，环保局经研究成立了以局长为组长、副局长为副组长、其他班子成员以及各股室主要负责人为成员的精准扶贫工作领导小组。并明确帮扶开发责任。根据帮扶规则，把帮扶贫困户（人对户）的帮扶任务分解落实到具体的责任人，并根据年度计划开展工作，做到不脱贫不脱钩。采取“一村一策，一户一法”等结合扶贫措施，先易后难，总体推进。至年底，已确定贫困户5户共19人。2017年县环保局累计筹集各类帮扶资金70.78多万元，关于各类资金的使用已做好总规划。

榕江北河整治 根据省委督查室粤委督〔2016〕57号文和市政府常务会议决定事项通知书（梅市府办会函〔2016〕161号）文件精神，丰顺县榕江北河水体环境污染问题列入省委督办和2016年第四季度全市十大重点环境问题。为贯彻落实省、市关于整治榕江北河水体环境污染问题的部署要求，县环保局深入开展了榕江北河水体环境污染问题整治工作，先后召开多场次专题会议研究整治工作，按照《丰顺县榕江北河水体水体达标整治工作方案》要求，切实做好综合协调组、养殖污染整治组、工业污水整治组、城区生活污水整治组的相关工作，确保2017年底前榕江北河丰顺段水质稳定达标，与揭阳交界断面水质达到地表水环境质量（GB3838-2002）三类水以上标准。通过各级各部门的共同努力，综合整治取得明显成效。2018年1月3日，市验收组到丰顺县开展榕江北河水环境整治摘牌验收工作，充分肯定丰顺县开展榕江北河水环境整治工作的做法和成效，现场宣布丰顺县榕江北河水环境整治工作摘牌验收通过。

六城同创与创模 近年来，丰顺县全面部署国家卫生县城、省级文明县城、智慧城市、省级卫生强县、食品安全城市和广东省教育现代化先进县等“六城同创”工作。县环保局紧跟市县部署，扎实开展工作。通过成立领导小组，制订工作方案，落实工作职责，开展具体工作等形式，履行好牵头单位与责任单位的职责，全力配合“六城同创”工作。至年底，创建省级文明县城、国家卫生县城正在扎实开展并取得一定的进展。

根据市创模办的工作方案和要求，“创模”考核指标共有26项，其中，涉及丰顺县的共有17项，涵盖了社会经济、节能、节水、城市绿化、污水处理、垃圾处理、环保执法、环境质量、环保机构能力建设等诸多方面内容，为细化责任，落实到位，丰顺县将17项工作任务分解到了6个牵头单位和10多个责任单位，并制订了丰顺县人民政府办公室《丰顺县创建梅州市创建国家环境保护模范城市2017年工作方案的》（丰府办函〔2017〕163号）文件。环保局积极组织开展各项创模有关工作。

环保队伍建设 县环保局高度重视环保队伍建设，将队伍建设与“三严三实”专题教育互相贯穿结合，贯彻落实习近平总书记关于“既严以修身、严以用权、严以律己，又谋事要实、创业要实、做人要实”的要求，不断推进工作作风建设，以常抓不懈的姿态抓作风建设与环保队伍建设，一是落实党委（党组）党风廉政建设主体责任，经常学习习总书记一系列重要讲话精神和有关理论，严格执行中央八项规定，注重家风家教，管好子女亲属和身边工作人员，带好队伍，管好干部职工“八小时以外”工作与生活圈，着力构建反腐倡廉防线。

二是明确“亲”与“清”的关系，构建亲商良好氛围，规范政商交往，服务企业长足发展。三是组织干部职工开展纪律教育学习月活动以及政风行风建设等活动，切实把思想和行动统一到党委、政府关于做好环保各项工作上来。以不同方式，着力打造一支“政治素质好、业务水平高、奉献精神强、整体形象佳”的环保队伍。

2017年底县环境保护局

局　长　黄业宏

副局长　陈茂荣　刘尔堵

环境监察分局局长　张顺良

（黄立威　黄嘉蔚）

【城市综合管理】　2017年，在县委、县政府的坚强领导下，县城管局以“创文”、“创国卫”为目标导向，深入开展大规模的市容环境卫生综合整治、精心组织县城创文创卫工作、全方位开展“六乱”“三线”整治和除“四害”行动，同时，抓好市政工程建设、环境卫生精细化管理，为全力打造宜居环境，提升丰顺城市品质和魅力做出了积极贡献。

高度重视党廉建设，强化队伍建设　2017年，县城管局继续加强党风廉政建设。积极开展了支部主题党日活动，组织党员干部到瑞金苏区开展革命精神学习教育活动，使党员干部接受党性、党风、党纪教育和廉政教育。积极开展纪律教育学习月和党风廉政教育活动，通过学习有关文件、观看电教片等形式，从正反两方面教育领导班子认清廉政建设的重要性和堕落腐败的危害性，切实筑牢干部职工预防腐败的思想防线，树立了克己奉公的公仆意识，保持了城管系统党员干部队伍的纯洁性，增强了单位的凝聚力和向心力。

扎实推进“创文”“创国卫”，提升城市整体形象　自创建“国家卫生县城”“省级文明县城”工作开展以来，县城管局不断加强市容环卫管理，不断加大市容环卫硬件设施投入，不断健全完善长效管理机制，取得了一定成效。

一是围绕县政府中心工作，全方位开展“六乱”治理。充分发挥管理职能，推出以人为本、文明规范、以疏为主、错时管理的方式，加强县城区主要路段的市容市貌管理力度，不定期组织人员对县城区乱摆乱卖、乱搭乱挂、乱倒乱堆等违规行为进行全面整治，并积极与农贸市场对接、协调、沟通，将马路市场、流动摊点就近引导到农贸市场或次要干道。

二是开展三线整治。县城管局从10月开始多次牵头组织县相关责任单位召开“三线”专项整治专题研讨会，并建立了工作群，及时共享信息，实时了解整治动态，互相监督，密切配合。截至年底，已完成对河滨西路（汶水桥至黄埔桥）的整改，汶水桥至三门凹和县公安局至汶水桥的整改也正加紧进行中。

三是有效治理建筑渣土扬尘。采取“抓两头、控途中”的工作方式，对建筑工地渣土生产情况进行实时监控，规范工地渣土出场管理；加强沿路车辆检查，依法查处运输车辆不封盖密闭、沿路撒漏、违规倾倒行为；加强余泥渣土法律法规宣传，派发宣传资料，推动管理工作逐步走向规范化。

四是开展除“四害”工作。为有效消除“四害”，改善县城区居住质量，城管局委托有资质的第三方公司（梅江区爱卫消杀部）在丰顺县城区开展除“四害”工作。每季度在垃圾中转站、公厕、农贸市场和汤湖等区域开展统一灭鼠灭蟑活动，确保办公无死蟑、蟑粪、蟑螂卵鞘等蟑迹，公共场所无死鼠、鼠洞、鼠粪等鼠迹，并适时开展灭蚊灭蝇活动，将“四害”密度基本控制在国家标准以内。

五是开展爱国卫生活动，提高社会文明程度。积极开展卫生监督宣传、培训等工作，加大对从业人员的管理力度，悬挂宣传标语、发放宣传资料，进行层层宣传，爱国卫生月发放宣传单达5000份。

六是实现垃圾处理系统新突破。一是垃圾清运由以前的日产日清向随满随清方式转变。二是垃圾收运以半敞开式逐步向密闭化、桶装化、袋装化收运方式转变。三是增加机扫作业面积，逐步转向以机械化为主、人工作业为辅的作业模式，提高工作效率。

完善城市基础设施建设，加强绿化亮化管理　一是抓好主要市政工程建设。2017年，县城管局在市政工程建设方面的情况主要有：

（1）小圆岭北侧道路工程已完成竣工验收，狮山路支线及老堤路改造工程已完工。（2）丰顺县电声产品国际采购中心项目配套市政工程，已完成勘察、设计、立项、招标工作，并于2017年7月份开工，截至年底已完成工程进度的30%。（3）丰顺县御景花园周边市政道路，为结合御景花园建设进展情况，分两期实施，第一期已完成勘察、设计、立项、招标工作，并于2017年7月开工，截至年底已完成工程进度的30%。（4）丰顺县进华路改建工程项目，完成工程可行性研究报告，该工程由汤坑镇人民政府完成该路段征地拆迁工作，城管局于12月动工建设。（5）丰顺县富岭路改造工程，现开工建设已完成排水管铺设、路面、人行道等工程，工程在3月全面完工并投入使用，截至年底进入竣工验收、结算阶段。（6）丰顺县城区路灯亮化升级改造项目，按先急后缓原则制订为期3年的分阶段施工计划。（7）实验中学周边市政道路设施工程建设，已完成勘察、设计、立项招标工作，并于2017年8月开工。

二是实施城市亮化美化工程。及时抢修被盗路灯电缆，修复破损、显亮功能不好的路灯。2017年以来，协助工程队完成了以下工作：（1）S224线路灯线路被盗抢修30多次，共换2×35平方铝芯铠装电缆约1200米。（2）工业园路灯线路及控制箱、三门凹、环城路路灯线路抢修更换，共换35平方米铜芯路灯电缆线约1000米。（3）金瓯山公园路灯整改，华润小区一巷路灯及碧桂园门口延伸共80多座，及修试大道路灯维修工作。通过努力，保证了主要路段95%以上亮灯率的工作指标，有效地服务了广大市民的工作、生活，发挥了路灯良好的社会效益。

三是抓好园林绿化管理。2017年，县城管局对管辖的丰顺公园园区月池进行全面清淤，对月池石堤进行勾缝补漏，对月池中3座损坏的人工浮岛进行重建。为配合丰顺县创文创卫工作的开展，对中华龙景区、月池及园区其它地点进行全面维修，同时对园区内的部分地段增加了路灯等亮化设施，对园区和东山公园损坏的标识牌进行更换和维护，及时清点并补种园区内枯死的花木，全面提升了公园的形象。

加强日常检查力度，消除生产安全隐患 2017年，按照“安全第一，预防为主”的工作方针，以安全生产为宗旨，以防范重大安全事故为重点，严格贯彻执行燃气安全管理的有关法规和规范，紧紧围绕市场规范、安全生产的目标，加强燃气行业巡查监察，强化安全生产监管，加大检查力度，全面消除安全隐患。元旦、春节、“五一”、“十一”黄金周等期间，城管局坚持由局领导带队，多次组织燃气安全生产专项检查，采取突击检查，坚持以“谁检查、谁签字、谁负责”原则，对发现问题限期责令整改，使安全检查工作落到实处。对各燃气经营企业的台账，安全体系的建立和落实情况，安全生产责任制的制定和落实情况，燃气事故、防雷、防汛的应急预案制定和落实情况，抢修抢险人员、设备、物资的配置情况和上岗人员的持证情况等进行全面检查，特别是对充装台、瓶库等重点部位消防措施进行检查，同时对所有燃气设施、设备，消防器材等也进行认真检查。截至年底共开展燃气安全生产专项检查6次以上，居民使用燃气普及率达97%以上。

2017年年底丰顺县城市综合管理局

局　长　刘荣华

副局长　蔡礼堂　吴宁金　张　斌

党组组员　陈建宁

（叶佳帆）

【住房公积金管理】 2017年，在县委、县政府的正确领导和市中心的指导下，住房公积金丰顺分理处认真贯彻落实中共十九大精神，高举习近平新时代中国特色社会主义思想伟大旗帜，坚持执行《住房公积金管理条例》有关规定，依法依规办好住房公积金业务，扎实做好住房公积金的运营和管理，实现了住房公积金管理工作又好又快发展。

加强宣传，扩大缴存覆盖面 一年来，丰顺分理处加强对住房公积金政策法规宣传，在稳定推进财政统发人员及国有企业员工参与缴存住房公积金的情况下，认真动员非公有制企业从业人员参与缴存，进一步扩大缴存覆盖面。至年底，全县参与缴存住房公积金的单位

有296个共16419人；其新增非公有制企业缴存单位32个337人。

规范缴存标准 严格按照上级的要求，开展全县住房公积金缴存标准清理清查工作，对全县公积金缴存比例高于12%的进行下调，缴存比例低于12%的，按实际缴存比例执行，规范缴存标准，减轻企业负担。同时，坚决执行上级关于住房公积金最高缴存基数不得超过社平工资3倍的规定（即最高缴存额为15048元，最低为1210元），对个别省市属缴存户进行核查下调。至年底共下调缴存单位7个20人。

依规办理业务 丰顺分理处严格执行市管委会三届一次、二次、三次会议决议规定，依法依规办理业务。在提取方面，严格按照执行提取住房公积金的有关规定，对符合条件提取资料齐全的（建房除外），在当即办理完成，对不符合条件提取住房公积金的当即作出不准予办理的答复。在自建房提取方面，对每一户建自住住房申请提取住房公积金的，派出3名干部到建房现场查看拍照，杜绝了骗（套）取公积金的发生。在放贷方面，严格按照住房公积金贷款的有关规定，积极稳妥推进贷款业务。同时加强贷后管理，及时跟踪还贷情况，确保了贷款逾期率降到最低限度。全年办理提取公积金5491笔15815万元，发放贷款433户共9978.5万元。

提高便民服务水平 根据市中心有关综合业务系统建设的部署，丰顺分理处稳步推进业务系统建设，依时上线办理，规范业务审批流程，简化办事手续，进一步提高办事效率。还抽调得力干部并聘用3名业务员，进驻县综合行政服务中心，对提取公积金采取现场受理、现场审批、现场办结的“一站式”服务，深受缴存职工的好评。2017年，公积金进驻行政服务中心窗口被评为“月文明窗口”3次，进驻人员被评为“月服务之星”3人次。

规范账户管理 根据市中心关于规范账户管理的工作部署，丰顺分理处对全县干部职工的公积金账户进行清理清查，健全干部职工个人账务信息管理，特别是因工作调动，出现账户“休眠”“一人两户”或是“一人多户”的问题进行转移并户，规范账户管理，顺利实现并入综合系统。进一步健全网上个人信息查询平台，个人凭身份证可以查询个人缴存情况、资金余额、房贷余额等等，每个人都可以对自己的公积金清清楚楚，一目了然，实现“阳光管理”。

加强党组织建设 一是根据县委的部署，住房公积金丰顺分理处党支部认真开展“两学一做”教育实践活动。制定专项学习计划，采取集中学习与个人自学相结合，提高理论水平和政治觉悟；针对“四风”问题，广泛征求意见建议，结合实际边学边查边改，不断提高党支部的战斗力，不折不扣地贯彻落好上级的决策部署，与党中央保持高度一致。二是改进作风，切实加强干部队伍建设。以学习贯彻落实十九大精神为契机，坚定共产主义信念，增强执政为民的自觉性和主动性，改进工作作风，提高工作效益。三是坚持民主集中制。坚持集体领导与个人分工负责相结合，不断完善党支部议事和决策机制，自觉服从大局，党支部始终保持着团结和谐、奋发有为的精神状态。四是坚持实事求是的群众路线，深入到帮扶挂钩村留隍仙丰村，了解困难党员、贫困群众的生产生活情况，开展相应的帮扶慰问活动。

2017年年底梅州市住房公积金管理中心丰顺县经办业务分理处

主 任 *黄稳鑫*

（李舒琴）

商品流通

【供销】 2017年，县供销社在县委、县政府正确领导下，在省、市供销社的指导和支持下，深入贯彻《中共中央、国务院关于深化供销合作社综合改革的决定》（中发〔2015〕11号）、《中共广东省委、广东省人民政府关于深化供销合作社综合改革的实施意见》（粤发〔2015〕12号）、《中共梅州市委、梅州市人民政府印发〈关于深化供销合作社综合改革的实施意见〉通知》（梅市发〔2016〕7号）等文件精神，紧紧围绕县委、县政府的中心工作，牢固树立服务“三农”宗旨意识，继续全面深化供销合作社综合改革，全力推进农业供给侧结构性改革，为丰顺县实施乡村振兴战略做出了应有贡献。2017年，全县供销系统实现销售总额2.528亿元，实现利润总额3.8万元，完成固定资产投资1440万元。

深化供销综合改革继续推进　县委、县政府高度重视供销社综合改革工作。在县委、县政府统筹安排下，县社作为实施责任单位，从2017年8月开始着手丰顺县深化供销综合改革实施方案（草案）起草工作，实施方案（草案）起草制定过程中先后到得到省社、市社领导和丰顺县主要领导的关心和指导。县委、县政府在2017年11月出台了丰发〔2017〕7号文《中共丰顺县委丰顺县人民政府关于印发〈丰顺县深化供销合作社综合改革实施方案〉的通知》，为下来丰顺县供销系统继续全面深化丰顺县供销合作社综合改革提供了行动纲领和改革时间表路线图。

配送中心筹建工作有新突破　为加快健全丰顺县供销社为农服务体系建设，更好地发挥供销联社在发展现代农业、促进农民致富、繁荣城乡经济的独特优势，经县政府批准，供销联社投入195万元购买原农机局办公大楼一栋，作为丰顺县重点农资物流仓储配送中心，该楼占地面积为151平方米，建筑物面积为602平方米。至年底，相关手续正在抓紧办理中。

供销主责主业扎实开展　服务“三农”始终是供销系统的主业主责任。供销联社积极为农户提供农资供应、农技推广、农技培训等农业社会化服务，在八乡、埔寨、留隍、建桥、龙岗等镇分别举办金柚、茶叶、水稻、青枣、橄榄等农技培训8场次，培训人数2500多人次，送出化肥、农药、农用工具一批，投入培训费用约10万元。

留隍供销社转制工作稳妥推进　为贯彻落实好县委、县政府关于加快推进梅江（韩江）旅游健康产业带留隍宋代风情古街建设有关要求，供销联社全力做好原留隍供销社改革转制工作，通过前期摸底排查，深入原留隍供销社下岗职工了解情况，并借鉴其他乡镇供销社转制经验，制定严谨的转制方案，确保项目顺利推进。至年底，留隍供销社改革转制工作正紧张有序地推进。

安全生产、综治维稳工作卓有成效　供销联社认真贯彻落实中央、省、市、县平安创建暨综治工作会议精神，紧紧围绕县委、县政府中心工作，进一步强化领导责任制，切实做好“创建平安丰顺”的工作，加强和完善各项管理，全面落实综治工作目标，为供销系统经济发展创造了良好的社会环境，很好地实现了全年安全生产无事故、没有发生一起越级及群体上访事件的年度工作目标任务。县供铺联社牢固树立综合治理和安全第一的思想，抓责任人员到位、抓责任目标到位、抓单位股室职责到位，落实社会治安综合治理目标责任制。一是成立平安创建暨综治工作领导小组。成立了由社党组书记、主任张亮宏任组长，分管领导任副组长，各有关部门负责人为成员的领导小组，领导组下设办公室。明确综合治理工作责任，坚持一把手亲自抓，把平安创建工作紧紧抓在手上，经常过问，经常部署，经常督办，切实担负起领导责任，为综治工作顺利开展创造了良好的条件。二是加强安全生产和综治信访维稳宣传教育。利用干部职工大会、党员大会、重要节日安全工作安排会等机会，在全体干部职工中进行综治知识宣传和形势教育，增强员工综合治理与安全防范意识，自觉维护本单位的安全稳定；严格执行信访维稳制度，建立了信访值班接待机制，并落实责任，健全台账；利用网络、手机微信、宣传栏等平台做好宣传工作，切实做好来访信件的办理和来访群众的接待工作，及时处理职工反映和关心热点和难点问题，2017年，供销联社共处理回复了信访案件1宗，即已故原小胜镇供销社职工李治清家属在梅州信访办上要求补发其工资的问题；对潜在有信访可能的相关人员实行了有效稳控，为蔬导、调解内部纠纷，防止矛盾激化，消除不安全因素发挥了积极作用，收到了良好的效果，2017年，供销联社没有发生一起越级及群体上访事件，无发生干部职工违法犯罪和各类治安案件。三是扎实推进“七五”普法加强法制教育。采取集中辅导、加强各类法律知识的学习，提高全体干部职工遵纪守法的意识；四是加大安全检查力度。定期召开安全生产工作会议，发现问题，及时整改，把安全隐患消灭在萌芽状态，从而确保了2017年无一起安全责任事故发生。

正风肃纪工作全面推进　根据县委巡察条例和县纪委派驻组要求，为切实加强管理，进一步严肃工作纪律，增强机关效能工作建设，提高工作效率，树立勤政、务实、廉洁、高效的机关形象，供销联社印发了《关于进一步严肃工作纪律的通知》等相关文件，严明工作纪律。同时，完善现有的管理制度，坚持以制度管人管事，建立完善了《供销社机关工作制度》，包括“安全保卫制度”“值班制度”“重大事项报告制度”“车辆管理制度”等一系列规章制度，真正做到靠制度管理人，用制度约束人。以党风廉政建设和反腐败为抓手，促进全面从严治党，完善了《廉政风险点控制制度》，并层层签订了党风廉政建设目标责任书，将年度党风廉政建设和反腐工作任务分解到科室，分解到个人，与业务工作同研究、同部署、同落实、同检查、同考核，形成了“一岗双责”的工作格局，为深入开展党风廉政建设工作打下了坚实的基础，确保了各项具体工作的落实。把开展“两学一做”“主题党日”等学习教育与落实从严治党要求、加强领导班子和干部队伍建设有机结合，扎实推进基层党组织工作标准化建设，实现学习教育与日常党建工作的有机融合、统筹推进，形成学习教育常态化格局。统筹处理好学习教育和当前工作的关系，把学习教育与日常业务工作相结合，把干部职工在学习教育中激发出来的热情，转化为推动工作的动力，汇聚起推动供销合作事业发展的强大精神力量，推动供销合作社综合改革取得实效。一年来，供销联社通过这一系列行之有效的措施，切实抓好干部队伍建设，机关工作作风得到进一步转变，工作能效得到进一步提高，密切联系群众得到进一步加强，各项工作取得了明显的成效。

党建工作不断强化　供销联社认真组织开展“两学一做”教育，深入贯彻习近平总书记系列重要讲话精神和治国理政新理念新思想新战略，学习贯彻中共十九大精神及习近平总书记对广东工作“四个坚持、三个支撑、两个走在前列”的重要批示精神，不断强化党建工作，坚持全面从严治党。结合主题党日活动，组织党员到红色教育基地井冈山参加革命教育，不忘初心，牢记使命，激发党员干部的爱国热情，增强服务人民，建设祖国的工作热情。供销联社还认真贯彻落实党风廉政建设工作，组织党员干部到县廉政操行馆李坚真纪念馆参观学习，接受廉政教育，全年无发生干部职工违法犯罪和各类治安案件。重视做好日常党建工作，2017年发展吸收正式党员1名。

2017年年底丰顺县供销合作社联合社

党组书记、主任　张亮宏

党组成员、副主任　丘世务　刘辉稻

（朱自鹏　黄江锋）

【粮食】　2017年，县粮食局在县委、县政府的坚强领导下，在市粮食局的指导及有关部门的支持下，深入学习贯彻习近平总书记关于粮食工作的重要指示精神，认真落实国家有关粮食政策和省、市关于粮食工作的部署，牢固树立和贯彻新发展理念，坚持稳中求进工作总基调，以粮食供给侧结构性改革为主线，以“深化改革、转型发展”为目标，团结带领全县粮食系统干部职工真抓实干，攻坚克难，圆满完成了各项年度目标任务。

2016年度粮食安全责任制考核全市第一　为切实做好2016年度粮食安全责任制考核工作，县粮食局积极争取县委、县政府的重视，把粮食安全责任考核工作列入县委常委扩大会和县政府常务会的重要议程，制定了《丰顺县粮食安全责任考核工作的通知》等文件。常务副县长郑春鹏亲自带领县粮食局长到市粮食局汇报了解有关粮食安全责任考核工作，亲自主持召开了由13个县直有关单位主要负责人、分管负责人和业务股长参加的专题会议，强调有关单位要安排专人、各司其职、紧密配合，扎实做好工作。逐条对照《梅州市粮食安全责任考核表》中要求，县粮食局负责牵头完成《丰顺县人民政府关于2016年度粮食安全政府责任制落实情况的报告》和佐证材料。于5月26日迎接市级实地考核，受到考核组一行的充分肯定。最终考核等级优秀，排名全市第一。

保质保量完成县级储备粮到期轮换　丰顺

县地方储备粮现有储存任务1.4万吨稻谷，2017年到期轮换6916吨，为确保县级储备粮按质、按量完成轮换任务，县粮食局经请示县政府批准后，全部委托梅州市嘉应粮食交易中心有限公司公开销售和采购，做到公平、公正、公开。稻谷入库前，粮库保管员每包进行初步验质，按每500吨一个样品委托广东省质量监督粮油检验站检验，各项指标结果均为合格。做到储备粮常储常新、数量准确、质量良好、均属宜存粮。将地方储备粮费用、利息和轮换价差补贴资金全部列入县财政预算，并全部及时足额发放到位。保障了储备粮轮换工作的正常运转。

加强粮食流通监督管理 丰顺县以评为“全国粮食流通监督检查示范单位”为动力，加强部门联合，加大粮食流通执法力度，进一步强化粮食监管，扎实开展粮食流通监督检查。一是开展粮食库存检查；二是开展“粮食安全隐患大排查快整治严执法”集中行动；三是加强粮食流通监督管理；四是建立推行“双随机一公开”工作机制。对丰顺县从事粮食收购、储存、加工和政策性用粮购销等活动的粮食企业开展日常监管“双随机”抽查。2017年来开展粮食流通监督检查5次，出动人员20人次，检查入统粮食企业5个，其中：开展粮食流通单项检查3次；开展综合检查2次。确保丰顺县所有在库粮食粮情稳定、储粮安全，数量真实、质量良好，保障了粮食安全。

提高军粮应急保障能力 建立丰顺县军粮供应军民融合发展联席工作机制，召开了军粮供应军民融合发展联席会议，促进丰顺军粮供应军民融合健康发展。组织了军粮供应应急保障和质量安全演练。进一步提高了军粮供应在应急保障和质量安全事故突发事件中的应变能力。全面完成军粮供应任务，部队对军供工作的满意度达100%，得到了驻军部队的好评。

着力推进“放心粮油”工程建设 对符合条件的企业引导其申报“放心粮油”企业，做到成熟一个、推荐一个，使“放心粮油”工作走上正常化轨道。2017年丰顺县穗丰公司被市评为“放心粮油”企业。

开展安全储粮和安全生产培训 举办了安全储粮和安全生产培训班，并邀请了市粮食局领导对“一规定两守则”进行了讲解。同时通过“粮储云”平台组织开展安全储粮和安全生产知识学习并进行了考试。加深了印象，取得了实效。

2017年年底县粮食局

局　长　吴振群

副局长　谭东生　王志健

（王　燕）

【烟草】 2017年，丰顺县局（分公司）在县委、县政府和上级部门的正确领导和精心指导下，紧紧围绕上级各项工作决策部署，以“1233”工作思路为引领，以“管理提升年”活动为重点，压实责任、坚定信心、狠抓落实，全力推进各项工作稳步有序开展。全年实现销售收46299.58万元，同比增长0.45%，税利12751.19万元，同比减少4.17%，其中利润10238.02万元，同比增长1.92%。

党的建设 一是落实党建责任。制定并下发《党建工作要点》，将党建工作和中心工作同研究部署、同督查考核；坚持“一岗双责”，强化党风廉政建设主体责任，组织签订了落实全面从严治党主体责任责任书。二是加强理论学习。坚持以支部为主体，以“三会一课”为基本形式，紧扣“学”的内容、“做”的标准、“改”的要求，扎实推进“两学一做”学习教育常态化制度化。全年共组织集中教育12场次，受教育党员干部职工400人次，覆盖面80%。三是狠抓组织建设。2017年8月底，新成立了2个基层党小组，目前局（分公司）有5个党小组，实现了党员教育、管理、监督的针对性和全覆盖。同时压实支部责任，落实重点任务。2017年，召开支部党员大会20次、每月召开1次支委会和党小组会，支部书记每季度上1次党课；并从实从严抓好党员发展工作，2017年推荐入党积极分子1名，确定1名发展对象，有1名预备党员转正，新吸收了1名预备党员。四是严守纪律规矩。

每逢重大节日、支部集体学习都安排相应的学习内容进行学习，坚持把党风党纪教育经常化、制度化。同时扎实推进机关效能建设，狠抓机关作风。2017年先后召开了3次规范经营工作会议，无违纪违法行为发生。并严格落实抓早抓小工作机制实施办法，认真执行谈话提醒制度。2017年开展谈话提醒涉及谈话对象48人，谈话内容150人次。

卷烟销售 一是着力抓好运行调控。对目标任务量化分解，将指标逐月逐日落实到个人，较好地完成了卷烟销售工作。2017年卷烟累计销售84060.20万支，销售金额（含税）52270.756万元，创毛利13210.716万元。二是着力强化品牌培育。紧盯市场形势变化，深入挖掘市场潜力，强化推进品牌培育工作，促进卷烟销售结构整体上移。2017年总一类烟累计销量20849.72万支，同比增加2.64%。三是着力推进终端建设。大力推行亲情服务，不断提升网建水平。2017年，全县网上订货率100%，零售终端签约客户占比21.79%，安装扫码系统客户使用率100%，上传率97.61%，准确率97.92%。并已建立67组卷烟零售户自律互助小组。

烟叶生产 一是严守烟叶计划红线。2017年签订合同18份，约定种植面积142.9公顷，收购量3000吨。二是着力提高烟叶质量。2017年首次引入生物质燃料烘烤模式，全面推进“专分散收，原收原调”收购模式，累计收购烟叶299428公斤，收购均价26814元/吨，全面完成299178公斤烟叶调拨工作。三是全力促进烟农增收。抓好适用技术的推广和烟农降本增效措施的落实，加大职业化烟农教育培训，认真落实好各项惠农政策，助力烟农增收。2017年，举办烟叶生产教育培训4次，累计培训人次178人次，投入各项生产补贴资金1273591.70元，烟农售烟亩均收入3746.53元，同比增加123.04元。

专卖管理 一是持续保持案件查处力度。持续巩固联合执法格局，守好梅州“南大门”。2017年，查获国标、省标网络案件各1宗、各类涉烟案件217宗、各类卷烟1191.475万支，破获5万元以上案件（含打假案件）7宗，查获大型制假烟机8台以及涉案物品一批，总案值约1238.06万元，刑拘嫌疑人25名，提请逮捕19名，判刑19名。二是注重内外协作，强化市场管控。一方面，强化专销一体，加强营销、专卖、内管三部门联动，信息互通，运用APCD卷烟市场分类管理模式，强化内管系统异常客户信息监控，严格大户监管，形成市场监管合力；另一方面，充分利用执法协作机制，与公安、工商等部门开展联合检查，加大对重点市场、重点路段的监控与打击力度，从源头和运输环节上切断卷烟非法流通渠道。三是优化办证流程，提升服务质量。规范流程细节，做精窗口服务，相关工作得到了市、县政务中心的肯定和表扬。2017年，新办164户、延续197户、歇业102户、注销31户、变更3户、停业1户、恢复营业1户。截至年底全县共有持证经营户1262户。

企业管理 一是扎实推进精益管理。一方面，狠抓降本增效工作，降低重点费用支出。2017年，广东烟草丰顺县分公司无业务招待费，会议费、修理费、车杂费、燃料费分别同比下降36.16%、66.48%、45.75%、22.49%，其他费用基本控制在降本增效预算范围以内。另一方面，积极开展QC小组活动与精益课题研究，促进企业管理再上新台阶。相关精益课题、QC课题分别获得市局优秀课题。二是继续加强规范管理。突出抓好公开招标。2017年，实施物资采购项目6个，涉及金额142.55万元；其中公开招标项目5个，占比83.3%；公开招标涉及金额为133万元，占比93.3%；另外，公开涉及“三重一大”“生产经营管理”“涉及干部职工切身利益”等事项182项。同时大力推进法治烟草建设，强化行政执法监督，并加大对重要决策、管理规范、物资采购的合法性审查力度。三是切实抓好安全管理。严格落实安全生产主体责任，加强员工安全培训，定期组织开展安全生产大检查，认真抓好隐患排查、问题整改，并严格落实值班值宿制度。至2017年年底，没有发生任何安全事故。四是扎实推进企业文化建设。2017年，新闻宣传在行业“三大媒体”发稿数量在行业排全市前三位，推荐论文《加强和改进基层烟草思想政治工作研究》分别被广东烟草学会、中国烟草学会评为2017年度优秀论文二等奖，实现论文写作新突破；2017年共走访慰问困难群众13名，筹集爱心捐款9900元，年度组织志愿者到13户贫困户家中走访慰问，为他们送去了大米、食用油和慰问金；宣贯落实“客融天下”企业文化。利用节假日积极组织员工参加各种文体活动。

2017年年底广东烟草梅州市有限公司丰顺县分公司

局长（经理） 钟青泉

副局长 邹 煌

副经理 刘 裕 蔡志强

（朱桂香）

财税 金融

【财政】 2017年，县财政部门在县委、县政府的坚强领导下，在县人大的依法监督和县政协的民主监督下，在上级财政部门和社会各界的关心支持下，全面贯彻中共十九大精神和习近平总书记重要讲话精神，深入贯彻习近平新时代中国特色社会主义思想，紧紧围绕“稳中求进”的工作总基调，不忘初心、勇毅笃行，主动作为抓实收入，优化支出改善民生，蹄疾步稳推进改革，持续发力服务发展，聚精会神锻造队伍，各项工作均取得了喜人成绩。2017年，县财政部门紧紧围绕县委、县政府各项经济工作部署，严格按照县第十五届人大第二次会议批准的预算执行方案，积极履行财政保障职能，确保了丰顺县经济社会稳定发展。

财政收入 2017年，县级一般公共预算收入92103万元、上级各项补助收入（含专款）275802万元、调入资金40000万元、上年结余14311万元，全县公共财政总收入完成422216万元。其中，县级一般公共预算收入比上年同期增加7731万元，增长9.16%，增速居全市第四。

财政支出 2017年，财政总支出420076万元，其中：一般公共预算支出411702万元、上解支出8374万元。具体支出如表1：

2017年一般公共预算支出表

表1 单位：万元

序号	支出科目	2017年累计支出	2016年同期累计支出	比去年同期	
				+-金额	+-%
1	一般公共服务支出	56739	49754	6985	14.04
2	公共安全支出	16537	15709	828	5.27
3	教育支出	81945	79125	2820	3.56
4	科学技术支出	5002	2305	2697	117.01
5	文化体育与传媒支出	3561	4473	-912	-20.39
6	社会保障和就业支出	78825	69309	9516	13.73
7	医疗卫生与计生支出	73953	60727	13226	21.78
8	节能环保支出	10700	15222	-4522	-29.71
9	城乡社区事务支出	28252	9746	18506	189.88
10	农林水事务支出	26382	75240	-48858	-64.94
11	交通运输支出	10910	17676	-6766	-38.28
12	资源勘探信息等支出	2004	11891	-9887	-83.15
13	金融商业服务等支出	2877	11553	-8676	-75.10
14	国土资源气象等支出	1790	4461	-2671	-59.87
15	住房保障支出	8904	11603	-2699	-23.26
16	粮油物资储备支出	1093	711	382	53.73
17	债务付息支出	2227	910	1317	144.73
18	其他支出	1	26	-25	-96.15
合 计		411702	440441	-28739	-6.53

收支相抵，结余2140万元。

全力保增长、助转型，财政实力明显增强

1. 集中精力抓好税收。加强各征管部门协调，完善量化考核机制，通过定期组织召开收入形势分析会议和经济运行分析会议的方式，及时发现并解决组织收入中存在的问题，确保税收颗粒尽收。全年税收收入65668万元，比上年增加收入6583万元，增长11.14%。

2. 完善非税收入征管。全面加强行政事业性收费、国有资源（资产）有偿使用收入、政府性基金收入等非税收入的征收管理工作。积极开展财政票据清理清查工作、盘活和利用闲置国有资产工作、收入清缴工作等，不断提升非税收入征管精细化、科学化水平。全年非税收入达26435万元，占一般公共预算收入28.70%，收入质量良好。

3. 争取上级资金补助。会同各有关单位认真研究国家、省和市出台的各项扶助、保障性政策，准确把握政策走向，充分挖掘各类项目、资金资源，积极做好上级补助资金争取工作。2017年，共争取中央、省、市财力性转移支付资金284708万元。

4. 全面推动减负政策落实。严格落实中央和省定综合降费政策。继续深化供给侧结构性改革，牵头制定《丰顺县降低实体经济企业成本实施细则》，密切配合有关部门做好去产能、去库存、去杠杆、补短板相关工作，确保了丰顺县“三去一降一补”五大任务取得实质性进展，极大地减轻了本地企业负担，有效地推动了丰顺县基础财源涵养、增强了发展后劲。

扎实调结构、惠民生，人民福祉显著改善

深度聚焦教育、医疗、养老、就业、“三农”等人民群众最关心、最直接、最现实的利益问题，不断调整和优化支出结构，确保发展成果惠及全县人民。

1. 促进教育事业均衡发展。坚持教育优先发展原则，不断健全教育投入机制，全年筹集拨付资金5531万元，用于落实“教育现代化先进县”创建和教育强镇复评工作。投入1593万元用于学前教育、义务教育、普高困难学生补助。拨付边远山区教师津补贴4355万元。拨付丰顺县实验中学、实验小学和实验幼儿园建设资金3700万元。

2. 推进社会保障和就业体系建设。全年发放最低生活保障金6009万元、临时救助资金115万元、离退休人员补助3656万元、特困供养资金1283万元、困难残疾人生活津贴879万元、重度残疾人生活补助2282万元。全年投入农村劳动力双转移培训171万元、再就业补助370万元。扎实推进机关事业单位养老改革工作。

3. 加强公共卫生体系建设。集中统筹财力，建立健全覆盖城乡居民的基本医疗保障体系和城乡卫生服务建设。全年投入医改资金共计11936万元。其中：投入基本医疗保障制度建设3643万元、基本医疗卫生服务体系建设7536万元、基本公共卫生服务均等化建设757万元。

4. 促进农村经济社会发展。加大“三农”建设倾斜力度，确保公共财政“阳光”覆盖农村，切实推动丰顺县城乡一体化协调发展。2017年，共投入全县各村（社区）基层公共服务站硬件设施建设资金1299万元、投入农村危房改造资金2730万元、投入山区中小河流治理资金4640万元、发放生态公益林效益补偿资金3524万元、拨付精准扶贫资金11026万元。争取农村环境卫生和污染防治资金4323万元、地质灾害防治资金1263万元、新农村建设资金2.12亿元。

积极破难题、激活力，经济建设取得实效

1. 支持中小微企业发展壮大。2017年，财政预算安排2000万元用于支持中小企业发展和管理。

2. 支持新区建设。争取省级扶持产业转移园区建设资金7150万元。筹集丰顺新区征地建设资金8783万元。

3. 支持地方经济绿色崛起。全年争取企业技改、品牌建设、科技发展等专项资金2352万元。拨付节能减排财政政策典型示范奖励资金5793万元。

4. 支持重点企业上新台阶。兑现拨付本地企业上市奖励金500万元。

坚持施法治、促转型，改革监管纵深推进

1. 深化预算管理改革。将财政预决算公开范围扩大至除涉密部门外的全县所有预算单位，督促各单位将本部门年度预决算和“三公”经费预决算依法在政府信息公开网站或机关网站及时公开。推进人大预算支出联网监督工作，提升人大预算支出联网监督水平。

2. 全面推进国库管理改革。积极推进权责发生制政府综合财务报告制度试编工作，促进财政事业长期可持续发展。全面开展乡镇财政专户清理工作，规定每个乡镇只能保留一个代管资金账户及一个零余额账户。

3. 深入开展农村财务清理整改工作。对全县263个行政村村级账务进行交叉审计，审计发现全县需整改的行政村数242个，涉及账务处理1399笔，总金额4566万元，已全面整改完毕。

4. 加强财政投资和政府采购监管。全年审核工程预决算529宗，送审金额55109万元，审定金额47897万元，核减7211万元，核减率达13.09%。全年共实施政府采购505宗，预算采购金额11410万元，实际采购金额10912万元，节约财政资金497万元，节约率为4.36%。

5. 开展整治潜入地下公款吃喝工作。制定印发《丰顺县财政局关于开展整治潜入地下公款吃喝工作的通知》，要求全县行政事业单位全面开展自查自纠工作，重点查摆本单位在违规公款吃喝、违规公务接待、私设“小金库”以及内部财务管理漏洞等方面存在的问题，并及时加以整改。

从严抓作风、管队伍，干部能力得到提升　深入开展学习中共十九大精神、总书记重要讲话和重要批示精神活动、常态化制度化推进“两学一做”学习教育活动，以及开展综合业务学习培训等工作，全面提高财政队伍的综合素质；积极适应财税体制发展新形势、新任务和新要求，充分激发财政干部创新理财的主动性和积极性，积极引导干部队伍着眼大局，立足财政，拓宽思路，主动作为，创造性地研究解决新时期财政工作突出问题，更好地服务丰顺县经济发展；严格要求干部队伍遵守财经法规和财经纪律，遵守各项管理制度，严肃上班纪律，端正工作态度，转变工作作风，提高办事效率，约束手中权力，突出解决有令不行、有禁不止的问题，牢固树立良好的职业道德和职业形象。

2017年年底县财政局

党组书记、局长　刘雪峰

党组副书记、县国资办主任　王宁州

党组成员、副局长　杨家业　蔡少颢　罗鸿辉　张喜堂

党组成员、县纪委派驻县财政局纪检组组长　郑春铃

（谢　鑫）

【国家税收】　2017年度，丰顺县国税局在丰顺县委县政府的关心支持与正确领导下，以中共十九大精神为引领，深入开展“两学一做”学习教育活动，积极围绕省、市国税局工作部署，攻坚克难，砥砺奋进，税收各项工作成效显著，在提质效、创亮点的基础上，迈开了建体系、求完善的步伐。

2017年度，丰顺县国税局累计组织税收收入约65051万元，完成市国税局下达年度考核任务60560万元的107.4%，增收10978万元，增长20.3%，其中县级收入14523万元，增收2007万元，增长16%，为丰顺县经济社会健康发展做出积极的贡献。全年共办理出口退税2.03亿元，缓解了企业的资金压力，提高了企业的资金周转率，有效支持了丰顺县出口企业的发展。

依法治税　丰顺国税始终坚持组织收入原则，切实加强税收征管，积极开展税源调查，突出抓好税收精细化、科学化管理，千方百计抓好组织收入工作。

1. 税源调查持续增强。一是狠抓收入考核，制订收入考核方案，落实领导、股（室）挂钩重点税源企业制度，全局上下齐抓共管。二是深入开展税源调查，重点对“营改增”四大行业新增纳税人的生产情况、行业管理开展实地摸底调查。三是制订重点税源户收入计划，开展后续跟踪调查，实行动态管理，做好收入预测，牢牢抓住组织收入主动权。

2. 风险监控扎实推进。积极探索开展分类分级风险应对，遵循“低风险以共治为主、中风险以评估为主、高风险以稽查为主”的风险

应对体系开展纳税人风险应对排查，征管质效明显提升。

3. 纳税评估不断强化。丰顺国税聚焦重点行业精准发力，参照税源专业化管理指引，对辖区范围内的高耗能企业、酒店和餐饮行业以及中风险企业等开展纳税评估。针对存疑企业的相关数据与指标模型开展案头分析、比对、筛选，确定评估对象，立足“评估一个行业，规范一个行业”的目的。

4. 稽查职能充分发挥。做好进户前案头分析工作，推行执法全过程记录制度试点，建立健全执法文书信息化记录制度，贯彻落实“双随机、一公开”，全面提升稽查工作绩效。保持打击发票违法犯罪的高压态势，与地税、公安机关联合查办发票违法犯罪行为，形成打击涉税违法犯罪工作合力。

5. 发票管理优化升级。充分运用金税三期、发票电子底册管理系统和稽核系统为依托，积极推行全景式发票比对核查，认真落实失控发票和开展发票协查工作。建立发票数据应用和异常发票快速核查处理工作机制，形成事前及时预警、事中风险评估、事后有效打击处理的完整流程，有力打击了虚开虚抵发票的违法行为。

6. 所得税管理全面提升。以所得税汇算清缴和风险应对为抓手，全面提升所得税管理水平，狠抓企业所得税年度汇算清缴，强化亏损企业所得税管理，对亏损企业经营规律、工艺流程和生产要素配比关系开展全方位的税收分析。

7. 出口退税提速增效。严格把好退税审核关，提升出口退税办理速度，加大出口退（免）税政策的宣传服务力度。在企业纳税信用登记评定的基础上，根据分类管理办法的规定对丰顺县7户外贸企业、36户出口生产企业实行差别管理。

纳税服务　1. 以推行“放管服”为切入点，提速增效获好评。在原来取消80项非行政许可审批事项，继续取消保留的7项非行政许可审批事项，贯彻落实“三项制度”，公开公布“权力清单”和办税程序，把享受税收优惠实行行政审批改为备案或登记，实行税务登记、普通发票核发承诺限时办结改为即时办结，提高办事效率，方便了纳税人，得到社会各界好评。

2. 充分营造诚信纳税氛围。扎实开展纳税信用评价工作并及时通过多渠道公布，营造依法诚信纳税的良好氛围。树立诚实守信的价值导向，开展分类服务和管理，集中推出7项A级纳税人激励措施和5项D级纳税人惩戒措施。丰顺国、地税与银行业金融机构深入开展“银税互动”，为诚信纳税人快速融资提供支持。

3. 着力开展税收政策宣传和业务培训。2017年，丰顺国税组织开展近20场次税收政策宣讲会，举办纳税人学堂3场，主要包括企业所得税业务培训、营改增大辅导培训、全县一般纳税人税收宣讲会、全县钢铁行业税收宣传会、高新技术企业税收优惠政策、电子发票使用以及申报系统升级等等，增进了税企互动，提高了纳税人办税能力，深受纳税人好评。

4. 积极拓展多元办税渠道。一是设立电子回单柜。不断完善办税服务厅软硬环境，2017年县国税局推出了全市第一台刷身份证的排队叫号系统和第一台融合刷身份证的多功能电子回单柜系统，实现实名认证用户办理涉税业务时刷身份证即可办税，开启了多方法进入刷卡办税体验。二是消除工作时制盲点。立足填补“8小时工作制”盲点，丰顺国税配备3台自助办税终端和6台自助办税电脑，打造24小时随时办税的便捷模式，并设置通俗易懂的操作指引便民小贴，配备现场涉税引导及设备维护人员，为自助办税服务的高效运作提供物力、人力保障。初步统计，2017年共为906户次提供了自助服务，据了解，丰顺县纳税人自助办税业务办理量位居全市前列。

5. 积极引导电子税务局应用。积极宣传电子税务局应用，引导纳税人开展实名认证，共办理实名认证3800多人次，不断拓展电子税务局办税事项，最大限度实现办税“多跑网路，少跑马路”。2017年以来，纳税人通过网上办理涉税业务11516笔，使用电子办税率达到97.73%，位居全市前三。

党的建设　1. 认真贯彻落实中共十九大会议精神。丰顺国税党组把深入学习贯彻中共十九大会议精神作为一项重要政治任务，通过召开党组中心组（扩大）会议、局务会议、“三会一课”和专题辅导等形式全方位学、多渠道学，开展考试、测评、撰写心得体会，将工作记录上传至“数字党建6.0”智能管理系统，为全局党建工作实现了痕迹化管理。

2. 扎实开展三级党建共建。省国税局人事处党支部、梅州市国税局人事科党支部与丰顺县国税局机关党支部开展“4项共建，8个共同”，合力推进全面从严治党向基层延伸。省国税局伍关兴经济师深入基层联系点丰顺国税，开展讲专题党课、参加组织生活会、重温入党誓词、瞻仰李坚真纪念馆和烈士纪念碑、组织志愿者活动等“五个一”主题党日活动。

3. 用心打造“五个之家”。以打造“五个之家”为阵地，以创建省级党建共建示范点为抓手，丰顺国税打造了“至善先锋”党建品牌，成立了“至善至美”先锋队，充分发挥党员的先锋模范作用，发扬艰难险阻党员干部挺在前的精神。对此，省国税局局长胡金木作出批示：“梅州市丰顺县局以‘制度+阵地+文化’为支撑，构建全面从严治党新格局，取得明显成效，获得诸项殊荣，值得肯定!”

队伍管理　1. 数字人事系统成功上线应用。一是有序开展数字人事系统日常操作。在加强教育培训、联动绩效考核、强化工作督导等有力举措下，丰顺国税数字人事系统工作纪实11303条、工作任务推送1192条、工作自评273条，领导评鉴279条。二是加强数字人事系统运用。成为全市国税系统内第一个成功应用数字人事系统开展对干部现实表现测评和提拔任职的股级干部、新招录公务员试用期满转正等测评的单位，为全市推广应用提供学习借鉴。三是强化数字人事结果运用。将数字人事数据记录与干部年度考核、评先评优、选拔任用等挂钩，提高干部考核管理的科学性。

2. 干部管理实现良性发展。一是组织干部培训活动。县国税局组织干部参加绩效管理高级研修班、纳税服务行为礼仪规范培训、执法资格考试培训、税务师考试线上培训等，在全局掀起了学业务知识、做业务骨干的风潮。二是进行人员轮换岗。2017年开展人员轮换岗7人次，努力盘活人力资源，实现资源利用最大化。

3. 工会组织传递暖心关爱。丰顺国税工会组织时刻将困难职工的冷暖挂在心头，组织看望慰问生病住院、生活困难的干部职工，使他们感受到国税大家庭的温暖，增强了队伍的凝聚力和向心力。

获得荣誉　2017年，丰顺国税被评为“梅州市精神文明建设先进单位”“广东扶贫济困日活动先进单位”，被授予“2016年度梅州市扶贫济困铜奖”；丰顺县国家税务局机关党委被评为梅州市国税系统“五个好”先进基层党组织，梅州国税和丰顺国税开展基层党建共建点建设被评为“五创新”优秀党建工作案例；丰顺国税办税服务厅工会小组被评为“广东省模范职工小家”；全年累计得到上级局领导和县委、县政府主要负责人15次的书面表扬性批示。

2017年年底丰顺县国家税务局

主要负责人　罗大军

副局长　魏明建　吴顺荣

纪检组长　蔡润泉

（冯静雯）

【地方税收】　2017年是实施“十三五”规划的重要一年，是供给侧结构性改革的深化之年。一年来，丰顺县地方税务局在丰顺县委、县政府和上级市局的正确领导下，认真学习贯彻中共十九大精神，围绕中心工作，夯实基础，规范管理，严格执法，防控风险，统筹推进党建、收入、绩效、党风作风工作，出台了挖潜增收系列措施，推进了夯实基础系列工作，圆满完成了各项工作任务，实现了市局和县委、县政府提出的年度收入预期目标。

组织收入扩量提质　1. 实现组织收入预期目标。2017年全县地税系统组织税费收入12.4亿元。其中：税收收入7.83亿元，剔除营改增影响同比增收7526万元，增长10.65%，完成市局全年预期收入的101.73%。中央收入1.63亿元，同比减收1160万元，下降6.61%，完成预期收入的102.41%；省级收入1.08亿元，同比减收6775万元，下降38.54%，完成预期收入的102.9%；县级收入5.11亿元，同比增收4311万元，增长9.21%，完成预期收入的102.28%。社保费收入4.27亿元，剔除2016年一次性趸缴2亿元，实增6000万元。其他收入3000万元。

2. 收入质量明显提升。针对经济下行压力较大、营改增政策性减收及征管手段弱化等形势，牢固树立“税收法治”思维，严格遵守组织收入原则，围绕县推进“四个百亿”工程建设，制定并推进“夯实基础年”工作，加强组织收入分析预测，抓好收入进度监控，强化税种精细化管理，积极挖掘税种增收潜力，通过国地税一体化联合办税、委托代征税费等方式有力防控营改增后地方税费流失风险，拓宽数据管税能力，深化税收征管协作，促进税费收入管理规范运行，实现应收尽收。2017年来，实施“四个百亿”工程（两高、交通公路，产业园基础设施和生活配套，城区扩容提质，环境整治和新农村建设）贡献税收4000万元。

3. 税（费）种管理进一步规范。围绕2017年深化税制改革年，地税局全力以赴，创新举措，按时按质，抓好各项税收政策的落实。一是推动土地增值税清理工作。做好土地增值税管理系统上线，完成全县房地产开发项目信息的补录。同时对达到可清算条件的项目进行了审核清算。2017年以来，完成了丰顺县恒誉房地产有限公司的“鸿景花园”、丰顺县恒基实业有限公司“富城新村”2个房地产项目的清算审核，共补缴土地增值348.17万元。二是积极落实全省“实体经济十条”政策，认真做好土地使用税税额调整的测算工作。三是部署开展了环保税开征前准备，落实与县环保局“环境保护税征管协作机制备忘录”的签订，完成了49户环境保护税档案资料交接，采取培训、报刊、改编歌曲等形式开展开征前的各种宣传。四是积极推进社保扩面征缴工作。以开展社保执法检查为抓手，将零参保企业和有一定规模而参保人数较少的企业作为征缴扩面的重点，挖掘扩面工作潜力；落实凭《社保参保证明》一证先行方式办理单位、企业业务，严格审核企业用工人数，使企业达到参保要求。完成了机关事业单位编外人员扩面征缴工作，核查全县267户机关事业单位聘用的1492名编外人员的全员参保缴费情况，对其中22个单位未全员参保缴费的131名编外人员完成新增人员缴费并入库。启动了机关事业单位养老保险和职业年金征收工作。五是积极落实小型微利企业、高新技术企业、三新企业和高新技术企业研发费用加计扣除、环境保护优惠、科技创新优惠等税收减税政策，累计减免各项税费1974.97万元。

新征管格局初步架构 印发了《丰顺县地方税务局纳税人分类分级管理实施办法》，实施分类分级管理，重新梳理税费征管业务清单，完善税费征管基础管理制度体系，重点健全基础事项管理、风险扎口管理等制度机制。成立了县局风险管理机构，将汤西分局征管职能调整为全县地税系统税收风险应对工作职责，落实风险预警管理；紧跟上级工作部署，针对征管基础薄弱环节，制定《夯实征管基础工作方案》，切实解决征管基础不实不牢现象。制定并下发了《关于在全县范围内开展挖潜增收专项工作的通知》，突出重点行业、主要税种开展挖潜增收专项清理，及时发现并纠正了基层分局对土地使用税、耕地占用税、高岭土资源税及企业所得税征收方式政策规定掌握不够准确的问题，实现了堵漏增收的效果。其中清理入库土地使用税6500多万元、耕地占用税3200多万元、房地产企业各税种欠税2900多万元。开展旅游景区房产税、土地使用税专项清理，实现收入8773万元，其中，税收收入6204万元，滞纳金2569万元。加强地方税费协同管控，积极落实《丰顺县关于加强税收征缴工作的意见》，通过房地产项目、建筑工程项目、增值税发票开具等征管信息共享，打造国地税一体化管理模式，对欠缴地方税费的纳税人，协同采取“以票控税”等措施，督促及时清缴。

在办税方式方面，地税局于12月中旬开通了房地产智能交易办税系统。到31日止，已成功受理3笔业务。

依法治税取得新成效 一是依法行政水平不断提升。按要求制定了行政执法权力清单和责任清单，共梳理出8大项58小项内容，并做好公示。建立兼职税收法制员制度，审核把关本单位税务行政行为，规范税收执法。二是督察促改有成效。开展了汤南、留隍分局执法督

察，通过督察发现问题，跟踪落实整改，有效防范执法风险，深入推进税收执法责任制。三是巡察发现问题整改有力。一年来，地税局积极配合省局巡察整改工作，并认真完成了涉及丰顺地税发现税收政策执行和征管问题的整改。开展了两次财务开支专项审计自查自改，对发现的问题，地税局以问题为导向，建立问题清单，做到整改一项销号一项，全面完成了整改。四是在推进规范公正文明执法。制定了《三项制度试点工作实施方案》，在各分局、稽查局及税政股、征管股各配置了执法记录仪各2台，至年底已实现对一宗执法过程记录。

税收合作有新进展 地税局积极配合市局完善优化信息管税辅助系统，至年底开发了21个查询功能，超额完成了市局要求20个的任务目标。利用征管信息数据交换与共享机制，与国税局交换与共享信息13460条，挖掘税收160万元。依托“金三”系统，实现了包括税务登记、发票开具、申报征收、税收违法、纳税信用及风险管理等信息的实时共享应用，为国地税联合开展税收风险识别、经济税收分析和协同监督管理等奠定基础。联合县国税局、农村信用合作联社三方举行了“银税互动助力小微”合作协议签约仪式，共同推出了服务创新项目“税银通”。11月底“税银通”已向新蓝天、泰昌等信誉企业发放扶持贷款500多万元。推进“税保合作”，实现“银税互动”“税保合作”覆盖B级纳税信用企业，支持金融机构对守信优质中小企业加大信贷支持力度。实现国地税互派干部挂职锻炼。于2017年5月初分别选派了一名正股级干部到对方单位进行挂职锻炼。通过干部互派，加强国地税优秀中青年干部培养。

税务营商环境不断优化 积极开展联合执法。落实省局“双随机、一公开”工作实施细则，全面推行税务稽查随机抽查，深入整治行业和区域税收违法行为，净化市场经营环境。落实国地税联合稽查工作办法，实现对共管案源的全面联合稽查。切实规范税务稽查案件定性处罚问题，大力推行说理式执法文书制度。2017年，国地税稽查部门共同联合开展了1宗案件的稽查，查补各项收入91.17万元，其中税费收入71.71万元（地方税费48.82万元），滞纳金19.46万元，罚款40.06万元，并依法移交公安部门。

打牢纳税服务基础。树立“大服务”理念，形成纳服部门牵头协调、统筹推进，各业务部门协同联动、齐抓共管的工作格局。制定《丰顺县地方税务系统2016年度全国纳税人满意度调查整改措施任务分解表》，细化措施34项，逐项落实整改。2017年度，地税局纳税人满意度调查在全市排第三名。联合国税，共同完成年度纳税信用评价工作，并制定守信激励与失信惩戒措施实施方案，督促各分局认真抓好各项措施的落实。积极落实电子税票应用、小微企业税收优惠政策、六项减税政策、“双创”税收优惠政策等为主要内容的学习培训，共组织面向纳税人税收政策、业务培训辅导讲座30场，累计583户，发放税法宣传资料9600份，解决纳税人涉税疑问题30个。

增强税收宣传实效。坚持把税宣工作与日常工作相结合，与深化国地税合作相结合，与“便民办税春风行动”相结合，以当前税收重点热点问题为突破口，集中开展形式多样、针对性强的宣传活动。在县电视台播放公益宣传、政策宣传8次，利用《悦读丰顺》报、印制税宣手册、户外灯箱宣传栏、制作税法宣传微动漫等进行新近涉税政策宣传，在巩固传统方式同时，实现从新媒体宣传并重转变。

依法行政不断规范化 深入推进依法行政。认真落实省局《重大行政决策规则（试行）》，全面梳理各类业务职权事项，制定了行政执法权力清单和责任清单，共梳理出8大项58小项内容，并做好公示。落实了自1982年至2015年政府规范性文件清理，完善税收规范性文件管理，强化合理性审查，及时公开相关事项，促进税收执法权和行政管理权规范透明运行。

加强经费和后勤保障。制定了《预算管理办法》，严格落实部门预算管理，积极转变传统观念，精心算好地税经费收入账。严肃财经纪律，严格执行《中华人民共和国预算法》。厉行节约，稳步推进机关后勤社会化，强化后勤保障能力。健全抓落实工作机制。建立以绩效管理为主、督查督办和明察暗访有机结合的抓工作落实机制，切实发挥绩效管理“指挥棒”和“紧箍咒”作用。全面推进税收工作与绩效管理相融，绩效成绩与奖金挂钩，建立“任务分解、重点督促、弥补短板、持续改进”的抓落实工作闭环，推动上级和市局党组各项重要决策部署全面落实。制定了《财务管理办法》等8项内部制度，以规范管理保证财务、行政管理、后勤、预算等有序运转，保证了中心工作的顺利开展。积极推进平安创建和综治工作。通过签订《综合治理责任书》传导综治责任制，并将综治工作纳入各单位年度绩效考核一项内容，明确综治工作目标，夯实综治工作基础，积极化解各种矛盾，为干部职工提供了稳定、祥和的工作生活的环境。

全面从严治党扎实推进　切实增强管党治党意识，抓牢压实主体责任，不断把全面从严治党推向深入。组织落实“两学一做”学习教育。组织县局党组学习组专题学习10次，组织局机关全体党员开展了专题培训，组织全系统开展了一次专题培训；制定全系统和机关两个工作方案，推动学习教育制度化常态化开展。抓实机关党建工作。制定了活动方案，开展主题党日暨精准扶贫工作活动、税企党建共建课堂、“不忘初心跟党走”主题教育活动等形式多样的活动，推动党建工作扎实开展。狠抓主体责任落实。严格实施《各级党组落实党风廉政建设主体责任实施办法》和《责任清单》，实行县局机关党支部书记和各分局支部书记抓党建述职考核评议，以考核倒逼责任落实。加大监督执纪问责力度。落实《关于抓早抓小开展谈话提醒工作的实施意见》，开展了对5个办税厅、6个分局明察暗访，加强和规范工作人员着装、税容税貌、礼仪和税风税纪管理。打造全县地税系统廉政教育品牌。举办了全县地税系统“讲政治、强党性、严纪律、守规矩”纪律教育专题讲座，推动了纪律教育学习月活动开展。大力开展学习教育。制定了年度培训计划，积极开展岗位练兵活动，地税局1人被市局评为全市地税系统“素质提升‘115’工程—岗位能手项目”人员；在税收执法资格考试中，7人参加考试全部过关，其中2人达90分以上。

2017年年底县地税局

党组书记、局长　陈喜望

副局长　罗远弘　胡海洋

纪检组长　张锟意

（张　宁）

【中国人民银行丰顺县支行】　2017年，在上级行的正确领导下，在地方党政的大力支持下，丰顺支行认真学习贯彻上级行（局）2017年工作会议精神，坚持稳中求进工作总基调，坚持提高履职质量和效益为主线，紧紧围绕上级行中心工作，认真贯彻落实稳健中性货币政策，深入推进金融改革创新，不断提升金融服务和管理水平，做好稳增长、促改革、调结构、惠民生、防风险各项工作，促进县域经济金融平稳健康发展。

紧密结合辖区实际，抓严抓实基层央行党建工作　1. 增强责任意识，层层落实全面从严治党。中共十八大以来，习近平总书记就加强基层党建工作，发表了一系列重要讲话，贯穿其中的一个核心思想就是党要管党、从严治党。全面从严治党，关键在主体责任，关键在一把手。丰顺支行党组、领导班子深刻认识到，抓好党建是主责主业，是班子最大政绩，切实把党建责任扛在肩上，抓在手上。制定党建工作责任清单，明确党组担负主体责任、党支部担负具体责任。综合运用警示教育、谈话提醒等方式，及时提醒、纠正干部职工出现苗头性、倾向性问题。建立党组与各部门责任清单，一级管好一级、一级带动一级，形成具体明确、环环相扣的“责任链”，形成上下联动、合力攻坚的工作格局，层层传递压力、层层压实责任。中共十九大召开以后，支行在全行掀起学习宣传贯彻中共十九大精神的热潮，采用重回革命圣地瑞金、重温东江革命岁月、原原本本学深悟透、两微一端新媒体推广等多种形式，全面、深入、系统地学习宣传贯彻中共十九大精神，营造浓厚学习氛围。

2. 坚定理想信念，做到思想清醒政治坚定。坚持正确的政治路线、政治立场、政治方向、政治道路，是坚持党的领导、坚持社会主义制度的头等大事。深入开展“两学一做”学习教育，推进“两学一做”学习教育常态化制度化，把坚定理想信念作为开展党内政治生活的重要任务。邀请中支党委委员讲授专题党课，联合中支各党支部开展党建调研、理论学习活动，到江西瑞金革命圣地、揭西大北山革命纪念馆、李坚真故居等地开展爱国主义和革命传统教育，切实加强干部职工理想信念教育。严格落实意识形态工作责任制，深入推进社会主义核心价值观教育，保持正确的人生观、价值观，为辖区金融改革发展和防范金融风险营造良好氛围。

3. 加强组织建设，切实发挥战斗堡垒作用。基层党组织是党联系群众的桥梁和纽带，在贯彻党的路线、方针、政策等方面，担负着重要职责，是党全部工作和战斗力的基础。支行党组充分发挥统揽全局、协调各方的领导核心作用，带头履职尽责，加强督促检查，以党建工作新成效引领、推动辖区经济金融发展。扎实抓好基层党组织建设，落实“三会一课”等组织生活制度，着力打造“一支行一特色，一支部一品牌”，提高基层党组织的统领作用、驾驭能力，提升基层党组织的凝聚力、战斗力。以支部“主题党日+”活动为平台，组织到学校、到银企、到新农村等开展主题鲜明党日活动，突出抓党建促业务成效。加强党对群团工作的领导，充分发挥工、青、妇等群团组织的作用，新建读书阅览室、心理舒缓减压室、运动休闲室等一系列“暖心工程”，体现人文关怀，激发广大干部职工集体组织归属感和齐心协力干事创业热情。

4. 坚持从严治行，进一步加强党风廉政建设。加强内部管理、增强监督实效、带好干部队伍、提升行风行貌是党建和党风廉政建设工作成效的重要体现。绷紧从严治党、从严治行这根弦，紧盯“权、钱、人”等高风险点，以开展“规范管理建设年”为契机，进一步深化岗位风险防控机制建设，扎紧制度笼子，规范业务操作规程，规范行政执法行为。把监督检查作为内部管理重要内容，加强内控管理和同级监督，加大检查频度和力度，对苗头性问题做到早提醒、早纠正，防患于未然。突出问题导向，继续抓好巡视问题整改工作，从根源上推动整改落实，补齐党建工作中存在的“短板”。

5. 突出党建引领作用，大力提升履职实效。基层党建工作抓得准不准、实不实，关键要看党的金融政策有没有落到实处。找准落脚点，将抓基层党建工作和中心工作、从严治行、内部管理等紧密结合起来，认真贯彻落实稳健中性的货币政策，切实加大对实体经济的支持力度。牢固树立基层央行“守土有责”意识，发扬“事不避难，敢于担当，奋勇向前”的精神，做好金融风险防范和处置，守住不发生系统性金融风险的底线。积极发挥基层央行金融“领头羊”作用，指导辖区金融机构增强主动服务意识，推进普惠金融发展，扎实开展金融精准扶贫工作，加大农村金融改革创新力度。在党建工作引领下，支行扶贫再贷款取得突出成绩：丰顺支行通过地方法人金融机构发放扶贫再贷款累计3.5亿元，稳居全市首位，惠及9家特色产业龙头企业，带动建档立卡贫困户就业182户，带动11个乡镇、35个贫困村、3124户贫困户创业创收，户均增收1.69万元。创新“七位一体”的金融精准扶贫模式“蓝田模式”，全面提高金融支持地区绿色农业产业扶贫精准度和扶贫效益。

发挥金融支持作用，回归服务县域实体经济本源 1. 促进地方经济健康快速发展。2017年，人民银行丰顺县支行认真贯彻总行稳健中性货币政策，灵活运用货币政策工具，发挥信贷杠杆作用，积极创新金融服务，加大信贷力度对实体经济特别是电声、木具、烟草等支柱产业企业发展的支持力度，积极支持中小微型企业及“三农”经济发展和丰顺新区建设，稳步推进县域经济振兴发展。截至2017年12月，全县存贷款稳步增长，全县金融机构人民币存款余额达174.96亿元，同比增长5.58%，比年初增加9.05亿元，增幅5.61%。其中，住户存款128.03亿元，同比增长9.08%，比年初增加10.66亿元，增幅9.23%。人民币贷款余额达71.59亿元，同比增长12.64%，比年初增加8.36亿元，增幅12.64%。其中，住户中长期贷款34.02亿元，同比增长24.42%，比年初增加6.68

亿元，增幅25.06%；涉农贷款46.57亿元，同比小幅增加3.24%；个人购房贷款20.67亿元，同比大幅增长36.98%。分行业各项贷款（除对境外贷款、个人贷款及透支外）32.31亿元，同比增加0.34亿元，增幅1.06%。

2. 支农（扶贫）再贷款政策效应明显。围绕“精准扶贫、精准脱贫”基本方略，以发展普惠金融为根基，合理规范运用扶贫再贷款，精准对接地区发展规划、特色产业、重点项目等领域金融服务需求，创新金融扶贫模式，在支持县域经济发展特色产业，带动建档立卡贫困户就业增收方面做出积极探索。支行（扶贫）再贷款资金的投放，为丰顺县提高金融助推扶贫脱贫水平，有效缓解“三农”和小微企业融资难、融资贵等问题，起到积极促进作用。截至2017年12月，丰顺支行运用支农（扶贫）再贷款余额6.31亿元，已全部到期收回；指导地方金融机构发放扶贫再贷款累计4.50亿元，额度2.50亿元。丰顺县支农（扶贫）再贷款可用额度及发放额度均位列梅州全辖第一。

3. 加强货币政策窗口指导及调研分析。通过行长联席会议，加强货币政策窗口指导，确保货币政策及时传导到各金融机构。1月、7月，召开两次全县金融机构联席会议，通报全县金融运行情况，分析预测金融工作形势。阶段性总结交流各商业银行、信用社等金融机构开展辖区金融工作经验和取得的主要成效，分析当前辖区经济金融重点关注的存在问题，提出相关建议意见。认真做好系统性金融风险分析工作，加强对重点行业、信贷集中行业、民间金融等方面的分析，守住不发生区域性金融风险的底线。通过科学合理运用差别存款准备金动态调整、支农和支小再贷款等货币政策工具，引导货币信贷和社会融资总量平稳适度增长，为转型升级与经济可持续发展提供稳定的货币金融环境。认真开展辖区中小企业融资情况和电声企业用工情况调查，发放问卷调查300余份，及时汇总辖区经济金融相关数据和有关情况。做好应收账款融资平台供应工作服务。至年底，全县已在平台注册融资10户10笔，金额36万元。

守住不发生系统性风险底线，稳步推进农村金融改革　1. 营造平安和谐金融生态环境。丰顺支行积极牵头开展辖区金融系统社会治安综合治理和“平安金融”创建工作，通过金融机构行长联席会议制度、警银协同工作机制，加强全县打击治理电信网络新型违法犯罪工作组织领导，形成防范风险合力。联合政府有关部门、辖区金融机构，继续开展“3·15消费权益日”、“金融知识‘四进’”“金融知识普及月”“防范电信网络违法新型违法犯罪知识巡回宣讲”等主题活动，创新开展“签字赠书仪式”“智慧校园发布会”“走进新农村示范村金融扶贫共建共享”等活动，全方位、多元化金融知识宣传、普及工作，使金融知识进校园、农村、社区、机关、工厂、商场、市场、边远山区，将金融知识普及覆盖全市城乡区域，不断提升市民金融知识水平和金融风险防范能力。

2. 全力抓好信用体系建设工作。会同县金融办在北斗镇召开“丰顺县普惠金融示范镇暨信用村镇建设推进会”，先后多次到埔寨镇、汤南镇、丰良镇、北斗镇，西城村、下溪村、拾荷村，建桥信用社、北斗信用社等地区、单位了解信用村建设相关情况，全面推进全县信用村镇建设和农村信用体系建设。至年底丰顺县已创建挂牌信用村250个，完成95.16%。顺利通过2017年年初进行的2016年广东省农村普惠金融“村村通”试点工作验收。与揭东支行联合开展“三个中心”挂牌活动。认真做好企业征信查询、个人征信查询、农户信用信息采集录入等工作。截至11月22日，个人征信查询6086笔，比上年增加3761笔，增幅161%；企业征信查询113笔，比上年增加72笔，增幅175.6%。

3. 普惠金融惠民助农成效稳步提升。稳步推进普惠金融“村村通”工程，建立金融产品、金融服务和金融知识下乡服务长效机制。认真做好开展辖内金融服务点优化布局工作，目前丰顺县建成乡村金融（保险）服务站263个、乡村助农取款服务点468户。加强农村支付服务环境建设，推广银行卡、手机支付、网上银行等非现金支付方式，鼓励依托银行卡助农取款探索农村综合金融服务新模式，增加基础设施落后地区金融服务的可获得性。截至第三季度，完成农村地区支付结算宣传65次，发放宣传品数量10433份（册、张、个），培训8次，覆盖1794人次；完成助农取款4.32万笔，1813.81万元。推广农村产权抵押担保贷款，试点承包权（含林地）证、宅基地使用权等确权登记发证，发放贷款7笔，贷款金额1710万元。设立“证银保”合作农业贷款基金2个，基金金额2356万元，发放贷款181笔，贷款金额1582万元。

抓好基础管理工作，夯实基层央行履职基础

1. 持续加强内部制度建设规范管理。以中支系统“规范管理建设年”为契机，自2017年一季度起，通过制度梳理完善、学习宣传教育、明确职责责任、抓严贯彻执行等形式，加强规章制度执行力建设，切实解决干部职工对制度学习不够、理解不深、执行不到位等问题。牢固树立“守纪律、讲规矩”意识，认真学习、自觉遵守、切实贯彻执行、坚决维护各项制度，促进支行各股室内控制度更加完善，内部管理更加规范，工作作风显著改观，保障基层央行顺利履职。2017年上半年，已完成支行制度汇编60余项，启用新表格、表单7样（式），以保障人、财、物安全和各项业务工作有序、平稳、高效开展为重点，提高各项内控制度完整性、科学性和可操作性，按照“一套系统一套操作规程”的要求，开展精细化管理，建立全方位内控管理机制，确保制度全方位覆盖所有业务流程。制订《中国人民银行丰顺县支行零星采购管理办法》，修订《中国人民银行丰顺县支行财务费用管理办法》《中国人民银行丰顺县支行机关会议费管理办法实施细则》《中国人民银行丰顺县支行培训费管理办法实施细则》《中国人民银行丰顺县支行差旅费管理办法实施细则》等。

2. 认真做好国库、会计财务工作。及时准确办理各项国库收支业务，积极协调财税部门组织税款入库，对各级预算收入做到及时上划。同时加强对预算收入拨款、退库的监督工作，严格执行分级审批制度，确保国库资金安全。截至12月，丰顺支库共办理预算收支业务425465笔，金额105.28亿元。其中，办理预算收入395993笔，金额19.12亿元；预算支出12575笔，金额64.47亿元；更正调库48笔，金额0.91亿元；退库454笔，金额2.87亿元；其他16395笔，金额17.91亿。加强财务管理，优化岗位设置，严控财务风险，提高会计财务工作规范化、标准化、科学化管理水平，防范财务操作风险。截至12月，共上报ACS业务动态简报11期，共办理各类业务282笔，金额81568万元。其中开销户3笔，再贷款业务3笔。全年实现零差错。做好日常结算账户管理各项工作，特别是做好人民币银行结算账户行政许可项目工作。截至12月，共办理人民币银行结算账户行政许可1961户，其中，开立772户，变更868户，撤销321户。

3. 扎实做好文明单位创建工作。2017年初以来，根据中心支行党委对文明单位创建工作有关要求，结合丰顺支行和辖区实际，安排青年行员以制度建设、活动创建和实时更新等方式，以“创先争优”为主题，紧紧围绕“学先进、比业绩、树形象”提升创建格调，突出特色，彰显亮点，扩大影响，全力营造“领先一步”的先发优势，通过文明单位创建活动，使领导班子建设得到进一步加强，干部职工队伍素质和金融业务工作水平得到进一步提高，内部管理得到进一步规范，为实现年度创建目标奠定坚实基础。截至12月，完成丰顺支行文明单位创建工作（电子台账），创建动态146条，金融业务工作175条，创建工作管理25条、领导班子建设57条、干部职工队伍建设32条，内部控制管理19条，公告栏119条。在支行党员活动室、图书阅览室购置上架一批党建理论、国学经典、金融前沿等新书，以做“文明有礼央行人”为重点，开展“学思践悟，书伴我行”活动，在干部职工中兴起读书学习、文明礼仪、勤勉爱岗新风。强化人文关怀和心理舒缓建设，搭建心理舒缓减压室、职工休闲运动场所，不断丰富职工文化生活，弘扬“快乐工作、健康生活、奉献服务”理念，营造积极向上基层央行文化氛围。

2017年年底中国人民银行丰顺县支行

行　长　童毅锋

副行长　杨敏华　张成良

（陈郁城）

【中国工商银行丰顺支行】　2017年度，丰顺支行在分行党委的正确领导下，紧紧围绕分行党委提出的坚定信心、乘势而上，继续发扬“三要三不要”精神，“撸起袖子加油干”以更加轧实的作风、更加实干精神，“实现三个确保”。支行认清新形势，把握新常态，继续坚持“以效益为中心，以考核进位”为导向，以“三个确保”引领全年工作，强化“抓日常、抓基础、抓日均、抓履职”的工作思路，积极作为总体目标。大力度支持地方经济建设。全力支持了丰顺的经济与社会发展，促进支行各项业务协调发展，坚持依法经营，实现全年安全无事故。

主要经营业绩　1. 存款业务方面。至12月末本外币全部存款余额9.05亿元，比年初减少2.7亿元，其中：公司存款余额0.99亿元，比年初减少0.02亿元；机构存款余额3.07亿元，比年初减少2.38亿元，储蓄存款余额4.86亿元，比年初减少0.28亿元，保证金存款余额0.13亿元。

日均存款方面，至12月末全部存款日均比上年日均24847万元，其中：公司存款日均比上年日均3274万元；机构存款日均比上年日均18149万元；储蓄存款日均比上年日均3425万元。各项存款日均增量当地四行排名第3。

2. 贷款业务方面。至12月末本外币各项贷款余额7.69亿元，比年初增加1.14亿元。其中：公司贷款余额1.54亿元，比年初减少1.53亿元；个人贷款余额6.15亿元，比年初增加2.67亿元，其中个人住房贷款比年初增加3.19亿元，个人消费贷款比年初减少0.32亿元，个人经营性贷款比年初减少0.2亿元。

3. 中间业务方面。至12月末实现中间业务收入654万元，比同期减少98万元，完成分行目标任务75.4%。

4. 经营效益稳步提升，利润保持持继增长。至12月末，拨备前利润达3738万元，同比增加337万元，完成时序任务进度的97%，拨备前利润当地四行排名第2。

5. 加强信贷资产质量管理，确保信贷资金安全。不良贷款余额为零，较好的完成分行下达的资产质量管控目标。

6. 狠抓内控案防、促进依法合规经营。实现安全运营零案件、零重大事故目标。

主要工作措施　1. 努力扩大存款规模。一是合理谋划保持存款持续增长，坚持阶段性与可持续发展并重，充分挖掘现有客户综合贡献度，合理调整资金结构，促进存款长效发展。二是利用渠道资源力求增源扩存。借助物理渠道力量，推进营销人员职能转变。三是活用理财产品开展差别化营销，依据客户特点和需求分层渗透。四是深入营销“龙头”和“源头”两类客户，落实重点客户行长上门拜访机制，切实抓住社保、财政等拨款源头性客户。五是强化存款制度管理，严格执行主维护人、每日通报及不动户催醒机制。

2. 加大信贷业务营销。一是稳步推进小微企业贷款业务。牢固树立“抓大抓小抓新抓优”的市场理念，市场拓展的重点放在高新技术企业，用好用活总省行相关信贷政策。二是加强个人贷款投放力度。积极开展优质按揭楼盘、中介机构“扫盲”和“围猎”行动，提升个人二手住房贷款市场竞争力。三是大力发展非房贷款业务，继续推互联网金融资产自助质押贷款精准营销活动。

3. 支行已制定下发《任务合约书》，按人下达个人任务，充分发挥每位员工的社会人脉关系（不局限于当地资源），营销关系积极外拓，向深圳、广州等延伸。

4. 抓有贷户的资金回行，深挖住房按揭客户的存款潜力，强调并严格落实好每位按揭客户必须新开立借记卡当作按揭还款卡的工作要求，并将这一指标纳入支行客户经理考核，以《各人管户情况表》的形式，抓好有贷户的资金回行，工作情况直接向支行行长汇报。

5. POS商户拓展。面多短板，加大对众多商铺、超市、欧洲风情街等重要商圈的“扫楼扫街”专项营销，同时大力推广个人账户捆绑POS机，开通微信二维码支付等业务。

6. 大力拓展代发工资业务。选择当地重的行业企业为目标客户精准营销；按照分行下达的目标客户指引，逐户落实营销。

7. 切实做好客户尽职调查工作，提高客户识别能力，严把准入关。二是做好信贷作业监督工作，确保资料的合规性、准确性、完整性及按时性。三是做好贷后精细化管理，强化日常贷后工作，确保资产不劣变；四是要不断优化信贷结构。坚持有进有退，有保有压的原则，促进资产业务健康发展。

8. 加强党建，引领发展转型。主要是抓党风，抓党建，发挥党组织引领作用，全面深入推进从严治党、从严治行，认真落实好中央八项规定，落实好“四个必须”、“八条规范”以及“六大纪律”。

9、坚持依法合规经营，确保实现零案件、零重大事故“双零”目标。坚持依法合规经营，持续推动全行牢固树立“三种意识”、筑牢“三道防线”，齐抓共管内控案防工作，履行案防主体责任，进一步夯实内控案防基础，确保安全运营。

2017年年底中国工商银行丰顺支行

行　长　叶　庆

副行长　罗　漩

（简竞文）

【中国银行股份有限公司梅州丰顺支行】 2017年，中国银行丰顺支行认真贯彻落实县委、县府的工作，立足丰顺实际，围绕构建“一区一带”发展新格局和中国银行省、市分行部署，坚持以党建为引领，坚持“两学一做”学习教育常态化制度化，认真组织员工学习宣传贯彻中共十九大会议精神；全年工作突出抓好“增效益、提份额、抓重点、控风险、抓创新、促转型”六项重点工作，全力推动全年各项任务完成。2017年度在职员工37人，其中：女员工12人，男员工25人，支行班子实行1正3副。

多措并举，不断扩大收入来源　2017年支行高度重视省、市分行的考核方案，每季度组织全行员工认真研读方案内容，通过争揽各项低成本存款，加大贷款投放，积极叙做高收益产品，不断拓宽非息收入来源和渠道。

进一步紧盯市场，深化政银和银企合作，做大存款规模　支行牢固树立存款立行的意识，坚持“早抓抓早抓主动”的策略，积极做好核心客户的关系维护，防止大额资金和核心客户的流失；进一步密切政银合作，积极承接各项财政预算划拨资金，重点拓展政府产业基金、最大限度地争取政府财政资源，推动行政事业单位存款持续增长。截至12月末，对公存款余额30457万元，比上年减少15283万元。对私储蓄存款余额100627万元，比上年增7681万元。人民币零售贷款余额14433万元，比上年增3128万元。

2017年丰顺支行强化内控合规建设工作通过狠抓案件风险防范，组织全行员工观看案例警示教育片等相关活动，每季度做好员工行为异常排查和家访工作，加强对重点人员和重点业务的风险排查，加大反洗钱核查工作，不断提升员工主动合规意识和能力，确保支行无重大违规和反洗钱风险。

强化服务管理，提升服务技能　支行成立了行长任组长的优质高效服务领导小组，制定和完善本行优质高效服务的具体措施和办法，每月对服务工作情况进行检查、通报、总结和提高。在上级部门支持下不断扩大业务服务功能，推出智能柜台、自助发卡机等设备，向客户提供个性化、有特色、体贴入微的服务，努力提高电子化利用水平，引领客户需求，使客户体验满意度不断提升。积极组织党员、业务骨干到党建共建活动企业丰顺培英电声有限公司、丰顺县泰昌电子有限公司、中山友好医院等企业宣传支付结算、个人征信、反假货币、金融知识、反洗钱等主题宣传活动，派发大量金融知识资料，面对面接受业务咨询，受到社会各界好评。同时加强岗位练兵、提升服务技能。

积极担当社会责任，提升精准扶贫实效　全行在落实政府对口帮扶工作的同时，不断加强总行“公益中国”APP推广力度，截至11月28日，丰顺支行全行员工“公益中国”平台人均帮扶金额200元，党员350元以上，支行将持续加强动员组织，以实际行动体现“担当社会责任”。

严以履职，抓好作风，确保持续健康发展　一是加强支部建设，抓好“三会一课”制度落实，深入开展“两学一做”的学习教育，激发党员自主学习热情，唤醒广大党员的党章意识、纪律意识、规矩意识，通过立标杆、树

典型，营造干事创业的良好氛围。二是支行班子成员以身作则，主动作为增强担当意识和责任意识，带头营销攻关、带头遵规守纪，切实做到守土有责、守土尽职。三是继续开展“转作风、抓执行、促发展”主题活动，带动全行员工改进工作作风，立足本职岗位和实际，提升工作成效，提高队伍战斗力和执行力。四是坚持群众路线，激发员工的工作热情。积极倾听员工心声，多从员工的角度出发，帮助员工解决实际问题，为员工减负减压，充分调动员工的积极性。

2017年年底中国银行股份有限公司梅州丰顺支行

行　长　江晓军

副行长　巫武雅　李震红　邓伟明

（曾建群）

【中国建设银行股份有限公司梅州丰顺支行】 2017年，丰顺支行坚持以中共十九大精神和习近平新时代中国特色社会主义思想为指导，认真贯彻执行党的路线、方针和政策，根据分行党委关于“两个责任”落实、“转型发展、创新驱动、合规保障”和“升级进位”核心要求，坚持“以客户为中心”的服务理念，夯实客户基础，优化业务结构，增强发展能力，提升综合服务能力，为地方经济发展提供全方位金融服务。支行追求业务发展同时，注重合规内控风险管理，抓实安全营运，确保“平安金融”的各项工作顺利实施，不断提升支行盈利水平和综合竞争力，各项业务得到了持续健康发展。

主要业务指标情况　支行全口径存款余额114888万元，比年初新增7563万元，新增市场占比298.86%，新增四大行排名第2位；一般性存款余额114888万元，比年初新增7563万元，新增市场占比297.37%，新增四大行排第2位。各项贷款余额80331万元，四行占比26.3%，排第2位，比年初新增9910万元，新增市场占比26.3%，新增四大行排名第3位。跨境人民币结算量7536万元，中间业务净收入661万元，实现税前利润3090.96万元。

加强存款及金融产品营销，稳步推进各项业务发展　支行始终坚持存款立行理念，加强核心存款拓展。一是开展各种劳动竞赛活动，加大存款营销力度，推进存款稳步增长。二是优化绩效分配制度，科学配置资源，对某些重点或短板指标进行认真梳理，并实行专项考核，运用激励机制激发员工营销热情，通过激励措施挖掘员工潜能，填补业务短板，提升网点综合经营能力。三是积极拓展客户。走访企业、客户，客户需求进行甄别，结合客户需求，重点产品营销为依托，开展综合营销。四是密切银政、银企关系，紧紧围绕丰顺新区规划建设，积极跟进政府重点基础设施项目、城镇化建设项目、重点民生供水项目、园区招商引资等重点项目提供金融服务。五是紧紧围绕“三综合”建设要求，推进“三综合”建设。（1）提升综合经营能力和信贷经营能力；（2）规范网点物理环境，优化网点功能布局；（3）进一步整治网点环境、优化网点功能布局；（4）开展“满意在建行”“造梦建行”“三走进”活动等系列活动。

加强服务、提升市场竞争力　支行秉承服务第一的理念，一是加强设备投入，新增智慧机4台、存取款柜员机1台，提升便民服务。二是加强服务管理，进一步规范员工服务行为，实行服务积分考核办法、环境整治、“服务之星”评比办法等，不断提高服务水平和管理水平，为业务发展打下了坚实基础。三是加强全员业务培训，特别是加强青年员工的综合素质培养，通过晨会、周例会或晚上休息时间组织各种业务学习培训和产品培训；组织员工参加各种业务技能提升活动，如金融知识竞赛、反假币比赛等，有效提升员工的业务知识和业务技能，提升整体服务水平和工作效率，提高市场竞争力。

加强党建结对共建，以党建引领业务　一是与人民银行开展党建结对共建活动。二是加强党建与业务工作融合，以党建引领业务发展。一年来，以党组织活动开展了个人存款、龙支付、保险、黄金、汽车分期等多项营销竞赛活动以及反假币比赛活动，通过这些活动，充分发挥党组织的战斗堡垒作用和党员的先锋模范作用。

认真落实党风廉政建设，全面从严治党

支行以中共十八届六中全会、十八届中央纪委七次全会精神为引领，认真贯彻落实中央八项规定精神、总行党委“十项要求”和省分行党委“26项规定”，组织“两准则、三条例”专题学习，通过网格化管理，按计划推进廉政系列教育专题活动，关注员工“八小时外”生活，做好抓早抓小谈话，以全面从严治党、从严治行。

加强案件防控，确保安全运营　加强案防教育，通过每月例会开展“以案为鉴”专题教育，传达学习《梅州市合规建行知行合一活动实施方案》《关于开展三线教育专题活动的通知》等内容，组织观看《不可逾越的底线》《不可触碰的红线》《基层机构员工典型案例》等视频及案例分析，要求员工要树立合规意识，珍惜职业生涯，做到合规经营，不越底线，不踩红线，不碰违法违法的高压线。认真贯彻落实总行提出的坚持从严治行、坚持案件风险“零容忍”、坚持“三个不放过”、守住“三个底线”的工作要求，围绕省分行党委“两实”（实事求是、真抓实干）、“两化”（强化基础管理、优化业务流程）经营管理思路和“合规平安年”活动目标，完善案防责任，通过每季案件联席会议、员工行为专项排查，学习省市分行案情通报，加强案件防控工作、员工动态排查，管好所在团队员工，切实提高制度执行力，确保合规操作、安全运营。

2017年年底建行丰顺支行

行　长　罗斌斌

副行长　李伟峰

行长助理　黄济坚

（杨光生）

【中国农业银行丰顺县支行】　2017年，丰顺农行在上级行党委的正确领导下，在县委、县政府的关心帮助下，认真贯彻落实分行党委各项工作部署，主动适应、积极服务经济发展新常态，坚持党建统领，围绕拨备后利润为中心的目标，立足“风险防控”的重心，比学赶超促经营，严守风险强管理，积极推进各项业务实现稳健持续发展。至2017年12月底，全行各项存款余额30.10亿元，比年初净增3.82亿元；各项贷款余额10.86亿元，比年初净增1.23亿元。

紧抓党员深学细悟，全面领会中共十九大精神　丰顺支行积极开展各具特色、形式多样、深入广泛的学习和宣传活动，坚持读原著、学原文、悟原理，做到学深悟透，准确领会中共十九大精神的思想精髓、核心要义，帮助、引导广大员工全面掌握中共十九大精神。

丰顺支行精心谋划，充分利用视频播放、主题征文、座谈会、读书读报等形式，采取多样化、互动式等多种职工群众喜闻乐见方式，大力宣传中共十九大的重大意义，宣传习近平新时代中国特色社会主义思想确立为党必须长期坚持的指导思想的重大意义，宣传中共十九大提出的重要思想、重要观点、重大论断、重大举措，引导广大职工以十九大精神武装头脑、指导实践、推动工作，以深入广泛的宣传营造浓厚氛围，使中共十九大精神成为凝心聚力、鼓舞士气、推动工作的持久动力。

围绕拨备后利润为中心，推动业务稳健经营发展　在全行不断牢固树立以拨备后利润统领全局的理念，紧跟考核导向，持之以恒抓好存款、贷款、中收等业务拓展，强化营销拓展工作，推进各项业务持续稳健发展。

1. 深化扩户提质，巩固存款优势地位。

针对存款业务市场竞争日趋激烈的态势，支行在全行强化“存款立行、存款增效”理念，积极推进扩户提质，全力抢抓和确保各项存款稳定增长。一是通过深入网点、分类指导、强化考核、走访客户，结合网点经营环境、客户基础等科学调整好营业网点每季度任务数，同时加强对网点的督导，抓好客户关系维护和基础管理工作，进一步增强关键时点的冲高和控制能力，牢固树立个人存款工作的主体地位。二是切实加强客户基础管理和平台营销工作，确保稳存增存。利用中国农业银行丰顺县支行现有系统做好客户的分层维护和分类营销，努力挖掘存量客户在他行存款、理财等业务。三是抓住市场机遇，积极跟进丰顺县机关事业单位养老保险制度改革前个人缴费退费的落地，实施上下联动营销策略，抢占社保退费资源，大力拓展个人存款，跟进广东粤海水务集团收购丰顺县自来水、温泉资源项目，广业集团、上市公司大北农公司募集项目资金、丰顺实验中学基本账户、大丰华高速公路中标施工单位广东省长大公路工程有限公司和中铁隧道局集团大丰华项目部对公账户等核心客户，同时发动全行力量，加大存款拓展力度，实现对公存款新的突破。

2. 明确发展目标，扩大资产业务规模。

个人贷款方面积极跟进本地一批房地产项目如珠光御景二期、美景房地产、翡翠东方公司、狮城华府、万江府、海棠湾、培英公司、劲达公司旧厂改造项目、顺兴花园等楼盘的销售监控账户、物维、个人按揭业务等，提升市场占有率。

对公贷款方面继续推进优化调整客户结构工作，2017年以来，主动退出两户具有明显来料、销售两头在外特征且国内生产处于半停产状态、销售收入大幅下降、潜在风险信号明显暴露的小企业客户，主抓行业龙头企业的资产业务拓展，上半年成功实现电声行业龙头企业旺兴达公司授信3000万元，下一步将努力促成用信条件的落实和发放工作，继续推进粤海水务丰顺项目约8000万元融资授信的积极推荐工作，实现优质对公资产的储备。

3. 深挖中收业务潜力，提升经营效益。

一是紧盯同业，瞄准市场，挖潜增收，加大外向型企业营销拓展力度，力争在国际业务上新的突破。二是着力做大分期业务，成立分期专业团队，积极拓展教师、公务员等优质客户群体的汽车分期、家装分期业务，全力争抢市场份额。三是加强对国开债、代理保险高收益业务品种的综合联动营销，发挥重点产品创收功能。四是结合“六个走进”（走进乡村、企业、学校、市场、车行、楼盘）活动开展，全员营销粤通卡、贵金属和基金业务，提升中收创利能力。

稳步推动KPI和积分考核，有效落实网点转型　丰顺支行面临着三个突出问题：一是人员结构“头重脚轻”，出现严重断层；二是依法合规、坚守风险底线的观念比较落后，制度执行力、管控力、风险防范意识亟待提高；三是客户基础薄弱，缺乏较高忠诚度、依存度的核心客户。为解决这三大“短板”，丰顺支行通过举办不同年龄、不同岗位、不同层级的10余场座谈会，采取定期、不定期的网转推动，落实各网点、各部门、行领导的“三大交叉”工作，稳步推进KPI及积分考核工作，转变观念，提高支行人均网均产能。从改变惯性思维定势入手，树立和践行新理念，把访客工作当成一种常态，形成一种导向，做好每个客户包的深度挖掘和新增客户的拓展，落实动态管理，提高有效户比例，提升客户的价值，打造一支能征善战的客户服务队伍。

积极贯彻落实上级行网点转型工作会议精神，严格执行“以网点改造带动网点转型，以网点转型带动经营转型”的战略部署，积极探索转变和发展之路。一是推动机器解放人，落实压高转岗工作，将解放的人力投入到营销工作中；二是转变思想观念，从交易型向营销型服务型转变，从“保姆型”向“引导员、营销员”转换，多让客户自主操作，让客户充分体验到智能机具带来的方便与快捷；三是加强贵宾客户管理，做到“三个主动”：主动上门维系、主动为客户提供资产配置方案、主动做好售后服务；四是加强专业营销，规范营销流程，全面提升专业水平、服务水平，将网点由传统交易型向综合型、营销型转变。

坚守风险底线，推进全面从严治行　一是从严把关信贷客户，保持对公贷款零不良，加快个贷不良的清收进度，严控信贷风险；二是加强员工教育和行为管理，以“三线一网格”管理为抓手，抓早抓细员工行为风险管理，真正做到管人管事管思想；三是加强运营监管工作，细化考核措施、加大检查力度、开展合规教育，防范操作风险；四是全面推进党风廉政建设和惩防体系建设，按照规定进行重大事件报告，坚决遏制腐败行为和各类案件的发生。

坚持人文关怀，推进企业文化建设　支行坚持“以人为本”，通过深入基层倾听员工心声，了解员工诉求，及时发现基层工作中的一些实际困难，切实落实关心基层、关爱员工工作。一是想方设法改进支行食堂管理和网点员工配送餐工作，有效改善了食堂环境、员工配餐饮食及乡镇网点“职工之家”建设，提升了基层员工的满意度。二是高度重视员工身心健康，举办了员工心理健康辅导讲座，适时组织各类团队活动，达到掌握员工思想动态并加以正确引导的良好效果。三是在举办丰顺农行首届“党员论坛”暨“改革与发展”研讨会的基础上，进一步激发青年活力和积极进取意识，提升队伍整体素质。

2017年年底中国农业银行丰顺支行

行　长　张　壁

纪委书记　李朝曲

副行长　江　敏　李于路　罗旭平

（冯灵丽）

【中国农业发展银行丰顺县支行】　2017年，丰顺支行在县委党委以及上级行党委的正确领导下，认真贯彻落实全国金融工作会议精神和年初、年中省、市分行分支行行长会议精神，认真学习宣传贯彻中共十九大精神，以工作任务为导向，加快业务有效发展，加强从严管党治行，提升经营管理水平，为支持农业农村发展做出新的贡献，支行全年实现安全无事故。

全面推动党建工作和党风廉政建设　1. 认真贯彻学习中共十九大精神。党支部成立学习宣传领导小组，制定实施方案，明确学习贯彻中共十九大精神是农发行当前及今后一个时期的首要政治任务。丰顺支行结合“不忘初心，牢记使命”主题教育，组织全行干部职工认真学习中共十九大精神，坚持把学习贯彻中共十九大精神作为“三会一课”的重要内容，作为党支部中心组学习的重要内容。

2. 继续深入开展“两学一做”活动，使其常态化、制度化。通过学习习近平总书记系列重要讲话，努力使学习的过程成为增强“四个意识”、向中央看齐的过程，成为坚定理想信念、提高政治觉悟、严明纪律规矩的过程，更加坚定地维护以习近平同志为核心的党中央的权威，更加自觉地推进全面从严管党治行，更加有效地服务国家战略大局和“三农”发展。

3. 切实加强《关于新形势下党内政治生活若干准则》（以下简称《准则》）和《中国共产党党内监督条例》（以下简称《条例》）的学习贯彻，严明党的纪律规矩。支行党支部充分发挥中心组学习的引领作用，组织党员对《准则》《条例》反复学、经常学，带着问题学。在实践中党员领导干部切实发挥好示范带头作用，身体力行自觉遵循《准则》和《条例》。

4. 开展“重温入党誓词、重读入党申请书”活动。支行党支部在“七一”前夕开展了“重温入党誓词、重读入党申请书”活动，每一名党员都回顾了自己入党的历程，再次剖析入党动机，也找出了差距，提出了解决的方案。通过活动的开展强化“党员意识、党员身份、党的责任”，达到了让党员干部进一步增强政治素养和党性锻炼，自觉把理想信念坚定性体现在做好本职工作中，为全行各项改革发展事业而苦干实干的目的。

履行职责，推动业务有效发展　1. 切实做好粮食收储资金供应与管理工作。支行始终坚持做好粮油储备工作，确保信贷资金供应与安全，保障了地方粮食安全和市场的供应，为地方经济发展和社会稳定做出了贡献，根据县政府地方储备粮轮换批复，2017年县级储备粮轮换6916吨，占贷1494万元，丰顺支行提前做好贷款资料收集上报，发放县储粮贷款1494万元，支持县粮食收储公司按时完成2017年储备粮轮换任务。加强库存管理，加大查库力度。做到每月不少于一次到企业各库点进行库存核查，做到银行库存台账、企业会计账、保管账相符。上下半年，按照市分行的要求对粮食收储公司进行了两次全面的库存检查，按照“有库必到、有粮必查、有账必核、查必彻底”的原则，逐库逐仓检查，确保储备粮库存数量真实、质量可靠。

2. 全力做好项目贷款的管理与营销工作。一是加强现有项目贷款的管理，密切跟踪项目进度，及时收回贷款，确保信贷资金安全。

3. 抓好存款业务的营销。一是结合贷款营销，加大存款营销和宣传力度，积极向政府有关部门进行宣传，阐明丰顺支行资金支农特殊性，以贷引存，争取更多的财政涉农资金存入丰顺支行，降低丰顺支行的资金成本。二是积极与政府和财政部门沟通，督促粮食风险基金及时足额到位。

加强基础管理工作，全面防控各类风险　1.

加强信贷管理基础工作。以总行开展的“信贷队伍建设年”活动为契机，认真做好丰顺县基础设施建设投资有限公司、丰顺县城镇建设投资有限公司、丰顺县财丰水利建设投资有限公司及丰顺县粮食收储公司的贷前、贷后管理工作。一是做好信贷监测。重点监测贷款的资金支付情况、企业真实性核查情况、即将到期贷款的企业经营情况和还款来源情况、重点信贷制度的执行情况等。二是加强信贷风险排查工作。认真贯彻落实《关于加强贷款基础信息真实性核查工作的通知》要求，按照规定的频率与要求做好风险排查工作。三是做好银监部门“三违反”“市场乱象整治”“三套利”以及“四不当”等自查工作。四是开展信贷全流程标准化的“微课竞赛”活动。

2. 夯实财务基础管理。一是积极配合省分行推广柜面业务工作。组织财会业务人员学习管理办法和操作指引，熟悉掌握集中授权系统和事后监督系统操作，不断提高操作水平，确保了柜面业务系统顺利运行。二是严格执行制度规定，合理均衡安排好财务开支，重要开支及大额费用开支全部经过财务小组审核。三是做好财税库银系统推广应用工作，做好支付结算宣传工作，加强对账和反洗钱管理。四是狠抓内、外部检查发现问题的整改落实。结合2017年银监开展的“三违反”“四不当”专项治理、市场乱象整治工作，省分行开展的信贷财会基础管理排查整改工作以及上级行定期开展财会辅导检查，基础管理考核检查，认真开展自查自纠，对自查发现问题，深入分析原因，逐项建立整改台账，制定整改措施，明确整改责任，确保问题纠正到位，责任追究到位，风险控制到位。五是加强财务收支管理，加大收息力度，坚持勤俭办行，确保各项财务开支合法合规，有效控制成本费用。

3. 加强办公安全保障工作。一是强化公文、印章、档案等风险防控，抓好有关管理制度的贯彻落实，防范操作风险。二是认真贯彻执行中央八项规定，扎实做好后勤服务工作。贯彻落实厉行节约规定，完善食堂管理服务工作，保障员工和接待用餐需求。加强车辆停放和公务派车管理，持续提升后勤服务水平。三是落实安全生产各项措施，开展重点部位和重要环节安全检查，加大案件防控和信访维稳工作力度，组织员工进行安防和消防演练，普及自救和逃生意识，做到各项防范措施落实到位，保障安全运营。四是加强安全保卫工作，实现安全无事故。一方面，把安全保卫工作和安全生产的目标、任务、责任分解落实到每个部室、每个岗位，形成一个齐抓共管安全保卫工作的局面。另一方面，着力抓好安全保卫基础工作，认真抓好全体员工的安全保卫教育和员工警示教育，加强安全设施的维护，狠抓各项规章制度落实，加大安全检查监督力度，防范各类案件和事故的发生。

加强队伍管理，提升员工综合素质　1. 加大员工培训教育力度。在支行业务发展时间紧、任务重的情况下，输送2位新员工到市分行相关部室跟班培训，1位员工到省分行学习，鼓励新员工参加银行业从业资格考试、系统内各专业持证上岗考试。

2. 开展了支行执行业务经理（原执行一级待遇）竞聘工作。经过民主投票，组织考察报市分行党委研究，分别聘任3位员工为执行经理（原执行一级待遇），进一步调动了员工的工作积极性。

3. 加强企业文化建设。开展“感恩做人、敬业工作”读书活动、参加全省系统“永远跟党走、共筑中国梦”合唱比赛、全省系统“青年智慧SHOW金点子征集”等活动，进一步增强员工的向心力和归属感，营造和谐共事的工作环境。

4. 继续大走访大谈心活动。真实了解员工所想、所需、所急的问题，切实为基层行和群众解决实际困难。

2017年年底中国农业发展银行丰顺县支行

行　长　张明华

副行长　杨永东

【农村信用合作联社】　2017年，丰顺县联社在省联社和梅州办事处坚强领导下，在县委、县政府及各级有关部门的大力支持下，深入贯彻落实2017年省联社工作会议精神和监管部门相关工作要求，坚持“稳中求进”工作总基调，以“创新、协调、绿色、开放、共享”五大发展理念为指导，根据省联社“防风险、促发展、谋改革”的工作部署，坚守“服务三农和中小微企业、支持县域经济发展”的宗旨不动摇，围绕改制农商行中心工作，坚持“改革、发展”两手抓，两不误，较好地完成了省、市下达的各项目标任务。

至年末，资产总额达78.87亿元；各项存款余额达66.75亿元，比年初增加7.34亿元，增长12.35%，存款市场占有率37.12%，市场份额继续稳居当地金融机构首位。各项贷款余额37.16亿元，比年初增加3.26亿元，增幅9.6%，贷款市场占有率50.77%，市场份额继续稳居当地金融机构首位。不良贷款余额8932万元，比年初减少2744万元，不良贷款比例2.4%，比年初下降1.04个百分点，实现不良贷款余额与比例“双降”目标，不良贷款压降工作成效显著。实现经营利润1.99亿元，同比增加6202万元；账面利润为1.21亿元，同比增加3115万元，经营利润再创新高。2017年预计缴纳各项税款总额达6617万元，为地方财政做出积极贡献。

主要监管指标中，不良贷款比例2.4%，较年初下降1.04个百分点；拨备覆盖率186.99%，比年初132.62%增加54.37个百分点；资本充足率16.42，比年初10.73%增加5.69个百分点；资本净额90330万元，风险加权资产总额550015万元；贷款损失准备充足率338.8%，较年初193.86%增加144.94个百分点。拨贷比4.49%，较年初4.57减少0.08个百分点。成本收入比34.73%%，比年初39.21%减少4.48%。各项指标持续优化，为改制农商行继续奠定良好基础。

抓改革，圆满完成增资扩股任务，夯实改制基础 丰顺县联社2017年10月开始开展增资扩股工作，积极争取当地优质企业及有实力的个人入股信用社，达到优化股权结构，提高整体竞争力的目的。截至12月底，共募足股本金81936333股，圆满完成募股任务，各项监管指标进一步优化。增资扩股后，注册资本达到4.5亿元，法人股占比提高至54.22%，职工股占比9.06%，年末资本充足16.42%，不良贷款率2.40%，拨备覆盖186.99%，主要指标达到农商行标准。

围绕中心，服务大局，各项业务稳步发展 一是抓存款，实现资金实力大幅提升。至12月末，各项存款余额达到66.75亿元，比年初增加7.34亿元，增长12.35%，实现存款规模稳步增长。二是部署贷款全员营销，扭转贷款下滑势头。各项贷款余额37.16亿元，比年初增加3.26亿元，增幅9.6%，实现贷款规模的新突破。三是抓不良压降，“双降”目标持续实现。四是稳步做大中间业务，不断拓展新的利润增长点，全面完成省联社、梅州办事处下达电子金融业务指标任务。五是抓资金营运，资金营运收入大幅提升。

倾力金融精准扶贫，金融扶贫工作成效显著 2017年以来，丰顺联社在人民银行梅州市中心支行和丰顺县支行的关心支持下，积极落实省委省政府脱贫攻坚部署，积极践行社会责任，把银行业助力新时期“精准扶贫、精准脱贫”工作落在实处。8月10日，在丰顺县委、市人行中支、市银监分局、省联社梅州办事处主要领导的见证下，丰顺联社与丰顺县扶贫局签订了扶贫小额信贷合作协议，拉开了丰顺联社新一轮践行金融精准扶贫行动序幕。协议签订之后，县联社理事长亲自部署，各部门及各基层信用社第一时间对接当地党委政府，扶贫干部、村干部，迅速进入工作状态，周密安排，联社和基层社信贷人员利用休息时间加班加点，发挥“撸起袖子加油干”、勇于担当的精神，一鼓作气连续奋战，在两个月的时间内完成了2644户扶贫小额贷款发放工作。至12月末已发放扶贫小额贷款2644户金额合计7932万元，占全县3104户有劳动能力相对贫困户的85.18%，惠及贫困家庭人口18924人。丰顺联社把金融精准扶贫工作做出了特色，做出了亮点，得到当地党委、政府的充分认可。

创新业务放光彩，农信产品日益多元化 2017年以来，丰顺联社陆续上线理财产品、车险、意外险、人身保险等保险产品，上线“鲜特汇收银台”等创新产品，在省联社及银信中心的指导下，上线投产了丰顺县实验中学项目，中间业务产品日益多元化，致力于为客户提供一揽子金融服务。一是丰顺县实验中学

“智慧校园”项目的正式投产，当前发放智慧校园一卡通1089张，预计三年内银行卡保有量达4000张。该项目聚合了学生校内场景应用和银行卡业务各项功能，为广大师生和教职工的教学、管理和生活提供方便、快捷的电子化服务，标志着丰顺县联社进军布局教育领域数字化校园建设迈出第一步，该举措得到了县委、县政府，市、县两级人行，县教育局等部门的充分认可。二是于2017年4月上线“鲜特汇扫码收单”业务，截至12月末，全县营销“鲜特汇收银台”7008户，完成省联社下达任务的1004%，为联社拓展商户收单方式提供看多样化选择，得到广大商户充分认可。三是丰富代理保险品种。2017年以来，加大和中国人寿保险公司合作力度，上线“学平险”、驾行天下、车险、人寿保险等保险品种，制订专门营销方案，代理产品日益多元化。在第二季度全市农合机构“总对总”保险业务营销竞赛中获“机构目标第一名”荣誉称号。四是代理理财产品实现新突破。代理新会农商银行理财产品，中间业务产品日益多元化。至12月末，代理理财产品余额达2000万元。五是创新信贷产品，提升信贷服务水平。2017年以来，在开办“农居贷”“农养贷”“青榄贷”“农商贷”等特色产品的基础上，新开办“易居贷”“车贷宝”等产品，更贴切客户需求，更好地服务地方经济，得到广大客户的充分认可。

落实从严治贷，防范信贷风险能力进一步提升　一是做好隐性不良贷款入账，贷款质量全面真实反应。在金融监管日趋严格的大环境，对信贷管理的要求越来越严苛。在年初有隐性不良贷款4929万元的情况下，3月末联社通过核销呆账贷款释放空间完成隐性不良贷款入账。二是出台不良贷款攻坚战方案，通过分组挂点指导，领导督导的形式深入基层加大对各挂点社的业务指导。三是加大新账不良贷款依法清收力度，全年向法院申请获得受理的贷款诉讼案件41宗，诉讼标的12271.04万元，对历年积案原未申请执行的重新申请执行，共申请执行49宗，申请标的1957.5万元。全年共通过法院诉讼执行，收回案件金额1020.24万元，收回代付诉讼费8.36万元，执行签订和解协议10宗，标的金额5223.79万元。四是加强对全辖不良贷款诉讼时效的监控管理，密切监控主债权诉讼时效、保证期间和申请执行期限等，及时主张权利，确保债权始终受司法保护。要求各社每季度上传保全通知书扫描件进行确认，并进行台账维护更新，全年未新增一户失诉讼时效贷款；至12月底，全辖共保全资产6647.18万元。五是继续严把不良贷款利息减免审核、审批关。对各社上报的不良贷款利息减免资料，严格按照文件规定逐笔进行审核，按照审批权限报送相关委员会集体审批，并对资料一户一档建档管理。至2017年年底共审核报批不良贷款利息减免审批表111户，贷款本金2071.38万元，利息150.92万元。

扭紧五大抓手，人力资本管理更上新台阶　一是着力推行薪酬改革。根据省联社和梅州办事处相关规定，结合工作实际，丰顺县联社制定了《丰顺县农村信用合作联社薪酬管理实施细则》，坚持以岗定薪、按劳取酬的原则，建立薪酬体系、完善薪酬结构。推行薪酬改革，加大职工收入差距，营造“想干事、能干事、干成事”的氛围，进一步提升了广大职工的凝聚力和战斗力。二是着力整理人事档案。丰顺联社整理将所有人事档案包括新签员工劳动合同及履历表等按国际标准建档、归档、入库，全面完成在职员工382份人事档案整理工作。三是着力执行“四项制度”。认真贯彻“四项制度”，全面执行岗位轮换、强制休假、亲属回避制度。全年共对部门及网点负责人等64名中层干部、对要害岗位、综合柜员、业务主管共214人进行岗位轮换，使轮岗换岗全面覆盖，首次实现100%。同时，按照强制休假有关规定，全年共强制休假42人次。四是着力加强教育培训。组织符合条件中层干部报名参加全省农合机构“青年干部进步工程”培养对象候选人公开选拔工作，其中5人参加笔试，2人进入面试。不断强化员工业务培训，全年共开展中层干部培训、客户经理外销拓展培训、支付业务培训等共计45场，1931人次，切实提高全员的业务能力和综合素质。大力鼓励干部职工参加在职大专、本科函授学习，着力提高辖内管理人员和业务骨干的文化素质，提升中坚力

量的文化层次。推动员工在线学习和持证上岗考试，根据省联社要求并结合联社实际，为全体职工科学配课要求员工全年完成50学时学习任务。全年组织员工参加持证上岗考试3场，参考人数共257人。五是着力加强劳动纪律。为更好地激发员工工作积极性，合理配置资源，出台了《关于调整联社机关上班时间的通知》《关于调整营业网点对外营业时间及上班时间的通知》，从11月1日起在全辖实行周末双休制度，进一步解放了柜台人力。坚持以人为本，强化劳动纪律考勤工作，按照网点人员排班表进行定岗、定人、定时排班，并及时在考勤系统做好人员调动、柜员卡制发、员工请假等日常的维护，严格执行考勤制度规定，真实反映员工实际出勤情况。同时推行晨会制度，加强监督管理。

抓案件防控，扎实推进案件专项治理工作　一是落实责任，实行各级责任人层层负责制，严抓案防工作落实。二是严抓思想教育，创新形式，通过邀请专家授课、户外参观等形式，开展形式新颖的红色体验式学习教育，切实抓好干部职工的思想建设。三是贯彻家访制度，开展员工异常行为排查，把握职工的思想动态，严防道德风险。四是切实把握重点环节，扎实开展各项严查严防专项活动。重点组织实施了银行业市场乱象整治工作、“违法、违规、违章”行为专项治理、信贷客户经理异常行为专项排查、财务会计真实性排查等29项检查。五是认真开展各项检查工作。2017年全年，共开展29项专项检查、17次常规检查及8次非现场检查。六是严抓整改落实，构建案防长效机制。针对开展各项检查发现的存在问题，积极落实整改责任人和负责人，并以业务帮助、业务指导形式抓逐条逐项进行整改，对不能及时整改的，要求制订整改计划，限期整改。全年共发出检查整改通知书113份，提出整改建议44条，全辖检查通报11期。七是敢于“亮剑”，从严问责。加强员工违规积分管理，对各营业网点建立违规积分管理电子台账，以每次开展检查发现的存在问题为基础，对应不同网点员工违规积分分值情况，实行网点划分等级动态管理。坚持以零容忍的态度整治违规行为，强化责任追究。发现问题及时处理，充分发挥规章制度的震慑力。2017年，经济处理方面：对2人（次）实行扣减绩效工资共105062.81元；违规积分方面：对违63人（次）实行违规积分共积155分。

创建安防文化，实现全年安全生产无事故　一是层层签订责任书，营造“平安、稳定、和谐、发展”的良好安防文化氛围。二是组织经警、解款员、司机全面培训，提高安全防范意识和业务技能。三是开展网络安防，通过联网监控中心对全辖营业网点、金库、柜员机、自助银行、枪库和押钞车等技防系统实现24小时实时监控。四是全面实施“异地值守”，加强值班、押运、枪支弹药和联防管理，确保金库绝对安全。五是加强四大硬件的管理与维护，全年更换5个金库门，并对留隍、东联、铜盘、北斗、西市、大龙华、小胜、径门等网点进行了硬件设施的整改。2017年在全体干部职工的共同努力下，实现了安全生产无事故，为改制农商行工作奠定了坚实基础。

加大宣传，内塑形象，农信形象大提升　一是加快推动辖内网点“硬转型”工作，优化辖内网点形象。网点建设滞后，服务环境较差一直制约着丰顺农信形象提升和发展。2017年完成砂田信用社、西市分社、铜盘分社、东联信用社、留隍信用社、大龙华信用社、龙岗分社等7个网点的装修工程，径门信用社及小胜信用社的装修工程也已于2017年动工建设，预计2018年第一季度可以完成，2018年将继续稳步拖动辖内存量未装修网点的“硬转”工程，辖内网点形象进一步提升，转型升级工作稳步推进。二是加大冠名县域重大活动宣传投入，提高社会影响力。本年度，先后冠名中国新歌声丰顺赛区总决赛专场、广东武术精英大赛、梅州市网络春晚海选丰顺专场、文艺巡演活动下乡等大型知名活动，取得了良好的宣传效果，“丰顺农信社、丰顺人自己的银行”理念更加深入人心。三是高度重视广告宣传工作，制订丰顺联社业务宣传工作方案，加强线上宣传，落实专人维护联社网站、微信，及时把联社最新资讯传递给客户。四是加强线下宣传开拓，与《梅州日报》、《南方日报》、梅州广播电视台、丰顺电视台等传统媒体合作，增强联社影响力与知名度。五是开展大型户外广告，新拓展丰顺高速出口等大型户外广告牌，逐年增大业务宣传广告费用，对丰顺联社进行全方位、多渠道宣传，有力促进丰顺农信业务发展。

夯实基层党建，打造党建坚实堡垒　2017年度，丰顺联社党建工作做了大量工作，也取得了初步成效，主要有：一是完善组织架构建设。考虑到丰顺县农村信用合作联社党员结构老化，174名党员中接近半数以上为内退退休党员，在职党员98名中分散到35个网点之中，全辖设置16个基层党支部，多个支部存在人数不足3人现状，为了扭转这一局面，切实发挥基层党建工作实效，保各项党建工作落实到位，丰顺联社将16个支部合并为5大支部，配备负责任、敢担当、善作为的优秀人才为支部书记，切实提高支部生活质量，保证党务工作不变形、不走样。二是落实联社党委班子挂点支部学习制度，指导基层支部组织生活并定期组织学习。通过做好顶层设计，基层组织生活日趋完善，基层党建工作水平得到明显提升。三是完成党建工作纳入章程工作，明确党委核心地位，加强对联社“三重一大”事项的审议。四是树立标杆，加大激励，培育良好氛围。2017年度，联社机关党支部荣获省联社党委“先进基层党组织”荣誉称号。本联社亦在7月上旬对2016年以来在党务工作中涌现出来的先进基层党组织和优秀共产党员进行了表彰，在辖内各支部形成“比学赶超帮”的浓郁氛围。五是加强发展对象培育，加大党员组织力量培育。2017年度新发展预备党员4名，2名预备党员按期转正，为联社党委注入了新鲜血液。六是贯彻执行年初党委中心组理论学习计划，本年度共开展8次党委中心组理论学习计划，并尽可能扩大至中层以上干部参会，共同学习提升，加强对中共十九大精神的学习。七是开展形式多样的党建活动。本年度，通过组织户外参观、知识竞赛、微党课、专家讲学等多种多样的活动，提升党组织的凝聚力，广大党员职工充分参与，党建工作质量得到充分提升。

抓增收节支，经营管理更上新台阶　2017年以来，改革工作持续推进，如何增收节支成为摆在经营发展中的巨大难题，联社经营层及时调整经营策略，做到开源节流，确保了利润稳步增长。一是大力开拓创收渠道，确保收入增长。加大银行卡、手机银行、短信通等电子银行，卡贷宝业务的拓展力度，大力拓展代理保险、理财、第三方存管等中间业务创收潜力，抓新业务拓展创收；二是灵活运用省联社资金调剂平台，通过存放同业、存放系统内资金，抓闲置资金创收。资金业务收入大幅提升，大大提升了利润贡献度。三是完善财务费用管理制度，确保费用管理科学化、规范化，实现费用管理程序化、效益化。

不忘初心，服务县域经济水平更上层楼　2017年，丰顺联社积极配合县委、县政府的经济发展战略，紧紧围绕“一区一带”建设，大力支持文化、旅游、休闲、养生产业，先后支持八乡山大峡谷旅游景区、鹿湖温泉度假村、蓝田农业、马山茶业等县域重点建设项目。至12月末，丰顺县农村信用合作联社发放县域各项贷37.16亿元，贷款余额占全县金融机构贷款的50.77%，已连续多年居于首位，有力地支持了丰顺地方经济的发展工作。2017年以来，丰顺联社坚持信贷投放优先支持“三农”和小微企业，至12月末，丰顺联社涉农贷款余额28.81亿元，占各项贷款的77.52%；本年涉农贷款新增2.05亿元，增幅7.67%。小微企业贷款余额25.4亿元，占各项贷款余额68.4%，比年初增加2.50亿元，增速9.99%，比各项贷款平均增速高0.39个百分点；小微企业贷款户数1043户，比年初增加3户，小微企业申贷获得率100%。累计发放小微企业贷款15.82亿元，占比63.95%。实现了涉农贷款“一个不低于”和小微企业贷款“三个不低于”的目标，继续发挥县域支农支小金融排头兵的作用。

抓“团工青妇”群团工作，企业文化建设更进一步　2017年，联社党委紧紧围绕党委中心工作，以党建统领企业文化建设，充分发挥工、青、妇等群团组织作用，开展丰富多彩的企业文化活动，进一步增强了党组织的凝聚力，使“诚信、为民、勤勉、务实、创新、争先”的企业文化理念不断深入人心。一是完成联社团总支换届工作，选配有能力、敢担当的优秀青年干部担任新一届团支委班子，统领团工作焕发活力。选配优秀青年干部至团县委挂职，构建农信社团组织和团县委沟通桥梁，大大加强银行业和政府之间联系力度。二是发挥“文体活动”的载体作用，丰富企业文化内涵。组织开展了“三八”运动会、“五四”青年趣味运动会、参观革命先烈李坚真大姐纪念馆、组织参加全市农合机构乒乓球赛等各类文体活动，大大丰富职工业余文化生活，弘扬了积极健康向上的企业文化内涵。三是发挥“社会公益”的载体作用，履行企业社会责任。三年来，持续对挂钩帮扶村—留隍镇溪南村实行“输血”和“造血”的帮扶，联社党委严格按照“六有一改变”的目标，2017年累计捐助70080元帮助贫困村改善村容村貌，完善基层设施，有效改变了挂点村的贫穷落后面貌。积极开展关爱留守儿童和“金秋助学”活动；和团县委共同组织“爱心义卖”活动，筹得104998元善款全部用于资助建档立卡贫困学子学业，充分履行农信社社会责任。四是深入实施“扶贫帮困送温暖活动”，做到“三必访”：即职工家庭遇到困难时必访，职工及职工家属生病时必访，职工家庭有丧事时必访，2017年慰问了患病及困难员工、退休员工、单亲家庭员工106人，让员工切实感受到农信大家庭的温暖。五是开展职工体检，关爱职工健康。本年度开展职工全员体检活动，通过建立对职工体检报销机制（男性报销700元，女性报销850元），大大激励了职工体检的积极性，实现了职工体检的全覆盖，更好地提升了职工关注健康的意识。六是组织了部分新员工、入党积极分子和青年干部参观广东农信第一家农信社展厅，了解了广东农信60多年的奋斗历程，加深了对农信企业文化的认识，进一步增强了对农信企业文化认同感和归属感。

2017年年底丰顺县农村信用合作联社

理事长　何镇新

主　任　陈锦扬

监事长　杨敏军

副主任　蓝海荣　钟发祥

（办公室）

【中国人保丰顺支公司】　2017年，中国人民财产保险股份有限公司丰顺支公司认真贯彻落实中共十九大精神，遵循“求实、诚信、拼搏、创新”的企业文化精神，以市场为导向，以客户为中心，坚持“诚信、效益、规范经营”，认真实践科学发展观，重视保险企业的社会效益和经济效益，发挥了保险的社会稳定器和经济助推器作用，为丰顺县经济、社会发展做出了一定的贡献。

基本情况　丰顺支公司内设经理室、综合部、直销业务部、营销业务部、车商业务部和理赔分部，截至2017年年底，共有在职员工19人。

业务概述　2017年丰顺支公司总保费收入为3772.38万元，同比增长6.84%，其中车险保费收入2300.77万元，同比增长13.21%；非车险保费收入561.44万元，同比增长8.92%；政策性业务保费收入910.17万元，同比增长-8.4%。已决支付赔款金额为1337.65万元，同比下降13%。

主要工作　1. 继续签订2017年度党风廉政建设岗位责任状，依法合规经营承诺书、计划生育责任状，促使员工行为约束在制度内。

2. 牢固树立“发展是第一要务”、“效益是第一生命力”的观念，努力扩展保险业务。支公司通过多种途径加深广大党员干部特别是领导干部对科学发展观的理解和对发展形势的认识，认清公司加快发展的坚实基础和有利条件，解放思想、更新观念，克服在发展问题上存在的模糊认识和畏难情绪，牢固树立“发展是第一要务”“效益是第一生命力”的观念，强化“又好又快”的发展举措，不断地提升了公司的发展、盈利能力，抗风险能力。

3. 认真学习贯彻中共十九大精神，把发展作为兴司、强司的第一要务。中共十九大精神是今后一段时期全党全国发展的指引，党支部组织全体员工认真学习十九大精神，进一步解放思想，引导员工紧密联系改革开放和现代化建设实际，联系单位和县情的实际，引导、教育员工牢牢把握发展这个兴司的第一要务。年初，在研究制订全年工作计划时，把“发展高于一切”作为制定全年工作计划的指导思想，从各项工作目标的制定都围绕“发展”两字做文章，把“促发展、讲效益、重合规、防风险”放在工作的首位。本年度，支公司虽然面临较大困难，内部业务方面，因业务结构优化，非车险不少业务无法续保；大部分车险客户因优惠较多造成选择投保，辆平保费大幅度下降等；外部方面，保险业竞争激烈，“价格战”很有杀伤力，公司上下一条心，主打服务牌，重视渠道建设，促进了车险业务稳定发展。

4. 诚信为本，加强优质理赔服务。根据上级公司安排，支公司成立了理赔分部，专门负责理赔业务，理赔分部按照规范化服务标准，不辞辛苦，切切实实做好查勘、立案、定损、赔付环节等理赔服务工作。工作中，做到接报案电话的10分钟内与客户联系，安抚客户，了解情况，30分钟内到达事故现场，配有专用照相机、急救药箱、消防器材、索赔资料袋等查勘工具。理赔分部工作在拼管理、拼服务过程中赢得客户的信任、好评和理解、支持，确保“理赔无忧”服务承诺的顺利实现。非车险方面，重点做好赔案的限时立案、案件处理时效和未结滞案考核工作，加快非车险赔案的结案速度，特别是农险案件、意外险和责任险的小额赔案的结案速度，提升了非车险理赔服务的质量，提高群众满意度。

5. 强化“三农”保险服务工作。目前支公司已办理了能繁母猪、果菜、农房、水稻种植保险等“涉农”保险。支公司根据丰顺县镇场分散的现状，成立了“三农”保险理赔服务。险理赔服务，他们接到群众的报案电话后，不辞辛苦，走山串户，做好查勘等工作，受到群众的好评。

6. 党风廉政建设工作，执行中共八项规定。支公司班子强化“打铁还需自身硬”道理，做好班子自身廉洁工作，警钟长鸣，抓好公司党风廉政建设工作，引导共产党员在各项工作中充分发挥先锋模范作用，加强员工法制观念，禁止在业务经营中存在“吃、拿、卡、要、报”等不正之风行为，确保了省、市公司提出的“三年内不发生新大案、要案，小案也要减少到最低限度”的党风廉政建设工作目标的实现。

2017年年底中国人民财产保险股份有限公司丰顺支公司

经　理　严增良

副经理　徐　珩　吴才松

（王木生）

【中国人寿丰顺支公司】　2017年，丰顺支公司的工作，以中共十八大思想为指引，在全省保险工作会议精神的指导下，在分公司党委、总经理室直接领导下，在当地党政的大力支持下，全体员工满怀信心，以高昂的工作热情，投入业务拓展中，确保业务发展继续保持良好势头。同时，进一步优化资源配置，强化规范操作流程，内务管理得到提升，员工队伍思想稳定。截至2017年12月1日，丰顺公司达成自营业务总保8600万元，较上年增长10%。满期给付金2000万元；各类赔付金额450万元。支公司向当地上缴各类税金155万元。

认真贯彻落实省保会议精神，紧抓阶段性业务重点，全力促进业务向前发展　2017年，支公司认真贯彻落实省保会议会议精神，三大渠道紧紧围绕市分公司阶段性业务重点，抓住业务拓展机遇，大力抓好升级报告会、网点沙龙质量，不断提升从业人员业务素质，发展人力架构，不断推动业务发展。

个险业务方面：2017年来，通过统一思想，优化资源配置，紧紧围绕分公司业务发展思路，抓好农网星级营销服务部的发展，有力促进了个险业务的发展。一季度以三年期、五年期交为主聚焦“福禄鑫尊”业务，冲击个险业务总量。从二季度开始迅速转型以十年期交为主，通过“福禄”系列以及“美满”升级报告会的有效组织，并在四季度全力冲A，冲标保，严抓基础管理和队伍发展，取得成效。一是加大独立职场运作和管理力度，着重打造主管自主经营能力。二是统一思想，加强沟通，强化提升人力发展。三是整合资源，提升管理，统一早会经营，加强了出勤管理。四是在农网组织发展方面，重点抓住中营留隍团队，通过挂点组训调整，固化出席率，强化培训，整个农网得到很大的改观，业务持续发展。

团险渠道方面：通过有效组织，不断加强

活动量的管理，抓住对公渠道业务，抓住机遇，重点公关，推动业务不断发展。

小额信贷及建筑工程险业务方面，市场面临竞争非常激烈。该部一是积极加强与政府部门的沟通联系。取得金融办的支持，确定由公司在潘田、八乡镇开办小额人身险的试点工作，在取得经验的基础上全面铺开，开展该项业务。二是开展学生险工作。通过校园意外伤害保险承保工作，与部分中小学校衔接沟通工作进一步深入，在条件较为成熟的地方开展学平险。三是重抓对公渠道业务。特别是加大与信用联社的沟通公关力度，做好与银行对公渠道业务的双方信息互通工作。

银保渠道方面：2017年来，银行渠道竞争面临较往年更加激烈的情况，支公司临危不惧，面对现实，通过统一思想，优化资源配置，抓好网点经营，严抓基础管理和队伍发展，有力促进了业务的发展。一是着力加强了与各家银行、邮政银行方面的各个层面的沟通联系，并且适时抓住机遇，取得合作单位有力支持，业务取得快速发展，期交业务有了明显增长。二是以3300项目三年期交为主聚焦重点发展期交业务。通过严抓基础管理和队伍发展，取得成效。三是加大职场运作和管理力度，强化业务追踪。各级密切配合，注重做好团队及网点的业绩追踪反馈工作。同时注重队伍建设，统一“早会”经营，加强了出勤管理。

不断加强公司品牌宣传，着力提升服务质量　2017年，在支公司继续加强业务品牌宣传。利用好在新世纪广场支公司的新职场的中国人寿广告，加强宣传。继续加强与当地相关单位和相关部门的沟通，加大保险宣传力度，提高服务质量，发挥品牌效应，使国寿品牌家喻户晓。

客服中心能认真照公司制度要求，积极配合销售部门，圆满地完成公司交办的各项工作。在理赔时效、出单时效，保全给付时效与柜面建设方面都取得了出色成绩。大力加强老业务的一次性交清及转账收费的宣导工作，取得广大客户的理解和支持。在下半年，支公司继续加强客户服务工作，抓好保单复效工作，既服务客户客户，同时又经营了客户。

继续强化各项规章制度的贯彻落实　2017年，支公司严格执行上级公司的各种内控制度、财务、单证管理等制度，提高执行力。认真做好后勤各项保障工作，做好各项内控制度管理工作。加强了对各网点的机构证照、资产管理，严格执行CI手册，强化规范管理。单证管理人员认真履行工作职责，加强了重要单证的管理，做好预警管理，使超期、超量单证得到有效控制。同时，严格财务管理制度，认真负责做好日清日结，各类资金交接，报税及费用报账工作，确保了公司了正常运作。

2017年年底中国人寿丰顺支公司

总经理　陈柏方

副总经理　李东桦

（谢　生）

经济开发　旅游

【县开发区】　2017年，在县委、县政府的正确领导下和上级部门的关心支持以及相关部门的积极配合下，广东丰顺经济开发区深入贯彻中共十九大和十八届五中、六中全会精神及习近平总书记的系列讲话、重要批示精神。紧紧围绕振兴发展主线，深化运用“两大振兴政策”，适应经济发展新常态，扭紧“三大抓手”，主动融入广东梅兴华丰产业集聚带，并取得了显著成绩。2017年3月，丰顺经济开发区扩区获省批准，扩区后面积为930.5公顷。2017年获得“广东省加工贸易梯度转移承接示范区”称号。

主要经济指标完成情况　2017年实现工业产值89.02亿元，规模以上企业工业增加值7.34亿元，税收2.7亿元，固定资产投资21.09亿元。至年底全区共引进企业129家，已投产企业112家。

坚持夯实园区建设，提升产业承载能力　在园区基础设施建设方面，充分发挥省5000万元的省产业园基础设施建设专项启动资金及海珠区每年1000万元扶持资金的撬动作用，采用PPP模式，全面推进茅园路改造工程、工业大道、横一路等基础设施建设；完成园区生活配套区、电声产品展示厅（企业孵化基地）、标准

厂房前期各项工作；建设埔农绿色饲料园污水处理厂及其附属工程、供水工程等，为园区扩能增效提供强有力保障。

在项目建设方面，实施谋划储备一批、开工建设一批、竣工达产一批“三个一批”工程。至年底，埔寨片区已成功引进24个工业项目。2017年新增试投产企业3家：旺兴达、华于科技、双胞胎，其中，旺兴达于11月正式投产；完工企业2家：大北农、立讯饲料。汇威科技2017年进出口产值达9亿多元，实现税收超千万。在建企业6家：金利华、现代农业、福建海新、蓝科尔、泰昌、培英。

坚持优化政务营商环境，增强企业投资信心　为优化政务及营商环境，以行政审批制度改革为契机，结合建设实际赋予园区行使部分国土、规划等方面的审核权限，进一步简化办事流程、缩短办事时限，进一步完善部门权力清单和责任清单，实行代办式审批、快捷化服务，全力营造廉洁高效、优质服务的政务环境和亲商、安商、富商的社会氛围。深化“暖企”行动，强化跟踪服务，统筹解决企业用地难、用工难、融资难等问题，让投资者投资放心。有了良好的政务营商环境，吸引了新希望、立讯精密、新南方青蒿素日化用品生产基地等企业计划落户园区。

一直以来，广州海珠（丰顺）产业转移工业园以服务区域经济，助推产业升级，促进创新创业，提升社会贡献为重大使命。2017年参加了省工业园协会举办的创建星级服务园区评价活动，在参评前期安排专人走进五星级园区茂名产业转移工业园学习，加强与其他优秀园区的学习交流，帮助丰顺县工业园区创建星级服务园区。同时，成立专项的工作小组，根据评价标准，安排专人负责收集整理相关资料、统计分析相关数据、总结汇报材料等工作，做到专人专责，落实到位。省工业园协会经材料审核及现场核查后，评定丰顺县工业园区为“三星级服务园区”。为提升园区服务质量和服务水平，促进园区健康持续发展，致力于培养一支政治素质好、大局意识强、技能过硬、工作作风优良的队伍。2017年10月参加2015—2016年度梅州市青年文明号评选活动，经过网上申报、复核、评审会等层层筛选，被认定为2015—2016年度梅州市“青年文明号”荣誉称号。

坚持增强环境保护，提高综合环境整治建设　开发区环境保护工作在省、市、县环保职能部门的指导下，严格按照产业准入条件，严把项目审批关，入园企业能够按照有关法规要求，做好企业日常环保管理工作，各项环保设施正常运行，各项污染物稳定达标排放。同时，结合榕江北河整治工作，制定工作方案，成立领导小组，加大日常巡查力度。至目前，共出动巡查人员530人次，发现并联合相关部门查处非法排污企业2家，督促排污手续不齐限期整改企业8家，工作取得了实效。2017年，全区未发生重大环境污染事故，无因环境问题被国家、省挂牌督办情况。

坚持集中力量，全力组织精准扶贫攻坚　根据《中共丰顺县组织部关于抓好党建促精准扶贫精准脱贫三年攻坚的实施办法》（丰委组〔2016〕19号）精神，严格按照办法要求做好扶贫工作。2017年一共带队深入挂钩帮扶点指导发展经济和慰问贫困户10次，投入22.62万元。其中开发区扶持11.7万元，党员干部职工捐资0.41万元。多渠道多途径支持贫困对象发展特色种养、增加收入。对张静怡、张南通等5户在读学生的贫困户进行帮扶济困，解决他们生活和学习上的困难。帮助张海辉和张浓花两户贫困户进行危房改造。对其他贫因户则通过实施民政兜底和医疗救助，落实保底扶贫和小额信贷等具体措施做好帮扶工作。已实现脱贫17户，计划至2018年年底实现贫困户全部脱贫目标。

坚持抓好基层党建，打造坚强战略堡垒　一是落实党工委委员挂钩基层党建责任制，5名党工委委员分别挂钩11个基层党支部。二是及时组建非公有制企业党委。开发区党工委派出1名副主任、2名工作人员，选举产生4名企业党务干部为非公党委委员，专门负责非公有制企业党建工作。指导园区非公有制企业工、青、妇等群团组织，打造专业化党务工作队伍，实现园区党员的属地化管理、标准化教育。三是派出17名党建指导员，负责51家非公企业党建指导工作，全面实现非公有制企业党建“两个覆盖”。四是加强阵地建设，成立了“丰顺经济开发区非公有制企业党群服务中心”，为企业支部党员和职工活动提供场所。2017年，开发区党工委委员一共挂钩基层支部11个，指导各支部培养积极分子24名，培养预备党员6名，为8名预备党员办理了转正手续。

坚持提升机关作风建设，打造一支优秀的建设队伍　一是加强学习教育。深入贯彻学习中共十九大精神，以习近平新时代中国特色社会主义思想为知道，按照习近平总书记“四个坚持、三个支撑、两个走在前列”重要批示要求，结合“两合一做”教育活动，组织全体干部职工深入学习习总书记系列讲话精神，切实加强机关作风建设，不断提高领导班子及干部职工的政治和思想素质，树立机关作风建设新形象。二是优化队伍结构。由于开发区原有人员存在年龄结构、知识结构不合理现象，难以适应新形势下园区发展的需要。为改变这一现状，在县委、县政府高度重视下，把思想素质高、业务能力强的干部及时充实到领导班子队伍中来，切实提高班子成员的凝聚力和战斗力；同时，2017年新调进和招录一批业务知识人才到干部队伍中，调动工作的积极性，充分发挥专业技能，真正做到“拧成一股绳，劲往一处使”。

2017年年底县开发区

主任、党工委书记　王象山

副主任　刘德灵　叶永超　陈春晓　罗浩龙　陈福鑫

（县开发区办公室）

【旅游】　2017年，丰顺县旅游工作在县委、县政府正确领导和省、市旅游局的关心支持指导下，紧紧围绕“一区一带”的发展格局，积极融入梅江韩江绿色健康文化旅游产业带建设，以创建“全域旅游示范县”为抓手，推进丰顺县旅游产业持续健康发展。2017年度全县接待游客599.5万人次，旅游总收入57.1亿元，同比分别增长15.1%和16.1%。

全域旅游建设循序推进　1. 规划先行，构建全域旅游新格局。丰顺县抢抓“省级首批全域旅游示范县创建单位”的新机遇，坚持规划先行，全方位、高起点编制多规合一的全域旅游规划，全面推动全域旅游示范县创建工作。至年底已完成《丰顺全域旅游发展规划》和《留隍镇国家级旅游度假区总体规划》初稿编制和意见征求工作，下一步将召开规划评审会。

2. 项目带动，做强做实旅游产业。全力推进“十三五”期间总投资104亿元的生态、休闲、温泉、度假等省、市重点旅游项目建设。2017年以来已完成旅游重项目投资7.9亿元，重点推进韩山、九龙嶂、八乡山大峡谷、御逸温泉度假村等重点项目续建工程建设步伐；巩固提升龙鲸河漂流、龙归寨瀑布国家AAA级旅游景区创建成果；加快大宝山、揭岭飞泉、八乡山水田园、甲溪山水、留隍鹿湖康养旅游区等旅游重点项目的规划优化和立项前期工作；加大龙岗马图、八乡东江苏维埃政府等红色旅游开发保护力度；鹿湖温泉度假村景区成功创建国家AAAA级景区。

3. 产业融合，发展全域旅游新业态。深入挖掘丰顺县古村落、温泉文化、传统民俗及美食文化等元素，大力推进旅游与体育、文化、农业、交通、工业等产业融合，成功举办中国·丰顺“喜德盛杯”国际自行车邀请赛、“醉美丰顺全域自驾”等活动，鼓励推进八乡山大峡谷房车基地、鹿湖康养旅游区“中医药健康旅游示范基地”等旅游新业态建设，马山生态茶园“茶旅一体化”、八乡田园牧歌等农业旅游项目初具规模。

4. 基础配套，完善旅游服务体系。一是大力推进厕所革命。2017年底可完成2015—2017三年新建、改扩建58座旅游厕所的任务。此外，韩山、八乡山大峡谷、龙鲸河漂流等景区正在建设第三卫生间工程，不断完善旅游公共服务设施。二是加快智慧旅游规划建设。入选广东首批“互联网+旅游”应用型培育小镇；丰顺县旅游大数据中心工程已纳入丰顺县智慧城市的首期建设内容，目前已确定中标单位、项目选址和建设方案，开始实施建设。三是有序推进丰顺县游客服务中心建设。丰顺县游客服务中心已纳入丰顺县“六馆三中心”建筑组群项目统筹考虑，项目已完成设计和招投标，即将动工建设。四是规范民宿、农家乐发展。出台了民宿（乡村客栈）、农家乐的管理办法和评定标准等政策，开展星级农家乐和民宿建设与授牌评定工作，打造了4家餐饮、2家购物共6家旅游推荐单位，培育了万兴民宿、铜峰生态农庄民宿和潭江镇官下村民宿等5家重点民宿。

旅游形象宣传力度不断加大　1. 做好旅游广告宣传。2017年共投入旅游宣传资金100多万元，强化旅游宣传促销，在梅县机场、汕梅高速公路服务区设置大型广告牌，在梅县机场国内国际出发厅LED广告屏滚动播放丰顺旅游宣传广告，与《国际日报·中国新闻》合作更好地推广丰顺旅游宣传广告，在梅州、汕头、潮州、揭阳等地电视台，全天候滚动播放丰顺旅游宣传广告。

2. 办好旅游宣传推介。全年举办了10多场（次）旅游推介会，组织县重点旅游企业到潮汕、河源、广州、上海、江苏等地举行旅游推介会，积极拓展省外市场，拓展省内外市场；积极组织全县旅游企业参加2017年广东（国际）旅游和深圳（国际）旅游博览会；举办了第一届“丰顺旅游（广州）专场推介会”并设立首个丰顺旅游（广州）推广中心；不断将旅游推介活动引向深入，进一步擦亮“中国温泉之城，中国长寿之乡”品牌。

旅游惠民富民成效显著　旅游景区的发展催生了景区农村休闲经济，促进农民增收。据统计，通往龙归寨瀑布、八乡山大峡谷、韩山生态旅游度假区等旅游主干道及景区周边农家餐馆、旅馆、商铺骤增，特别是通往龙归寨瀑布景区的金贵大道，农家乐由最初的3家，发展为现在的20多家；每逢假日旅游旺季，全县主要景区及沿线农家乐食客如潮，异常火爆。黄金姜糖、茶叶、八乡番薯、汤南小菜等特色农副产品实现了就地销售，城里人带走了“山货”的同时，农民们也收获了财富。

乡村旅游示范村建设如火如荼　汤坑镇、留隍镇已成功获评梅州市旅游强镇，留隍镇同时还入选了全国第二批特色小镇名单；八乡山镇滩良村、砂田镇黄花村已获评梅州市旅游特色村；推进八乡山镇创建旅游强镇，加快汤南镇新楼村、新铺村，建桥镇建桥村，留隍镇口铺村，八乡山镇小溪村、汤西镇南礤村乡村旅游示范村建设。已编制实施乡村旅游发展“十三五”规划，打造“一镇（乡）一特”“一村（景）一品”。

旅游服务质量不断提升　1. 加强市场管理。一是加强市场秩序监管。通过开展旅游市场“春季行动”“暑期整顿”和“秋冬会战”三大行动，规范旅游市场经营秩序，打击违法违规行为，全年出动检查63人次，检查企业全覆盖。二是指导成立丰顺县旅游行业协会，目前筹备工作有序进行。

2. 保障旅游安全。与各旅游景区、酒店、旅行社签订2017年安全生产责任书；制定了安全生产检查制度；积极开展“安全生产月”和“安全生产万里行”活动；联合工商质监、安监、交通等部门，开展安全检查22次，排查、整改安全隐患（问题）128处；联合县气象局举办全县气象灾害防御和消防安全知识培训暨旅游突发事件应急演练活动，有效确保了丰顺县旅游行业安全稳定。

3. 推动文明旅游。以创建文明县城为契机，积极推动旅游行业文明深入开展，大力开展“文明旅游志愿服务”活动，成立旅游服务志愿者队伍，在全社会营造诚信经营、文明旅游的良好风尚。

2017年年底县旅游局

局　长　陈春妮

副局长　陈加助　罗井泉

（县旅游局办公室）

教科文卫体

教　育

【简述】　县教育局位于丰顺县城汶水河河滨顺风路1号，主要负责全县教育教学管理工作。2017年有干部职工94人。内设机构有办公室、教育信息中心、人事股、招生办、高中与中职教育股、基础教育股、电化教育教学仪器站、计划财务股、体育卫生与艺术教育股、勤工俭学办公室、政策法规股（审计股）、督导室、德育与学校安全管理股、教学研究室、助学中心等15个股室及县纪委派驻纪检组。

2017年，全县有高级中学1所，中等职业学校1所，完全中学8所，初级中学12所，九年一贯制学校12所，小学79所，小学教学点100间，特殊教育学校1所，独立设置的幼儿园94所（其中公办18所、民办76所），教师进修学校1所，县青少年宫1所。在校学生70745人，在园幼儿人数19911人，公办在编在职教职员工5722人，民办幼儿园教职员工1200多人。

学习贯彻中共十九大精神　2017年，中共十九大胜利召开，全县教育系统深入学习贯彻中共十九大精神，以习近平新时代中国特色社会主义思想为指引，开创教育事业改革发展新局面。

广东省推进教育现代化先进县建设　一是县委、县政府高度重视争创广东省推进教育现代化先进县工作，县委书记、县长多次率队到基层调研，现场解决问题。二是7月上旬，北斗、汤南、汤西、埔寨、建桥、潘田等六个镇通过了广东省教育强镇复评督导验收；11月下旬，留隍、黄金、大龙华、潭江、丰良、龙岗等六镇通过了督导验收。三是为了达到“争先”的要求，2017年共投入资金3.92亿元，改善办学条件、消除大班额等问题，努力调整学校的布局结构补充教学设备设施。四是“争先”工作推进顺利，已被省督导室列入粤东西北地区推进教育现代化第二阶段督导验收计划，预计2018年6月验收。

原民办教师和代课教师自查工作顺利完成　按上级部门要求，组织人员对原民办教师和代课教师自查工作进行重新核定。经重新核定，本县户籍的民办教师3685人，代课教师1740人，合计5425人，原民办教师和代课教师自查工作顺利完成。

三所实验学校建设　通过各方的不懈努力，实验中学于2017年8月8日竣工验收，9月1日如期开学。开设初一级8个班，招收学生367人；高一级11班，招收学生550人。实验中学按省一级学校标准规划建设，占地89219.3平方米，建筑总面积76642.56平方米，征地费6700万元，基建投入2.25亿元。现在实验中学已经成了丰顺县教育一大亮点，成了丰顺教育大品牌。

实验小学、实验幼儿园于2017年9月15日正式进场开工，实验幼儿园计划于2018年8月竣工交付使用，9月1日开学招生。

信息宣传，多管齐下　站立宣传制高点，多角度全方位宣传丰顺教育正能量的人和事。成立了教育系统信息员队伍；开设了《相约杏坛》新闻专栏节目，一年共播放52期；开通《丰顺教育》微信公众号；继续做好《丰顺教育》报的出版发行工作。

学前教育　全县独立设置幼儿园94所，其中公办18所、民办76所，共设717个教学班（含小学附设幼儿班），公办和民办幼儿园普惠性覆盖率达100%；在园幼儿19911人，学前（3～6周岁）幼儿三年毛入园率98.1%。

义务教育　全县小学79所，教学点100间，在校生42990人；小学适龄儿童入学率100%，小学五年保留率96.12%，小学毕业生升学率100%。12所九年一贯制学校，12所初级中学，在校生16664人；初中学龄人口入学率100%，初中三年巩固率（保留率）96.94%，初中毕业生升学率96.3%，九年义务教育完成率83.4%。（小学五年保留率和九年义务教育完成率偏低的原因是，县每年有一部分小学学生家长外出务工或经商随迁到外地就读。）

特殊教育　县特殊教育学校共有学生40人，其中在校学生15人，另有随班就读2人，送教上门23人。

高中教育　2017年，全县共有9所高中，在校高中学生9659人。丰顺中学是广东省国家级示范性普通高中，为梅州市十所重点中学之一，设有68个班，学生3386人；全县有市一级普通高中7所，分别是华侨中学、丰顺县第一中学、东海中学、球山中学、龙山中学、汤坑中学、黄金中学；9月开办的实验中学是按照省一级学校标准配置的中学。全县普及高中阶段教育比率不断提高，2017年全县普通高中招生3134人，高中阶段毛入学率95.10%；普通高中毕业生3453人，升学率85.3%。

中职教育　全县有公办职业技术学校1所，在校学生1392人，2017年共开设了幼儿教育、计算机及应用、民航票务、安检地勤、动漫制作等专业以及会计电算化等短训班。继续加大与丰顺县培英电声有限公司、丰顺泰昌电声元件有限公司、旺兴达（丰顺）电子厂等县内10多家大企业开展校企合作。

体育艺术卫生教育　2017年，丰良中学、汤坑镇凌云小学、埔寨中心小学等三所学校被教育部确定为“全国青少年校园足球特色学校”；丰顺中学、丰顺一中、丰良镇实验小学等7所学校被省教育厅新认定为第二批“广东省校园足球推广学校”。至2017年年底，全县共有6所学校被认定为“全国青少年校园足球特色学校”，10所学校被认定为“广东省校园足球推广学校”，14所学校被认定为“梅州市校园足球特色学校”。丰顺县体育健儿在梅州市第八届运动会上取得好成绩。获综合团体总分第四名得二等奖，其中羽毛球团体总分获得全市第二名，男子篮球项目获得全市第二名，田径团体总分获全市第四名，女子足球项目获全市第三名。成功举办由57个代表队560多名运动员参加92个比赛项目的丰顺县43届中小学生田径运动会，共有5人6次打破6项县曰径最高纪录。

不断完善学校食堂管理，丰顺中学、实验中学食堂导入4D管理模式，确保食堂安全卫生；做好在校生、在园幼儿的食物中毒以及疾病防控工作；继续推进“农村义务教育学生营养改善计划”，全县共4695名学生免费享受营养改善计划。积极配合县有关部门做好“创建国家卫生县城”及“创建国家环境保护模范城市”的工作。

积极实施“体育、艺术2+1项目”，在梅州市2017年中小学音乐、美术教师基本功展示活动中，丰顺县有5名艺术教师获得二等奖，4名艺术教师获得三等奖，同时以团体总分第五名的成绩获得团体三等奖。全县各校认真积极开展文艺活动，比如文艺演出、书法比赛等，全县艺术氛围浓厚。

学校德育安全工作　争创“梅州市文明校园”。大力加强校园文化建设，促进学校德育工作深入开展，促进校园人文精神和文化品位提升。各学校积极开展社会主义核心价值观进教材、进课堂、进头脑活动，有力地推进了学校德育和素质教育。丰顺中学、黄金中学、汤坑中学、颍川中学、丰良中心小学、黄金中心小学和建桥中心小学等7所学校被评为2017年度“第一届梅州市文明校园”。

安全工作，软硬结合。一是加强制度建设，县教育局编制了《丰顺县教育系统安全管理工作制度汇编》指导学校开展各项安全管理工作。二是编制《安全月报》，由各学校提供资料，德安股负责收集出版，每个月出版一期，全年共出版7期。这种做法得到了市县领导高度重视和认可，成为县其他单位学习的榜样。三是安保改革，在县委、县政府的大力支持下，一年投入1200万元，采用购买服务的形式，全县中小学、幼儿园实行统一配备专业保安员，保障校园安全。四是完善启动一键报警装置。五是投入89万元，联合公路局、交通局在学校的周边进行交通安全大整治，在全县学校周边的重要道路增加标识或者减速带等等。

教研教学成绩　2017年，不断地采取创新教育思路，加强教研工作。邀请广州市第五中学裘志坚校长带领专家组到丰顺县进行指导工作，邀请华中著名的数学教师赵萍老师前来讲课传经送宝。积极组织教学骨干前往广州天河区开展教研活动，进行封闭式学习，形成了《仰望天空脚踏实地》教研论文集，重新修订了《教育工作指南》。2017年度丰顺县教师获省级各项奖次共12人次，其中汤坑镇第一中心小学的邓恺老师获省微课评比一等奖，丰顺中学的巫纯媚和华侨中学的吕展祥老师获首届广东省中小学青年教师教学能力大赛决赛三等奖；丰顺县教师获市级各类奖次共165人次。2017年度丰顺县学生获省级各项奖次共5人次，其中丰顺中学的张益诚同学获广东省高中生物联赛二等奖；丰顺县学生获市级各类奖次共36人次。

高考成绩：2017年，全县高考实考人数3611人。全县第一批本科入围人数36人（其中，丰顺中学32人，华侨中学1人，黄金中学3人）；第二批本科以上入围人数744人；专科以上入围人数2863人，比上年增加52人。中考成绩：东山中学录取最低控制分数线入围人数有98人。2017年5月，全县共有21所中小学（其中小学13所、中学8所）参加国家义务教育质量监测，按要求顺利完成监测任务。

队伍建设　一是培训，2017年举办了小学校长任职资格培训班2期共122人参加；音乐、美术、体育、信息技术、科学教师转岗培训447人；道德与法治、语文、历史“三科”教师培训434人；教师职务培训3880人；信息技术应用能力提升工程培训1941人；教师学历提升2032人（含民办幼儿园）；遴选了100名乡村教师置换到广东省第二师范学院进行了培训；安排嘉应学院顶岗教师132人，有效缓解了教师紧缺的问题。二是补齐配强学校领导班子，提拔任用学校领导班子34人，调整学校领导10人。三是职称评聘，100人晋升为高一级职称，其中中学高级23人、小学高级29人、幼儿园高级1人，中级47人。四是对5762位教师的教师资格进行了首次注册审核。五是评优评先，1人获“叶剑英基金优秀校长奖”，14人获“叶剑英基金优秀教师奖”；评选市优秀教师和市优秀教育工作者各9人；评选市优秀班主任和优秀德育工作者各7人；500人被评为县优秀教师；200人被评为县优秀班主任。

教育经费　各类教育经费按时足额拨付到位。学前教育家庭经济困难儿童资助资金375.6万元，资助儿童7512人次；义务教育农村非寄宿家庭经济困难学生生活费补助资金254.38万元，受资助学生17176人次；城乡义务教育家庭经济困难寄宿生生活费补助资金78.41万元，受资助学生1280人次；建档立卡学生生活费补助资金856.7万元，受资助学生3751人次；建档立卡等家庭经济困难学生免学费补助146.89万元，受资助学生903人次；义务教育公用经费（含残疾学生）8277.68万元；中职免学费补助资金278.43万元；农村义务教育阶段寄宿制学校公用经费补助资金204.99万元；普通高中国家助学金482万元，资助学生4820人次。

教育装备　全县中学现有理化生实验室157间，理化生仪器室108间，图书室39间，阅览室41间，电子阅览室32间，音乐舞蹈室44间，美术教室47间，计算机室47间，计算机9334台，普通多媒体教室795间；全县小学有科学教室84间，仪器室71间，图书室179间，阅览室86间，电子阅览室56间，音乐舞蹈室83间，美术教室82间，计算机室77间，计

算机12302台，普通多媒体教室1339间。全县各类学校均按国家最新颁发的教学仪器配备标准和规范配备教学仪器，现有普教仪器价值总金额13276.46万元。全县中小学现有纸质图书278.2287万册，电子藏书2460.02万册。

2017年年底县教育局

党组书记、局长 李志奎

党组副书记、副局长 黎足年

党组成员、县纪委派驻教育局纪检组组长 陈宗典

副局长 陈秋远

党组成员、副局长 连细芝 李万福

副科级 张伟铭

党组成员、办公室主任 黄少宏

党组成员、人事股长 丁能松

（黄少宏 黄接顺）

梅州市2017年“叶剑英基金优秀校长奖”“叶剑英基金优秀教师奖”获奖名单一览表

表2

姓名	授予时间	授予单位（市委、市政府）	荣誉称号	单位职务
张武珍	2017.12	广东省雁洋公益基金会、梅州市教育局	叶剑英基金优秀校长奖	丰顺县汤坑镇第一中心小学校长
胡小茹	2017.12	广东省雁洋公益基金会、梅州市教育局	叶剑英基金优秀教师奖	丰顺县丰顺中学教师
刘剑平	2017.12	广东省雁洋公益基金会、梅州市教育局	叶剑英基金优秀教师奖	丰顺县径门学校教师
陈苑东	2017.12	广东省雁洋公益基金会、梅州市教育局	叶剑英基金优秀教师奖	丰顺县汤坑中学教师
洪鉴椎	2017.12	广东省雁洋公益基金会、梅州市教育局	叶剑英基金优秀教师奖	丰顺县华侨中学教师
杜伟良	2017.12	广东省雁洋公益基金会、梅州市教育局	叶剑英基金优秀教师奖	丰顺县潘田中学教师
江文雄	2017.12	广东省雁洋公益基金会、梅州市教育局	叶剑英基金优秀教师奖	丰顺县东留中学教师
罗桂芳	2017.12	广东省雁洋公益基金会、梅州市教育局	叶剑英基金优秀教师奖	丰顺县汤坑镇第一中心小学教师
李艳娇	2017.12	广东省雁洋公益基金会、梅州市教育局	叶剑英基金优秀教师奖	丰顺县小胜中心小学教师
谭录华	2017.12	广东省雁洋公益基金会、梅州市教育局	叶剑英基金优秀教师奖	丰顺县潭江中心小学教师
叶琼珍	2017.12	广东省雁洋公益基金会、梅州市教育局	叶剑英基金优秀教师奖	丰顺县大龙华中心小学教师
刘扬智	2017.12	广东省雁洋公益基金会、梅州市教育局	叶剑英基金优秀教师奖	丰顺县留隍第一中心小学教师
朱许生	2017.12	广东省雁洋公益基金会、梅州市教育局	叶剑英基金优秀教师奖	丰顺县龙岗中心小学教师
张巧玲	2017.12	广东省雁洋公益基金会、梅州市教育局	叶剑英基金优秀教师奖	丰顺县丰良中心小学教师
彭颖标	2017.12	广东省雁洋公益基金会、梅州市教育局	叶剑英基金优秀教师奖	丰顺县黄金中心小学教师

【丰顺开放大学】 丰顺开放大学（丰顺县广播电视大学）创办于1983年8月，是丰顺县唯一属国民教育的成人高等教育学校。学校坐落于县城郊区的双河河畔，占地面积2公顷，建筑面积6500多平方米，环境优美，教学设备齐全，教学手段先进。系县政府下属正科级事业单位，内设有办公室、教务处、继续教育办公室、远程教育培训中心、招生办公室等机构。学校现有正式教职工12人（其中3人不占编，人事工资关系未转入）。其中：校长1人、副校长2人、主任科员1人、副科级干部2人、正股级干部3人、副股级干部3人；兼职教师20多人，其中具有高、中级职称的16人。

学校办学概况 丰顺开放大学重点开展专科和本科两个层次的学历教育。一年来，在县委、县政府的正确领导下，上级开大的直接指导下，坚持党的教育方针、政策，深入学习贯彻中共十八届六中全会、十九大及习近平总书记系列重要讲话精神，积极开展“两学一做”常态化制度化学习教育活动，上下团结拼搏，群策群力。在办好开大教育的同时，还积极与华师大、四川农大、中医大、大连理工、福师大等高校联合办学。学校办学条件不断改善，办学规模不断扩大，办学质量不断提高，专业

设置更加科学合理。专科层次开设有行政管理、会计学、法学、工商管理、农村行政管理、药学、护理学、建筑工程技术、水利水电建筑工程、电力系统自动化、计算机网络技术、林业技术、农业技术管理、畜牧兽医、学前教育等专业；本科层次开设有行政管理、法学、会计学、药学、护理学、土木工程、水利水电工程、电气工程及其自动化、林学、农学、动物医学、汉语言文学、英语、音乐学、公共事业管理等专业。努力为当地经济社会发展培养更多“下得去、留得住、用得上”的实用型人才。

学校日常工作　为扩大办学规模，加快丰顺开放大学教育事业发展，全校教职员工千方百计抓好学校招生工作。首先是领导带头，全校联动，全校教职员工人人都成招生宣传员。其次是动员广大干部和家属、亲戚朋友参与做好招生宣传工作。再次是深挖生源，创新多种宣传形式，使招生宣传深入到各个领域。由于领导重视，措施得当，工作到位，2017年开大招生567人。华师大、四川农大、中医大、大连理工、福师大等大学联办班，招生221人。丰顺开放大学在抓好招生工作的同时，注重健全学校软、硬件建设，着力做好校容校貌工作，不断提升校园文化内涵，进一步做好服务教学工作，在学校的教学综合楼耗资40多万元加装了电梯，方便师生和来校培训人员，提高了对高层电脑室和功能室的利用率；为适应当今网络化、信息化的大环境，1月，学校将原使用100M对称光纤升级为下行500M，上行132M的专线光纤，同时计算机室1的电脑数量由40+2台升级为55+2台，为更好地支持服务提供了条件，促进了现代信息技术的建设和运用；3月30日，实施丰顺县广播电视大学学区（植物园）绿化工程，并为学校内各树木挂上树名牌，促绿显校园；为加大宣传力度，提升基层开大的办学知名度，拓展办学内涵，三栋教学楼加装亮化设备，促亮显校园；3月学校对全校所有公共场所及办公区域的灭火器进行更新换代，同时于8月对学校供电设施进行防雷工程建设，确保师生人身、财产安全；5月5日丰顺县机构编制委员会《关于同意丰顺县广播电视大学更名为丰顺开放大学的批复》（丰机编〔2017〕16号），学校正式更名为丰顺开放大学，并在5月23日举行挂牌揭幕仪式，加大对新校名进行宣传；6月20日启用“丰顺开放大学”印章，并在8月底基本完成学校各类印章的刻制、各银行账号名的更改、相关单位的财会信息更改、本单位相关牌匾、设施和文档名称的更改等工作；9月21日丰顺县机构编制委员会《关于同意丰顺开放大学加挂丰顺社区大学牌子的批复》（丰机编〔2017〕52号），为学校更好地指导和推进丰顺县社区教育工作提供了制度保障，为学校转型升级提供了先决条件；10月学校在挂钩帮扶村汤坑镇石桥村进行《丰顺社区大学石桥分校》挂牌，对推进社区教育进行了先试先行。

至年底，共开办了适应社会发展的各类专、本科专业，共30多个班（专业），有在校生2751人。

2017年年底丰顺开放大学

校　长　黎柳青

副校长　曾小皇　张春灵

（办公室）

【教师进修学校】　县教师进修学校前身系原丰顺师范学校。1970年创办于丰良，1980年迁至汤坑镇东秀坪山头。学校是一所经梅州市人民政府批准、省人民政府备案的中等师范性质的学校，是丰顺县“小学教师继续教育培训基地”，占地面积0.8公顷，教职工39人，其中，中学高级职称20人。学校于1999年秋开办附设初中班，2003年12月初中班被县人民政府命名为“丰顺县实验中学”。根据丰机编〔2013〕25号文件精神，2013年9月在进修学校内，将学校前栋三层办公楼改建为丰顺县特殊教育学校。丰顺县实验中学于2013年秋停招初中班，目前，进修学校与特殊教育学校是一套班子、两块牌子，学校设有培训部、办公室、总务处和特教部，其中特殊学校设有3个级5个班，共有学生40人，其中在校正常上课学生15人、随班就读2人、送教上门学生23人。

培训工作　教师进修学校按照教育部、省教厅的部署，开展以“新理念、新课程、新技术”和师德教育为重点内容，采用培训与教研、集中面授与分散研修相结合的培训方法，开展各种教师培训。

学校领导教师深刻明白打铁需要自身硬的道理，建立健全了“校本教研促师资队伍发展”教研制度。通过网上学习与研修，教学调研与教学反思，“走出去”与“请进来”，参加培训者培训等形式，提高该校教师教研教改水平。确保该校教师永远站在知识更新点的前沿，教研教改的前沿，教学理念的前沿。

继续教育是当今世界教育发展的潮流。进校始终坚持师训和干训齐抓，培训和培养并举，职后继续教育提高并重的工作方针，进校按照省、市有关要求，立足县情、校情和师情，初步形成了集中培训和校本培训相互支持、相互补充、相互贯通的师训工作新格局。

1. 小学校长任职资格培训

随着教育改革的不断深化，为加强学校教育教学管理，提高教育教学质量，着力培养和造就一支政治过硬、作风正派、业务精湛、管理科学，能引领丰顺县教育和谐发展的高素质、专业化的小学领导干部队伍。结合丰顺县小学教育的实际，于2017年6月下旬对丰顺县68名小学校长进行任职资格培训。

2. 教育部统编三科教材培训

为进一步加强丰顺县义务教育阶段道德与法治、语文、历史学科（以下简称“三科”）国家统编教材使用，使“三科”教材的价值理念融入教育教学的各个环节，让每一位教师充分认识“三科”教材的重要思想价值，准确把握新教材的政治方向和价值导向，引导学生形成正确的人生观、世界观和价值观，结合丰顺县实际情况，于2017年9月2日至4日对七年级历史教师共32人，七年级语文教师67人，七年级道德与法治教师39人，小学一年级道德与法治教师108人，小学一年级语文教师188人，采取集中培训和专题研讨相结合的方式进行培训。

做好潘田镇新东村扶贫工作　学校在摸清帮扶对象基本情况后，在帮扶工作中切实做到思想认识到位、优惠政策到位、经费投入到位、帮扶措施到位，提高帮扶质量。

1. 经与潘田镇政府和新东村“两委”沟通走访，确定了4户困难农户帮扶名单，用心用力对困难农户进行帮扶，切实解决他们生活中的具体问题和困难，带领他们尽早脱贫。

2. 在潘田镇党委、政府的大力支持下对新东村四户没有劳动能力、未婚、无子女的农村生活困难户纳入五保范围，给予农村最低生活保障扶持。

3. 对未购买城乡居民养老保险的五保户刘义胜帮其购买了城乡居民养老保险以增加收入；根据有关政策为困难五保户购买了医疗保险，切实做到“应保尽保”。

4. 切实解决困难户的生活问题，在重大节日对帮扶对象进行走访慰问活动并给予一定的经济扶持。

教学成果　一分耕耘，一分收获。一年来，3位教师被县人民政府授予“优秀教师”称号，1位教师被评为县“优秀班主任”。

2017年年底县教师进修学校

校　长　张小宙

副校长　吴锦荣　徐　伟　罗庆辉

（徐晓华）

【丰顺中学】　丰顺中学（前称汤坑中学）创办于1928年秋，是广东省国家级示范性普通高中学校、梅州市十所重点中学之一。是“广东省一级学校”“广东省现代教育技术实验学校”“广东省绿色学校”“广东省传统体育项目学校”“广东省安全文明学校”“广东省书香校园”“广东省贯彻实施《学校体育工作条例》和《学校卫生工作条例》先进单位”、“全省中学共青团建设先进单位”“梅州市文明单位”“梅州市文明校园”等。

办学规模　2017年学校有82个教学班（其中高中部72个、初中部10个班），学生3818人；教职工345人，其中特级教师1人，广东省名教师3人，梅州市名教师5人，中学高级教师114人，中学一级教师118人，专任教师队伍结构合理，学科配套，整体素质好。

学校管理　丰顺中学坚持“创办可持续发展的学校，培养可持续攀高的学生，办人民满意的教育”的办学理念，坚持“人文·求实·创新”的办学思路，坚持“重视基础，强化素质，持续发展”的教学理念，把“科研强校、打造特色科组和备课组；以人为本，关注学生综合素质的发展”作为办学目标；以立德树人，办人民满意的教育为落脚点。在县委县政府和教育局的关心重视下，学校教育教学、生活等硬件设施不断完善，教室和宿舍安装了空调，为学生营造了良好的学习和就寝环境，任课教师每人一部手提电脑，助推办学质量不断提升。不断完善和创新学校管理制度，采取疏和堵的方法，严禁学生在校园内使用手机；统一规定学生在校期间穿校服，达到增强学生集体观念和勤俭节约的意识的目的；采取量化考核的方式，对全体学生的德、智、体、艺等方面表现进行全面科学、合理、准确的评价。本年度，全力配合县委、县政府“六城同创”工作，尤其在创建“广东省文明县城”工作方面，把培育和践行社会主义核心价值观作为学校各类文明创建工作的根本任务，举全校之力，重视程度之高前所未有，创建力度之大前所未有，收到成效之好前所未有，因创建业绩突出，11月被评为梅州市“文明单位”。在争创“梅州市文明校园”，大力加强校园文化建设，促进学校德育工作深入开展，促进校园人文精神和文化品位提升方面，因创建成绩显著，被评为第一届“梅州市文明校园”。创建“广东省推进教育现代化先进县”工作也正紧锣密鼓进行着，学校坚持全面实施素质教育，教育教学质量稳步提升，社会影响不断扩大，在全县学校中发挥了示范作用。

办学成果　丰顺中学2017年普通高考取得较好成绩，在初中毕业优质生源大量流失的情况下，本科上线率基本与上一年持平。教师参加省、市级各类竞赛辅导、评奖有31人次获奖，获县级奖一批。学生参加省、市生物联赛、物理竞赛、市物理实验操作大赛、纪念叶帅诞辰120周年系列活动的吟诵、书写、征文等共有39人次获奖，县级竞赛获奖一批。学生有35人被评为市、县“三好学生”“优秀学生干部”“优秀团员”，有15人获得“叶剑英基金品学兼优奖”。

2017年学校获得的荣誉有：“梅州市文明单位”“梅州市文明校园”“丰顺县党风廉政建设责任制量化考评量化单位”“梅州市第八届运动会先进单位”“广东省依法治校达标学校”。教师个人荣誉有：冯习创被评为市第八届运动会先进个人，张裕煌等被评为梅州市优秀德育工作者，陈优宏被评为梅州市优秀教师，黄传源被评为梅州市优秀教育工作者，胡小茹被评为“叶剑英基金优秀教师”，杨发宝等32人被评为丰顺县优秀教师。陈育胜等9人被评为丰顺县优秀班主任。蒋智等12位老师被评为丰顺县教育科研积极分子。

2017年年底丰顺中学

校　长　冯习创

副校长　曾建明　罗志烽　徐秋红　张万春

（张万春）

【华侨中学】　丰顺县华侨中学创办于1957年，重建于1987年，是县内第一所全县性的侨办学校，是丰顺县一所规模较大的普通高级中学，梅州市一级学校，高考国家级定点考场。2017年全校有36个教学班，师生人数近2100人。

学校德育　学校坚持德育为首、育人为本的原则，全面推进素质教育，坚持依法治校，健全各项规章制度。为此，学校成立了校长室、政教处和团委组成的德育领导小组，年级组长、班主任、政治教师和聘请生活管理的教官组成的德育骨干队伍。全体教职工齐抓共管，构建教书育人，管理育人，服务育人，全员参与的德育管理体系；以成功的德育推动智育的成功。学校针对高中生的培养目标，实施“以人为本，坚持尊重教育”“习惯养成教育”“责任与自主教育”等形式，培养学生树立社会责任感和正确的人生观、价值观、世界观，努力把学生培养成“四有”新人。通过开展考核评比激励机制，设立“两箱、两栏”、开展“文明班、进步班”评选，“五项评比”等活动，科学地评价德育工作的落实和效果。使学校德育工作发挥了整体功能，取得了明显效果，全体师生的精神面貌发生了很大的变化。近年来学生操行评定优良率、后进生转化率达95%以上。

办学成果　一年来，办学成绩斐然，声誉日高，鼓励全体教师积极参加各种业务学习及教育教学技能培训，转变教学观念积极向上的意识，在教学教改教研及高考方面获得了可喜的成绩。徐思南、李洪林等7人获得2017年度县“优秀党员”称号。巫秀青、林冬霞等17位教师被评为县“优秀教师”；曾庆福、刘裕席等4位教师被评为“县优秀班主任”；张丽芬、陈利萍等5位教师被评为县“教育科研积极分子”，此外，学校教师在国、省级刊物发表或获奖的论文有19人次，市级有21人次，县级有63人次。学生参加县高中一、二年级各文化学科竞赛获得一等奖50人次、二等奖94人次、三等奖127人次的好成绩。2017年学校高考上省专科线以上人数录取率为86.56%。

办学条件　完善学校后勤安全保障，由顺安保安有限公司投标管理。完善学生教室环境，对学校每间教室的钢窗进行改造。

未来展望　在中共丰顺县委、县政府及上级主管部门的高度重视下，学校正计划在原校区后面扩建校舍，按省示范性普通高中标准建设，力争早日上省一级学校。

2017年年底华侨中学

校　长　陈名晓

副校长　徐思南　陈卫海　徐小玲　李洪林

（徐喜玲）

【县实验中学】　丰顺县实验中学是2017年9月新开办的一所完全中学，位于丰顺新区红狮宫，背靠206国道，面临榕江北河，校园占地10.92万平方米，总建筑面积7.66万平方米，总投资约3.2亿元。学校现有4栋教学楼、4栋学生宿舍（配备空调）、2栋教师宿舍、1栋师生饭堂、1栋体育馆，学校还拥有标准游泳池和400米环形跑道运动场。校园分为教学区、运动区、生活区，布局合理、设计美观。多媒体综合电教室、理化生实验室等功能场室一应俱全。通过智慧校园等项目建设，实现智慧化校园管理。

2017年秋学校共有教职工83人，专任教师81人（其中研究生学历教师5人），教学辅助人员2人。中学高级教师8人，中学一级教师31人，中学二级教师31人。

2017年在校学生：七年级8个班367人，高一级11个班550人。

德育工作　德育是实施素质教育的灵魂和核心，丰顺县实验中学自开办以来一直把德育工作放在学校工作的首位。为加强德育工作，学校不断探索新路，深化改革，学校领导班子团结全体教师，群策群力，全面推行“感恩德育”，做好学生的德育工作。

1. 贯彻落实教育部《关于开展弘扬和培育民族精神的若干意见》和《公民道德实施纲要》加强对学生的爱国主义精神、中华传统美德和革命传统、创新精神的教育，为学生的人生发展奠定思想基础。

2. 在校园内加强有关“感恩德育”的文化宣传，通过有计划地组织学生参加劳动和社会实践，包括家务劳动、公益劳动、社会调查等，让学生养成“文明、礼仪”等良好的习惯，不断提升学生的信心。

3. 根据学生不同的年龄特征，利用黑板报、宣传栏、讲座等多种形式加强对学生的心理健康教育，消除学生的心理障碍让学生快乐健康地成长。

4. 为加强家校联系，提高对学生教育的实效性，不定期通过校讯通发短信息给家长，强调安全、学习等事项。班主任主动家访、电访，及时与家长交流，共同探讨教育子女的最佳办法；学校通过给家长一封信形式，及时掌握学校德育工作的中心任务和有关“安全健康教育”、“感恩德育”等内容，并要求家长在回执上写意见，使家校教育步调一致，更有实效。

师资建设　半年来，学校结合“两学一做”学习教育和学习中共十九大会议精神等活动，与时俱进，开拓创新，狠抓教师的职业道德水平和法制、纪律观念建设，坚持以法治校，强化团队精神、敬业精神、奉献精神和创新精神；加强了学校廉政风险防控机制的建设，强化级组管理。学校行政领导全部挂级到各个年级，并到级组办公室办公，加强学校与教师的人性化管理和有效联系；为不断提高学校的办学质量，学校逐步建立并完善了奖教奖学制度，对在教育教学过程中取得好成绩师生给予奖励，从而激活老师的工作热情。同时，学校要求教师特别是年青教师不断提高综合素质，增强竞争意识和能力，并努力为教师参加培训、进修提供机会，大批年轻教师已经成为学校的教学骨干。2017年，学校的陈苑东老师被评为“叶剑英基金优秀优秀教师”。

教学成果　学校在狠抓德育工作的同时，学校全面贯彻党的教育方针，坚持改革创新，以“吃苦耐劳、求真务实、开拓创新、明德至善”为校训；坚持“因材施教、厚德崇文”的办学理念；努力形成严谨、高效、敬业、精细、优良的校风与学风；以教学为主要抓手，重视学生德智体美劳全面发展。

2017年年底县实验中学

校　长　吴丽璇

（陈苑东）

【东海中学】　丰顺县东海中学建于1984年，是一间侨建县属完全中学、市一级学校。学校位于埔河文庙，依山傍水，风景秀丽，是一所环境优美、教学设施完善、校风良好的学校。学校占地面积6公顷，校舍建设达1万多平方米。自建校以来，学校坚持“德育为首，教学为主，育人为本”的办学原则，积极实施素质教育，走特色办学之路。

教学特色　学校在抓好教学的同时，充分发挥自身优势，积极探索“艺术特色”的新路子，着力培养和发展高中艺术（美术和音乐）教育，为高等艺术院校输送了一大批优秀的学生。经过多年的实践、探索，学校高中艺术教学已初具规模，形成了自己的特色，艺术教学的成绩在梅州市也名列前茅。

学校德育　学校建立和健全了由校长、党支部为核心的德育工作领导机构。成立以校长、抓德育的副校长、政教处主任组成的德育领导小组，以及由年级组长、班主任、政治教师和生活管理老师组成的德育骨干队伍，健全和完善各项规章制度。全校教职工齐抓共管，充分发挥教书育人、管理育人、服务育人的功能，寓德育于教学和管理之中。

学校组织教师积极开展德育科研。依据学生身心发展不同阶段的不同特点，分年级实施《中学德育大纲》，深入、有效地开展爱国主义、集体主义和社会主义教育，培养学生科学的人生观和世界观以及正确的价值取向。发扬中华民族的优良道德传统，养成良好的道德情操、行为习惯和个性心理素质。加强对学生的爱国主义教育、理想前途教育、道德品质教育、行为规范教育和法制观念教育。搞好“三化”建设，建立德育基地，如校史室、本校师生美术作品陈列室等，形成良好的德育氛围。充分利用学校的特色教学，如美术展和文艺会演，通过寓教于乐的方式，提高学生们的审美水平和鉴赏能力。近年来学生德育优良率都保持在90%以上，违法犯罪率保持为零。

师资建设　加强教师的思想建设，关心教师的政治生活。多年来学校始终切实加强社会主义精神文明建设，依据国家教委颁发的教师职业道德规范，在教师中开展职业道德建设，加强师德教育，做到“一个坚持、三个结合”。一个坚持即是坚持正面引导，重视提高教师队伍的师德建设水平。三个结合，即把加强教师职业道德建设和建立教书育人机制结合起来；把加强师德的建设和加强法制观念，提高教师政治素质结合起来；把加强师德建设和校风、教风建设结合起来，逐步形成良好的教风。

经常鼓励教师特别是年青教师要“双向成才”。学校鼓励教师积极参加培训、进修、努力提供教师培训，进修的机会，在资金上给予补助。2017年，学校教师的学历达标率高中已达96%，初中达100%。学校制订有奖励条例，对撰写论文、发表文章和得到各种荣誉称号的教师给予奖励。学校重视教师个人的发展，给教师提供表现的机会，每学期组织优质课评比活动，对优胜的教师给予一定的物质奖励和精神鼓励。以上的做法大大提高了教师的自信心和成功感，使他们的创造需要、成就需要得到满足，让他们感到在教师岗位上，聪明才智同样可以得到发挥。

教学业绩　多年来，该校通过加强教师队伍管理和狠抓校风学风的建设，使教育教学质量有了很大的提高，取得了优异的成绩。中考和高考频传佳报，2017年共有114名考生考上重点中学，考上市重点宪梓、东山中学分数线的有14人。2017年高考考上本科以上的有9人。教师撰写的论文获县级以上的奖项的有24

篇；此外，教师中取得县级荣誉的共有23人次。

2017年年底县东海中学

校　长　廖茂镖

（徐永新）

【丰顺县第一中学】　丰顺县第一中学是一所完全中学，梅州市一级学校，创办于清光绪二十九年（1903），是丰顺县历史最悠久的百年老校。学校包括丰顺县第一中学校本部和仙洞教学点。

1. 在校师生数

2017年年底，学校有31个教学班，在校学生共计1166人，其中，高中15个教学班，在校生605人；初中16个教学班，在校生561人。全校教职工总数为181人，其中专任教师168人，高级教师64人。

2. 领导班子

学校行政人员：校长吴池，副校长吴金城、吴春河、邹红云、郑春浇、彭胜昌；办公室主任罗竞栈，副主任谢玉宏；教导处主任吴昌吉，副主任彭继祖、吴素莲、谭长江、蔡立华；政教处主任吴庆洲，副主任吴耀文、邹兆生、冯凌峰；后勤处主任吴培伦，副主任吴羽长、郑啸明；团委副书记：黎旭芬。

校长吴池负责学校全面工作，仙洞教学点由彭胜昌副校长负责。

学校党支部：书记吴池；支委：吴培伦、郑春浇、吴羽长、张小凤。

加强依法治校工作　中共十九大指出“全面依法治国是中国特色社会主义本质要求和重要保障”。依法治国在教育系统的具体体现就是坚持依法治教、依法治校。为了加强依法治校工作，学校聘请了吴承泽律师、金沙律师为学校常年法律顾问。

加强政治学习，做好党建工作　开展中共十九大精神专题学习。全校开展“喜迎十九大”系列主题教育活动，邀请县委党校和镇党委等领导、专家以讲座形式开展十九大精神解读、辅导学习。全面贯彻中共十九大精神，深入贯彻习近平总书记系列重要讲话精神。

认真做好教育教学常规管理工作　2017年，学校教育工作坚持以人为本，落实科学发展观，以办人民满意教育为宗旨，围绕教育高水平均衡发展的主线，以加强教育内涵建设为重点，内抓管理，外树形象，坚持以科研为先导，提高教师素质，深化课程改革，强化教学管理，以质量为生命线，以管理为保证，认真做好教育教学常规管理工作，提高了学校的核心竞争力，促进了学校的可持续发展。1. 严格执行课程计划。按国家规定开齐课程，开足课时，每天按时上下课，保证学生每天有足够的学习、睡眠和运动时间。2. 规范教学工作管理。为了加强学校的教学工作管理，对教师的备课、上课、批改作业、听课、评课都作了具体要求，进一步规范教学工作管理。3. 落实教学工作检查。开学初，各教师要写好本期教学计划，并严格按照教学进度来授课，为了解各教师授课，作业批改、建立学生档案等情况，学校采取教学常规情况检查，每学期由学校行政、科组长、级组长组成检查组对各教师执行教学常规情况进行检查三次以上，并填写表格上交教导处。4. 积极开展教研教改活动。开学初，各科组长对该科的教研活动作全期的全面安排，每位教师每期至少要上一节研究课。5. 开展多种教育活动，加强思想品德教育。学校把学生的思想品德教育放在首位。把学生的思想教育渗透在教学、多种教育活动中。本年度，学校邀请公安、交警、消防等单位领导来给学生上法制教育课、交通安全课、消防知识课，让学生增强法制意识、安全意识。搞好防震应急安全演练。6. 加强学校、社会、家庭的联系，创造和谐校园。要求各班班主任积极主动地进行家访，认真做好记录。把学校的各项规章制度和对学生的各种教育跟家长联系，学校不定期召开部分家长会议，跟家长共同探讨如何教育孩子，如何管理学生以求达成共识。

加强校园文化建设，优化学校人文环境　一年来，学校本着“以人为本，和谐发展”的校园文化建设理念，高度重视校园文化建设，把校园文化建设纳入学校教育工作的重要议程，以创建“书香校园”为指导思想，不断加强校园文化建设，大力营造校园文化氛围，提升校园文化品位。

主要成绩　2017年高考，学校三批以上148人，二本以上12人，一本（地方专项）1人，完成了上级下达的任务。中考县重点线以上43人，市重点（含指标生）10人。学校初中组足球队参加“县长杯”足球赛，取得第6名。2017年12月被评为“广东省青少年校园足球推广学校”。2017年12月被评为“广东省依法治校达标学校”。学校党支部被评为“丰良镇先进基层党组织”。校长吴池被评为“梅州市优秀教育工作者”。

2017年年底丰顺县第一中学

校　长　吴　池

（谢玉宏）

【球山中学】　丰顺县球山中学是县属普通完全中学，梅州市一级学校，荣获梅州市“语言文字规范化示范学校”和“德育示范学校”、广东省“书香校园”、广东省“依法治校达标学校”和丰顺县“安全文明校园”荣誉称号。学校分东、西两个教学区，约1.5千米，占地面积50650平方米，其中建筑面积28660平方米。现有33个教学班，学生1565人，教职工154人。学校是一所设备功能室齐全、师资雄厚、环境优美的书香校园。

学校发展规划　学校成立以叶织南校长为组长的学校发展规划工作领导小组，在新常态下，学校工作开创新思路，与时俱进。

一是加大资金投入，改善办学条件。学校积极争取上级和乡贤校友的支持，由廖若飞先生捐赠100万元在西教学区建成足球场一个并于2017年4月落成庆典；购置实验器材和现代化办公设备，不断改善办学条件，完善设备实施，学校布局更加合理，环境更优美。2017年11月东教学区九年级搬进西教学区办学。

二是加强思想政治教育。学校坚持以习近平新时代中国特色社会主义思想为指引，树立“以人为本、全面发展”的办学理念，教书育人，教风好、学风浓，教育教学质量稳中有升。

学校以理想前途教育、养成教育和安全教育为重点，以学生自我教育为中心，以体验教育为特色，促进学生健康全面发展，形成了“文明、进取、合作、创新、和谐”的校园文化。

三是教师队伍建设。学校强化师资队伍建设，提高队伍素质，改善队伍形象，建立健全师德建设规章制度，把师德作为学校教师考核评估的一项重要内容，确保了师德教风建设活动的顺利开展。

学校业绩成果　2017年12月球山中学被教育厅评为“广东省依法治校达标学校”。

2017年高考上本科线12人，三A线42人，三B线以上185人；中考入围重点线以上58人。

2017年学生参加各级各类学科知识竞赛获奖有108人次；学生获得县级以上荣誉称号80人次。

2017年年底球山中学

校　长　叶织南

（李泽平）

【龙山中学】　丰顺县龙山中学位于丰顺县南端的汤南镇，创办于1939年春，是一间侨建完全中学，梅州市一级学校。学校占地面积66667平方米，建筑面积22600平方米。校园布局合理，分教学区、运动区、生活区，设计美观。现有教学班27个，初中21个，高中6个，学生1182人，教职工153人。

学校以“团结、感恩、求实、创新”的校训，持“创办适合学生成长的学校，培养适应社会需要的人才”的办学理念，秉承“以人为本、内强素质、外树形象”的办学宗旨，注重领导班子建设，采取半封闭式的管理模式，加大教育改革力度，以教学改革为中心，以师德建设为核心，以增强全体教师的教学技能为突破口，加强教师队伍建设，优化校园环境，加强品牌意识，教育教学质量稳步上升，努力打造龙中新品牌。

工作成效　2017年，学校围绕县委县政府、县教育局提出教育的工作目标，结合争创“广东省推进教育现代化先进县”的工作要求，制定学校工作计划，落实工作措施，努力改善校园环境，完善办学条件，加强学校管理，提高办学质量，实现教育教学工作稳步前行，主要如下：

1. 加强学校基础设施建设，完善办学条件

等方面

学校争取上级部门、校友乡贤等支持，投入100多万元改建校舍、完善办公、生活设备设施、补充图书、教学设备，加强校园文化建设，改善校园环境，顺利通过“广东省教育强镇复评验收”。在上级支持下，400米标准化的丰顺新区运动场建设完成，经由县体育局交付学校使用；在上级部门及校友支持捐资183万元重建成一栋2层830.15平方米的图书；前期投入400多万元修建一栋四层4994平方米的初中部教学楼，主体基本完成。

2. 特色办学，成绩斐然

学校在加强中考、高考备考基础上，注重教学改革，提高备考实效，开展“感恩”主题特色校本德育课程，校园义工活动氛围浓厚，12月17日东莞LT36爱心团队大型体验式亲子公益活动走进龙山中学，引起校内外较大影响，县电视台、广东综艺南方都市3频道播放了本次活动。重视课余活动，11月3日成功举办第二十三届校运动会；11月24日至26日学生运动队参加丰顺县第四十三届中小学生田径运动会，获初中部甲组第八名成绩；12月举办了学校书画艺术节；12月14日学校成功举行了地震避险安全演练，增强学生安全意识与技能。

2017年中考、高考取得理想成绩。其中高考，教育局定任务目标省3A线1人以上，实际完成省3A线2人，完成率为100%；421名学生参加中考，进入县重点线人数达101人，其中入东山中学线人数12人，位居全县第二。

师生获奖方面：2017年杨增雄老师获梅州市学校安全管理工作先进个人称号；刘小清、黄国仕、罗文华等15位老师获丰顺县优秀教师称号；罗碧芬等3位老师获丰顺县优秀班主任；陈秋兰等3位老师获丰顺县教改积极分子称号；有36位学生获县、市级以上荣誉。

2017年年底龙山中学

校　长　罗金鹏

（刘扬丰）

【龙泉中学】　龙泉中学创建于民国30年（1941）3月。曾改名为“埔寨中学”，1985年恢复“龙泉中学”校名。1988年6月县将“丰顺县冠山农业中学”并入龙泉中学，改称“丰顺县龙泉职业中学”（现为丰顺县职业中学龙泉分校）。龙泉中学是一所农村完全中学。

学校情况　龙泉中学占地面积6万平方米，校舍建筑面积14620平方米，学校建有教学大楼4幢（其中1幢为实验室，1幢为功能室，2幢为教室），图书馆1幢，大礼堂1座，办公楼1幢，食堂和学生宿舍1幢，教师宿舍楼4幢共80多套。学校有400米环形跑道的标准运动场。校园按花园式设计，布局合理，校园环境优美，校园绿化率达100%。2017年全校14个班，其中高中职业教育2个班，学生650人，教职工63人。

教育教学成果　2017年，龙泉中学在上级党政的领导下，加强学校内部管理机制，全面贯彻教育方针，坚持“德育为首，教学为主，育人为本”的原则，全体教师发扬“勤、严、细、实”的精神，积极开展教研活动，大力推进素质教育，使本校教育教学质量稳步提高。2017年中考、高考（高职）都取得较好成绩，得到了社会的肯定。学校积极开展体育运动，2017年10月学校足球队参加县长杯足球比赛获初中组第三名；2017年11月学校参加丰顺县第43届中小学田径运动会取得了初中甲组第二名的好成绩。2017年学生参加各学科竞赛和获得的市县级荣誉有39人次；教师在国、省、市发表作品及论文获奖等22人次；学校获得县级荣誉3次。

2017年年底龙泉中学

校　长　张小青

（谢群辉）

【职业技术学校】　丰顺县职业技术学校是于1991年由梅州市政府批准开办的一所市级骨干职业技术学校，隶属于丰顺县教育局，是丰顺县唯一的公办职业技术学校，是梅州市职业技术教育先进单位，是梅州市农村劳动力技能培训转移就业定点培训机构。学校现有学生1392人（含三年级实习生及校企合作班），开设5个专业；教职工54人，其中高级职称教师19人，中级职称教师23人，“双师型”教师20人。

学校规模　学校位于丰顺县城区，占地面

积约4.67公顷，建筑面积1.6万平方米。其中教学楼1幢，实验楼1幢。学生宿舍2幢，学生食堂1幢，教师宿舍1幢，办公楼1幢。现有教学设施设备包括：可使用课室16间，多媒体专用课室2间，电脑室5间，电子实验室1间，电拖实验室1间，音乐室3间，舞蹈训练室1间，会计模拟实验室1间等功能室均配备了多媒体电教平台。学校图书室1间，阅览室1间，电子阅览室1间，美术室1间，心理咨询室1间，卫生保健室1间，图书室藏书共2.9万册。设备总价值675万元。学校有独立的网站域名。200米环形4条塑胶跑道的田径运动场1个，篮球场2个，排球场1个，乒乓球室1间。学校依山傍水，环境幽雅，是读书求学的理想场所。

教育教学　学校全面贯彻党的教育方针，以培养“学有所长，学有所创”的实用型技术人才为办学宗旨，与时俱进，开拓创新，坚持以德育为首，加强师生政治思想素质建设，加强法制教育、职业道德教育和竞争意识培训教育。形成“勤奋、进取、开拓、创新”的良好校风。坚持以教学为中心，培养学生动手能力为目的，突出实践教学、技能教学，使学生学有一技之长，构建职业技校的办学模式和办学特色。以市场经济发展为导向，不断调整专业设置，2017年共开设了幼儿教育、计算机及应用、民航票务、安检地勤、动漫制作等专业，以及会计电算化等短训班。学校为扩大招生规模，创新办学模式，继续与其他教育机构签订联合办学协议，实现强强联合；继续加大与丰顺县培英电声有限公司、丰顺泰昌电声元件有限公司、旺兴达（丰顺）电子厂等县内10多家大企业开展校企合作，2016年春季，新开设了航空票务、动漫制作专业，为企业培养更多实用型技术人才和管理人才，体现了“以服务为宗旨”的办学方针。自开办以来，培养了9500多名适合市场需要的初、中级专业技术人才，遍布全省各地，深受用人单位的好评，并在各自的岗位上发挥积极作用，成为单位的佼佼者。学校师生参加各类竞赛也连创佳绩，2016—2017年度刘德荣、邱春婷2位学生被评为市级“三好学生”，江宏鸿同学被评为市级“优秀学生干部”，巫艺鸿同学被评为市级“优秀共青团员”。学校被教育部评为2017年全国国防教育特色学校。

师资建设　学校以全面提高教师队伍素质为中心，不断加强专业教师的建设，培养中青年专业带头人和骨干教师为重点，建立有利于教师资源配置和优秀人才脱颖而出的有效机制。学校定期或不定期选派教师参加国家、省、市、县举办的各级各类专业培训和师德师风建设培训，加快“双师型”教师建设步伐。2017年学校共选派12人次参加各级各类专业培训和师德师风建设培训。

2017年年底县职业技术学校

校　长　徐文丰

（徐名旺）

【汤西中学】　丰顺县汤西中学创办于1956年，是一所完全中学，2017年有教职工85人，学生328人。学校全面贯彻落实党的教育方针，坚持全面发展的社会主义办学方向，全面实施素质教育，秉承“文明奋发、勤学进取”的校训，以“办适合的教育，做最好的自己”为办学理念，发扬“严勤细实”的教风，树立“勤奋好学、团结进取”的学风，以“规范化、特色化、优质化、现代化”作为学校孜孜以求的办学目标。为此，学校努力打造一支师德高尚、业务精湛、实绩明显的教师队伍；创建勤奋进取、公平竞争、正气向上、张扬个性、民主和谐、充满活力的大集体；营造净化、绿化、美化的校园环境；开展丰富多彩、富有特色的校园文化活动，努力积淀深厚的校园文化底蕴，塑造学生健全的人格，促进学生全面发展。

德育工作　在上级党委、政府、教育主管部门的正确领导下，全面贯彻党的教育方针，坚持三个面向，抓管理，促效益，行改革，求创新，全面推进素质教育，努力提高教育教学质量。学校把培养人的工作放在首位，遵循教育教学规律，以社会主义核心价值观为主线，以实施《中学生日常行为规范》为突破口，努力使学校、家庭、社会教育三育贯通，创造课堂教育、社会实践、环境熏陶、劳动锻炼，党、政、团齐抓德育工作的新格局。

师资建设　汤西中学一贯注重教师的职业道德建设、法治建设、纪律观念建设，强化团队精神、敬业精神、奉献精神和创新精神；全面推进初中素质教育，强化级组管理，学校行政领导全部挂级到各个年级，并到级组办公室办公，加强学校行政与教师的有效联系与沟通；建立并完善了绩效奖励制度，要求教师特别是年轻教师不断提高综合素质，提高竞争意识和能力，并大力鼓励教师参加各种培训和进修。

教学成果　学校在近一年的各级、各类考试、竞赛中，成绩斐然，主要有：2017年的中考，汤西中学考进东山中学和宪梓中学的达4人、重点中学人数达30人，师生参加各级各类知识竞赛获县级奖励22人次；师生在各级刊物上发表的论文、习作48篇。由于学校软硬件建设的不断完善，学校的教育教学质量正在不断提升。

2017年年底汤西中学
校　长　罗少哲

（办公室）

【汤坑中学】　丰顺县汤坑中学位于县城汶水桥头汤坑路1号，地处汶水河西岸，背靠金瓯山，面临汶水河，依山傍水，绿树葱茏，楼宇错落有致，环境幽雅，是培育人才的理想场所。2006年2月，为促进教育全面协调发展，优化教育布局，丰顺县委、县政府、教育行政部门根据教育布局调整的需要，将汤坑镇第一中学、第三中学两间初级中学合并迁至原丰顺中学老校区，也是汤坑中学老校址，定名为“丰顺县初级中学”。同年5月将“丰顺县初级中学”恢复“汤坑中学”老校名，并于2006年秋季复办高中。2007年5月通过县一级学校评估，晋升为丰顺县一级学校，2008年5月被丰顺县教育局评为“美丽校园”。2014年，学校为迎接“教育强县”和市一级学校的评估验收，继续加大资金投入，加强了教育教学设施等硬件建设，使学校的办学条件和环境得到很大的改变。同时，学校加强了内部管理，使教风和学风均有了较大的转变。2014年12月顺利通过了省专家组对学校进行“教育强县”的“创强”验收。2015年2月通过了市一级学校评估，晋升为梅州市一级学校。2017年秋季，高中停止招生，七年级招收新生893人，全校共有师生3000多人。

德育工作　德育是实施素质教育的灵魂和核心，汤坑中学一直把德育工作放在学校工作的首位。为加强德育工作，学校不断探索新路，深化改革，学校领导班子团结全体教师，群策群力，全面推行“信心德育”，做好学生的德育工作。

1. 贯彻落实教育部《关于开展弘扬和培育民族精神的若干意见》和《公民道德实施纲要》加强对学生的爱国主义精神、中华传统美德和革命传统、创新精神的教育，为学生的人生发展奠定思想基础。

2. 在校园内加强有关“信心德育”的文化宣传，通过有计划地组织学生参加劳动和社会实践，包括家务劳动、公益劳动、社会调查等，让学生养成“文明、礼仪”等良好的习惯，不断提升学生的信心。

3. 根据学生不同的年龄特征，利用黑板报、“学生信箱”、宣传栏，讲座等多种形式加强对学生的心理健康教育，消除学生的心理障碍让学生快乐健康地成长。

4. 为加强家校联系，提高对学生教育的实效性，每周五通过校讯通发短信息给家长，强调安全、学习等事项。通过班主任主动家访、电访，及时与家长交流，共同探讨教育子女的最佳办法；学校通过给家长一封信形式，及时掌握学校德育工作的中心任务和有关“安全健康教育”“信心德育”等内容，并要求家长在回执上写意见，使家校教育步调一致，更有实效。

师资建设　一年来，学校结合县委开展的党群众路线教育实践和学习中共十八届六中全会及十九大会议精神等活动，与时俱进，开拓创新，狠抓教师的职业道德水平和法治、纪律观念建设，坚持以法治校，强化团队精神、敬业精神、奉献精神和创新精神；加强了学校廉政风险防控机制的建设，强化级组管理。学校行政领导全部挂级到各个年级，并到级组办公室办公，加强学校与教师的人性化管理和有效联系；为不断提高学校的办学质量，学校逐步建立并完善了奖教奖学制度，对在教育教学过程中取得好成绩师生给予奖励，从而激活老师的工作热情。同时，学校要求教师特别是年青教师不断提高综合素质，增强竞争意识和能力，并努力为教师参加培训、进修提供机会。大批年轻教师已经成为学校的教学骨干，郑丽娟、罗菊玲、徐彩霞、杜柏涛、罗宏武、张书鹏、刘荣金、罗先凤、张培云、向君、陈素华、丁艳、陈绍佑、徐淑玲、郑其贤、杨远冰、冯洪径、陈曼清、李慧、吴铁然、林文敏、蔡文基、何梅君、吴伟金、蔡云平被评为县优秀教师，张宏、廖梅娣、张锦星、徐瑜婷、罗德、李小碧、冯春莲被评为县优秀班主任。张书鹏被评为梅州市优秀教育工作者，谢说被评为梅州市学校安全管理工作先进个人。

教学成果　学校在狠抓师生德育工作的同时，坚持"以质量求生存，以创新谋发展，以务实出效益"的原则，坚持"以人为本，发展潜能"的办学理念，以"打造示范性中学，办人民满意学校"为办学目标，强化常规管理，深化教学改革，让学生在德、智、体、美、劳全面发展，教育教学质量稳步提高。2017年的中、高考均取得了可喜的成绩。在2017年全县中小学田径运动会中，分别夺得了高中组和初中甲组的团体冠军。

2017年年底汤坑中学

校　长　谢　锐

（彭锡壮）

【黄金中学】　丰顺县黄金中学创办于1959年，坐落在山清水秀、人文荟萃的黄金镇。2008年5月升格为完全中学，8月迁入由旅新侨领何侨生先生捐资兴建的新校区，广洋中学并入。学校花团锦簇，绿草如茵，占地面积22公顷，是全县校园面积最大的花园式学校。并于2010年12月被丰顺县教育局评为"丰顺县一级学校"，2012年3月被梅州市教育局评为"梅州市一级学校"。2012年12月被评为"梅州市德育示范学校"，2013年10月，被评为"梅州市尊师重教先进集体"。2015年1月被评为"梅州市文明单位"，2015年9月，被评为丰顺县高考工作先进单位，2015年11月，荣获2014—2015学年度丰顺县初中教学质量三等奖2016年11月被评为"丰顺县安全文明校园"。2017年3月被评为"梅州市安全文明校园"。

2017年全校有37个教学班（初中15个，高中22个，其中高一6个、高二8个、高三8个）、学生2162人（初中863人，高中1299人，其中高一392人、高二468人、高三439人），教工147人。

设备设施　学校按省一级学校标准设计，建有各种现代场室。教学区、办公区、运动区、生活区布局合理，井然有序，是一所崭新的、现代化的、花园式的美丽学校。至2017年年底，学校已有400多台电脑，37个教室安装了SEEWO电子白板、语音室1个、多功能电脑室5个、通用技术室1个、电子图书阅览室2个（140多台电脑）。所有办公室、教室都安装了空调，每位老师都配了电脑。足球场重新植草，篮球场铺上了丙烯酸。

领导关怀　2017年8月23日，丰顺县委常委、政法委书记黄纯忠，广东省金秋慈善基金会副秘书长黄建萍、黄国庆，丰顺正县级干部朱云辉、丰顺县政府原党组副书记、正县级干部李华耀，县人大常委会党组副书记、人大常委会副主任何火营，副县级干部朱报正，深圳南丰工贸有限公司副总经理张燕彪、朱文忠及教育局和黄金镇党政主要负责人等一同参加了2017年"金秋——谢小章优秀师生奖励金"颁奖大会。在颁奖大会上，丰顺县委常委、政法委书记黄纯忠对黄金中学这几年来取得的成绩表示肯定，对受奖的师生表示祝贺。对谢小章表示敬意。指出今天的"金秋——谢小章优秀师生奖励金"发放是黄金人民的喜事，更是丰顺人民的大事。希望黄金中学科学管理，加强研究，一年更比一年强。希望受奖师生以此作为新的起点，在新的起跑线上做出新的业绩，让何侨生满意。让金秋慈善基金会满意。让谢小章满意。

2017年4月21日，黄金镇党政主要负责人和县城黄金爱心促进会会长等到校看望、慰问九年级、高三级毕业班的师生，为师生们加油鼓劲、增强信心、提振士气。要求教师以强烈的责任心、事业心，尽心尽力、尽职尽责，全力以赴，打好高考、中考攻坚战。

教育教学成果　学校以“办好初中，发展高中”为目标，制订了一套严格的教学管理制度，实行半封闭式管理，建立完善的班主任、科任工作责任制，对学生实行全方位、全天候的关爱和呵护，从而学校创造了一次次的教育奇迹，也使金中成为家长心中值得信赖的一所好的学校。2017年黄金中学高考成绩持续攀升，再创佳绩：重本（地方专项计划）：5人，其中何建威同学荣获高考理科全县第一名。本科以上：64人，比2016年增4人。2017年中考上东中宪梓线的人数有22人；丰顺中学线人数有60人，比2016年增加了11人。2017年，师生荣获由黄金镇外出乡贤、深圳黄金同乡会荣誉会长、旅加拿大侨民谢小章捐资280万元+1200万元设立的“金秋——谢小章优秀师生奖励金”有500人次，奖励金88.4万元。教师获县级以上奖励130人次，其中刘富源老师被评为梅州市优秀教师，刘相辉老师被评为梅州市学校安全管理先进个人。学生获市级奖励7人次，县级58人次。

2017年年底黄金中学

校　长　彭劲松

（办公室）

2016年度丰顺县教育系统获市级先进个人一览表

表3

姓名	授予时间	授予单位（市委、市政府）	荣誉称号	单位职务
刘富源	2017.7	梅州市教育局	梅州市优秀教师	办公室主任
刘相辉	2017.7	梅州市教育局	梅州市学校安全管理先进个人	政教处主任

科 学 技 术

【科协】　2017年，县科协深入学习贯彻中共十九大精神，以习近平新时代中国特色社会主义思想为指导，实施《全民科学素质行动计划纲要》，推动主题科普活动，按照县委、县政府的工作部署，扎实工作，为振兴丰顺经济社会发展做出了新的贡献。

防灾减灾活动　根据县减灾委办公室的工作部署，县科协紧紧围绕“减轻社区灾害风险，提升基层减灾能力”的活动主题，活动周期间在丰良社区、北斗中心小学等城镇社区、学校开展“减灾防灾”宣传教育活动。5月9日、11日县科协分别在丰良社区、北斗中心小学向群众发送宣传资料，让群众观看宣传挂图，为群众讲解防灾减灾知识和自救互救基本技能。宣传资料丰富，有“面对自然灾害个人应该做些什么?”“防灾自救小知识”“应急逃生知识”等，宣传挂图形象易懂，有“关注气象灾害”“公共安全应急指导”“提高安全意识，保人财平安”等。12日，县科协会同县民政局等成员单位在县城东山文体公园开展县“5·12”防灾减灾日宣传活动暨梅州市第二届“百人百场”应急安全教育系列宣传活动。在现场发送宣传资料和小册子，悬挂宣传挂图。2017年防灾减灾活动发送各种资料5000多份（册），群众学生1000多人次。开展这项活动，进一步增强了广大群众防灾减灾意识，提高了自救互救能力。

发送种养技术资料　县科协向来县城参加会议的镇领导发送农村实用种养技术资料，让他们带回去发给农户学习领会，以指导农民发展农业经济。

科普活动进校园　11月8—10日广东科学馆、梅州市科学技术协会、梅州市科学技术馆、丰顺县科学技术协会、丰顺县教育局、丰顺县科技局等单位在丰顺县丰良中心（实验）小学、建桥中心小学联合开展丰顺县2017年“加强科学普及、实现科学创新”提升青少年科学素质行动。此次行动目的在于运用生动活泼的科普活动，营造良好的校园科技文化氛围，培养青少年爱科学、学科学、用科学的习惯，增强应急避险技能，激发青少年的科学兴趣和创新能力，让广大青少年树立远大志向、成就科技创新梦想。在活动现场组织学生参加体验科普游戏，欣赏机器人表演，播放球幕电影，观看科学小实验表演，观看航模、车模表演，观看科普剧等。丰良中心（实验）小学、建桥中心小学近3000名师生参与了此次行动。同时，市科学技术协会、科学技术馆还为该学校赠送了5000多本科普图书，此次行动受到了师生们的热烈欢迎，达到了预期目的，进一步提升了丰顺县青少年的科学素质。

青少年科技创新大赛　对获得丰顺县2016年青少年科技创新大赛一、二、三等奖的辅导老师和学生，向全县中小学表彰通报，并颁发荣誉证书。活动掀起了县各校辅导老师和学生积极参与创新大赛的热情，促进了丰顺县素质教育发展。

11月15日，由县科技协会和县教育局联合举办的2017年丰顺县青少年科技创新大赛作品评选活动在县教育局举行，对收到的300多份科技创新和科幻绘画作品进行评选。本次大赛是丰顺县举办的第33届，主题为“创新、体验、快乐、成长”。大赛共评出一等奖作品5项、二等奖作品8项、三等奖作品15项。这些优秀作品将选送市科协参加比赛。通过评选活动，培养青少年的创新精神和实践能力，进一步推动丰顺县青少年科技教育事业发展。

扶贫工作　按照县委、县政府工作要求，县科协协助挂扶村做好2017年的两委换届选举工作。配合丰良镇政府和挂扶村村委，对村情况调查摸底，教育引导党员群众规范行使选举权利，积极参与换届选举工作，确保了换届选举风清气正、圆满完成。4月，县科协驻村干部参加了丰良镇新时期精准扶贫精准脱贫工作推进会。进村入户，进一步了解贫困户家庭情况，重新建立帮扶联系卡，加强与镇村干部、贫困户沟通，制定新的有效措施，督促落实政府扶贫政策，使贫困户从中受益。

学习教育　县科协加强组织领导，组织全体领导干部通过电视、报刊、网络，召开会议，认真地学习中共十九大报告和党章，逐字、逐句、逐段学懂、弄通、做实，掀起学习宣传贯彻热潮，要求全体党员不忘初心、牢记使命，坚持学以致用，推动本单位工作上新水平。

推进“两学一做”学习教育常态化、制度化。县科协坚持把“两学一做”学习教育融入日常，抓在经常。加大力度宣传贯彻“四个坚持三个支撑、两个走在前列”，做到党员干部熟悉掌握、让群众所了解。结合本单位工作职能，做好宣传科学文化思想，普及先进科学技术，推进科普工作，为振兴丰顺发展做出应有的贡献。

2017年年底县科协

主　席　李国墙

副主席　简国敦

（吴洪钢）

【气象】　2017年，在梅州市气象局党组和丰顺县委、县政府的正确领导下，丰顺县气象局认真学习贯彻中共十八大、十九大，十八届三中、四中、五中、六中全会，以及习近平总书记一系列重要讲话精神，大力推进气象现代化业务体系建设，积极融入地方经济社会发展大局中，健全服务体系完善防灾格局，全面提升气象服务能力和水平。全年各项工作扎实有序推进，较好地完成了上级下达的各项任务，被共青团梅州市委员会评为“2015-2016年度梅州市青年文明号”集体。

2017年气候特点　1. 主要气候特点：气温偏高、日照偏多、雨量偏少。出现了一次年景正常偏重的“龙舟水”过程，热带气旋影响较弱；冷空气强度偏弱，春季有3次低温阴雨天气过程，秋季无寒露风天气和霜降风天气。

2. 气温：年平均气温22.7℃，较常年平均偏高1.0℃。年内，除7月较常年平均气温持平以外，其余月份均偏高。年极端最高气温38.5℃，出现两次，分别在8月21日和9月27日，年极端最低气温5.6℃，出现在12月21日。

3. 雨量：年总降水量1539.5毫米，较常年偏少17.5%。年内雨量分布不均匀，降水较为集中在6月和7月，其中6月降雨量374.7毫米，7月降雨量384.0毫米。全年≥0.1毫米的雨日有154天，≥50.0毫米的暴雨日为8天。年日降水量最大为67.4毫米，出现在6月13日。

4. 日照：年日照时数为1863.7小时，与常年比较偏多47.3小时。

5. 强对流：全年有雷暴日50天，较常年偏多。大风日2天，分别出现在8月21日和8月27日。

6. 冷空气：年度影响本县的冷空气较为较弱，春季有3次低温阴雨天气过程，秋季无寒露风天气，无霜降风天气。

7. “龙舟水”天气：“龙舟水”期间，丰顺县出现两次暴雨过程，分别出现在6月1日到7日和6月11日到21日，年景正常偏强。

8. 热带气旋：2017年度所受热带气旋影响均为外围环流和减弱后低压影响。其中影响较大的为2017年8月26日至27日受台风“帕卡”影响，丰顺县出现大雨、局部暴雨的降水，未出现严重灾情。

气象服务　气象服务工作是气象局工作的首要任务，一贯是气象局各项工作的重头，局领导将基础业务放在全局工作的重要位置。气象基础业务质量是气象的立足之本，气象局始终加强业务管理工作，狠抓业务质量，完善各项规章制度，明确细化业务人员职责，积极组织开展业务技术学习，按规定完成各类设备的维护、数据传输、监控及故障排除，保证业务工作稳定运行。

1. 坚持“一年四季不放松每次过程不放过”的服务精神，为县委、县政府以及丰顺社会经济提供优质服务，认真做好暴雨、台风、强对流及其他重大天气的气象保障工作。2017年，丰顺县冬季寒害较历年偏轻，入汛后丰顺县单点暴雨、强对流天气突出，降水时空分布不均匀，降雨集中、强度较大。局领导对气象防灾减灾工作高度重视，每次重大天气过程都亲临业务第一线，对气象预报预警服务工作进行周密部署，及时发送提醒信息和防御指引，先后做好了台风“苗柏”、“玛娃”过程的预报预警服务工作。2017年，丰顺县气象台发布手机短信共计108万多人次，预警信号94期，气象服务材料52期。准确、及时的预报服务，为县委、县政府抢险救灾赢得了时间，为当地党政领导及有关部门指挥农业生产及安排有关工作，充分发挥了参谋助手的作用，得到了县委、县政府的高度肯定。

2. 紧贴需求做好公共气象服务。牢固树立“你的冷暖，在我心中”的服务理念，积极做好气象服务工作。2017年，丰顺县气象局全力做好了“醉美丰顺·全域自驾”“2017年中国·丰顺‘喜德盛杯’国际自行车邀请赛”“春运”“高考”“中考”等社会重大活动的气象保障服务，取得了良好的经济和社会效益。根据2017年丰顺县十件民生实事责任分工，气象局组织技术力量，在山洪地质灾害易发区新建6个、升级改造1个自动气象站，增强气象服务丰顺经济社会发展的能力。

3. 加强防雷管理服务。为全面贯彻落实国务院和省政府关于优化建设工程防雷许可的各项要求，2017年5月丰顺县人民政府印发了《关于做好建设工程防雷许可有关工作的通知》，强调着力构建防雷安全监管体系，落实各单位责任，切实加强防雷安全监管工作。2017年上半年，丰顺县气象局开展农村雷电灾害隐患排查专项行动，对多个农村雷电灾害隐患点做好排查工作，并组成检查组对做好雷电灾害隐患排查开展了专项检查。8月4日，丰顺县气象局、住建局、安监局、旅游局组成联合检查组，对全县区域内的建筑、危险化学品、旅游等重点行业领域开展气象灾害防御专项执法检查，对检查中发现的问题积极落实整改，促进了丰顺县防雷减灾工作的健康发展。

4. 加快推进丰顺县突发事件预警信息发布规范化建设工作。9月丰顺县人民政府印发《关于规范丰顺县突发事件预警信息发布工作的通知》和《丰顺县突发事件预警信息发布管理办法》，要求教育、国土、交通、卫计、气象、应急、“三防”等21个部门的预警信息接入县预警信息发布中心系统，实行预警信息统一发布。为进一步规范丰顺县突发事件预警信息发布工作，实现各相关单位预警信息接入县预警信息发布中心系统，形成全县预警信息统一发布机制，10月31日，丰顺县人民政府召开突发事件预警信息发布管理暨发布工作培训会。

切实履行党风廉政责任制，加强廉洁自

律　在梅州市局党组和丰顺县委、县政府统一部署下，2017年，气象局认真开展学习、宣传、贯彻中共十八大、十九大、十八届三中、四中、五中、六中全会及习近平总书记一系列重要讲话精神、中央改进工作作风密切联系群众八项规定等系列活动。深入开展党的群众路线教育实践活动、“三严三实”活动和“两学一做”学习教育，全力推进服务型党组织建设工作。为贯彻落实《中共中国气象局党组关于加强气象部门党建和党风廉政建设工作组织体系建设的若干意见》，气象局党组决定成立丰顺县气象局党组党建和党风廉政建设工作领导小组及其办公室，并建立党建和党风廉政建设联席会议制度。全面落实党风廉政建设“两个责任”，狠抓党风廉政建设责任制的落实。落实好监督责任，把纪律挺在前面，运用好监督执纪“四种形态”，落实领导干部报告个人重大事项制度和廉政风险防控措施，深入开展党风廉政宣传教育月和纪律教育学习月活动，坚决纠正“四风”问题，促进作风建设常态化、长效化。

2017年年底县气象局

副局长　夏泽雄（主持工作）

（刘宝升）

文　化

【文学艺术】　为了提高县文艺创作者的创作水平，培养新人，扩大业余作者队伍，县文化馆开设创作培训班，并定期聘请创作名家前来授课，落实解决业余作者创作困难，争取多出优秀作品。参加2016年度省群众文艺作品评选，其中相声《远虑与近忧》获省一等奖，音乐《亲人到畲寨》获省二等奖。按照省纪委、省监察厅、省文化厅《关于开展全省廉政小品曲艺创作大赛活动的通知》要求，召开了丰顺县群文作者交流座谈会，最终欧阳红老师的小品《学费》脱颖而出，获得一等奖。为保护传承梅州市唯一少数民族畲族文化，丰顺邀请央视7频道到丰顺潭江凤坪村进行现场采茶拍摄，县文广新局组织排练歌舞《亲人到畲寨》参与央视的录制节目。由县文广局选送原创歌曲——《亲人到畲寨》参加浙江省文化厅、景宁畲族自治县委、县政府主办的“2017年中国畲乡三月三”第九届畲族民歌节暨中国好畲“音”畲族民歌邀请赛荣获金奖。2017年10月15—16日，文化馆舞蹈队参加丰顺旅游（广州地区）专场推介会，精彩的表演舞蹈《我在畲乡等你来》和《云水禅心》等，文艺节目内容丰富多彩、形式多样，受到丰顺县群众和社会各届的欢迎和好评。

经过近一年的努力，顺利完成了《大美丰顺》长卷创作工作，并于2017年11月15日在丰顺实验中学举行《大美丰顺》国画长卷展开幕式。

群众文化活动　1. 节日期间组织各种各样的文化活动

春节期间县文广新局组织下属各馆开展一系列文化活动，包括文化馆举办的迎新春美术、书法、“非遗”、摄影展览、猜灯谜游园有奖活动和县新世纪广场文艺演出。博物馆举办的《畲族的传说》《丰顺县不可移动文物图片展》《东江苏维埃政府暨红十一军成立历史图片展》和《藏友交流座谈会》。同时，县文化馆四楼展厅长期举办“美术、书法、摄影展览和非物质文化遗产展览”，免费书画下乡巡回展览，深受群众的欢迎。

2. 组织多场文化下乡活动

全年举办了文艺演出，包括“弘扬大姐精神，继承红色传统”——纪念李坚真同志诞辰110周年文艺会演、“我们的中国梦——文化进万家”文艺演出、“童心永向党　共创文明城同筑中国梦”丰顺县喜迎中共十九大胜利召开大型少儿舞蹈晚会、“普法进军营”文艺演出活动、喜迎十九大——创建文明城庆祝国庆文艺晚会、“舞动文明　情暖城乡”——文艺巡回演出等，积极地活跃了丰顺县文化氛围，激发了广大人民群众参与文化活动的热情。

【文化设施建设】　*文化基础设施不断完善*　2017年，完成148个村综合性文化服务中心的建设。

抓好农村文化俱乐部和文化驿站建设工作　2017年，完成10个农村文化俱乐部的建设，已全面完工并接受市局的验收。完成10个

文化驿站的建设工作。

【文物、文化遗产】

文物、博物工作 1. 做好文物工作，传承文物文化

为大丰华高速公路沿线提供了不可移动文物坐标；完成了梅州市政府要求的《不可移动文物——围龙屋》之丰顺卷的编制任务；为梅州市《世界客家文库.客家（梅州）文化遗产图典》组织编写了丰顺部分；为梅州市文广局编写了《丰顺县文物保护单位》资料汇编。8月，就中石油公司西汽东送三线工程丰顺—揭东段地理坐标进行审核，为工程的进展提供了依据。11月，根据上级要求编制了《丰顺县省定贫困村不可移动文物资源目录》及《丰顺县省定贫困村可开发利用不可移动文物资源目录》。11月，协助广东省文物考古研究所“东气西送”工程项目（丰顺地段）沿线进行了文物考古工作。

2. 开展陈列展示及宣传工作

新春期间，博物馆举办《毛主席像章展》、《华侨与侨批》等展览，深受广大人民群众的热爱。为隆重庆祝“5·18”国际博物馆日和世界文化遗产日，在5月初，县博物馆选编了文物保护知识问答题，在博物馆与观众互动。还到古村落及考古现场进行文物保护宣传，旨在增强文物工作者及社会公众对文化遗产保护的意识。还将印制的博物馆宣传册子在公园里向公众派发，冀通过此次宣传活动，能营造出全民热爱与保护文物、传承与弘扬历史文化遗产的浓厚社会氛围。

3. 做好丰顺县文物保护工作、推进文物、博物事业健康发展

在对蓝田书院进行调研时，因蓝田书院年久失修，造成屋顶漏雨，县文广新局拨款对其进行防漏修缮。为民间藏品能得到更好的归宿，得到更好的保护与传承，大力发展与扶持民间博物馆，帮助集瑞博物馆完成申办工作，在技术人员方面全力指导集瑞博物馆藏品的梳理和陈列，并派出人员帮助集瑞博物馆进行申办评估定级工作。有力地推动了丰顺县文物、博物事业的健康发展。

“非遗”工作 1. 配合媒体录制各类“非遗”视频资料

协助梅州市委宣传部做好梅州市国家级非物质文化遗产龙舞（埔寨火龙）项目、传承人的拍摄工作。配合央视对潭江凤坪村采茶的录制节目。

2. 积极挖掘、申报丰顺县“非遗”项目

为弘扬民族民间优秀艺术传统，推动民族民间艺术的传承和发展，不断挖掘收集、整理申报非物质文化遗产保护项目成果显著。2017年积极做好申报省级第七批项目：马图茶制作技艺、黄金迎灯、汤坑镇梳“大鳌尾”技艺材料和申报第六批市级传承人：黄金迎灯、汤坑镇梳“大鳌尾”技艺材料。

3. 举办“非遗”文化活动

为提高丰顺县“非遗”项目的影响力，在第十二个文化遗产日期间县文化馆举办了主题为“非遗保护——传承发展的生动实践”的系列活动；

【电影、电视】 1. 丰顺县多家数字影院运营良好 自2014年以来，多家数字影院相继建成运营，数字影院的崛起，改变了现代人看电影的新观念，使电影成为全民文化。各影院不断提升电影文化的内涵，为县传播先进文化提供了又一个高起点、高标准的群众性平台，进一步丰富了广大人民群众的文化生活。

2. 农村公益电影放映发展态势良好 2017年累计放映农村公益电影3132场，坚持每周五到坚真公园公映，不定期到工业园、双湖小学放映，为人民群众送上文化大餐。

【文化市场管理】 2017年，县文广新局文化市场综合执法队在局机关的正确领导下，在上级主管部门的关心指导下，以繁荣市场为第一要务，以规范市场为第一保障，以科学发展观指导文化行政执法，以深入开展“扫黄打非”工作为抓手，以净化社会文化环境为目标，扎实开展文化市场治理整顿，严厉打击各类违法经营行为。为促进县文化市场健康发展做出了积极贡献。据统计，2017年，局文化市场综合执法队累计出动执法人1751人次，检查网吧

230家次，检查歌舞娱乐场所115家次；检查电影放映单位23家次；检查出版物经营单位65家次；检查印刷经营单位112家次。没收非法出版物10本，盗版像制品35张。

2017年年底县文化广电新闻出版局

局　长　陈红伟

副局长　邱金水　张国良　陈学就

副　科　林志龙

（陈文利　徐美萱）

【史志工作】　2017年，丰顺县史志办公室在县委、县政府的正确领导和上级业务主管部门的指导帮助下，在各级各部门的关心支持和密切配合下，认真贯彻执行省、市党史和地方志工作会议精神，按照县委、县政府的统一安排部署和要求，深入贯彻中共十九大精神，紧紧围绕全县中心工作大局，充分发挥党史工作“资政、存史、育人”作用，依法编史修志，有序地开展了各项工作任务，为丰顺县经济社会全面发展做出了积极的贡献。

《中共丰顺县历史大事记（1999.1—2016.12）》付梓成书　《中共丰顺县历史大事记（1999.1—2016.12）》客观全面，实事求是地进行征研编写，准确地反映党领导下丰顺县社会主义革命和建设的进程，做到大事突出，要事不漏，尊重历史，忠于事实。该书收录时限为1999年1月至2016年12月，采用编年体与纪事本末体相结合，以编年体为主的体制，既以时间为序，又按事件或问题的性质适当集中表述，资料主要来源于党的历史文件、报刊和县内档案资料、县志、年鉴等，该书于2017年7月1日出版。

认真开展《中共丰顺县党史二卷（1949.10—1978.12）》编修工作　丰顺县史志办认真贯彻中央、省、市党史工作会议精神，切实按照上级党史工作部门和县委的工作部署，深入贯彻落实中共中央、省委、市委《关于加强和改进新形势下党史工作的意见》和会议精神，严格按照《地方党史二卷及专题资料编写编辑规范》，积极推进丰顺党史第二卷编纂工作。组织人员，制定篇目，采取走访、查阅、征集等方式收集有关资料。编辑分专题进行编纂，在编纂中以中共中央《关于建国以来党的若干历史问题的决议》为准绳，客观、全面、深刻地反映丰顺县委领导全县人民进行社会主义革命和建设的历史发展进程，揭示规律，总结经验。2017年，县史志办专门组织党史专家对初稿、二稿进行新一轮的修改，定于2018年12月前出版。

深挖红色资源，开展革命遗址保护工作，推动“红色村”建设　丰顺县是原中央苏区县，全县共有革命遗址42处，数量多，分布广，种类多，有重要机构旧址、重要事件遗址、重大战役遗址、纪念设施、重要人物的故居、烈士墓及其他遗址。2017年4月24日，县委书记曾永祥率队深入到龙岗镇督导学习宣传贯彻习近平总书记重要批示精神，察看了文保单位见龙居，了解丰顺（马图）原中央苏区纪念园规划建设情况，除市财政拨付专款外，丰顺县修缮革命史迹的直接投入资金到龙岗镇马图村有100万元。丰顺县始终坚持按照政府主导、统筹规划、突出重点、阶段推进、逐步开发的思路，坚持原址保护，遵循修旧如旧原则进行修缮，尽可能保持革命旧址原貌。在此基础上，深入挖掘红色资源，大力推动“红色村”建设，2017年，丰顺县八乡山镇滩良村已通过省级“红色村”申报批复；汤西镇大罗村、丰良镇西厢村已申报等待批复；龙岗镇马图村正准备申报；市级“红色村”4个候选村分别是：北斗镇桐新村、八乡山镇小溪村、砂田镇占山村、黄金镇黄金村。

成功举办“纪念李坚真诞辰110周年系列活动”　“纪念李坚真110周年诞辰系列活动”于2017年1月3日至5日在丰顺县举行，作为承办单位之一的史志办，主要负责做好纪念李坚真110周年诞辰座谈会活动相关工作。1月5日，以“深切缅怀大姐的丰功伟绩”为主题的纪念李坚真同志110周年诞辰座谈会在丰顺县城召开，李坚真亲属李溪水、李燎原等，田伟将军，李坚真秘书李汉今，革命先烈古大存之子古延贤，省委党史研究室副主任李森翔，市委常委、宣传部部长张丽霞，市纪委副书记谢志云，市纪委、市和县（市、区）党史研究室相关负责人，以及丰顺县领导干部参加了座谈会。座谈会由梅州市委党史研究室主任邓文庆主持。会上，省委党史研究室副主任李淼翔，市委常委、宣传部部长张丽霞，丰顺县委书记曾永祥，革命后代代表李溪水、卢和丰，以及李坚真研究学者李少级等分别作了发言，深切缅怀坚真的生平事迹和历史贡献，追思和学习她的革命精神和崇高品格。

认真做好中央苏区县后续政策对接工作 县史志办全力做好原中央苏区后续政策对接工作，根据国家支持赣南中央苏区振兴发展若干意见以及国家支持赣南中央苏区振兴发展重点和政策导向，结合丰顺县经济社会发展的中长期目标，围绕丰顺县产业特色、区位特色、资源特色和发展思路、方向定位配合县委、县政府及有关部门做好工作。加强联系和沟通，做好与省、市对口部门的对接工作，争取国家和省、市更多的支持，争取纳入中央苏区振兴规划，确保项目对接落实工作落到实处，取得实效。

编辑出版《丰顺年鉴（2017）》 鉴于人事变动和工作需要，及时调整年鉴编纂委员会成员，并下设丰顺年鉴编辑室，将编纂任务分到各编辑，明确责任，每位编辑制定工作进度，定期不定期进行督查。为节约时间，采用边收集资料边撰稿的方法，开展年鉴分纂工作。编纂中做到坚持科学性、连续性、年度性、全面性、特色性。力求在框架结构上妥善处理科学分类（国民经济行业分类）与现实社会分工的关系，符合事以类聚的要求；资料选择上逐步由“内向型”向“外向型”、社会生活领域、服务对象延伸；行文上严谨朴实，简洁流畅，开门见山，寓理于事，突出特色。充分运用年鉴编纂的新理论，新思路，新观点和借鉴其他优秀年鉴的编纂方法，提高年鉴品位。该书从2017年3月底收稿开始编纂，设置10个编目，约70万字。2017年9月交付出版社，12月印刷出版。县史志办在做好自身工作的同时，积极配合上级有关部门做好《梅州年鉴（2017）》丰顺部分、《广东年鉴（2017）》丰顺部分及《广东纪要》的编纂工作。

全面开展自然村落历史人文普查 丰顺县自然村落历史人文普查工作于2016年5月启动，该项工作是地方文化挖掘和传承发展的一次契机，是县史志办的重点工作。2017年，县、镇、村三级联动，全力推开自然村落历史人文普查工作。县普查办根据工作需要不定期下镇村检查普查进展情况，普查表的校对、调查条目初稿的核稿整理工作进入实质性阶段，自然村落历史人文普查工作全面展开。2017年年底，全县17个镇场1424个自然村完成普查表填报的有1424个，完成《调查》初稿的有1380个，完成《调查》初审的有700个，完成《调查》复审的有500个，完成《调查》终审的有13个。

结合地方志资源开发利用工作，编写《丰顺人文录》 丰顺县是在清乾隆三年（1738）建置的，在丰顺县建县280周年之际，县史志办公室充分履行利用地方志资源、服务经济社会发展的重要职责，积极致力于加快地方志资源开发利用，在编写好县志和年鉴的基础上，积极开拓思路，开发地情资源，尤其是挖掘那些具有时代特色、地方特色和民俗风情特色的内容题材，发挥其积极效用，为建设新时期的丰顺做出更大的贡献。县史志办公室联合作者林韩璋编写《丰顺人文录》一书，进一步挖掘和创新丰顺的历史文化，该书用100则小故事概括了丰顺本土或丰顺人在外地的人物生活剪影和诗文故事，再现历史长河的波涛浪花，触摸历史人物的情感脉搏，突出主旋律，体悟丰顺文化厚重的另一面，让读者，尤其是年轻一代的读者，以史为鉴，以人为镜，在阅读生动有趣、寓意深刻的小故事中，不知不觉地受到启发和教育，树立正确的价值观和人生观。《丰顺人文录》于2017年12月交付出版社印刷。

编辑出版《龙溪（径门）乡志》 《龙溪（径门）乡志》贯通古今，记述360多年龙溪（径门）乡自然和社会的全貌，包括历史、地理、政治、经济、文化、社会各个方面综合性的内容，按“详今略古”的原则，把记述的重点放在当代。编辑过程中，为了确保《龙溪（径门）乡志》真实与客观，史志办组织人员认真查找了《丰顺县志》《中国共产党广东省丰顺县组织史资料》和其他资料中龙溪部分，进行补充完善与指正，规范书中出现的数字和图表的表达方式，组织编纂、成立了由主任任组长的《龙溪（径门）乡志》审查验收领导小组，对《龙溪（径门）乡志》进行认真严谨审查验收；后送花城出版社定于2018年上半年公开出版。

指导修改《大胜村志》　大胜村两委于2014年成立村志编委会，在帮扶单位广东省政府法制办公室和社会各界的大力支持下，村志编委会成员寻访本村老前辈，查阅资料，辛劳数年，并筹集资金20万元，编成28万字400多张照片的《大胜村志》。史有史例，志有志体，根据国务院《地方志工作条例》和《广东省地方志工作规定》，县史志办组织人员对《大胜村志》志稿的观点、史料、体例、文字、篇目、内容、详略、规范、数字、图表等方面，是否符合志书体例和规范要求，是否符合宪法、法律、法规规定和重大问题的记述是否准确，广泛地提出意见，进行纠错、规范及修改、校核、审定。《大胜村志》从村庄的地理位置和历史沿革说起，村庄历史追溯到南宋时代，举凡与村庄有关的事项，如自然地理、农林牧业、交通民俗、文化教育、家族谱系等等，全都梳理有序，详细地记录于书中。《大胜村志》记载着一个村庄发展变化的历程，是珍贵的文史资料，对研究一个地方的文化有着极为重要的意义。该书是丰顺县第一本村级志，对推动镇志、部门志发展均有示范意义。

积极开发利用地情资源和年报制度，为丰顺县经济文化建设服务　县史志办充分利用史志工作成果，发挥特有的史实资源、信息优势，服务于社会发展和经济建设：一是积极向有关部门提供地情资料。二是认真更新丰顺地情信息网相关栏目设置和内容，积极开展地情资料征集和咨询服务，为各级领导决策提供资料。三是积极向上级部门、领导干部、知名人士、新闻媒体赠送志书、年鉴等大量地情资料，并与各市县兄弟单位进行交流，实现了以志书、年鉴为媒，宣传丰顺，扩大丰顺的知名度，为人文资源、旅游资源开发和城镇规划、项目规划、宣传丰顺提供科学的历史依据和丰富的史料。

2017年年底县史志办公室

主　任　张镇有

副主任　简光瑞　张国强

（曾杏美）

【档案工作】　2017年，县档案局工作在丰顺县委、县政府的高度重视和正确领导下，在省、市档案局的指导下，紧紧围绕县委、县政府的中心工作，继续贯彻落实省委办公厅、省政府办公厅《关于加强和改进新形势下我省档案工作的意见》，认真贯彻落实省、市档案工作部署，继续推动“三项重点工作”，补齐档案各项工作短板。档案工作取得新成绩，呈现新亮点。

建立档案工作的新格局　县委、县政府领导高度重视、支持全县档案事业为档案工作提供强有力的保障。4月，县府办下发了《关于做好2016年度文件材料归档和档案移交工作的通知》，要求各单位做好档案材料归档、移交进馆的工作。8月，市档案局检查组到丰顺县档案局检查档案工作时，县委书记曾永祥到县档案局调研档案馆建设，档案数字化建设和国家重点档案抢救工作。副县长傅伟芳多次到县档案局（馆）调研、检查档案工作，要求全体档案干部真抓实干，切实推动县档案事业再上新台阶。8月，县委办、县府办印发了《关于进一步加强全县档案管理工作的通知》进一步加强档案管理工作。除此之外，2017年获批档案数字化资金40万元，与2016年持平。同时增加了改善镇（场）档案软硬件设施资金30万元，这是丰顺县有史以来对镇（场）档案工作的最大投入。正是领导的重视以及宝贵的财政经费为档案各项工作的开展提供了有力支撑，丰顺县各镇（场）的档案基础得到进一步夯实。

馆藏建设　在全县档案工作会议上下达了到期档案移交进馆的任务，全县大部分单位都如期完成了档案移交进馆任务。2017年新接收档案2111卷，同比增长5.23%；接收、征集资料63册，同比增长34%。馆藏总数达27266卷又37207件，资料4615册。丰顺县新进馆档案连续两年突破2000卷，达到全省档案评估标准的优秀等级，进一步丰富了馆藏。

档案数字化稳步推进　县档案局（馆）数字化工作稳步推进。截至11月底，已完成扫描2979卷（993卷19859件），合计39万多页。第二期也于12月初开始扫描，完成后将进一步提高县馆藏档案数字化比例。

加强档案安全建设　档案安全保密得到进一步强化。一是健全档案实体和信息安全相关制度，并把各项制度的落实列入督导检查内容，在档案业务培训时，也重点强调档案各项制度的重要性。二是加强安全保密管理，重点是与工作人员签订保密协议并加强离职、退休人员的脱密管理，加强对档案数字化加工的保密管理。三是改善基层档案保管利用条件。争取财政资金，新购置一批档案柜、空调机、档案管理软件、电脑等，分拨给全县17个镇（场），改善档案保管保护条件，提升档案管理、利用水平。四是加强档案库房管理。采取定期巡查与重点检查相结合，定期更换防虫药等方式，加强库房安全管理，汛期期间安排专人值班。五是定期对馆藏档案进行抽样检查，抽检比例不低于5%，发现虫霉及时处理，确保档案安全。2017年县档案馆集中力量，对全馆档案进行一次全面真空杀虫消毒，消除虫霉隐患。

进一步加强监督指导和业务培训　打铁还需自身硬。一是加强监督指导，全年派出指导力量100多人次，到17个镇（场）和有移交任务的27家单位开展监督指导工作，做到年初有指导，年终有检查。二是加强业务培训，举办集中培训1期，分散培训10余次，对全县100多名专兼职档案员进行培训，有效提高了档案员的理论水平和实际操作能力。三是更加注重档案馆工作人员的培训，不断提高人员综合素质和档案业务水平。在县档案馆工作两年以上的人员共有9人参加过档案专业培训。

档案宣传的新尝试　首次联合相关单位共同宣传档案工作。和县政管办联合举办“国际档案日”宣传庆祝活动，利用各自优势，结合各自工作特点，合力宣传档案工作，收到了更好的宣传效果。活动当天共发放“寻找共同的记忆”宣传册、《中国的世界记忆遗产》宣传折页、档案法律法规资料等共计500多份，现场进行业务咨询的群众达100多人次。县电视台还对活动进行了报道，扩大了宣传覆盖面，提升了档案工作的知名度和美誉度。

档案利用服务水平的新提升　积极落实“双随机一公开制度”。一是根据《丰顺县全面深化改革2017年工作要点》随机抽取检查对象、随机选派执法检查人员，并及时公布查处结果。

二是认真抓好全县统一申办受理平台建设。为贯彻落实《丰顺县人民政府办公室关于印发丰顺县推进“一门式一网式”政府服务模式改革实施方案的通知》要求，加快推进丰顺县统一申办受理平台建设，县档案局组织专门人员，负责标准化事项录入系统工作，完成平台建设的实施配置工作。三是做好查询借阅工作。坚决贯彻以人为中心的思想，从最大限度方便人民群众查档用挡的角度出发，继续优化查档流程，简化利用手续，为人民群众提供优质的档案查阅服务。四是网站管理更加规范。（1）认真贯彻丰顺县政府网站集约化建设要求，协调推进政府网站集约化工作。（2）实现专人管理单位门户网站，不断优化网站栏目，增加“政声传递”栏目和“我为政府网站找错”监督举报平台，实时发布开放档案、动态新闻、现行文件目录、网上展览等信息，不断扩充网上办事和互动功能，向社会大众提供便捷、准确的档案信息服务。（3）加强网站维护工作，做好党政机关网站安全问题、问题地图等专项排查工作，及时-修补安全漏洞，确保网站信息安全。

2017年年底县档案局

局　长　罗宗裕

副局长　徐国信　彭广沈

（张扬坤）

【广播电视】　2017年，县广播电视台认真学习习近平新时代中国特色社会主义思想和中共十九大精神，紧紧围绕县委、县政府的中心工作，牢牢把握正确的舆论导向，传递好声音，唱响主旋律，为全县经济社会又好又快发展营造良好的宣传舆论氛围，较好地完成了2017年度各项工作任务。

围绕中心服务大局　县广播电视台紧紧围绕县委、县政府的中心工作，不断提高舆论引导水平，不断丰富节目内容，进一步贴近实际、贴近生活、贴近群众。2017年，县广播电视台新闻栏目在中共十九大召开前后，分别精心策划了“喜迎十九大”、“学习宣传贯彻中共十九大精神”等专栏，对党的十八大以来丰顺县经济社会发生的喜人变化，以及丰顺县广大干部群众贯彻落实中共十九大精神进行了系列报道。同时，县广播电视台围绕“一区一带”建设，“六城同创”，精准扶贫等县委、县政府中心工作进行了集中报道，全年共采编播出新闻2300多条，为丰顺县社会经济发展营造了良好的宣传舆论氛围。

上送新闻稳中有升　县广播电视台积极主动对接梅州台，将时事热点题材、民生实事新闻等进行上送，收到了良好效果。2017年县广播电视台上送梅州台新闻采用量350多条，虽然仍旧排在全市七县市区第四位，但总采用量较前年有明显增加，特别是新闻稿件和视频质量有较大的提升。

专题宣传颇具特色　县广播电视台在做好《丰顺公安》《卫计视窗》《党建先锋》等固定栏目的基础上，一方面在《丰顺新闻》中开辟《相约杏坛》《健康你我行》等小栏目，丰富了新闻节目播出形式，提高了新闻的关注度，一方面充分利用《丰顺人》这个外宣窗口，采访外出乡贤创业故事，深受广大群众的好评。2017年，县广播电视台专题的采编播出期数为90多期（其中为县委县政府中心工作精心高清制作10多期），专题播出期数和经济创收均创历史新高。

微信平台全市领先　县广播电视台《丰顺电视新闻》微信平台再创佳绩，不仅及时宣传丰顺县时政、民生信息，365天从不间断进行推送，而且多次策划举办“好媳妇”“最美环卫工人”等活动，从而使微信平台广受关注，至2017年年底《丰顺电视新闻》微信公众号粉丝已达12万多人，新闻点击量稳居全市时政类第一名。

网络产业提升服务　县广播电视台狠抓经营管理，提升服务质量，从抓好内部管理、提升服务质量上下功夫，秉承用户至上原则，认真落实好广电惠民便民举措，想方设法为用户解决问题，以优质的服务赢得用户的信赖。注重抓好数字电视营业大厅服务窗口和部门工作人员的职业操守教育，不断增强广大干部职工服务社会、服务群众的意识，提高故障处置效率，树立良好的广电形象。

安全播出保障有力　县广播电视台坚持安全发展理念，以高度的政治意识和责任意识，把广播电视网络安全和播出安全工作作为全台工作的重中之重。认真抓好日常安全生产和安全播出工作，敏感时期加强安全防范工作，做好安全生产和安全播出以及防火防盗等工作，狠抓安全播出制度落实，强化播控机房管理制度，切实完善方案、预案和实践演练，实现安全播出工作监管全程全方位无缝隙化管理，确保了全国“两会”、中共十九大等重要时期、重要时段、重大节日安全播出“零事故”。

节目管理建章立制　一是坚持社会效益第一，正确把握宣传导向。在广播电视节目审核中严格执行“三审制”、“重播重审制”、“监听监看制”，确保电视节目宣传导向正确，内容格调健康向上，具有较高的思想性、艺术性和观赏性。二是健全管理制度，严格广告审查。切实从源头入手，着力在制度上下功夫，用规章制度来规范广告经营活动，建立健全了广告审查审播制度，制订了广告审查程序，明确了广告审查员职责，对所有拟播放的广告进行严格审查审核后，方可播放。三是规范广告发布，加大公益性广告宣传。规范了广告播出内容、时段和时长，避免了广告插播的随意性。同时，积极配合县创卫办、创文办、城管、公安、消防、林业、工商、司法、安监等部门，加大公益广告发布力度，全年共播出公益广告33800多条/次，为丰顺县经济发展、综治维稳和安全生产提供了强有力的舆论支撑。

事业建设稳步推进　一是全面推进电视台安防系统项目建设，投入资金3万元，设立小型消防站，确保安全生产和安全播出；二是提升新闻采、编质量，投入资金40多万元，购置高清摄像机6部；三是投入资金20多万元，进行演播室灯光升级改造；四是投入资金10多万元，购置高清非线性编辑设备及播出设备升级，天气预报挂角，服务民生；五是与广东广电网络公司梅州分公司合作，设立广东广电网络公司营业厅，起到便民、利民的效果。

人力结构素质优化 采取多层次培养、多通道发展、多步骤开发和多方面提升的办法，积极营造开发人才、使用人才、引进人才、留住人才的环境。2017年，通过公开招聘形式，引进了2名专业年轻记者，使广播影视队伍的人才结构和整体素质有了较大幅度的优化和提升。

2017年年底县广播电视台

台　长 李森权

副台长 黄韩飞　朱明海　李　迅

党组成员 徐献明

（李裕华）

卫　生

【丰顺县卫生和计划生育】

着力完成市、县政府重点工作和十件民生实事 1. 提高医疗机构综合服务能力。硬件建设方面：将留隍镇中心卫生院升级为县第二人民医院，2017年9月27日已动工建设；县中医院整体搬迁，可行性研究报告已完成编制、完成环评、节能报告，立项，正在进行征地；新建县人民医院综合门诊业务大楼，完成建设用地调规，正在编写可行性报告和立项；县妇幼保健院进行升级改造，10月23日已完成EPC招标，勘探、设计已经进场；新建汤南镇中心卫生院，已完成立项，正在进行招标工作；新建埔寨镇中心卫生院住院综合大楼，已动工建设；完成对龙岗镇卫生院、潘田镇卫生院的标准化建设。人才队伍建设：2017年引进、招录计划卫计专业技术人员83名充实到全县各医疗卫生单位。安排44名基层从事临床医疗工作符合条件的医师，到市及县培训基地进行全科医生培训，全额完成市对丰顺县下达的招生指标。

2. 探索发展医联体模式，构建利益、责任共同体，方便百姓就医。制订县域医疗服务共同体试点工作和加快推进分级诊疗制度建设实施方案，组建丰顺县人民医院县域医疗共同体、丰顺县中医院县域医疗共同体，两家医疗共同体牵头单位根据需求和现状，兼顾历史上已经形成的合作基础，双向选择，建立纵向合作的县域医疗共同体。县人民医院已与9个镇卫生院形成县域医疗共同体，中医院已与7个镇卫生院形成县域医疗共同体，实现全县16家乡镇卫生院全覆盖。根据建立医联体方案的要求，先行选择县中医院与黄金卫生院之间进行固定结对建立紧密型医疗共同体，在取得经验的基础上，由县人民医院和县中医院牵头医院根据实际情况，有计划对所有的镇卫生院从松散型或技术帮扶型逐步转为紧密型。

3. 推进家庭医生签约服务，落实基层首诊、分级诊疗。已启动家庭医生签约服务项目，共签约家庭医生16.08万人，签约覆盖率32.84%；重点人群签约人数14.36万人，重点人群签约率60.48%。

4. 新建艾滋病检测筛查实验室4间、检测点10个，截至11月，已完成审核验收，均已挂牌。

5. 升级改造全县259家村卫生站，已完成新建设或改建的村卫生站169家，在建90家。

6. 城镇独生子女父母计划生育奖励标准从每人每月80元提高到120元。

着力推进人口和计划生育工作 抓实抓细卫生计生经常性工作，平稳实施全面两孩政策。医疗卫生事业扎实推进，卫生计生工作态势良好，提升了人民群众的健康水平，增进了家庭和谐幸福。2017年1—10月，全县户籍人口共出生8374人、出生率10.88‰，自然增长率7.17‰，政策生育率98.54%，政策外多孩率1.12%，出生人口性别比106.77，为丰顺县各项事业又好又快发展创造了良好的人口环境。

着力推进医药卫生体制改革 1. “保基本”扎实到位。切实把医改作为重要民生工程来抓，持续加大公立医院投入，坚持医疗、医药、医保“三医联动”，使得广大群众基本医疗更有保障。1—10月，财政投入1.8亿元（含上级补助）建设县级和基层医疗卫生机构，三家县级公立医院（人民医院、中医院、妇幼）门诊总数达32.57万人次、住院总数2.53万人次、门诊费用（均次费用）253.7元、住院费用（均

次费用）6666.9元。破除公立医院“以药补医”机制，继续推行优先使用国家基本药物制度，县级公立医院基本药物配备比例和使用比例均超50%；全县医疗卫生机构全部实行药品零差价销售，减轻群众就医负担。1—10月，县级公立医院取消药品加成后经调整医疗服务价格和财政补助后，县人民医院减少收入约414万元，县中医院减少收入41.39万元，妇保院和慢病院均减少收入13万元，复退军人医院目前运行良好。2017年1—10月公立医院医疗费用为27092.11万元，较上年同期增长26%；医务性收入占比30.28%，较上年同期22.81%，上升了7.47个百分点；药占比31.85%。2017年1—10月县人民医院，业务总收入2.03亿元，与2016年同比增加4169万元，增长25.81%，其中自身业务收入1.8亿元，同比增加4295万元，增长31.71%。药占34.40比%，同比下降1.2个百分点。2017年1—10月县中医院，业务总收入7026.5万元，与2016年同比增加860.6万元，增长14%。药占29.17比%，同比下降5个百分点。

2.“强基层”持续提升。一是加强县级公立医院升级建设。人民医院、中医院、妇幼保健院、第二人民医院的升级改造工作有序进行。

二是加快镇村医疗卫生服务能力建设。开展创建“基本医疗和基本公共卫生服务示范镇”活动，至年底已有丰良、留隍、潭江、汤南、埔寨、砂田6个镇通过“两基服务示范镇”验收。

三是加快推进村卫生站建设，规划新（改）建村卫生站259间，至年底已完成169家，已动工90家，预计年底前完成，同时正在开展乡村医生聘任工作。

四是全力推进县域医疗共同体建设。制订县域医疗服务共同体试点工作和加快推进分级诊疗制度建设实施方案，组建丰顺县人民医院县域医疗共同体、丰顺县中医院县域医疗共同体。

五是规范项目执行，完成指标任务。截至年底，丰顺县已建立45.08万份电子健康档案，电子建档率92%；按指标体系考核要求，各镇卫生院居民健康档案较上年度合格规范，电子建档率（≥75%）达标。全县统一印刷了16种宣传画册给各卫生院，并把各种宣传画册分发到镇村卫生站和群众手中，共发放各类宣传资料8.6万份，同时积极通过义诊、讲座咨询、拍摄视频在电视台播放、微信等方法开展基本公共卫生服务项目的宣传活动。全县满周岁儿童基础疫苗接种率达99%，达到国家（95%）免疫要求。全县加强免疫疫苗接种率除6周岁白破、流脑未达标外，其他达到国家要求，无疫苗针可控传染病发生流行。全县孕妇早孕检测率、产妇产后访视率、孕产妇系统管理率、新生儿访视率达99.09%，3岁以下儿童健康管理率达85.33%，0～6岁儿童健康管理率达95.01%。县共发现高血压患者23994人，规范管理19429人，规范管理率达到80.97%。发现糖尿病患者6185人，规范管理4721人，规范管理率达到76.33%。全县65岁以上老年人总数为53887人，已管理人数为36023人，管理率66.85%，老年人提供免费体检13416人，免费测血糖12081人，老年人提供保健指导人次32206人次，以上患者规范管理率均达到上级的要求。各类严重精神障碍患者2647例，患者检出率5.37‰，管理率93.20%，规范管理率85.61%，服药（治疗）率75.97%，规律服药率53.10%。各镇卫生院对2266例在管患者加强随访管理，不断查询追踪失访和非在管的患者，提高管理率。评估3级以上的患者112例，做到1～2周随访一次，配合家属及时监护患者。同期内已管理的肺结核患者人数206人，肺结核患者管理率100%。截至2017年年底，丰顺县无甲类疫情、无聚集性疫情、无突发公共卫生事件，各项防控措施落实到位，各类疫情处于可控范围。各镇卫生院制定相关的协管制度和工作计划，分工明确，协管工作较上年度有所进步。协管各项制度落实比较到位，各项资料归档完善及协管工作文书书写内容较上年度规范。全县16个镇，65岁以上老年人数53877人，中医药健康管理服务人数11400人，服务率21.16%。0～36个月儿童数16352人，中医药健康服务人数10963人，服务率67.04%。

六是深入基层开展家庭医生式签约服务。实行家庭医生式服务模式，使更多的慢性病患者到辖区卫生服务机构就诊。

七是不断加强人才队伍建设。实施卫计系统干部职工学历提升工程，加强基层卫生人才储备。2017年选派32名在职医务人员到上级医院进修培训，各医疗卫生单位招聘卫生技术岗位61个，已有83人通过笔试、面试和体检。

着力加强医疗服务质量管理 1. 加强设置审批管理，强化医疗机构监管。依据有关法律法规，按照事权划分要求，按照属地化管理原则，依法加强对医疗机构的管理。进一步完善行政许可规范，加强了对医疗机构、医疗技术和人员资格准入的管理。对人员资质不够、医疗设施、设备达不到医疗机构基本标准的医疗机构，依法调整了有关登记审批事项。

2. 强化医护人员监管，严格控制了医疗风险。加强了医师、护士电子注册信息系统建设和管理，做好了医师、护士执业电子注册联网工作。强化医疗技术监管。认真落实《医疗技术临床应用管理办法》，组织开展第一、二、三类医疗技术临床应用审核、上报及监督检查，加强了手术分级、麻醉分级管理以及新技术的准入管理，开展了专项监督和评价活动。

3. 把住质量管理开关，不断增强服务能力。继续深入开展“以病人为中心，以提高医疗服务质量为主题”的医院管理年系列活动，进一步完善和丰富医院管理年活动的内容和措施。以医院评审、复查和专项质量检查为手段，不断推进医疗质量的持续改进和提高，保障医疗安全。同时，结合“基本医疗和基本公共卫生服务示范镇”及“群众满意卫生院”创建活动，加强乡镇卫生院标准化建设及管理评价体系建设

4. 加强内涵建设，强化医疗安全监管。结合日常工作指导及半年度督导活动，检查重点内容包括各级各类医疗机构的诊疗质量、医院感染、消毒供应、临床输血、实验室安全、毒麻药品管理等，认真开展对医疗机构和医务人员依法执业情况的监督和检查，进一步完善医疗机构执业、医生执业档案管理。督促各医疗机构结合自身实际建立并完善了医疗质量、安全、服务和绩效综合评价体系。

5. 广开门路，加强医院卫生人才储备建设。结合《中共丰顺县委丰顺县人民政府关于建设卫生强县的意见》中有关人才队伍建设的要求，联合专业医学函授教育培训机构在全县各级医疗机构积极开展在职继续学历教育工作，并结合全科医生能力再提升工程推选出学科带头人，采取送出去进修的方式加强其重点培养，全年共有200多人报名参加在职继续学历教育，通过在职继续学历教育、外送进修、参加短期培训学习的方式提高医务人员专业技术水平及服务意识，不断增强医院实力和发展动力。

6. 继续深化优质护理服务，强化医院感染控制。以开展优质护理服务为抓手，充分利用医护一体化提升护理成效和服务质量，取得了明显的社会效益，全年各医疗单位均未发生护理责任差错事故，有效确保了护理安全。加强了院感质控工作，特别是重点部门和重点环节管理和监督；加强了医院感染管理和医务人员培训，通过督查和日常监管，杜绝了院感事件的发生，提升了医院管理水平。

7. 着力抓好医疗纠纷预防与处置，构建和谐医患关系。进一步完善了由县政法委牵头，司法局、公安局、卫生局、信访局、各乡镇应急办、司法所、派出所、村级组织积极响应的联动机制，为处理医疗纠纷提供了有力保障。2017年全县各级各类医疗机构未发生医疗责任事故，发生的一般性医患纠纷8起，经调解终结8起，在保持打击医闹的高压态势的基础上，有效保障了人民群众及广大医务人员的人身健康和生命安全。

着力抓好重点传染病防控工作 1. 全力推进预防接种规范管理工作。以预防接种规范管理专项活动为抓手，积极推进基本公共卫生服务均等化为目标，持续提升服务质量，保持全县免疫规划高接种率。2017年丰顺县适龄儿童国家一类疫苗接种率全部达到95%以上的目标要求，筑牢全县免疫屏障。

2. 全面科学防控暴发传染病。一是加强重点传染病的监测和预警，重点开展医疗卫生单位传染病疫情的监测和传染病网络直报管理的督导工作。科学有序地开展登革热、HIV、麻疹、手足口病等流行病学监测、调查与处置，

有效地防止传染病疫情的暴发和蔓延。2017年，丰顺县无甲类传染病报告，乙、丙类传染病临床+实验室诊断病例共2270例，其中乙类传染病8种，丙类传染病5种，2017年，未发生重大传染病暴发疫情，未发生突发公共卫生事件。二是加强防控人感染H7N9禽流感工作。积极协调联防联控成员单位开展H7N9防控工作，同时积极做好疫情监测、卫生宣传、室外H7N9污染物采样检测等，2017年，丰顺县无人感染H7N9禽流感病例报告。三是认真落实艾滋病防治工作。积极贯彻实施"四免一关怀"政策，深入推进艾滋病的防治工作。深入学校开展艾滋病防控宣传工作，认真落实民生实事工作，建立健全艾滋病检测网络，扩大艾滋病检测覆盖面，丰顺县艾滋病检测实验室4间及初筛检测点14间已全面完成现场评审工作，为有效地提高HIV发现率，进一步遏制艾滋病奠定坚实基础。

3. 落实好登革热、地方病防治、加强食源性疾病监测、落实职业、公共卫生监测工作任务。一是扎实开展登革热防控工作，强化以登革热为重点的蚊媒传染病防控，积极开展伊蚊的专项监测。二是持续巩固地方病防治成果，完成碘缺乏病、地氟病防治监测工作。三是认真加强食源性疾病监测工作，加强业务人员培训，强化人员素质，落实食源性疾病监测工作任务。四是强化职业卫生技术服务，加强职业健康监护，为受检人员建立健康档案，向企业及个人提出了职业病防护建议。五是继续落实公共场所、生活饮用水、学校卫生等公共卫生监测工作任务。

着力抓好妇幼卫生健康服务工作 1. 切实抓好网络建设，提高孕产妇系统管理水平。切实抓好县、镇、村三级卫生保健网络的建设，切实加强高危妊娠监护工作，提高产科质量，保障母婴安全。全年共举办培训班2期，培训县、镇妇幼人员共225人，加强了全县妇幼卫生业务管理工作，加强了对镇、村的妇幼保健业务指导，责任到人。严格落实三级转诊，高危妊娠100%住院分娩，巩固和提高住院分娩率，2017年农村住院分娩率达100%，非住院分娩新法接生率为0，2017年未出现新生儿破伤风病例，无孕产妇死亡率，孕产妇系统管理率90.07%，达到国家指标要求。

2. 开展儿童预防保健工作，促使儿童健康成长。认真做好0～6岁儿童保健管理和指导工作，儿童的保健与计划免疫运转相结合，预防接种和体检同时进行。对全县幼儿园的儿童开展健康检查，重点做好早产儿、体弱儿、低体重儿的保健专案管理。着力实施出生缺陷干预工程和育龄妇女叶酸增补工作，从而减少出生缺陷的发生。2017年5岁以下儿童死亡率，4.49‰、婴儿死亡率2.72‰、新生儿死亡12人，死亡率1.63‰、新生儿疾病筛查率97.35%、7岁以下儿童保健管理率95.01%、5岁以下儿童中重度营养不良患病率0.29%。

3. 做好妇幼重大公共卫生服务及母婴阻断项目。2017年度丰顺县农村孕产妇住院分娩补助3496人，补助金额263.63万元；叶酸新增应服用人数2564人，服用人数2560人，服食率99.84%。2016年10月至2017年9月底，全县艾滋病共免费检测5122人，梅毒免费检测5122人，乙肝免费检测5122人，咨询5440人，艾滋病—HIV感染0人，梅毒孕产妇感染17例，共治疗17例，梅毒产妇所生婴儿预防用药17例，乙肝表面抗原阳性母亲所生新生儿注射免疫球蛋白719人，母婴阻断项目中央财政专项拨款共补助33.69万元。

4. 筑牢三道防线。2017年全县产妇总人数6559人，住院活产数6613人，产前检查6508人，产前检查率99.22%；新生儿疾病筛查6438人，筛查率97.35%。2017年年底丰顺县新生儿听力筛查5842例，听力筛查率：88.34%。婚检方面，全县结婚9218人次，婚前医学检查8614人，婚前医学检查率93.45%。

5. 极开展贫困妇女"两癌"筛查工作。做好城乡贫困妇女宫颈癌和乳腺癌检查工作，降低"两癌"死亡率，提高妇女健康水平，对核定的目标人群进行免费筛查，筛查时间从9月6日开始至11月20日止，实际参加筛查人数983人，检出疾病人数液基细胞（TCT）95人阳性、乳腺疾病29人，转诊到上一级医院进行进一步检查49人，至年底进行了手术治疗的有9人。

着力巩固慢性病防治工作 1. 扎实开展结核病防治工作。2017年1—10月，丰顺县门诊免费检查可疑肺结核病人435例，免费检查胸片255例、免费查痰人次848例。发现活动性肺结核病人224例，其中：初治涂阳病人28例，复治涂阳病人3例，涂阴病人193例。初治涂阳治疗满疗程病人86例，治愈86例，治愈率达到100%，均达到项目工作指南要求。同时加强结核病宣传工作，在电视台新闻栏目中播放防治结核病宣传稿件；开展学校结核病防治知识宣传教育活动，举办学校结核病防治知识培训班。

2. 加强皮肤性病和麻风病防治工作。加强皮肤性病、麻风病的治疗和管理工作，继续巩固麻风病达标成果，加强门诊监测工作，及时发现病人和统计上报。截至2017年年底，丰顺县没有发现新病例，保持良好的达标成果。

3. 加强严重精神障碍患者管理。截至2017年9月，丰顺县共发现各类严重精神障碍患者2639例，检出率5.13‰，管理率92.28%，规范管理率88.02%，服药（治疗）率77.65%，居家稳定率95.42%。对在管患者加强随访管理，不断查询追踪失访和非在管的患者，提高管理率。对评估3级以上的患者112例，做到1～2周随访一次，配合家属及时监护患者，指导家属做好护理工作。2017年1—9月，丰顺县未发生精神病患者肇事肇祸行为的发生。继续实施“民生工程”严重精神障碍患者门诊医疗救助工作，对病情较轻需要服药的420名严重精神障碍患者，由县慢性病防治院实行门诊送医送药。积极落实精神科医师转岗培训工作，至年底丰顺县已报送5批共12人参加梅州市精神科医师转岗培训，确保2018年丰顺县每个乡镇卫生院配备有1名专职精神科医师。

着力开展爱国卫生运动 1. 做好爱国卫生月工作。以创建国家卫生县城为目标，以全面开展城乡环境综合整治为重点，针对当前环境卫生存在的突出问题，采取有力措施，广泛发动群众，从清脏治乱和绿化、美化环境入手，重点清理城中村、城乡接合部、河道两旁和村庄周边的垃圾，着力解决群众关心的环境热点、难点卫生问题，切实做好登革热、寨卡病毒病和黄热病等病媒传染病防控工作。据不完全统计爱卫月活动期间全县共清理卫生死角3633处、清理滋生地352处，清理垃圾225吨。还邀请专业消杀队对整个新老县城的居民生活区周边、绿化带、公园、水沟、垃圾池、垃圾桶等“四害”最易滋生的公共环境进行了消杀，喷洒药物187升，共10多万平方米，投放2500公斤毒鼠谷对全县进行春季灭鼠，灭蟑药物350公斤。

2. 继续加大创建省、市卫生镇、村工作力度。积极动员各镇政府积极参与省、市卫生村的创建工作，并组织专业人员到现场指导，对创建工作发现问题提出了意见和建议。2017年上半年，丰顺县成功申报省卫生村37个。2017下半年申报64个省卫生村和市卫生村48个已通过市级验收，进一步带动爱卫工作再上一个新台阶。

3. 继续做好病媒生物防制工作。开展除“四害”专项整治工作：一是加大宣传力度，组织人力深入基层开展宣传，派发宣传资料；二是组织机关干部和居民群众整治市容环境卫生，清理卫生死角，排除积水，清除“四害”滋生地；三是疾控中心开展“四害”现状调查和密度监测工作，及时组织科学除“四害”工作，同时加装防蚊闸1000多套，毒鼠屋2000多只；四是协调县工商局、药监局、县卫生监督所等单位落实重点单位和一般单位重点场所的防鼠、防蝇设施，使灭蝇、灭鼠达到国家C级标准，灭蚊、灭蟑螂密度控制在标准2倍以内。

4. 全面开展健康教育工作。每年在城区人群活动密集的场所，安排县爱卫办和县健教所联合相关单位开展形式多样的健康教育宣传、咨询活动2～3次；在县城候车室、广场、公园等公共场所及时张贴相关传染病防控知识宣传画。县属医疗卫生单位、各镇卫生院和村卫生站充分发挥各自优势开展健康教育，在醒目的地方设置宣传栏，及时更换健康知识，把健康教育做到病人床头及其家属。同时做好农村健康教育工作，结合创建省、市卫生村工作把健康教育宣传带到农村，让广大人民群众更深入了解并掌握卫生基本常识，提高人们自我保健能力，倡导文明健康的生活方式。

5. 开展农村改水改厕工作。加大农村改水改厕宣传力度，加强农村饮用水质监测，及时掌握饮用水动态变化，确保农村饮用水安全。科学引导群众新建、改建无害化厕所，把农村的改厕农村卫生工作当作重点和实事来抓，提高农村环境卫生。有效地预防和控制传染病的发生。

进一步加强党风廉政建设　1. 落实责任，全面贯彻落实党风廉政建设责任制。坚持和完善由卫计局党组统一领导、医疗卫生计生机构各负其责、依靠群众支持与参与的反腐败领导体制和工作机制，及时成立、调整和充实局党风廉政建设工作领导小组，确立局领导“一把手”负总责、分管领导各负其责、下属各医疗卫生计生单位和局机关各股室在局党组的统一领导下分工协作的领导体制和工作机制。

2. 改进工作作风，规范领导干部从政行为。严格执行中央八项规定，切实改进工作作风，密切联系群众，局领导干部严格要求自己，充分发挥带头作用，自觉接受监督，始终坚持民主集中制原则，在重大决策、重要干部任免、重大项目安排和大额资金使用上，坚持党组会议议事制度，由集体研究决定。

3. 开展廉洁从医教育活动，打造崇廉守纪队伍。结合工作实际，按照上级的工作部署和县卫计局纪律教育学习月活动安排，围绕“讲政治、强党性、严纪律、守规矩”主题，结合“以德润医、崇廉守纪”教育活动，采取切实有效的措施，扎实认真开展纪教月工作。同时要求各医疗卫生单位要将机构、干部、职工贯彻执行“九不准”“五不准、五严守”的情况，作为评先评优等级、个人职称晋升的重要依据。

4. 加强行业作风教育。开展医德医风教育活动，大力提倡“以德润医、崇廉守纪”，围绕“两学一做”学习教育常态化制度化教育活动，以保障人民群众身体健康为出发点，深入开展党性宗旨教育、党规党纪教育、优良作风教育，大力推动医疗卫生系统行业作风建设，弘扬和践行社会主义核心价值观，强化医德医风建设和行业自律，打造一支党和政府放心、人民满意的医疗队伍。

5. 加强廉政风险防控工作。进一步查找在业务流程、制度机制和外部环境等方面存在或可能存在的廉政廉洁风险，制定廉政廉洁风险防控措施，并按规定将廉洁风险及防控措施上墙公示。

6. 认真受理群众来信来访，严肃查处违规违纪行为。以维护人民群众根本利益作为案件查办工作的出发点和落脚点，建立健全了来信来访工作制度，及时受理和办结群众来信来访，切实做到了事事有回音、件件有着落。据统计，2017年县卫计局共接信访件16件，均按有关规定要求进行处理及答复。

统筹做好其他各项工作　一是推进中医药强县工作，全县16个乡镇卫生院均建成了中医临床科室集中设置、多种中医药方法和手段综合使用、中医药文化氛围浓郁并相对独立的中医药综合服务区。二是扎实推进依法行政工作。积极开展各项卫生计生普法和依法行政工作。三是做好无偿献血工作，2017年全县无偿采血303250毫升，确保丰顺县医疗机构临床用血100%来自无偿献血。四是全面开展消防和安全生产排查整治。始终把消防和安全生产放在重要位置，进一步加大工作力度，全面落实消防安全防范措施，及时发现问题，迅速落实整改，较好地消除了安全隐患。五是主动及时做好政务公开和网络问政工作。积极落实决策公开、执行公开、管理公开、服务公开和结果公开，及时发布卫生计生相关信息。六是积极稳妥做好信访维稳工作。认真履行综治维稳工作职责，进一步加大工作力度，积极稳妥做好信访隐患摸排、稳控和化解工作。加强群众来信来访等工作的处理，积极办理，及时回复。七是做好精准扶贫工作，加大对挂钩村及贫困户的扶持力度。八是加大监督力度，使打击“两非”工作由专项整治转向日常整治长效工作机制。

2017年年底卫计局

局　长　林延钊（党组书记、机关党委书记）

副局长　陈福凑（党组副书记、机关党委副书记）

张顺舟（党组成员、县纪委派驻纪检组长）

周健人（党组成员、副局长）

黄瑞珍（党组成员、副局长）

陈东生（党组成员、副局长）
林少鹏（党组成员、局办公室主任）
徐显游（机关党委委员、副科）
冯流宝（机关党委委员、副科）

（办公室）

【县人民医院】 丰顺县人民医院是丰顺县唯一集医疗、科研、教学、急救、康复和保健为一体的二级甲等综合医院、爱婴医院。医院编制床位450张，设置13个病区，临床科室20个，医技科室13个，行政职能科室11个；梅州市重点医学专科3个（呼吸内科、骨科、普通外科）。截至2017年年底，医院在岗员工653人（编制内443人，编制外210人），正高级职称7人，副高级职称63人，中级职称101人，特聘专家3人。

2017年，丰顺县人民医院在县委、县政府和卫生行政主管部门的正确领导下，认真学习贯彻中共十八大、十八届三中、四中、五中、六中全会精神和中共十九大精神，深入推进县级公立医院综合改革，紧紧围绕创建广东省卫生强县目标，通过加强专科、人才、技术、信息化和党风、行风等建设，不断提升综合服务能力，促进了医院持续健康发展，取得较好的社会效益。

2017年，医院门诊总诊疗人数245360人次，同比增长11.05%；出院病人数22418人次，增长13.45%；住院各类手术50720人次，同比增长8.2%；业务总收入约2.58亿元，同比增长13.61%；固定资产总值约19230万元，同比增长111.78%。

全面加强管理，确保医疗安全　一是切实加强质量管理。成立了医疗质量、护理质量、院感管理、药事管理、输血管理等管理委员会，加大督查力度，全面加强医疗质量与安全管理工作，强化医务人员卫生法律法规培训，严格遵守卫生法律法规和诊疗、护理规范，做到依法执业、行为规范。二是加强临床路径管理。在全院所有科室执行临床路径管理，使患者诊疗过程更加规范化、程序化、做到步步明晰、步步有据可依，提高了医疗安全保障，减少重复治疗、重复检查，降低诊疗费用，2017年，开展临床路径病种52种。三是加强用血安全管理。认真贯彻落实《中华人民共和国献血法》《医疗机构临床用血管理办法》《临床输血技术规范》等有关血液管理的法律法规；建立健全了临床输血管理委员会，明确职责，做好临床用血的规范管理和技术指导；强化全院医务人员合理用血知识培训，确保用血安全。四是加强药事管理。开展“阳光用药”、“抗菌药物临床应用专项整治”工作，进一步落实处方点评制度，实行药品用量动态监测和超常预警制度，促进临床合理用药。五是持续深入开展优质护理服务。通过强化基础护理，为患者提供主动、优质的护理服务，使患者感受到护理服务的改善，感受到医院护理人员的良好职业道德素养和高质量的护理服务，在全社会树立了良好的白衣天使形象，促进医患关系更加和谐。六是加强医院感染管理。加强医院感染管理知识宣传、培训学习，抓好全院感染监控工作和医疗废物管理，严防医院感染暴发事件，全年杜绝医疗废物流失、泄漏和扩散事故。七是建立健全内部监督制约机制。成立了内控办公室，加强医院内部控制的监督和评价机制，加强成本核算，努力降低医疗成本，杜绝多收费、漏收费行为。

全面提升医院综合服务能力　1. 专科建设得到全面加强。一是抓重症医学科建设，提升危急重症疾病的救治能力。2017年医院危重病人抢救成功率达96%，危重症疾病的救治能力得到大幅度提升。二是抓心血管专科建设，着力提升心血管病救治能力。2017年3月，心血管内科加入了广东省人民医院心血管病协作网络，借助远程协作网络，让县域内患者不出县便可享受到省人民医院心血管专家的会诊，进一步提升疑难病例的诊疗水平。三是抓眼耳鼻喉科建设。扩大眼、耳鼻喉科业务用房，开设眼耳鼻喉科病区，购买眼科设备及电子鼻咽喉镜等设备，不断提升眼耳鼻喉科服务能力。四是抓血液净化中心建设，提升血液透析服务能力。2017年3月，原血透室升级建设为血液净化中心，血透机增至31台，血液透析服务能力明显增强。

2. 加强人才队伍建设，提升专业技术水

平。一是制订人才培训三年计划，不断提升医务人员业务水平；二是加强人才引进工作，为医疗业务开展提供人才保障。

3. 加快医院设备装备建设。根据上级有关文件精神要求，2017年投入约4000万元购买医疗设备，落实完成了县级医院76种设备装备配置，为医院学科建设提供医疗设备支撑。

4. 加强医院信息化建设。在原HIS信息系统基础上，完成LIS条码系统、体检系统、远程会诊、微信挂号、微信收费等项目系统上线，为互联网+智慧医院打下坚实基础。

深入推进医改各项工作任务　一是继续实行药品零差价销售和继续推行优先使用国家基本药物制度；执行新医疗服务价格，大型设备检查（MR、CT）及检验项目不同程度降价，最高降幅达15%。二是成立县域医共同体。2017年9月15日，县人民医院院与留隍镇中心卫生院、汤南镇中心卫生院、埔寨镇中心卫生院、砂田镇卫生院、小胜卫生院、大龙华卫生院、潘田卫生院、北斗卫生院、八乡山卫生院建立纵向合作关系，签订《丰顺县医共体合作协议书》，组建成立了县人民医院县域医疗服务共同体。三是加强医疗服务监管。大力查处违法违规行为，纠正行业不正之风，全力治理医药购销领域商业贿赂，有效规范诊疗行为。四是积极开展城乡医院对口帮扶工作。2017年，县人民医院先后与广州医科大学附属第二医院、附属第三医院签订对口帮扶协议书，形成对口帮扶关系。五是深入推进平安医院创建，构建和谐医院。六是继续开展改善医疗服务行动计划，落实便民惠民措施。七是完善基础设施建设，改善就医环境。

全面加强党风廉政建设和行业作风建设　一是强化“两个责任”落实，严格履行一岗双责。医院党总支书记、院长是医院党风廉政建设的第一责任人，切实担负党风廉政建设主体责任，各班子成员紧扣“责任”二字严格按照“一岗双责”的要求，具体负责各自分管部门和科室的党风廉政建设，形成了一把手亲自抓，班子成员直接抓，各职能部门、各科室具体抓，一级抓一级、层层抓落实的工作格局。二是开展医用耗材专项整治工作。制订了《丰顺县人民医院医用耗材专项整治活动方案》，完善了丰顺县人民医院《医用耗材采购管理制度》《新增耗材管理制度》《医用耗材临时采购制度》和《医用耗材备案采购制度》，促进形成防控风险的长效工作机制，有效遏制了医用耗材领域的不正之风。三是切实加强职业道德教育和医德医风教育，大力开展“以德润医　崇廉守纪”专题教育活动，大力培养和树立先进典型。

医院荣誉　2017年1月，丰顺县人民医院荣获“梅州市文明单位”，2017年3月，丰顺县人民医院神经内科荣获“梅州市女职工文明岗”；2017年10月，人民医院急诊科主任黄志雄荣获“梅州好医生”称号、呼吸内科护士长吴瑜娟和输液中心护士长陈佳凤荣获“梅州最美护士”称号。

2017年年底县人民医院

党总支书记、院长　李铁锋

党总支副书记　高清琴

副院长　黎剑泉　朱少慧　黄诗军　陈红莲

工会主席　饶袖珍

（郑丽娟　刘海捷）

2017年度市级先进单位名录

表5

单位名称	授予时间	授予单位（市委、市政府）	荣誉称号
丰顺县人民医院	2017年1月	梅州市精神文明建设委员会	梅州市文明单位

【县中医院】　丰顺县中医院是一所政府举办的非营利性二级甲等综合医院。2017年有在编干部职工183人，其中高级职称13人，中级职称44人。设有中医内科、中医骨伤科、外科、妇科、麻醉科、理疗康复科、中风专科、理疗科、耳鼻喉科等临床科室，和检验科、放射科、B超室、血透室、胃肠镜室、碎石室等医技科室。编制床位99张，实际开放病床140

张。拥有螺旋CT、DR、四维彩超、腹腔镜、经皮肾镜、膀胱镜、C型臂、碎石机、全自动生化分析仪、麻醉呼吸机等大中型医疗设备20余台件，固定资产总值4527万元。院在大力引进人才、培养人才的基础上，广泛吸纳国内外先进诊疗技术，逐步使医院发展成为中医为重，西医为辅，多学科渗透，多科室广泛参与，多种诊疗手段优势互补的中西医结合医疗服务体系，社会效益和经济效益均获得了双丰收。

中心工作　中医院以质量为目标，以医院管理为核心，以提高管理者的素质和能力为切入点，提高中层干部的综合素质和管理能力，强化医疗队伍建设，使全体职工各司其职，各尽其能。同时，大力扶持特色专科建设，促进专病诊治水平的提高。2017年门诊工作量9.5万人次，比2016年增长14%；出院6783人次，增长17.5%；病床使用率140%；医疗业务总收入8403万元，增长14.8%。医疗服务质量满意度为98%，全年未发生一起重大医疗事故。

主要工作情况　1. 强化药品"质量第一"的管理理念，加大行业作风专项治理力度

建立完善各项制度，为保障广大群众的利益，本着"提高质量，降低费用"的原则，医院特制定了《合理用药规定》《抗生素分级使用制度》《处方管理办法》等，严禁医生开大处方，并严禁药品商私下向医生推销药品的现象，并签订廉政承诺书47份、不收不送红包协议书6783份；

严格执行药品购进验收制度，从厂家、包装、质量、批号、效期等多个环节予以验收，杜绝假冒僧劣药品进入医院。严格实行药品效期管理，建立近效期药品督导工作机制，并加强质量问题疑似药品管理，保证了医院用药安全有效，切实维护了广大群众的身体健康和生命安全。

2. 县级公立医院改革试点工作稳步推进

一是继续实行药品零差价销售，让利人民群众。2017年，县中医院实行药品零差价减少加成收入约435万元，通过调整医疗服务价格增加收入约240万元，上级补偿170万元，增减相抵后差额25万元。

3. 加强人才队伍建设，加快人才培养

医疗竞争的核心是人才竞争。县中医院按照"人才立院"的发展思路，把医学人才资源的开发放在医院工作重要的战略地位，加大对在职医务人员培养力度，培养学科带头人，以名医效应带动科室发展。2017年，引进13名全日制临床医学本科生，赴送市级以上医院规培学习。

中医药文化建设　医院中医药文化建设是党和政府振兴中医、弘扬民族文化的重要举措之一，医院在充分认识开展中医药文化建设重要性的基础上，成立了中医药文化建设领导小组，负责全院的中医文化建设的领导，医务科、护理部和门诊部统筹协调，确保了中医药文化建设规划的有效实施。结合医院现有条件，利用门诊候诊区、院宣传栏、走廊、楼梯墙壁、电梯、病房等地方，张贴制作中医药文化知识宣传海报、画报；面对面跟病人讲解中医药文化知识，让大多数老百姓患者都能了解中医、中药。充分利用院内会议、学术讲座、医院宣传栏、电教等各种、途径对医院职工进行中医宣传、切实把中医经典、医德警言警句等富含中医哲学思想内容渗透到医院文化建设中来。

医院建设　2017年，按照"提升基础学科，突出重点学科，强化特色学科"的原则，中医院积极为特色学科建设与发展提供良好的支撑平台。外科购置了腹腔镜、膀胱镜，积极开展微创技术业务，技术日臻成熟，为医院发展提供了新的业务增长点。通过中医脑病专科、骨伤科等重点专科的辐射带动作用，医院综合实力大大增强，服务功能不断完善。

根据《国家发改委关于县级中医医院建设标准》及《丰顺县建设卫生强县的意见》《丰顺县"十三五"规划重大建设项目计划表》，计划将丰顺县中医院建设成为集医疗、保健、康复、教学、科研为一体的，突出满足老年病诊疗康复需求，向医养结合方向发展的综合性中医医疗机构。

丰顺县中医院各项业务发展较快，业务收入年均增速达28%。目前的业务用房空间严重不足，自2009年起，医院病房都是超负荷使用

状态。此外，丰顺县中医院地处城乡接合部边缘，周边交通十分拥挤，严重制约了中医院的业务发展，群众“看病难”问题难以得到根本性解决。为加快补齐丰顺县医疗卫生事业短板，改变中医院发展受到环境空间制约的现状，切实解决群众“看病难”问题，丰顺县拟对县中医院进行迁建，新建一所具备急救、医疗、防保、康复“四位一体”的二级综合医院。按编制床位400张建设配套，总投资约2.2亿元。该项目已列入全省基层重点医疗卫生项目，并于2017年争取到省补助资金3000万元，要求2018年上半年前必须动工建设。

经多次调研论证，丰顺县中医院迁建项目选址于丰顺县汤坑镇虎头山北麓环城西路，目前已进入立项阶段。

预防保健　强化医院感染管理工作，抓好重点传染病的预防和监测，做好疫情网络直报工作，使疫情报告更加完整、及时、准确。重新规范医院感染管理工作流程，改造消毒供应室和医疗废物暂存处，统一全院的消毒供应。

2017年年底县中医院

院　长　吴志光

（吴志光）

【卫生防疫】　2017年疾控工作在县委县政府和卫计局正确领导下，认真学习贯彻中共十九大精神，以习近平新时代中国特色社会主义思想为指导，坚持“预防为主”工作方针，创新工作机制，提升服务水平，推动疾控科学发展。

免疫规划工作　贯彻落实新的《疫苗流通和预防接种管理条例》，在省委、省政府的重视下，拨付专款采购冷链运输车，实现全县预防接种单位疫苗统一配送。进一步理顺第二类疫苗采购、接种服务收费改革工作，每年为受种人减轻经济负担20万元以上，使群众更多的获得感，取得了较好的社会效益和经济效益。

2017年卡介苗7205/7237，接种率为99.6%；脊灰疫苗8284/8475，接种率为97.7%；含麻疹成分疫苗7979/8170，接种率为97.7%；百白破7780/7965，/接种率为97.7%；乙脑7708/7894，接种率为97.6%；乙肝疫苗8169/8360，接种率为97.7%；一类疫苗加强接种率为97%以上。全县适龄儿童国家免疫一类疫苗基础、加强接种率全部达到95%以上的目标要求，筑牢免疫屏障。

传染病防控　贯彻落实《中华人民共和国传染病防治法》，加强重点传染病的监测和预警，科学有序地开展人感染H7N9禽流感、登革热、HIV、麻疹、手足口病等流行病学监测、调查与处置，防止传染病疫情的暴发和蔓延。一是健全机构。及时调整充实应急领导小组，完善各类应急预案，积极筹备应急物资，加强应急保障，落实人员培训，开展卫生应急演练。每季度开展突发公共事件预测分析与对策部署，落实科学防控。二是加强监测。一年来完成人感染H7N9禽流感外环境采样211份，检测出有阳性标本4份，阳性检出率1.89%。按方案要求，登革热防控每季度开展一次“成蚊”监测。3—11月开展每月两次伊蚊的专项监测，共布放诱蚊诱卵器1260个，完成入户布雷指数调查6720户，为防控登革热疫情提供科学依据。三是贯彻实施“四免一关怀”政策，深入推进艾滋病的防治工作。建立健全艾滋病检测网络，扩大艾滋病检测覆盖面，2017年全县共建设完成艾滋病检测实验室4家及检测点13家，为有效地遏制艾滋病奠定坚实基础。为提高全县师生防治艾滋病知识，印制宣传资料12万份，实现中小学生人手一份。

一年来全县无发生突发公共卫生事件，无甲类传染病报告。乙丙类传染病（按审核日期统计）共有临床+实验室诊断病例3022例，总发病率为610.58/10万，与2016年比减1.92%（3022/3081），主要传染病得到有效管理和控制。

水质监测　完成县水厂生活饮用水监测40份1440项次，合格34份，份数合格率85.0%；二次供水11份，合格3份，份数合格率27.2%；完成农村饮用水安全工程丰、枯水质监测210份7560项次；其中水源水及其他水样25份，合格18份，份数合格率72.0%。

县水厂生活饮用水每季常规监测40份1440项次，合格34份，份数合格率85.0%；二次供水11份，合格3份，份数合格率27.2%；丰、枯水期共监测农村集中式安全工程水质210份

7560项次；其中水源水及其他水样25份，合格18份，份数合格率72.0%。

公共场所 完成广东省监督抽检计划“双随机”任务清单，共监测22间，环境检测118份，合格110份，合格率93.2%；抽检公共用具264项次，合格252项次，合格率95.4%。

消毒质量监测 完成医疗单位、个体医疗诊所消毒监测132间729项次，合格718项，合格率98.5%。

地方病防治 监测310份盐样品，居民碘盐食用率100%。抽取儿童、孕妇尿样各210份、100份送市疾控检测尿中碘含量，其中儿童中位数为150.6ug/L；孕妇为110.65ug/L。儿童甲状腺检查学生210人，甲状腺容积均在标准范围内。全县57个病区均已全部完成改水任务，改水后水氟含氟量保持小于1.0mg/L。

健康监护 完成从业人员体检3619人，检出皮肤病25人，合格率为99.3%。其中餐饮1698人、食品1093人及公共场所828人；驾驶员体检11642人，红绿色盲63人，合格率99.4%；招工体检226人；教师体检73人；工厂接害人员职业健康体检177人，（共15家企业），疑似职业病3人（疑似尘肺2人、疑似苯中毒1人），职业禁忌8人，发出调离岗位通知并申请职业病诊断3份，暂时调离岗位通知8份。结合广东省监督抽检计划“双随机”任务清单，开展学校教学环境卫生监测共22间。完成中小学生体检共41165人次（其中上半年5间中学8331人，11间小学10497人；下半年5间中学11125人，11间小学11212人）。

健康教育 一是投入10多万元与县邮电局联合制作了“预防禽流感”和“艾滋病防控”公益广告，全县设置170个播放点，在黄金时间连续播放3个月。二是利用卫生宣传日，开展专题宣传咨询活动6次。三是深入校园、社区开展专题讲座，发放宣传折页多种宣传活动。一年以来，累计共下发了埃博拉、登革热、H7N9、狂犬病、艾滋病、职业病预防等宣传资料共300多万份，取得了良好效果。

2017年年底县疾病预防控制中心（卫生检验中心）

主　任 郑春良

副主任 黄伟华　许日红　洪水源

（郑春良　刘万丰）

【妇幼保健】 1. 主要职能：为全县妇女儿童提供围产保健、妇女保健、儿童保健等妇幼保健服务，履行计划生育公共服务职能；承担计划生育宣传教育、技术服务、优生指导、药具发放、信息咨询、随访服务、生殖保健、人员培训职能；开展妇幼重大公共卫生服务项目、孕前优生健康检查和出生缺陷综合防治等工作。受卫生计生行政部门委托承担辖区妇幼保健业务管理、培训和技术支持工作。2. 内设科室及人员编制情况：医院设有行政职能部、门诊部、保健部、住院部等20个科室。全院现有职工117人（其中在编职工93人），医技人员104人，占88.9%，其中副高职称5人，中级职称26人，占医技人员29.8%。3. 丰顺县妇幼保健计划生育服务中心办公地址：丰顺县汤坑镇湖下开发区河东路123号，业务用楼高六层，占地面积8700平方米，建筑面积9500平方米。4. 1—12月门诊诊疗人次32495人（2016年30786人），较上年同期曾5.56%，入院总人数1442人（2016年1259人），较上年同期增长14.53%，实际占用床日数4748日（2016年4500日），较上年同期增长5.51%，2017年业务收入1464.2万元（2016年1215万元），较上年同期增长21.51%。

妇幼卫生业务工作 1. 妇女、儿童保健工作：全县产妇总人数6559人，住院活产数6613人，产前检查6508人，产前检查率99.22%；农村住院分娩率达到100%，非住院分娩新法接生率为0，新生儿破伤风病例0例，全年无孕产妇死亡，孕产妇系统管理率90.07%，新生儿疾病筛查6438人，筛查率97.35%。新生儿听力筛查5842例，听力筛查率88.34%。5岁以下儿童死亡率4.49‰、婴儿死亡率2.72‰、新生儿死亡12人，死亡率1.63‰，新生儿疾病筛查率97.35%，7岁以下儿童保健管理率95.01%，5岁以下儿童中重度营养不良患病率0.29%。2. 出生缺陷防控工作。（1）出生缺陷综合防控减免补助情况（2017.1—2017.10）唐氏筛查1232人，筛查阳性91人，唐筛异常进行产前诊断19

人，确诊2人，终止妊娠1人；产前结构六大致命畸形筛查1007人，阳性18人，产前诊断1人，确诊1人，已终止妊娠；新生儿疾病筛查5209人，阳性665人，新生儿听力筛查4932人，阳性269人，截至年底已补助减免约744.78万元。（2）地贫防控开展情况（2016.10—2017.9）免费血红蛋白电泳筛查1654人，免费进行基因检测228人，夫妻同型地贫共9对，均给予了相关的医学指导。门诊首次就诊孕妇数4343人，地贫筛查数4262人，筛查率98.13%，筛查阳性数706人，基因诊断数为624人，确诊259人，夫妻同型孕妇数18对，夫妻同型地贫基因中已接受胎儿地贫产前诊断孕妇数14人。3. 婚检情况及孕前优生健康检查情况（2016.10—2017.9）全县结婚登记9218人，参加婚检8614人，婚检率93.45%，免费孕前优生健康检查共4430人，完成全年任务的55.38%，检出疾病人数34人，疾病检出率0.39%，指定传染病31人，严重遗传病人数2人，内科系统病人数1人，对影响婚育疾病人员均给予相关的医学意见。4. 重大公共卫生服务项目及预防艾滋病母婴传播工作（2016.10—2017.9）全县农村孕产妇住院分娩补助3496人，补助金额263.63万元；叶酸新增应服用人数2564人，服用人数2560人，服食率99.84%。艾滋病共免费检测5122人，梅毒免费检测5122人，乙肝免费检测5122人，咨询5440人，艾滋病—HIV感染0人，梅毒孕产妇感染17例，共治疗17例，梅毒产妇所生婴儿预防用药17例，乙肝表面抗原阳性母亲所生新生儿注射免疫球蛋白719人，母婴阻断项目中央财政专项拨款共补助33.69万元。5. 公立医院综合改革工作。根据省、市有关公立医院综合改革的部署，妇幼保健院于2017年7月8日起实施取消药品加成和取消挂号费及调整门诊诊查费，在7月8日零时之前结算费用的按照旧标准收费，7月8日零时之后结算费用的按调整后的标准收费，凡参加梅州市基本医疗保险的患者可按医保政策报销5元/日/人门诊诊查费（及时补偿），自启动至12月31日止，医疗服务性收入占比较改革前同期增长了约3.11个百分点，药品收入占比下降了约3.62个百分点，医疗改革效果显著。6. 机关单位妇科普查情况。应检人数1072人，实检人数730人，检出率68.1%，查出疾病人数270人，疾病检出率36.99%，对检出有疾病的患者，都有建议到上级医院检查或做进一步治疗。7. 出生证管理情况。严格执行各医疗保健机构凭卡到妇幼保健院领取《出生医学证明》，做好全县《出生医学证明》的发放管理，1—12月共申领出生医学证明数4260份，上年库存5534份，发放出生证明7179份，共补发和换发出生医学证明264份。

升级改造建设情况　在广东省委省政府、市委市政府、县委县政府及县卫计局的指导和帮助下，县妇幼保健院争取到丰顺县妇幼保健院改扩建工程，总投资达到7100万元（工程建设费3380.91万元，购置医疗设备费2900万元），建设内容和规模：（1）改扩建总建筑面积12949平方米，包括：新建一栋5层建筑面积3449平方米业务楼；主楼（原综合楼）改造面积9500平方米（改造内容包括新生儿科改造升级、增设儿科病房、洁净产房和洁净手术室等）；（2）完善智能化系统、购置医疗设备及附属设施建设。现在工程正在有序进行，届时，县妇幼保健院的各项医疗水平能更上一个台阶，造福妇女儿童们。

多层次、多渠道加强宣传　1.“三八”妇女节、地贫防控日、艾滋病防控日等进行上街宣传，共接受周边群众前来咨询100多人，发放健康宣传册子300多份。与电视台、逛丰顺平台合作，在本院微信平台、职工群、外墙LED灯等广泛宣传健康教育知识及政府优惠政策。2. 为进一步落实广东省精准扶贫工作任务，提高农村妇女宫颈癌和乳腺癌的早诊早治率，降低“两癌”死亡率，提高广大农村妇女健康水平。根据省、市相关文件精神，丰顺县2017年目标任务数为3407人，根据实施方案成立了“两癌”筛查领导小组和工作小组，并于2017年9月5日进行该项目的启动仪式。工作小组下乡到3乡镇，对核定的目标人群进行免费筛查，筛查时间从2017年9月6日开始至12月31日止，实际参加筛查人数1275人，检出HPV疾病阳性人数143人、乳腺疾病45人，转诊到上一级医院进行进一步检查68人。至年底进行了手术治疗的有11人。通过筛查，大大地提高了广大妇女的自我保健意识，对妇女常见病、多发病以及癌前病变或早期癌的早发现、早诊断、早治疗具有重要意义，有效地保障了妇女健康，提高妇女生存质量。

开展新业务、新技术　新开展了盆底肌治疗、无痛分娩、无痛人流、脐血流监测等项目，为广大女性朋友带来了福音。

2017年年底县妇幼保健计划生育服务中心

中心主任、院长　陈　彬

中心副主任、副院长　吴潜清　张小璇

林邕钊

（办公室）

【县慢性病防治院】　县慢性病防治院以中共十八大、十八届六中和十九大、十九届一中全会精神为指导，用科学发展观统领全局，着力深化医疗卫生改革，以提高技术水平和服务质量，打造服务品牌，突出专科特色，创建和谐医院为重点。深入开展学习“两学一做”学习教育常态化制度化、“纪律教育学习月”、“以德润医、崇廉守纪”等实践教育活动。坚持慢性病工作“预防为主、防治结合”的方向。2017年，县慢性病防治院较好地完成各项工作任务，并取得了一定的成绩。

加强纪律教育，提高认识，全面实行优质服务　1. 加强纪律教育。县慢性病防治院组织全体干部职工认真开展“纪律教育学习月”“以德润医、崇廉守纪”专题教育活动，使全院干部职工更加明确如何做到廉洁行医、勤政为民，如何坚持救死扶伤和全心全意为人民服务的宗旨，如何树立正确的世界观、人生观、价值观，自觉抵制拜金主义，提高了领导干部和职工的政治理论水平。

2. 加强学习。县慢性病防治院根据中央、省委、市委、县委2017年开展“两学一做”学习教育常态化制度化、学习中共十九大精神等学习教育活动的要求，严格按照上级的部署，扎扎实实开展以上各项学习教育活动。通过开展学习教育活动，使县慢性病防治院各项工作出现了崭新的面貌。学习教育活动既是2017年县慢性病防治院党建工作的重要内容，又是促进县慢性病防治院各项工作发展的一项重大举措，通过学习以上学习教育活动，使县慢性病防治院全体干部职工更好的做到多为病人着想，更好地为人民服务，为丰顺县慢性病防治事业多做贡献。

健全机制，完善制度，进一步提高医疗质量　县慢性病防治院加强学习《医疗事故处理条例》《中华人民共和国传染病防治法》《药品监督法》《执业医师法》《医疗质量安全管理制度》等有关卫生法律法规和各项规章制度，切实提高医务人员医疗事故防范意识和法律意识，进一步提高为人民服务的宗旨。为确保诊疗安全，县慢性病防治院加强医疗质量监控和医疗培训学习，按要求严格执行各项诊疗制度和操作规程，防止医疗事故的发生。2017年，县慢性病防治院没有发生医疗纠纷、医疗事故，医疗质量得到广大人民群众的一致好评。

加强特色专科建设，提升整体水平　县慢性病防治院继续以慢性病专科特色为标准，狠抓医院的硬件建设和内涵建设，为进一步加强特色专科建设。2017年，县慢性病防治院新开设过敏源检测、脱敏治疗项目，通过过敏源检测、脱敏治疗，进一步明确过敏性疾病的原因，使过敏疾病患者尽量避免过敏源的接触，以及通过脱敏治疗有效地提高治愈率。

按照《梅州市人民政府办公室关于印发2017年市政府重点工作责任分工表和2017年市十件民生实事责任分工表的通知》（梅市府办函〔2017〕8号）精神。于4月份开始县慢性病防治院对艾滋病检测筛查实验室进行改造，通过建立艾滋病检测筛查实验室，切实方便丰顺县结核病筛查艾滋病的问题。

加强人才培养，提高专业技术水平　县慢性病防治院始终把培养人才，提高专业技术水平为重点。2017年，多次派医务人员到省、市参加医疗学习培训班。6月，县慢性病防治院选送一名医生到汕头大学医学院第一附属医院进修皮肤性病专科，通过学习，使县慢性病防治院医务人员吸收新知识、新理论，掌握新技术、新方法，通过培训学习，切实提升了县慢性病防治院医务人员的诊疗技术水平，做到更好地为患病服务。

积极做好“慢性病”防治工作　（一）结核病控制工作方面：

1. 领导重视结控工作和政府承诺起了重要作用，上级主管部门支持结控工作，县财政配套经费及时到位，有力地保证结控项目的顺利实施，有效地控制了丰顺县结核病的流行。

2. 2017年，县慢性病防治院门诊免费检查可疑肺结核病人481例，胸片129例、胸透352例、查痰人次1188例。发现活动性肺结核病人249例，其中：初治涂阳病人39例，复治涂阳病人4例，涂阴病人206例。

3. 管理质量：2017年，登记管理涂阳病人中，初治涂阳病人二、三个月末痰菌转阴率分别为100%和100%，复治涂阳病人二、三个月末痰菌转阴率分别为100%和100%，初治涂阳满疗程病人19例，治愈19例，治愈率达到100%，均达到项目工作指南要求。

4. 资料管理：对初诊病人登记本、结核病人登记本、病人家属筛查登记本以及实验室登记本填写工整、正确。

5. 经费、药品管理：为了保证结控工作顺利进行，县慢性病防治院不断加强项目资金和药品的管理，严防项目资金和药品出问题。项目财务管理实行专人专账管理，严格落实专款专用，严格执行财务支出制度，及时足额发放转诊费和督导管理费，保证项目经费全部用于结防工作上，真正的调动全县结防工作人员对结核病防治工作的积极性。进一步规范药品及相关物资的管理，做好药品专药专柜，专人管理，并及时发放和领取结控项目免费药品，严格做好出入库登记，严格做到日清月结，账物相符，杜绝了失效浪费和差错事故的发生。

6. 结核病宣传：一是3月20日开始在丰顺县电视台新闻栏目中，专题报道县慢性病防治院结核病防治工作现状，以及播放了“社会共同努力，消除结核危害”的宣传稿件2篇，连续播放15天。重点宣传国家免费治疗肺结核病人的优惠政策、结核病流行的严峻形势和对结核病防治知识，让更多人了解结核病，掌握结核病防治知识，阻止结核病的传播。二是3月24日在全县各医疗单位悬挂“社会共同努力，消除结核危害”的宣传主题横幅，并印刷发放宣传单10万份，在全县范围内进行广泛的宣传。三是为防止肺结核病在学校流行和暴发，县慢性病防治院于12月印刷学校肺结核病宣传单10万份，在全县各中、小学、幼儿园进行广泛的宣传，通过宣传使广大师生更加了解结核病防治知识。

（二）皮肤、性病防治工作方面：

2017年，县慢性病防治院开展4次对辖区内性病诊疗业务的医疗机构性病病例报告质量准确率进行现场核查，对性病病例漏报开展调查，确保性病疫情报告的完整性、及时性、准确性，完成全县梅毒、淋病报告病例的核查和订正工作。继续加强全国性病管理系统和全国麻风病防治管理信息系统的录入及管理，完善性病和麻风病防治、管理工作。

县慢性病防治院继续突出皮肤、性病治疗方面的特色，赢得广大群众和患者的好评。2017年，县慢性病防治院皮肤性病科门诊诊治了各类病人约1.5万人次，发现各类性病21例，其中：梅毒3例、淋病13例、尖锐湿疣2例，非淋菌尿道炎（宫颈炎）3例，并针对性伴侣开展跟踪监测工作，均按照规范进行了治疗，也取得满意疗效。

（三）精神病防治工作方面：

1. 严重精神障碍信息系统管理：丰顺县根据《严重精神障碍管理治疗工作规范》的要求，对全县严重精神障碍患者进行规范管理，做到及时录入、更新患者信息。截至2017年12月份，国家严重精神障碍信息系统全县在册严重精神障碍患者2684例［其中：精神分裂症2295例，分裂情感性精神障碍132例，双相（情感）性精神障碍173例，癫痫所致精神障碍45例，精神发育迟滞36例，偏执性精神病3例］。患者检出率5.45‰，管理率93.89%，规范管理率81.76%，服药（治疗）率78.43%，居家稳定率80.41%。各镇卫生院对2520例在管患者加强随访管理，不断查询追踪失访和非在管的患者，提高管理率。评估3级以上的患者114例，做到1～2周随访一次，配合家属及时监护患者，指导家属做好护理工作。全年未发生精神病患者肇事肇祸行为的发生。

2. 严重精神障碍患者医疗救助工作：2017

年，丰顺县继续实施“民生工程”严重精神障碍患者门诊医疗救助工作，对病情较轻需要服药的6630人次严重精神障碍患者，由县慢性病防治院实行门诊送医送药。通过医疗保险、医疗救助，解决了丰顺县严重精神障碍患者买不起药品的问题，有效地减少精神疾病患者肇事肇祸行为的发生。

对病情不稳定的严重精神障碍患者由梅州市第三人民医院、梅州市复退军人医院、丰顺县荣军医院进行收治。2017年，丰顺县现有住院病情不稳定的严重精神障碍患者为565例，市复退军人医院195例（包括市复退军人医院安置本市、县“三无”人员住院患者36例），县荣军医院370例。

3. 慢病院门诊患者治疗情况：县慢性病防治院精神病防治工作主要以门诊治疗为主和心理咨询相结合，对个别精神病人设立家庭病床。2017年，县慢性病防治院门诊管治各类精神病共86例，其中：精神分裂症39例，情感性精神障碍21例，癫痫所致精神障碍8例，老年性精神分裂症4例，其他16例。这些病人规则治疗73人，治愈11人，显著好转36人，好转27人，治愈率为12.79%，为社会的和谐安定做出应有的贡献。

4. 丰顺县的严重精神障碍管理治疗工作在县委、县政府和县卫计局的正确领导和全县精防人员的共同努力下，2016年丰顺县的严重精神障碍管理治疗工作被广东省精神卫生中心评为《广东省严重精神障碍管理治疗工作优秀县（区）》称号。

（四）麻风病防治工作方面：

2017年，丰顺县继续巩固麻风病达标成果，加强门诊监测工作，及时发现病人和统计上报。2014年，丰顺县发现1例麻风病新病例，现在蔗溪麻风病院接受治疗。2017年，县慢性病防治院麻防人员多次对其家属进行密切接受者的筛查及对周边人群进行流行病学的调查，通过筛查、调查没有发现新病例。

慢性非传染性疾病病人发现和规范管理工作方面 1. 加强领导、全面管理：2017年5月份，县卫计局的召开全县各镇卫生院主管慢性病的副院长和管理人员的关于慢性病防治的工作会议及培训。重点安排2017年慢性病项目的各项管理工作，提高慢病管理人员的工作能力。卫计局积极组织开展3次慢性病预防知识宣传教育，在电视台卫视窗口做高血压、糖尿病专题宣传，形式多样，广泛宣传。

2. 积极发现，加强随访：丰顺县继续加强高血压、糖尿病等慢非病的筛查及老年人健康管理工作，结合建立《居民健康档案》和老年人健康体检发现患者，根据各项慢病管理规范及时纳入规范管理。慢病院开展对镇卫生院的督导和管理，严格依照考核标准不断规范慢性病项目管理。16个镇卫生院完成原发性高血压、Ⅱ型糖尿病患者每年4次以上面对面的随访管理。定期把收集汇总后的患者信息数据上报至上级主管单位，同时反馈到患者辖区的卫生院，再由卫生院反馈至各村医进行行为干预、康复指导、随访和督导管理工作。

3. 2017年，丰顺县35岁以上首诊测血压人数157929人，已管理高血压患者24592人，规范管理19889人，管理率33.51%，规范管理率80.88%，血压达标人数10059人，血压控制率40.90%，医改进度91.19%。已管理糖尿病患者6472人，规范管理4881人，管理率18.69%，规范管理率75.42%，血糖达标人数2493人，血糖控制率38.53%，医改进度67.98%。全县65岁以上老年人总数为53887人，已管理36223人，规范管理率67.22%，并为老年人提供免费体检17806人，免费测血糖15196人，老年保健指导23147人次。

认真做好医疗保险即时补偿工作 县慢性病防治院认真贯彻落实医疗保险即时补偿制度，解决广大人民群众的就医问题。2017年，县慢性病防治院共办理结核病、精神病患者门诊即时补偿2724人次，医药总费用为93.49万元，办理即时补偿手续费用为70.13万元。通过医疗保险即时补偿，切实减轻了丰顺县肺结核病、严重精神障碍患者的医疗费用，解决了结核病、严重精神障碍患者买不起药品的问题，也有利于结核病的发现和归口管治，有效地防止结核病在丰顺县流行和暴发，以及减少精神疾病患者肇事肇祸行为的发生。

门诊业务工作情况 2017年，在全院干部职工的共同努力下，门诊就诊人次为2.1万人次，门诊业务收入为369万元。

2017年年底县慢性病防治院

院　长　罗林涛

副院长　刘辉欣　罗馥珍　陈华南

（邱清妹）

【食品药品监管】 2017年，丰顺县食品药品监督管理工作在县委、县政府的正确领导下和省、市食品药品监督管理局的精心指导下，深入学习习近平总书记系列重要讲话精神，高举习近平新时代中国特色社会主义思想伟大旗帜，全面贯彻落实中共十八大、十九大及省委、市委、县委决策部署精神，牢固树立“四个最严”依法行政的理念，紧紧围绕全县政治、经济、文化和社会发展战略目标，以做好人民群众饮食用药安全的维护者、绿色崛起的助推者、财丰民顺的建设者为要求，全力维护食品市场秩序和社会和谐稳定，确保了一方平安，推动了食品药品安全监管工作再上新台阶。

深化学习教育，夯实队伍建设基础　一是学习贯彻中共十九大精神。结合推进“两学一做”学习教育常态化制度化，将十九大精神作为理论学习中心组专题学习的重要内容，纳入领导干部讲党课重点课题，纳入组织生活会和民主生活会主题。充分运用“三会一课”等平台载体，采取集中学习、个人自学、专家解读、交流座谈等灵活多样的形式，全面系统学习中共十九大精神，真正做到入脑、入心、入行。并通过开展学习贯彻十九大精神、“讲政治、守规矩、转作风、提能力”做新时期食药监人思想大讨论等活动，以更强烈的责任感、更优良的作风和更加扎实的工作，推进食品药品监管各项事业又好又快发展，为保障百姓饮食用药安全鼓足干劲、提振士气、奋力拼搏。

二是认真组织开展“两学一做”专题教育。以认真组织开展“两学一做”专题教育为主题，把丰顺食药监队伍的思想和行动统一到了中央、省委、市委、县委的决策部署上来，把社会主义核心价值观融入到了干部职工的政治立场、价值追求、职业操守、精神境界等各个方面，为全面安全监管好食品药品市场增强信心和决心。

三是认真开展“讲政治、强党性、严纪律、守规矩”为主题的纪律教育。通过纪教月活动，进一步强化了党员干部守纪律、讲规矩意识，把严守纪律和规矩作为一种自觉行为；进一步解决了一批突出问题，以问题为导向，深入查摆、纠治当前群众反映强烈和落实中央八项规定精神、深化“四风”整治等突出问题；完善了规章制度，建立了长效机制，用好的制度管人、管事、管权，不断深化纪律教育的成效，为保障人民群众饮食用药安全夯实了纪律基础。

四是强化党风廉政建设。严格对照中央八项规定，重点整治庸、懒、散、奢等不良作风；进一步改进文风、会风，增强办文、办会、信息报送等工作的规范性，提高机关运转效率。进一步强化廉洁从政意识，提高干部素质，年初与各股室签订了从政承诺书等“三书”，进一步细化、完善责任分解和具体要求，并对干部和药品监管业务实行事前、事中、事后监督，开展了行政执法、行政审批事项的督查活动。时刻紧绷党风廉政这根弦，时刻警醒干部职工要依法行政，依法办事，锻造一支作风过硬、素质高、业务强的食品药监队伍。

开展专项整治，加大市场监管力度　根据“权责明确、行为规范、监督有效、保障有力”的原则，部门间加强协调配合，加大联合执法检查力度，进一步加强对重点地区、重点品种、重点时段的监督检查力度，形成上下联动、横向贯通、纵深发展的工作格局。2017年，县食品药品监督管理局深入开展各项专项整治，围绕“创建省食品安全示范县”的目标，并深入开展食品企业和小作坊的监督检查、食品流通及校园周边食品安全专项整治、学校食堂食品安全专项整治行动、农村食品安全专项整治、化妆品安全专项整治等多项行动。县食品药品监督管理局出动稽查执法人员3723人次，检查食品企业1122家次，食品经营单位512家次、食品使用单位198家次，发出责令整改通知书163份，发出不合格食品通报函10件，查处食品药品违规案件23宗，结案23宗，涉案产品货值13.71万元，罚没款合计

29.92万元，有力震慑食品药品违法违规行为。通过常态化高压态势整治行动，净化食品药品市场。

食品生产加工环节质量安全监管方面：落实企业主体责任，加强对食品企业和小作坊的监督检查。由县食品药品监督管理局生产股牵头会同各股室、各基层所、各镇（场）食安办在安全生产活动月期间共出动500多人次针对全县范围内的食品加工点、小作坊等进行安全生产大检查行动。上半年通过各镇场排查行动共发现无证经营的有51家，通过督促整改，已有29家小作坊通过改造升级取得登记证，其他无证小作坊通过专项整治已全部完成关闭转产，全面完成小作坊专项整治工作。督促落实食品生产加工企业和小作坊落实企业主体责任，加强安全生产工作，各食品生产企业和小作坊签订了《责任书》和《承诺书》。对2家白酒生产企业和8家小作坊按要求开展了白酒生产行业专项整治工作；对3家桶装饮用水企业进行了桶装饮用水生产行业专项整治；选择了符合条件的食品安全培训机构和健康体检机构进行登记和报送，确实做好便民便企工作；对智慧食药监系统网格化和协管员操作系统进行培训，确实落实上级要求。

食品流通环节质量安全监管方面：一是共出动执法人员1286人次，检查食品经营户939家，其中校园及其周边食品经营户155家，检查农贸市场5个，发出日常监督意见书72份，现场核查75份，督促办证通知书4份，责令改正2份，宣传资料1500多份，检查中未发现有违规违法行为。二是严格落实“活禽零存栏”制度，严防H7N9疫情。行动开展以来，共协调督促联合执法行动35次，出动执法人员156人次，检查活禽市场26次，检查食品经营户78家，其中活禽经营户49人次，进一步落实了活禽经营市场开办者的管理责任。三是开展打击销售病死猪肉等违法行为专项执法检查，共出动执法人数260人次，集中力量对10家农贸市场市场档口、5家食品流通环节经营狗肉的门店及22家经营狗肉的餐饮服务单位等重点场所进行了专项监督检查，暂未发现销售病死猪肉等违法行为。

餐饮消费环节质量安全监管方面：一是强化农村宴席食品安全监管，出动执法人员96人次，对农村举办的婚庆、乔迁、祝寿、治丧、祭祖等宴席现场进行指导、检查、督促做好“三防”工作。二是重点开展学校食堂食品安全专项整治行动，出动执法人员621人次，共检查学校食堂、幼儿园99家，校园及周边餐饮单位139家，对检查发现的问题当场责令当事人进行整改并组织实施跟踪复检，2017年学校食堂无一起食物事故发生。三是开展单位食堂食品安全专项检查，共出动执法人员655人次，共检查各类单位食堂162家。对检查发现的问题当场下达监督意见书，明确要求单位食堂必须完善消毒及“三防”设施，严格执行从业人员健康体检制度和食品采购查验登记及索证索票制度。

保化品安全监管方面：2017年共举行保健食品、化妆品管理法规进社区宣传11次，保健食品科普专题讲座1次，电视专题宣传1次，共发放宣传资料2000多份，张贴宣传画、海报30多幅。出动执法人员450人次，检查保健食品经营企业195家次，发出整改通知9份；检查化妆品经营企业155家次，发出整改通知20多份，并着重开展整治推销“老年人保健品”专项行动工作，进一步加强了保健食品、化妆品经营企业的监管，规范保健食品、化妆品市场秩序，保障人民群众消费安全和身体健康。

药品医械监管方面：加强监督检查和做好药械不良反应监测工作。2017年出动监督检查人员573人次，检查药械经营使用单位436家次（其中检查药品经营企业200家次、医械经营企业79家次、镇级以上医疗机构153家次），发出书面整改通知书27份，药械经营使用市场更加规范。加强和卫生医疗机构的沟通，共完成药品不良反应（ADR）检测报告上报199例，其中新的药品不良反应上报69例，严重的报告17例；医疗器械不良反应（MDR）检测报告上报80例，药械不良反应工作取得一定成绩。

创新监管模式，推进食品网格化工作 一是整合现有的食品信息化监管系统，推行网格化工作，实施监管人员分片包干和网格化管理，建立横向到边、纵向到底的食品质量安全监管模式。二是大力婴幼儿配方食品、食用油、酒类等追溯系统建设，努力实现“全品种可查询、重点品种可追溯”为目标。丰顺县有广东海航乐万家连锁超市有限公司汤坑分店、广东深华大药房连锁有限公司广湖分店、丰顺县金标商贸有限公司等18家食品流通企业按要求做好上传工作，丰顺县食品流通企业加入率100%、上报率88.87%、重点监管品种覆盖率100%，溯源查询成功率95.24%（其中重点品种溯源成功率95.16%）。三是加快“智慧食药监”信息化支撑建设，加大系统推广应用力度，结合落实“四个最严”的要求，重点推进食品安全风险防控和大数据分析建设，创新精准监管新模式。

打造亮点，创建省级食品安全示范县　2016年4月丰顺县率先启动省级食品安全示范县创建工作，并成功列入首批省级食品安全示范县创建试点。为加强对创建工作的领导，成立了县委书记任组长、县长任第一副组长的创建省级食品安全示范县领导小组，落实了创建办日常办公地点，并从相关机关单位抽调8名专职人员成立了县“创建办”，组织协调创建开展日常工作，推动创建工作高效运转。在省级食品安全示范县创建中，各镇（场）人民政府、县食安委各成员单位严格按照县委、县政府的统一部署，对照省级创建食品安全示范县标准，落实各方职责，全力打造创建亮点。

一是推进学校“阳光厨房”建设。为更全面落实食品安全属地管理责任，着力解决集体饭堂食品安全突出问题，积极推进学校“阳光厨房”建设。丰顺县投入80多万元在全县48家公办学校、幼儿园安装监控视频，现已全部投入使用。实现了对全县所有学校、幼儿园“阳光厨房”视频实时监控，确保师生饮食安全。努力营造社会共治格局，为开展创建打好坚实的基础。

二是创建省级食品安全示范街。为创建丰顺县省级食品安全示范街，邀请市局领导和专业人员到丰顺县调研指导，选取了条件较为成熟的县城大润发购物广场，打造一条餐饮服务食品安全示范街。目前已进行全面摸底调查，要求做到每间餐饮店、食品经营户全部亮证经营。通过积极筹集资金，对餐饮店、食品经营户进行明厨亮灶“视频监控”改造，做到每户厨房100%阳光化，让消费者看得舒心、吃得放心。

三是打造梅州市“放心肉菜示范超市”。根据市食安办、市食品药品监管局《关于印发开展创建梅州市“放心肉菜示范超市”活动的通知》（梅食委办食农〔2017〕17号）的要求，县食品药品监督管理局领导高度重视，制定了《开展创建梅州市“放心肉菜示范超市”活动工作方案》，细化创建标准，召开专项工作会议，对创建工作进行动员和部署，着力培育一批示范超市，以点带面，发挥超市食品供应主渠道辐射带动作用，推动食用农产品种养殖、加工、贮存、运输、销售等各环节强化质量安全管理，提升丰顺县食用农产品质量安全水平，让消费者放心消费、安心消费。县食品药品监督管理局执法人员多次向超市宣传和动员，按照企业自愿的原则，大润发广场有限公司丰顺分公司、丰顺县鹏泰百货商场积极申报参加示范超市创建活动，并成立专门的管理机构并指定专门团队具体负责，严格对照创建标准和要求，逐项对照检查、抓好落实，对发现的问题和薄弱环节进行整改，建立健全各项食品安全管理措施，强化质量安全管理，达到创建标准和要求。2017年11月14日，市局验收小组按照市级“放心肉菜示范超市”的创建标准，现场通过认真核查超市快检室、供应商资质、采购台账、食用农产品快速检测工作等，对丰顺县两家超市给予了充分的肯定，两家超市基本符合市级“放心肉菜示范超市”标准，通过市级“放心肉菜示范超市”验收。

四是深入开展农贸市场快筛快检工作。丰顺县按照省、市政府的工作部署，及2017年实施方案，从原来承担3家任务市场增加到5家。对新增2家市场，县食品药品监督管理局组织人员到市场内进行调查摸底、张贴宣传海报、发放宣传小册、制作快检结果公示栏等进行工作前宣传，为开展快检工作做好前期准备。2017年（统计至11月15日），计划执行总批12950批次，实际执行总批次13650批次，总执行率105.41%。其中检测蔬菜12723批次（胶体金法检测4490批次），51批次不合格（有机磷和氨基甲酸酯类农药残留），整体合格率99.6%；检测水产品928批次，15批次不合格（氯霉素兽药残留），整体合格率98.38%。对于不合格产品给予无公害处理及销毁，共销毁处理52.96公斤。为进一步扩大快检工作影响力，提高民众关注度，结合丰顺县实际，从2017年3月底起县食品药品监督管理局举办了24期"快检开放日"，免费为消费者送检397批次蔬菜、瘦肉和干菜类食用农产品。增强了市民参与度和知晓度，同时保障了消费者桌餐安全。

五是积极推进一镇一市场工程建设。坚持以点带面，首选丰良镇农贸市场作为示范改造试点，并由县城管、工商、食药监等部门联合丰良镇镇政府推进市场规划改造，目前已投入使用。同时将丰良镇农贸市场改造经验向全县各镇推广，确保各镇能够规划建设一个以上农贸市场，至年底已有7个镇建设完成，其余各镇正在加快建设进度。

加强应急管理，提高应急能力 进一步完善应急预案体系。一方面，紧紧围绕食品安全突发公共事件的特点，制定印发了《丰顺县食品药品监督管理局食品药品安全事件应急预案的通知》，进一步完善应急预案体系。另一方面，结合丰顺县食品安全监管工作实际，出台《2017年丰顺县食品安全应急管理工作计划》，提升应急管理的系统化、规范化、精细化水平。

推行食品安全责任保险试点工作 一是出台食品安全责任保险试点工作方案，明确推进食品安全责任保险的目标任务、试点范围、试点内容、实施步骤。二是局领导指导中国太平洋保险公司负责人深入城乡各单位、企业、中小学校及幼儿园广泛开展保险宣传，在食品重点行业、重点领域开展食品安全责任保险试点工作并取得一定成效。

推进基础建设，筑牢食品安全防护网 一是强化乡镇食品安全监管，积极推进基层设所建设。2017年10月，丰顺县潭江食品药品监督管理所正式挂牌运作，至年底全县共成立了6个镇级食品药品监督所，通过公开招考现已有24名公务员安排至镇食品药品监督所，积极筹集资金60多万元为基层所配备办公设备、执法车辆、快检设备等。做到职能配置、机构编制、执法装备、人员配备"四个基本到位"。标志着丰顺县食品监管重心向乡镇下沉，监管效能进一步提升，推动食品药品事业向前发展。

二是完善17个镇（场）"一专三员"食品安全监管机制建设，积极推进"一专三员"食品安全监管机制建设，着手进一步加强农村食品安全监管工作，完善乡镇以下监管网络，消除农村食品监管"盲区"和"空白点"，着力解决监管力量不足、监管责任不到位、监管网络不健全、监管机制不完善的问题。通过推行"一专三员"食品安全监管网络体系，乡村两级齐心协管，发挥好食品安全"哨兵"作用，及时发现食品安全隐患，快速处置食品安全事故，形成强大的食品监管工作合力，进一步保障群众食品安全。

加强宣传培训，营造浓厚氛围 一是以"食品安全宣传周"、"食品安全知识进校园"活动、"3·15"消费者权益保障日、"健康知识进社区"现场咨询活动及重大节日为载体，采用会议、专栏、简报、宣传车、印发宣传资料、上街设点咨询等形式，广泛宣传新《中华人民共和国食品安全法》《中华人民共和国行政诉讼法》《中华人民共和国消费者权益保护法》等法律法规、假冒伪劣食品鉴别知识及农村宴席食品卫生安全知识，印刷《致全县餐饮企业的一封信》《关注食品安全关心孩子成长——致全县中小学生及家长的一封信》共8万多份，通过县教育主管部门分发至各学校，营造创建食品安全示范县的浓厚氛围。2017年全县共举办各类食品安全宣传94场次，发放宣传资料7.4万余份，与电视台联合制作3期《食品安全》专题片，悬挂横幅550余条，制作了固定性标语72幅，出动宣传车60余台次，现场接受咨询人数达1.2万余人次，群众满意率98%。通过大力宣传，增强了广大人民群众食品安全常识，提升了全县人民的健康意识。

二是加大食品安全知识专题培训。积极针对全县食品生产经营企业法人、质量安全负责人进行了新《中华人民共和国食品安全法》《食品生产许可管理办法》《食品召回管理办法》《食品安全审计制度》及《食品安全授权人制度》等法律法规的培训，通过培训全面提升食品生产经营企业法人、质量安全负责人的法律意识，全面落实食品经营企业食品安全主体责任，进一步增强守法经营意识。更加清楚地认识到作为生产企业法人、质量安全负责人应承担的责任，应重视食品安全生产，自觉守法生产；继续加强对餐饮从业人员培训力度，不断增强餐饮服务企业负责人和从业人员的守法经营意识。

2017年年底县食品药品监督管理局

党组书记、局　长　罗旭丰

党组成员、副局长　徐雪光　李牡丹　范伟东

（黄瑜玲）

体　育

【群众体育】　2017年，全县共开展70多次各种类全民健身活动。一是在春节和元宵期间县体育局组织了足球、篮球、乒乓球、羽毛球、象棋、街舞等形式多样的友谊赛，丰富了群众节日的文体娱乐。二是与县老体协和太极拳协会在举办广场舞、大型健排舞、太极拳（剑、扇）展示及每个星期天进行免费培训。三是为了迎接“广东省第十八届体育节”和“全民健身日”与“南粤幸福周”，响应国家号召，增强全民健身意识，在全县形成崇尚健身、参与健身、追求健康文明生活方式的良好环境和氛围。四是组织了第二届“县长杯”乡镇足球联赛、“县长杯”校园足球联赛及“五一劳动杯”“庆七一”“足协杯”“贺岁杯”等各类足球赛50多次，推动丰顺县足球运动的发展，助推梅州振兴足球工作。五是组织了“民兴杯”、“局长杯”、“财税杯”等羽毛球赛和“生态杯”、“迎新杯”篮球赛。六是组织举行了广东省“农信杯”武术大赛。七是举办了第五届中国·丰顺“喜德盛杯”国际自行车邀请赛。八是配合兄弟单位组织多次与兄弟县市队进行篮球、足球、羽毛球等项目友谊赛；等等。

体育局业务股、业余体校干部和县社会体育指导员对老年体育、群众体育和晨晚练点随时进行指导、辅导和监督管理，群众体育活动丰富多彩，做到天天有活动、月月有比赛。通过开展各种体育活动，既促进了人民群众的健康，大大丰富了群众的精神文化生活，增强了群众参与体育健身的热情，增加了全县的体育活动人口，又有效抵制了社会上不良风气，有力地促进了全县精神文明建设和正在紧锣密鼓进行的“六城同创”等县委、县政府中心工作。同时，完成了全年国民体质测试工作任务。还积极做好丰顺县辖区内高危体育项目安全检查工作，协调、督促办理各种相关证件手续，针对存在问题限期整改，确保人民群众生命安全。

【竞技体育】　2017年，丰顺体育健儿在运动赛场上顽强拼搏、奋勇争先，赛出了水平、赛出了风格、赛出了形象，参加市级以上比赛共获得金牌41枚、银牌34枚、铜牌26枚。在7—8月梅州市第八届运动会，丰顺县有250多位运动员代表丰顺县参加田径、足球、篮球、举重、乒乓球、武术等9个项目的比赛，共获得41枚金牌、34银牌和24枚铜牌，团体总分2268.9分。获得田径总分第二、金牌总数第五、五项球类总分第五、团体总分第五的好成绩。能取得如此优异的成绩，一是领导重视，备战工作有力推进。二是全面动员，大力完善奖励机制。三是加大投入，各项保障落实到位。四是加强管理，打造队伍积极备战。五是科学训练，挖潜增效树立形象。

【场馆建设】　以场馆建设为载体，进一步完善丰顺县健身场馆设施布局。1. 完成投入1000多万元新建了丰顺新区运动场，并于2017年9月完工验收并交付使用；2. 在全县范围内新建和改造了10个足球场，至年底，丰顺县足球场达21块；3. 配合县住建局、城管局完成了丰顺六馆三中心设施建设规划等前期工作，并启动开工建设；4. 省、市下拨的健身器械全部发放到位，并充分利用现有场馆免费开放群众健身；5. 积极为市民提供体育场所，体育公园、河滨健身园、丰顺县运动场、体育馆等全天候免费开放。6. 积极推动各类学校、机关团体、企事业单位体育设施向社会开放的工作，不断改善全民健身条件。

【体育产业】 一是大力发展“一县一品”体育产业发展。特别是要继续举办喜德盛杯国际自行车赛活动，打造了国内外知名品牌，带动了丰顺县旅游消费，宣传推介了丰顺，提升了丰顺的知名度，实现体育与文化、旅游结合，助推丰顺振兴发展。二是加快体育产业市场建设。至年底，全县各类体育用品销售商店增加到15家，年销售额1000多万元，极大地满足了广大民众日益增长对体育的需求，体育产业健康发展。三是充分利用体育彩票有力地保障和促进了全县业余训练和全民健身运动的开展。扩大了网点，完成市下达的销售额任务。四是率先组织专家编制《丰顺县体育休闲旅游产业融合开发策划方案》，并开始实施。

2017年年底县体育局

局　长　卢胜文

副局长　杲粤平　陈　坚　叶春晖

（办公室）

社会生活

人力资源和社会保障

【人力资源】 2017年，县人社工作在县委、县政府的正确领导下，以习近平新时代中国特色社会主义思想为指导，坚持稳中求进工作总基调，坚持新发展理念，按照高质量发展要求，坚持人才优先、民生为本，促发展与惠民生相结合，全力促进就业创业，深化社会保障改革，加快人才队伍建设，推进人事管理创新，完善工资收入分配制度，构建和谐劳动关系，提升公共服务能力，持之以恒全面从严治党，为丰顺振兴发展做出积极贡献。

促进就业创业工作成效突出 2017年，全县城镇新增就业3153人；城镇失业人员再就业2982人；就业困难对象再就业312人；促进创业人数254人；城镇登记失业率2.44%，控制在3.5%以内。

1. 搭建平台，全力保障企业用工需求。精心开展就业援助月、南粤春暖、春风行动、民营企业招聘周等专场招聘会，2017年开展42场招聘会，深入17个镇（场）联合镇（场）人社服务所开展专场招聘活动。为企业提供政策咨询和公共就业服务，积极开展就业失业监测工作。

2. 是因人施策，全力做好就业扶贫工作。根据《丰顺县公益性岗位优先安排贫困人口就业工作实施方案》，为贫困村建档立卡贫困户开发村环卫保洁员等公益性岗位，共开发公益性岗位95个，目前共安置建档立卡贫困户61人。通过“企业专场招聘活动”和“就业扶贫行动日”，深入到镇、相对贫困村，为农村建档立卡贫困户送政策、送岗位、送信息，积极发放创业担保贷款。

3. 用好政策，大力推进创业带动就业工作。2017年举办3期创业培训班，共培训学员100名，对有创业愿望和具备创业条件的城乡劳动者开展以针对性、实用性、短期性为主创业培训。积极鼓励和引导高校毕业生、退伍军人、返乡人员等群体创业，深入宣传就业创业优惠政策，对符合要求的创业人员提供创业担保贷款、社保补贴、大学生一次性创业补贴、租金补贴等相关创业扶持政策。设立创业孵化基地，服务范围涵盖电子商务、物流、医药、培训、人才孵化等领域。

覆盖城乡居民的社会保障体系基本建立 全年各项社会保险费征收36915万元。其中：企业职工养老保险征收25503万元，参保人数为45540人；职工医疗保险征收9952万元，参保人数为36170人；失业保险征收501万元，参保人数为20520人；工伤保险征收524万元，参保人数为23400人；生育保险征收435万元，参保人数为21980人。城乡居民基本医疗保险有575119人参保，城乡居民社会养老保险有25万人参保。职工养老保险费1—9月共支付69963万元。全年，职工医疗保险共支付4079万元，

失业保险共支付132万元，工伤保险共支付274万元，生育保险共支付638万元（包含财拨人员生育津贴）。城乡居民医疗保险共支付37852万元，大病保险二次补偿累计支付5187人次，补偿金额约为2101万元。

从2017年1月1日起将全省城乡居民基本养老保险基础养老金标准从每人每月110元提高到120元，从2017年7月起按新标准发放，涉及受益群众8万余人，涉及调整提高部分的补助资金480余万元；2017年职工医疗保险基金年度累计最高支付限额从8万元提高到9万元，城乡居民基本医疗保险基金年度累计最高支付限额从45万元提高到50万元，职工医疗保险门诊特定病种报销比例统一调整为75%，城乡居民医疗保险门诊特定病种报销比例从60%提高到70%，门诊特定病种年度支付限额按病种在原限额基础上提高1000元至6.5万元不等，城乡居民医疗保险普通门诊每人每日每次最高支付限额从30元提高到100元，年度累计最高支付限额从150元提高到500元，报销比例从50%提高到60%，城乡居民大病保险起付标准从1.2万元降为1万元，报销比例统一调整为70%，年度最高支付限额从15万元提高到16万元；城乡五保供养对象、建档立卡贫困人员的大病保险起付标准下调至2000元，报销比例提高到80%，不设年度最高支付限额。

落实机关事业单位养老保险制度改革工作。2017年度完成辖区内208家机关事业单位和编制内18314名工作人员的信息参保登记工作；启动了辖区内208家机关事业单位养老保险全面征缴工作和机关事业单位养老保险待遇发放工作，用机关事业单位养老保险基金支付机关事业单位养老保险纳入的5000多名退休人员的养老金，确保机关事业单位养老保险制度改革在2017年年底全面落地实施。

人才队伍建设进一步加强，人事管理科学化水平明显提升　1. 着力抓好人事调动和人才接收工作。完善人事调动手续，做好档案转移、人才保管、挂靠，接收和整理学生安置档案，“三支一扶”志愿者接收、安置等工作。全年共计接收高校毕业生报到1308人，其中：本科340人，大专968人；就业1301人，未就业7人，大学生就业率达99.46%；接收和整理学生档案共2108份；为95名应届大学生办理异地就业改派；为7名丰顺优秀人才办理享受千人计划经济待遇；2017年接收、安置22名高校毕业生“三支一扶”志愿者。

2. 切实加强公务员管理、培训及军转安置工作。严格执行公务员管理制度，加强了公务员调（转）任、奖惩任免、辞职辞退、年度考核等工作，公务员队伍管理步入法制化规范化轨道。加强公务员招录、培训、考核及管理工作，严格执行公开招聘的相关制度和规定，坚持公开、公正的原则，确保将优秀人才选拔进来。根据缺编情况，2017年为县直机关和乡镇机关共招录公务员100人。根据省、市人社部门的要求，结合丰顺县实际情况，对全县行政机关公务员及参公人员进行全员脱产培训，共有2421人次参加了中共十九大精神专题培训，并联合县委组织部、县委党校举办了新录用公务员初任培训班1期共68人；联合县委组织部分别举办了各类培训班：专门业务培训185人；任职培训76人；网络培训2420人；乡镇公务员对口培训16人；其他培训80人。会同有关部门加强组织实施军转安置政策，认真做好企业军转干部的日常维稳工作，及时落实上级关于军转干部的解困维稳政策，使全县企业军转干部情绪稳定，防止出现有恶性串联活动、上访等其他违法违纪行为。

3. 做好事业单位工作人员招录和管理。2017年共组织教育类、卫生类、综合类、研究生教师等3次事业单位公开招聘及新参加工作聘用人员等相关工作，整个招考工作严格执照招聘工作程序，经过发布公告、笔试、面试、政审、体检等环节，全过程公开、公平、公正、透明，实现零投诉，社会反映良好，截至2017年11月共为事业单位公开招聘新聘用人员290人，较好地缓解了丰顺县事业单位用人紧缺的现状。

4. 专业技术人员队伍建设稳步推进。县人社局严格按照国家和省制定的专业技术职务任职资格评审条件组织职称评聘工作，确保评聘工作质量。根据市人社局的工作部署，全县共审核上报专业技术人员评审材料141份，初步审核申报材320多份；同时完成了中、初级专业技术人员个人信息600多条的首次网上录入申报工作；指导协调专业技术人员在广东省专业技术人才申报系统中网上上报评审材料140多份；按时做好职称外语、计算机等级、会计初级职称等专业技术资格考试报名及考务有关工作。顺利完成专业技术人员的继续教育工作，2017年完成了全县7456名专技人员公需科目《大数据前沿技术及应用》的培训学习任务，并在县开放大学对全县事业单位选派的138名专技业务骨干进行集中面授学习。至目前止，总计受理上传继续教育记录10300份，通过了6780个认定；共生成670份继续教育证书。专业技术人员队伍建设得到进一步加强。

5. 工资福利工作较好完成。做好全县机关事业单位共14500多名财政全额供养人员的工资统发工作；审批工资、津贴、奖金、职务、退休、调动、职称变动、转正定级、特殊津贴、抚恤金、遗属供养等并将数据信息录入系统维护。做好丰顺县引进高素质人才市级财政补贴审批工作，丰顺县现有引进高素质人才市级财政补贴14人，2017年审批引进高素质人才市级财政补贴共305902元。对全县机关事业单位进行摸底统计、“吃空饷”人员调查治理。积极及时处理工资福利相关信访案件，保障工作人员的切实利益和社会稳定。

构建和谐劳动关系，维护社会长治久安 1. 着力抓好劳动监察工作。积极应对和处理农民工工资拖欠问题，县委、县政府高度重视劳资关系工作，县政府专门成立了“丰顺县开展企业欠薪专项治理工作领导小组”，制订了《丰顺县人民政府办公室关于全面治理拖欠企业职工工资问题的通知》（丰府办函〔2017〕77号）和《丰顺县建设领域工人工资支付保证金管理办法》（丰府〔2017〕31号）文件，建立丰顺县解决拖欠工人工资问题联席会议制度，形成治理欠薪部门沟通协调的常态化机制，研究制订《丰顺县解决农民工工资拖欠工作应急预案》《丰顺县劳资领域社会矛盾专项治理工作方案》，确保责任落实到位。

2017年，县人社局劳动保障监察部门共受理涉劳资纠纷案件43件，涉及工人工资593.7万元，涉及工人625人；协调处理结案43件，为工人追回被拖欠的工资593.7万元，严厉打击劳动保障违法犯罪，取得了良好的成效，有力地维护了社会的稳定。

2. 切实做好劳动调解仲裁工作。开辟劳动争议案件的“快立、快调、快审、快结”绿色通道，不断提高办案效率。通过减少立案审批环节，对当事人申请仲裁，符合劳动争议案件受案范围、管辖规定、材料齐全的，做到随到随受理、随到随立案，确保劳动争议案件有案必受，有受必果，有果必复。做到受理有依据，不受理有政策，确保处理结果不形成连锁反应，2017年共受理劳动争议仲裁案件12宗，涉及金额9.5万元，劳动争议调解处理25宗，涉及金额15万元。

加强党风廉政和机关作风建设，提升人社队伍尽职履责和服务群众的能力 牢固树立“把抓好党建作为最大政绩”的理念，强化抓党建的主角意识和主动精神，切实把党建工作放在心上、抓在手上、落在行动上。县人社局制定了《中共丰顺县人力资源和社会保障局党组2017年党建工作要点》，指导全年党建工作的开展，各支部结合实际制定了年度工作计划。认真落实党风廉政建设责任制，与每一位领导干部签订了《丰顺县人力资源和社会保障局党风廉政建设责任书》，促进依法行政和廉政责任制的贯彻落实，提高办事效率和优质服务水平。把开展“两学一做”专题教育与适应新常态、深化人社领域改革结合起来，与提高依法行政结合起来，重点抓好学习教育、讲党课、学习研讨、民主生活会和组织生活会、整改落实和立规执纪等关键动作，把“两学一做”要求体现到履职尽责、做人做事的方方面面，确保“两学一做”学习教育取得成效。

为进一步抓好机关作风整治，提高人社系统对外服务水平，2017年4月印发了《县人社局关于开展丰顺县机关作风整治的实施方案》，重点对全局干部队伍中存在的“弱、松、庸、慢、散、懒、推”等错误思想、不良作风进行大力整治，着力解决“不能为、不想为、不敢为”的问题，对前来办事的干部群众，坚决做到主动热情接待，耐心解答疑问，全心全意为人民服务，提高工作人员素质，想群众之所想，急群众之所急，帮群众之所需，解群众之所难，用实际行动让办事群众感受到便捷、高效、优质、清廉的服务。

2017年年底县人社局

党组书记、局长 朱耀辉

党组副书记、副局长 林超祥

党组成员、副局长 陈天明 张卡铝 王淑芬

党组成员、社保局局长 马惠兰

副科职干部 胡雪香

（黄小慧）

【社会保险基金管理工作】 2017年，县社保局共有在职职工47人，退休职工18人。2017年，县社保局深入学习贯彻中共十八大、十八届六中全会、党的十九大习近平总书记系列重要讲话精神，贯彻落实全市人社工作会议、全市社保局长工作会议，贯彻落实县委、县政府关于社会保险工作的各项决策部署，加强领导，突出重点，狠抓落实，坚持依法经办，精确管理，优化服务，紧紧围绕“人人享有社会保障”的目标，保证社会保险各项工作平稳推进。

社会保险费征缴和支付情况 全年各项社会保险费征收36909万元。其中：企业职工养老保险征收25495万元，完成任务83%，参保人数为46472人；职工医疗保险征收9952万元，完成任务113%，参保人数为36373人；失业保险征收501万元，完成任务114%，参保人数为22357人；工伤保险征收526万元，完成任务129%，参保人数为28290人；生育保险征收435万元，完成任务120%，参保人数为22986人。城乡居民基本医疗保险有575590人参保，完成全年任务的96.94%；城乡居民社会养老保险有24.7万人参保。

职工养老保险费1—9月共支付69963万元（10月以后市级统筹）。全年，职工医疗保险共支付4079万元，失业保险共支付132万元，工伤保险共支付274万元，生育保险共支付638万元（包含财拨人员生育津贴）。城乡居民医疗保险共支付37852万元，大病保险二次补偿累计支付5187人次，补偿金额约为2101万元。

主要工作 1. 多种举措抓征缴。围绕市下达的扩面征缴任务，县社保局做了大量的工作，实施多种工作举措推进社保扩面征缴工作。一是加大宣传力度。通过印制扩面征缴、全民参保登记宣传资料分发到各县直单位、县工业园区、各镇（场）和社保局行政服务中心窗口配合宣传；投资30多万元在各镇（场）建立大型户外广告牌、县城天籁村门口大型LED屏幕展播、县电视台播放社保宣传标语、与县邮政储蓄银行合作播放社保宣传片。二是全力做好全民参保登记工作。根据省、市相关文件精神，县社保局高度重视，积极向县政府分管领导汇报此项工作，成立了以县政府分管领导为组长的全民参保登记工作领导小组。在8月举办了全县全民参保登记业务培训会议，部署了丰顺县全民参保登记工作，按时按量在9月底完成了全县20189人的登记工作。三是挖掘扩面征缴潜力。从新成立企业入手，以五证合一为契机，加强与工商、地税部门之间沟通联系，形成部门合力，敦促新成立企业依法参保。四是扩大参保情况的结果应用。县政府发文会同全县各部门，把企业的参保率作为出具社保证明、申领财政补贴、评选纳税大户等的依据，提高企业履行社保义务的自觉性。

2. 民生实事惠民生。民生实事关系到广大群众的切身利益，县社保局高度重视落实市十件民生实事。一是加大宣传力度。准确宣传待遇调整相关政策，把惠民信息及时、准确进行公开和宣传。二是加强与本地财政等部门的沟通联系，认真做好资金测算，落实待遇调整所需的财政资金。三是按时足额审核拨付相关待遇，维护社保部门的公信力。四是认真做好民生实事进度情况报送工作。

3. 强化管理优服务。一是规范业务经办。对现有的经办流程进行梳理并通过网络对外发布，方便群众办事；依法开展经办，严格执行社保各项政策，落实三级审批制度，严肃工作纪律，做到有章必循。二是优化服务。社保是以服务为主的部门，县社保局干部职工利用现有的资源，努力为广大参保职工提供优质服务。比如在资格认证期间，县社保局采取灵活措施，安排4名专职人员做好窗口认证工作，

要求工作人员上下午提前半个钟到岗，为广大职工提供优质服务。根据县委、县政府的安排做好精准扶贫等工作。三是强化监管防控。加强基金运行管理。严格执行《广东省社会保险基金监督条例》，按规定编制社保基金预决算，加强基金运行情况分析，完善基金风险预警防控机制；加强稽核内控管理，切实发挥稽核内控部门的职能作用。对内加强对各股室业务的内控检查，对外重点加强对定点医疗机构的巡查监管。

4. 严肃纪律抓队伍。一是抓好机关作风建设，结合上年度制订的《机关作风责任追究制度》，严格执行、强化监督，努力提高工作效率和服务水平，采取多种便民利民措施，方便群众办事。二是抓好党风廉政建设工作，全面贯彻落实上级反腐倡廉工作会议精神，坚持“标本兼治、综合治理、惩防并举、注重预防”的方针，做好廉洁自律工作。三是合理组织各股室工作人员到省、市、中山等地交流学习，井冈山、古田外出培训等。四是加强干部职工思想建设，巩固好群众路线教育、“三严三实”和“两学一做”等活动的成果。

5. 严谨细致做涉农。按照县纪委的要求，认真做好社保部门涉农腐败问题专项治理工作。首先，成立了县社保局涉农腐败问题专项治理工作领导小组。其次，对2013年1月至2016年12月全县享受城乡医保大病保险待遇的10132人次，全部组织人员进行核查其报销款项是否及时到账。再次，做好惠民平台建设及数据上传工作，把丰顺县享受大病保险人员情况通过网络向社会公开，接受群众监督。

6. 做好扶贫等工作。按照县委的安排，县社保局抽调胡武权到汤坑镇横东村任第一书记（软弱涣散党组织），协助汤坑镇做好横东村各项工作；抽派陈庆章扶贫挂点留隍镇西山村，县社保局领导班子和几名股长挂钩7户贫困户做好帮扶工作。根据《关于印发〈丰顺县2017年广东扶贫济困日活动工作方案〉的通知》（丰委办〔2017〕60号）文件精神，县社保局高度重视，积极参加2017年的扶贫济困活动，通过深入宣传，广泛动员，县社保局单位干部职工捐善款2200元，单位捐款五万元，用于帮助有需要的困难群众。

2017年年底县社会保险基金管理局
局　长　马惠兰

（陈　静）

社会保障

【民政】　2017年，县民政局在县委、县政府的坚强领导下，全县民政系统深入贯彻中共十九大精神，坚持以习近平新时代中国特色社会主义思想为指导，全面贯彻落实县委、县政府各项决策部署，统筹推进民政各项工作，圆满完成各项目标任务，民政事业得到新发展，民政队伍呈现新面貌，向县委、县政府和人民交上了一份圆满的答卷。

粤东地区“双百镇（街）社会工作服务五年计划”管理干部培训班在丰顺县召开，县民政局在会议上作经验交流介绍。丰顺县社工服务站被省民政厅确定为省示范点。丰顺县成为省民政厅第二批公办养老机构公建民营供给侧改革试点。市对丰顺县民政重点工作综合评估获评全市两个“优秀”等次之一，特别是在关爱农村留守儿童、村（居）换届选举、救助工作、社会工作、慈善事业等方面的评估成绩位居前列。曾永祥书记对丰顺县民政工作取得的成绩作出重要批示，提出殷切期望。

救灾　2017年6月18日，丰顺县大龙华镇遭受洪涝灾害的袭击，造成公路、水利设施、农作物受损，紧急转移安置灾民4人次，全倒户1户2间。丰顺县及时转移危险地带群众，采取措施得当，未造成因灾人员伤亡事故。灾后共发放大龙华镇生活应急救助款15万元、全倒户重建补助款4万元。认真做好冬令救济和春节慰问工作。春节前夕，为确保困难群众和受灾群众过上欢乐祥和新春佳节，县民政局组织发放冬春救助款202万元和价值98万元物品一批。投入80万元为全县居民购买自然灾害公众责任保险；为全县117307户农村居住自有的生活住房购买保险，2017年共25宗73户农户受惠，保险公司理赔23.5万元。北斗镇下溪村被国家减灾委、民政部批准命名为“全国综合减灾示范社区”。此外，精心组织开展全国第九个

"防灾减灾日"宣传教育活动，切实提升全民防灾减灾意识。

社会救助　至2017年12月底，全县共有低保对象9223户、20095人，低保金支出6613.6万元；五保对象1802人，五保供养支出1584.92万元；医疗救助支出1300.86万元，救助7715人次。全县临时救助支出144.6万元，救助796人次。丰顺县城镇低保标准为每人每月580元，农村低保标准为每人每月400元，城镇、农村低保人均补差水平分别从每月419元、191元提高到457元、206元以上。城镇特困人员为每人每月930元，农村特困人员（五保）分散供养标准为每人每月700元，农村特困人员（五保）集中供养标准为每人每月900元。医疗救助标准达到省、市确定的标准。继续实施城乡低保对象、农村五保对象和城镇"三无"人员等困难群体实施医疗救助"一站式"即时结算服务。为全县低保户、五保户、精准扶贫对象购买2018年度新型农村合作医疗保险。

慈善　6月30日是"广东扶贫济困日"，全县各界捐款700多万元，全年累计接受捐款1.33亿元，协助广东省陈绍常慈善基金会开展慰问丰顺县75位百岁老人和"救心行动"活动，为丰顺县困难家庭先天性和风湿性心脏病患者实施康复手术40例。大力开展健康扶贫项目，与县中医院联合开展健康扶贫项目，筹集240多万元慈善款对全县建档立卡的贫困人员、优抚对象等特殊困难群众进行健康扶贫。表彰了广东珠江投资股份有限公司等83个2017年度"广东扶贫济困日"活动中捐款5万元以上的单位和个人。

丰顺县2017年"广东扶贫济困日"活动捐款100万元以上单位一览表

表6

广州南沙经济技术开发区珠江房地产开发有限公司	珠海市珠江永益装饰有限公司
珠海珠江锦城装饰有限公司	广州凯源房地产实业有限公司
珠海市珠江艺兴装饰有限公司	广州珠江房地产开发中心有限公司
广州市从化珠江房地产开发有限公司	梅州新蓝天投资有限公司
丰顺县望楼水电站有限公司	广东珠江投资股份有限公司
广东珠投设计研发有限公司	成都珠江润景房地产开发有限公司
上海珠江创展投资有限公司	东莞市惠仁房地产开发有限公司
丰顺培英房地产有限公司	丰顺县中医院
广东韩江建筑安装工程有限公司	深圳市喜德盛自行车有限公司
衡阳菱电房地产开发有限公司	广州珠光房地产开发有限公司
广东新南方集团有限公司	丰顺商会

丰顺县2017年"广东扶贫济困日"活动捐款10~100万元单位一览表

表7

中广核财务有限责任公司	梅州民兴医药有限公司
广东省陈绍常慈善基金会	广东深华药业有限公司
丰顺县美景房地产有限公司	丰顺县誉华电子发展有限公司
广州讯联通信科技股份有限公司	东莞市达裕利食品有限公司
梅州四维蓝天投资有限公司	深圳市兆威机电有限公司
丰顺县恒誉矿业有限公司	深圳市德力佳润滑科技有限公司
深圳固尔琦包装机械有限公司	梅州市瑞马奇食品有限公司

续上表

广州金唛物业管理有限公司	广州机翔房地产开发有限公司
中共丰顺县委办公室	丰顺县人民政府办公室
中共丰顺县委组织部	丰顺县教育局
丰顺县经济和信息局	中共丰顺县委政法委员会
丰顺县农业局	丰顺县民政局
丰顺县人力资源和社会保障局	丰顺县国家税务局
丰顺县交通运输局	丰顺县司法局
中共丰顺县委宣传部	丰顺县公路局
丰顺县住房和城乡规划建设局	丰顺县食品药品监督管理局
丰顺县水务局	丰顺县工商和质量技术监督局
丰顺县人民代表大会常务委员会	政协丰顺县委员会
丰顺县地方税务局	丰顺县国土资源局
丰顺县财政局	丰顺县卫生和计划生育局
丰顺县公安局	丰顺县人民法院
丰顺县发展和改革局	中共丰顺县纪律检查委员会
丰顺县经济开发区管理委员会	丰顺县环境保护局
中共丰顺县委统战部	中国人民解放军梅州军分区后勤部

丰顺县2017年“广东扶贫济困日”活动捐款5～10万元单位个人一览表

表8

丰顺县恒誉房地产有限公司	曾自香
旺兴达（丰顺）电子有限公司	丰顺县大胜溪梯级水电站有限公司
广州科力康医疗设备有限公司	丰顺县新顺达电子有限公司
深圳市信恒辉塑胶科技有限公司	广东速度广告有限公司
广州市白云区嘉福中学	广东省地图院
广东七建集团房地产开发有限公司	信地置业（合肥）有限公司
丰顺县林业局	

双拥优抚安置 全县广泛深入开展拥军优属慰问走访驻军和重点优抚对象活动，积极为优抚对象解决生活、住房、医疗等方面的实际困难。全县共慰问驻丰顺部队6个和梅州市军分区、梅州市消防局，走访慰问重点优抚对象8000多人次，向96715部队赠送生活用品及文体设备4万多元，赠送节日慰问金（品）共191.2万元，为驻丰顺各部队和全县广大优抚对象送上节日的问候。慰问军休干部和一至四级以上残疾军人、慰问军休人员、伤残军人、两孤人员共计90人，赠送节日慰问金（品）6.4万元。组织全县党政军、社会团体、学生代表等600多人在汤坑镇东山公园革命纪念碑举行公祭活动，铭记烈士的丰功伟绩，弘扬烈士革命精神。按政策提高优抚对象的抚恤和生活补助及优待金，足额及时落实到位。成立了复退军人服务管理工作领导小组和县退役士兵安置和权益保障工作专班领导小组，完善复退军人维稳小组及处置集体上访应急预案。设立丰顺县复员退伍军人服务中心，各镇（场）成立建

立“复退军人服务工作站”，配备专职人员共33名，各村（居）委会成立复退军人服务工作联络点。建立复退军人服务县镇村三级联动机制，形成涉军维稳工作横向到边、纵向到底的工作格局。采取岗位安置、技能培训、推介就业的办法，实现了退役军人100%安置。安排随军家属就业7人，随军家属就业率达100%。

社会福利　孤儿基本生活最低养育标准集中供养水平从每人每月1340元提高到1450元、分散供养水平从每人每月820元提高到880元。困难残疾人生活补贴从每人每年1200元提高到1800元，重度残疾人护理补贴从每人每年1800元提高到2400元。深入开展养老院服务质量建设专项行动，养老服务水平不断提升。目前，全县有各类养老床位3245张，60周岁老人114856人，每千名老人拥有养老床位31张。深入开展全县民政服务机构食品、消防安全专项检查，深化民政服务机构安全管理水平，切实为全县民政服务机构创造一个安全、稳定、和谐的环境。

社会事务　积极做好婚姻登记工作。全年共办理婚姻登记6478对，其中涉外、涉港澳台21对，合格率为100%。自5月1日起，在周六和法定节日为婚姻当事人提供婚姻登记服务。深入开展殡葬管理工作。全年共火化遗体3475具，火化率100%，免除殡葬基本服务费用450多万元。扎实开展殡葬执法，重点治理在“五沿”范围内乱埋乱葬。积极举办殡仪馆“公众开放日”和绿色殡葬宣传活动，建成节地生态安葬公共服务。在县殡仪馆火葬场建立有生态树葬区，每年开展免费树葬活动。认真做好流浪乞讨人员救助工作。全年共接待1137名求助人员；为20多名走失人找到家属并安全接、送返乡，积极做好救助宣传报道。扎实做好病残弃婴的救治、安置工作。2017年7月28日，县委书记曾永祥率队到埔寨镇调研“双百镇（街）”社会工作服务站，认真部署打造让人民群众满意的社会工作服务站。在县、镇高度重视下，严格落实资金、办公和服务场地等软硬件设施保障，埔寨镇埔北村社工服务站已全面运作，公开招聘的3名社工积极为民政服务对象服务。丰顺县“双百”社工示范点成效显著、亮点突出，得到省民政厅肯定，确定为全省社工示范点。

基层政权和社区建设　丰顺县第七届村民委员会和第六届社区居委会换届选举圆满成功。全面完成了村务监督委员会的换届工作，顺利选出村“两委”干部1317人，其中书记、主任“一肩挑”227个，占比81.1%；村（社区）“两委”班子交叉任职688人，占比81.9%；选出村务监督委员1018名，其中中共党员357人，比上届党员增加了一倍多。

区划地名　根据国务院开展第二次全国地名普查要求，丰顺县完成了对全县11大类8605条地名属性信息的普查和数据录入工作，并通过省专家组验收。此外，丰顺县组织了对丰顺县与潮安区行政管辖范围分界线第三轮联检，完成了此线段全长85.9千米，界桩5棵的内业和外业联检工作，完善了此次联检形成的相关资料上报。

老龄　由政府统保为80周岁以上高龄及60周岁以上困难群体、60～79周岁非困难群体投保一份意外伤害保险。按政策提高80岁以上老人高龄津（补）贴和百岁老人“长寿保健金”的标准。80周岁以上老人享受高龄津（补）贴从每人每年150元提高到200元，百岁老人“长寿保健金”从每人每月300元提高到500元。切实发挥长寿乡发展优势，推动生态优势向绿色产业转化。丰顺县农业龙头企业广东蓝天农业有限公司生产的“代米”牌杏鲍菇和金针菇被中国长寿之乡绿色产业发展联盟认定为2017年中国长寿之乡养生名优产品。11月，在中国长寿之乡绿色产业发展联盟举办首届“长寿之乡杯”摄影比赛中，丰顺县选送的摄影作品《祥龙献瑞》获得全国唯一的一个一等奖，《祈祷》获三等奖，进一步擦亮丰顺县长寿乡品牌，提高丰顺县长寿乡的知名度。

社会组织管理　依法做好社会组织的登记审批和监督管理。进一步推进社会组织统一信用代码的覆盖率，丰顺县社会组织信用代码覆盖率已达到总量的95%。截至2017年12月底，全县社会组织有180家，新成立登记13家，其中社团组织2家、民办非企业11家。加强对社会组织的监管，注销8家社会团体或民办非企业。

2017年年底县民政局

党组书记、局长 张小欣

党组副书记、副局长 徐名纵

党组成员、副局长 王丽英 何广海

党组成员 刘明华

（温卿凯）

【扶贫开发工作】 2017年，丰顺县扶贫开发局按照中央和省委、省政府的决策部署，认真落实主体责任，狠抓关键环节和重点工作，不断健全完善工作机制和方式方法，凝心聚力、扎实推进，全县脱贫攻坚和新农村建设工作形势良好。

新时期精准扶贫精准脱贫工作 一是突出因地制宜，强化脱贫规划。县委、县政府主要领导多次带队访遍全县61个相对贫困村，亲自把脉贫困村帮扶规划。各级帮扶单位按照帮扶规划，积极启动帮扶项目，扎实有力推进脱贫攻坚行动落实。截至2017年年底共实施村级项目1104个、贫困户项目30397个。累计引进或培育壮大龙头企业31个，组建农民专业合作社62个，发展村旅游项目9个，建立电子商务平台35个，举办农村贫困户劳动力适用技术及转移就业（或科技）6091人次，贫困户实现就业2179人。通过村、户项目的落地，全县贫困村居民人均可支配收入达12384元，预脱贫有劳力贫困户人均可支配收入达9256元，有力地保障了脱贫攻坚任务的完成。

二是通过多方筹资，资金保障到位。截至2017年年底，全县共筹集精准扶贫精准脱贫资金约5.7亿元，其中：各级扶贫专项资金共计15789.81万元。行业部门投入资金2215万元，帮扶单位自筹资金7651万元，社会捐赠资金29712万元（朱氏家族2016—2018年度捐款3.38亿元，2016年到账1.1亿元，2017年到账1.1亿元），其他资金1112万元。上级累计下达及县配套“631”资金13838.81万元，使用11487万元，资金使用率83%。

三是积极推进小额信贷业务。自2017年5月以来，经多方协调，先后与县邮蓄银行、县信用联社谈判，通过县委常委会、县政府常务会议决策，成功于8月10日在丰顺县召开的全市扶贫小额信贷工作现场推进会上与县信用联社签订合作协议，并于8月21日召开全县小额信贷工作推进会，培训部署全县小额信贷工作。会后，各镇（场）以及各相关村委会均召开了小额信贷会议，召集2964户有劳动能力的相对贫困户进行宣传解释工作，并现场签订知情同意书。截至10月23日，全县共有2643户有劳动能力的相对贫困户完成了小额信贷的全部手续，成功放款7929万元，确保参与的相对贫困户每年均有资产性收入3000元。加上之前邮政储蓄银行放贷1户，共落实小额信贷2644户7932万元。

四是积极拓宽收入来源。一是投入4561万元到保底扶贫项目至广东天亿实业有限公司，带动相对贫困户2013户7575人，确保相对贫困户每年增收456.1万元，年人均增收602元。二是利用朱氏家族2016年捐赠资金1亿，借用县信用联社改制农商行东风，达成入股县信用联社协议，每年股息用于对全县贫困户的托底扶贫，确保脱贫后的贫困户不因病因灾返贫。三是汇集帮扶单位资源，在全县大力推进光伏发电扶贫项目。两年来累计实施光伏扶贫项目114个，发电规模达5.72兆瓦，投入资金3655.05万元，带动贫困户1931户，预计人均增收864元。四是发展农电商，解决扶贫产品销路。利用省扶贫办与省移动合作打造的“岭南生活”和微信公众号两个平台，帮扶单位联合丰鼎电子商务有限公司在埔寨镇埔南村做试点，带动全村建档立卡贫困户142户脱贫奔康。2018年1月，凭借电商扶贫这一模式与方案，丰鼎公司获得“2017中国·广东农电奖”电商精准扶贫杰出贡献奖，成为广东省唯一一个获得该奖项的县级企业。

省定贫困村创建社会主义新农村示范村建设情况 一是省级新农村连片示范工程先行启动建设。2017年7月4日，丰顺县举行了省级新农村连片示范区建设工程启动仪式暨全县社会主义新农村建设和农村人居生态环境综合整治推进会，全面推进丰顺县新农村示范村建设。省级新农村连片示范建设工程采用EPC模式，包含留隍镇砂汤村、上围村、九河村、葛

布村、田坫村和龙岗镇马图村。项目总投资1.49亿元，总涉及范围62.49平方千米，已通过招标确定棕榈生态城镇发展股份有限公司为工程建设总承包人，建设的主要内容为：五村入口文化廊架、上围村沿线房屋外立面改造、九河至葛布道路扩宽等。

二是制定实施细则和管理办法，让工作有章可循。丰顺县认真对照省、市要求，印发了《丰顺61个省定贫困村创建社会主义新农村示范村建设实施方案》(丰委办〔2017〕91号)、《丰顺县县直单位推进省定贫困村创建新农村示范村工作责任清单》及草拟了《丰顺61个省定贫困村创建社会主义新农村示范村建设以奖代补实施方案（草案）》、《丰顺县创建社会主义新农村示范村行动指南（草案）》和《丰顺县61个省定贫困村创建社会主义新农村示范村省级财政资金奖补和使用监管办法（草案）》。

三是积极推动，各项工作有序开展。围绕贫困村创建社会主义新农村实施方案，一是细化贫困村年度计划。要求61个省定贫困村都要按省、市要求全面完成年度创建计划。二是成立村民理事会。61条贫困村成立了381个村民理事会，群众内生动力得到提升。三是多方筹资。省级预拨资金已下拨每村30万元、省级新农村连片示范建设工程（含3条省定贫困村）2000万元；“朱孟依先生慈善捐款”用于新农村建设资金2.28亿元。四是“三清三拆三整治”行动快。按照12月8日县委县政府召开的2017年脱贫攻坚暨“三清三拆三整治”工作推进会要求，2017年年底61个省定贫困村必须完成“三清三拆三整治”任务，实行“三清三拆三整治”工作日报告制度，建立台账，每月清算一次、每月督查一次，整治提升村容村貌。据统计，截至2017年年底，涉及61条省定贫困村的381条自然村完成清运处理生活垃圾3451吨，拆除危旧房屋间158808.4平方米，清理河道615千米。为2018年全面建成整洁村打下下较为扎实的基础。五是污水处理已启动。61个省定贫困村污水处理设施已现场勘测，建设方案已经完成，由设计公司进行相关方案设计。六是“村村通”自来水正在实施。61个贫困村全部列入“村村通”自来水建设计划，对已由供水设施进行全面摸查，分条缕析，认真对标，能整改提升修缮的进行修缮，能集中供水的则集中实施。七是自筹资金的小微项目已在建设。如小型农田水利、村道扩建、小型文化休闲广场、河道清理、路灯、平安视频等。

与此同时，丰顺县汤南镇依托新楼村创建幸福村居示范片工程将新楼村打造成丰顺县新农村示范村试点。汤南镇充分发动群众，调动一切因素，全力推出“六个一”工作措施（抓住一个关键、营造一种氛围、突出一项重点、落实一条保障、强化一份责任、健全一套机制），取得了较好成效。截至年底，完成了“三清三拆三整治”部分工作，已投入1800多万元，进行了整村外立面、文化公园、污水实施等项目建设。

2017年年底县扶贫开发局

局　长　刘盛生

副局长　罗燕波　张绍平　黄建华

（办公室）

民族宗教事务

【民族宗教事务管理】　2017年，县民宗局在上级民宗局和县委、县政府的正确领导下，深入贯彻中共十八届历次全会以及省委十一届历次全会精神，深入学习领会习近平总书记系列重要讲话、十九大会议精神，切实贯彻中央和全省民族工作会议精神、中央统战工作会议以及梅州市民族宗教局局长会议精神，按照县委、县政府和全市民族宗教局长会议的要求，以创新、协调、绿色、开放、共享“五大发展理念”为引领，围绕丰顺加快振兴发展这个中心，服务大局，着力抓重点、解难点，抓典型、树品牌。进一步加快推进少数民族聚居地经济社会发展，进一步提升城市民族工作水平，着力提高宗教工作法治化水平，着力解决宗教领域突出问题，进一步维护民族宗教领域和谐稳定，用中国梦凝聚广大少数民族群众、宗教界人士和信教群众的力量，为丰顺县加快振兴发展，全面建成小康社会服务做出了贡献。

做好春节期间工作　春节期间，深入到各宗教团体，召开座谈会3场，慰问宗教教职人员，并对春节、元宵节期间各宗教活动场所的安全生产工作进行部署，特别要做好安全生产工作。

座谈会后，县委常委罗卫标、县政府副县长傅伟芳带领县民族宗教事务局全体干部职工到天主教汤坑总堂、基督教汤坑堂、丰顺县太平寺、丰顺县西岩寺等主要宗教活动场所进行春节前安全检查。检查组一行实地察看了房屋及建设是否安全、消防安全通道是否畅通、消防器材设备是否到位完好、食品卫生安全等，对春节期间安全应急预案制定、宗教活动筹备等情况进行了了解，并认真听取了宗教活动场所负责人的安全工作情况介绍。罗卫标、傅伟芳指出，宗教活动场所属聚集场所，安全责任重于泰山，不能有半点疏忽，要提高安全意识明确责任，杜绝麻痹侥幸心理，确保节日期间宗教活动场所安全稳定。同时强调，节日期间来场所的信众和游客较多，务必把场所安全工作放在首位，保持与当地公安、消防等部门的联系畅通，接受相关部门的指导，采取切实可行的措施，尤其加强消防和食品卫生安全工作，把工作做实做细，落实到每一个环节、每一个细节，做到防患于未然，确保春节、元宵期间宗教活动场所安全。

1月18日到挂钩扶贫村——黄金镇遍沙村村慰问贫困户和村干部，给他们送去慰问品和节日问候。

1月22日，丰顺县民宗局领导陪同市民宗局朱春彝副局长一行到丰顺县潭江镇凤坪畲族村开展慰问活动，给7名村干部、7名畲族学校教师、18户贫困户送去慰问金和节日问候，祝他们节日平安快乐。朱春彝局长对畲族村干部嘘寒问暖，深入到农户了解畲族村的基本情况、村民生产发展状况。针对凤坪畲族村的历史发展，对该村的未来规划发展蓝图提出了一些建议，要求该村多方争取力量，多到其他发展较快较好的少数民族地区学习发展经验，结合本民族实际，挖掘本民族特色文化，打造生态旅游，带动茶园等经济发展。

认真贯彻梅州市民族宗教局局长会议精神 全市民族宗教局局长会议于3月6日召开。会议结束后，县民宗局及时向分管领导汇报会议精神，于3月10日，召开全局干部职工会议，传达本次全市民族宗教局局长会议精神，总结了2016年丰顺县民族宗教工作，结合市会议精神和丰顺县实际，规划和开展习近平总书记重要批示精神工作。

认真开展“两学一做”学习教育常态化工作和学习习近平总书记重要批示精神、十九大会议精神 1. 认真开展“两学一做”学习教育常态化工作

在2016年开展“两学一做”学习教育活动取得成效的基础上，继续推进“两学一做”学习教育常态化制度化工作，县民宗局以“三会一课”为基本制度，把“两学一做”作为党员教育的基本内容，长期坚持、常抓不懈、形式常态，建立完善及时发现和解决问题的有效机制。注重以上率下，充分发挥领导干部带头示范作用。选树先进典型，引导干部见贤思齐。加强领导干部思政治建设，加强领导干部能力建设，严格执行党内生活的各项制度。认真组织开展主题党日活动，开展党建工作。并于8月派党员干部到延安等红色基地参观学习，弘扬革命精神，激发党员干部正能量，提升干事创业气神。

2. 认真组织学习习近平总书记对广东工作作出的重要批示精神

4月26日全局副科级以上的干部参加县委举办的“丰顺县科级以上领导干部学习贯彻习近平总书记重要批示精神专题研讨班”。4月27日组织全局干部学习习近平总书记重要批示精神。5月10—11日，局党务干部到县委党校参加学习习近平总书记重要批示精神和党务工作培训。通过多次学习，深刻领会重要批示精神的内涵，总结起来为“四个坚持、三个支撑、两个走在前列”。“四个坚持”是广东改革发展的旗帜和原则，“三个支撑”是广东的使命担当和发展路径，“两个走在前列”是广东改革发展的奋斗目标使县民宗局更加明晰广东发展的优势和前进方向，更加清醒认识广东在全国发展大局中责任担当，必将极大增强广大干部群众干事创业的信心和决心。

县民宗局能结合民族宗教工作。将习近平总书记重要批示精神与2017年县民族宗教各项

重点工作有机结合，学以致用，切实发挥党员干部的先锋模范作用，推动民族宗教各项工作再上新台阶。

3. 认真组织党员干部学习十九大会议精神

十九大期间和结束后，民宗局及时组织党员干部观看会议过程视频和学习十九大报告全文、党章，坚持多次集中学习和个人自学，开展专题研讨、辅导报告、座谈交流、讲党课等多种学习活动，坚持读原著、学原文、悟原理。学习后认真撰写观后感和心得体会。

继续扎实做好少数民族工作，提升少数民族服务管理水平　1. 做好少数民族大学生资助金申请发放工作

为少数民族大学生申请资助金提供咨询、服务工作，并准时将省下达的少数民族大学生资助金发放到受资助的大学生手中，2017年发放受资助的大学生10名。

2. 做好少数民族发展资金的指导使用和监督管理工作。

2016年省下达少数民族发展资金19万元，用于少数民族特色文化村庄建设中。丰顺县潭江镇凤坪村村庄整治和茶园景观规划图于2016年6月已规划好。

做好2017年省级财政重点绩效评价工作，填写好少数民族地区发展补助专项资金支出项目绩效自评基础信息表、提供有关佐证材料、对资金绩效作自评报告。

依法做好宗教事务管理　1. 继续规范宗教活动场所管理

加强宗教团体自身建设，进一步完善思想、作风、组织、制度建设，有针对性地培养年轻宗教教职人员和代表人士，优化配备团体领导人。

认真督促宗教组织办理登记手续，办理申领统一社会信用代码，建立民宗局、宗教团体、宗教教职人员数据库，规范宗教活动场所管理。

以“规范、安全”为主题深化和谐寺观教堂创建活动，着力解决宗教场所管理中存在的问题。继续指导佛教活动场所开展“文明敬香”“合理放生”活动，推动“生态寺观”“文明寺观”建设。

继续落实好中央10部门《关于处理涉及佛教寺庙、道教宫观管理有关问题的意见》，严格禁止借宗教招商引资，禁止任何单位和个人借教谋利，禁止乱建寺庙和乱塑造宗教造像。

2. 做好丰顺县宗教界维稳工作

（1）开展安全生产检查

根据上级的宗教渗透专项整治工作方案和会议精神，成立了丰顺县民族宗教协调领导小组。民宗局全体干部不定期到各宗教团体、宗教活动场所进行安全检查，完善各宗教团体、宗教活动场所的消防制度、消防设施、防盗设施、食品安全保证，强调大型宗教活动的安全工作。

（2）政治安全工作

配合有关部门，依计划开展境外宗教渗透排查整治工作。县民宗局对各宗教活动场所正面宣传解释中国相关宗教政策法规，要求他们严格遵守中国政策法规，提高警惕性，增强爱国爱教思想，认真辨别清楚境外组织是否利用丰顺县宗教活动场所或宗教活动进行渗透；同时要求各爱国宗教团体要加强自身建设，进一步发挥团结引导信教群众自觉抵御境外宗教渗透。

抓好非法宗教整治，确保政治安全。树立强烈的底线思维，完善各种预案，持续强力推进境外宗教渗透专项整治工作，坚决防御和打击境外宗教渗透活动。认真做好县民族宗教领域维稳形势分析研判工作，定期上报研判报表，密切关注和跟踪研究影响民族、宗教的重要问题，切实维护好民族团结、宗教和顺、社会稳定的良好局面。

市民族宗教局对维稳安保工作高度重视，9月7日，市民族宗教局朱春彝副局长一行4人到丰顺县检查民族宗教界的维稳安保工作，在县委常委罗卫标、副县长傅伟芳、县民族宗教局局长陈武炜等人陪同下，到丰顺县天主教汤坑堂、基督教汤坑堂、丰顺县太平寺、丰顺县万佛寺等重点宗教活动场所现场督查，认真倾听各宗教活动场所的负责人反映问题、检查安全设施、管理制度、反渗透情况等。朱局长对此次检查活动感到很满意，肯定了丰顺县宗教界以优异的成绩迎接中共十九大召开。

3. 探索加强民间信仰工作

认真学习中共中央办公厅、国务院办公厅转发《中央统战部、国家宗教局关于做好民间信仰工作的意见》的通知精神，进一步明确了政府宗教事务部门负责行政监管，牵头协调民间信仰相关综合事项和重要事项的职责。按照“民间信仰工作实行属地管理责任制”的要求，积极探索加强民间信仰工作新举措，有关工作正在摸索研究中。

4. 认真开展宗教工作调研

4月20日，市民宗局蓝建辉副局长率队到丰顺县开展宗教工作调研，深入到天主教汤坑堂、基督教汤坑堂、基督教新楼堂、丰顺县太平寺、丰顺县观音堂等活动场所。了解宗教团体情况、宗教团体自身建设情况、对佛道教乱象进行规范管理情况、丰顺县整治境外利用宗教进行渗透情况、丰顺县民族宗教工作人员配备情况、丰顺县成立民族宗教协调领导小组情况等，为做好宗教工作提供第一手资料。

6月12日，丰顺县人大对丰顺县宗教工作进行调研。

做好扶贫工作 县民宗局被安排挂钩扶持黄金镇遍沙村，按照县政府安排，按期做好扶贫工作和村两委换届选举工作，联系、协助做好扶贫各项工作。

继续加强民族宗教专题调研和信息宣传工作 加大宣传力度，进一步加强信息工作，信息工作是上情下达，下情上报、交流经验、提升水平的重要手段，上半年，县民宗局上报信息3篇。

2017年年底县民宗局

局　长　陈武炜

副局长　郑业韶

（罗海芬）

镇（场）建设

汤 坑 镇

【简述】 汤坑镇位于县城东南部，位处北纬23°46′、东经116°11′，地处丰顺、揭阳交界处，也是连接梅州、汕头市的交通枢纽，上距梅州市58千米，下离汕头市85千米，属县城所在镇，是全县政治、经济、文化中心，也是梅州市对外开放的重要窗口。汤坑镇于2004年10月由原汤坑镇、东联镇和附城镇等三镇合并而成，全镇总面积为233.23平方千米，已建成城区面积约为25平方千米，下辖10个居委会、32个村，户籍人口约146568人，其中农业人口65890人、非农业人口80678人。

【经济概况】 2017年全年汤坑镇民营企业总产值95.6亿元，同比增长4.1%，其中工业总产值86.5亿元，同比增长4.2%，工业增加值13.6亿元，同比增长5.2%。电声企业总产值70.1亿元，同比增长10.5%。钢铁行业比2016年同期增长272%。木具及食品加工行业略有收窄。

【土地征收】 严格按照县委、县政府要求，依法依规，高质迅速全力抓好县、镇重点项目土地房屋征收拆迁工作。2017年已基本完成县实验小学、实验幼儿园等地块土地征收工作，大丰华高速汤坑段、原国道206段桥至东里段升级改造及进华路改造工作已基本完工。

【扶贫帮扶】 通过开展“涉农领域腐败问题专项治理工作”，正风肃纪，查处追回一批违规申领发放资金，保障了群众权益，保护国家利益不受侵犯。开展以党建促脱贫的工作模式，通过配齐配强支部书记和班子成员，促进贫困村脱贫工作开展。因地制宜，因户施策，发展产业经济，带动贫困户脱贫致富。截至2017年年底累计落实投入帮扶资金近亿元，开展实施帮扶项目6000余个。

【民生工作】 顺利完成42个村（社区）“两委”换届选举工作，成功选出“两委干部”288名，挑选出一批政治过硬、群众满意的基层干部。投入2000多万元对大同中学进行重建，如期完成工程并在秋季开学投入使用。筹集5万余元教育奖励金对全镇中小学15名优秀教师和28名先进教师进行表彰奖励。大力推进村公建民营卫生站工作进度，2017年已建成并通过验收19个，拟建及在建卫生站11个。完成了411户居民户口低保五保对象的上网核对工作，对不符合规定的予以清退，为符合2018年城乡医保参保条件的5134名对象由县财政资金予以统一缴费参保，对252名在政府缴费前已由个人参保的，通过现金和社会化发放退回已参保资金。开展了低保、五保对象高龄及失能老人的摸底调查工作，录入322名老人信息，为居家养老政策提供了数据支撑。深入贯彻落实省、市关于农村留守儿童和困境儿童的文件精神，为270名农村留守儿童和154名困境儿童建立基本档案，为农村留守儿童签订监护责任书，落实监护人责任，多方协调，做好儿童保护工作。定期开展敬老院安全隐患排查工作，建立夜间查房和请假外出制度，完善食品安全管理制度，建立食品安全台账和留样制度。投入15万元为住院老人房间安装不锈钢防护网，整套更换实木家具；平整路面和完善排水系统，防止发生意外跌倒；加装空气能热水器和便携式快速煮水器，满足老人淋浴、饮水要求。

【复退军人】 汤坑镇于2017年6月率先建立复退军人服务工作站，为817名优抚对象提供一站式福利发放服务，动态更新复退军人信息库，对2014年来退伍的义务兵及往年遗漏人员，及时录入梅州市复员退伍军人信息管理系统，为2200多名退伍军人建立基本信息台账。及时准确完成2017年度优抚对象核查工作，建立优抚对象新增和退出动态管理机制。

【土地确权】 通过广泛宣传，强化组织实施工作，已完成汤坑镇下辖32个村1333.33公顷土地的外业勘界指认工作和业内资料录入工作，完成面积占镇总面积的93.3%。

【综治维稳】 紧紧围绕经济发展的主题和维护社会稳定的大局，大力开展民间矛盾纠纷排查调解，深入推动综治“中心+网格化+信息化”创新管理机制建设，创造良好的社会治安环境。2017年汤坑镇共受理群众来信来访矛盾纠纷48宗，成功调处了47宗，成功调处办结率达97%；村（居）委工作站全年受理各种矛盾纠纷567宗，成功调处538宗，成功调处率95%，全年未出现越级上访事件。

【安全生产】 强化安全生产培训和法律法规宣传教育，积极开展“安全生产月”活动和各项专项排查，落实安全生产“党政同责、一岗双责、失职追责”和属地管理制度，督促企业落实安全生产主体责任。2017年汤坑镇全面开展安全生产大排查、大整治，共组织开展综合督查4次、重点行业领域专项检查12次和日常安全检查65次，共检查企业经营单位236家（次），发现安全隐患43处，落实整改43处，完成隐患整改率100%的目标。

【环境卫生】 一方面以创建省级卫生县城工作为抓手，深入开展“六乱”整治和镇村环境卫生整治，着力构建卫生保洁长效机制。累计投入资金300多万元完善一大批环卫设备设施。加大重点时段、重点路段环境卫生保洁工作力度，以抓实抓细工作推动汤坑镇城区、城中村等地环境卫生面貌不断优化。另一方面加强河流水体污染整治工作。认真贯彻落实《汤坑镇全面推行河长制工作方案》要求，建立健全河湖管理保护监督考核和责任追究制度，加强监督检查，严格考核评价，狠抓责任落实，强化激励问责。2017年7月底榕江北河水体污染整治专项工作开展以来，汤坑镇共排查出畜禽养殖整改户数297户，工业污水整治户数266户。截至当年11月已全面完成297户畜禽养殖户整改整治工作，顺利通过水体验收。

【土地巡察】 严格按照县委、县政府的工作部署和要求，实施网格化巡查管理，全面加大对汤坑镇辖区内各类国土违法事项的整治和巡查力度，做到层层动员，快速响应。对发现的国土“两违”行为，保持绝不姑息当即处理的态度。全年共出动巡查整治560多人次，处理“两违”行为40多宗，发放停工通知书130多份。全年共出动巡查整治车辆150多次，联合有关部门整治拆除非法洗砂场15处，扣押查处非法倒渣土车辆12辆（次），捣毁非法洗沙采沙设备一批。

【平台建设】 在汤坑镇下辖32个村中全部建设建成村级公共服务中心（站），实行“一站式”服务，提高了办事效率，方便了群众办事。坚持执政为民，政府服务热线等受理事项全部按时办结。实行机关干部全员驻村制度，抓好干部值班值守，提高了村情民情掌握和突发事件处置能力。

【党的建设】 按照“抓好党建是最大的政绩”

的理念，着力实施党建活动开展、党建制度建设、党员教育培训管理和村级组织规范化建设等内容，不断推进基层党建工作取得新成效。一是推动深入学习宣传贯彻中共十九大精神。印发了《汤坑镇学习宣传贯彻党的十九大精神工作方案》，集中开展宣讲、精心组织宣传教育，在全镇掀起学习十九大精神热潮。结合直联工作，镇党员领导干部深入基层一线调查研究，围绕群众关注的问题进行深入调研，用实干精神贯彻落实十九大精神。二是推进“两学一做”学习教育常态化制度化。全面完成2次党员网上考学活动，指导基层党组织开展主题党日“5+1”活动，注重把“两学一做”学习教育与镇重点工作如榕江北河整治、征地工作、精准扶贫、美丽乡村建设等紧密结合，用工作成效检查学习成果。三是着力推进基层组织建设。2017年汤坑镇领导干部共走访群众16万多人次，收集意见建议1952条，跟踪落实1952条，群众满意率98.3%。狠抓吉坪村软弱涣散根源，制定详细整顿方案，投入40多万元开展整顿工作，该党支部已整顿晋位升级。完成了42个村（社区）公共服务平台建设和83个党组织3000多名党员信息采集工作。严格按照发展党员程序，全年共发展预备党员45名，预备党员转正60名。将第一中心小学党支部、第二中心小学党支部升格为党总支部，为进一步从严管理党员和开展组织生活创造条件。

2017年年底汤坑镇

书　记　徐显涛
镇　长　张幸辉
人大主席　徐比邻
副书记　张幸辉　徐小维　钟　锐
　　陈海生（挂职）
委　员　张展江　王建祥　徐益泉　彭意重
　　陈泰显　张　文　陈建华
人大副主席　杨　华（女）
副镇长　徐东辉（女）　冯远欣　李伟英

（苏尧育）

北　斗　镇

【简述】　北斗镇地处榕江北河上游，位于县境中西部，北联建桥、丰良两镇，南接汤西镇，西北与兴宁市、五华县接壤，东与汤坑镇交界，距县城9千米；206国道、梅汕高速、广梅汕铁路穿境而过，交通区位优势明显。全镇面积90.29平方千米，其中山地9000公顷、耕地366.2公顷。2017年全镇生产总值达20275.19万元，同比增长7.6%；工业总产值达2752.76万元，同比增长8.7%；农业总产值达14361.28万元，同比增长5.4%；地方财政预算收入765.09万元，同比增长7.2%；农村人均收入8656.8元，同比增长7.8%。

【重点项目建设】　推进梅汕高铁、大丰华高速先行段、206国道升级改造工程和128乡道改线工程是北斗镇工作重点。在梅汕高铁丰顺段2#、3#斜井等征（租）地工作中，北斗镇严格执行丰府办〔2015〕42号、丰府办〔2016〕23号等文件规定，征地任务8公顷于2017年3月全面完成；大丰华高速、206国道征地任务40.87公顷（包含扩征任务数3公顷），大丰华高速已完成征收面积7.53公顷，206国道已完成征收面积30.67公顷，完成率93.4%，在镇村两级干部的共同努力下，征地工作已进入扫尾完善阶段，确保了丰顺县重点项目建设无障碍施工。乡道128线改线工程迫在眉睫，镇党委政府高度重视，反复实地考察，设计可行方案，做足大量前期工作，力促该便民工程尽早实现。

【基础设施建设】　镇党委、政府通过多方筹措资金、借力精准扶贫和广泛发动乡贤，全面推进基础设施建设，群众生产生活条件得到进一步优化。一是整治中小河流域工程：借助县水务局中小河流治理，投入700多万元对榕江北河（庆瑶段，即镇政府办公楼前），进行河堤加固，清淤清障，改建断面，铺设栏杆、鹅卵石步道，修建凉亭等，既美观又便民，附近居民纷纷点赞；自筹资金250多万元对榕江北河（拾荷段）小河流域整治工程，实现美化亮化净化。二是完善交通道路：投入20万元对下溪村茅畲村道进行路灯安装工程；投入50万元修建下溪塘卜新农村禾平400多平方米；并完成了才口村4千米主道路、桐崇牛湖村2千米道路水泥硬底化；筹措128多万元建成荷树墩水面桥一座及周边道路300米；借省住建厅扶贫契机，预算投资250多万元、长约5千米的拾荷村洋石片村道水泥硬底化已完工，切实改善了村民行路难的问题。

【生态环境建设】 榕江北河水体整治工作：高度重视榕江北河水体达标整治工作，落实责任，加大资金投入，举全镇之力加强巡察力度，重点对庆瑶河段、下溪河段、拾荷河段进行综合治理和开展清淤清障（即“两清”）工作。在榕江北河畜禽养殖污染整治工作中，全镇应整改散养户（养猪）总户数76户，温氏养猪户7户，共有83户已完成整治工作，完成整治任务100%，在12月底省委托市“摘牌”验收工作中，北斗镇水质达到三类水要求，圆满完成目标任务，但三类水水质还不稳定，距离榕江北河水体整治总要求仍然任重道远，需要继续努力。北斗镇还组织部分县、镇人大代表巡查榕江北河整治工作，发挥人大监管职能，建言献策，共促发展。

新农村建设卓有成效：2017年，北斗镇在新农村建设上强调因地制宜，特色发展，体现农村的自然文化底蕴和历史传承。拾荷村被县委、县政府列为“新农村建设示范点”，在荷树墩自然村新建污水净化公园（设计处理量为60吨/日）和农民广场；建成全长1.2千米的荷树墩段“一河两岸”工程和仿古船木栏杆、鹅卵石步道等配套工程；十八渡自然村正筹建光伏发电项目与文化活动中心。同时，整合荒地10公顷种植油菜花、格桑花等花卉美化村庄，依托原有资源“坪坑生态园”等优势，吸引了众多摄影爱好者和游客前来观光旅游，为发展民宿型休闲观光旅游奠定了基础。借力“一事一议”项目完成下溪村村道硬地化及河堤加装栏杆，成为村民休闲散步好去处。

推进农村人居环境综合整治：北斗镇以被列为全县域人居环境综合整治与修复PPP项目试点为契机，扎实推进农村人居环境综合整治。据初步统计，省定贫困村拾荷村（省住建厅帮扶）、下溪村（县民政局帮扶）已完成和正在进行“三清三拆三整治”的有：总面积3590平方米，其中牛栏31间、猪舍15间、鸡舍2间、旧茅厕15间、危旧房66间。总体开局良好，全镇共清理各类卫生死角8600多平方米。新购置人力三轮车、垃圾车厢等一批环卫工具，并购买环卫保洁公司服务，聘请了20名保洁员每日上门收集农户生活垃圾。为解决多年来的污水处理难题，北斗镇已建成拾荷村荷树墩污水净化处理池，北斗村盘园、社潭角和拾荷村十八渡污水净化池的征地任务及补偿款已完成征收发放，施工方进场后，预计2018年年初可完成。

护林防火工作不断加强：北斗镇共有护林员21人，共组织护林灭火培训6批共126人次，张贴防火宣传标语580多条。同时加强日常巡查工作，打击乱砍滥伐，从严封山育林，经全体镇村干部共同努力，确保了年内无山火警情发生。

安全生产工作常抓不懈：全面推动消防隐患整治工作有力有序有效开展，投入资金130万元，增强宣传力度，在人口密集的圩镇、村委设立5个微型消防站（包括镇政府、镇派出所、北斗村委会、庆瑶村委会、拾荷村委会），对圩镇20家“三小”场所进行整改，铺设消防栓和消防管网等，确保达到整改目的。从严、从细排查化解安全生产隐患，共投入经费8.5万元对镇内烟花爆竹经营点、建设工地等场所开展安全隐患排查，受检单位达41个，月均出动执法人员7人次，全年排查“三小”场所55家，检查重点企业3家，发现解决问题24处，全镇安全生产形势持续稳定，未发生安全生产事故。

【社会事业建设】 精准扶贫工作：全镇共有贫困户144户401人，其中拾荷村为省定贫困村（省住建厅帮扶），2017年有相对贫困户103户316人；下溪村为县重点帮扶村，相对贫困户20户63人；北斗村有贫困户9户10人；庆瑶村有贫困户5户5人；桐崇村有贫困户4户4人，茜坑村有贫困户3户3人，桐新、才口已脱贫，无贫困户。2017年度预脱贫户数48户147人，其中拾荷村预脱贫42户130人；下溪村预脱贫

6户17人；户脱贫率83.1%，人数脱贫率72.59%。

教育教学工作：投入170多万元对教育创强工程进行“复评”工作；筹资2万元完成拾荷学校运动场改造工程；教育教学质量稳中有进，2017年，14人考入重点中学，重点率26%。中心幼儿园入园人保持稳定，达90人。

综治信访维稳工作：扎实推进“依法治镇”创建工作，推行“信息化+网格化+综治中心”管理机制，社会稳定形势良好，全镇无进京到省上访人员，镇中心共调处矛盾纠纷16宗，成功结案16宗。

社会事务工作：全镇低保户230户，月发放资金11.06万元，五保户42户，月发放资金3.94万元。加强对低保、五保对象的动态管理，做到应保尽保、应退尽退、进退及时。重度残疾人补贴201人次，月发放资金40200元，低保残疾人补贴107人次，月发放资金16050元；优抚对象抚恤补贴91户，月发放资金60490元；医疗救助68人次，发放资金19万元。

社会保障工作：认真落实各项惠民补贴政策，耕地地力保护补贴35.16万元；生态公益林3926.67公顷，共发放3105户，（1）发放省级以上生态公益林基础性补偿金90.595万元，镇级管护经费1.81万元，村级管护经费1.21万元，（2）发放省级以上生态公益林奖励性补助金41.983万元，镇级管护经费8396.65元，村级管护经费5597.8元；城乡居民医保参保人数14867人，参保率达94%，参保资金267.6万元；发挥外出乡贤人脉资源优势，搭建各类就业平台；开展劳动力转岗就业培训，举办各类培训班5期，累计培训人员266人次。

卫生计生工作：计生工作水平不断提升，继续保持低生育水平，出生率为14.63‰，自然增长率为10.48‰，政策生育率97.28%。卫生医疗事业保持平稳态势，完成8个村级卫生站建设工作；全年接诊8363人次，下乡进村巡诊21次；投入30万元共完成12个卫生项目建设；推行一般诊疗费药品零差价；重症精神病实行“网格化”管理；高血压、糖尿病、结核病防控等慢性病防治稳步推进；切实防控人感染H7N9禽流感和手足口病疫情，镇内无疫情发生。

【政府自身建设】 机关作风明显转变：严格落实中央八项规定，制订《北斗镇机关制度汇编》，涵盖镇机关公务接待、公务用车、内务管理、考勤、值班等各项制度。规范公务接待工作，严肃接待纪律，提高公务接待管理水平；加强公车使用管理，明晰派车规程；规范机关内务管理，提升工作效能和服务水平；党政办强化日常工作制度，加强印章、档案管理；建立健全《北斗镇党员干部谈话制度》，强化机关作风建设；加强对党员干部“八小时外”监管；不定期召开联席会议、镇村干部大会，机关作风有效转变。

政务环境不断优化：健全镇（村）综合政务服务中心“一门式一网式”工作机制，推动政务服务“马上办”改革工作，提升行政效能；统一场室标识，突出简明醒目；改善机关面貌，优化办公环境；明晰部门职责，提升服务效能。

2017年年底北斗镇

书　记　刘海燕

镇　长　刘旭良

人大主席　黄荣奖

副书记　刘旭良　吴洪波　徐定军

委　员　吴洪贤　黄剑森　黄武雄　黄汉京　李苑聪

副镇长　吴洪贤　郑小恩　吴　瑜

（）

汤　西　镇

【简述】 汤西镇位于丰顺县境西南部，县城汤坑的西郊，与梅州市相距72千米，与揭阳市相距35千米，与汕头市相距78千米。全镇总面积196.26平方千米，下辖12个村民委员会和1个社区居民委员会，共有104个村民小组。总人口1.3万户，5.8万人，党员1382人。全镇共有3间中学、10间完全小学和5个教学点，1间中心幼儿园，共有教职工454人，在校生6102人。

【经济概况】 镇财政收入从10073.86万元增长

到11957.11万元（地税967.41元，国税2075.7万元，财政9881.3万元），增长18.69%；农业总产值从3.23亿元增长到3.3亿元，增长2.17%；全镇规模以上工业企业8家，产值16.7亿元，比增189.6%；农村人均收入从10460元增长到11166元，增长6.7%。有124户483群众脱贫，累计脱贫率82.9%，困难群众的收入从5300元增长到8500元，增长60.3%。

【党建工作】 认真学习宣传贯彻落实中共十九大精神，发放新《中国共产党章程》《文件汇编》等2600多本学习资料，开展30多场次的专题培训（讲座）。投入7万多元，在汤西桥头及修试大道打造“社会主义价值观”教育走廊，营造浓厚的社会人生观、道德观、价值观宣传氛围。印发《汤西镇2017年推进“两学一做”学习教育常态化制度化实施方案》，多次邀请市委组织部、县委党校老师为镇村党员干部讲党课。顺利完成村“两委”换届选举，班子结构和干部素质明显提升。以创建促规范，以示范带整体，扎实抓好南礤、新岭等六个党建示范点的建设。健全和完善“三会一课”、党建目标管理、民主评议党员和处置不合格党员等制度，促进基层党建水平的提升。

【党风廉政】 制定党风廉政建设工作计划、党风廉政建设岗位职责，签订廉洁从政承诺书，明确的党风廉政责任。自觉接受巡察监督，认真抓好整改落实。抓监督执纪问责，推动反腐倡廉工作深入开展。以扶贫政策落实情况入户核查、涉农领域腐败问题专项治理、村“两委”换届选举纪律督查、“两违”线索摸排、强化日常监督等工作为抓手，强化监督执纪问责，推动全镇反腐倡廉工作深入开展。完成2017年软弱涣散村的党组织的整顿工作。抓好纪律教育，强化党员干部的廉政意识。加强党员干部“八小时之外”的监督，引导党员干部时时讲规矩、处处守纪律。

【基础设施】 全力做好重点项目的土地征收工作，南礤景观用地现已丈量10公顷，大丰华高速公路汤西段102.07公顷已全部丈量完成，南礤隧道、大湖栋隧道、高速公路服务区已动工建设。坚持把主要财政收入用于民生工程建设，2017年，共筹集了近4000万元，完成新兴大桥、新岭村向阳桥5条桥梁建设，实施河西村傅屋村道、大罗村坪坑路等16条共13千米的村道硬底化建设；新增南礤何寨下新屋文体小公园、石江黄学桥小公园等13个共1万多平方米的文化活动中心建设；新岭村、大罗村等4个村建成光伏发电站，完成双鹿村蔡屋坝精水塘、河西村高砂、南礤村大丘麻等12条共10千米长的水圳建设。农民的生产生活条件明显改善。在省道228线大罗、和安两个路口设置了红绿灯，镇域交通体系不断完善，群众出行更加方便快捷。扎实做好教育强镇复评工作，完成西城小学、飞泉小学等学校修缮工作。12个村总投资315万元的村级卫生站建设已基本完成，将为农民提供更均等化的医疗服务。

【环境整治】 聘请65名专职保洁员，做好各村的环境卫生工作。新购置700个垃圾桶，发放到各村庄。购置2辆垃圾转运车厢，做好旧损车厢、垃圾中转站的维修。教育引导村民将垃圾进行分类投放，积极打造宜居环境。“三清理三拆除三整治”工作初见成效，共清理污水沟等834处，拆除老旧房屋、柴房、老粪坑等359间，“三整治”139处，涉及面积5000多平方米，使乡村更加宜居。深入开展“两违”整治，维护良好的国土资源管理秩序。加强榕江北河环境污染整治。累计投入310多万元，完成全镇养猪户（10头以上）208户的整改，整改完成率100%，其中：155户进行了环保设施的建设安装、46户进行了退养，拆除猪舍面积达3300多平方米。工业及生活污水处理方面，关闭了1家染织厂、1家私人屠宰场；完成14个污水处理站的选址工作，有6个正在动工建设。榕江北河汤西支流的龙车溪、南礤水达到Ⅲ类水标准，甲溪水水质有明显提升，顺利通过省的验收。

【民生保障】 健全社会保障体系，进一步提高社保覆盖面，完成57名灵活就业人员的扩面征缴任务。为6260多名城乡居民基本养老保险待遇领取人员实施资格认证。加大低保、五保、残疾人、孤儿的供养补助力度，共有50504人参加2018年城乡医保，参合率97.66%，参合总金额为909.72万元。新增低保户49户120人，五保户1人，有112人获得医疗救助；为新增168名一、二级残疾人办理重度残疾人津贴，为60名困难残疾人办理补贴。协助10名贫困学生成功申请“梅州市扶助特困学生上大学扶助金”。2016年、2017年的危房改造中，共有242家通过县级验收，发放改造款420多万元。充分发挥党员干部在脱贫攻坚中的桥梁纽带、示范带动作用，发展光伏发电，开展产业帮扶、入股分红、“互联网+”等帮扶，带动困难群众奔康致富。有劳力的贫困户人均收入由5300元提高到8500元，比增60.3%。

【安全生产】 落实安全生产工作责任制，深入开展安全检查工作，共检查各类场所151家，发现隐患161处（其中：查封关停1处，现场整改25处，限期整改135处），整改完毕156处，正在整改5处，整改率96.89%。开展了全镇44个山塘及8个水库的专项安全巡查，全面落实安全隐患整改措施，将安全隐患消除在萌芽状态，确保全镇安全生产形势持续稳定。加强日常的监督管理，对辖区内176家持证企业进行2次以上的日常监督，有31家企业办理“食品经营许可证”。开展专项的整治活动，检查学校6所，幼儿园12所，学校周边场所30人次，与学校负责人签订食品安全责任承诺书，规范学校周边的食品市场。

【综治维稳】 积极调处社会矛盾纠纷，预防社会矛盾纠纷的激化，至年底，共处理各类矛盾纠纷103件（含民生网访咨询），成功调处99件，成功率达97%。采用政府购买服务的方式，聘用了广东粤顺律师事务所的两位律师到镇村，为群众提供法律顾问服务，维护群众的合法权益，化解纠纷矛盾，提高依法治镇的水平。

【精神文明】 重视群众的文体活动，在大罗村举办《舞动文明》情暖城乡的演出，逢源汉乐社在各村开展巡演；开展多场丰富多彩的体育赛事活动，掀起全民健身的热潮。落实宣传导向、优质服务、流动人口服务，有效计划生育的服务水平。弘扬崇尚道德模范的良好风尚，提升公民思想道德素质，南礤村被评为“全国文明村镇”。

2017年年底汤西镇

书　记　吴宏伟
镇　长　杨　昆
人大主席　陈泰象
副书记　杨　昆　罗惠雄　陈兴富
委　员　罗春迈　许远明　杨晓霞　徐位南
　　　　陈静波　陈海盛　陈生请
人大副主席　徐名暹
副镇长　罗春迈　陈俊才　卢锦山

（郭邓跃　罗燕珊）

汤　南　镇

【简述】 汤南镇位于丰顺县南端，距县城3千米，距揭阳市中心25千米，交通网络发达，206国道、235国道、铁路、梅汕高速路通过镇境，是丰顺县城扩容提质的主战场。全镇总面积46.32平方千米，下辖8个行政村和1个居委，总人口50780人，罗姓占95%以上。

2017年，汤南镇认真贯彻落实中共十八届历次全会精神和习近平总书记系列重要讲话精神，深入学习宣传贯彻中共十九大精神，以实施乡村振兴战略为抓手，以建设社会主义新农村示范村为切入点，加快融入温泉城建设，以种王上围片区为核心，建设艺术家村落和文创小镇，同步规划建设湿地公园，打造潮客文化相融的都市田园综合体。2017年11月，新楼村获评全省文明村。

【国民经济主要指标】 2017年，汤南镇实现社会生产总值11.23亿元，比2016年同期增长11.3%，其中农业总产值1.42亿元，比2016年同期增1.43%；工业总产值9.1亿元，比2016年同期增长5.81%；企业总产值收入9.45亿元，比2016年同期增长1.61%；第三产业收入1.16亿元，比2016年同期增长8.4%；镇级财政收入

1457.8万元，比2016年同期增长11.3%；农村人均收入7591元，比2016年同期增长3.5%。

【招商引资建设】 汤南镇结合区域优势和资源优势，走以资源引资，以区域和资源利商的路子，牢固树立招商引资是发展的载体和支撑，抓经济就是抓发展，抓发展就是抓项目的思想，积极主动出击，狠抓跟踪落实，招商引资工作取得了一定的成绩。一是引进梅州新蓝天投资有限公司投资2.5亿元分别在汤南镇新铺村老溪底建设汤南宜居住宅小区、综合商贸市场。二是充分利用外来资金将原丰顺糖厂建设成为以休闲公园为主题的现代高端、雍容大气的狮城华府温泉小区。三是引导梅州市旭佳实业有限公司投资4.2亿元在206国道旁揭丰交界处建设温泉旅游度假村，该项目占地7.13公顷，着力打造以潮客中国风文化为主题文化特色，集旅游、度假、养生、观光为一体的国际温泉度假村。四是总投资11亿元，汇集电声产品专业展销、商业、住宅、汽车专卖店、集中商场和零售商业等于一体的丰顺蓝天城基本完成第一期建设。五是广东宇星阻燃新材股份有限公司（证券简称：宇星新材，证券代码：839924）的挂牌申请获得批准，成为汤南乃至丰顺首家在“新三板”挂牌的上市企业。六是“广东地产资信二十强企业”珠光集团的珠光·新城御景落户汤南镇阳光村，占地13.33公顷，已完成第一期和第二期建设，正在开展第三期建设。

【农业】 汤南镇紧紧围绕省市县各项农业政策，大力推进农业的规模化、标准化、市场化建设。一是土地确权工作取得明显成效，2017年，汤南镇完成耕地实测面积474.2公顷，实测率为91%，确权农户数有5962户，约占应确权农户数的82%。二是惠农扶持力度进一步加强，全年全镇落实耕地地力保护补贴面积673.73公顷，涉及农户7173户，补贴金额为948347.04元。三是积极培育农民专业合作社，打造特色农产品，至年底汤南镇有农民专业合作社17家，涉及生猪、家禽、水产养殖、鸽业、林果、农业服务等产业领域。

【科教文体事业】 汤南镇教育事业蓬勃发展，全镇教学环境和配套设施不断改善，教学质量稳步提高，在升中考和高考的整体成绩均排在全县前列。争取得到上级部门和校友的支持，龙山中学投入40多万元改善校园环境，投入150万元新建图书馆；汤南镇中心小学投入100多万对四维、龙光、就正等学校内部设施进行改造和维修，投入43万购置教育教学设施。新区运动场建设已基本完成；实验中学已经投入使用，2017年7月通过了省督导组的教育强镇复评工作。

【精准扶贫迈出新步伐】 截至2017年12月31日，汤南镇共收到各级财政扶贫专项资金1263.24万元，汤南镇2017年有196户、719位建档立卡贫困户达到新时期精准扶贫脱贫要求，两年（2016年、2017年）累计脱贫户数406户、1052人，全镇总脱贫率为82.2%。一是资产扶贫，组织汤南镇有劳动能力贫困户225户、866人参加保底扶贫项目，投入728.1万元用于天亿集团资产收益项目；全镇共有220户、848人有劳动能力贫困户贷款660万元用于小额贷款项目，每户每年将有10%资产性收益。二是产业扶贫，花都区帮扶新埔园村投入60万元用于养鸽子项目，投资75.2万元用于光伏发电项目，惠及贫困户42户157人；隆烟村专门成立的顺新太种养专业合作社第一期投入50万元开展蛋鸡养殖项目，受益有劳力贫困户72户207人。三是就业扶贫，汤南镇总有333户贫困户通过转移性就业获得工资性收入6929543元，其中260户获得就业以奖代补收入331761.4元。

【新农村建设建出新成效】 汤南镇2条省定贫困村全部开展“三清三拆三整治”，完成“三清三拆三整治”90%以上，为新农村建设打下了良好基础。“三清”工作共清理乱堆乱放巷道40多条、杂草和垃圾700多吨3965平方米、沟渠池塘的垃圾淤泥约4060吨；“三拆”工作共清拆旧房16间570平方米，拆除粪坑236个约1180多平方米，拆除猪栏牛栏6间约190平方米；“三整治”有序推进，已整改排污未达标养猪户24户，符合养殖条件的新增环保设施，不符合条件的取缔关停养殖；完成生活垃圾、生活污水、水体污染整治18宗。

【环境卫生工作】 汤南镇广泛开展城乡环境综合整治工作，改善人居环境，一是实施“保洁工程”，加大资金投入，充实环卫力量，购买垃圾清运车10多辆，安装垃圾桶800多个，新建垃圾收集点30多处，拆除破旧门牌80多面，清除乱贴乱画1000余张，拆除乱搭乱建20多处。二是实施“生活污水收集和处理设施建设工程”，至年底，汤南镇已完工4个污水处理工程，东方村、长坑村、隆烟村等10个污水处理点的工程逐步进场施工，其余污水处理站正在办理前期手续。三是全面推行“河长制”，实现全镇8个村全覆盖。

【计划生育及卫生工作】 汤南镇计生工作积极适应新形势，求变革新，以“全面两孩”新政策宣传落实和常态化管理并重为契机，用优质服务扎实推进计生工作。2017年，全镇出生人口政策生育率、政策外多孩率控制在年度人口和计划生育工作目标计划之内，出生576人，政策生育率为98.78%，政策外多孩率为1.04%。加快推进创建“两基示范镇”工作，镇中心卫生院购置医疗新器械。

【劳动和社会保障】 全面落实城乡居民保险、救灾救济、特困救助、低保核发、五保供养、优抚和残疾人权益保障等各项工作。2017年，全镇有低保对象658户1263人，每月发放低保金317066元。对特困、“五保”、“三无”、重病残等困难群众发放棉被60套、衣服100件，对优抚对象中的困难户纳入农村最低生活保障，实行生活救助，帮所有的优抚对象免费参加城乡居民合作医疗保险。全年为6位孤儿发放63360元生活补助金，为8位事实无人抚养孤儿发放48000元生活补助金。2017年，参加城乡居民社会养老保险36755人，参加2017年城乡居民合作医疗保险40722人。

【综治维稳工作】 镇综治办、派出所、司法所共排查各类民事矛盾纠纷68起，调处成功68起，调处率100%，成功率100%；刑事案件32宗，破案13宗，抓获吸毒人员15名，其中强制戒毒8名，社区戒毒7名；行政案件42宗，处罚16宗；梅州民声热线信访1件，全部回复办结，办结率100%；省、市、县信访部门交办的信访案件9件，处理完毕9件，处理率100%，社会治安总体稳定。同时，汤南镇加快建设“中心+网格化+信息化”工作，严格按上级要求划分网格，定好综治网格专员，不断完善综治维稳网格化建设工作。2017年7月开始综治网格化建设正常运作，报送7587条信息，其中，有效信息600多条，上报综治21件，处理成功21件。

2017年年底汤南镇

书　记　廖月芝

镇　长　罗锦涛

人大主席　罗文畅

副书记　罗锦涛　陈明言　罗延泽

委　员　蔡国彪　丁海容　徐小林　刘俊添
　　　　黄纯峰　陈琳海　吕宇海

人大副主席　巫旭明

副镇长　曾庆瑞　叶韩杰

（黄纯峰　吴　清）

埔寨镇

【简述】 埔寨镇位于梅州市丰顺县最南端，地处“两市两区两县”交界处，东南面与揭阳市蓝城区的龙尾镇、揭东区的玉湖镇相邻，西与揭西县的五经富镇及八乡山镇接壤，北与汤南镇、汤西镇交界。埔寨镇历史悠久、文化底蕴深厚，是华侨之乡、文化艺术之乡，这里有国家非物质文化遗产——“埔寨火龙”和省级非物质文化遗产——“埔寨纸花”。总面积95.38平方千米，耕地面积1239公顷，其中：水田782.53公顷，旱地390.33公顷，人均耕地约0.03公顷，山地面积4904.47公顷，人均山地面积约0.11公顷。镇政府设在埔北村新街。

【自然环境】 埔寨镇内溪流纵横交错，四周群山环抱，属亚热带季风气候，全年气候暖和，日照充足。温泉和矿产资源丰富，主要有铜矿、铁矿、锡矿、稀土矿、高岭土、花岗石、石墨等，都具有较高的开采价值。

【政区人口】 埔寨镇行政区辖埔南、埔北、塔下、茅园、万安、横坑、学枫、采芝、埔西9个村委会和埔龙居委会，46个村民小组。总户数7504户，总人口45682人，其中农业人口23817人。全镇共有33个基层党支部，党员864名，正式党员856名。

【经济状况】 2017年全镇生产总值达101662万元，同比增长13.8%（其中：工农业生产总值90782万元，同比增长17.8%）；乡镇企业总产值达78938万元，同比增长20%；财政一般预算收入1489.89万元；镇年人均收入10897.25元，同比增长8%。

农业：积极调整产业结构，大力发展精致高效的特色农业，着眼生态资源的开发利用和农副产品的加工升值，积极引导龙头企业、种养户扩大主导产业种养规模，以埔寨特有的火龙果基地、青枣基地为发展样本，带动镇内农业增产、农民增收。2017年，全镇种植粮食面积938.6公顷，产粮4220多吨，发放种粮补贴684643.5元，并完成下一年度耕地地力保护动态管理数据核检486.39公顷；砂姜、香芋、鱼藤等经济作物种植731.2公顷；园林水果715.07公顷，产7656吨。

工业：围绕县委、县政府的部署要求，按照“一区一带”规划设计要求，稳步推进土地征收，园区企业入驻步伐加大。一是汇威科技、中燃天然气、梅州鼎新高新科技材料、旺兴达光电已建成投产。二是丰顺蓝科尔数码电子有限公司、培英电声、华于科技、金利华、泰昌、新顺达、鸿润电子、立讯等10家企业于2017年的客商大会期间，进行签约、动工、建设。三是预留地土地平整、供水管道、污水处理厂等基础设施和配套设施逐步完善，园区的发展后劲不断增强。

【基础设施建设】 在经济发展的同时还注重改善民生，逐步完善基础设施，促进社会和谐，全力助推振兴发展。交通建设方面：乡道125线穿城道路口至水口洋（总共300米）实施了水泥硬底化改造工程；国道235线接乡道117线（埔寨水口洋至万安）路段已列入2017年县财政统筹解决计划农村公路水泥硬底化改造指标。同时，大西环公路（从国道235线埔寨镇采芝路口起点，途经埔寨镇万安村、茅园村）项目正立项中。水利工程建设方面：一是埔寨镇积极实施惠农水利工程建设。茅园牛嘛塘水库除险加固工程已完成；埔南北、采芝、横坑4个贫困村饮水工程已完成前期申报工作；投入200多万元对采芝村实施高标准基本农田建设，至年底工程已进场施工。二是实施镇域供水管道改造工程，采用“EPC”（设计采购施工总承包）模式，融资800多万元将镇供水系统升级改造为日供水5000立方米。该项工程已进场施工。

【环境卫生】 一是新农村示范建设逐步推进。（1）深入开展“三清三拆三整治”专项行动。省定贫困村采芝、横坑已全面开展“三清三拆三整治”专项行动，并且已清理拆除（其中横坑村清理242处，拆除48处，共810平方米；采芝村清理360处，拆除71处，共1646平方米，整治6处），埔南北和其他面上村正打造美丽宜居乡村。（2）开展人居环境综合整治。2017年投入环境卫生相关费用100多万元，购置了10个移动垃圾箱、300多个垃圾桶。（3）镇垃圾中转站正在动工建设。（4）坚持生态环境保护工作。依法打击拆除8宗在基本农田和规划红线内的“两违”建设。（5）埔南、埔北、塔下、茅园、万安、横坑、埔西、学枫等8个村正积极申请“梅州市卫生村”。二是开展畜禽养殖整治。全镇辖区内养殖户完成环保设施整改，其中89户散养户全部完成整改及拆除关闭，44户温氏养殖户配合县指导组已完成检查验收，榕江北河支流龙车溪段水质达到三类标准。

【社会民生】 一是兜底民生底线。（1）2017年全镇医疗保险报销总额为3532208.47元；全镇购买2018年度城乡居民医疗保险参保人数达

35054人。（2）新成立了复退办，完成复退军人信息采集。（3）筹集300多万元兴建了埔南北文化活动中心。（4）兴建了1所占地约300平方米的农贸市场。二是靶向精准扶贫。采芝村半东坑自然村通过“公司+农户”的种植模式承包了13.33公顷土地，成立黄栀子花种植基地；湖仔自然村打造茶叶种植基地，实行“合作社+养殖户+农户”的产业模式。横坑村光伏发电项目年收入10多万元，埔南村建设岭南优品电商销售平台等等，2017年贫困户脱贫率超过70%。三是其他民生工作。（1）扎实开展农村土地承包经营权确权登记颁证工作。外业确界已基本完成，埔南村已打印成果资料；横村、采芝、学枫、万安、埔西等5个村已完成一轮公示；埔北、塔下、茅园3个村于近期进行公示。（2）投入8万元资金用于“双百计划”社会工作服务站建设，并完善相关配套设施。（3）扎实推进殡葬改革工作。埔寨镇连葡塘生态公墓已动工建设，并投入使用。（4）落实“三防”试点改革工作。兴建了“三防”应急平台，组建了“三防”会商区、值班室、档案室等，并配备相应的设备。

【文教卫计】 一是提高卫计服务水平。投入1000多万元新建中心卫生院综合住院大楼，目前已封顶装修。实施村卫生站规范化建设和乡村医疗队伍建设。埔寨镇在8个村建设卫生站，其中横坑、学枫、采芝、埔西、塔下等五个村已完成验收；其他村正在建设主体和装修；扎实推进孕前优生健康检查、贫困村“两癌”免费筛查等惠民优质服务项目。积极落实惠民政策，免费为纯二女结扎夫妇及其14周岁以内小孩购买农村合作医疗，对符合条件的农村独生子女及纯二女结扎户购买家庭意外保险。二是“创文”活动扎实开展。2017年埔寨镇体育事业取得新突破，在参加“县长杯”足球比赛中，机关队荣获第六名，龙泉中学、三友中学获中学组第三名、第四名，中心小学获小学组亚军的好成绩。完成教育创强复评工作，投入了400多万元对埔寨镇各中小学校基础设施和硬件设施进行完善。

【综治维稳】 一是围绕平安创建保稳定。做好中共十九大会议、第五届世界客商大会、全国“两会”期间领导干部接访活动。全力创建“平安埔寨”，2017年全镇受理信访案件34宗，接待群众17批38人次，上级交办21宗，办结信访案件34宗，信访案件办结率100%。二是开展扫黑除恶专项斗争行动。配合公安机关查处非法储存、买卖烟花爆竹1宗；排查非法储存、买卖成品油8宗，制止8宗，全面清理整治到位8宗；依法拆除违章建筑8宗；关闭违规砖瓦窑厂3家；打击1宗非法电镀，立案2人、2宗塑料印花、2宗制假和藏匿假烟窝点；治安行政案件立案33宗，调解及行政处罚15起，抓获网上逃犯3人，抓捕违法嫌疑人员19人，起诉3人。其中抓获吸毒人员10人，强制戒毒6人；发生刑事案件25宗，已破刑事案件8宗，抓获各类违法人员13人，抓获吸毒人员9人。

【党的建设】 机关建设方面：一是建设学习型党组织。全镇干部大力提倡勤于学习、善于思考、勇于探索的风气，努力建设学习型党组织；扎实开展“创优争先”活动，切实把广大党员干部的思想和行动统一到中央和省、市、县委的决策部署上来；坚持和完善党委理论中心组学习制度；坚持用发展的办法解决园区土地房屋征收、综治信访维稳等工作推进中遇到的问题，不断开创党建工作新局面。二是突出公开高效，建设服务型政府。大力推行政务公开，健全政府信息发布制度，完善公开办事制度。对重点工程招投标、征地拆迁补偿、惠农资金发放等重要事项，及时向社会公布，接受群众监督。为简化办事流程，方便群众办事，镇村11个公共服务平台已升级改造完成，开展“一门式一网式”综合服务，改善了政府服务环境，进一步提高办事效率，为群众提供更优质的服务。

二是创新党建工作模式。选派10名优秀党员到村（社区）党支部担任“第一书记”，指导村级党组织落实好“三会一课”、“民主评议党员”、专题组织生活会等党建工作，不断增强村级党组织的凝聚力和战斗力；完善村干部岗位目标考核责任制，落实村干部绩效工资考核制，不断调动村干部工作积极性，增强村干部的事业心和责任感。

2017年年底埔寨镇

书　记　谢定雄

镇　长　陈志国

人大主席　谢　旭

副书记　陈志国

委　员　张锡林　陈雄辉　张伟铮　陈鹏峰　彭捷源　冯丰足　杨　文　徐瑜姗　张锡钦　丘春妹

人大副主席　张惠君

副镇长　黄光常　罗文海

（杨伟浩）

埔寨农场

【简述】　埔寨农场位于丰顺县最南端，与蓝城区龙尾镇、揭西县五经富镇二市三县交界处，交通方便，气候暖和，环境独特，原是梅州地区唯一能种植橡胶生产的省属国有农场。全场总面积6.8平方千米，2017年场辖区有半岭管理区、大塘管理区及1个场企业，全场总户数585户，总人口2493人，其中农业人口2036人，非农业人口457人。农村耕地面积104.47公顷。

【经济概况】　2017年度场农村社会总户值2905万元，农村年人均纯收入9088元。

农业　坚持科学发展，积极调整户业结构，大力发展以种养业为主的"三高"农业。2017年全场粮食种植面积101.33公顷，总产560吨，鱼塘22.67公顷，专业养鱼户产值10万元以上有15户。主要经济作物有柑橙、火龙果、龙眼、青榄、荔枝等。全场每年出栏"三鸟"156880只，共有3户养鸡专业大户，2户养猪专业大户，全场每年出栏生猪4000头。

场企业　主要是种植青蒿药材生产，2017年收青蒿干叶52吨。埔寨农场积极响应县委、县政府建设埔寨农场绿色饲料产业园的总体规划，做好有关服务工作。

【社会各项事业】　一是完成场、村环境卫生整治工作，卫生环境得到改善，投入资金5.5万元，配置完善了卫生工具聘用保洁员做到日产日清。二是完善饮水工程工作，更好解决全场范围2400多人饮水问题。三是扶贫工作再迎新机，随着精准扶贫工作的深入开展，做到户有卡、村有表、场有册，建立帮扶台账，深入了解核查做到精准帮扶，扶贫开发工作取得显著成效。

【精神文明建设】　场党委在抓好经济建设的同时，加大精神文明建设力度，着力提高全民素质，加强法律知识的宣传，增强全民参与综治守法意识，提高全民守法的自觉性。广泛开展创文明村、户的竞赛活动，坚决抵制各种赌博活动。求知、求美、求净，群众生活出现新思维，积极在群众中倡导文明健康的民风，对去群众进行村规民约和相关法律法规教育，强化群众法制观念。形成团结互助、邻里和睦、平安和谐的好风气。

【党的建设】　场党委始终坚持党要管党，从严治党的方针，把党建工作摆在主要位置。紧紧围绕"爱农重农，科技兴场"的宏伟目标，紧密结合埔寨农场的实际情况，以教育实践活动为载体，以制度建设为保证，切实加强基层党组织的思想建设、组织建设和作风建设，为实现全场经济社会又好又快发展打下坚实的政治基础，领导班子按照"两学一做"学习教育的要求，始终坚持把思想武装放在首位，带头深入学习党章党规，深刻领会习总书记重要指示精神，特别是中共十九大精神，深刻理解讲话中蕴含的一系列新理念新思想新战略，不忘初心，继续前进。始终做到心中有党、心中有民、心中有责、心中有戒，为全场党员作出表率，全面提高基层党建水平。

2017年年底埔寨农场

党委书记、场长　张振华

副书记　陈　莲

委　员　蔡家创

（罗怀跃）

八乡山镇

【简述】 八乡山镇位于广东省东部、梅州市南部、丰顺县西南部，地处丰顺、五华、揭西三县交界的莲花山脉中段。八乡山镇是著名的革命老区，国家旅游重点发展区域，中国特色景观旅游名镇和广东省休闲农业与乡村旅游示范镇。全镇总面积193.62平方千米，平均海拔600多米，辖15个行政村，总人口2.1万人，其中14个行政村于2017年2月被列入全国第一批绿色村庄名单。

据记载，八乡，飞泉岭（今石子溜靠北面瀑布一带）为秦汉南北重要通道，途中设有石马营，屯兵守备，是秦代南端重要关隘之一。清·乾隆三年（1738）建丰顺县，八乡境属揭阳县崇义乡蓝田都蓝十图。1958年11月22日撤销丰顺县建县，与汤坑、丰良、潘田一同并入揭阳县汤坑公社。1961年1月重置丰顺县，八乡回归丰顺管辖。2003年9月28日上八乡镇和下八乡镇合并为八乡山镇。

【自然资源】 八乡山镇属亚热带季风气候，四季分明、气候温和清爽、光照充足、雨量充沛，年平均气温18.7℃，具有得天独厚的气候优势和生态优势，是天然的大氧吧和避暑胜地，这里山水风光秀美，山峦奇峰重叠，陡壁深涧纵横，云雾缭绕，美景浑然天成，是让人流连忘返的世外桃源、客家世界的“香格里拉”。境内拥有丰富的生态资源、人文资源和红色资源，山水风光秀美，山峦奇峰重叠，陡壁深涧纵横，云雾缭绕，美景浑然天成，较有代表性的有粤东大峡谷云卷峡（八乡山大峡谷）、海拔1277.4米的鸿图嶂、粤东电视高频转播台、千亩大水库、万亩绿茶园、誉为“中国富士山”的尖山、天堂庵、广善寺、文昌祠、东江苏维埃纪念馆等。镇内森林、水力、矿产（铁矿石、有色金属），矿源分布广、品位高，有较好的开发前景。

【红色热土】 八乡山是粤东较早建立地下党组织、成立赤卫队武装的红色土地，也是建立东江苏维埃政府、红十一军成立的发源地，为当年省委、东江特委创建的十块革命根据地之一。八乡山革命斗争的起源，是伟大的农民运动先驱彭湃以海丰、陆丰为中心扩展到八乡山的。1923年彭湃来到八乡山，点燃革命星火。1928年，古大存等老一辈无产阶级革命家来到八乡山，建立革命根据地。1929年2月，中共五华县委在八乡山小溪村成立，建立了县区乡三级苏维埃政府，成立革命委员会。1930年3月，中共东江特委领导下的东江苏区召开了各级工农兵代表大会，成立了各级苏维埃政权。1930年5月1日至12日，东江第一次工农兵代表大会在滩良村庄屋坪召开，大会选举产生了东江苏维埃政府主席陈魁亚、副主席古大存，并宣布成立红十一军，古大存任军长，政委颜汉章，下辖5个团和1个教导队，官兵约3000人。东江十七县、广州、琼崖、粤北等地的代表共有300多人参加了大会。此时，中共东江特委机关、军委、后方医院、军校、兵工厂等均设在八乡山。东江苏维埃政府在八乡山成立，标志着统一的东江革命根据地的正式形成，八乡山成为东江最大的赤色区域。现保存较好的“东江第一次工农兵代表大会遗址”及其附属的“东江苏维埃纪念馆”是广东省文物保护单位。

【全域旅游】 认真学习中央关于全域旅游的政策文件，深刻领会省市县关于创建全域旅游的部署要求，不断转变旅游发展思路，创新旅游发展战略，在完成大峡谷风景区、小溪村特色乡村旅游区、“炭寮星火”红色旅游区、九良民宿营地、翡翠三峡生态旅游区、滩良石河公园、大竹园生态休闲驿站、山湖居旅游综合体、广东八乡山水田园文化旅游产业园等景区景点规划，初步形成打造八乡山旅游黄金圈的发展思路的基础上，根据2017年中央1号文件精神，深入推进农业供给侧结构性改革部署要求以及对未来健康养老产业发展趋势的判断，创新性新增广东八乡田园牧歌休闲农业产业园和广东湖光山色文化旅游项目的规划设计，旨在打造成田园综合体和康养小镇。这两个项目的规划，极大丰富和完善了八乡山旅游黄金圈内涵，完成了以大峡谷风景区、“炭寮星火”红色旅游区、广东八乡山水田园文化旅游产业园和广东八乡田园牧歌休闲农业产业园“两园两区”为核心，涵盖12个景区景点的八乡山旅游黄金圈发展规划。在黄金圈内各景区景点独具特色，多元融合，以点带面，有效地将优美生态与红色文化、农业资源与旅游要素结合起来，串珠成环，形成旅游产业集聚区，构成了差异化发展、资源优势叠加、相互辐射影响、全域全业全民的旅游发展格局，全力创建全域旅游示范镇，其中第三产业比重不断增加，初步形成了第一产业和第三产业融合发展的新常态，旅游业逐步成为拉动镇域经济发展的强劲动力。

【经济概况】 2017年，全年全镇社会生产总值2.18亿元，同比增长13.5%。其中：农业产值1.24亿元，同比增长14.25%；工业产值2177.8万元，同比增长14.5%；农村人均纯收入8103元，同比增长9.5%。2017年全年接待游客20多万人次，全镇旅游收入达2300多万元，辐射带动周边群众脱贫奔康。

【重点建设】 按照县委、县政府加大有效投资的具体要求，八乡山镇集中力量抓征地、跑审批、筹资金，全力抓好重点项目建设。广东八乡田园牧歌休闲农业产业园项目已列为市重点项目，并于9月9日上午，在2017广东国际旅游产业博览会上参加广东旅游投融资对接会并现场签约，该项目已累计完成投资8000万元，占总投资的14.98%，完成园区“三通一平”基础工程，开垦茶园67公顷，种植茶苗60多万株，森林公园步行栈道已铺设1.5千米，园区高压线路已完成架设工作，其他工作稳步推进。八乡山大峡谷风景区已累计完成投资3亿多元，占总投资的38%，2017年建好木屋别墅30套并投入使用，建成房车营地等已对外开放，峡谷景区的游玩设施不断完善。天峦小镇项目已累计投资9300万元，占总投资的31%，完成沿湖护坡工程和土地平整等基础工程，正在进入具体实施阶段。

【基础设施】 强化公共服务配套，为打通串联八乡山旅游黄金圈的旅游通道，全面优化全镇交通路网建设，其中小溪至滩良红军路已完成立项审批，正在优化施工图纸和进行放线工作，即将进入具体实施阶段；省道239线升级改造工程已完成立项审批，正在进行测设和规划设计；滩良至水库公路已完成前期的测设和规划设计，正在申报立项。通讯、网络基础设施进一步完善，农村超高速无线局域网应用试点全面完成。强化安全监管，积极落实《梅州市旅游市场综合监管实施办法》，对景区和周边农家乐餐饮、住宿等进行安全大检查，对发现的问题当场发出通知，责令限期整改，其中食品卫生安全检查12次，排查隐患2条，整改落实2条，生产安全检查12次，排查隐患10条，整改8条。

【现代农业】 以发展现代农业、促农增效增收为工作重点，进一步壮大特色优势产业规模，积极培育新型农业经营主体，大力抓好绿茶、番薯、苦笋等特色农产品种植，其中“八乡山番薯”被国家质检总局认证为地理标志保护产品，促进农业提质增效。全年共组织农民200多人次到惠州、广州、佛山参加培训，不折不扣地落实各项惠农补贴政策，提高农民红利。扎实推进农村土地承包经营权确权登记颁证工作，完成了52个村民小组1936户的确权任务，为农村集体经济发展奠定坚实基础。

【环境治理】 在全镇范围内大力宣传环境保护工作，深入贯彻中央和省、市、县精神，深入开展“三清三拆三整治”、畜牧业养殖污染治理、榕江北河环境治理等城乡环境综合治理工作，多举措防治面源污染，极大改善了农村“脏、乱、差”现象。39户养殖户整治任务全面完成，其中升级改造整治25户，关闭拆迁8户，关停退养6户，补贴资金全部发放到户，巡查偷排漏排整改户55人次；新增分类垃圾桶560个，新修建垃圾转运池5座，累计清垃圾、污泥、污水等280余处，清理路面30余千米，清理广告乱贴乱画18余处，拆除危旧房屋、猪牛栏227间6287平方米。

牢牢把握生态发展定位，牢固树立和践行“绿水青山就是金山银山”的发展理念，全力推进生态文明建设。全面推行“河长制”，加大力度整治在河道乱倒垃圾现象，推动河道治理从“河长制”到“河长治”转化。对镇内6条主要河道实现“河长制”全覆盖，开展常态化、长效性生态流域清理工作，累计清理河道5000米，水生态得到有效改善。加大森林防火预防惩治力度，强化生态红线保护和环境污染防治管理，以零容忍态度严厉打击环境违法行为。

【乡村振兴】 2017年，八乡山镇按照抓规划、抓建设、抓整治、抓管理的总体思路，重点打造滩良、银河、戏潭美丽宜居乡村建设，以点带面，全力打造美丽宜居乡村的示范村。同时，积极开展创建省级卫生村工作，其中小溪、和乐、马山、贵人、大竹、滩良、方吉、银河8个村获得“广东省卫生村”称号。

【社会保障】 城乡居民基本养老保险基础养老金标准从每人每月110元提高到120元，城镇、农村低保人均补差水平分别从每月419元、191元提高到457元、206元。全年累计八乡山镇享受低保、五保金共331人，发放金额230.55万元，其中新办理申请低保、五保27户，共计69人；低保动态化管理核查取消家庭生活改善的低保户共91户，共257人；医疗救助共救助了145人次31.8164万元；临时救助共17户，32人次5.76万元；发放优抚定补金91人59.2万元；发放重度残疾人补贴301人64.62万元，发放困难残疾人生活补贴134人24.63万元。全年全镇参加新型农村合作医疗19228人，同比增长134人，参合率98.2%，征收参保费346万多元。截至年底，正在领取养老待遇的有2603人。

【脱贫攻坚】 八乡山镇认真贯彻落实中央和省、市、县精准扶贫决策部署，始终坚持把脱贫攻坚作为第一民生工程和头等大事来抓，2017年共投入577.71万元，帮助97户248名贫困户分别从危房改造、饮水安全、产业扶贫、就业扶贫、保障扶贫、金融扶贫、光伏电站扶贫等方面精准施策，23户危房改造任务全面完成，滩良、银河、碇尾村共84户191人贫困群众脱贫，其中银河村脱贫14户56人，滩良村脱贫14户59人，碇尾村脱贫8户28人，分散贫困户脱贫48户48人，脱贫率81%。

【社会治理】 “放管服”改革向纵深推进，综合维稳中心实体平台正式运行。树立“稳定是第一责任”的执政理念，积极主动地化解矛盾和问题。全年共排查出各类矛盾纠纷5起，调处答复5件，调处率100%。严厉打击各类违法犯罪活动，立刑事案件1宗，破案1宗，起诉1宗，立行政案件11宗，行政拘留3人，其他行政处罚10人，刑事案件下降88.89%，行政案件下降38.89%，公众安全感持续提升。

【自身建设】 八乡山镇高度重视政府自身建设，自觉用习近平新时代中国特色社会主义思想武装头脑、指导实践、推动工作，建设忠诚干净担当、为民务实清廉的人民政府。始终坚持问题导向，回应群众关切，提升行政效能，努力解决好群众最关心最直接最现实的问题。镇村“一门式一网式”服务平台正式上线运行，受理业务103件，办结95件，退回办结7件，未办结1件。“三公”经费财政拨款支出不断压减。认真学习宣传贯彻中共十九大精神，“两学一做”学习教育常态化制度化深入推进，机关作风整治、评议和党风廉政建设持续加强，政府执行力和公信力明显提高。深入推进法治政府建设，坚持科学民主决策，加强政府信息公开。全镇各党支部继续开展“主题党日活动”，认真落实“三会一课”制度。

【基层党建】 持之以恒学习贯彻中共十九大精神，深入推进“两学一做”学习教育常态化制度化，组织全镇党员深入学习和践行《中国共产党问责条例》《关于新形势下党内政治生活的若干准则》和《中国共产党党内监督条例》等党纪党规，进一步增强基层党员“四个意识”，坚决拥护以习近平同志为核心的党中央权威，在思想上政治上行动上始终与党中央保持高度一致，坚持用习近平新时代中国特色社会主义思想武装头脑、指导实践。坚持把工作力量沉向基层，压实领导班子成员抓党建工作的“一岗双责”和支部书记抓党建第一责任，着力增强基层党组织的组织力和创造力。加强非公企业和社会组织等各领域基层党建工作，促进均衡发展。规范和完善村级组织活动场所的管理制度，发挥村级组织活动场所的功能和作用。深化农村基层党员干部违纪违法线索排查，加强涉农领域、扶贫领域的监督执纪，始终保持查办案件的高压态势。加强纪律教育，强化纪律执行，让党员、干部知敬畏、存戒惧、守底线，习惯在受监督和约束的环境中工作生活。

2017年年底八乡山镇

书　记　陈定迎

镇　长　张世奖

人大主席　陈垡生

副书记　张世奖　马扬敢　刘耀棠

委　员　马扬谷　马扬宽　邱海艇　蔡燕华　吴焕鑫　马春燕

人大副主席　朱志华

副镇长　曾文铚　曾庆溢

（张丽霞）

丰　良　镇

【简述】　丰良镇地处丰顺县北部山区，原为丰顺县老县城，是全国重点镇、广东省中心镇，距汤坑（县城）31千米。东北邻龙岗，东连潘田，西南接北斗，西界建桥，西北与梅县水车、径义接壤。206国道镇内长17千米，途径7个村委会，334省道长12千米。总面积249.61平方千米，山地面积2.13万公顷，耕地面积1800公顷，其中水田1533.33公顷。镇政府设在大坝开发区。

丰良镇现辖莘桥、复兴、成东、成西、小椹、黄粗、布新、九龙、丰溪、西厢、丰京、双溪、太平、璜溪、丰田、三山、兵营、仙上、仙洞、新洞、仙龙、下山22个村民委员会和1个社区居民委员会。2017年年底，总户数13729户，总人口67958人。其中农业人口8821户48116人，非农业人口4908户19842人。

【自然环境】　丰良镇属山区，四面高，中间低，形成狭长带形小盆地，在海拔100～400米之间，千米以上山峰有韩山崇、九龙嶂。主要河流：丰良河，由西溪（建桥河和大椹水）、南溪（璜溪水）水汇于圩市，东流4.5千米入产溪，为韩江支流；仙洞溪，流经仙洞片5个行政村15千米入产溪。丰良属南亚热带气候，气候温和，冬季有霜冻，年均气温20.6℃，年均降雨量1500～1700毫米。温泉资源主要位于圩市中心河畔，水温达92℃，日自流量约1500立方米，日可开采量5000多立方米。镇内有稀土矿、高岭土、钾长石。

【经济概况】　2017年，全镇深入学习贯彻中共十九大精神、习近平总书记系列重要讲话以及对广东工作的重要指示批示精神，认真贯彻落实县委、县政府的决策部署，坚持稳中求进工作总基调，全面深化改革，牢固树立和贯彻落实新发展理念，立足丰良镇实际，突出重点、狠抓落实，加速构建绿色现代产业体系、优化发展环境，以项目建设为重点，顺利推进各项工作，实现社会、经济、环境、民生事业的全面发展。全镇实现生产总值6.33亿元，同比增长10%；农业生产总值2.86亿元，同比增长12%；农民人均年收入11770元，同比增长15%。超额完成国地两税征收任务。

【基础建设】　丰良镇紧紧抓住发展这个主题，用活“两大政策”，坚守“两条底线”，紧握“三大抓手”，抓好交通、水利等基础设施建设，不断优化发展环境。

1. 圩镇建设：为进一步推进城镇化建设，提高居民生活水平，镇党委政府坚持以高起点规划、高标准建设、高质量发展的宗旨，按照“合理布局、突出重点，重在实效”的方针，结合“一心一轴、两廊三片七组团”的空间结构总体规划（2014—2030年），全力改善丰良镇基础设施建设，实现城区扩容提质。

2. 交通建设：2017年强力推进交通基础设施建设。丰良镇国道206线改建工程和丰九线路新建工程征地拆迁工作启动得早，发动得好，干部工作得力，群众大力支持，征地工作顺利快速推进，提前完成67公顷征地拆迁工作任务，在全县名列前茅。至年底，两条线路已进入全面施工阶段。2017年，镇党委政府坚持以人为本，着力改善民生，加快推进村道路升级改造工程，实现了村级与县道、国道的相连，实现了村村通公交，方便群众出行，促进了经济发展。

3. 市政建设：全面推进美丽镇村建设，大力推进“511”工程和绿化、美化、亮化、净化和有文化“五化”建设，不断提升环境水平，不断优化人居和发展环境。完善街长制，成立环境综合整治执法队，加强巡查监控，确保环境综合整治问题及时发现、及时解决；共投入环境卫生整治资金300多万元，发放垃圾分类桶2000多个，新配置3辆密封垃圾车；2017年新安装高标准LED路灯600多盏，投入280多万元，实现村村有LED路灯、圩镇与农村连接主要交通道路全覆盖；镇污水处理厂已全面完成厂区建设工程，设备安装完毕，已通过市级初验（预验），已完成5千米截污管道75%的铺设，有效解决丰良河流域两岸的居民生活污水处理问题；加强公共温泉浴池和公共供水的管理，让群众洗得舒服、用得放心。

4. 水利建设：一是中小河流治理方面：丰良镇积极贯彻落实全县山区中小河流治理工程的工作部署和工作要求，2017年已全面完工规划全长10.2千米、总投资2800多万元的璜溪河道治理工程。仙洞水治理工程已完成工程计划80%。通过中小河流治理工程，切实提高了丰良镇抵御洪涝灾害的能力，营造了城区水景观，实现了水利现代化，对保障经济社会可持续发展、维护社会和谐稳定具有重要意义。二是丰良河北厢堤北岸优化建设工程即将完工。丰良河（北厢段）北堤结合中小河流治理继续实施河堤保护优化工程。建成后将提升丰良镇圩镇宜居环境，可捍卫丰良圩镇区域2.5平方千米，人口2.77万人的生命财产安全。三是农田水利方面：2017年完成重修及新建陂头5座，新建（含维修）“三面光”灌溉圳道道5千米，改善农田灌溉面积53.33公顷，新增农田灌溉面积26.67公顷。同时，切实做好防汛抗旱、地质灾害防治工作。

【社会保障建设】 一是不断加大对社会养老保险、城乡医疗保险等的宣传力度。全镇参加新型农村养老保险（60周岁以上）累计7880人，参加城乡居民医疗保险人数均达99%以上。二是全面落实优抚政策和方针，维护和保障优抚对象、贫困家庭及残疾户的生产和生活。全镇弱势群体社会帮扶或救助工作实现动态管理，2017年共有五保户222户224人、残疾人1539人（其中重度残疾1059人）、孤儿11人、低保户1248户2645人得到了有效救助。

【计划生育】 丰良镇坚持不懈狠抓人口和计生工作，制订工作方案和激励机制扎实有效推动工作的落实，认真落实干部包户责任制推动人口和计生工作重心下移，建立了覆盖丰良镇全部人口的人口信息数据库，主动适应新常态，紧扣发展，改善服务，切实贯彻落实“二孩”政策。

【科教文卫】 丰良镇积极开展中小学教师“互看互比互学互帮”活动，举办多媒体教育教学技能培训和校园文艺活动等，加强校园安全管理，提升教育综合实力。

积极开展“爱国卫生”运动，加强环境卫生综合整治，全年累计投入300多万元，重点治理“六乱”，落实门前“三包”，增添环卫设施，在重点街道、道路聘用专门保洁员。

紧紧围绕创建“两基示范镇”的内容和目标，全镇新建14间公建民营卫生站，改建6间。全面加强中心卫生院建设，形成“一院二十站”的卫生服务网络，改善了人民群众的基本医疗和公共卫生服务的条件，充分满足了人民群众基本医疗和公共卫生服务需求。

【综治维稳】 丰良镇不断创新社会管理、开展平安创建、排查化解社会矛盾纠纷，有力地维护了丰良镇社会和谐稳定，为丰良镇经济发展和群众生活创造了良好的社会环境。一是全面推进“中心+网络化+信息化”工作模式，矛盾纠纷案件明显减少，努力实现丰良和谐稳定发展。2017年，全镇共排查、调处解决各类民事矛盾纠纷43起，调处率100%，成功率98%以上，矛盾纠纷数量较2016年明显下降。二是全面推进“一村（社区）一法律顾问”工作，加强普法宣传，提高干部群众法律意识。三是结合法治镇建设工作要求，丰良镇全面落实综治重点整治工作，正确处理改革、发展、稳定的关系，以维护社会稳定、建设平安丰良为目标，加强基层基础建设，全力推进丰良镇社会治安综合治理工作。

【扶贫开发】 全力抓好“精准扶贫、精准脱贫”工作。2017年，丰良镇有相对贫困村7个（相对贫困户共323户1047人），县重点帮扶村2个（相对贫困户133户，372人）。产业发展扶贫工程呈现多样化，已建设小椹村和复兴村连片发展自动化养鸡场、三山村和璜溪村与梅州三丫生态农业有限公司合作创建百香果种植园、三山村分布式光伏发电项目、璜溪村委办公楼光伏发电项目、双溪村土猪种猪养殖、西厢村的肉猪代养与土鸡散养项目、璜溪村淘丰食品有限公司（电商）、丰京村丰毅生态农业园（柚子园和蔬菜基地）、莘桥村与丰溪村投资“绿天然”蔬菜种植、丰溪村多样性一户一策实施（养殖鸡鸭牛、种果树、殡葬服务等）。丰良镇将建设社会主义新农村和产业带动有机结合，三山村引进大型企业——珠海宗泽建工园林有限公司，拟投资10亿元，规划建设广东丰顺古驿道森林生态康养基地；璜溪村串珠成链，计划把“韩山生态游—山间漂流—客家古民居”连成一体。同时，丰良镇联系农村信用社于2017年8月底开展扶贫户小额贷款工作，已签合同260户1047人。基本完成省定贫困村村庄整治规划和“三清三拆三整治”工作。

【旅游开发】 丰良镇继续把招商引资和项目建设作为增加全镇经济总量、拉动全镇经济腾飞的关键措施，紧紧围绕丰顺新区建设任务，积极推进绿色健康生态旅游建设。

一是韩山生态旅游度假区开发。竭诚服务好韩山生态旅游度假区开发建设，帮助业主解决实际困难。至年底，韩山生态旅游度假区已完成投资4.2亿元，占总投资53.8亿元的7.8%，部分项目已建成并开业接待游客。

二是九龙嶂旅游开发区开发。加快投资10亿元的九龙嶂生态旅游区建设，以生态茶园和休闲农业园为核心，着力打造成为集养生、休闲、娱乐、运动等功能为一体，满足现代休闲游客度假需求的旅游综合体。

三是甲溪山水生态旅游区开发。加快规划用地443.87公顷、总投资15亿元的甲溪山水生态旅游区规划建设，着力打造集漂流、丛林冒险、养生、文化体验等旅游综合体。目前，其总体规划已顺利通过专家评审，进入立项报批程序。

【党的建设】 全面加强从严治党，着力提升干部执行力。一是全面深入学习贯彻中共十九大精神，认真学习习近平新时代中国特色社会主义思想，以全面从严治党战略部署为契机，坚持以提升组织力为重点，政治建设摆在首位，全面推进基层党组织建设，加强丰良镇党建工作。二是坚持党中央权威和集中统一领导，以提升组织为重点，突出政治功能，牢固树立“四个意识”，提高认识，切实增强抓好基层党建责任感和使命感；坚持“一岗双责”，严格落实党风廉政建设责任制，压实从严治党责任，履行责任人责任，持之以恒抓好党风廉政建设和反腐败工作，让中共十九大精神和习近平新时代中国特色社会主义思想在丰良大地结出丰硕成果，让丰良的发展能够走得更好更稳。三是全面开展“两学一做”学习教育，深入推进领导干部驻点普遍直接联系群众制度。忠实践行全心全意为人民服务的根本宗旨和党的群众路线，以维护群众利益为核心，以驻点直接联系为主要方式，以“五定五联五制五保障”为载体，以了解群众、学习群众、服务群众、引导群众为主要任务，以强化责任为保障，进一步密切党群干群关系，巩固党的执政基础，更好地发挥村党组织的战斗堡垒作用，为加快推动丰良振兴发展提供坚强的组织保障。四是加快推进法治乡镇建设，建立健全政府重大事项集体决策制度，实行决策责任追究制，推进政府决策的民主化、科学化、法治化。进一步转变政府职能，理顺部门职责，提高运作水平。五是进一步抓好农村“三资”清理工作和规范村级财政工作，切实提高农村党员干部的战斗力、执行力。六是抓好党员培养工作，全年累计培养入党积极分50人，发展党员11人。

2017年年底丰良镇

党委书记 谭 杭

镇 长 陈文俊

人大主席 黎仁凯

党委副书记 陈文俊 吴洪山 吴金谋

党委委员 吴程林 张敏敏 张新乐 刘文山 陈振坤 彭喜辍 冯文凯 谭国思 彭国森

人大副主席 郑素玲

副镇长 蓝日蕉 朱洪清 彭建清

（党政办）

建 桥 镇

【简述】 建桥镇位于梅州市丰顺县西北部，东接丰良镇，西与兴宁、五华县相邻，南连北斗镇，北与梅县区接壤，离县城37千米，与梅州市相距51千米（高速），206国道贯穿全镇，在建梅汕高铁（丰顺段）预留越行站设在建桥镇岗围村。全镇总面积94.1平方千米，山地面积8364.67公顷，耕地面积825公顷，其中水田732.07公顷。镇政府设在建桥村下坝。

【自然环境】 全镇地处南北两山高耸，一水直流地势。境内群山环抱，南部有海拔897米的鸡公髻岽，东部有韩山高巅，海拔1047米。发源于兴宁市境内的建桥溪，由西向东横境内平川，在丰良莘陂与大椹溪汇合流入丰良河。建桥属南亚热带季风气候，一年常绿，四季分明，气候温和，雨量充沛、阳光充足，无霜期长。镇内森林、水力、矿产（优质石板、钾长石、河沙为主）资源丰富。

【政区人口】 全镇辖新和、三和、建桥、建安、三社、环东、岗围、郑屋、环中、环西10个行政村。2017年全镇共有5631户30795人。

【经济概况】 全镇完成社会生产总值17748万元，同比增长12.7%，完成农业生产总值5605.16万元，同比增长13.9%，完成工业生产总值1802.10万元，同比增长10%。国税、地税均圆满完成年度计划任务。

【农业】 全镇以农业为主，农作物主要有水稻、花生、玉米、甘薯、马铃薯，经济作物主要有大豆、西瓜、冬瓜、蔬菜等。镇党委、政府高度重视农业发展，全面完成933.33公顷土地确权勘界指证和发证颁证工作，全面完成农业普查工作，完成高标准农田建设初步验收工作。全镇积极推进科技兴农，完成建安百亩良种良法试验示范田项目实施，大力推广马铃薯种植技术，鼓励农户种植增收，大力发展“一村一品”工程，建桥沙田柚、环西和三社红肉蜜柚、建安米粉、郑屋薯粉丝等初具规模，有效带动农民增收，辐射效应明显，村集体和农民经济实力稳步增强。

【林业】 境内林业资源丰富，林木资源主要有马尾松、湿地松、竹和灌木林。镇党委、政府继续强化镇级专职护林队和村级应急扑火队的管理，购置配备防火扑火设备。加强森林火灾隐患排查及伐木捕禽巡查监管工作，严厉打击乱砍滥伐、乱捕滥杀、破坏森林生态的违法违纪行为。2017年全镇共完成森林抚育1666.67公顷，完成炭汇林备耕人工种植133.33公顷。

【水利交通】 建桥镇有山塘5座、水库4座、小水电站7座。镇水利部门坚持依法治水，加强对山塘、水库的安全隐患排查，有效防治洪涝洪毁灾害。镇积极实施中小河流域治理养护工作，完成洋坑供电线路工程、莲塘埔饮水工程、郑屋楼下排村容村貌治理工程、洋坑水库套管工程等洋坑水库移民点基础设施项目。镇水利部门大力推进河长制工作，加强镇、村两级河长管理，加强日常管护工作，有效改善建桥河流域整体水环境。基本完成省、市、县重点工程梅汕高铁建设征地拆迁工作，高标准规划建设安置区，解决被征收房屋农民住房问题。基本完成206国道改建征地拆迁工作，共完成征收房屋116户，完成风水丈量登记156穴，土地丈量登记32.67公顷。

【计划生育】　2017年，全镇计划生育人口出生率15.07‰，计划生育率98.37%，自然增长率7.96‰。在新时期，坚持计划生育基本国策，依法实施全面两孩政策，严控多胎生育，依法对政策外生育从严从重征收社会抚养费。改革创新计划生育工作，认真组织开展计生新条例学习宣传活动，加强流动人口计生服务，做好计生困难家庭慰问工作。

【文教卫生】　一是镇党委、政府积极落实文化惠民工程建设，不断完善村级文体活动中心建设，规划建设5人制以上足球场，大力推进建桥围第二批传统村落项目设计、实施，全面完成自然村落历史人文普查工作，成功举办各类文体活动，组建广场舞队、足球队等，先后多次参加市、县级比赛。二是坚持把教育摆在优先发展的地位，持续加大教育投入，积极开展奖教奖学活动，不断巩固和提升“教育强镇”成果。2017年以来，中小学、幼儿园软硬件设施不断完善，教育教学质量不断提高，教师安教乐教，学生愿学乐学，尊师重教蔚然成风，据统计，2017年建桥中学报考学生人数235人，上县重点线学生61人，上重点线率26%，其中，有12人考上梅县东山中学、梅州曾宪梓中学等市重点学校，教育教学水平位居全县前列。三是完成全镇10个村卫生站建设工作，大力推进爱国卫生运动，加强重点传染病（如H7N9、蚊媒等）的防控，加强妇幼保健工作，组织送医送药下乡、下乡义诊等活动，医疗环境得到进一步改善，卫生院及卫生站服务群众水平能力进一步提升，人民的健康意识不断增强，健康水平不断提高。

【社会保障】　镇全面落实城乡居民保险、救灾救济、特困救助、低保核发、五保供养、优抚和残疾人权益保障工作。2017年年底全镇有低保户508户1020人，全年发放低保金约290万元，五保供养62人（其中集中供养5人、分散供养57人），发放五保金近60万元。2017年度全镇参加城乡医疗保险23615人，完成上一年任务数的98.42%。全镇完成49户农村低收入住房困难户住房改造任务，有效改善群众居住条件。

【综合治理】　一是全面加强资源监管工作，建立完善县、镇、村巡查网络系统，加强对违法用地、违规建设的整治，完成全镇地籍外业调查工作，加强地质灾害防治，不断加大耕地保护资金投入，实施开发可开发耕地20公顷。二是全面加强林政管理工作，强化镇级专职护林队和村级应急扑火队的管理，购置配备防火扑火设备，利用森林防火瞭望点，加强森林火灾隐患排查及伐木捕禽巡查监管工作，严厉打击乱砍滥伐、乱捕滥杀、破坏森林生态的违法违纪行为，全镇全年共完成森林抚育1666.67公顷，完成炭汇林备耕人工种植133.33公顷。三是扎实推进人居环境综合整治和社会主义新农村建设，全镇上下积极开展环境卫生日常保洁和人居环境综合整治工作，村域环境和城乡面貌得到明显改善和提升，大力推进“三清理三拆除三整治”工作，全年全镇共清理480多处杂物，拆除危旧房565间近1.3万平方米，整治生活污水25宗。四是全面加强安全生产管理工作，狠抓安全生产、消防、食品药品的监管工作，严格执行“党政同责、一岗双责、齐抓共管、失职追责”，督促各村、企业单位签订安全生产责任书，推行网格化管理，深入开展“打非治违”犯罪行为，一年来共开展30多次安全生产隐患排查行动，及早发现问题，及时整改落实，实现安全生产零事故。五是大力推进涉农领域腐败问题专项治理行动，全镇以扶贫领域和涉农补贴等惠民政策落实情况入户核查为切入点，紧盯扶贫救助、涉农补贴、农村集体“三资”管理等重点领域，对涉农领域腐败问题线索进行“大起底”，共清退各类违规资金30多万元，使国家各项惠农政策得到落实，镇纪委全年立案2宗，查处2人。六是全面加强综治信访维稳工作，创新社会管理，大力推进“中心+网格化+信息化”工作模式，全年信访维稳中心共受理案件31宗，答复31宗，答复率100%，此外，在加强刑事释放人员安置帮教、社区矫正在册人员管理、加强精神病患者日常排查管护、推行“一村一法律顾问”、打击涉毒涉盗行为等方面均取得了显著成效，有力维护建桥镇社会治安和谐稳定。

【党建工作】 建桥镇党委高度重视、认真落实2017年县委提出的党建重点工作。一是继续深入开展领导干部驻点普遍直接联系群众工作。二是认真开展“两学一做”学习教育，集中力量抓好基层党建“七项重点任务”。三是积极谋划着力整治软弱涣散党组织，成立整顿工作组，通过召开座谈会、走访党员群众调查等多种形式查找原因，制定整改方案，并通过努力，明显改观新和村“两委”班子精神面貌，明显增强凝聚力、号召力。四是注重培养选拔和监督管理村党组织书记。五是全面完成村“两委”换届选举工作，选举产生新一届村“两委”班子成员共49人，增强基层党组织的服务能力和水平。六是加强机关、企业和学校等事业单位基层党建工作。七是加强纪委、综治、信访、维稳等基层治理。

2017年年底建桥镇

党委书记 谢仕华

镇　长 罗炳元

人大主席 张透影

党委副书记 罗炳元 刘创贵 王金校

委　员 王则杉 彭杏华 李苑平 李展良 赖惠超 何海南 王妙伦

人大副主席

副镇长 王则杉 钟 锐 黎小灵

（魏彩霞）

龙 岗 镇

【简述】 龙岗镇位于丰顺县北部山区，靠近丰梅边界处，东邻大龙华镇、黄金镇，西南连接丰良镇、北与梅县区梅南镇接壤，与梅州市区相距62千米，距县城汤坑38千米，丰潭线（X028）横贯集镇，于丰良接206国道至梅州市或县城汤坑，有县道949线（龙岗—马图—梅县梅南）长42千米。全镇总面积111.88平方千米，耕地面积859.33公顷，其中水田749.91公顷，旱地109.42公顷，人均耕地0.04公顷，山地面积9000公顷。镇政府设在龙华路28号。

全镇下辖松江、新华、新合、梅桥、吉演、上林、松梅、江坑、田坑、坪丰、马图11个行政村，共56个自然村，在册户数3758户，总人口20488人。至2017年年底，全镇有机关干部、职工共68人，村干部共43人。

【经济概况】 2017年，龙岗镇社会总产值2.5亿元。其中，农业总产值9960万元，工业总产值1.1亿元，服务业总产值2640万元。全镇共有水电站9座，总装机容量3100千瓦；龙岗镇现有私营企业广东龙岗马山茶叶股份有限公司、梅州市马图茶叶有限公司、龙丰农业综合开发有限公司、广东华承生物科技有限公司等4个大型种植基地及众多的茶叶专业合作社，在省、市、县、镇的大力支持下实现了规模化种植产业化发展的新局面。

【基础建设】 2017年，在县委、县政府的正确领导和有关部门的大力支持下，龙岗镇认真贯彻落实县委、县政府的决策部署，全面贯彻中共十九大精神、李希书记来梅调研精神和省市县重要会议精神，紧紧围绕“一区一带”规划建设，坚定不移地把发展作为第一要务，大力实施乡村振兴战略，实现了全镇经济平稳发展，社会政治和谐稳定，民生福祉全面提升。

1. 城乡环境综合整治：龙岗镇认真贯彻市、县部署，继续抓好镇城乡环境综合整治工作，切实治理好“脏、乱、差”现象，加大县道、街道、村道、河道清理工作力度，实现以点带面，逐步推开，激发自治动力，广泛发动群众、乡贤参与，逐步提高广大群众文明素质和环保意识，制定环境卫生治理村规民约。全镇购置了4部垃圾清运车、36辆铁板车，聘请了41名保洁员，新建了6个垃圾收集池，坚持日产日清的常态，并建立长效考核制度；对道路、河道两侧的垃圾、草堆、杂物等进行清理；对淤塞的下水道进行了疏通改建，生活污水得到有效治理，确保环境整洁卫生；对“两违六乱”现象进行了综合整治，采取了集中整治和常态化管理相结合治理，着力打造一个整洁优美、安全文明、秩序井然的洁净乡镇。

2. 中小河流治理：龙岗镇镇全力以赴打好山区中小河流治理攻坚战，认真按照上级制订的时间节点扎实推进治理工作，党委、政府要求各村、各部门以“服务项目建设”的理念把工作主动延伸到项目建设的各个环节，协调好各方面关系，齐心协力推进项目建设，提升河道排洪防汛能力，全面落实推行“河长制”，加大打击非法盗采河砂行为，积极推动河道治理与河湖管护有机结合，强化巡河监管，使河道环境得到了有效治理。同时，加快对中小河流治理项目的延伸建设，投入近100万元在圩镇周边河堤上打造兴建休闲绿道、廉政文化长廊、休闲座椅、太阳能路灯亮化工程为一体长达2千米的文化休闲绿道，提升镇区人居环境，丰富群众的文化生活，并在位于梅桥村县道两旁的河岸上，通过发动乡贤同参与齐共享的方式建设了约800米的绿道，现两项工程均已完成绿道铺筑和路灯安装工程。

3. 交通建设：2016年龙岗镇重点推进公路的升级改造工程，将把县道949线（龙岗—马图—梅县梅南）申报升级为省级公路，现已通过省普通省道网规划（2016—2030年）升级为S242（梅县梅西至丰顺丰良），将把此项工程建设作为龙岗走入跨越式发展的重要机遇来抓，公路升级改造完成后，能打通龙岗交通瓶颈，提升龙岗区域位置，改变龙岗出行难问题。并加快江坑至坪丰农村重点旅游经济线路重点工程的建设。计划投入520多万元，开通江坑至坪丰农场长2.19千米、宽8米路面的重点旅游经济线路。现已基本完成征地工作。

4. 重点项目：2017年龙岗镇充分挖掘和保护好红色革命遗址资源，计划投资2000万元分别对见龙居、得震楼、八士庐、燕翼居进行全面修复保护，以修旧如旧，保持原貌的原则，修复后放置革命时期文物史料图片，并对见龙居、燕翼居、得震楼、八士庐及附近的双溪祠等古民居近6.3公顷范围的村庄、河流、道路、桥梁、池塘，进行整体规划保护、维修、开发，建设休闲公园、健身广场、停车场、绿道、元帅纪念广场等，与马山茶园对接开发。把马图打造成为一个既能全面展示原中央苏区革命文化，又能满足老区人民日常生活需求，还能发展美丽乡村旅游、特色高效名优农业产业旅游的红色爱国主义示范基地。已基本完成主体工程。

【社会保障建设】 一是全面落实优抚政策和方针，维护和保障优抚对象、贫困家庭及残疾户的生产和生活，实行全镇弱势群体社会帮扶及救助工作动态管理，使困难群众得到有效救助。二是生态公益林补偿款、危房改造补助金等惠农惠民资金足额及时发放到位。三是提高政务服务水平，在全镇11个村委新建公共服务站，整合资源、部门，方便群众办事。四是规范村级资金使用和管理，加强“三资”监督管理。五是积极推进农村“普惠金融”体系建设，开展农村小额信贷和便民取款点建设工作，大力宣传金融知识，切实维护农村金融稳定。六是圆满完成2017年夏季兵员征集任务，选送高校新兵3名。七是结合创建“两基示范镇”契机，投资169多万元新建占地210.5平方米的卫生院综合业务楼，现已投入使用，彻底解决了医院业务用房严重不足的现状，使医院的就医条件得到极大改善，使龙岗医疗卫生服务得到有效保障。同时，规划改建3间、新建8间村卫生站，至年底11个卫生站已完成验收准备投入使用。八是不断加大教育投入，增加教学基础设备设施，提高教学质量，实现教育装备现代化；加强教师队伍建设，提高教师综合素质，进一步促进教育内涵发展，不断巩固和提升创强成果，并根据“创强”规划，于2017年申报教育“创强”复评，顺利通过省教育强镇的复评验收。

【安全工作】 落实安全生产“一岗双责”责任制，深入开展隐患排查治理工作。牢固树立安全责任重于泰山的思想意识，严格按照安全生产相关文件精神，认真落实安全生产目标责任制，分别与各村委会、工矿企业、烟花爆竹零售户等签订了《安全生产责任书》《消防安全责任书》，以确保安全生产责任有效落实。

坚持每季度召开一次防范重特大安全事故工作会议，集中组织力量检查交通道路安全、企业安全、校园安全、消防安全、食品安全等，共开展各类检查22次，检查企业和经营单位共30家，共发现存在隐患10处，下发整改通知书7份，落实整改7处。加大危化品和重大易燃易爆企业检查力度，将辖区内的重点检查企业，不定时开展检查工作。同时，建立健全安全生产防范网络，严格推行安全网格化管理，加强安全巡查力度，落实主体责任，严格实行安全生产责任考核制度和奖惩措施。保障全镇生产的安全性，避免发生重大安全事故。

深入开展《梅州市森林火源管理条例》和《广东省森林防火条例》的宣传贯彻落实，严格执行限额采伐，制止1宗违规占用林地行为。2017年，共出动宣传车300多次，张贴标语100多张，悬挂横额约50条，派发致群众一封公开信2万多份，还通过自筹资金购买环保纸质礼花，在全镇11个村村口开展“礼花换鞭炮”活动，从源头上遏制森林火灾的发生，不断提高全民防火意识，有效管理森林资源。

【综治维稳工作】 龙岗镇认真落实县委政法工作会议精神，以“四个确保不发生”为目标，通过创新镇村管理体制机制，努力构建镇村社会治安综合治理“网格化”管理新模式，有效开创了社会治安综合治理和社会组织管理工作新格局。2017年共排查调处各类信访案件85起，调处率为100%；积极开展全面排查，准确掌握严重精神障碍患者底数情况，做好诊断评估、救治救助、分类管理和信息交换工作；继续推进“一村（社区）一法律顾问”工作，加强普法宣传，提高干部群众法律意识，进一步推进普法宣传和依法治理工作，更好地为依法行政、解答村民法律咨询和参与镇人民调解委员会案件调解服务，维护了社会和谐稳定。龙岗镇在2017年度被县评为社会治安综合治理（平安创建）工作先进单位，镇综治维稳中心专职副主任王金源，被评为“2017年度优秀综治信息员”。

【精准扶贫工作】 广州市妇联投入286.6万元帮扶龙岗镇松梅村，其中：投入8万元修建了蓄水池1个，并铺设引水管3千米至各个自然村落，安装了70根路灯，村2千米乡村道路硬底化项目帮扶等改善贫困户生产生活环境、改善基础设施的帮扶项目，同时争取了市国税局支持的资金25万元投入到松梅村村民中心的建设，建设松梅村委办公楼光伏发电项目等。广州日报社携合生创展集团有限公司、坪丰村乡贤共同筹集250多万元，整修了5000米村道、安装路灯210盏、新建山墩自然村1000米村道及附设道；在村环境卫生整治方面，投入3万元建设6处垃圾存放设施，购置环卫车，落实专人清运保洁，改变了村级脏乱差环境，协助做好住房改造项目的登记造册和推进住房改造计划，全面跟进住房改造达标工程等。龙岗镇充分利用扶贫政策“631”财政专项资金126.1675万元投放天亿公司，开展保底扶贫小额贷款28户，共84万元，促进扶贫开发帮助有劳动能力户增加收入，并对其他相对贫困村贫困户制定专门帮扶措施进行帮扶。

【村村通自来水工程】 为切实解决群众饮水困难问题，镇党委、政府积极争取上级重视，将龙岗镇自来水改造列入丰顺县2016年留隍西区中心等11项自来水村村通工程之一，该项目预计总投资约800万元，设计日供水规模为980立方米，实际龙岗镇目前现状供水仅每天170立方米。2017年以来，经与项目设计单位省设计院共同调研，进行项目勘探和前期测设，新增水源点1个，并对水厂进行重新选址，决定在位于县道949线旁坪丰大峯背头湖窝兴建新水厂，已完成了第1、2号水源点陂头引水工程和水厂征地工作，已在年前实现了临时供应水保障，该项目建成使用后，将全面解决江坑、田坑、松江、新华、梅桥等5个村9000多名群众饮水问题。

【党的建设】 1. 一是加强学习教育，在“两学一做”学习教育中，注重学思践悟，学做结合，真抓实干，通过明确责任、创新方式、建章立制三头并进，进一步把“三会一课”抓实抓细，有效助推“两学一做”学习教育常态化制度化。深入开展学习宣传贯彻中共十九大精神、省委十二届三次全会精神、市委七届四次全会、县委十三届四次全会精神，在“学懂弄通做实”上下功夫，紧密联系全镇重点工作，结合工作实际，努力在武装头脑、指导实践、推动工作上下功夫。

2. 加强基层组织建设。一是持续不间断抓好基层党组织建设工作，进一步推动了全面从严治党向基层延伸、向常态迈进。二是扎实做好软弱涣散党组织整顿工作，由挂点领导和“第一书记”每季度与“两委”干部进行“一对一”交心谈话。三是以村级换届为契机，加强基层组织建设薄弱环节。龙岗镇村两委换届选举工作，坚持依法依规、走足程序、做实工作。至5月中旬，龙岗镇11个村两委换届圆满顺利结束，产生了新一届村两委领导班子。共选出村党支部委员35人，其中党支部书记11人；选出村委主任11人，委员29人，并确保了每个村都有一位女干部。

2017年年底龙岗镇

党委书记 吴鹏鸟

镇　长 邱茹莉

人大主席 彭兆祥

副书记 邱茹莉　王希广　吴敏林

委　员 彭艳奎　吴　辉　饶富通　饶德州　陈培进

人大副主席 张淑芳

副镇长 彭艳奎　谢冬宜　简志留

（张铭军）

潘　田　镇

【位置面积】 潘田镇位于丰顺县中部，素有“两个之最”的美誉：一是地理位置居全县最中心。东邻留隍镇，西接丰良镇，南壤汤坑镇，北连黄金镇，与县城汤坑相距28千米，省道224线和省道334线贯穿境内，交通便利。二是平均海拔全县最高，达426米。全镇总面积146.04平方千米，耕地1428.07公顷，镇政府设在潘新社区居民委员会。

【自然资源】 潘田镇四面环山，中间成高山小平原，整个地势由中间向四面倾斜，属丘陵地带。南北两溪及吉畲溪流经镇域，注入韩江。潘田属亚热带季风气候区，气候温和清爽，光照充足，雨量充沛，年平均气温20.8℃，无霜期长，四季常青。主要资源有：森林、水力、矿产（以瓷土、高岭土、铅锌矿、铜矿、锡矿为主），矿源分布广、品位高，有较好的开发前景。

【政区人口】 镇行政辖流坑、华亭、石坑、松柏、中心、潘田、填江、铁坑、集群、新东、上吉、新联、新南13个村民委员会和潘新社区居民委员会，共100个村民小组。全镇共7574户，41581人。

【发展思路】 2017年，潘田镇在县委、县政府的坚强领导下，认真贯彻落实党的十八大历次全会精神、中共十九大精神和习近平总书记系列重要讲话精神，以“四个坚持、三个支撑、两个走在前列”和省第十二次党代会精神为统领，坚持稳中求进的工作总基调，紧紧围绕县委、县政府“一区一带”发展新格局，全镇上下一心、迎难而上，不断加快潘田振兴发展，努力实现“富庶美丽幸福潘田”的宏伟目标。

【经济概况】 潘田镇在各级党政的正确领导下，主动适应经济新常态，寻求发展新机遇，克难攻坚，稳中求进，团结和带领广大干部群众奋发进取，推动经济社会各项事业快速发展。2017年，全镇全年实现社会总产值1.5523亿元，同比增长6.9%；工农业总产值1.5106亿元，其中工业总产值1202万元，同比增长8.5%；农业总产值1.3904亿元，同比增长7%。农村居民人均纯收入12071元，同比增长5%，经济发展态势良好。

【农业生产】 镇党委、政府始终把发展农业放在重要位置，坚持以市场为导向，致力打造高效农业和特色农业。一是依托粤东蓝莓基地旅游项目，大力发展蓝莓种植，积极培育新型农业经营主体。二是大力发展绿色农业，自2016年新东番薯被中国绿色食品发展中心认定为绿色产品A级产品以来，按照“计划种植、合同收购”和“公司+基地+农户”的模式，积极推广合作种植，更好地满足市场对绿色产品需求。三是大力推动潘田焦柑种植，全镇实现规模化种植超过200公顷，实现了让11个行政村充分利用山地的效果，并带来可观的经济价值。

【新农村建设】 潘田镇坚持突出重点，统筹兼顾，全面推动新农村示范村建设科学发展。成立了新农村建设领导小组及办公室，制定了《潘田镇省定贫困村暨试点村创建社会主义新农村示范村实施方案》，全面领导协调推进新农村示范村创建工作。截至2017年年底，3个省定贫困村、2个县重点村、3个镇自选村20户以上自然村全部推选产生了村民理事会；"三清三拆三整治"工作项目全部登记造册，共拆除各类危旧房、废弃牛栏、猪舍等2145间共40477平方米，清运各类垃圾6679吨。创建工作取得阶段性进展，村庄环境得到明显改善。

【产业扶贫】 潘田镇坚持发展产业经济，带动贫困户脱贫致富，构建"长短结合"立体脱贫支撑体系。一是大力实施光伏脱贫。在新联大型众成光伏发电项目发挥龙头带动的作用下，多点开花，全面推动。共建设村级光伏电站6个、户用光伏电站35个，村集体年均增收2万元，贫困户年均增收3000元。预计到2020年，集体经济薄弱贫困村将实现光伏发电全覆盖。二是坚持优先扶持"一村一品"产业。结合帮扶单位的优势和3个相对贫困村实际情况，分别打造填江村百香果种植基地、松柏村三华李青枣种植基地和中心村潘田焦柑种植基地。百香果种植基地已完成首期2公顷的种植，实现有劳动能力人口人均增收500元；三华李青枣种植基地已完工并在当年为有劳动能力贫困人口人均增收200元。以产业发展带动精准扶贫，使得贫困户能有稳定长期的收入，努力做到扶持一个村、致富一个村。

【城乡建设】 加大环境整治综合力度。进一步规范了镇村垃圾收运系统建设管理。全年共投入资金80多万元，完善了部分配套设施，加大对镇村垃圾的清运力度，做到了垃圾日产日清。积极配合广业集团做好示范村（新南村）污水处理站建设的相关工作。污水处理站规划选址工作已全面完成，工程队已进场紧张施工中。努力确保全镇4个崩岗治理点无障碍施工。全面推行河长制，成立工作领导小组、联合巡查小组，构建责任明确、协调有序、监管严格、保护有力的河流管理保护机制。总投资3000多万元，涉及7个行政村共13.7千米河道的南溪、北溪治理工程，河道清杂工作已全面完工，河堤建设工程也已接近尾声，其他配套工程已纳入建设计划，工作人员全程跟踪落实，协调施工，确保工程顺利推进。

提升城乡环境质量深度。通过三年不懈努力的建设，投入资金530多万元，潘田森林公园现已初具规模，建成森林公园石牌坊、穗贤文化广场、文体活动广场、文化长廊、松树林休闲驿站和休闲凉亭4座、登山道路约3千米、公厕等一大批项目，前期规划项目已全面建成，大大改善了公园周边环境面貌，极大地推动了城镇中心的扩容提质。

加大城乡建设管理力度。全面落实巡查管理责任，坚持齐抓共管，国土、民政、林业、综治和村"两委"全面协调沟通，确保违法违规用地、非法占用林地行为得到及时发现与制止。2017年全年共纠正违规违法用地25起，拆除违法违规建筑50平方米，阻止非法占林养殖项目3宗，拆除非法占林建坟2座，并全部实现复绿，镇内地质灾害点的排查整治工作全面完成，267户削坡建房户全部与镇村干部挂钩实现网格化管理。此外，专门设立城管监督员，实行责任区网格化巡查监管，强化对交通秩序、镇容镇貌、市场秩序的管理。

加快土地确权颁证进度。坚持程序规范、落实及时的原则，工作人员全部下沉到各自然村，逐村推进工作落实。至2017年年底，潘田镇外业调查已涵盖全镇197个经济合作社，涉及农户6898户，共完成实测地块41545宗，实测面积1626.8公顷。松柏村、新南村、新东村、中心村等村将继续补充第2次全国土地调查面积。

【社会事业】 惠民政策落到实处。全年办理各类医疗救助345人次，发放救助资金65多万元。全镇享受低保五保待遇508户、948人，新增符合条件6户、6人。农村危房改造对象62户已竣工并申请验收，发放资金37.2万元。社会养老保险参保人数14814人，参保率100%。城乡居民医疗保险参保人数31969人。计划生育工作实行窗口办证和网上办证，服务能力得到强化。

民生工程紧抓落实。截至2017年年底，各类民生工程建设项目全部顺利推进，其中：总投资300多万元的卫生院重建工程已完成综合门诊大楼主体建造和后期装修，已投入使用，12个村级卫生站建设全面完成；总投资3000多万元的南溪、北溪治理工程，河道清杂工作全面完工，河堤建设工程接近收尾；总投资600多万元的华亭片自来水工程项目、总投资400多万元的中心片自来水工程项目和总投资1200万元的2017年度高标准农田建设项目，均已完成前期建设筹备工作，正紧张施工中；110千伏变电站建设项目已经立项并完成规划设计，1公顷土地的征地工作于5月初全面完成；省道224线改造工程征地工作已接近尾声，8.6公顷征地任务基本完成。

文教医疗不断提升。顺利通过“教育强镇”复评验收，优质教育资源进一步合理配置，教育事业提速发展。乡村医生的管理和培训工作得到继续加强，医疗服务水平不断提高，群众就医难问题逐步改善。多次组织各类文化和体育活动，免费开放镇文化站和村农家书屋，进一步丰富群众文化体育生活。

【综合治理】 创新社会治理体系建设。紧紧围绕经济发展的主题和维护社会稳定的大局，大力开展民间矛盾纠纷排查调解，深入推动综治“中心+网格化+信息化”创新管理机制建设。2017年，镇、村两级共排查出各类矛盾纠纷49起，成功调解48起，调解成功率达97.96%；全镇网格员累计上报信息共6000多条，共化解矛盾纠纷116宗，共排除安全隐患70宗，综治“中心+网格化+信息化”工作取得了预期的成效。

加强安全生产管理。牢固树立安全发展理念，积极开展安全生产培训和法律法规宣传教育，坚决遏制各类安全事故。2017年，共组织开展3次综合督查、4次重点行业领域专项检查，检查企业经营单位170多家次，发现安全隐患78处，发出整改通知书78份，落实整改78处，完成隐患整改率100%的目标。全年达到“零事故、零死亡”的“双零”目标。

【党的建设】 一是狠抓基层组织建设。严格按照中央和省、市、县委和民政部门的有关要求，严格执行相关程序，成功选出新一届村（社区）“两委”班子成员共81人，进一步提高了党在农村的执政能力，巩固了党的执政基础。二是狠抓党员深入群众。严格要求全镇党员领导干部深入群众中去，了解群众疾苦，努力解决群众生产生活中遇到的热点难点问题。一年来共接访群众684人次，走访群众3654户，召开专题座谈会68场次，解决群众反映问题或意见建议421个。三是狠抓党风廉政建设。深入开展党员干部“八小时外”活动监督工作，加强廉政风险排查，进一步加强了党员干部的自律意识、形象意识和表率意识。2017年，深入开展涉农领域腐败问题专项治理工作，坚决查处侵害群众利益不正之风和微腐败问题，移交镇纪委调查的问题线索共76条。

2017年年底潘田镇

党委书记 林根深

镇　长 巫银海

人大主席 陈献威

副书记 巫银海　张春梅　朱杭洲

委　员 罗振鸿　陈武生　刘伟光　郑武玲
刘　坚　徐显枫（2017年7月前任职）
徐代俊（2017年8月前任职）

人大副主席 张敬华

副镇长 李春雄　陈永国

（陈镇方　王美娜　刘国扬）

大龙华镇

【位置面积】 大龙华镇地处粤东第一高峰铜鼓嶂下，位于丰顺县东北部，毗邻梅县、大埔，东界小胜、砂田镇，西邻龙岗镇，南连黄金镇，北接梅江区西阳镇、大埔银江镇，与县城汤坑镇相距53千米，与梅州市区相距50千米。全镇总面积220.39平方千米，其中：耕地面积627.4公顷（含水田513.33公顷），林地面积

20666.67公顷。镇政府设在田东村。

【自然环境】 大龙华镇属亚热带海洋性气候，气候温和，年均日照时数1980小时，年平均雨量1625毫米，平均气温21.8℃，无霜期长，四季常绿。自然条件优越，资源丰富，主要有森林、水电、矿产等。全镇有两条属韩江二级支流的主溪水，即白溪和龙溪。其中白溪起源于龙岗马图和梅丰埔三县交界的铜鼓嶂西麓的双罗及仲坑水汇合入产溪韩江，而龙溪则起源于梅埔丰三县交界的铜鼓嶂东麓，龙溪水主河道天然落差近千米，长40千米。全镇山区水系密布、水力资源理论蕴藏量19825千瓦。矿藏有铅锌矿、锡矿、钨矿、金矿、瓷土、稀土、云母、水晶等，有开发前景。境内莲花山脉主峰——铜鼓嶂，海拔1559.5米，属粤东第一高峰，自然生态环境优异，野生动植物种类繁多，为发展山区经济提供了宝贵条件。

【政区人口】 大龙华镇下辖大田、田东、岗背、长布、华东、叶华、石门、松坑、北溪、双罗、长埂、径门、上溪、罗洋、龙北、铜山16个行政村。2017年年底，全镇户籍人口22069人，其中农业户4005户18307人、非农业户547户3762人。

【经济概况】 镇党委、政府深入贯彻落实中共十八大和十八届历次全会、中共十九大、习近平总书记对广东工作重要批示以及省、市、县党代会精神，坚决落实市委市政府、县委县政府一系列决策部署，团结带领全镇干部群众，紧紧围绕振兴发展目标，运用“两大振兴政策”，抓好党建第一核心，全面从严管党治党，紧扣发展第一要务，大力推进项目建设，落实民生第一根本，着力改善民生，坚持稳定第一责任，坚守“两条底线”，全镇实现了经济持续健康发展和社会和谐稳定。2017年，全年实现生产总值2.23亿元，比2016年（下同）增长9%；财政收入（含上级预算内拨款）2000.76万元。农村人均年收入10324元，比增9.2%。工业经济持续健康发展，工业总产值8475万元，比增13%。工业产业已初步形成有电力、铅锌矿、电子配件组装和农副产品加工等几个行业。龙鲸河发电站每年发电量约600万千瓦时，收益可达300多万元。特色高效农业稳步发展，农业总产值6185万元，比增3%。

【农业】 始终坚持把做好“三农”工作放在农村工作首位，紧紧围绕“农业增效、农民增收、农村发展”这一中心，在稳定粮油生产的基础上，抢抓生态农业的发展高地，倡导绿色发展和生态发展，继续巩固提升茶叶、蔬菜和畜牧养殖三大传统支柱产业，坚持高投入、高产出，呈现生态产业的生机勃发态势。2017年全镇绿茶种植面积166.67公顷，油茶种植面积166.67公顷，仙人草种植面积133.33公顷。

【林业】 林业资源主要有松、杉、荷、檀、桉等。镇党委、政府高度重视生态环境保护和绿色发展，坚持惩防并举，严管护、封好山，突出抓好“一消灭三改造”，认真抓好整治木材加工企业，切实保护森林生态安全。2017年大龙华镇有森林面积20666.67公顷，其中生态林面积10666.67公顷。镇林业部门购置有林业专用车1辆；选聘30名专职护林员，加强护林员队伍建设，不断完善镇村扑火队伍建设，切实保护森林资源。

【乡镇企业】 全镇有企业35家，从业人员300多人。工业企业有28家，产值达2600多万元，其中超百万元产值工业企业有5家。以民营企业为主体的工业产业已形成电力、铅锌矿、电子配件组装和农副产品加工等几个支柱行业。

【扶贫工作】 落实精准、做实要求，按三年及年度脱贫攻坚方案，累计筹集各类帮扶资金1471万元，已投入各类帮扶资金1130万元。其中：已投入到户资金550万元（包括以奖代补、危房改造、贫困生助学、小额贷款、产业发展及医保社保等）；到村项目402万元（包括交通公路、饮水工程、村的综合服务活动中心、环境整治等）。2017年实现脱贫81户256人，脱贫率提高至82.1%。

【民生实事】 坚持以人民为中心的发展思想，按照坚守底线、突出重点、完善制度、引导预期的工作思路，办好民生事实。实施更加积极的就业政策，新增城镇就业60人次，转移就业170人次，城乡居民人均收入持续增长。社会保险制度实现城乡全覆盖，城乡居民医疗保险参保率97.69%。推进华东、长布、大田综合文化服务中心建设，计划2018年12月底前全部完成交付使用。落实农村土地承包经营权再延长30年的政策，深化农村土地制度和集体产权制度改革，盘活农村资源。

【基础设施建设】 全镇完成行政村道、自然村道硬底化建设规划立项5个，13.7千米，已完成投入500多万元，完成硬底化道路建设15多千米。行政村道列入加宽改造项目共11.6千米，正进行测设。此外，龙北、华东、长布等3个村各建一个面积13平方米候车亭，已完成选址工作。

全年有4项重大水利工程建设项目。其中：白溪河（北溪至长布河段）河道治理工程全长8千米，设计投资1800万元，已完成全部工程建设；白溪河（叶华段）河道治理工程全长7千米，设计总投资650万元；龙溪河（铜山至罗洋段）河道治理工程全长20千米，设计总投资2000万元，工程正有序推进；径门村“村村通”自来水工程，主要解决径门村、径门街道、学校及上溪村大坝共5500多人的饮水问题，工程设计总投资400万元，工程正在进行设计勘察。

【文教卫生】 全镇有九年一贯制学校2所、教学点6个，公办镇中心幼儿园1所，公办农村幼儿园1所；在县委、县政府的重视关心和县教育局的大力支持下，决定在大龙华学校择址新建多功能礼堂综合楼、重建原学校老校门及新建校道。相关工程设计方案、图纸已由县相关部门设计，工程预算投入500多万元。目前校门重建完成主体框架，门面填方基本完成，30多米的挡水墙已经砌成。校道已完成征地，热心乡贤谭伟基先生捐资到位，校道绿化亮化工程建设正在推进。新建多功能礼堂综合楼预计于2018年年底前建成使用。镇建有线电视站1个，数字电视用户1350户；卫生院1间，医务人员30名。按上级关于创建“基本医疗和基本公共卫生服务示范镇”要求，全面完成“卫生两基示范镇”创建各项工作，实现卫计工作管理体制机制制度化、镇卫生院和村卫生站建设标准化。其中村级卫生站规范化建设方面，规划新建7间、改建9间村卫生站。

【精神文明建设】 坚持依法治镇，全面完成“七五”普法任务。发放宣传册1000多份，为中小学校上法制课10场次，受教育人次达2000多人次，干部群众的法制意识进一步增强；“一村一法律顾问”继续开展，创建了5个市级“民主法治村（社区）”。扎实推进“平安大龙华”创建，通过多种形式开展“讲文明、树新风”活动，加强思想道德教育宣传，普及推广科学文化、法律和实用技术，不断提高全民素质。

【党建工作】 镇党委始终坚持“党要管党，从严治党”的原则，着力抓好领导班子和干部队伍建设，全面从严落实党建主体责任。一是落实管党治党的政治责任。镇党委始终坚持把树好党风、抓好政风、带好民风作为首要政治任务，从严从实抓牢管党责任，紧紧围绕经济建设这个中心，搭建活动载体，创新管理模式，建立长效机制，切实加强领导班子自身建设、农村基层组织建设、干部队伍建设和党风廉政建设，夯实了党在农村的执政基础，为经济社会发展提供了坚强的组织保证。二是强化思想理论武装。深入学习宣传贯彻中共十九大、习近平新时代中国特色社会主义思想、习近平总书记系列重要讲话、习近平总书记对广东工作重要批示以及省、市、县党代会精神。组织开展“大学习、深调研、真落实”活动，镇领导班子深入各支部宣传解读，推动学习宣传贯彻工作往深里走、往实里抓，推动全镇党员干部增强“四个意识”，坚决维护以习近平同志为核心的党中央权威和集中统一领导，切实用习近平新时代中国特色社会主义思想统领大龙华一切工作。继续开展“两学一做”学习教育活动，按照中央开展“两学一做”的总体部署，制订学习方案，明确学习任务，坚持问题导向，正面教育，学用结合，着力解决一些党员理想信念模糊动摇、党的意识淡化、宗旨观念淡薄、精神不振、道德行为不端等问题。党委领导班子成员率先垂范，先学一步，深学一层，上好党课，带动全镇26个党组织661名党员积极参与，实现学习教育和考学活动全覆盖。全面开展支部主题党日活动，把主题党日融入党的思想建设、美丽乡村建设、精准扶贫精准脱贫等重点工作任务中去统筹谋划。三是深入开展直联工作。全面完成联系群众“全覆盖”，共收集各类问题261条，解决问题258个，解决率98.9%。软弱涣散党组织已全面完成整顿工作，村党支部的战斗力、凝聚力和服务群众的能力得到明显增强。四是圆满完成村“两委”换届选举工作。坚持把加强党的领导贯穿村“两委”换届选举全过程，严格按照换届组织程序，实现党员干部满意、广大人民群众满意、各级组织满意的既定目标。通过村“两委”换届，促进了村“两委”班子年龄、文化、专业结构的优化，选出好干部、配出好班子、换出新面貌。五是严格落实党风廉政建设责任制。切实加强对党风廉政建设和反腐败工作的组织领导和部署检查，严格执行中央八项规定及实施细则，开展纪律教育学习月活动，持之以恒地纠正“四风”。大力支持纪检监察工作体制改革，深入推进乡镇纪委规范建设，落实镇村巡察工作，不断打牢基层党风廉政建设力量基础。

2017年底大龙华镇

党委书记 杜戴标

镇　长 刘文勇

人大主席 黎许华

副书记 刘文勇　陈雄伟　彭剑峰

委　员 朱加灶　邓　敏　简国潘　刘仪商　陈　铨　彭中兴　文意明

人大副主席 刘德伟

副镇长 朱加灶　刘美玲　彭世钒

（钟旺龙　简耿程）

黄　金　镇

【位置面积】 黄金镇位于县东北部，总面积158.42平方千米，东界留隍镇，西邻龙岗镇，南连潘田镇，北接小胜、大龙华镇。山地面积13933.33公顷，耕地面积1266.67公顷。镇政府设在黄金圩镇。

【自然环境】 境内四面群山环抱，南部的鸳鸯寨为最高峰，海拔383米；全镇一半属山区，一半属水涝地区。丰良、大龙华和径门3条小溪汇集至境内为产溪，自西北向东流，在留隍站口汇入韩江。黄金镇属亚热带季风气候，雨量充沛，气候温和，地势低，经常遭受洪涝灾害。

【政区人口】 镇行政辖径双、清溪、望楼、俄湖、启明、松青、遍沙、双灵、三合、三联、龙山、嶂背、湖田、光明、深田、东坑、芹寨洋、埔东、埔头角、杨石、隍洞、坑尾、罗江、黄金等24个村委会，1个黄金中心社区居委会。2017年全镇有7195户，38801人，其中农业户5329户，29642人。

【经济概况】 2017年镇财政收入1719.65万元，以上级拨款为主。全镇农村社会总产值从2016年的3.13亿元增加到2017年的3.61亿元，增长15.21%；农业经济总收入从2.76亿元增至3.03亿元，增长9.96%；人均收入从8815.63元增加到9951元，增长12.88%。

【农业】 境内土地大部分属黄土壤，主种水稻。经济作物有南姜、甜玉米、鱼藤、甜竹笋等。2017年粮食种植面积1366.6公顷，总产15936吨。

【水利水电】 全镇有水库4座，库容175万立方米，防洪大堤4条，长9.6千米，受益人口1.3万人，农田400公顷，水力资源丰富，全镇水电站16座，年发电量有5425.6万千瓦时。2017年率先完成了圩镇、湖田、松青片区自来水工程改造；投入1425万元完成“黄金水道”中小河流治理一期工程。

【林业】 境内林木资源丰富，有林面积11666.67公顷。全镇盛产竹子，有竹林面积6000公顷，素有“竹乡”之称，2007年被市评为“竹具专业镇”。

【乡镇企业】 全镇有镇、村、联产及个体企业416个，从业人员1439人，工业企业门类有水电、建筑、采石、竹制工艺品、食品等行业。私营企业现有11个，从业人数207人，资产总额2652万元。2017年乡镇企业总收入2.34亿元，比上年增长9%。

【名优特新产品】 研发了丰顺特产黄金可口姜糖系列产品、金竹牌姜茶（颗粒饮料）、金竹牌柚皮糖等系列产品。黄金可口姜糖采用生姜提炼姜汁，配以高级淀粉精制而成，肉质细腻，柔韧透明，味道甜中带辣，是馈赠亲友的理想食品。

【商业与集市贸易】 黄金镇设有圩场1处——黄金圩，每月逢3、6、9月为圩日。是全镇及潘田、留隍、大龙华、小胜、潮安等地农副产品集散地。全镇有个体工商户420户，其中住宿及餐饮业42户，批发零售业223户。

【交通邮电】 全镇交通便利，距206国道30千米，境内县道28.5千米。境内公路总里程153千米，其中2017年完成村内道路硬底化27.5千米，全面完成启明、湖田、高沙春草头道路扩宽硬底化建设，完成了24个行政村100%水泥硬底化建设，各行政村均可通大货车。省道224线升级为国道235线，全面完成了原省道224线道路改造工程境内全长15千米路段的土地征收工作任务，部分路段已实施水泥硬底化工程建设；罗江路、罗洋路升级改造工程正在筹备中。镇内设有邮政支局、电信支局，固定电话装机容量4500门、已安装固定电话4100多门。移动、联通网络信号覆盖全镇24个行政村（中心社区）；各村实现无线高速局域网全面覆盖。

【市政建设】 黄金圩现有沿江街、建新街、中兴街、金山街、金塘街、金华街、湖田街等7条街道，逐步形成了商业区、行政区、农贸区、住宅区等功能齐全的新集镇。投入1000多万元，占地约1.2万平方米的黄金文体综合广场，已进入建设阶段。

【文教卫生】 镇内有线电视站4个，卫星地面接收站12个；完全中学1间（黄金中学），完全小学3间，教学点9个，幼儿园4所。黄金镇投资近500多万元的光明小学新校舍及附属工程已动工建设；完善建设了黄金中学宿舍楼，并通过了广东省教育强镇复评验收工作。目前在校中学生2278人，小学生1637人，适龄儿童入学率达100%。镇有卫生院1间，医务人员33人。李坚真故居已列入省级文物保护单位，正开展保护和开发相关工作，力争建成红色旅游和广东妇女干部培训基地；清溪村成功申报为中国第四批传统村落，朱子文化得到良好保护和传承；成立了黄金镇民俗文化研究会，连续三年举成功办“黄金迎灯”传统民俗活动，迎灯被列入市级非物质文化遗产名录；协助出版发行《黄金，在闪亮》等宣传书籍。

【华侨及港澳台同胞捐资】 黄金镇是侨乡，改革开放以来，侨胞及港澳台同胞捐资家乡兴办社会公益事业较大项目有30多宗，总捐资近亿元。其中主要项目有黄金中学新校区、黄金中学教育基金、黄金卫生院、黄金中学教学楼、黄金中心小学新校区、黄金中心幼儿园教学楼、永记大桥、黄金圩镇自来水工程等。

2017年底黄金镇

党委书记 刘震辉

镇　长 刘远辉

人大主席 刘录

副书记 刘远辉　朱素明　吴育钦

党委委员 彭淡水　饶增森　林伟根　朱志中　魏泽权

人大副主席 刘辉远

副镇长 彭淡水　范政委　林晓冰

（文及明）

溜隍镇

【简述】 溜隍镇位于丰顺县东北部，居潮州、梅州、揭阳三个地级市之间，广东省第二大江——韩江纵贯镇域，县内与汤坑、潘田、黄金、小胜和潭江等5个镇接壤，距离县城汤坑镇40千米、潮州市区40千米、汕头市区65千米、揭阳市区50千米。在春秋战国属百越地，汉时隶属于南海郡揭阳县，北宋宣和三年（1121）揭阳县城设于此，南宋绍兴二年（1132）撤销揭阳县城，并入海阳县。宋末皇帝赵昺到万江古庙求神庇护、并于此留宿，取“万江庙小可留皇”而将万江改称留皇。后为躲避元朝追查，将“留皇”各加左耳旁而成“溜隍”，溜隍之名便沿袭至今。明、清初隶属于潮州府海阳县；清乾隆三年（1738）划入丰顺县。2004年10月原东留、茶背两镇并入溜隍镇。全镇总面积428.23平方千米，总人口10.5万，下辖36个行政村和1个社区。2002年被广东省人民政府确定为省级中心镇；2006年被广东省科技厅定为“青榄专业镇技术创新试点单位”；2008年被广东省环保局评为“广东省生态示范镇”；2009年被梅州市环保局评为“梅州市生态示范镇”，有22个行政村被梅州市环保局评为“梅州市生态示范村”；2016年6月全镇36个行政村全部通过梅州市卫生村验收。2014年被定为全国重点镇，2015年被梅州市委、市政府定为“一区两带”发展战略中梅江韩江绿色健康文化旅游产业带核心示范区；2016年4月被梅州市委、市政府推荐为国家级旅游度假区创建单位；2016年11月底溜隍镇产城融合新型城镇化综合试点方案获国家发改委批准确定为第三批国家新型城镇化综合试点地区；2017年8月底分别获住建部批准确定为第二批全国特色小镇、省发改委批准确定为广东潮客小镇特色小镇创建工作示范点。

【资源优势】 溜隍镇地形以低山丘陵为主，地势北高南低，地貌形态较为简单，乡村生态环境保持良好，森林覆盖率达77.98%以上。具有丰富的温泉资源、水力资源、生态资源、矿产资源和潮客风情人文资源。

【经济社会发展】 2017年，全镇社会总产值达14.635亿元，同比增长14.6%；农业总产值达3.48亿元，同比增长4.5%；工业总产值达7.745亿元，同比增长21.78%；固定资产投资达2.197亿元，同比增长29.24%；完成国税收入466万元，地税收入1220万元，财政收入4593.11万元。

【重点项目有序推进】 成立了创建国家级旅游度假区工作领导小组、征地工作领导小组，制订了工作方案，落实机构、人员、责任、措施，全力推进广东潮客小镇（凤凰溪项目）、溜隍镇西区输净水工程及配水管网工程、丰顺县第二人民医院（含老人护理院）、溜隍镇人民广场（三角地广场）、军塘湖湿地生态园等23项总投资96.08亿元，涉及生态环保、交通水利、教育卫生、打造美丽乡村、提升公共服务功能，发展潮客风情文化，实现健康养生和旅游先锋产业等方方面面。各项重点项目规划建设工作扎实有序推进。

【旅游先锋产业蓬勃发展】 旅游接待能力逐年提升，按五星级酒店标准建设的鹿湖温泉假日酒店已成功晋升国家AAAA级景区，一批中小型旅馆投产使用，全镇接待床位达1000多张，接待能力仅次于县城汤坑镇。鹿湖温泉度假村、惠仁圣寺、宋代古街、万江古庙、妈祖天后宫、千年古榕、军塘湖等旅游景区景点，以及东江特委旧址、志扬烈士陵园、大坪革命烈士纪念碑等红色旅游资源，吸引了大批珠三角地区、潮汕地区，以及市、县内外大批游客前来观光旅游。2017年，全镇旅游接待旅客人数173万人次，实现旅游收入6121万元。

【强农惠农】 1. 全面落实强农惠农富农政策，积极发展精致高效农业，促进增产增收。2017年全镇“两造”种粮面积达2497.07公顷，其中全年水稻杂交良种播种面积2037.33公顷，占比达82%。青榄、茶叶、石斛等精致高效农业迅猛发展。2017年，全镇青榄种植面积

2533.33公顷，总产量约3.5万吨，年产值约4.5亿元；东留胜泰石斛科技种植基地，建成投产面积达8.67公顷，实现年产值240万元；大坪、西山炒茶种植面积继续扩大，茶园经济效益初显。稳妥有序推进农村土地承包经营权确权登记，按计划完成各阶段性工作任务。

2. 加强林地管护和森林防火工作，深入开展新一轮绿化大行动。全年实现春季造林333.33公顷，原造林抚育1333.33公顷，冬季备耕333.33公顷。

3. 落实汛期各项防御措施，有效防治城乡各处洪涝洪毁灾害，保障农村农业生产和群众生命财产安全。全面完成潘田河（高华至九河段）中小河流治理工程，西洞溪及凤凰溪中小河流治理工程施工进展顺利。

【交通建设】 完成茶背、寮下、富足、黄沙坑、田坫等一批村道路面（共约13.5千米长）水泥硬底化改造工程并通车；金岗大桥完工，省道233线北洞至大坳段19.6千米长全程通车，口铺交通大桥也已验收通车；留隍大桥西至潮州赤凤韩西农场公路已完成主干道、支线和4.25米绿道扩建征地工作，施工队已进场，至年底已完成4千米路基工程、涵洞23道及2座中桥建设，正在进行支线线杆迁移及路基工程；县道072线留隍大桥东至文祠一级路新建工程第一期长林村至潮州文祠段2.3千米已完成征地和2户房屋拆迁工作，剩余5座房屋正在协商，线杆迁移工作正在推进，但不影响工程施工；球中西教学区至中排闸道路新建工程已完成招投标，正在进行征地工作，施工队已进场进行箱涵铺设。

【科学规划】 1. 坚持科学规划引领。紧紧围绕市委市政府、县委县政府对留隍提出的发展定位和目标要求，先后完善和形成了《（2014—2030）留隍镇土地利用总体规划》、《留隍镇风貌设计及主要空间街路景观整治设计》《留隍镇"潮客康养"小镇创建方案》《留隍镇创建国家级旅游度假区规划》《留隍镇创建新一轮省级新农村"五村连片十村联动"示范工程建设规划》《广东潮客小镇发展规划》等规划设计早期成果，并在此基础上，进行规划整合，"多规合一"，对接《梅江韩江（丰顺）绿色健康文化旅游产业带发展规划（2016—2030年）》，各项规划设计工作正稳步有序推进。

2. 加强对国有资源的监管和开发利用。严格执行"河长制"，镇政府分别与县政府、各村（社区）签订了《河道管理工作目标责任书》；河砂巡逻队伍全天24小时进行巡查，区域内韩江干流及支流实现全年"零偷采"目标；通过严把水、电、网络、电视安装审批关，对违法用地和违规建筑共发出责令停工及要求限期自行拆除通知42份，开展拆除违章建筑联合执法大行动1次，共拆除1宗违章，建筑面积300平方米，有效掌控违规违法建设和生产现象，实现区域内国土资源的可控性开发。

【城乡风貌整治】 1. 城乡环境卫生综合整治工作深入推进。成功与广州侨银保洁公司签订合作协议，成为全市第一个购买外包保洁服务的乡镇；全镇各村按常住人口500：1的比例共聘请保洁员120名，落实农村人居环境整治长效机制；全镇36个行政村已全部通过市卫生村验收，17个行政村已通过省卫生村考核评审工作。

2. 以开展"抓三清""拆三旧"和"促三建"为重点，扎实推进"五村连片十村联动"新农村连片示范工程建设。新农村连片示范建设工程已完成概念性规划设计，总体建设实施方案已上报，建设项目库基本确定，施工队伍已进场施工，五村连片示范入口节点建设工程已经完成，正在进行九河村至葛布九河口长3.77千米，宽10米的道路建设，完成约1千米长道路硬底化；村污水处理站建设第一期田坫村和砂汤村开始施工，九河村设计方案已完成，正在办理相关施工手续，上围村和葛布村第一次选址地点因施工方表示不能施工，正在重新选址中，东留长林污水处理厂已完成选址、规划、勘测及用地报批等前期工作，争取4月施工；"三清三拆三整治"工作全镇9个省级贫困村和4个县重点帮扶村全面开展，完成村庄清理775处，拆除危、旧、弃房面积共计13517平方米。

【社会保障】 一是严格按政策规定全面落实当年城乡居民保险、救灾救济、特困救助、低保核发、五保供养、优抚和残疾人权益保障等各项工作。2017年全镇新增低保、五保68户，共143人，全镇在册低保户1067户，共2499人，全年发放低保金6490504元；五保户385户，共385人，全年发放五保金2991870元。为全镇2313名80周岁以上老人发放高龄补助金共计346950元；为22名2016年退役士兵发放自主就业一次性经济补助金共计586000元；全年留隍镇参加城乡居民社会养老保险38473人，参加2018年城乡居民合作医疗保险83363人，完成县下达参保任务数的97%。

二是充分发挥团委、妇联的桥梁和纽带作用。到茶背中学、东留中学开展青少年法治教育活动，提高学生远离毒品、珍爱生命的意识；帮助4名贫困大学新生申请到每人5000元助学资金；镇团委组织与镇社会事务办同事到留隍镇年迈的烈士家属刘雪云、何妙贞、胡香的家中，为老人送去慰问金、慰问品。

【科教文卫】 1. 加强教育工作，巩固教育创强成果。留隍镇把巩固教育创强成果，提升教育发展水平作为一项主要工作来抓，教育创强复评工作已经过专家组考核。原民办教师和原代课教师调查摸底已全面完成审核及公示工作。2017年，留隍镇各中学升中考进入市重点高中及以上共有195人，其中达到东山中学、宪梓中学录取分数线43人；高考进入专科线及以上有192人，进入本科线12人。

2. 开展丰富多彩的体育文化活动。积极组织人员参加县广场舞、足球、羽毛球比赛，成绩喜人，并于春节期间举办篮球、乒乓球、象棋、灯谜等文体节目，丰富群众的节日活动。2017年，留隍镇在丰顺县第二届“县长杯”乡镇足球联赛中获得季军。

3. 扎实抓好人口和计生工作的落实。增强基层计生队伍建设，通过资格审查、笔试、电脑实操业务技能考核公开招聘了63名村（社区）计生专干，并对计生专干进行业务培训；2017年共征收社会抚养费201.13万元；积极开展关爱关怀流动人口、“5·29”计生协会会员日、“迎十一”无偿献血等活动。

【平安留隍】 1. 深入开展平安创建活动。狠抓综合治理服务平台建设，积极推进“中心+网格化+信息化”工作，做好信访维稳工作，竭力维护社会稳定，营造群众宜居宜业、企业投资发展好环境。2017年，镇党政办共受理网上信访23宗，答复率100%；综治信访维稳中心共受理案件73宗，其中已成功调处65宗，办结率为89%，答复率为100%；留隍司法所共受理调处案件13宗；留隍法庭共受理案件162宗，结案157宗，结案率96.9%；留隍、茶背派出所共受理治安案件53宗，结案31宗，刑事案件35宗，结案13宗。

2. 严格落实“一岗双责”，狠抓安全生产工作。镇政府与各村（社区）、企业、学校签订了《安全生产目标责任书》和《消防安全目标管理责任书》，层层落实责任，进一步编制完善应急工作预案，2017年共进行各类检查172次，发放整改通知41次，及时排除了各类安全隐患，安全生产形势保持健康发展。

3. 工会、青年、民兵、妇女工作全面落实到位，助推社会和谐进步。

【精准扶贫】 1. 精准扶贫精准脱贫深入推进。精准完成贫困户的摸底识别、申报核查工作，精准甄别出留隍镇9个省定帮扶村，相对贫困户487户、贫困人口1319人；4个县直重点帮扶村，贫困户346户、贫困人口992人；23个分散贫困村，贫困户215户、贫困人口215人。2017年全镇共实施帮扶项目148个，投入帮扶资金1581.55万元；完成危房改造355户；举办农民适用技术、劳动力转移就业培训班共12场次，培训总人数876人次，其中贫困户参加培训人数447人次；实现贫困户劳动力转移就业41人。

2. 民生事业逐步改善。全面落实城乡居民保险、救灾救济、特困救助、低保核发、五保供养、优抚和残疾人权益保障工作，2017年共发放低保金595.55万元、五保金271.89万元；春节慰问困难群众共发放棉被80床，棉袄170件，食用油260桶，大米215袋；为22名2016

年退役士兵发放自主就业一次性经济补助金共计58.6万元，资助烈士后裔新上大中专生5人助学金1.75万元，烈士后裔特困学生、特困家庭4人共计8000元；为全镇2313位八十周岁以上老人发放高龄补助金共计34.69万元。城乡居民社会养老保险参保人数38320人，2018年城乡居民合作医疗保险参保人数82247人，完成率97%。

【机关作风建设】 1. 以“两学一做”活动为径，深入学习宣传贯彻中共十九大精神。镇机关每周一由镇领导班子带头引领党员干部学习政策、法律法规。中共十九大闭幕以来，留隍镇党委、政府高度重视中共十九大精神的宣传学习贯彻，先后多次召开全镇学习会议，专题学习贯彻中共十九大精神，并结合工作实际，将十九大精神贯彻落实到各项具体工作中去，由镇领导班子带头，积极带动镇干部每周定期至少1次深入到村、到户，听民声、访民情，以扎实开展领导干部驻点普遍联系群众工作，着力解决好人民群众普遍关心的突出问题。2017年，全镇党员干部共走访联系群众7000多人，解决群众关注的热难点问题400多宗。同时，各行政村、社区、企事业单位根据镇党委、政府的统一安排，先后召开村、社区、企事业单位党员干部传达学习中共十九大精神大会，全镇迅速全面掀起了学习贯彻中共十九大精神的热潮，营造了学习贯彻中共十九大精神的浓厚氛围。

2. 扎实推进基层组织建设。2017年，圆满完成村级换届选举工作，顺利产生了新一届村（社区）“两委”干部共222人；全力推进西山村软弱涣散党组织整顿工作，做好村“两委”后备干部培养和发展工作，切实增强基层组织战斗力。

3. 全面排查基层党员干部违法违纪和信访举报线索。2017年，受理信访23封，办结13件，党纪处分2人。落实谈话提醒制度，围绕2017年村“两委”换届选举、村级卫生站建设、重点项目征地拆迁、廉政谈话等中心工作开展集中谈话4次，约谈551人次。

4. 圆满完成涉农领域腐败问题专项治理工作。留隍镇对涉农领域腐败问题线索进行“大起底”，2017年，取消不符合支农惠农政策户192户，共643人；整改落实187户，共623人；新增符合支农惠农政策户190户，共264人，收回违规资金38.24万元；排查扶贫领域和涉农领域线索共214条，立案1宗，谈话提醒88人次。

2017年年底留隍镇

党委书记 马扬闲
镇　长 黄洪伟
人大主席 刘锡奇
党委副书记 黄洪伟　刘亿钦
委　员 郑培钦　陈春史　吴伶俐　郑绍迎　刘锐锋　邹学平　蔡建兵　江奕帆　刘武庆
人大副主席 朱金豹
副镇长 郑培钦　胡伟国　刘兆源　江垂京

（邬若晗）

潭　江　镇

【位置面积】 潭江镇地处丰顺县东北部，韩江中游，距梅州市68千米，距县城74千米。东邻饶平县新塘镇，西接本县砂田镇和小胜镇，南与潮安县凤凰镇相连，北与大埔县洲瑞镇、高陂镇和桃源镇接壤。镇域面积为271.71平方千米，其中：有山地19133.33公顷，水田536.67公顷。县道072线和县道027线纵横贯穿全镇，广东第三大河——韩江，自北向南穿过全镇，把潭江镇分为东西两岸。

【镇区人口】 全镇辖1个社区居委、18个村委、233个村民小组，总人口3万多人，其中凤坪村850多人（畲族520多人）。是梅州市唯一的少数民族（畲族）聚居地。

【经济发展情况】 2017年全镇实现社会生产总值达5.38亿元，同比增长8.59%，其中农业产值2.37亿元，工业产值2.68亿元，同比分别增长4.94%和18.06%，城乡居民年人均纯收入达10292.9元，同比增长11.2%，全镇各项经济指标稳中有增，社会和谐稳定，人民生活水平不断提高。

【农业发展情况】 特色产业不断壮大。加快农业供给侧结构性改革，做好茶叶文章。近几年，通过引导提高茶园管理水平、加大茶叶加工技术投入，茶叶产业发展呈现良好态势。2017年春茶产量达300多吨，产值比2016年增长12.9%，达7000多万元，实现较大增长，茶农收入有较大提高。全镇新增一批QC认证茶叶生产企业，市场竞争力得到不断增强。引导成立了茶叶行业协会，加强茶业企业、合作社、茶农的交流沟通合作，引入价格保护机制，加强宣传，整体打包对外推广“潭江高山老树茶”，树立潭江自己的品牌，提高产品知名度和品牌价值，增加茶农收入。

【工业发展情况】 1. 陶瓷业：潭江镇瓷土资源十分丰富，生产陶瓷已有300多年的历史，产品畅销东南亚和欧美等地，素有“陶瓷乡”的美称。2005年潭江镇被省科技厅认定为红陶专业镇。近年来，潭江镇结合镇陶瓷产业现状，充分发挥潭江镇红陶产业基础较好的优势，找准突破点，擦亮“红陶专业镇”品牌，全力推动红陶产业转型升级，2017年全镇陶瓷产值9000多万元，其中产值较大的泰丰陶瓷公司和顺兴陶瓷公司分别完成产值7200多万元和1650多万元。

2. 水电建设：潭江镇东西两岸较低，全境均为丘陵山地，溪流都汇入韩江，形成丰富的水力资源。近年来，潭江镇充分利用水资源的优势，加快招商引资步伐，大力兴办水力发电站。至2017年年底，镇内建成投产的大小水电站有29座，装机容量达2.35万千瓦，年发电量11730万千瓦时。

【城乡建设统筹推进】 全面贯彻落实乡村振兴战略，主动对接县委“一区一带”发展思路，扎实推进中心镇“六个一”建设，突出规划引领，投入60多万元编制《潭江镇总体规划（2017—2035）》和《潭江镇中心区控制性详细规划》，日前规划方案已通过专家评审，规划修编为潭江描绘发展“蓝图”。

中心镇区人居环境不断改善。交通路网建设有序推进，规划形成“两横两纵”的道路格局，其中，县道027线砂田至潭江段已立项，近期有望开工建设；县道072线升级为省道227线已提上县委县政府议事日程，省道227延长线规划绕过中心镇区，分别接入县道027线潭江、富溪段，建成后形成潭江中心镇区外环路，将有效缓解中心区交通拥堵现象。总投资800万元的镇区饮用水拓网工程，完成项目初步设计，将于近期动工，可缓解日益增长的镇区用水需求，并改善饮水质量。潭江镇登山公园（县级森林公园）二期工程已全面完成登山步道铺设，美化绿化亮化工程将陆续展开。总投资2000万元的中心镇污水处理厂建设已完成项目总投资的70%，配套污水管网建设预计投资1690多万元，完成项目前期准备工作。投入30多万元的潭江街电排站备用机组已投入使用，投入150多万元的堤围0+000至0+360段防渗漏灌浆工程已完成项目设计，镇区防洪压力将得到大大缓解。投入100多万元整治中心镇区重点火灾隐患，增加消火栓43个，排查整治场所单位231处。专职消防队建设已基本完成，投入160多万元将原溪西小学改建为专职消防队和派出所联合办公场所，正紧张施工中，镇消防队员经县消防大队一个月的军事化考核已完成，新购置的消防车已经到位，将为镇区和周边乡村提供消防安全保障。商业街及坚真大道已完成道路绿化美化亮化工程。加大资金投入，2017年前10个月，已投入90多万元加大中心镇区环境治理和保洁力度，新购置标准化的中联重科垃圾运输车。“两违”“六乱”整治措施有力，镇区总体形象得到进一步提升。

社会主义新农村建设强势推进。充分利用上级关于省定贫困村创建社会主义新农村示范村的政策优势和有利时机，结合脱贫攻坚工作，全面推进潭江镇5个社会主义新农村示范村建设，以点带面，连片打造，形成“党组织领导有力，基础设施配套，基本公共服务完善，生态环境良好，农民持续增收，社会和谐稳定，潭江特色鲜明”的乡村格局。利用“村村通客车”等政策支持，2017年，完成和启动村级道路硬底化及升级改造工程12千米。全镇19个村（社区）公共服务站已全部建成投入使用。原中央苏区农村无线局域网建设进展顺利。村级文化休闲体育设施已实现全覆盖。新农村示范村先行建设污水处理站工作已完成项目选址设计。前期投入200万元兴建村级卫生站，群众基本医疗服务保障水平得到提高。前10个月，共投入30多万元用于示范村“三清理三拆除三整治”工作，村庄“脏、乱、差”的情况得到根本性扭转。示范村村民理事会已逐步成立，共建共享机制不断完善，群众对美好生活的愿景逐步实现。

生态建设成效显著。全镇新增森林绿地面积19.47公顷，网格化森林防火机制不断完善，专职森林灭火队建设不断增强，群众森林防火意识得到进一步提高。投入120万元，整治重大地质灾害隐患点。水生态得到有效改善，“河长制”工作扎实推进，全镇各河流均已设立“河长”，巡查监管等运作机制已建立完善，初步形成“责任明确、协调有序、监管严格、保护有力”的河湖管理保护机制。整治河道垃圾黑点9处，河流河道长效保护机制在实践中逐步成熟。向全镇各河流增殖放流鱼苗200多万尾，水生生物多样性得到提高。加大水源地保护力度，2017年投入30万元完善1个水源地保护点。坚决打击破坏自然生态的行为，2017年，打击非法盗采稀（瓷）土行为1宗，打击违规盗采河砂行为2宗，督促企业治理水土流失1宗，关停“高耗能、高排放”无证企业1家，全镇生态环境得到有效保护。

【文化建设情况】 文化建设亮点纷呈。各村文化活动广场、农家书屋等已全面覆盖。文化祠堂建设有序推进。充分挖掘潭江历史文化底蕴的《潭江人文集锦》已编制完成。广场舞、汉乐、篮球赛等群众性文化活动应接不暇。社会主义核心价值观广泛弘扬，结合社会主义新农村建设、环境综合整治等中心工作的文化宣传氛围日益浓厚，乡风更加文明。

继续巩固教育“创强”成果，推进教育现代化建设，投入180多万元用于实施潭江中学、中心小学等教育创强复评工程项目建设，狠抓师德师风建设，健全学校管理制度，完善教学基础设施建设，教学质量有了进一步提高。

【社会事业建设情况】 重点民生持续改善。精准扶贫、精准脱贫工作取得阶段性进展，2017年前10个月共完成或启动建档立卡贫困户危房改造任务74宗，光伏、茶叶种植等产业帮扶项目为村集体经济及贫困户收入提供原动力，确保2017年全镇70%的贫困人口实现稳定脱贫，贫富差距进一步缩小，为2018年全面建成小康社会打下良好基础。积极引导社会各界共同关心关注教育事业，投入180多万元用于实施潭江中学、中心小学等教育创强复评工程项目建设，教学环境不断改善，师资队伍不断壮大，教学质量显著提高。社会保障体系不断健全。全民参保登记和社保扩面征缴工作有序进行，1—10月城乡居民医疗保险参保23865人，与2016年全年基本持平。前10个月，共发放低保、五保户、贫困学生救助金200多万元，大病救助26例，真正实现“幼有所育、学有所教、劳有所得、病有所医、老有所养、住有所居、弱有所扶”，有效地保证了潭江人民在共建共享发展中有更多获得感。

基层治理全面加强。一是综治维稳得到加强。“中心+网格化+信息化”的综治信访维稳工作体系已全面覆盖，以镇级为中心，以村级为网格，积极化解基层矛盾纠纷。2017年，调处各类纠纷28起，办理群众信访件8件。深化平安创建工作，在学校、重要路口、人员密集场所增设高清摄像监控9个。以创建“法治镇”为契机，按照普法工作要点，开展法制教育活动3场，受教育人数达1000多人。二是“河长制”工作机制全面实施。根据实际，制订了《潭江镇全面推行河长制工作方案》，明确职责、目标、任务，加强规划建设管理，加大巡逻、督导、整治、打击力度，2017年，打击违规盗采河砂行为2宗，督促企业治理水土流失1宗，关停“高耗能、高排放”无证企业1家，全镇水生态环境得到有效保护，为营造水清、河畅、岸固、景美打下坚实基础。三是安全生产监管到位。认真落实安全生产责任，强化安全生产隐患排查治理力度，积极开展食品药品、消防、危化物品、烟花爆竹、道路交通等重点领域的安全大检查，全年共出动检查人次200余人，检查各类场所共186家，排查并责令整改各类生产场所隐患共136处，全镇无安全生产责任事故发生。隐患整改率达100%。四是火灾隐患地区整治工作有效开展。投入100多万元整治中心镇区重点火灾隐患，增加消火栓43个，排查整治场所单位231处。五是党管武装工作逐年加强。深入开展兵役登记、新兵征集工作。年内经体检政审，为人民解放军输送合格新兵6名，超额完成上级下达任务。六是扎实推进森林防火体系建设。全镇新增森林绿地面积19.47公顷，网格化森林防火机制不断完善，专职森林灭火队建设不断增强，群众森林防火意识得到进一步提高。七是打防结合，加强"六乱"整治和"两违"用地管理，大力营造文明、有序的社会环境。加大城乡"六乱"整治力度，充实城管队伍、加强执法巡查、规范户外广告、车辆停放、摊档经营等管理，"六乱"现象得到有效遏制。严格执行国土城建相关规定，加大巡查执法力度，坚决打击违法用地、违法建设行为，打击非法盗采稀（瓷）土行为1宗，遏制违法建设10多起，确保了国土规划和城乡建设健康有序发展。

党的建设不断加强。强化基层党组织建设。注重理论武装，党委理论学习中心组坚持每月开展集中学习，认真开展"两学一做"学习教育常态化制度化活动，通过领导带头讲党课、召开民主生活会、开展党章党规知识竞赛等方式，教育引导广大党员做"讲政治、有信念，讲规矩、有纪律，讲道德、有品行，讲奉献、有作为"的合格党员，进一步增强了党员的政治意识、大局意识、核心意识、看齐意识。全面落实镇领导干部驻点普遍直接联系群众工作，打通联系服务群众"最后一公里"，使党员牢记自己的宗旨使命。加强基层党组织建设，严把党员发展质量关，培训教育镇村党员干部500多人次，基层党组织的战斗堡垒作用不断增强。加大对软弱涣散党组织的整顿力度，针对问题，对症下药，激发了基层党组织的活力，增强了凝聚力和战斗力。抓党建促脱贫攻坚、促社会主义新农村建设工作成效显著，用党的理论知识指导工作，发挥党员干部先锋模范带头作用，又从工作中发掘培养优秀农村青年加入党员队伍，实现了党建和中心工作"双促进"。

2017年年底潭江镇

党委书记 卢科峰

镇　长 彭晓东

人大主席 张　剑

党委副书记 彭晓东　张锦华　王子颍

委　员 邓礼文　刘耀文　范文建　宋慧丹

梁　旦　张建兵

人大副主席 廖宪平

副镇长 邓礼文　廖铭东　官前进

（办公室）

砂　田　镇

【位置面积】 砂田镇地处丰顺县东北部，距县城汤坑86千米，距梅城53千米，东邻潭江镇、大埔县洲瑞镇，西接大龙华镇，南连小胜镇，北与大埔银江镇、梅江区西阳镇接壤，全镇国土面积146.25平方千米，其中山地面积12000公顷，耕地面积1019.2公顷，境内四面群山怀抱，西北面莲花山脉主峰——铜鼓峰，为粤东最高峰；中间盆地，金沙河自北部向南流经砂田圩镇。

【政区人口】 砂田镇下辖占山、占上、占中、占下、砂田、新塘、岳坑、大坑、荐坪、黄花、茜坑、南溪、南洋、南坑、沙溪、铜峰16个村民委员会和金沙社区1个居民委员会。2017年年底全镇共有4127户，总人口21164人。

【自然环境】 砂田镇土质肥沃，植被较好；属亚热带海洋性气候区，一年常绿，四季分明，气候温和，年均气温21.5℃，雨量充沛，年降雨量1784毫米，阳光充足，霜雪少。镇区森林、水力、高岭土、矿产（稀土、花岗岩为主）资源丰富，大部分尚未开发利用，有较好开发前景。自然生态环境优异，野生物、动植物种类繁多，为发展山区经济提供了宝贵条件。

【旅游景区】 1. 铜鼓峰。位于砂田镇西北部，海拔1559.5米，为粤东第一高峰。铜鼓峰顶端方圆，形如铜鼓，山势险峻，巍峨壮观，具有千姿百态的奇石景观，最具形象的有“玉石佛手”“仙人取宝”“金龟下山”等；在海拔1100米处，还有世界上海拔最高的客家围龙屋。登山可观日出日落，俯视群山云海；东望韩江凤凰山，西闻鸿图茶片香，南俯潮州湘子桥，北视阴那铁树花，为夏秋探奇，观光旅游的好去处。2. 黄花村。黄花村全村总人口1100多人，共有30多名专家、教授出自该村。其中著名数学家李国平院士，于1955年当选为中国科学院首批学部委员；其他著名教授有：华南理工大学教授李铭盘，华中科技大学教授李德华，武汉大学教授李小川、李健行，华中师范大学教授李工宝等，是名副其实的“教授村”。该村方圆约1.5平方千米，四面环山，群峰竞秀，林木茂盛，地理环境非常独特，该称为“狮象把水口，龙虎守山门”。该村主要景点有：李国平院士故居、客家特色民居、笔峰、笔醮墨池、原始森林公园、仰山公祠、将军庙、黄花天池、水口生态美景。该村于2008年被评为“广东省特色旅游村”，2010年被评为“全国生态文化村”，2014年被评为“广东名村”和“广东省卫生村”，2016年又被评为“广东省文明村”。

【经济状况】 2017年全镇社会生产总值、工业生产总值、农民人均纯收入、全社会固定资产投资、财政总收入等各项指标稳中有进，较好地完成了“十三五”规划中的工作任务。

【交通公路】 2017年共投入83万元，完成占山、占中、黄花村自然村道建设1.85千米，解决了群众“行路难”问题，同时，还完成县道027线（砂田往潭江方向）升级改造工程征地丈量工作。

【精准扶贫】 一是大力帮扶贫困户发展种养业。结合实际、因地制宜、因人施策，对全镇各村有劳动能力的贫困户，在充分征求意见的基础上，发放牛、羊、猪、鱼、鸡、鸭、鹅等。发动有条件的村组建农民专业合作社，集约租用土地发展种植业，增加农户收入，其中占中村采取“公司+基地+农户”的方式，租用4公顷土地种植萝卜、大蒜、辣椒等打造汤南小菜蔬菜种植基地；黄花村种植优质水稻；南坑村种植黄栀子等。二是落实小额扶贫信贷项目政策。按照县委、县政府的决策部署，落实小额扶贫信贷项目政策，全镇共为52户贫困户投入156万元，使贫困户每户每年增加收入3000元。三是大力帮扶贫困村各项公共基础设施建设。不断加强完善贫困村的各项公共基础设施建设，投入大量资金用于建设桥梁、道路、水圳、村委办公楼、美化亮化工程、民生福利事业等，打造宜居的乡村环境。四是开展了“建党日”、中秋和助学扶贫慰问。2017年建党节和中秋节，帮扶单位主要领导和镇党政主要领导到村开展党日活动和节日慰问工作，给支部党员上党课，给老党员、困难党员、困难学生、贫困户、困难群众等发放慰问金等，共计发放7万多元。五是完善村址建设。占山村投资80多万元将原占山学校重新装修，并新迁村址到原占山学校；占中村投资10多万元完善村址及周边配套设施。六是举办种养知识培训班。邀请农业专业技术人员为农民提供播种、耕作、施肥、用药、管理等农技知识，提高农业生产技能。七是开展奖学助学活动。黄花村、占中村通过自筹资金，成立助学基金会，固定拿出一部分基金奖励成绩优异的贫困学生。八是大力帮扶贫困群体购买大病救助及合作医疗。积极筹集资金为359名贫困户全额购买合作医疗及大病救助，让他们医疗有保障，减轻生活重担。

【民生工程】 一是投入50多万元，建设了集卫生站、党员活动室和文体活动室的南溪村综合楼。二是完善农业基础工程，投入5万多元，修复黄花村150米机耕道以及200米水圳。三是推进中央苏区农村超高速无线局域网行政村全覆盖。四是抓好村级卫生站建设工作，投入160多万元完成全镇16个村级卫生站建设。至年底已全部通过上级验收并由各村乡村医生进驻使用，方便农村群众求药问医。五是完成岳坑村农网改造工作。通过积极宣传，做通未完成改造的用电用户的思想工作，总投入550多万元，完成岳坑村10千伏高压15千米长，低压近40千米长的线路改造工程。实现100%用电用户接入新线路供电，使全村人用上高效、安全、节能的电，既解决了用电不安全问题，也确保了农村群众生活稳定。六是进一步推进小河流域整治和水土崩岗治理工作。以全面推行“河长制”工作为契机，实行“河长制”网格化管理，推进南洋村小河流域整治，实现了“河畅、水清、堤固、岸绿、景美”；同时，投入资金55万元，对5处水土崩岗处进行治理，保障了群众生命财产安全。

【旅游发展】 按照县“一区一带”发展战略，积极参与梅江韩江（丰顺）绿色健康文化旅游产业带建设，以“旅游特色镇”为定位，坚持特色发展，不断完善旅游基础设施，加强打造景区景点，旅游建设有了新内容。一是推进县重点项目——铜鼓峰农业综合开发示范区项目建设。已完成景区内休闲道路3千米铺设和道路两旁绿化；建设了休闲凉亭2处、生态木屋10栋、特色蛋壳屋3间；建设了人工湖并投放了观赏鲤鱼；完成规划产量1万公斤的蜂蜜生产基地的勘察选址；做好休闲栈道主体铺设；开发了高山茶园100公顷和果园20公顷，带动当地旅游发展。二是推进黄花村乡村旅游品牌项目。2017年投入40多万元，完成生态停车场建设征地0.53公顷等。开始基础填埋和涵管铺设工作，帮扶发展民宿、农家乐和种植景观油菜花。三是加强红色旅游景点闽粤赣边纵一支队司令部旧址建设。优化司令部旧址周边环境，挖掘闽粤赣边革命故事，搜集老照片、革命歌曲等，新设置旧址简介、图片、革命歌曲、故事展等，着力打造有历史、有看头、有意义的红色旅游景点。

【精神文明建设】 一是文教体育事业有了新成绩。理顺砂田学校教育管理体制；在2017年第八届市运会砂田镇砂田学校分别荣获150公斤举重冠军，田径女子乙组200米决赛第二名、100米决赛第二名的好成绩；2016年中考，砂田学子考取重点中学共22人，其中考上梅县东山中学录取线2人，宪梓中学录取线2人，丰顺中学录取线18人。二是文明镇创建有序开展。深入宣传中共十九大精神，广泛开展社会主义核心价值观宣传教育，组织评选文明家庭、环境教育进课堂、清理牛皮癣等志愿活动、邀请配合文艺下乡演出等，推动形成文明新风尚。

【环境卫生】 一是完善环卫基础设施建设。2016年投入80多万元用于环卫基础设施建设和日常工作经费，建设了称沟湾垃圾填埋场垃圾倾卸台，有效解决建筑垃圾放置问题，增加投放垃圾箱，不断完善环卫基础设施。二是加强圩镇“六乱”整治和管理。在镇第十六届人大二次会议上，全票表决通过《关于在砂田镇圩镇范围内开展“六乱”整治的决定》，将镇党委政府整治环境卫生的决心和意志上升到形成基层人大重要决定事项表决通过的形式，来宣传扩大影响。组织了镇村干部集中整治圩镇“六乱”行为，依法拆除逾期未自行拆除的乱搭建约50处。通过购买社会服务的新管理模式，加强圩镇环境综合整治和管理。

【社会保障】 一是落实社会救助政策。2017年，全镇低保户270户，享受低保人员631人，其中五保户64户，1—12月发放低保救助金约165万元，五保救助金约48万元。为136名重度残疾人发放护理补贴35万元；为115名低保残疾人发放护理补贴23万元；向困难人员发放救灾救济棉被、大米、食用油冬春自然灾害补助金9.5万元等。二是协助做好“博爱人人行”公益活动。共为砂田镇52名群众进行免费眼疾检查，为16例贫困白内障患者免费实施复明手术。三是不断改善敬老院生活和安全环境。投入资金40多万元，将敬老院前后院空地改造成休闲运动的小公园和对原旧危围墙进行改建，安装了消防自动喷淋系统和休闲健身器材，购买了空气能热水器、电视、衣橱以及残疾人康复器材等；投资10多万元建设残疾人康园中心。四是积极开展全民医保以及社保扩面征缴工作。抓好城乡医疗保险全覆盖，落实大病救助政策。2017年，全镇参加城乡医疗保险

15957人，受益群众341人，报销金额共129万元。参加城乡居民养老保险参保人数7602人，到龄办理退休172人。完成城乡居民养老保险信息采集和认证共1700余人，进一步保障城乡居民社会权益。五是落实住房保障政策。共投入资金98.8万元用于2017年度24户农村低收入住房困难户的住房改造补助，已全部通过验收。

【新农村建设】 一是做好社会主义新农村示范村规划。根据上级的要求，结合砂田镇实际，将占中村、黄花村、占山村、南坑村、沙溪村、新塘村、铜峰村列为第一批社会主义新农村示范村建设。成立新农村示范村建设领导机构，在各村民小组成立了村民理事会，通过充分发挥村民理事会作用，做通危旧房等“三拆”对象房主的思想工作，扎实推进三拆三拆三整治行动。先期投入60多万元作为“三清三拆”经费，完成“三清理”共441处、“三拆除”共227间8932平方米、“三整治”共5宗，各自然村环境卫生明显改善，为建设社会主义新农村工作夯实基础。二是实施了“一道两旁”绿化美化项目。在占中村至砂田村一道（省道224线）两旁规划种植树木进行绿化美化，着力打造新农村示范片，种植了美丽木棉、垂柳、桂花、紫薇、金钱树等苗木共1000多棵。三是完善新农村设施建设。占中村完成湿地公园、生活污水处理项目征地，完成祝寿公园和占头公学综合广场（一期）建设；黄花村完成生活污水处理项目征地等。

【基层治理】 一是积极维护社会治安，全力打击违法犯罪。全镇综治信访维稳、派出所工作投入经费近20万元，支持确保综治信访、公安工作正常有效开展。2017年，砂田镇公安派出所警情数84宗，立案受理刑事案件6件，其中已破案件5宗，成功调解行政纠纷案件7宗，处罚1人，另有重点人员管控87人；认真落实“飓风2017”和“梅安1号”专项行动，积极做好禁毒工作和扫黑除恶工作等。二是建立网格化管理机制，加强基层综合治理水平。2017年结合综治信访维稳“中心+网格化+信息化”机制和“河长制”建设，推动全镇网格化管理机制建立，形成环境综合整治、食品安全、环境保护、安全生产、打击“两违”建设、打假打私工作网格化管理格局，切实加强基层源头治理、综合治理工作水平。三是推进农村法治建设。落实“一村（社区）一法律顾问”工作，公开驻村律师联系方式，提供法律咨询服务，结合“七五”普法，举办法律知识讲座，加大法制宣传教育力度。四是开展专项整治。扎实开展安全生产、道路、消防、烟花爆竹、危险民爆物品、非法经营成品油等专项整治活动，促进砂田镇安全形势的进一步好转。五是强化综治信访维稳工作。发挥综治信访维稳“中心+网格化+信息化”机制作用，维护社会和谐稳定。全年综治信访维稳中心受理调解案件8宗，调解成功并达成协议8宗，调解成功率100%；村级综治工作站（调委会）受理调解案件18件，调解成功18件，调解成功率100%。全镇治安秩序良好，切实做到了“四个确保不发生”。

【党的建设】 一是加强党风廉政建设。认真落实党风廉政建设责任制，落实“一岗双责”，镇政府各分管领导与各部门负责人、各部门负责人与各部门干部职工签订党风廉政责任书，落实党风廉政建设层级管理责任制。认真学习《中国共产党廉洁自律准则》和《中国共产党纪律处分条例》，严格执行中央八项规定，切实加强廉洁文化宣传教育。落实农村集体招标采购交易管理办法、农村集体资金、资产、资源管理制度，完善农村集体“三资”管理服务平台建设。同时，大力推行党务、政务、村务公开，发挥公共服务中心、网上办事大厅等平台作用，拓宽信息发布和社会沟通的渠道。二是推进“两学一做”学习教育制度化常态化建设。坚持用习近平新时代中国特色社会主义思想武装头脑，特别是贯彻落实中共十九大、十九届二中、三中全会和习近平总书记重要讲话、批示精神，坚持学习指导实践，坚持学做结合、知行合一，坚持全覆盖、常态化、重创新、求实效，强化问题导向，注重以上率下，坚持带着问题“学”、针对问题“改”、结合实际“做”，切实增强“四个意识”，坚定“四个自信”，扎实推进全面从严治党向基层延伸。三是加强领导干部驻点普遍直接联系群众工作。严格按照领导干部驻点普遍直接联系群众工作要求，坚持落实干部下村联系群众，充分发挥各驻点团队宣传政策法规、联络群众感情、解决实际问题的作用，进一步密切党群干群关系。四是整顿转化软弱涣散基层党组织。对排查出的软弱涣散基层党组织加大力度帮扶，在完成整改方案和整改清单的基础上，帮助其制定中长期发展规划，重点帮扶，集中整顿，切实增强软弱涣散基层党组织战斗力、凝聚力，提高党员干部的号召力、影响力。五是全面开展涉农领域腐败问题专项治理工作。坚持问题导向、实事求是的原则，配合上级全面开展了省定贫困村巡察工作和2013年以来涉农领域共32项内容的涉农补助资金清查工作，对于违规发放的资金，经请示上级和相关职能部门后，可以实行整改完善的，依法依规进行落实整改；对于不能整改的违纪违规发放资金，追缴并整理线索，上报县委、县纪委和相关部门。下来，将紧紧配合上级，推进村级巡察全覆盖工作。通过巡察工作，加强和改进砂田镇的服务工作和“三资”管理工作，进一步规范各项资金的使用和管理，从制度上、源头上抓好着手，确保砂田镇党员干部既能干成事，又不出事。

【其他事项】 全面完成农业普查。率先在全县高质量完成第三次全国农业普查工作任务，摸清全镇农业现状。农村土地确权登记颁证工作稳步推进。全镇国土二调面积1021.92公顷，已完成1019.13公顷。完成农村普惠金融服务村村通工作。在每个村设立普惠金融便民服务站以及助农取款点。坚持不懈地做好计划生育工作。全面完成人口和计划生育目标管理责任制，有效实施“全面二孩”生育政策，做好优生优育、免费孕前检查等工作，计生服务管理水平全面提高。做好基层公共服务平台建设。全镇所有村（社区）聘请专（兼）职电脑员，遵循“便民、高效、廉洁、规范”的服务宗旨，扎实开展公共服务中心的各项工作，全年完成90多项信息录入，140多个事项申请登记、110多个事项提前办结。

2017年底砂田镇

党委书记 石远平

镇　长 饶富将

人大主席 林庆超

副书记 饶富将　饶富胜

委　员 彭展能　廖海堤　林雪琼　林　美　杨琴英

人大副主席 蔡东霞

副镇长 彭展能　李浩森　李育富

（余龙川　黄嘉骐）

小　胜　镇

【位置面积】 小胜镇位于丰顺县东北部，韩江中游西岸，东临潭江，西毗大龙华，南连黄金，北接砂田；镇区距梅州68千米，离县城72千米，境内三坑、朱坑、小溪3个村濒临韩江。全镇总人口约1.7万人，总户数3596户；下辖11个行政村，155个自然村；总面积75.69平方千米，山地约6600公顷，林地面积约6046.67公顷，耕地面积465.8公顷。

【经济概况】 2017年，全镇农村经济总收入1.1785亿元，同比增长11%；工业总产值2737万元，固定资产投资2470万元；农村人均纯收入10366元，同比增长12%，圆满完成了各项任务目标。

【自然资源】 境内自然资源丰富，主要有水力、林、竹木和瓷土等，为加快振兴发展注入了强大动力。主要经济作物有水稻、木薯、龙眼、香蕉、橄榄、竹子、紫胶等。水利资源也得到较好利用，有大小山塘水库6座，库容100万立方米以上2座，在防洪、防旱、灌溉、发电等方面发挥了积极作用，全镇开发水电装机容量共4800千瓦。

【扶贫开发】 2017年来，全镇扶贫开发工作取得了阶段性成效。省定贫困村田背、寨下2个村，贫困户为50户127人；县直帮扶村田面角，贫困户为32户73人；其他分散贫困村8

个，共37户38人。正式签订农村信用社扶贫小额贷款39人，参加保底扶贫项目50户97人，每年总增收16.55万元；实际转移贫困户劳动力就业56人数；慰问建档立卡贫困学生78人次，慰问金6万元；购买了新型农村合作医疗保险238人；完成危房改造23户；投入精准扶贫资金266万元，全力以赴打赢扶贫攻坚战，较好地完成了2017年70%以上的贫困户脱贫的任务。

【基础设施建设】 积极争取各方资金支持，加大资金投入，各项基础设施建设进展顺利。不断完善农村交通道路基础设施，全年投入215万元用于村道建设和维护，进一步解决了群众“行路难”问题。紧抓重点工作不放松，全力加快朱胜公路路基工程建设。进一步完善水利基础设施，全年投入130多万元用于农田水利建设，进一步增强了防汛抗旱能力。投入700多万元用于中村新区征地，为中村新区建设做好了前期工作准备；投入40多万元，完成自然村道建设5千米；11个村农村超高速无线局域网应用试点建设已全面完成。全面完成镇公共服务中心及11个行政村公共服务站建设，配齐专职人员。

【宜居建设】 大力加强生态文明建设，树立“绿水青山就是金山银山”的强烈意识，大力实施绿色生态工程，全年共投入建设资金50多万元，全面加强省、县道沿线及圩镇周边群山封山育林工作。深入开展全镇域人居环境综合整治美丽乡村三年行动计划，全年共投入了50多万元用于人居环境卫生整治。全年共发放中央各地地力保护资金补贴85.86万元，生态公益林补贴115万元。各村设立垃圾收集点，镇设立垃圾中转站，积极开展日常保洁和集中整治活动，生活垃圾做到日产日清日运，不断改善人居环境。2017年共接受县评测6次、市评测1次，均取得良好的成绩。

【社会民生】 认真做好小胜镇村级第7届换届选举工作，全镇参选人数12651人，参加12649人，其中委托票7057张，参选率99.98%。提高社会保障水平，共拨付272万元用于做好农村低保、五保、优抚、社救资等社会保障性支出；实行动态规范化管理，累计取消低保50户，减员27户；求助低保对象400人，193户，发放低保金100多万元；五保对象52户，52人，发放五保金80多万元。救助重点优抚对象16人，救助孤儿7人。认真做好救灾救济粮发放工作，全年累计发放救灾救济粮1750公斤。扎实推进农村社会保险参保工作。2017年全镇新型农村合作医疗参保人数为12944人，参保率95.25%，城乡居民养老保险参保人数8592人，完成率143.13%，安排专人下村入户对60岁以上老人进行生存认证，规范了养老待遇发放管理。

【精神文明建设】 小胜镇紧紧围绕创建省级文明镇这一目标，以培育和践行社会主义核心价值观为根本任务，抓宣传、抓教育、抓建设、抓整治、抓创建，深化社会主义核心价值观宣传教育，着力加强思想道德建设，深入推进群众性精神文明创建活动，深入推进镇环境综合治理，实现人文美、风尚美、环境美、文化美，成功获得了广东省文明示范镇的荣誉称号。

【党建工作】 推动“两学一做”学习教育常态化制度化，组织全镇集中学习6场次，各支部开展主题党日活动90余场次，理论学习中心组开展党章党规、系列讲话专题学习10次，领导带头讲党课26场次，党员撰写各类心得体会200余篇。落实领导干部普遍直接驻点联系群众，全年收集群众意见建议110条、解决各类问题210件。扎实推进基层党建工作。开展村“两委”干部培训2期，80人次，打造4个党建示范点。扎实推进中共十九大精神学习宣贯活动，全镇召开专题会议2次、举办学习培训班3期次、班子成员到分管领域挂点村宣讲19场次。切实推进党风廉政建设主体责任和监督责任，全年共开展诫勉谈话2人，谈话提醒64人；投资约4.5万元完善全套设施建设，为监督执纪工作的开展奠定了坚实基础。

2017年年底小胜镇

党委书记 李华锐

镇　长　陈杰有

人大主席　李小丽

副书记　陈杰有　邹耀山　钟伟强

委　员　钟健雄　李玉程　李燕妮　李裕银

陈文斌

人大副主席

副镇长　钟健雄　李伟平　罗伟师

（李长江　江　凌）

人　物

2017年丰顺县获国家、省、市级表彰的先进单位和先进个人名录

2017年度丰顺县获国家级先进单位一览表

表9

单位名称	授予时间	授予单位（会议）	荣誉称号
丰顺县汤西镇南礤村	2017年11月	中央文明委	第五届全国文明村镇
丰顺县职业技术学校	2018年1月	教育部	国防教育特色学校

2017年度丰顺县获省级先进单位一览表

表10

单位名称	授予时间	授予单位（会议）	荣誉称号
广东省农村信用社联合社	2017年7月	党建总结表彰会议	先进基层党组织
丰顺县	2017年11月	广东省文明委	广东省县级文明城市提名城市
丰顺县汤南镇新楼村	2017年11月	广东省文明委	广东省文明村镇
丰顺县司法局	2017年12月	广东省司法厅	“一村（社区）一法律顾问”工作先进集体

2017年度丰顺县获省级先进个人一览表

表11

姓名	授予时间	授予单位（会议）	荣誉称号	单位职务
李吉祥	2017年4月	广东省总工会	五一劳动奖章	丰顺县国家税务局 原党组书记、局长
巫金星	2017年8月	广东省文明办	2017年第二季度 “广东好人”	广东省客属海外联谊会 常务副会长
黎雨金	2017年8月	广东省农业厅	广东省最美农技员	县农业局科教股股长、 县农业技术推广中心副主任
徐惠华	2017年11月	广东省司法厅	全省法律援助工作先进个人	丰顺县司法局法援处副主任
陈光华	2017年	中共广东省委宣传部	2017年广东省基层宣传 文化能人	县文广局原局长